《松原历史文化研究》编委会

松原历史文化研究

阿汝汗　邵汉明　黄松筠　主编

人 民 出 版 社

目　　录

绪　　论

一

20 世纪初年,孙中山先生著《建国方略》,于《实业计划》中曾构想在松嫩两江交汇处,设立一个名为"东镇"的东北枢纽城市。孙中山先生的这一愿望,在改革开放后的第 14 年,即邓小平南巡讲话发表不久,终于变成了现实。

松原市作为松嫩平原上的一座新兴城市,系 1992 年 6 月 6 日经国务院批准设立。1995 年 7 月 20 日,又经国务院批准,松原市设立扶余县,辖扶余区的部分行政区域,原扶余区更名为宁江区,确立了松原市下辖宁江区、扶余县、前郭尔罗斯蒙古族自治县(以下简称"前郭县")、乾安县、长岭县的建制。松原市的设治,是党的以经济建设为中心基本路线在松嫩平原南端结出的硕果之一,至今已经走过 20 年的光辉历程。

今日之松原,是历史之松原的一个发展。为使人们对松原的历史文化有一个全方位的、深入系统的了解,继往开来,建设松原的美好未来,松原市委宣传部委托吉林省社会科学院长期致力于东北历史文化研究的专家,从历史文化研究的视角,撰写了《松原历史文化研究》一书,作为纪念松原建市 20 周年的献礼。

本书以唯物史观作为撰写的指导理论,坚持人类社会是自然界发展到一定阶段的产物之观点,坚信二者有着密不可分的关系。鲜明的地域文化特色,是松原历史文化的首要内容。因此,本书在第一章介绍了松原的地理环境及自然资源。

一定地域的历史文化,总是同一定地域的自然地理环境联系在一起的。中国古代的天、地、人"三才"理论,讲的就是人与自然的辩证关系。因此,松原的地理环境及自然资源,构成了松原历史文化的首要内容。

松原的自然地理环境,包含着丰富的内容。其中,发源于长白山的第二松花江与嫩江在松原境内交汇之后掉头东去,经黑龙江流入大海,无疑是松原自然地理环境的核心内容。丰沛的松花江水系犹如一条彩带,把长白山、大兴安岭、松嫩平原和大海联结为一体,从而形成了占中国东北地区 2/3 面积的自然地理环境的基本特征。而松原地区恰恰是松嫩二水交汇掉头的拐点。松原地区丰富的自然资源,诸如河流、湖泊、湿地、台地、耕地、草原以及 20 世纪 60 年代发现的地下油气资源,都是同上述的自然地理环境的基本特征联系在一起的。

自史前文明时期以来,松原地区先民的活动遗迹,如经济生活中的采集、渔猎、畜牧、农耕,历代王朝在松原地区的设治管理,如康熙三十一年(1692年)清廷在今松原市宁江区设立伯都讷副都统的历史,还有孙中山先生在松嫩两江交汇处设立东北枢纽城市的构想,乃至 1992 年国务院批准设立松原市的部署,都与松原市的特殊地理位置、自然地理环境与自然资源有着密切的关系。

从松原史前文明与历史沿革,阐述自古以来松原地区的人类活动。大量的考古资料和文献记载表明,松原地区早期人类活动中历代的设置与沿革,都与松原的地理环境及自然资源不无关系。

生活在查干湖畔青山头一带的古人类即"查干淖尔人"遗址的发现,说明早在 1 万年前旧石器时代晚期,这里的人们就进入母系氏族社会的早期阶段,过着以狩猎、采集、捕鱼为主的经济生活。前郭尔罗斯蒙古族自治县"王府遗址"的发现,被考古专家们确认:早在 100 万年前,这一地区就已经有人类居住,是全国范围内已发现的 9 处 100 万年以上的旧石器早期遗存之一。

松原地区新石器时期文化遗址多分布在江河沿岸的台地、草原与湖边的沙丘上。良好的生态环境为这里的原始先民们采集、狩猎、捕捞和粗放农耕提供了条件,生产工具有压制和磨制石器。从前郭县境内的新石器时期遗址看,在文化内涵上与黑龙江省肇源县的"白金宝文化"类型相似。

松原境内青铜器时期有代表性的文化遗址是位于前郭县的红石砬子遗址,以及长岭县五十四号遗址、扶余县老方家遗址、乾安县操字井遗址等共计81处。其中,前郭县有遗址4处,长岭县有46处,乾安县有20处,扶余县有11处。这些遗址以红石砬子遗址最为典型,属于汉书文化类型。从出土的器物来看,当时人类已经过着较稳定的生活。此遗址属于汉书文化类型,可能是"汉书一期文化"向"汉书二期文化"过渡的一种文化。

从历代行政设置与管辖来考察松原历史文化,我们看到:

从春秋、战国至秦朝,松原境内东部今宁江区、扶余县、前郭县地区为秽貊族世居之地;今日西部的长岭县、乾安县为东胡族游牧居住地,处于东胡族的南缘。汉、魏、晋、南北朝时期,今松原地区东部的扶余县、前郭县地区是夫余国的活动区域;西部长岭县、乾安县是东胡族、鲜卑族的故地。隋唐时期,肃慎族系的勿吉被称为靺鞨,境内东部扶余县、前郭县的东部仍为靺鞨族伯咄部居地,勿吉即以今扶余县伯都讷为中心。唐高宗总章元年(668年),置安东都护府统辖这一地区,扶余县隶属安东都护府。唐代宗宝应元年(762年),渤海国成立以后,在原靺鞨伯咄部所居之地(即后来的伯都讷地方,位于今松原东北部的宁江区、扶余县)设夫余府,府城址即在今伯都讷古城址。扶余县、前郭县之地隶属渤海夫余府管辖。

辽金时期,辽在松原地区设置上京临潢府长春州,长春州位于今前郭县塔虎城,地居险要,周围水草繁茂,不仅是辽代控制女真族、室韦族的军事重地,也是辽代皇帝每年巡幸、游猎的"春捺钵"之地,成为辽代在北方地区的政治、经济、军事、文化中心与军事重镇。辽朝为加强对这一地区的统治与管辖,特设立4个军事重镇,长春州、宁江州即是其中的两个。长春州辖今前郭县、长岭县、乾安县等地;宁江州辖今宁江区、扶余县。宁江州址即原渤海夫余府城址,即今伯都讷古城址。在女真反辽、金灭辽的战争中,长春州和宁江州被战火毁灭。

金章宗昌明六年(1195年),蒙古弘吉刺惕部首领率本部及所属五部降金,金朝为削减弘吉刺惕部的力量,遂将弘吉刺惕六部中的以纳仁汗为首的豁罗刺思(亦即郭尔罗斯)部迁至金国内地的松嫩两江交汇处一带。该部蒙古族人入驻后,受当地农耕文化的影响,逐渐改变了完全游牧式的生活习惯,并在今伯都讷一带设立纳仁汗浩特即城郭。金章宗承安三年(1198年),金在嫩江南岸原长春州(塔虎城,位于今吉林省前郭县境内)处设立泰州,史称新泰州,是集军事和行政管理于一体的地方军政组织。

元朝时期,今宁江区和扶余县、前郭县、长岭县、乾安县等县大部分地区属元辽阳行中书省开元路肇州所辖(长岭县部分地区隶属行中书省宁昌路折连川)。今宁江区伯都乡所在地为肇州通泰宁路交通线上的驿站。

明朝时期,政府在东北建立卫所380余个,其中松原地区有3个,即:塔山前卫,治所设在纳哈出,辖今乾安县、长岭县、前郭县等县的部分地区;撒叉河卫,治所设在今宁江区伯都乡伯都村西北30公里三岔河口右岸,辖今扶余县、宁江区;亦东河卫,辖今长岭县的部分地区。

明嘉靖二十六年(1547年),嫩科尔沁蒙古哈萨尔的第十六世孙乌巴什接管了纳仁汗所属的古郭尔罗斯驻牧地,即松花江嫩江以南地区和江北岸的"三肇"地区,并以郭尔罗斯作为自己的部号在这里驻牧。从此,纳仁汗的古郭尔罗斯部大部分领地受嫩科尔沁孛尔只斤氏所辖。而纳仁汗部领地缩小到松花江大拐弯处的里侧台地,由其世袭管辖,是独立的政治军事部落实体,其军事和行政由科尔沁直辖。此后,纳仁汗部一直沿松花江流域驻牧,史籍上也把他们记为"高勒楚德",汉语还有译为"卦勒察"或"卦尔察"。

明万历二十一年(1593年),嫩科尔沁所属的纳仁汗部,参加了征伐努尔哈赤的9部联军作战。后金天聪九年(1635年),后金军在纳仁汗浩特设立了官军队站,称伯都讷站。同年,纳仁汗部的古郭尔罗斯(挂尔察)及嫩科尔沁的郭尔罗斯正式归顺后金,并被编入八旗军中的正白旗,从此成为八旗蒙古。纳仁汗苏木政治军事部落实体一直延续到清末民初,后逐渐演变成地主阶层而消亡。

清顺治五年(1648年),清朝以嫩江、松花江为界,将郭尔罗斯部分为前后两旗。康熙三十一年(1692年),清廷移吉林副都统于此地,改称伯都讷副都统。

由于伯都讷地方移入的汉族户口日众,开发的民地骤增,清嘉庆十五年(1810年)在这里增设民务机构伯都讷厅,并明确了伯都讷厅的辖境,大体上相当于今天的榆树市、扶余县和松原市宁江区(江北部分),厅署设在伯都讷新城。此后,副都统专理旗务。清光绪二十八年(1902年),朝廷推行"新政",对内蒙古宣布解除蒙地封禁令,准许东北设官局,主持各蒙旗出荒,安置难民,鼓励汉族人移住蒙地,开荒或租佃。随着各旗蒙古王公贵族放荒卖地,清朝政府开始在松原一带设置府、厅、县。光绪三十二年(1906年),将伯都讷厅升为府,名为新城府,设知府,隶西北路道。光绪三十四年(1908年)五月,在新安镇以北新垦地设长岭县,隶属吉长道长春府。

中华民国二年(1913年),开始废府州,存道县。新城府改为新城县,因其与河北省新城县同名,又于民国三年(1914年)改称扶余县,属吉林省滨江道;长岭县属吉林省吉长道;乾安于民国十七年(1928年)正式设治;前郭县于民国十六年(1927年)设治。民国十八年(1929年)废道级建制,扶余县、长岭县、乾安县等县(旗)直隶于吉林省。"九一八"事变后,日本帝国主义侵占东北,建立伪"满洲国",郭尔罗斯前旗、扶余、长岭、乾安等县均为吉林省所辖,后将长岭县划归四平省管辖。1945年8月15日,日本帝国主义宣布无条件投降。中国共产党领导的人民军队挺进东北,建立东北根据地,解放了松原地区各县旗,并于1946年2月,先后建立了扶余、长岭、乾安、郭尔罗斯前旗等4县(旗)委、政府。4县(旗)先后分别隶属黑嫩省、辽北省、吉林省管辖。

1949年10月1日,中华人民共和国成立,扶余县、长岭县、乾安县等县和郭尔罗斯前旗属吉林省。1956年,经国务院批准,郭尔罗斯前旗更名为前郭尔罗斯蒙古族自治县(以下简称"前郭县"),上述4县归属吉林省白城地区行政公署。1992年6月6日,经国务院批准建立松原市,扶余市改为扶余区,松原市辖扶余区、前郭县、长岭县和乾安县。1995年7月20日,经国务院批准,重新设立扶余县(驻地三岔河镇),原扶余区更名为宁江区。经此调整变更,松原市辖宁江区、扶余县、前郭县、长岭县、乾安县。

在人类文化史上,物质文明与精神文明的创造者,无不属于一定的民族;而一定的地域文化,又总是同一定的民族文化联系在一起的。自古以来,富饶的松原大地上曾先后居住着许多民族,正是这些古代民族的先民,创造了多彩的松原历史文化。

松原是古代东北民族交汇聚居的地区之一。古代东北的四大族系即肃慎系民族、秽貊系民族、东胡系民族、汉民族等各民族居民,都曾先后在这一地区交汇聚居,生息繁衍。明清时期,这一地区的汉族人口迅速增加,主要集中在今吉林省的西部,松原地区就是汉族人口相对较多的地区。

在肃慎、东胡、秽貊、汉族等东北民族四大族系的发展中,秽貊系民族属于已经消亡的民族;东胡系民族的终结民族是蒙古族,金朝至今,蒙古族一直是今松原地区重要的民族成分之一;肃慎系民族的终结民族是满族,也是今松原地区重要的民族成分之一;汉族主要是在不同时期由中原地区逐渐移居到这一地区的。各民族间的交汇与融合,是松原地区各民族发展过程中的一个重要特点。

一定地区的民族,无不有着共同的经济生活。与东北地区古代肃慎、东胡、秽貊、汉族四大族系相应的,是渔猎、游牧、农耕农业兼畜牧渔业的四大经济类型。松原作为古代东北四大族系交汇聚居的地区,其不同的经济类型的分布,在某种程度上可谓是东北四大族系不同经济类型的缩影:即东部、东北部地区的渔猎经济,西部地区的游牧经济,中部、东南部地区的农耕经济。实际上,所谓以某一种经济类型为主,是说上述经济类型的划分不是截然的、绝对的,而是多种类型的兼有与共存,即社会经济类型的多元才是松原地区社会经济的显著特征,这在松原地区的文化遗存上也有明显表现。

总之,松原地区的多种民族、多元经济、多类文化并存共生的特征,赋予松原地区历史文化丰富而多彩的内涵。

唯物史观的基本观点之一,是社会经济生活或曰获取物质生活资料的生产活动,决定着人们的政治生活和精神生活。因此,有关松原社会经济的内容,在本书中占有较多的篇幅,并且以获取物质生活资料的方式,分农耕文化、游牧文化、渔猎文化三章一一论述。

农耕文化。松原地区原始农耕的出现,可以上溯至新石器时代,汉代的夫余、唐代的渤海、辽代的契丹、金代的女真等少数民族先后生活在这一地区,为推动农耕文化发展曾作出了自己的贡献。随着铁制农具于汉唐时期在松原地区的推广与使用,特别是在金朝统治时期,由于王朝统治者的重视和采用中原先进的农耕文化,该地区的农耕经济发展到一个新的水平。

金末元初,长期战乱使东北地区(包括松原地区在内)的农业生产遭受严重破坏,人口锐减,城镇残破,农业生产处于半停滞状态。在明代,东北地区各民族的经济虽然普遍有了较为显著的发展,但松原地区农耕生产尚未独立于游牧、渔猎经济,发展水平不高。

清朝自顺治时期以来,由八旗官兵、汉族流人与流民组成的拓荒者,开始在伯都讷地区从事农业开发,垦殖土地。自伯都讷副都统设立后,流人与流民的人数和荒地的开垦面积日益增多,农耕技术与农业生产有了快速的发展。特别是在光绪二十八年(1902年)解除封禁令之后,放荒与农田的开垦有了飞跃的发展。农耕在社会经济中的比重日益增加,开始成为松原地区主要的经济部门,汉、满、蒙等民族从事农业生产的人口也呈现明显增长的趋势。在民国时期,松原地区农业经济在清末的基础上又有很大的提高,农业生产技术已达到或接近中原地区的水平,农作物产量大增,松原地区成为东北重要的粮食产地之一。松原地区农耕经济的飞跃发展,又促使这一地区的畜牧业乃至渔猎业也获得了同步发展,从而使松原地区的社会经济达到了一个新的水平。

游牧文化。松原地区位于世界三大草原之一的科尔沁草原与松嫩平原的交汇处,是欧亚草原带向东延伸的东端。松原地方的游牧文化最早分布在松花江左岸的广大草原地区。在两汉、三国时期,松原地区是古东胡族系的鲜卑人游牧、栖息地区的一部分。魏晋南北朝到隋唐时期,松原地区一直是东鲜卑人的后人契丹人生存游牧的地区之一。辽朝建立以后,统治着东至大海,西至阿尔泰山,南至白沟(今北京琉璃河),北至外兴安岭的广大区域,其东北地区的南部是农业经济区,包括松原地区在内的西部地区是游牧经济区。元朝建立以后,松原的西部地区仍然以游牧经济为主。在明代,洪武二十二年(1389年)夏,在兀良哈地区设置了泰宁、福余、朵颜等三卫,其牧地即在洮儿河及嫩江下游一带,松原的西部地区仍然以游牧经济为主。在松原地区的长岭县境内,有元明清时期的遗址和墓葬18处,出土文物中的生产工具很少,说明在六百多年的时间里,这里人烟稀少,一直是蒙古族游牧之地。

从春秋战国时期的东胡族,到南北朝时多次建立政权的鲜卑族,再到隋唐辽宋时建立辽朝的契丹族,最后到建立统一中国的元朝的蒙古族以及清朝时期的蒙古族,其游牧文化的发展一直持续不断,并与中华民族整体文明紧密相连,具有数千年经久不衰的历史持续力。而松原的西部地区,一直是东胡族系民族及其终结民族蒙古族居住地的东缘地区。直到近代,游牧文化一直是松原历史文化的重要内涵之一。今日吉林省境内的蒙古族,主要居住松原地区的西部。

渔猎文化。渔猎文化作为松原历史文化的又一重要内涵,可以上溯到旧石器时代的晚期。松原地区的诸多新石器时代遗址出土的大量文物表明,渔猎是当时这里居民经济生活的重要组成部分。在先秦和汉唐时代,狩猎捕鱼是松原居民的重要生产活动和食物来源之一,松原的渔猎文化的发展水平同当时生产力的发展水平是一致的。在辽代,由于辽帝经常在查干湖及其周边地区举办春捺钵仪式,并将其列为国之盛典之一,松原渔猎文化因此而空前繁盛。金朝建立后,由于王朝经营的重点区域南移和对农耕经济的重视,松原渔猎文化当年的盛况已经不在。元明清时期,松原地区主要是蒙古族的势力范围。游牧民族习俗的介入,使得松原渔猎文化的发展呈现出重原野畋猎而轻水泽鱼鳖的态势。

松原地区古文化遗址的出土资料表明,渔猎文化发展到辽金时期,前郭、扶余和长岭、乾安之间,出现或渔或猎各有侧重的局面。松原地区的前郭县、乾安县、长岭县等地,荒甸草场广阔,野生动物资源丰富,是蒙古人的天然猎场。辽金元明时期,松原渔猎文化在原有的基础上继续发展,主要表现为渔猎活动的规模扩大、渔猎生活的区域特征凸显、捕捞工具的技术含量提高等几个方面。在清代,松原地区的渔猎业仍然是当时的重要生产活动之一。

在清代,特别是清末,有大批汉族居民涌入松原地区。因此,移民文化亦是松原历史文化的特色之一,本书特设一章予以论述。

衣食住行是人们日常物质生活的重要组成部分。为此,本书以服饰文化、饮食文化及建筑与交通 3 章,分别论述松原居民自古以来衣食住行的基本情况。

服饰文化。服饰是指衣服(包括鞋帽)和装饰。自古以来,松原地区居民的服饰具有丰富的内涵,与松原地区的自然地理环境和民族构成有着极其密切的关系。就服饰文化的内涵而言,一定的服饰文化无不是一定民族的服饰文化,从一个方面体现着不同民族文化的特色。本书依次分别就松原地区东胡、秽貊、肃慎三大少数族系之下的鲜卑、室韦、契丹、蒙古、夫余、高句丽、勿吉(靺鞨)、女真、满、汉、回、朝鲜、锡伯等各族服饰的历史发展与特征一一予以论述。

饮食文化。松原地区饮食文化的基本内涵即是这一地区各族居民的饮食文化,其内涵十分丰富,本书亦分别对各民族的饮食文化发展变化一一予以论述。

建筑与交通。建筑与交通是人们日常物质生活中居住与出行两大方面的内容。松原地区的建筑形式既有东北地区的共同特点,又有其地方特色,并且随着生产力水平的提高和社会的进步而不断地发生着变化,松原地区的建筑类型多种多样,大致可分为普通民居、蒙古包、王府和官邸衙署、寺庙等几大类,各类建筑的文化内涵颇为丰富。松原地区的交通,如道路及驿站的发展、桥梁和交通工具的进步,亦是为了满足这一地区人们的经济、政治、文化等物质生活和精神生活的需要应运而生的,是松原地区物质文明的重要组成部分,本书依次对松原地区的普通民居、蒙古包、王府和官邸衙署、寺庙建筑和古今道路、驿站、桥梁及水路交通工具一一予以论述。

文学艺术、宗教、习俗是人们精神生活的重要内容。为此,本书以文学艺术、宗教、节庆及礼仪3章,分别论述松原地区自古以来的文学艺术、宗教、习俗的基本情况。

文学艺术。松原地区的文学艺术发端于古扶余文化和伯都讷文化,早期以歌舞艺术闻名于世,在两汉、南北朝、隋唐、辽金、元明清等不同时期有递进的发展。新中国成立后,特别是改革开放以来,松原地区的文学艺术日新月异,大放光彩,有惊世的作品陆续问世。松原地区的民族文学艺术,是其地区文学艺术的基本内涵和魅力之所在。在艺术表现形式上,多以口口相传的形式存在于民间,有说唱艺术、史诗、满族新城戏及少数民族歌舞等,在当代被广泛挖掘传承,形成了松原当代文学艺术繁荣和发展的清晰的历史轨迹。其历史久远的民间传说、民间故事、秘史和独特的民族乐器、民间艺术样式,经过时代的沉淀,在当代以非物质文化遗产的形式发扬光大。其中,以苏赫巴鲁先生为代表的松原蒙古族文学艺术成就颇高。本书在对两汉、南北朝、隋唐、辽金、元明清等不同时期文学艺术的发展源流作一般的叙述后,对近现代特别是改革开放以来松原地区文学艺术的成就作重点论述。

宗教与习俗。松原地区的宗教与习俗,是这一地区人们精神生活的重要内容之一。为系统而全面地论述松原地区的宗教与习俗,本书特辟宗教文化与松原节庆、礼仪文化两章,分别予以介绍。

在宗教文化篇,依次论述了松原地区的萨满信仰与民间文化、道教文化、藏传佛教文化、基督教文化、伊斯兰教文化与天主教文化。于节庆、礼仪文化篇,对近代以来的松原各民族传统节庆、礼仪,依次按蒙古族、满族、汉族、锡伯族、朝鲜族、回族等分别予以论述。

非物质文化遗产是松原历史文化的重要组成部分之一,具有独特的文化价值,其涵盖的内容和学科包括哲学类、宗教类、伦理学类、艺术类、文学类、民俗类、饮食类、医药类和建筑类等范畴。目前,还有大量的文化形式没有获得收录。现已认定、公示的非物质文化遗产内容主要包括民间音乐、民间舞蹈、民间文学、民间美术、曲艺、杂技与竞技、传统戏剧、传统医药、传统手工技艺、民俗信仰等 10 个方面的内容,共计 107 项,基本涵盖了非物质文化遗产的所有类别项目。其中,蒙古族马头琴音乐、蒙古族四胡音乐、郭尔罗斯蒙古族民歌、蒙古族乌力格尔传说、蒙古族婚俗、查干淖尔冬捕习俗、长诗陶克陶胡、马头琴制作技艺、传统民俗节庆活动查干萨日(春节)等 9 项,已被列入国家级的非物质文化遗产名录。这些非物质文化遗产项目,具有鲜明的民族特色、突出的地域特征、独特的兼容并蓄、久远的历史传承、广泛的群众性和民间色彩等特点。

二

松原作为特定的地理区域及行政区域上的划分,自古以来就居住着众多的民族。各族人民在松原特定的自然环境中,创造了具有鲜明地域特色和民族特色的历史文化。

松原的历史文化有它形成与发展的历史,具有独特的历史特征:多民族文化聚合、多元文化类型并存、开放性与兼容性、地域性与不平衡性。这一特征使得松原各民族文化之间的融合具有自己的特色,也为丰富中华民族的传统文化增添了绚丽的色彩。

多民族文化的聚合。

松原历史文化的基本特征,应首举多民族文化的聚合。所谓多民族文化的聚合,是就松原地域文化的构成而言,说的是松原历史文化由诸多民族文化的不同因素聚合而成。当然,不同民族文化聚合在一起,必然会导致不同民族文化的融合。但是聚合与融合毕竟是两个不同的概念,前者是说松原地域文化是由诸多民族文化的不同因素所构成,是对不同时期松原地域文化的横断面作静态的考察;后者是讲民族文化的不同因素的相互作用,即松原各民族文化的相互融合。

　　从历史上看,松原地区的多民族文化的聚合,是由肃慎系民族、秽貊系民族、东胡系民族和汉民族四大族系文化所构成的。在不同的历史时期,每一个族系所包含的民族,无论在称谓上或文化特色上,都经历了各自的发展演变。但是,自商周特别是战国后期,一直到晚清的两千多年历史进程中,这四大族系的分布区域、经济类型和文化特色,基本上没有大的变化。

　　从民族分布来看,肃慎系民族主要分布在松原东部的松花江右岸,秽貊系民族主要分布在松原中部的松嫩平原,东胡系民族主要分布在松原西部的草原,汉民族主要分布在伯都讷地区。

　　从经济类型来看,肃慎系民族以渔猎经济为主要生活来源,后来农业经济所占的比重日益有所增加;秽貊系民族以渔猎兼营农牧的综合型经济为主要生活来源,后来农业经济所占的比重也是日益有所增加;东胡系民族以游牧经济为主要生活来源,也兼营农业;汉民族以农业经济为主要生活来源,也以畜牧和渔猎为其经济生活的补充。

　　从民族文化的特色特别是从民族性格来看,肃慎系民族粗犷豪放,以勇武为荣,武功文治,开放好学;秽貊系民族好让不争,讲究礼仪,性情凶急,勇猛好斗;东胡系民族以骑射为本,骁勇剽悍,粗犷豪放,坦诚率直;汉民族温文尔雅,以礼仪为重,重文讲武,宽大为怀。如此等等,不一而足。

　　松原四大族系文化的上述不同之处表明,松原地域文化的构成或者说多民族文化的聚合,作为松原地域文化的历史特征,概括了松原地域文化的基本内容。

　　多元文化类型并存。

　　所谓多元文化类型并存,讲的是松原地域文化的存在形式。这种多元文化类型的并存,体现在松原历史文化的诸多层面。从经济类型上看,松原地域文化包含有渔猎经济类型、游牧经济类型、农业经济类型、渔猎农牧综合经济类型,因而在经济类型上看也是多元的。从民族构成上看,松原地域文化包含有肃慎系民族、秽貊系民族、东胡系民族和汉民族四大族系的文化,而且每一个族系或民族的文化都往往包含着两个或两个以上邻近民族文化的因素。因此,无论就多民族文化的构成还是就某一个民族文化含有多种民族文化因素而言,松原地域文化都呈现出多元的态势。下面,仅就松原地区四大族系的民族文化所含有多种民族文化因素作如下论述,从民族构成这一层面来揭示松原地域文化的历史特征。

肃慎族的远古情况,已难言其详。汉代以后,肃慎族系的挹娄又先后称谓勿吉、靺鞨。靺鞨在隋唐时期有十余个部落,以其中的 7 大部最为有名。南端的粟末部,与辽东北部相连,受汉文化影响较大,后来建立了渤海国政权。北部的伯咄部邻近室韦、高句丽,受秽貊——夫余族文化影响较多。可见,渤海国靺鞨族文化含有汉文化、秽貊——夫余族文化等多元文化因素。

魏晋南北朝时期的夫余族,因为受邻近的鲜卑族、汉族和高句丽族文化的影响,夫余族文化自然包含有上述民族文化的因素,因而也是多元的。北魏时期夫余国灭亡后,夫余族逐渐融合为鲜卑族、高句丽族和勿吉族的成员。

明代末年,女真族的努尔哈赤、皇太极父子经过近半个世纪的征战与招抚,首先统一了建州女真各部,进而统一东北地区的女真各部,促成了新的民族共同体——满族的诞生。明代松原地区居住着蒙古族、女真族、汉族、锡伯族等诸民族。由于种种原因,蒙古、女真、锡伯三族又长期处于流转迁徙状态。其中,蒙古族各部的迁徙大多与女真族的努尔哈赤、皇太极父子及其所建立的后金政权有着军事上的征战与招抚等关系。可见,满族文化自形成之日起,就是包含着汉族文化、蒙古族文化因素的多元文化类型。

居住在今吉林省西部(今内蒙古自治区的东三盟)松原地区的蒙古族各部,在明代末年同样频繁地东迁和南下,因而该地区的蒙古族文化当然包含有满族文化、汉族文化因素在内。

开放性与兼容性并举。

松原文化作为一种地域文化,它的开放性与兼容性在含义上既有联系又有区别。所谓联系,是说没有开放性就没有兼容性可言;反之,具有兼容性也就意味着具有开放性。所谓区别,是说某一种地域文化作为该地区文化的主体,其开放性是指它同其他地区或民族文化的关系上,呈现出一种积极主动地吸收其他地区或民族文化的态势。所谓兼容性,不只是指某一地区或民族的文化容纳了其他地区或民族文化的因素,而且意味着在容纳其他地区或本民族文化因素的同时,本地区或本民族文化因素的主体地位并不丧失。所谓兼容,是指占据主体地位的地区或民族文化因素,容纳不占据主体地位的其他地区或民族文化的因素。开放性与兼容性,二者既有联系又有区别,使得我们可以对松原地域文化的开放性与兼容性一并加以论述。下面,结合松原地区由金初至晚清,蒙古、满与汉各民族文化的开放性与兼容性,来论述松原地域文化的开放性与兼容性问题。

松原地域文化是以多民族文化聚合的内容和多元文化类型并存的形式存在的。明代以前尤其是金代,当地以蒙古族文化为主。努尔哈赤统一东北地区的女真各部并建立后金政权,一个新的民族共同体——满族已经诞生。满族统治者在推行满族的某些习俗的同时,重用汉族知识分子,效仿明代的政治制度来建立全国的政权系统,大力吸收并推行汉族文化。

除教育领域外,思想文化领域的诗文创作、地方志书的大量编纂、私家笔记的撰著以及个人文集的大量刊行,均属于用汉字、汉文写成的、弘扬汉文化的作品;待到乾隆、道光年间,也多用汉文。在绝大部分地方,包括满族在内的绝大部分居民,都以汉语为社会交际语言。这一切,都充分体现了清代满族文化的开放性与兼容性。

松原的汉民族,在近代以前的2000多年来一直居住在南部地区,与其他民族相邻而居。特别是汉族与其他民族相邻而杂居的一带,不同民族从生活资料的获取方式到生活习俗,彼此之间的相互吸收与相互融合是不言而喻的。今天居住在松原地区的大多数居民已经是汉民族的成员,然而居住在松原广大农村地区的汉族居民在经济生活和风俗习惯方面,仍然保留着满族、蒙古族的许多生活习俗。这一事实,雄辩地说明了松原地区汉文化的开放性与兼容性。

地域性与不平衡性同在。

松原地区文化的地域性,是指松原各地区由于自然地理上所处的地域不同,因而有着不同的经济类型,居住着不同的民族,有着不同的文化特色。所谓不平衡性,它与地域性密切相联,讲的是松原各地区由于所处地域和民族分布上的不同,在不同的地域和不同民族的居住区域,社会发展程度和文化特色也随之有所差异。

自然地理环境决定了:松原地区的东部是渔猎类型经济区域,居住着以渔猎活动为主要经济来源的肃慎系民族;中部的松嫩平原是综合类型经济区域,居住着以农业兼营畜牧渔猎为主要经济生活来源的秽貊系民族;西部的科尔沁草原是游牧类型经济区域,居住着以畜牧业为主要经济生活来源的东胡系民族;南部是农业类型经济区域,居住着以农业为主要经济生活来源的汉民族。

　　长期以来,松原地区的四大经济类型和四大族系的地理分布,决定了松原历史发展的概貌和民族文化的特点。这种划分,有助于了解和说明松原地区在不同的历史时期存在着不同的民族文化的发展程度和文化特色。

　　从历史上看,松原地区在新石器时期中期就成为我国古文明的发祥地之一,与中原地区处于同一水平。夏、商时期东夷族(含商族)的北上,又使得这一地区的历史有了进一步的发展。正是地理位置上的这一特点,决定了自新石器时期中期以来,这里的居民就逐渐以定居农业为主要经济生活来源。

　　东北的中部与南部交通方便,因而居住在松嫩平原的秽貊族在汉代建立了夫余国,夫余人又善于饲养家畜,松花江与嫩江还盛产鱼类,其农业、畜牧业和渔猎业与同时期的周边其他民族相比,具有较高的发展水平。夫余在今辽宁省开原以北,北至小兴安岭以南,吉林省农安县为其中心区域,今扶余县与前郭县是夫余统治区域。自汉武帝时期,夫余就隶属于中原王朝,它所创造的文明在东北早期历史上曾起过积极的作用。夫余与同时期的周边其他民族相比具有较高的发展水平,所体现的仍是南北地区的不平衡性。

　　契丹族源自东胡族系的鲜卑族,于公元916年由耶律阿保机称帝建立辽国,到公元947年改国号为"大辽",后来统一了中国北方地区。同鲜卑族一样,契丹族也是由于东北地域文化存在着南北不平衡而南部先进的原因,才得以在中国北方建立政权的。

　　辽、金、元之所以能够在北部中国和全中国建立统一的政权,其重要原因之一,就是由于女真族、蒙古族的渐次南下并接受汉族的先进文化,所体现的仍然是东北地域文化中存在着南北的不平衡。

　　松原地域文化的多民族文化聚合、多元文化类型并存、开放性与兼容性并举、地域性与不平衡性共存这一历史特征,决定了松原历史文化在不同历史时期的基本特征与丰富内涵。松原多元文化是多民族共同创造的,体现了松原文化的兼容性、民族性、地域性与创造性。我们深入挖掘松原历史文化资源,为今日松原社会经济发展与城市文化建设、人文精神塑造等打下丰富的历史文化基础。

　　历史文化构成一个地区的鲜明特色,文化软实力已经逐渐成为一个地区综合实力的重要组成部分。时下我们对内要提升民众凝聚力,对外提升松原的影响力、知名度,均离不开文化软实力的提高。《松原历史文化研究》一书,正是适应这种需要而组织编写的。本书经过作者两年多的辛勤耕耘,全面而系统地阐述了松原历史文化的形成与发展,对进一步弘扬松原地区特色历史文化,打造松原地方特色文化品牌,拓展松原历史文化研究新局面,将起到一个里程碑的作用。

第一章　地理环境与自然资源

　　人类社会是自然界发展到一定阶段的产物,二者有着密不可分的关系。社会经济生活或曰获取物质生活资料的生产活动,决定着人们的政治生活和精神生活。而从部族到民族必然有一个发展的过程。研究松原地区的历史文化,必须从探讨它所形成的地理环境、自然资源与人文历史谈起。松原有自己独特的地理环境与丰富的自然资源,为各民族的繁衍生息提供了良好的自然环境和丰富的物质资源,使这一地区自古以来成为各民族聚居的美好家园。

第一节　独特的地理环境

　　地理环境、自然资源对人类历史发展的影响至关重要,日益引起人们的重视。人类社会的发生和发展,离不开赖以生存的自然界,既得益于自然界的赐予,又受到自然界的制约。就特定的地域而言,研究它的历史或某一方面的专门史,首先就要把它所处的地理位置与地形地貌、气候特征纳入自己的视野。松原作为松嫩平原上一座新兴城市,有着悠久的历史和灿烂的文化,是东北古代多民族的发祥地、聚居地。其独特的地理环境为这一地区的历史文化发展奠定了坚实的基础。

一、地理位置

　　松原市是松花江、嫩江平原上的新兴城市。1992 年 6 月 6 日,经国务院批准撤销扶余市,设立松原市(地级),松原市人民政府驻地为扶余区松花江南岸沿江路,下辖扶余区和前郭尔罗斯蒙古族自治县(以下简称"前郭县")、乾安县、长岭县。1995 年 7 月 20 日,经国务院批准,松原市设立扶余县,辖扶余区的部分行政区域,县人民政府驻地为三岔河镇;原松原市扶余区更名为宁江区。

松原市地处中国东北地区的吉林省中西部的松嫩平原腹地。其地理位置处于北温带,介于东经 123°6′—126°11′,北纬 43°59′—45°32′之间;东西长240 公里,南北宽 172.4 公里,面积 22,034 平方公里,占吉林省面积的 12%。东部、南部与长春市、四平市为邻,西部与白城市、内蒙古自治区哲里木盟接壤,北部隔松花江、嫩江、拉林河与黑龙江省相望。

松原市所辖的前郭县位于松原的西南部,其地理位置处于东经 123°16′—125°15′,北纬 44°18′—45°29′之间。东西长 130 公里,南北宽 85 公里,总面积6,150 平方公里。东临第二松花江,与扶余县隔江相望;西与长岭、乾安两县毗邻;南与农安县交界;西北与大安县接壤;正北部与黑龙江省肇源县隔江相望。①

松原市所辖的扶余县,位于松原地区的东南部,东西长约 130 公里,南北宽 60 公里,总面积 5,540 平方公里。东与榆树县接壤,东北以拉林河为界与黑龙江省双城县相邻,西南以第二松花江为界与前郭、农安、德惠 3 县为邻,北隔松花江与黑龙江省肇源县相望,西北与大安县相对。②

长岭县位于松原地区的西部,松辽平原的西端。地理位置处于东经 123°6′—124°45′,北纬 43°59′—44°42′之间。总面积 5,602.5 平方公里。东部与农安县接壤,北部与前郭、乾安、通榆 3 县相连,西部与内蒙古自治区的科尔沁左翼中旗为邻,南部与公主岭市、双辽县接界。③

乾安县位于松原地区的西北部。地理位置处于东经 123°24′—124°23′,北纬 44°37′—45°18′之间。东西距离 76 公里,南北距离 75.5 公里,总面积3,529 平方公里。东部、南部与前郭县接壤,西南部与长岭县相连,西部与通

---

①　参见吉林省文物志编委会编:《前郭尔罗斯蒙古族自治县文物志》,1983 年内部资料,第1 页。

②　参见吉林省文物志编委会编:《扶余县文物志》,1984 年内部资料,第 1 页。

③　参见吉林省文物志编委会编:《长岭县文物志》,1987 年内部资料,第 1 页。

榆县为邻,北部与大安县毗邻。

宁江区位于松原市北端,地处松嫩平原腹地。地理位置处于东经124°3′—125°5′,北纬45°05′—45°32′。东西宽38公里,南北长50公里,区域面积69.4平方公里。东与扶余县为邻,南、西与前郭县接壤,北与黑龙江省肇源县隔江相望。

松原市地理位置优越,交通便利。境内主要铁路线有京哈(北京至哈尔滨)、平齐(四平至齐齐哈尔)、长白(长春至白城)、通让(开通至让湖路)4条;境内共有车站27个,其中二级站(长白线上的松原站)1个,三级站(京哈线上的扶余站)1个;2007年7月,松原——北京的旅客列车开通。

主要有京哈、珲乌(珲春至乌兰浩特)、明沈(明水至沈阳)、科铁(科右前旗至铁力)、长太(长春至太平川)等5条国家级高速公路与省级公路在境内交错。

另外境内水路交通线有两条:一条从松原港沿松花江上行,在丰水期可直达吉林市,下行可达哈尔滨市,并可直通黑龙江航道达俄罗斯的哈巴罗夫斯克、共青城,进入鄂霍次克海;另一条沿松花江至松嫩汇流的三江口,转嫩江航道上行,可至大安港、齐齐哈尔等地。[①] 四通八达的公铁路交通网络,是连接松原与世界的重要桥梁,也是松原地区与其他地区政治、经济、文化交流的纽带。

二、地形地貌

松原市地处松嫩平原南部,地势平坦开阔,起伏和缓。主要由松嫩冲积平原、松辽分水岭台地平原组成,平均海拔高度为130—266米之间。南部长岭县一带地面起伏较大,为微隆起地带,是松花江、辽河分水岭的一段,属于台地平原,地势较为平坦,东南部略高,西北部略低,由东南向西北逐渐倾斜的地势,平均比降为1/1300;海拔高度在144—266米之间,西北部多为沙丘与平原,中部为沉积平原,东南部为高台地,全县没有山脉与河流。[②]

前郭、长岭、乾安三县相接壤。前郭县地势南部较高,素有"台地"之称,

---

① 参见阿汝汗主编:《松原文化述略》,时代文艺出版社2009年版,第41—44页。
② 参见吉林省文物志编委会编:《长岭县文物志》,1987年内部资料,第1页。

略有起伏的山冈和丘陵。西部是平坦的大平原;东北部较低,第二松花江和嫩江从东、北部流过,形成了沿江平原。高地与低地之间以哈达山、嘎罕扎布、格斯户、龙坑、套浩太等处分界,分界线呈峭陡坡,相对高差为30—50米;洪泉乡尖山子在分界线上,为全县最高点,亦为全市最高点,处于高地的王府站、洪泉一带台地与长岭县东部太平山至伏龙泉(属农安县)相连,成为松辽分水岭的一部分。由分水岭向西北,形成长岭县东南高、西北低,由东南向西北逐渐倾斜的地势,平均比降为1/1300。

扶余县和宁江区三面环水,受周围江河水流下蚀切割,形成高出河床20—30米的河间台地,台地坎大多沿江平行,形成独特的地形地貌。该地区地域地势总的特征是东南高,西北低,由东南向西北、由四周向中间倾斜,平均比降为1/2000—1/1000。西部地面平缓,呈微波起伏状;中部低地为地表水汇流中心;东南部地区地面波状起伏;沿江河谷平原上游向下游倾斜,东北部松花江与拉林河汇流处成为这一地域的最低点,也是全市的最低点。

乾安县地处松辽平原中西部地区,全境地势较高、较为平坦,比周围邻县高出5—10米,故有"乾安台地"之称。西南部稍高(最高处海拔185.7米),东北部较低(最低处海拔120米),自西南向东北缓慢倾斜。但总的看地势平坦,无山脉、丘陵和河流,仅有大小碱泡70余处。在乾安县西南部的大布苏湖以东的"狼牙坝",有风水剥蚀形成的"泥林",沟壑纵横、群峰壁立,极为壮观,是东北地区少见的地质遗迹之一(参见图1-1)。

总之,松原地区的地形地貌按不同成因及形态特征,可分为洪积冲积高平原和风积堆积低平原两大类型。

洪积高平原主要分布在分水岭台地上的王府站镇一带,海拔在160—240米之间。冲积台地高平原按地表形态可分为丘陵状高台地、风沙覆盖高台地及一些微倾斜式波状台地、波状砂垄等。主要分布在分水岭台地上的前郭县深井子、孤店、格斯户以南,海拔为180米以上;分布在长岭县长岭镇一带,海拔为185—210米;另外,分布在扶余县弓棚子至增盛以南,海拔为180—230米。高台地的上部,局部由固定沙丘、沙堆所覆盖,是典型的风成地貌特征。

风积堆积低平原主要分布在宁江区至前郭县西部及东北角,海拔为140—160米。其中,扶余县弓棚子至增盛连线以北,海拔为140—180米。岩性主要由河流冲积物和冲积湖积物及冰水堆积而成。

图 1-1　地质遗迹之一——乾安泥林①

　　风积冲积低平原主要分布在长岭县新安镇、前七号、东大二号到长岭牧场一带,海拔为 137—193 米。地貌为微波状和波状起伏,冲积物构成平原主体。

　　冲积平原主要分布在第二松花江、嫩江、松花江、拉林河等江河谷地地带。分低漫滩、高漫滩和阶地 3 种,局部又可分出湖沼洼地。阶地海拔为 131—145 米,高漫滩海拔为 131—137 米,低漫滩海拔为 129—136 米。西部阶地、漫滩海拔相应有所抬高。

　　此外,在前郭县、乾安县部分地方还有风成地貌,如风蚀洼地、风蚀柱或沙盖等。

　　三、气候特征

　　特定地区的气候条件,一般都受制于两大因素的影响,即纬度上的高低之

---

　　①　引自阿汝汗主编:《松原文化述略》,时代文艺出版社 2009 年版,第 15 页。

分和地形地貌上的千差万别。任何一种民族历史文化的发生和发展,无不与一定的气候条件有着密不可分的联系。

松原市属于北温带大陆性季风气候。各地的气候没有很大的差别,一月的平均气温为15.5℃左右,七月的平均气温为23.5℃,年平均气温为4.5℃左右。松嫩平原地区的全年无霜期,大部分地区在4—5个月左右。

全市的降水量大多集中在六、七、八这3个月份,又由于受地形等诸多因素的影响,分布很不均匀。总的说来是:南部多,北部少,东部多,西部少,年平均降水量为400—510毫米。受太平洋副热带高压强弱和北抬早晚影响,降水量年际变化很大,高的年份达到640毫米(1956年),低的年份仅为260毫米(2001年)。大气降水在全市各地分布亦不均匀,年降水量自西向东递增,地域年降水量分布高低相差约110毫米左右。在季风影响下,降水月际分配也很不均匀,主要降水时段集中在7—8月份,约占全年降水量的50%,最大日降水量为177.8毫米。

全地区的气候,从南、中、北三个部分来看:中部的冬季长而寒冷,夏季温暖多雨,春秋两季短促而多风,常有寒潮入侵,天气多变,年平均气温从西北往南,由-3℃以下递增至7℃。

从历史上看,东北地区的气候在不同的历史时期有很大的变迁。在姜维公、高福顺著《东北历史地理简论》第一章第一节中,对东北地区自旧石器时代至21世纪以来的气候的变迁,有较为详尽的描述。总的说来,东北地区在旧石器时代早期,为暖温带的湿润气候,适宜早期人类的生息繁衍,是旧石器时代早期遗址分布的北界。在旧石器时代中期,东北地区气候转凉,为温带半湿润半干旱气候。在旧石器时代晚期的前期,东北地区的气候继续转冷,为寒带或亚寒带湿润气候。此后,气温又有所回升,在一个较长的时期为暖温带湿润气候。到旧石器时代晚期的末尾,东北地区又随同全国一样进入一个寒冷期,在距今20,000年至18,000年间,是东北地区最寒冷的时期。在旧石器时代晚期,吉林松原地区的生活环境相当残酷,气候非常寒冷,属于冰缘环境的寒冷潮湿环境种类,当时的平均气温要比目前的同期气温低6℃,气候相当严寒。[1]

---

① 参见姜鹏:《吉林旧石器时代晚期人类生活环境的探讨》,《东北考古与历史》1982年第1辑。

松原市的气候属于中温带大陆性气候,亦称亚湿润季风气候。这里气候的主要特点是大陆性明显,四季分明。春季冷暖气团活跃,天气多变,干燥多大风,多为西南风;夏季受海洋季风影响,天气温热,雨水集中;秋季极地大陆冷气团逐渐侵入,秋高气爽,晴日较多,温差较大;冬季受极地大陆气团控制,多西北风,江河结冰,寒冷而漫长。

松原市全年太阳辐射各地大体相近,年平均为5000—5100兆焦/平方米;日照时数平均在2570—2790小时。全市平均日照百分率为60%—63%。无霜期为142天左右。光热气候条件自西向东呈递减趋势。

年平均气温多年来一直保持在4.5℃,20世纪80—90年代以来,渐呈增高趋势。1951—1985年多年日平均气温为4.5℃;1985—1995年为4.8℃;1996年以来,多年日平均气温为5.6℃。一年当中的气温,7月最高,极端最高气温38.5℃;1月最低,极端最低气温为-36.0℃。市内各县(区)因所在地域不同,气温也稍有差别,多年来全市平均气温一直以扶余县(三岔河站)为最低,1996年以来平均气温5.0℃;以长岭县为最高,1996年以来平均气温6.2℃。全市历年平均全年≥10℃活动积温为3085℃。

松原地属吉林省西部大风区,受气压形势和松辽平原地形风洞作用的影响,常出现西南大风,且持续时间较长。年平均风速为2.9—3.6米/秒,大风(风速17米/秒以上)多集中在4—5月,最大风速36.0米/秒。历年大风日数为11—22天,多年平均为15.8天。

松原市内各县(区)因所在地立位置不同,气候特征也稍有差别。主要表现为:前郭县属于半干旱气候区,春季多西南风,冬季多西北风。最高气温与最低气温温差在36℃左右,年平均气温在4℃—5℃之间。无霜期在130—135天,年降雨量在400—500毫米左右。长岭县属于典型的大陆性气候,春季多风干旱,夏季炎热多雨,秋季凉爽多早霜,冬季寒冷少雪。乾安县属于大陆季风性气候,四季分明:春季干旱多风,夏季潮湿多雨,秋季清朗凉爽,冬季漫长寒冷。年平均气温在4.65℃,无霜期在140天左右。

独具特色的地形地貌,产生了农耕经济、渔猎经济、游牧经济三大经济类型。和这三大经济类型相联系的,是东北地区的汉族、东胡、秽貊、肃慎的这些大族系。

松原市得天独厚的自然地理环境,是松原历史文化产生、发展与繁荣的自然条件与物质基础。

第二节 丰富的自然资源

特定地区的自然资源和物产,总是同特定地区的自然地理与气候条件密切联系在一起的。松原地区独特的地形地貌和地质结构,还有多种类型的气候条件,决定了松原地区具有十分丰富的自然资源和物产。所谓自然资源,是指自然界原生的或次生的可供人类利用的资源。如,物产是指人类通过劳动作用于自然界所获得的生活资料和生产资料。丰富的江河水,广阔草地、森林,大量石油、天然气及其他矿产,肥沃的黑土地等地上与地下资源,为松原地区所特有的自然资源和物产。松原这方沃土为松原历史文化的产生、发展创造了必然条件,奠定了坚实的物质基础,也使松原历史文化的地域特色更为鲜明。

一、江河水与风资源

松原市地处松嫩平原腹地,有 3 条江河过境,支汊纵横,湖沼密布,江河水资源丰富。境内有嫩江、松花江、第二松花江、拉林河、霍林河 5 条主要河流从全区流过。松花江是黑龙江的最大支流,源于长白山的天池。上游段称第二松花江,流至宁江区与南流的嫩江相汇,汇流后始称松花江。松花江东流至同江市汇入黑龙江,全长 1,840 公里,流域面积 54,560 平方公里,主要支流有嫩江、拉林河、呼兰河、牡丹江、汤旺河、辉发河等。第二松花江从松原市区穿过。

松原市境内大江大河多,小河小溪无数,大小湖泊遍布各地,水产资源非常丰富。松花江、嫩江所盛产的大马哈鱼、鳇鱼、鲟鱼,都是著名的特产。自古以来,松原诸多的江河湖泊之中,盛产的各种淡水鱼类数不胜数。在嫩江、洮儿河、松花江流域和三江低地的沼泽湿地,物产丰盛、资源丰富,除了盛产各种鱼类,这里芦苇茂盛,水鸟翔集,尽现大自然的一派祥和景象。

湖泡水资源充沛,境内共有大中型湖泊26处,其中已利用湖泊9处,面积47,269.7公顷。共有万亩以上泡沼13处,分别是查干湖、大布苏湖、新庙泡、库里泡、花敖泡、夜字泡、尔字泡、洪字泡、羊营字泡、查干花泡、腰井字泡、四十六泡、十三泡一号等。这些湖泡主要分布在前郭县、长岭县、乾安县,水产养殖多以自然增殖为主。据统计,全市水产品产量由建市之初 1992 年的 1.24 万吨提高到 2006 年的 3.01 万吨,增长 2.4 倍,人均水产品占有量达到 11 公斤,居全省前列。

位于前郭县西北部的查干湖,是吉林省最大的内陆湖泊,也是吉林省著名的渔业生产基地、芦苇生产基地和天然旅游胜地。2009 年 1 月 3 日,查干湖冬捕的单网出鱼量达到 16.8 万公斤,打破了 2006 年创下的 10.45 万公斤的单网产量的世界纪录,再创吉尼斯世界纪录。

另外,位于乾安县西南部的大布苏湖,其碱、盐、硝的蕴藏量分别在 140—200 万吨上下;还蕴藏着硼、碘、溴、钾、磷等多种元素。大布苏湖水碱性强,在湖中的大小岛屿上,生长着茂密的芦苇,面积达 447 公顷,每年产苇 7000—8000 吨。

由于松原市地处内兴安岭与长白山脉狭长地带,属于中温带大陆性季风气候,风力的强弱主要受大气环流形势影响,受局部地形影响较小。其中长岭县风力资源丰富,经过多年的测试结果表明:10 米高主导风向是西南偏西和西南偏南风,合计占总量的 27.6%,次风向是西北偏北风,占总量的 12.0%。10 米高风能以西北偏西和西为主,风速为 4.4 米/秒,平均风能密度为 93 瓦/平方米;50 米高风能以西北偏西和西北偏北为主,风速为 6.6 米/秒,平均风能密度为 295 瓦/平方米;推算 60 米高风速为 6.7 米/秒,平均风能密度为 348 瓦/平方米。年有效风速小时数(3—25 米/秒)为 8306 小时,满发小时数为 2007.6 小时。另外乾安县也是吉林省西部风力资源较丰富的地区之一,年有效风能贮藏量一般在 400—600 千瓦/平方米,平均有效风能密度为 100—300 千瓦/平方米,年有效风速时数为 3000—5000 小时,年最大风速为 20—28 米/秒。风能以春季最多,盛行西南风;秋冬次之,盛行西北风,适合风能发电。近年来,利用风能发电,已经被提到松原市经济发展的议事日程上来。长岭县有王子风场一期 4.95 万千瓦风力发电项目,总装机容量为 42.5 万千瓦。该风场入网条件优越、施工电源齐备,拟建电厂的风场,距输出电压 66 千伏的线路只有 300 米,距长岭一次变电站只有 9 千米。王子风场交通便利,距县城所在地长岭镇只有 5 千米,国道 203 线从中间穿过,附近道路及桥涵均能满足风机大件的运输要求。①

---

① 参见阿汝汗主编:《松原文化述略》,时代文艺出版社 2009 年版,第 31—32 页。

二、草地与森林资源

松原市处于欧亚草原带向东延伸的东端,是世界三大草原之一的科尔沁草原与松嫩平原的交汇处,也是吉林省草原比较集中、面积较大的地区之一。全区草原地势平坦广袤,起伏和缓,土质肥沃。草地资源丰富,现有草原面积53.3 万公顷,占全区总幅员面积的 24.1%,可利用草原面积 38 万公顷,占草原总面积的 71.7%,年产优质干草 40 万吨。草原水草丰美,为畜牧业的发展提供了良好的自然条件,主要牲畜有羊、马、牛等。

在可利用的草原面积中,根据每公顷产草量分为三类:

第一类牧草面积占总面积的 30% 左右,每公顷产草量在 1500 公斤以上,种类以羊草为主。主要分布在前郭县的海勃日戈镇、乌兰图嘎镇、查干花镇、套浩太乡、红星牧场、查干花种畜场;乾安县的大遐牧场、安字镇;长岭县的腰井子牧场、腰井子草原自然保护区、十四号种畜场等地。

第二类牧草面积占总面积的 40% 左右,每公顷产量在 600—1500 公斤之间,种类为羊草、杂草混合型。主要分布在前郭县的乌兰敖都乡、东三家子乡、大林子镇一带。

第三类牧草面积占总面积的 30% 左右,每公顷产草量在 600 公斤以下,多为"三化草场",退化严重,分布较广。草种为羊草、星星草、针茅等。[①]

松原市处于吉林省东部山地与西部平原的交接地带,天然植被分布具有森林草甸和草原相同的特征。从 20 世纪 50 年代以来,地带性植被多被开发破坏,残存部分亦多受人类活动影响而发生变化。全市天然植被可分为以下5 个类型:

一是森林草甸植被,处于森林向草原过渡地带,地势起伏变化较大,垦前自然植被主要有阔叶乔木、灌丛和林下特点的杂类草甸草本植物,主要分布在扶余县沿江坎棱和东部台地。有些许残存的原生植被,一般分布在难以利用的零星边角废地。

二是草甸草原植被,广泛分布在沿江台地及其他地方的黑钙土区,垦前为羊草草甸草原,现只残留草原植被片断。

---

① 参见阿汝汗主编:《松原文化述略》,时代文艺出版社 2009 年版,第 32 页。

三是低地盐生草甸植被,分布于域内各闭流区低地,是全市重要草原地区。自然植被主要是盐生草甸草本植被,以羊草为主,还有其他伴生耐碱草本植物。

四是沙丘疏林草原植被,分布于沿江河沙丘地带。森林草甸被开垦后,由于河流冲积和风力作用,地面为流沙所覆盖,砂生植物逐渐发育起来,形成东北草原地区特有的非地带性沙地疏林草原,植被为天然次生林和固沙草本植物。

五是湿生草甸植被,主要见于沿江河耕地和河漫滩,由于开垦年限较晚,天然植被残留较多,优势植物为湿生或中湿生植物。

三、石油、天然气及其他矿产资源

松原地区的矿产资源,无论黑色金属、有色金属或非金属矿藏,有很多种矿藏的储量和产量都在全国占有重要地位。矿物资源主要有煤、铁、铜、石油、油页岩等,是石油、油页岩主要分布区。目前,全市境内已探明油田 25 处、气田 12 处。累计探明石油地质储量 9.88 亿吨,可采储量为 10,582.35 万吨;天然气地质储量 185 亿立方米,可采储量 53.6 亿立方米;已探明的油页岩矿床 2 处,储量 80.2 亿吨,在全省油页岩储量中占 39.8%,列第二位。中国陆上第六大油田——吉林油田就坐落在松原市,2004 年原油产量达到 505 万吨。石油、天然气的区域分布既具有地域广泛的特点,又具有资源储量相对集中的特性,在各县(区)都有分布,但主要集中在宁江区、前郭县、长岭县和乾安县。①

除石油、天然气资源外,松原市还有许多非金属矿产资源。主要有陶粒页岩、铸型用砂、膨润土、泥炭、盐、芒硝、天然碱、砖瓦用黏土、建筑用砂等。陶粒页岩已探明资源储量为 8706.8 万吨,铸型用砂资源储量 84.5 万吨,泥炭资源储量 602.1 万吨,膨润土资源储量 537.12 万吨,砖瓦用黏土资源储量 306.06 万吨,建筑用砂产量 101.51 万吨。大布苏湖以及花敖泡、道字泡和大垂字泡系现代盐湖,作为矿产资源湖,湖水中含有大量的盐、碱、芒硝、苏打等,总储量约 1504 万吨;大布苏湖的矿物含量以天然卤水为主,其次有再生盐氯化钠、碳酸钠、碳酸氢钠和硫酸钠,储量分别是 337 万吨、143 万吨、392 万吨、83 万吨。

---

① 参见阿汝汗主编:《松原文化述略》,时代文艺出版社 2009 年版,第 27—28 页。

水气矿产是地下水和矿泉水。松原地下水资源较为丰富,全市地下水资源补给总量 17.46 亿立方米,允许开采量 13.33 亿立方米;全市已探明并经省部级鉴定的矿泉水源地有 12 处,矿泉水允许采量为 15,706 立方米/日。

四、土地及种植业资源

东北平原是中国第一大平原,作为其重要组成部分的辽阔的松嫩平原,为松原市的农业生产提供了得天独厚的优越条件。自古以来,松嫩平原就是农耕区,直到 19 世纪,松嫩平原以及三江平原的大片可耕土地,绝大部分都没有开发,土质十分肥沃,特别适宜农作物的生长,农作物的产量和营养成分颇高。在《后汉书·东夷列传》中曾记载有"夫余国……地方千里,本濊地也……于东夷之域,最为平敞,土宜五谷。"《后汉书·东夷列传》亦载:"挹娄,古肃慎之国也。在夫余东北千余里,有五谷、麻布……"又载:"东沃沮,在高句丽盖马大山之东,土肥美,背山向海,宜五谷,善田种……"可见,在汉魏时期,中原地区的人们已经知道东北大平原"土肥美"、"宜五谷"、"最为平敞","地方千里"的平原可谓片片相连。到了近代,松原地区更是以盛产大豆、高粱、小麦、小米而享誉中外,是中国的大粮仓之一。这个地区的经济作物,除了古已有之的桑、麻之外,还有大量种植的甜菜、亚麻、花生、烟草、向日葵。到了清代,随着伯都纳围场的开放,耕地面积不断扩大。

截至目前,松原市土地面积达到 2,108,938 公顷,其中耕地面积 102,654 公顷,占全市土地总面积的 48.67%,占全省耕地面积的 18.38%,人均耕地 0.39 公顷,高于全国平均水平。全市基本农田保护区面积 886,900 公顷,占全市耕地面积的 86.40%。全市的土壤以黑土、黑钙土分布面积较大。松原地区自土地开发以来,土地资源不断得到开发利用,并逐步形成自己的特点:一是土地利用资源多样,幅员辽阔,耕地多、草原多、水面大;二是土地自然条件较为优越,光、热、水条件适中,适于发展粮食生产,不仅盛产玉米、大豆、水稻、高粱,而且适宜发展葵花、甜菜、花生、荞麦、黄烟、辣椒等作物,不仅是吉林省重点商品粮基地,也是全国重点商品粮基地之一;三是土地资源利用程度高,全市土地利用率 92.87%,垦殖率达到 48.63%;四是耕地资源数量多、质量好,各种用地相间分布,为农林牧渔各业综合发展提供了条件。

五、野生动植物及养殖业资源

自古以来,松原地区野生动植物资源丰富,是这里各族居民衣食之源的重要补充。而到了现代,随着自然生态环境的变迁,为了保证人们对肉类的需要,则只能依靠养殖业的发展。松原地区的家畜主要是猪、马、牛、羊;大牲畜中还有驴、骡等。

目前,松原市野生动植物种类繁多,其中国家一级重点保护野生动物有东方白鹳、丹顶鹤、白头鹤和大鸨 4 种,国家二级重点保护野生动物有白琵鹭、黑脸琵鹭、白额雁、大天鹅、小天鹅、鸳鸯等 22 种。

野生植物有 129 科 559 种。其中食用植物 20 科 46 种,主要有苣荬菜、小根蒜、山韭菜、草蘑、黄花菜等;野生水果主要有欧李、山杏、山李红、山丁子、野葡萄、稠李子、野桑葚等;饲用植物 18 科 181 种,主要有羊草、星星草、兴安胡枝子等;观赏和蜜源植物 9 科 34 种,主要有大花飞燕草、东北石竹、细叶百合、刺玫蔷薇等;用于工业、手工纺织业和民用建筑业的植物有 17 科 27 种,主要有芦苇、小叶樟、香蒲等;药用植物 65 科 271 种,主要有水红花子、地榆、防风、甘草、狼毒、苦丁香、车前子、芦根等。[①]

松原地区的自然资源自夏商到清末的 4000 余年间,一直处于"间歇性发展的历史循环"之中,丰富的自然资源一直被完好地保护到现在。"每当游牧渔猎民族取得了可喜的发展成就,还没有来得及向更高社会阶段飞跃,他们就被吸入中原……他们在草原和森林中的故乡逐渐荒芜,成为孕育下一个游牧渔猎民族重新崛起的摇篮。"[②]从商族在夏王朝末年渐次南下、入主中原建立商王朝,到满族入关建立大清帝国,东北民族在 4 世纪(鲜卑族)、10 世纪(契丹族)、12 世纪(女真族)、13 世纪(蒙古族)、17 世纪(满族),共有 6 次南下。东北社会"间歇性发展的历史循环",即存于长达 4000 余年的历史空间之中。

尤其是满族南下建立清王朝,曾在东北中部和北部地区实行"封禁"政策,自然资源因此得到了很好的保护。直到近代社会的初期,松原地区的矿藏基本上没有开发,原始森林保存完好,草原也没有遭到破坏,肥沃的黑土地也

---

① 参见阿汝汗主编:《松原文化述略》,时代文艺出版社 2009 年版,第 33—34 页。
② 邴正:《振兴东北与振兴东北文化》,《社会科学战线》2004 年第 5 期。

没有因为开垦或水土流失而丧失肥力,与黄河中下游、长江中下游、珠江中下游地区自然资源(特别是土壤和植被)的过度开发和某种程度上的破坏相比,情形迥然不同。

第二章　人类史前文明与社会历史沿革

　　松原地区的人类活动始于一万多年以前,从旧石器晚期的"查干淖尔人",到青铜时期的文化遗存,松原地区的史前文明经历了由低级向高级的几个发展阶段,展示松原地区丰富而悠久的史前文明。自古以来,松原就是多民族的聚居地与发祥地。从先秦到隋唐,东北的各民族在这里建立夫余、高句丽、渤海国等少数民族政权,与中原统治王朝保持政治上的隶属关系。从辽金到元明清,各族在此建立民族政权,中原王朝在此设立行政区划,对这些地区进行有效的政治、经济、文化统治与行政管辖。新中国成立后,松原地区各县区纳入吉林省行政管辖范围,松原开始了一个新的历史时期。伴随松原社会历史发展变迁,松原这方神奇的土地,为人类留下了丰富的文化遗产。

第一节　考古发现与史前文明

　　历史文献的形成,始于文字的出现。研究史前史与古代文明,地下考古所提供的资料具有特殊重要的意义。因此,松原地区在石器时期、青铜时期的考古发现和研究成果,对于探讨该地区的历史文化形成与发展,无疑是十分重要的。

一、旧石器晚期的"查干淖尔人"

　　东北地区旧石器时期晚期遗址出土的石器,同旧石器时期的早期石器相比有明显的进步,具有如下几个特点:一是压制石器的大量发现与打制技术的明显进步;二是器形趋于细小,加工较细,种类繁多;三是石器出土的数量很大,石器的生产水平有了很大的提高。

骨器在东北旧石器时期晚期遗址的大量出土,是东北地区旧石器时期晚期文化的又一重大特征。它说明骨器的使用范围已经相当广泛,制作技术也有很大的进步。

从旧石器晚期出土的石器来看,东北南部出土的石器比北方要先进一些,这一趋势反映了不同石器文化传统向东、向北传播的不同路径。[①]

据考古发现,松原地区从 1 万多年前起,就已经有了人类活动。其中较为著名的就是旧石器晚期的"查干淖尔人"。在查干湖的北岸,有一座绵延起伏的山冈,山冈的南端陡然峭立,突出水面数十公尺。山头上杨柳成荫,黛青叠翠,人们称之为青山头。青山头是古人类理想的栖居之所。在青头山遗址中的下层属于旧石器时期,出土有人类左侧股骨一根,这一化石被称为"青山头"人。在下层中还出有多种古生物化石。[②] 1981 年和 1982 年,吉林省地震局和省地质矿产局先后两次在青山头发现古人类的头盖骨和部分躯干化石。经碳十四测定,这些化石距今约 13,000 年至 7,800 年。1983 年,吉林省考古队在搞文物调查时,也曾在青山头发现有打制的刮削器、石核、长石片和柳叶形镞等,同时发现骨锥一件。在地表下 40—60 厘米的土层中,还发现有红烧土、炭块及鱼骨、兽骨等遗物。1984 年,吉林省文物考古研究所又在这里进行了科学的发掘,获得人骨化石一具。同时还发现有打制粗糙的石器和骨制、蚌制装饰品。经测定,这具人骨距今约 9000 年左右。这些考古发现都表明,在青山头一带,早在 1.3 万年前的旧石器晚期,就已经有人类居住。这是迄今为止在吉林省西部地区发现最早、延续时间最长的古人类。古人类学家称这一时期生活在查干湖畔青山头一带的古人类为"查干淖尔人"。

旧石器时期晚期,生活在查干湖附近的查干淖尔人处于母系氏族社会的早期阶段,妇女在经济生活中起着重要的作用。当时的人们以狩猎、采集、捕鱼为生。在这一时期中,少数古人类仍然利用天然的山洞,过着穴居生活;但

---

① 参见孙建中:《松辽平原旧石器考古问题》,《黑龙江文物丛刊》1983 年第 2 期。
② 参见尤玉柱等:《吉林前郭查干泡发现的人骨化石与生态环境》,《史前研究》1984 年第 4 期。

更多的古人类家族已走出洞穴,来到山坡或河谷台地,在靠近水源的地方生存下来。他们已学会建造简陋房屋来遮风挡雨。当时生活在查干湖畔的古人类的生存条件极为艰苦,冬季捕猎,夏季采集和捕捞,艰难地维持着生命的延续。

1989—1990 年,吉林省文物考古研究所等有关部门,在今前郭尔罗斯蒙古族自治县哈拉毛都乡王府屯西北沟下更新统沙砾石层中,发现了一些石器,其中有石核、石片、刮削器和尖状器。石器以片状毛坯占优势,刮削器居多,以向背面加工为主,小型者多,具有华北旧石器文化共有的特点。遂将该地定名为"王府遗址"。

黄斌、黄瑞的《走进东北古国》一书,对王府遗址出土文物进行了考证,认为它是迄今为止,东北地区发现的最古老的人类居住遗址。王府遗址是东北地区已发现的所有旧石器早期文化中年代最久远的、唯一一处达 100 万年以上的旧石器早期文化遗存。据专家统计,全国范围内 100 万年以上的旧石器早期遗存有 9 处。考古专家们根据这 7 块石头确定无疑地宣布早在 100 万年前,东北地区就已经有人类居住。到目前为止,已知前郭县"王府遗址"是人类祖先在东北地区最远古的居住地,是中华民族古人类的发祥地之一。

另外,据《扶余县文物志》记载,在扶余县境内还出土有旧石器时代的古生物化石。1959 年,群众在扶余县五家站镇东松花江二级台地的沙岗挖沙中,发现猛犸象化石。猛犸象生存在第四纪更新世晚期,距今两万余年,和旧石器晚期人类共存,是生活在气候寒冷的北方地区的巨型食草动物。1982 年5 月,群众又在县城城郊小窑屯发现一具完整的披毛犀上颌骨化石,距今两万年。披毛犀上颌骨在扶余出土,表明在更新世时期,这种动物曾广泛分布在松嫩平原。① 在松原旧石器时期文化遗存中,还有地处松辽平原西南部的大布苏遗址。大布苏遗址位于乾安县大布苏泡子东岸第二级阶地前缘。② 1985 年,通过对该遗址的挖掘,获得大量的石器与少量的动物化石,其时代相当于旧石器晚期之末或者进入中石器时代。③ 从石器的特征看,属于细石器,该文

---

① 参见吉林省文物志编委会编:《扶余县文物志》,1984 年内部资料,第 1—2 页。
② 参见董祝安:《大布苏的细石器》,《人类学学报》1989 年第 1 期。
③ 参见孙乃民主编:《吉林通史》(第 1 卷),吉林人民出版社 2008 年版,第 12 页。

化遗存的发现为细石器的研究提供了新资料。①

二、新石器时期的文化遗存

距今 1 万年前左右,中国的远古居民已进入以磨制石器、陶器的发明、农业的产生为三大特征的新石器时期,旧石器时期的晚期智人也因此而进化成为新人。考古发现表明,东北地区的新石器文化,与中原地区的新石器文化,在时间上大体是同步的。松原地区的新石器文化在时间上大致为距今 7000—8000 年前。

东北地区的新石器文化,比较典型的遗址和以这些遗址命名的考古文化,有北部的昂昂溪文化、东部的新开流文化、辽宁中部的新乐文化、辽东半岛的小珠山文化、内蒙古东部和辽西的红山文化以及富河文化。

新石器文化主要集中在黑龙江省西部的嫩江流域,波及吉林省西部的松嫩平原。这一地区遗址发现的渔猎工具较多,磨制石器较少,大量是压制的细石器。骨器发现较多,有镞、鱼镖和枪头。其中昂昂溪文化以 1930 年发掘的齐齐哈尔市郊的昂昂溪遗址为代表,这类文化遗存主要以单排倒钩曲柄枪头最富有特征。陶器以夹沙陶为主,器形简单,只有炊具夹沙罐和餐具盆、钵等。昂昂溪文化距近约 6000 年左右。

松原地区新石器时期文化遗址多分布在江河沿岸的台地、草原与湖边的沙丘上。平原上水域辽阔,水产丰富;山上森林茂密,山下水草丰茂,依山傍水,离森林不远,动植物资源丰富,汲水方便,捕鱼便利。良好的生态环境为这里的原始先民们采集、狩猎、捕捞和粗放农耕提供了条件。

松原地区新石器时期生产工具有压制和磨制石器。早期压制石器占有一定数量,晚期磨制石器较多。压制石器多以燧石、玉髓、玛瑙、水晶、碧玉、蛋白石等为原料;器类有石叶、石刃、尖状器、刮削器、切割器和投枪头。也有部分磨制的骨器作为生产工具,如骨钩、骨针、骨镞、骨叉等。使用磨制石器为主应是农业经济占主导地位,以压制石器为主应是渔猎经济占主导地位。新石器时期的人们多使用石锄、石刀、石斧、石磨盘、石磨棒等农业生产工具,以农业

---

① 参见张博泉、魏存成:《东北古代民族考古与疆域》,吉林大学出版社 1997 年版,第 191 页。

生产为主;而使用网坠、石球、骨钩、骨叉等渔猎生产工具的人们,则以渔猎经济形式为主,或两种经济形式兼而有之。

这一时期的主要生活用具为陶器,陶质多夹砂褐陶,有红陶、灰陶、黄陶和黑陶,早期新石器时期陶器多压印纹,其次为刻划纹,晚期多为素面。

松原地区新石器时期比较典型的遗址和以这些遗址命名的考古文化主要有:长岭县腰井子遗址、前郭县腰浩特忙遗址以及乾安县傅字井遗址等。

长岭县腰井子北岗遗址位于长岭县三十号乡腰井子村北沙岗的南坡,面积较大,约4万平方米,散布有大量蚌骨、鱼骨、禽骨、小兽骨、陶片和少量细石器,还有许多灰坑与房址。完整的房址为半地穴式,平面呈正方形,居住面用碱土夯打,遗物非常丰富。石器数量很大,主要有刀、锛、砍砸器、研磨器、磨盘、石球、石饰、石材以及细石器刮削器等。陶器的数量也很多,在遗址中随处可见。器物均为手制,以细泥夹砂陶器为主,也有沙质陶和细泥夹砂蚌粉陶,火候较低,器物以黄褐色居多,也有黑色、灰褐和红褐色。纹饰有刻划纹、压印纹等。器形有罐、网坠等。骨角器有角锥、骨锥、骨镞、骨镖等。玉器是鱼形环状饰、玉石管。蚌器是鸟形饰。遗址中心的文物文化面貌比较复杂,既与新乐下层文化有相似之处,又与红山文化一致;所出骨镖与波浪状的附加堆纹陶器片,与昂昂溪文化遗物相同。由此可知,此遗址上限要早于新乐下层,下限已到新石器时期晚期。从遗址出土的石斧、砍砸器、石刀、石磨盘以及纺轮等可以看出,当时农业生产已很发达;同时,出土的石镞、刮削器等工具表明,渔猎在当时社会生活中占有重要地位。① 长岭县新石器时期遗址共有36处,以腰井子北岗遗址、前蛤蟆沁遗址、公爷府西岗遗址、西岗遗址遗物最具代表性。

前郭县境内共发现新石器时期遗址5处,皆分布在西部草原地区靠近水源而又高出周围地表的漫岗阳坡上,其中年代较早、遗物比较丰富、具有代表性的新石器时期遗址是腰浩特忙南坨子遗址。该遗址位于前郭尔罗斯草原最西部的孤店乡腰浩特忙屯南的坨子地上,地表分布有大量的石器、兽骨、蚌壳等。石器以细石器为主,有石镞、刮削器、尖状器、小长石片、石核、石矛头等;另有磨制石斧。陶片均为手制,夹粗砂,外表多经打磨光亮,多呈灰褐色、黄褐色、红褐色;器形有鼎、豆、罐、筒形罐等。这处遗址遗物所反映的社会生活状

---

① 参见吉林省文物志编委会编:《长岭县文物志》,1987年内部资料,第7—13页。

况应该是以渔猎经济为主。与此遗址相近的新石器时期遗址还有西浩特忙遗址、浩特忙东北遗址、长发遗址等，出土的遗物以细石器为主；陶器有罐、豆等。西太平遗址只有细石器，未发现陶器；细石器有石镞、石矛、小长石片、刮削器、石核等。

从前郭县境内的新石器时期遗址看，在文化内涵上与"昂昂溪文化"、"白金宝文化"既有共同之处，又有所区别。从细石器形制与质地看，等腰三角形碧玉、玛瑙质石镞为其共性，与嫩江地区的"昂昂溪文化"有共同性。而鼎、筒形罐以及带桥状耳的器物，又与肇源的"白金宝文化"类型相似。从时间上看，其上限接近"昂昂溪文化"早期，下限不晚于"白金宝文化"。同时，表明这里的新石器时期文化到了晚期，明显受到"白金宝文化"类型影响。从空间上看，前郭尔罗斯新石器又形成其自己的特点。各种出土器物表明，这里不仅以渔猎为主，农业也有一定的发展。[①]

乾安县境内从考古资料看，发现有距今 7000 年前的新石器时期早期遗址 3 处，即传字井南岗遗址、西玉字井西岗遗址、大师遗址。其中以位于兰字乡传字井南岗遗址最具代表性。3 处遗址皆分布在乾安县境内的西北部，遗址之间的距离较远，又均靠近邻县。如传字井遗址距通榆县界仅有 2 公里，西玉字井遗址距大安县界是最远的，也只有 13 公里左右。这种分布状况说明，当时这里人烟稀少，同时与这里的自然环境及社会经济形态有关。就 3 处遗址总体情况看，在文化内涵上没有什么区别。遗址中均散布大量的蚌壳、鱼骨、幼兽骨和陶器残片等。陶片均为手制，火候低，以黄褐色、红褐色和灰褐色为主，质地可分为砂质陶、泥质夹砂陶和泥质夹砂蚌粉陶 3 种。其中砂质陶的表面一般带有纹饰，而其余的绝大多数为素面。[②] 如传字井南岗遗址出土的陶片，大多素面无纹，带纹饰的陶片较少。素面陶片的颜色有红、赭、褐、黄褐、灰褐色 5 种。制法为手制，火候较低。带纹饰的陶片，绝大部分是砂质陶，少量是泥质夹砂陶。施纹的方法分为刻画纹、压印纹和附加堆纹。

这类遗址中的石器均不丰富，器型种类也比较少。从传字井南岗遗址中出土的"之"字纹陶片看，与通榆县兴隆山镇的敖包山遗址出土的"之"字纹陶

---

① 参见吉林省文物志编委会编：《前郭尔罗斯蒙古族自治县文物志》，1983 年内部资料，第 7—8 页。

② 参见吉林省文物志编委会编：《乾安县文物志》，1986 年内部资料，第 7—8 页。

片相同。敖包山遗址的文化性质同新乐文化与红山文化相近。故此乾安县传字井南岗遗址的文化面貌与新乐文化和红山文化有一定联系,同属新石器时期,距今 7000 年左右,但在其他方面有很大的区别。如刻画的直线与曲线几何纹陶片均不见于新乐文化与红山文化之中。另外,从该遗址的地表采集的标本看,其文化类型与北部的昂昂溪文化毫无关系。这反映出乾安县的新石器时代文化遗存有着自己的独特风格。①

三、青铜时期的文化遗存

自公元前 21 世纪夏王朝建立国家以来,东北地区与中原地区大体上同步进入金属文明时代,即青铜时期。青铜时期是以青铜作为制造工具、生产和生活用具和武器的重要原料的人类物质文化发展阶段,青铜器的出现是生产力飞跃发展的一个重大标志。中原地区青铜器最早出现在二里头文化,距今约 4000—3500 年。东北地区出现青铜器的年代,与二里头文化大体相当,时间略晚一些,生产水平也低于中原地区。松原地区进入青铜时期,相对较晚于中原地区,大约距今 4000 多年前出现青铜器。松嫩平原上的白金宝文化,是以嫩江中下游和松花江中上游为中心的具有代表性的青铜文化遗存。白金宝文化的陶器有夹砂褐陶和泥质褐陶两类,主要陶器是篦纹钵、罐、壶、杯、鬲等,生产工具以骨器、蚌器为主,出现蚌刀、蚌镰,说明农业生产已有一定程度发展。

松原境内的青铜时期文化有代表性的遗址是位于前郭县吉拉吐乡的红石砬子遗址,以及长岭县五十四号遗址、扶余县老方家遗址、乾安县操字井遗址等共计 81 处。其中,前郭县有遗址 4 处,长岭县有 46 处,乾安县有 20 处,扶余县有 11 处。

前郭县境内的青铜文化遗址,皆分布在第二松花江下游的冲积平原上。其中延续时间较长的是穆家乡青山头遗址。该遗址除发现黄褐色、红褐色手制陶片和青铜耳环外,还发现许多琢制细石器和磨制石器及骨器。另有鱼骨、兽骨、红烧土等。除青山头遗址外,还有达里巴乡二莫后山遗址、吉拉吐乡的红石砬子遗址、大山乡波拉户遗址、平凤乡老马圈东小山遗址。②

---

① 参见吉林省文物志编委会编:《乾安县文物志》,1986 年内部资料,第 13—18 页。
② 参见吉林省文物志编委会编:《前郭尔罗斯蒙古族自治县文物志》,1983 年内部资料,第 8—9 页。

在上述青铜文化遗址中,以吉拉吐乡的红石砬子遗址最为典型,属于汉书文化类型。该遗址位于第二松花江左岸高悬的陡崖上,面积为 375,000 平方米。由于遗址面积较大,加之遗物丰富,已被列为吉林省重点文物保护单位。该遗址石器较少,主要为陶器。陶器的类型主要有夹砂褐陶、泥质褐陶、红褐陶及彩绘陶数种。夹砂褐陶主要有鬲、罐、壶,手制,表面磨光,纹饰为绳纹和细曲线纹。泥质褐陶、红褐陶,陶土较粗,夹有细砂,器型有鼎、豆、罐、壶、杯等,手制,器表磨光,素面较多,纹饰有绳纹、网格划纹、指甲纹和锥刺纹等。彩绘陶即红衣陶,泥质,外表打磨光后再施红彩,色调鲜明,但有脱落。器型有杯、罐及筒形罐等。此外,还有泥质灰褐陶。该处遗址不仅属于汉书文化类型,还受到扶余县长岗子文化、昂昂溪文化的影响。其年代相当于西周时期,下限可延到西汉。①

扶余县境内的青铜文化遗址以新民乡老方家遗址为最早,时间约在春秋至战国时期。遗址面积为 28,000 平方米,地表下有大片红烧土层。遗址主要是陶器与骨器。陶器以夹砂褐陶为主,也有泥质褐陶,多呈红褐、黄褐色,同时也有灰褐与黑褐色。夹砂陶用于制造鼎、罐、盆等大器;泥质陶多用于制作罐、碗、杯等小型器物,表面打磨光滑。还有磨光红褐陶、陶纺轮与陶器座、小陶鱼等。骨器有骨针、骨锥。装饰品有绿松石扁坠。从遗址的范围较大、出土的器物较多来看,当时人类已经过着较稳定的生活。此遗址属于汉书文化类型,但要比"汉书一期"文化略晚,比"汉书二期"文化要早一些,可能是"汉书一期文化"向"汉书二期文化"的过渡文化。②

除老方家青铜文化遗址外,扶余县还有长岗子遗址等 10 处青铜文化时期遗址。这些遗址的共同特点:多数都属于汉书二期文化类型,遗址上层还有辽金时期的文化遗物。其中长岗子遗址位于伯都乡伯都屯西北,该遗址从地表发现大量属于"汉书二期文化"类型的陶片,1960 年被列入省级重点文物保护单位。1974 年,吉林大学考古专业调查组对此遗址进行了试掘。从出土的遗物看,是一种比较单纯的"汉书二期文化"类型的原始文化遗存。遗址的陶器以泥质红褐陶为主,生产工具有石器、蚌器、陶器等。从遗址的文化特点推断,

① 参见吉林省文物管理委员会:《吉林省前郭、扶余、德惠考古调查》,《考古》1961 年第 1 期。

② 参见吉林省文物志编委会编:《扶余县文物志》,1984 年内部资料,第 4 页。

长岗子遗址的实际年代相当于战国至汉时期;到了辽金时期,契丹族和女真族
也在此居住。① 关于该文化类型的族属问题,学术界有人认为是古代夫余族
的先世。②

　　长岭县境内共有青铜时期文化遗址 46 处,是松原地区青铜时期文化遗址
最多的地区,而且与其他县区的文化类型的特点有所区别。该时期长岭县文
化遗址遗物总体特点是:出土陶器的种类有红褐色沙质陶、红衣陶、黄褐色细
泥质饰篦点几何纹或细绳纹陶、黄褐色泥质陶和细泥羼蚌壳粉饰鼓丁纹陶几
种。器形有筒形罐、鼓腹壶、矮足鬲、钵、杯、纺轮等,器耳多为扁泥条桥状和鸡
冠状。青铜器有泡饰、箭头等,但很少。篦点纹陶、红衣陶、铜饰件与大安县汉
书文化遗物相同,沙质红褐陶又是汉书文化所没有的。据考证,这些青铜遗址
是距今 2500 年前后的人类生活遗存。③ 其中以龙凤乡治安北泡子遗址、西十
五号屯北坨子遗址和小六号屯南岗遗址具有一定的典型性和代表性。

　　治安屯北泡子遗址,位于龙凤乡治安屯北约 3 公里处方圆 1 公里的水泡的
正北 60 米沙岗南坡,遗址范围方圆 2 万平方米,处于耕地与荒沙丘之中。遗址
出土的遗物分东西两部分,西部以青铜时期的遗物为主,东部以辽代的遗物居
多,暴露的遗物主要有细砂质与细泥质的各类陶器残片。砂质陶占有很大的数
量,手制,火候低,呈黑色、青灰、浅褐、黄褐等颜色。饰纹主要有指甲状刻画纹、
堆纹等,属于青铜时期文化遗存。细泥质陶片火候比较高,属于辽金时期的文化遗
存。从遗址的范围较大、遗物也较多来看,分属于青铜时期与辽金文化遗存。④

　　西十五号屯北坨子遗址,位于龙凤乡十五号村西十五号屯北 1.5 公里处
的一个沙坨子上。坨子的周围为草原,遗址范围东西长 700 米,南北宽 50 米,
面积约 35,000 平方米。遗物主要是陶片与细石器,还有蚌壳、兽骨、鱼骨。陶
片的年代有青铜时期与辽代之分。在一处遗址中有两个时期的文化遗存,又
多是辽代的遗存,这是长岭县青铜文化遗址的一个不同于其他县区青铜文化
遗存的特点。该遗址中青铜时期的陶片较多,多数是细泥质,少量是细砂质,

---

① 参见吉林省文物志编委会编:《扶余县文物志》,1984 年内部资料,第 5—6 页。
② 参见殷德明:《黑龙江古迹与历史沿革概述》,《黑龙江省文物丛刊》1981 年第 1 期创刊
号。
③ 参见吉林省文物志编委会编:《长岭县文物志》,1987 年内部资料,第 4 页。
④ 参见吉林省文物志编委会编:《长岭县文物志》,1987 年内部资料,第 61 页。

也有羼蚌穀粉的,颜色有灰褐、黄褐和黑色的。纹饰有戳坑纹、坑点纹、指甲纹及斜划纹等。遗址中细石器较多,一般形体较大,有石斧、石矛头、石镞、尖状器、刮削器、石核等。① 此处青铜时期遗址特征显著又具有典型性和特殊性。

小六号屯南岗遗址,位于十家户乡六号村小六号屯南沙岗上的耕地中,岗南北长 500 米,东西宽约 200 米,高约 3—4 米。遗址中有大量的陶片与细石器。陶片的质地有夹砂与砂质两种,有些羼有蚌壳粉;颜色以黄褐色的居多,其次是灰褐、红褐色。器形上绝大部分是素面无纹,有些器表经过磨光,还有一些陶片上有小圆孔。少数陶片有压印的篦点的几何纹和凸弦纹。出土的细石器虽多,但成形的较少,在成形的器物中采集到 8 件:石镞 4 件,由燧石与玛瑙石压琢而成;还有尖状器两件。这些出土的遗物经考证属于青铜时期遗址。该遗址与其他遗址相比既有共性又有个性,很具有典型性。②

乾安县的青铜文化遗存共有 39 处,其中有 20 处同时并存辽金时期的文化遗存。这些遗存主要集中在泡泊岸边的二级台地上或向阳的岗坡上,遍及全县各地,是松原地区青铜文化遗存较为集中的又一个地区。其存续时间距今 2000—3000 年之久,其文化类型与大安县汉书文化既有相似之处,又有所区别。就总体而言,这一时期出土的陶器绝大多数没有纹饰,只有少数陶片上有绳、篦点几何纹、网格纹、圆点几何纹和附加堆纹。质地上有砂质陶、泥质夹砂和细泥夹砂羼蚌粉陶 3 种,均为手制。颜色上以红褐色与黄褐色为主,从坚硬度上看,砂质陶要比其他两种质地硬得多。这一时期的器形有壶、双耳罐和空心柄豆等。同时期的骨器也较发达,有骨针、骨锥、骨镞等。③

石器以细石器为主,器形有长条单脊刮削器、弧刀形刮削器、石镞、尖状器等,由石英石、燧石、黑曜石压琢而成。此外,还有磨盘、磨棒、鹤嘴锄、蛇形石犁、石斧等农业工具。这些出土文物反映出当时农业生产技术水平较新石器时期有了很大的提高。但是,遗址出土文物中大量的鱼骨、蚌壳和小兽骨的存在,以及各种刮削器的存在,还有石镞等,也充分说明当时渔猎经济在社会生活中还占有很重要的地位。④

---

① 参见吉林省文物志编委会编:《长岭县文物志》,1987 年内部资料,第 53—54 页。
② 参见吉林省文物志编委会编:《长岭县文物志》,1987 年内部资料,第 67—68 页。
③ 参见吉林省文物志编委会编:《乾安县文物志》,1986 年内部资料,第 8 页。
④ 参见吉林省文物志编委会编:《乾安县文物志》,1986 年内部资料,第 9 页。

乾安青铜文化属性与大安汉书文化类型的比较:

从乾安县各处遗址出土文物看:有明显的大安汉书文化特点,如篦点几何纹陶片、粗绳纹陶片、鸡冠状陶器耳等。但是,还有所区别。

从陶器的质地上,汉书文化类型中的陶质多为细泥夹砂陶,少数为细泥陶;而乾安县的青铜文化遗存中的陶器,却不见细泥陶,而大多数为砂质陶,并且砂粒也比较大。

从纹饰上看,虽有相同之处,但也有差异。汉书类型中的彩陶和狼牙坝墓群中的圆点几何纹陶片,则是互相不相见的。另外,汉书类型的陶器多带有纹饰,这一特点也是吉林省西部青铜文化遗存的特殊性。而乾安县的各青铜文化遗存中的陶器上却少有纹饰,均以素面陶器居多。

从器型上看,二者的区别更大。汉书类型中的单耳陶杯、深袋式陶鬲、陶器座、陶质大网坠等,在乾安的各青铜文化遗存中均没有发现。上述种种差异,反映了乾安青铜文化的独特性。这种差异性由于乾安县独特的地理环境与居住不同的民族等多种原因而致。①

在乾安县39个青铜文化遗址中,有16个单纯的青铜文化遗存,20个是青铜时期、辽金时代遗物并存的遗址。在16个单一青铜文化遗存中具有代表性的遗址为:操字井南岗遗址、列字井西南岗遗址、大师西北岗遗址等。

操字井南岗遗址,位于乾安县仙字乡操字村操字井屯南1.5公里的沙岗上。沙岗长7.5公里,宽100米—400米不等。面积约8000平方米。遗址北部是耕地,岗南是大面积的草原与沼泽地,在沙岗的西部有一个大沙坑,沙坑内散布有大量的蚌骨、鱼骨、禽骨和小动物的骨骸,部分骨骸有明显的被火烧过的痕迹。此外,还有大量的陶器残片和少量的细石器。

陶器均为夹砂陶,手制。火候较低,呈黄褐色、灰褐色和赤黄色。少数陶片上饰有绳纹、弦纹和堆纹。

遗址内出土的石器,多为打制石器所剩的残块与石叶,成形的石器有刮削器、石钻,为燧石与石英石压琢而成。此外,还出土一件石灰岩质地的鹤嘴锄残部。对遗址出土的文物分析发现,这是一处典型的青铜时期文化遗存。②

---

① 参见吉林省文物志编委会编:《乾安县文物志》,1986年内部资料,第9页。
② 参见吉林省文物志编委会编:《乾安县文物志》,1986年内部资料,第20—21页。

　　大师西北岗遗址,位于水字镇大师字村大师字井屯西北 500 米处的沙岗北部。沙岗西坡是花敖泡子,岗东是耕地。遗址中出土的陶片均素面纹,少部分陶片上有孔。在这一点上不同于操字井南岗遗址出土的遗物,而操字井南岗遗址出土的陶片有各种饰纹。在其他方面和别的遗址大体相同。

　　乃字井东岗遗址,位于道字乡乃字村乃字井屯东南 300 米的沙岗上。沙岗高约 2.5 米。南坡脚下是道子泡子,西、北两侧是大片耕地。遗址面积 1800 平方米。内有陶片、石器、蚌壳、兽骨等。

　　遗址内出土的陶片有手制与轮制两种。轮制为其他遗址中少见,有其特殊性。手制陶数量多,火候低,质地夹砂,素而无纹的陶片居多;少量饰有绳纹、指甲纹和弦纹。轮值陶数量较少;细泥质地,呈灰色,素面陶片居多,少数陶片上有纹饰。

　　遗址出土 3 件石器:一件石磨盘的残部,一件磨制石器或骨器工具,一件石英石的石钻。经过考古发现,遗址出土的文物属于典型的青铜文化遗存。①

　　青铜时期是考古学上以使用青铜器为标志的人类社会文化发展的一个历史时期。

　　东北地区青铜文化是从公元前 2000 年前后开始的。将东北地区出土的青铜器遗物与中原地区相比就会发现,东北地区是我国最早发生青铜时期文化的地区之一。② 但是,东北地区青铜文化作为早期青铜文化,其整体发展水平尚欠发达,不能与中原青铜文化相提并论。③ 在东北地区,青铜文明的出现"并不等于奴隶制时代的到来,但它为父系氏族制度的确立和向奴隶制的过度奠定了物质基础"④。从松原地区青铜器出土的情况看,松原青铜文化是东北吉林省西部地区青铜文化汉书文化的一个缩影,既有青铜时期人类文明共有的属性与特征,又有自己独特的特点。松原地区早期出土的青铜器,不仅数量很少,而且器形较小,在生产技术上处于初始阶段。松原地区青铜文化遗存

---

　　①　参见吉林省文物志编委会编:《乾安县文物志》,1986 年内部资料,第 25—26 页。

　　②　参见张博泉、魏存成主编:《东北古代民族、考古与疆域》,吉林大学出版社 1997 年版,第 280—282 页。

　　③　参见朱永刚:《东北青铜时代的发展进程及特点》,《吉林大学社会科学学报》2004 年第 5 期。

　　④　佟冬主编:《中国东北史》(第 1 卷),吉林人民出版社 1998 年版,第 150 页。

充分展示了当时这一地区的社会生产力发展水平与社会生活状况，以及人类活动的轨迹。

松原地区历史悠久，文化遗产丰富。现存各类文物遗迹 700 余处，其中古遗迹 541 处，古城址 37 处，古墓葬(群)57 处，古工程遗址 2 处，古建筑遗址 7 处，古寺庙址(含无存寺庙)47 处，古窑址 8 处，古窑藏 3 处，古石刻 6 处。此外，有古驿站址 5 处，革命纪念建筑 12 处，纪念地 3 处。国家级重点文物保护单位 2 处，分别为扶余县境内辽金时期文物——大金得胜陀颂碑和前郭县境内辽金时期塔虎城古城址。省级重点文物保护单位 11 处，分别为宁江区伯都古城(辽金)；长岗子遗址(奴隶社会、夫余族、鲜卑族居住时期)；清真寺(清至现代)；扶余县石头城子古城(辽金)；扶余县万善石桥(民国)；前郭县满蒙文石碑(清)；前郭县红石垃子遗址(青铜)；大老爷府(清)；七大爷府、祥大爷府(清)；长岭县腰井子北岗遗址(新石器)；乾安县大布苏狼牙坝古墓群。县级文物保护单位 53 处，其中宁江区 15 处，扶余县 10 处，前郭县 11 处，长岭县 4 处，乾安县 13 处。

第二节　历史沿革及社会变迁

松原地处吉林省的西部，历史悠久。自古以来，就是多民族的聚居地与发祥地。公元前 21 世纪夏商周时代，这里进入青铜时期。从先秦到隋唐，居住在松原的各民族就与中原王朝保持密切的经济、文化联系，逐渐成为隶属中央王朝的边疆少数民族地区。东北的各民族在这里建立夫余、高句丽、渤海国等少数民族政权，与中原统治王朝保持政治上的隶属关系。辽金时期在此建立政权，设立行政区划，对这些地区进行有效的行政管辖。元明清时期各中央王朝在此设立各级地方行政机构，进行有效的政治、经济、文化统治。从民国到新中国成立前，在此设立县级行政管理机构，隶属吉林省、辽北省管辖。新中国成立后，松原地区各县区纳入吉林省行政管辖范围，松原进入新的历史时期。伴随历史发展、社会变迁，松原这方神奇的土地，以自己悠久的历史，灿烂的文化，为我们后人留下了取之不尽、用之不竭的丰富文化遗产。

一、先秦至隋唐时期的行政设置与管辖

据历史文献记载，从春秋、战国至秦朝，松原境内东部今宁江区、扶余县、前郭县地区为秽貊族世居之地；西部今长岭县、乾安县为东胡族游牧居住地，处于东胡的南缘。据《史记》之《匈奴传》记载："燕将秦开，为质于胡，胡甚信之，归而袭破东胡，东胡却千余里，燕亦筑长城，自造阳至襄平，置上谷、渔阳、右北平、辽西、辽东郡以拒东胡。"①东胡被燕袭破以后东迁，长岭、乾安地区就是东胡活动的南缘。

汉、魏、晋、南北朝时期，今松原地区地处松嫩平原，成为东北不断兴起的各民族之间相互角逐、迁徙、融合的大舞台。秽貊族系的夫余人与东胡族系的鲜卑人及肃慎族系的勿吉人，在这个大舞台上，相互之间频繁往来、纷争不已。东部的扶余、前郭地区是夫余国的活动区域；西部长岭、乾安地区是东胡、鲜卑族的故地。

从汉至南北朝时期，境内东部是秽貊族系夫余人建立的夫余国之一部分。夫余族系源于秽貊。秽貊系民族曾分化出3个分支：夫余、高句丽和百济。夫余是其中一支，在东北建立第一个少数民族政权。《史记》、《后汉书》、《三国志》等史籍均有记载。《史记·货殖列传》在记载燕国曰："夫燕，亦渤碣之间一都会也。……北临乌桓、夫余。"②可见，夫余早在战国时就是东北地区比较强大的民族团体。关于夫余建国的具体年代，史籍没有明确的记载。汉高祖十二年（前195年）定辽东、辽西等四郡，汉武帝元封三年（前108年）置乐浪、临屯、玄菟、真番等四郡。此后东北地区的南部始"北邻乌桓、夫余、东缩秽貊、朝鲜、真番之利"。③ 这则史料说明，夫余建国至少是在公元前二世纪末以前。有关东明在松花江大曲折处以南建夫余国，史籍《论衡》有一段神话记载："东明善射，王恐夺其国也，欲杀之。东明走，南至掩潌水，以弓击水，鱼鳖浮为桥。东明得渡，鱼鳖解散，追兵不得渡，因都王夫余，故北夷有夫余国焉。"④东明南逃到掩潌水（今松花江大曲折处），征服这里的秽人，建立了夫

---

① 《史记》卷110《匈奴传》，中华书局1972年版。
② 《史记》卷129《货殖列传》。
③ 《史记》卷129《货殖列传》。
④ 《论衡》卷2《吉验篇》。

余国。

夫余国的具体位置与统治的四至范围,《汉书》记载的比较简略:"北邻乌桓、夫余"或"北隙乌丸、夫余"①,到了《后汉书》对夫余国的四至界限有了比较明确的记载:"夫余国在玄菟北千里,南与高句骊,东与挹娄,西与鲜卑接,北有弱水,地方二千里,本濊地也。"②《三国志·魏书·东夷传》对夫余的疆域记载较为详细:"在长城以北,去玄菟千里。南与高句丽,东接挹娄,西与鲜卑接,北有弱水,方可二千里。"③根据史籍与考古资料分析,前期夫余的活动中心在今天的吉林市一带,在此地发现的东团山大型土城址、帽儿山墓地等考古遗存,都是夫余遗存。④ 其疆域范围很广阔,南至辽宁开原以北,北达小兴安岭以南,东至张广才岭,西达双辽、白城一线的松嫩平原。今日扶余、前郭一带均是历史上夫余国统治活动的区域。夫余国自秦汉以来,一直隶属中原王朝。长期隶属玄菟郡管辖,东汉时改属辽东郡管辖,忠诚地执行汉王朝的命令、征调,与汉王朝保持密切的隶属关系。到三国时属于魏玄菟郡管辖,西晋时属东夷校尉辽东郡。后来,夫余国逐渐走向衰落,而隶属于夫余管辖的肃慎族系的勿吉族人逐步强大起来,不断南进,于北魏孝文帝太和十七年(493年),灭夫余国,并占有其地,今松原境内东部为勿吉七部之一伯咄部居地。据《扶余县志》记载,伯咄,即后来的"伯都讷",与一些史籍记载的"部渚泺"、"白都讷"等均属同一地方民族语音在不同历史时期的不同汉译。夫余政权历时700年才退出历史舞台。

今松原境内西部的长岭县、乾安县,在汉、三国时期是东胡族系的鲜卑人游牧、栖息之地;晋、南北朝时期,为东鲜卑之后人契丹人所据。

东胡族系各部,在先秦时期广泛分布在黑龙江上游至今河北省北部与辽宁省北部。到了汉朝初年,东胡族被匈奴击败后,逐渐分化出乌桓、鲜卑两部族。乌桓居南,在西拉木伦河一带,汉武帝时将乌桓各部迁到辽东、辽西、右北平、渔阳、上谷等五郡,同时设置乌桓校尉,兼领乌桓、鲜卑各部,"使不得与匈

① 《汉书》卷28下《地理志下》。
② 《后汉书》卷85《东夷·夫余国》。
③ 《三国志》卷30《魏书·东夷传》。
④ 参见林沄:《夫余史地再探讨》,《北方文物》1999年第4期。

奴交通"①。乌桓自南迁塞外后,与汉王朝的隶属关系更加密切。到东汉时期,又在上谷宁城设置乌桓校尉以统之,并将东北地区的乌桓特辟为辽东属国,作为乌桓的地方居住区域与地方管理机构。②

汉朝初年,鲜卑族居住北部,在大兴安岭南麓、洮儿河、霍林河中上游一带,与夫余族为邻。后来鲜卑族分为两部,一支是北部鲜卑,史称拓跋鲜卑;一支是南部鲜卑,史称东部鲜卑。西汉初年被匈奴击败后,东部鲜卑逃至鲜卑山,据《后汉书》记载:东部鲜卑南与乌桓接,东与夫余接③,东部鲜卑当时居住地大致在今吉林省西北部的洮儿河、霍林河上游一带,今松原市的长岭县、乾安县是鲜卑居住活动区域。南下的东部鲜卑与汉王朝的隶属关系不断加强,经历了三个阶段:第一个阶段,是从东汉初到明、章二帝时期,是汉王朝建立对鲜卑正式隶属管辖关系时期。汉朝采取一系列招抚措施使东部鲜卑正式隶属汉王朝的管辖之下。鲜卑始终"保塞无事"。④ 第二阶段,从和帝年间(89—105 年)至公元二世纪中叶,鲜卑与汉王朝的关系比较紧张,时叛时服。随着东部鲜卑势力的不断壮大,开始不断骚扰内地。第三阶段,是鲜卑领袖檀石槐的崛起。公元二世纪中叶,檀石槐以军事联盟为纽带,开始统一鲜卑各部,建立一个庞大的军事联盟。东进击败夫余族,将夫余统辖的地区纳入自己的管辖范围。⑤ 到了南北朝时期,这一地区归北魏管辖,当时的社会、政治、经济、文化得到进一步的发展。

到了隋朝,肃慎族系的勿吉被称为靺鞨,境内东部的今扶余县、前郭县的东部仍为靺鞨族伯咄部居地。据《隋书·靺鞨传》记载:"伯咄部,在粟末之北";《吉林通志》推定,伯咄部就在今伯都讷;池内宏《勿吉考》认定,勿吉以今扶余县伯都讷为中心。⑥ 又据《新唐书·黑水靺鞨传》载:"其著者曰粟末部,居最南,抵太白山,与高丽接,依粟末水(今松花江)水源于山西北,注它漏河,

---

① 《后汉书》卷 120《乌桓传》,中华书局 2001 年版。

② 参见佟冬主编:《中国东北史》(第 1 卷),吉林文史出版社 1998 年版,第 359 页。

③ 参见《后汉书》卷 115《夫余传》,中华书局 2001 年版。

④ 参见佟冬主编:《中国东北史》(第 1 卷),吉林文史出版社 1998 年版,第 365 页。

⑤ 参见佟冬主编:《中国东北史》(第 1 卷),吉林文史出版社 1998 年版,第 365 页。

⑥ 参见孙进己、冯永谦总纂:《东北历史地理》(第 2 卷),黑龙江人民出版社 1989 年版,第 195 页。

稍东北曰伯咄部。"①它漏河流经前郭县境内,其上游曰洮儿河,下游为嫩江,后流入松花江。

隋唐时期,境内西部今长岭县、乾安县为契丹人的游牧之地。唐太宗贞观二十二年(648年)十一月,以契丹部窟哥为都督,在营州设置了松漠都督府,负责管理契丹、奚、室韦各族事宜,今松原市西部的乾安县归营州治下的泰鲁州管辖。

到唐朝初年,境内东部的今扶余县、前郭县的东部均属河北道营州都督府招抚的南室韦(东胡族系北鲜卑之后裔)达姤部。据《新唐书·流鬼传》载:"达姤,室韦种也。在那河阴,冻末河之东,西接黄头室韦。"②那河为松花江东流段,冻末河为松花江北流段,故达姤部应位于今扶余县境内。③

唐高宗总章元年(668年),唐发兵拔平壤城而灭高句丽,置安东都护府统辖这一地区,扶余隶属安东都护府。唐武后圣历元年(698年),粟末靺鞨首领大祚荣自立为震国王。开元元年(713年)唐朝册封大祚荣为左骁卫大将军、渤海郡王,在其辖区设置忽汗州,加授忽汗州都督,从而确定了渤海对唐朝的隶属关系。此后,震国去国号,专称"渤海"。唐代宗宝应元年(762年),唐朝正式下诏以"渤海"为国。渤海国成立以后,扶余、前郭地区属渤海夫余府管辖。据《新唐书·渤海传》:"扶余故地为夫余府,常顿劲兵捍契丹,领夫、仙二州","夫州"领"夫余、布多、长平、永平四县"。④ 其中"布多"即"伯咄部"。唐王朝通过渤海国夫余府的行政设置,进一步加强了对这一地区的有效管辖与统治。

二、辽金时期的行政设置与管辖

公元916年,耶律阿保机建国,号契丹,后改号为辽。阿保机灭渤海国之后,立即废除了上京府州之名,将吉林省境内的各府、州的部分属县徙置于上京临潢府所属各州。辽朝初年,松原地区各地属于契丹达鲁古部。为巩固北

---

① 《新唐书》卷219《黑水靺鞨传》,中华书局1975年版。
② 《新唐书》卷219《流鬼传》,中华书局1975年版。
③ 参见孙进己、冯永谦总纂:《东北历史地理》(第2卷),黑龙江人民出版社1989年版,第233页。
④ 《新唐书》卷219《北狄·渤海靺鞨传》,中华书局1975年版。

方统治,与宋朝抗争,辽在松原地设置上京临潢府长春州。据文献记载:"长春州,韶阳军下节度。本鸭子河春猎之地。兴宗重熙八年(1039年)置,隶延庆宫。兵事隶东北统军司。统县一。长春县,本混同江地,燕蓟犯罪者流配于此。户二千"。①长春州位于今前郭县塔虎城,地居险要,周围水草繁茂,不仅是辽代控制女真、室韦的军事重地,也是辽代皇帝每年巡幸、游猎的"春捺钵"之地,成为辽代在北方的政治、经济、军事、文化中心与军事重镇。辽朝为加强对这一地区的统治与管辖,特设立四个军事重镇,长春州、宁江州即是其中的两个。辽道宗清宁四年(1058年),置宁江州,也驻有重兵,由该州观察使司统辖,该州是契丹人控制生女真诸部的一个前哨阵地。长春州辖今前郭县、长岭县、乾安县等地;宁江州辖今宁江区、扶余县。辽朝为了加强与女真各部的经济贸易往来,特在今吉林省西部即松原地区设立两个榷场,即宁江州与黄龙府。辽兴宗时,又设立长春州钱帛司,加强对这一地区乃至东北地区的货币制造与使用的管理。辽朝通过对松原地区的行政设置,对这一地区实现有效的政治、经济与军事管辖,促进了这个地区的稳定与统一。

辽天庆三年(1113年),生女真完颜部首领阿骨打起兵反辽。一战宁江州,二战出河店,三战辽主将萧纠里,大败辽军,迫使天祚帝仓皇西逃。天庆五年(1115年)正月,阿骨打即皇帝位,建立大金国,定都会宁(今黑龙江省哈尔滨市阿城区),立年号"收国"。

金正大二年(1125年),金灭辽。行政区划仍沿用辽的州县建制。金天德二年(1150年)长春州降为长春县,隶属于肇州(州址在今黑龙江省肇东县八里城),属于金上京会宁府肇州长春县。据《金史·地理志》泰州记载:"大定二十五年(1185年)罢去泰州,其治所于承安三年(1198年),复置于长春县,以旧泰州为金安县,隶属于新泰州。"②将长春县改为新泰州,隶于临潢府。新泰州是金朝的一个重要军事重镇,金东北路招讨司设于此。今前郭县、乾安县隶新泰州;长岭县地归会宁府信州所辖。金初废宁江州以后,今宁江区、扶余县地分属于上京路隆州府利涉县和会宁府会宁县。

金章宗昌明六年(1195年),金国出征蒙古弘吉剌惕部,弘吉剌惕部首领

---

① 《辽史》卷37《地理志一》,中华书局2000年版。

② 《金史》卷24《地理志上》,中华书局1975年版。

忒里虎诺颜率本部及所属五部降金。金国为削减弘吉剌惕部的力量,将弘吉剌惕六部中的以纳仁汗为首的豁罗剌思(即郭尔罗斯)部迁至金国内地的松嫩两江交汇处一带①,即后来被称为伯都讷的地方。郭尔罗斯部的范围,以辽金时期的宁江州,今天的松原市宁江区、扶余县为中心,东至拉林河,西至洮儿河、霍林河下游地区,南至饮马河、伊通河下游,北至嫩江下游、松花江上游南岸。该部郭尔罗斯人因一直沿松嫩两江流域游牧,故一些史籍上也把他们记为"高勒楚德",即"沿江河的人们",汉语也译为"挂尔察"或"挂勒察"。②

三、元明清时期的行政设置与管辖

天兴三年(1234 年),蒙古灭金,金朝领地尽属蒙古。元朝初期,今松原地区是成吉思汗的三弟斡赤那颜的封地,由于斡赤那颜的孙子发动叛乱,封地被收回。公元 1271 年,元世祖忽必烈统一中国,改国号为元。公元 1286 年,忽必烈平定乃颜叛乱之后,为加强中央集权制,开始对行政区域进行改革,设省、路、府、州、县行政组织。今长岭县归辽阳行中书省泰宁路管辖,其中部分地区隶属行中书省宁昌路折连川统辖;今乾安县归辽阳行中书省开元路统辖,隶属辽东道宣慰司管辖,是蒙古族游牧、狩猎的地方;今前郭县东部归辽阳行中书省肇州蒙古万户府,西部划归开元路辽东道宣慰司管辖;今宁江区和扶余县归开元路管辖。今宁江区伯都乡所在地为肇州通泰宁路交通线上的驿站。

明初,松原地属兀良哈三卫蒙古族居地,隶属奴儿干都司管辖。明王朝统一全国后,为加强对东北地区的统治,在东北建立 380 个卫所。其中松原地区3 个,即:塔山前卫,治所设在纳哈出,辖今乾安、长岭、前郭等县的部分地区;撒汉河卫,治所设在今宁江区伯都乡伯都村西北 30 公里三岔河口右岸,辖今扶余县、宁江区;亦东河卫,辖今长岭县的部分地区。明朝后期,嫩科尔沁蒙古首领奎蒙克·塔斯哈喇之孙乌巴什率部占据了纳仁汗部郭尔罗斯人的驻牧地,并以郭尔罗斯部号作为自己的部号。从此,原蒙古纳仁汗的郭尔罗斯为蒙古孛尔只斤氏的郭尔罗斯部所辖。伯都讷地区为嫩科尔沁蒙古所辖,称为"挂拉察",后称纳仁汗苏木(参见图 2-1)。

---

① 参见刘加绪主编:《前郭尔罗斯简史》,辽宁民族出版社 2005 年版,第 74 页。
② 参见刘加绪主编:《前郭尔罗斯简史》,辽宁民族出版社 2005 年版,第 77 页。

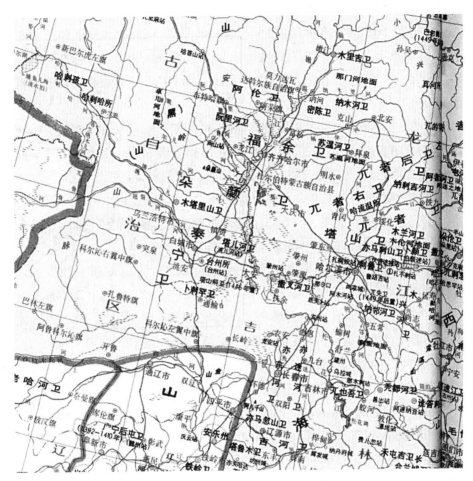

图 2-1　努尔干都司兀良哈三卫①

明万历四十四年(1616 年),女真族首领努尔哈赤在赫图阿拉(今辽宁省新宾县)建立后金政权。努尔哈赤经过近 10 年的征战,统一了蒙古各部。为使在科尔沁草原及周围活动的成吉思汗二弟哈布图·哈萨尔的后裔科尔沁部、郭尔罗斯部、杜尔伯特部和扎赉特部首领依附后金,加强对松嫩平原的统治,后金立国后不久,即派遣军队进驻松嫩汇流处即原辽代宁江州故地,亦即原蒙古纳仁汗故地纳尔浑(今伯都村),设立官军队站,以这里曾为其先族勿

<hr>

① 参见谭其骧主编:《中国历史地图集》(第 7 册),中国地图出版社 1996 年版,第 82—83 页。

吉—靺鞨伯咄部居地而命名伯都讷站。伯都讷作为地名,开始出现于史籍中。清天命元年(1627年),努尔哈赤的儿子皇太极(清太宗)即位,公元1636年改女真为"满洲",年号崇德,国号改为大清,封元太祖成吉思汗仲弟哈布图·哈萨尔的第十八世孙、孛尔只斤氏郭尔罗斯部始祖乌巴什之孙固穆为郭尔罗斯部辅国公。

清顺治五年(1648年),清王朝以嫩江、松花江为界,将郭尔罗斯部分为前后二旗,兄弟五人,前二后三,即四弟固穆、五弟桑噶尔济分封为郭尔罗斯前旗,长兄布木巴及二、三弟分封为郭尔罗斯后旗。固穆赏加扎萨克衔,为郭尔罗斯前旗扎萨克辅国公,世掌前旗,俗称"南公";其长兄布木巴封掌后旗,俗称"北公"。今前郭、乾安、长岭等县全境和今农安、长春、德惠、九台等市县的部分地方属郭尔罗斯前旗,为扎萨克辅国公游牧地。

鉴于伯都讷地方在军事、交通方面的重要,加之贡山、围场防务之需,清廷决定对这里进行设治管理。康熙三十一年(1692年),清廷移吉林副都统于此地,改称伯都讷副都统,隶宁古塔将军(乾隆二十二年后改隶吉林将军)。副都统衙署设在伯都讷城(今伯都古城址,原渤海国夫余府城、辽国宁江州州城址)。康熙三十二年(1693年),首任伯都讷副都统在旧城南约13公里处,另建新城(今宁江区江北城区中心地带,参见图2-2)。

由于伯都讷地方移入的汉民户口日众,开发的民地骤增,民务日趋紧顿,清廷于嘉庆十五年(1810年)在这里增设民务机构伯都讷厅,并明确了伯都讷厅的辖境,大体上相当于今天的榆树市、扶余县和松原市宁江区(江北部分),厅署设在伯都讷新城。此后,副都统复专理旗务。

清光绪二十八年(1902年),朝廷推行"新政",对内蒙古宣布解除蒙地封禁令,准许东北设官局,主持各蒙旗出荒,安置难民,鼓励汉人移住蒙地,开荒或租佃。随着各旗蒙古王公贵族放荒卖地,清朝政府开始在松原一带设置府、厅、县。光绪三十二年(1906年),将伯都讷厅升为府,名为新城府,设知府,隶西北路道。光绪三十四年(1908年)五月,在新安镇以北新垦地设长岭县,隶属吉长道长春府。

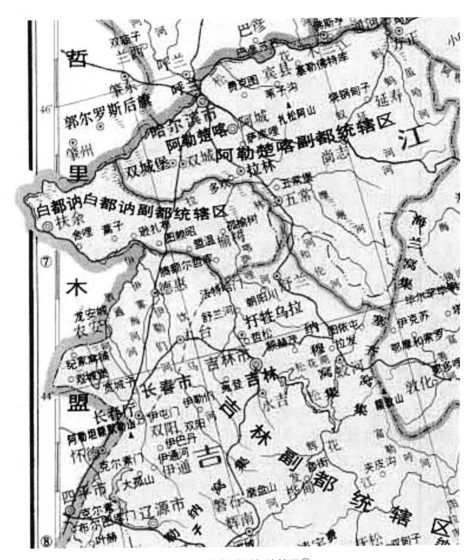

图 2-2 伯都讷副都统辖区①

四、民国至新中国成立前的行政设置与管辖

中华民国二年(1913 年)开始废府州,存道县。新城府改为新城县,因其与河北省新城县同名,又于民国三年(1914 年)改称扶余县,属吉林省滨江道。

民国十六年(1927 年),长岭归属吉林省吉长道管辖。

民国十五年(1926 年),乾安筹建县城;民国十六年(1927 年),修建衙署城池;民国十七年(1928 年)四月,设立乾安设治局,正式设治;1933 年乾安撤设治局,设立乾安县,属吉林省吉长道管辖;

前郭于民国十六年(1927 年)设县。

民国十八年(1929 年),废道级建制,扶余、长岭、乾安等县直隶于吉林省。

"九一八"事变后,日本帝国主义侵占东北,建立伪"满洲国"傀儡政府,先后将东北 3 省改为 14 省。扶余、长岭、乾安等县均为吉林省所辖。郭尔罗斯前旗始为吉林省所辖(原归清廷理藩院直辖)。1941 年 7 月成立四平省,长岭县划归四平省管辖。

1945 年 8 月 15 日,日本帝国主义宣布无条件投降。中国共产党领导的人民军队挺进东北,建立东北根据地,解放了松原地区各县旗,并于 1946 年 2 月,先后建立了扶余、长岭、乾安、郭尔罗斯前旗等四县(旗)委、政府。长岭县归辽北省管辖;1947 年,乾安县归属辽北省,1948 年,隶属嫩江省,1949 年划归吉林省管辖;扶余解放后,其隶属关系几经变化,1946 年 6 月,隶嫩江省第四专署,1947 年 10 月,属嫩江省管辖,1949 年 4 月,划归吉林省管辖;郭尔罗斯前旗在 1947 年归属辽北省管辖,1948 年归属嫩江省管辖,1949 年划归吉林省管辖。

五、新中国成立以来的行政设置

1949 年 10 月 1 日,中华人民共和国成立,扶余县、长岭县、乾安县和郭尔罗斯前旗属吉林省管辖。1955 年 2 月,扶余县划属吉林省怀德专区(1956 年 10 月改名为公主岭专区),1958 年 11 月划归吉林省白城地区行政公署。长岭县于 1956 年划归吉林省白城地区行政公署。1956 年,经国务院批准,郭尔罗斯前旗更名,成立前郭尔罗斯蒙古族自治县(以下简称"前郭县"),归属吉林省白城地区行政公署。1987 年 11 月,扶余县撤县变市(县级)。

1988 年 6 月 23 日,吉林省委、省政府从建立吉林省第二个石油化工城、建立吉林省中西部中心城市的设想出发,决定建立前扶开发建设办公室;1991 年 4 月 29 日,建立前扶经济开发管理区,地级建制,隶属省政府,辖前郭县、扶余市。

1992 年 6 月 6 日,经国务院批准建立松原市,扶余市改为扶余区,松原市辖扶余区、前郭县、长岭县和乾安县。

1995 年 7 月 20 日,经国务院批准,吉林省重新设立扶余县(驻地三岔河),原扶余区更名为宁江区。经此调整变更,松原市辖宁江区、扶余县、前郭县、长岭县、乾安县。①

---

① 参见阿汝汗主编:《松原文化述略》,时代文艺出版社 2009 年版,第 81 页。

第三章　民族构成与民族经济

今吉林省松原市是古代东北民族聚居的地方,这里的民族成分极其复杂,肃慎系、秽貊系、东胡系各民族及汉族等民族都在这里生息繁衍。各民族的经济生活、语言文化、风俗习惯等方面存在着很大的差异。虽然长期的交往使民族间的界限日趋模糊,但除了融合的一面,各民族仍在一定程度上都保持着本民族的个性。这些民族所从事的经济活动涵盖了渔猎、游牧、农耕等多种经济类型,从而使这一地区出现了多个民族、多元经济、多种文化类型并存的社会现象。这种社会现象的出现,赋予松原地区厚重的历史及丰富的民族文化。

第一节　民族构成与分布

松原市地处东北边疆,古代东北地区的各民族都在这里留下了生存的足迹。这些民族主要是由肃慎系、秽貊系、东胡系及汉族等四大族系的民族构成,在他们的发展过程中,形成了各具特色的民族文化,并对松原地区的社会乃至东北边疆产生了重要的影响。

一、秽貊系民族的分布

秽貊系民族是我国东北地区以及朝鲜半岛的古秽族和古貊族系统民族的总称,是由秽族和貊族混合而成的有着相同语言和风俗的民族综合体。

秽貊族系的古民族主要包括秽、貊、箕、古朝鲜、高夷、橐离、良夷、发、白夷、夫余、高句丽、沃沮、豆莫娄等民族。其中,夫余和高句丽形成了统一的民族并建立了统一的政权。与肃慎系和东胡系民族建立的统一政权不同,夫余和高句丽建立的只是属边境地区及辽东外徼内的地方政权。

秽族进入东北地区以后,居住在松花江大曲折处以南地区的一部,曾建立了自己的民族政权。史书记载:夫余所居之地本是秽族曾经活动的区域,有故城名叫秽城,出土了"秽王之印",可以证明秽族的确建立了自己的民族政权。

貊族建立的貊国有两个:一个位于今浑河流域,另一个是居住在今丹东市以北叆河流域的小水貊。小水貊,因居于小水而得名。

春秋至秦,松原境内东部(今宁江区、扶余县、前郭县一带)为古秽貊人世居之地;汉至南北朝时期,境内东部为秽貊支系夫余人建立的夫余国的一部分。《后汉书·夫余传》记载:"夫余国去玄菟北千里,南与高句丽,东与挹娄(勿吉)接,西与鲜卑(乌桓、契丹)接,北有弱水,地方二千里,本秽地也。"夫余国被勿吉灭亡以后,其地被高句丽占据。

二、东胡系民族的分布

东胡系民族是由戎、狄两个系统的民族融合而成,主要包括山戎、东胡、鲜卑、乌桓、奚、契丹、乌落浑、室韦、蒙古等民族。这一族系的代表民族是东胡、鲜卑、奚、契丹和蒙古等民族,其中,鲜卑、契丹和蒙古建立了自己的政权。鲜卑族建立的三燕政权是东北地方民族政权;契丹族建立的辽朝,成为统治中国北方的统一王朝;而蒙古族则建立了中国历史上第一个由少数民族建立的全国性的统一王朝——元朝。

春秋至秦时期,松原的西部地区(今长岭县、乾安县、前郭县一带)是古东胡人的游牧地。汉、三国时期,这里是古东胡族系的鲜卑人游牧、栖息之地;晋、南北朝时期,东鲜卑的后人契丹人在此生存游牧。一直到隋唐时期,这里都是契丹人的游牧之地。渤海后期,东鲜卑族宇文氏的后裔契丹人在西部崛起,建立契丹国。辽太祖天显元年(926年)正月,契丹大军攻下地处契丹通往渤海咽喉要道的渤海重镇夫余府城,直取渤海上京,灭渤海。辽代初期,原渤海伯咄部居地(今宁江区、扶余县一带)被划归契丹族的达鲁古部,今前郭县、乾安县等地则为契丹二十部游牧地。松嫩交汇处的嫩江右岸的长春州(今塔虎城古城址),是辽朝历代帝王春季从事渔猎活动的行宫(春捺钵)。辽末金初(1119年)在前郭县境内发生了一次破坏性较大的地震,导致数千人死亡,同时也给这里的自然环境带来巨大的影响。由于震后人烟稀少,长期荒芜,使这里成为没有人烟的空地,长此以往便形成了水草肥美、适宜游牧的绝好环境。金朝统治时期,将蒙古弘吉剌惕部中的以纳仁汗为首的郭尔罗斯部迁至金国内地的松嫩两江交汇处,即后来被称为伯都讷的地方。郭尔罗斯部的范围,以今天的松原市宁江区、扶余县为中心,东至拉林河,西至洮儿河、霍林河下游地区,南至饮马河、伊通河下游,北至嫩江下游、松花江上游西岸。元朝初期,这里是成吉思汗的三弟斡赤那颜的封地,由于斡赤那颜的孙子发动叛乱,封地被收回。直到元朝末年,这里一直是蒙古民族从事游牧活动的地方。

明朝建立后,郭尔罗斯人的驻牧地归奴儿干都司撒叉河卫管辖。明嘉靖二十六年(1547年),居于呼伦贝尔的蒙古科尔沁部的成吉思汗仲弟哈萨尔的第十四世孙奎蒙克率部东迁,越过兴安岭和居住在辽西塞外兀良哈人的领地,驻牧于嫩江流域。为了区别于留住在呼伦贝尔的科尔沁诸部,奎蒙克部自号"脑温科尔沁",亦名"嫩科尔沁"。奎蒙克之孙乌巴什率部占据了纳仁汗部郭尔罗斯人的驻牧地,并袭用郭尔罗斯部号作为自己的部号。后金政权建立以后,郭尔罗斯部于后金天聪九年(1635年)正式归顺后金。归顺后,古郭尔罗斯的部众被编入八旗军上三旗中的正白旗,取名纳仁汗苏木,从此成为八旗蒙古。为加强对松嫩平原的蒙古族人的统治,后金立国后不久,即派遣军队进驻松嫩汇流处即原辽代宁江州故地,亦即原蒙古纳仁汗故地纳尔浑(即纳仁汗浩特),设立官军队站,命名伯都讷站。伯都讷作为地名,开始出现于史籍中。后金在纳仁汗故地建站后,特别是后金改国号为大清以后,清廷在松嫩平原划江而治,伯都讷地方化为贡山,派八旗兵驻守。而后又在这里设治,由朝廷直接管理,元初以后移入此地的蒙古人大多移居江左,后来成为郭尔罗斯前后二旗的居民。从元朝至清末近700年的时间里,松原地区西部的居民一直是以蒙古族为主。清朝的康熙皇帝在康熙三十七年(1698年)第三次东巡时,曾驻跸今松原地区的长岭县。前来朝拜的蒙古部落甚多,康熙均赐白金彩缎,并赐大宴。康熙皇帝与蒙古王公的融洽相处,密切了清廷与蒙古等民族的关系,巩固了边防,对统一的多民族国家的稳定发展起了重大作用。

三、肃慎系民族的分布

肃慎系民族是自古以来生活在中国东北地区的古老民族，主要包括肃慎、挹娄、勿吉、黑水靺鞨、粟末靺鞨、渤海、女真、满族等民族，现在东北地区的满族、鄂伦春族、鄂温克族、锡伯族、赫哲族就是全部或部分由肃慎系民族发展演变而来的。

肃慎族的活动区域在长白山以北地区。其居住地的西部、南部与濊人接界，即在松嫩平原以东，第二松花江及绥芬河以北。北部和东部大致占有黑龙江中下游向东直至日本海沿岸的广大地区。① 东汉以后，肃慎族的后裔挹娄族居住区域的地理位置是：南部在长白山的东段、鸭绿江上游一带，与北沃沮接壤；西部在今张广才岭一带；东滨日本海。南北朝时期，肃慎转称为勿吉，勿吉族的地域四至是：北部大约至今松花江东流段，南部大体以今长白山为界，东部大约在今日本海西岸，西部至今松花江北流段。其主要活动区域在粟末水的中部地带。北魏孝文帝太和十七年（493 年），东部古肃慎人的后裔勿吉人灭夫余国，并占有其地，今松原境内东部为勿吉七部之一伯咄部居地（伯咄，即后来的"伯都讷"，与一些史籍记载的"部渚沶"均属同一地方民族语音在不同历史时期的不同汉译）；隋朝时，勿吉称靺鞨，境内东部仍为靺鞨伯咄部居地，活动范围大体固定在今宁江区、扶余县、榆树市以及双城市、五常县部分地区。

辽国虽然武力统一了东北，原来隶属于渤海的靺鞨七部中的黑水部也在辽灭渤海后曾表示臣服，但始终与辽王朝保持着一种若即若离的关系。从五代后期时起，黑水靺鞨改称女真。女真诸部中，后来有的部落终于投辽，入籍契丹，以入籍先后分别被称为"熟女真"、"回跋女真"，而大部分一直未入辽籍的，则被称为"生女真"。生女真各部落在自己的发展中，逐渐形成了以生活在拉林河流域的完颜部为核心的生女真部落联盟，建立金朝的正是这部分女真。

完颜部女真崛起于拉林河畔，占领了松辽平原广大地区，建立了统治中国北方的统一政权——金朝。其后，其疆域继续扩展，东起黑龙江入海口、西至

---

① 参见佟冬：《中国东北史》（第 1 卷），吉林文史出版社 1998 年版，第 179 页。

大兴安岭以西,北达外兴安岭、南临鸭绿江边都成了大金国的领土。后入关南侵,疆域达到黄河西岸。金王朝南迁以后,大量女真人被迁往中原,还有一部分女真人留在辽东。在长期的生产生活中,这两部分女真人逐步被其他民族,主要是汉族同化而消失。金朝灭亡以后,女真将领蒲鲜万奴建立大真政权,即东夏国。将东北女真故地全部纳入自己的势力范围,在辽东地区形成了东夏、蒙古、高丽三国势力鼎足而立的局面,这种局面一直维持了 10 余年之久。元朝时,辽东的女真人几乎不复存在了,可是东夏国统治区域内的女真人却大大增加。他们在明代后期崛起,组成满族共同体的正是这部分女真人。

元朝建立以后,继承了金在东北的统治。女真族由统治民族转变为元朝统治之下的东北民族之一。虽然地位发生了变化,但其居住区域与金代变化不大。由于蒙古族是松原西部地区的主体民族,这一带的女真人与蒙古人长期接触,接受了蒙古族的影响。元朝统治者的规定是:"若女直(真)、契丹生西北,不通汉语者,同蒙古人。"①这部分女真人分布较广,后来分别加入蒙古族或汉族。

明代女真主要分为建州、海西、"野人"三大部。建州女真主要分布在长白山北部、牡丹江和绥芬河流域;居住在乌苏里江支流的毛怜,也属于建州女真。海西女真分布在松花江大曲折后的江南岸,哈尔滨阿什河以西至辉发河一带。"野人"女真,也称东海女真,分布在松花江中下游、黑龙江南北两岸,至沿海地区。

明朝时期活动在今松原地区的女真人基本以海西女真为主。努尔哈赤统一女真各部以后,海西女真完全统一于建州女真之中,成为构成满族共同体的主体民族。

满族共同体形成以后,松原地区的民族构成发生了重要变化。一些汉族、蒙古族、朝鲜族人与女真人融合,成为满族。而另一些汉族、蒙古族、朝鲜族人则保持独立的民族成分,这样,明末至清及民国以后,这一地区的民族构成主要是满族、汉族、蒙古族、朝鲜族、回族等民族。

四、汉族及其他民族的分布

汉族是在秦汉时期由以黄帝为代表的华夏民族发展演变而来的,先秦时

---

① 《元史》卷 13《世祖十》,中华书局 2000 年版。

期已有华夏民族进入东北地区,成为东北地区诸多古民族之一。

秦汉至南北朝时期,是东北地区汉族人口急剧增加的时期。秦末汉初,东北地区几乎没有受到战争的影响,燕、齐、赵人纷纷从陆上、海上来这里躲避战火,迁入东北后,进入东北南部及朝鲜半岛。东汉时期,夫余和高句丽称雄东北,在与中原王朝的冲突中,掳掠了大量的财物和汉族人口。唐朝末年到魏晋南北朝时期,由于中原地区的战乱始终未能平息,汉族人口大规模进入东北地区,他们进入东北主要有两种方式:一是为躲避战乱主动迁入;二是被掳掠而来。随着汉族人口的急剧增加,不仅使东北地区的民族结构发生了变化,而且汉族人民带来的中原地区先进的农业耕作技术,也在一定程度上提高了这里的农耕经济水平。

辽金时期,由于建立辽金政权的都是东北少数民族,掳掠汉族人口更是经常发生,而且数量巨大。汉族人口的进入,促进了东北少数民族与汉族的广泛接触,建立了密切的经济、文化联系,并出现一定程度的汉化。大批汉族人口的到来,也促进了这一地区的经济发展。

明清时期,汉族人口迅速增加,成为当地人口最多的民族。汉族的主要来源是:与汉族杂居的各民族融合成为汉族,后金(清)大肆入关掳掠汉族人口。这种情况一直持续到清朝入关,随着大批被编入汉军旗的汉族和汉族奴婢随之入关,东北的汉族人口骤减。清政府的封禁政策虽然对进入东北地区的汉族有一定限制,但并没有挡住汉族进入东北地区的脚步,而且汉族迁入主要集中在今辽宁省和吉林省的西部,松原地区就是汉族人口迁入相对较多的地区。

朝鲜族也是松原地区民族构成的成分之一,而且是重要的民族成分,但朝鲜族是清代以后才成为我国东北的一个少数民族的。朝鲜与中国东北地区毗邻而居,历代与东北民族往来都十分频繁。朝鲜人进入松原地区的途径主要来源于掳掠、买卖与自愿逃来。

松原地区的回族是乾隆初年从关内来到这里的。康熙二十一年(1682年)建立的伯都讷驿站,成为拉林河流域通往嫩江流域的陆上交通枢纽。在驿站以南20里的地方,又修建了伯都讷新城(原扶余县城),是吉林西部与内蒙古科尔沁交往和农、牧、商贸的必经之地。因此,从乾隆以后,回族前往这里经商、开荒的人数逐渐增多,并逐步定居下来,成为松原地区一个新的民族成分。

综上所述,民族构成代表着一定区域内民族成分的种类,是构成这一地区社会结构的一个重要因素,也是这一地区民族文化的载体,它与社会结构的其他要素有着密切的联系。民族构成不是一成不变的,在历史的长河中,它不断地发展变化,不断地分化组合,一些民族消亡了,代之而起新的民族,又形成新的民族构成。松原地区的民族构成完全符合这样的发展规律。

第二节　民族形成与发展

在肃慎、东胡、秽貊、汉族等东北四大族系民族的发展中,秽貊系民族属于已经消亡的民族,东胡系民族的终结民族是蒙古族,肃慎系民族的终结民族是满族,汉族则是由土著居民和中原地区迁入居民两部分发展而来。各民族间的交往与融合是松原地区各民族发展过程中的一个重要特点。

一、秽貊系民族的形成、发展与消亡

秽族是古代东北地区一个重要的古民族,是东夷的一个支族。秽族的原居地应在今山东省境的渤海沿岸地区,后来由于异族的逼迫,不断向东北迁徙,大约在春秋战国前后入居东北,成为东北地区的古民族之一。在今朝鲜半岛的东北部,还居住着另一部秽族人,初期隶属古朝鲜,在古朝鲜灭亡以后开始独立,后融入高句丽民族之中。

貊族是上古时期生活在中国北方及东北地区的一个少数民族。貊族原散布于中国的北方地区,聚落而居。其中的一部分逐渐南移,后融合于汉族之中;另一部分西迁,形成一个新的民族——月支;还有一部分东移,进入东北地区,成为东北古民族的一支。

箕族的历史十分悠久,早在商朝的时候,箕族就已存在。在甲骨文中,它的族名被刻为"其",商末周初出现在今辽西地区的箕族,是东夷族系箕族的一支。商朝末年,箕族的首领为箕子,他不愿意为异族的周朝服务,率一部分箕族东迁,进入东北地区,他首先迁到今辽宁省西部地区,而后又从这里迁往古朝鲜,并在古朝鲜地建国,很快与古朝鲜族亲和为一,由中原民族变成东北古民族之一。有学者认为箕族是秽貊系民族之先,根据是辽东和朝鲜半岛的

青铜文化是辽西殷商文化的向东扩展,而殷商时期的辽东居民是箕族,辽东的青铜文化就是箕族文化,秽貉是由箕族演变而来的。① 但学术界亦有不同看法。如果说箕族与秽貉同属东夷,那么,箕族与秽貉应有一定的关联,尤其是夫余、高句丽的始祖神话与殷商"玄鸟衔卵"的神话如出一辙,其间的渊源关系是必然存在的。

"古朝鲜"一名,是为了与现代的朝鲜民族相区别,才在"朝鲜"前面加上"古"字的,它与当时东北地区的其他民族一样,都是中国东北的古民族。箕子及其族民到达古朝鲜以后,使古朝鲜很快成为当时中国东北地区的文明之邦。箕氏在古朝鲜的统治一直传承了 42 代,汉朝时被卫满嬗代。卫满虽然在古朝鲜称王,仍是汉朝的地方官,古朝鲜在传至卫满之孙右渠时,汉武帝募兵击古朝鲜,右渠被古朝鲜大臣派人所杀,汉朝平定古朝鲜,并在这里设置郡县,因此,古朝鲜之地就成为汉朝直接管辖的郡县地区。古朝鲜和古朝鲜国则成为历史的名称,其大部分族民融入汉族和高句丽族之中,一小部分与韩融合。

在秽貉系民族的发展过程中,高夷、良夷等后来演变成为高句丽民族的主体部分之一或融于高句丽民族之中。橐离尽归于夫余族之中,发族或加入夫余族或加入鲜卑族秃发部,白夷的绝大多数都融于夫余族之中。

夫余的意思是"番余",是殷商时期两个亲属民族"番"和"徐"合称,因反叛周朝失败,各有一部分民族向东北地区迁徙,经过长期的发展演变,形成了一个新的民族——夫余族。夫余国是由橐离国王子东明建立的。根据文献记载:北方橐离国王出行之时,他的侍婢有了身孕,国王想要杀她,侍婢说:"我看见天上有鸡子样大小的一团气,降到我的身上,因此有了身孕。"国王没有杀她,但把她关押起来,后来,侍婢生下一个男孩。国王命人把他扔到猪圈里,猪用嘴驱逐他,他也不死。又命人把他扔到马厩里,马也撵他,还是不死。国王认为他是神明,把他还给他的母亲,取名为东明。长大以后,东明擅长射箭,国王担心他的勇猛,对自己的王位不利,又想除掉他。东明闻讯逃走,来到夫余,并在这里建国。②

东明建立夫余国以后,首先吸收了周边的发族和白夷等部族,又向秽族之

---

① 参见董万仑:《东北史纲要》,黑龙江人民出版社 1987 年版,第 23 页。
② 参见《后汉书》卷 85《东夷传·夫余》,中华书局 2000 年版。

地发起攻击,至汉朝初年时已占领了秽族的大部分土地,迫使秽族举族内附中央王朝,剩下的一小部分秽人被夫余收编。夫余国的地理位置是:东与挹娄接界,在今张广才岭一带;西至今吉林省的洮儿河和呼林河下游地区;南与高句丽接壤,在今吉林省辉发河一线;其北界当不出今黑龙江省的中南部地区。

南北朝时期,勿吉族兴起,对夫余发起进攻,夫余国勉强维持了20余年,终于没有抵挡住勿吉的强大攻势,于北魏孝文帝太和十七年(494年)亡国。其族人的流向,或被鲜卑慕容氏掠获而融于汉族之中,或加入高句丽,或加入豆莫娄国,或融于靺鞨族中。

高句丽族是中国古代东北地区的一个重要民族,主要由高夷人和莱夷人组成,还包括相当数量的邪娄人、肃慎人和夫余人。高句丽王国是朱蒙建立的中国古代东北地区的地方民族政权。早在秦汉之际,高句丽族就已存在,只是卫满的古朝鲜王国的一个部族,没有建立自己的民族政权。西汉中叶,高句丽族东迁,定居在今浑江流域的今辽宁省桓仁县境内。

朱蒙是夫余国的贵族,在夫余国的宫廷斗争中失败,被逼无奈,带着乌引、乌违二人,离别故土夫余,向东南方向逃走。途中遇到一条大河,河上无桥,夫余人又在后面紧紧追赶。朱蒙对着河水说:我是太阳的儿子,河伯的外孙,今天逃命到这里,过不去河,追兵马上就到了。怎么办呢? 这时,河里的鱼鳖全部浮上水面,形成一座鱼鳖桥;待朱蒙等人过河之后,鱼鳖自行散开,追兵不得渡河,也就无法追上朱蒙了。

朱蒙到达纥生骨城(一说是卒本川城,即今辽宁省桓仁县境内五女山城),这里是高句丽族的居地,由于朱蒙是夫余的贵族,也是很有头脑和谋略的人,他与自己的亲信乌引等经过筹划,决定建号称王。为了取得这里的原住民——高句丽族的支持,他袭用了原来的部族名做国号,这是朱蒙使用高句丽做国号的由来。① 高句丽国灭亡之时,其族民绝大多数融于汉族之中,一小部分投向突厥、靺鞨和新罗。投向突厥的后来也发展成汉族,投向靺鞨的发展成满族。

属于秽貊系民族的还有沃沮族和豆莫娄族,沃沮族是东夷番族与邪娄族的合成,最晚在西汉之初就已形成民族了,后融于渤海国之中。豆莫娄族是东

---

① 参见杨保隆:《各史〈高句丽传〉的几个问题辨析》,《民族研究》1987年第1期。

夷邪娄族的后代,后被室韦族和黑水靺鞨吞并。①

秽貊族系的绝大多数民族都融入汉族之中,只有极小的一部分与当时的其他民族融合。秽貊族系的民族没有演变为现代民族,只是与现代的朝鲜族、满族有一定的渊源关系。

与肃慎系和东胡系民族不同的是,秽貊系民族属于历史上消亡了的民族,大部分与其他族系的民族融合,它所建立的政权也成为消亡的政权。但作为历史上曾经存在过的民族,在东北历史的发展过程中也留下了自己的影响。作为东北古民族发展史上四大族系之一,秽貊系民族在其形成与发展直至灭亡的过程中,也出现了具有本族系民族特征的民族文化,当秽貊系民族融入其他族系的民族之中时,也把秽貊系民族的文化影响带入其中。

二、东胡系民族的形成、发展及其终结民族

戎是对商周时代分布于中国北方的一些氏族部落的统称。山戎是其中的一支,主要是指今河北省北部至辽、吉、黑三省与内蒙古自治区东部交接处的戎人,这部分戎人属于东北夷的一部。② 战国时期的山戎各部,逐渐与华夏民族融合,只有迁居东北的一支,力量最为强大。战国时期,史籍中已不见对东北山戎的记载。它的部分族民融入东胡之中。

东胡族是古代中国东北地区的一个重要民族,是周朝在东北的属部,东胡的先世屠何是从山戎中分化出来的一个小部落。东胡民族入居东北以后,最初居于辽东湾以北、以东地区,由于东胡族典型的游牧特征,迁徙流动是经常的事情,所以,有的史籍把东胡的活动区域记载为更往北的地方。东胡强大之时,拥有大约百万之众的士兵。秦汉之际,东胡的发展似乎胜过匈奴,冒顿单于初立之时,东胡竟然向他索要千里马,冒顿把千里马送给东胡;东胡以为匈奴软弱可欺,便又向冒顿单于提出索要他的一个夫人,冒顿单于再次满足了他的要求。东胡王得寸进尺,率众西侵,想要得到东胡与匈奴之间的军事缓冲地,冒顿单于忍无可忍,发兵袭击东胡,东胡毫无戒备,被匈奴一举灭亡。半数

---

① 参见李德山、栾凡:《中国东北古民族发展史》,中国社会科学出版社 2003 年版,第 83—178 页。

② 参见佟冬:《中国东北史》(第 1 卷),吉林文史出版社 1998 年版,第 170 页。

东胡族民融于匈奴之中,原来附属于东胡的弱势民族鲜卑和乌桓重新独立。

鲜卑族是古代东北地区的著名民族,是与东胡族同源的一个弱势民族,曾依附于东胡,东胡灭亡以后,鲜卑成为独立的民族。汉朝时期,由于有乌桓相隔,与中原没有直接的交往。公元3世纪中期以后,鲜卑各部之间开始分裂,形成了宇文、慕容、段氏、拓跋、秃发、乞伏、柔然、铁弗、吐谷浑等9个同源的新鲜卑部族,其中,宇文、慕容、段氏被称为东部鲜卑;拓跋被称为北部鲜卑;秃发、乞伏、柔然、铁弗、吐谷浑被称为西部鲜卑。东部鲜卑的慕容氏建立了三燕政权,即前燕、后燕和西燕。337年,慕容皝自立为燕王,定都龙城(今辽宁省朝阳市),但他没有称帝,东晋承认慕容部在东北的统治,也承认他自立的燕王,但前燕政权的建立时间应是352年慕容儁称帝,改年号为元玺,国号为大燕,定都蓟城(今北京市);5年后又把都城迁到邺城(今河南省临漳县),成为与东晋并立的国家。370年,前秦灭燕,前燕政权只经历了两位皇帝,统治时间只有18年。

384年,由于前秦在淝水之战中失利,慕容皝之子慕容垂自称燕王,重新建立慕容氏政权,年号为燕元,以384年为元年,历史上把这个慕容氏政权称为后燕。396年,慕容垂之子慕容宝即位,改年号为永康。同年,北魏以40万大军伐燕,攻克中山,将后燕分为南北两部分,南部的慕容鲜卑人在慕容德的领导下,迁往滑台(今河南省滑台),在那里建立了南燕政权;北部的原后燕政权的国土只局限于东北地区,统治中心也移到辽西地区的龙城。由于朝廷内乱,后燕的朝政被中卫将军冯跋控制,并于409年杀死后燕国主,自立为天王,国号仍称为燕,史称北燕,后燕灭亡。后燕自慕容垂立国,经历了四世五主,统治时间25年。

北燕政权的建立者冯跋,是十六国时期出色的政治家。他在位时期,北燕的政治稳定、经济繁荣,但由于与北魏的关系没有处理好,曾遭到北魏的侵伐。430年冯跋去世,他的后继者为皇位展开激烈的争夺,北魏趁机进攻,北燕兵败,4万余家百姓被迁往幽州,北燕国主乞和不成,转而向高句丽求救,436年,北魏向北燕的都城发动进攻,北燕国主率残部逃入高句丽,北燕灭亡,其国土归北魏所有。北燕存在的时间是27年,只传了两位国主。①

三燕政权是鲜卑族建立的东北地方民族政权,不是在鲜卑族本族固有的

---

① 参见程妮娜:《东北史》,吉林大学出版社2001年版,第72—81页。

制度上发展起来的,而是作为中原王朝的臣附发展起来的,在变外为内、变夷从夏的过程中,由在北方游牧变成在中原农耕,由外形臣附变成中原的王和帝。成为中国内部的多民族建立的封建割据政权之一,是天下一体政体结构中的中国九州内的中国政权。[1]

慕容鲜卑最后融于汉族之中,至今的汉族人中仍有慕容一姓。段氏也建立了自己的政权,后被慕容所灭,其族众融于汉族之中。宇文氏在西晋时期的活动区域是濡水(今滦河,河北省东北部)以东、柳城(今辽宁省朝阳市)以西一带的广大地区,与同期存在的慕容部鲜卑、段部鲜卑同属东部鲜卑的一个支系。东晋时期被前燕所灭,被掳去的部众达40万人,其余部分随宇文归北逃,后归附北魏。被掳到前燕的部众也在前燕灭亡以后,转而归附北魏。西魏时期,宇文氏建立北周,后被隋朝所灭,其族众融入汉族之中,宇文也成为北方汉族的姓氏。北部鲜卑族拓跋氏是鲜卑族中迁向东北地区最远的一支,最后的居地确定在今吉林省、黑龙江省与内蒙古自治区的交界之处。西汉末年,拓跋氏回迁,到达今呼伦湖地区。东汉初,拓跋氏进入匈奴故地。386年,拓跋氏建立北魏,历171年,后亡于北齐和北周,其族众全部被同化为汉族。

乌桓族与鲜卑族一样,是从东胡部落联盟中分裂出来的民族,是东夷族系的后代。西汉初年,乌桓族的居住地在赤山,即今大兴安岭南端地区。西汉昭帝时,乌桓族的势力大增,多次与匈奴和汉朝交战,但仍然没有摆脱依附匈奴的局面。东汉时期,乌桓族趁匈奴内乱摆脱其统治,重新归附汉朝。东汉末年,乌桓族的势力进一步强盛,并卷入中原的割据战争。公元207年,曹操亲征乌桓,把1万余乌桓族人迁往中原,这部分人后来融入汉族之中。余下的人仍然活动在东北地区,最后融入或发展成奚族、室韦或乌落浑族的一部分。另一部分乌桓人一直到唐朝都保持乌桓的族称。古代汉族中曾有"乌桓"一姓,北方地区的王姓中,有一定的乌桓人的血统。

奚族,早在夏代以前就已作为单一的民族存在;商朝时,奚族应该是臣服于商王的方国;周朝时,奚族是周天子的奴隶种族。奚族的起源地和居住地,应在今山东省西南地区的滕州。商周时期,奚族的一支迁往荆楚地区,另一支迁往东北地区,留居原地的融入汉族之中,"奚"也成为汉族姓氏之一。迁入

---

① 　参见张博泉、魏存成:《东北古代民族、考古与疆域》,吉林大学出版社1998年版,第146页。

东北地区的奚族,由于势力弱小,直到北魏时期才成为独立的民族。这时的奚族也被称为库莫奚。北魏以后,奚族的活动区域主要在今河北省的东部,辽宁省的西部及内蒙古自治区的中、东部部分地区。唐朝中期,奚族的一部分投向契丹,被称为东奚,另一部分迁往今河北省地区,被称为西奚。辽时期,奚族的酋长一直担任官职;辽朝末期,奚人建立了自己的政权——大奚国,虽然只存在了几个月的时间,却是奚族建立的唯一的政权。绝大部分的奚族人融入契丹之中,金朝建立以后,奚族归附金朝的统治,金朝将奚族迁往所辖区域的各个地方,有今河北省保定市、内蒙古自治区呼和浩特市、辽宁省东北部、内蒙古自治区赤峰市、吉林省西北部(包括松原地区在内)等地。奚族的一部分融于汉族之中,一部分融于蒙古族之中,还有一部分融于女真族之中。

契丹族,自后魏以来在中国古代历史上的影响较大,他们建立的辽朝统治中国半壁江山长达 210 年。契丹是秦部族的一支,秦部族迁出始居地以后,一支向西北迁徙,这一支保持了原来的族称——秦;另一支迁往东北,被称为契丹,由于势力弱小,一直依附与匈奴、东胡或鲜卑族,直到南北朝以后,逐渐发展起来,并建立辽朝。

契丹人的祖先叫奇首可汗,共有 8 个儿子,后来他的部族逐渐强盛起来,分成 8 部,各部的名称分别是:悉万丹部、何大何部、伏弗郁部、羽陵部、日连部、匹洁部、黎部、吐六于部,活动区域在松漠之间。隋朝时,契丹分为 10 部,但部名不见于记载。唐朝时,契丹族的居地北与室韦相接,东临高丽,西与奚国交界,最南端到达营州。最大的部族是大贺氏,分为 8 部,名称是但利皆部、乙室活部、实活部、纳尾部、频没部、纳会鸡部、集解部、奚嗢部。唐朝的开元、天宝年间,大贺氏的势力衰弱,辽始祖涅里立迪辇祖里为阻午可汗,当时契丹部落凋散,原有的族众分为 8 部。涅里统领的迭剌部自为别部,不与契丹各部一起排列,后来吞并了遥辇、迭剌,也成为 10 部。涅里相阻午可汗把三耶律分为 7 部、二审密分为 5 部,与前 8 部合并一起为 20 部。三耶律包括:大贺、遥辇、世里,是皇室成员。二审密包括乙室已、拔里,是国舅的部族。在三耶律之中,大贺、遥辇被分成 6 部,世里合为 1 部。耶律 7 部、审密 5 部加上遥辇 8 部,构成阻午可汗的 20 部。①

---

① 参见《辽史》卷 32《营卫中·部族上》,中华书局 2000 年版。

契丹的各部酋长被称为大人,在8位酋长中经常推举一人建旗鼓,统领8部,如果部族内部遇到天灾人祸或牲畜衰弱、不繁盛,则要召开8部的聚议大会,推举位于其次的酋长成为统领。由于有约在先,被取代的人也没有什么可争辩的。当时,某部的酋长遥辇被推举为统领8部之人后,契丹人经常受到侵扰,牧草被烧,马匹多因饥饿而死,8部之人认为遥辇不称职,便推举耶律阿保机取代遥辇的位置。

耶律阿保机,不知是哪个部族的人,智勇双全又擅长骑射。当时,由于唐朝将领刘守光暴虐,幽州、涿州的百姓逃亡到契丹境内的很多,阿保机趁机攻克城邑,俘获城中百姓,并按照唐朝的州县制设置城池,把百姓安居在城中,汉人给阿保机讲解唐朝的规章制度,告诉他,中国的王没有代立的。此后,阿保机更加以威力制服诸部,他作为统领8部的酋长9年,仍然不肯让别人替代,各部酋长责备他这样长的时间不让其他人替代,违反了当初制定的原则。阿保机迫不得已,只好召开8部酋长会议。阿保机说:"我担任八部酋长之首,已经九年了。俘获的汉人很多,我想自成一部,以治理汉城。"其他酋长答应了他的要求。汉城在炭山东南的滦河上,有盐铁之利,是后魏的滑盐县。那里土地肥沃适宜五谷的种植,阿保机率领汉人耕种土地,按照幽州的样子修建城郭、房屋和商铺,汉人安心地在这里居住下来,不再打算回归故地。阿保机有了稳定的群众基础,便采用了他妻子的计策,派人对其他各部的酋长说:"我这里产盐,可以供给各部。但你们只知道吃盐,却不知道来犒劳犒劳我。"各部酋长认为他说的很有道理,便带着牛肉和酒来到盐池。阿保机事先安排好伏兵,待各部酋长酒酣之机,把他们全部杀死。于是,阿保机统一8部,使自己成为契丹各部的首领。[①] 契丹8部的统一,为阿保机即汗位奠定了基础。906年末,耶律阿保机被契丹部落联盟推选为可汗,907年正月举行柴册礼,点火烧柴,祭告上天,阿保机正式即可汗位。

在即汗位之前,阿保机就已对东北的一些部族进行了兼并战争。首先是征服奚人的战争,在9世纪80年代到911年的30年间,契丹人不断发起征服奚人的战争。在阿保机之前,契丹人就曾俘获奚人7000户,并将他们迁徙到清河(今内蒙古自治区宁城一带)。此后,契丹人又取得了征伐"六奚"、北山

---

① 参见《新五代史》卷72《四夷附录》,中华书局2000年版。

奚的胜利,征服了奚、霫诸部,占领了滦河西南的广大地区,打通了契丹到古北口的南下通道。在阿保机即可汗位之后的第5年,阿保机亲率大军出征,取得了征服奚人的最后胜利。契丹的疆域:东至海(今辽东湾),南至白檀(今北京市密云县),西部越过松漠(今西拉木伦河上源平地松林),北至潢水(今西拉木伦河)。①

室韦也是契丹所要征服的北方民族之一。9世纪末,阿保机打败了北室韦和于厥,降伏了大小黄室韦。在即可汗位之前,阿保机曾两次派兵征讨黑车子室韦;即位以后又连续派兵征讨黑车子室韦,终于在909年将其彻底降伏,室韦成为契丹的属部。

征服了东北的奚与室韦等民族之后,阿保机又西征突厥、吐谷浑、党项等族,势力发展十分迅速。916年,阿保机在龙化州(今内蒙古自治区赤峰市境内)筑坛即位称帝,国号契丹,建元神册,自号天皇王,以其所居为上京(今内蒙古自治区昭乌达盟巴林左旗南波罗城),将位于波罗城的西楼改为皇都;神册五年(920年)造契丹文字,又诏集大臣制定法律。

文字和法律的制定,使契丹国体逐渐趋于完备。为了使契丹国势进一步壮大,阿保机把目光对准了渤海国。渤海国与契丹有长期的经济、文化往来,二者土地相接,相互常有吞并之志。925年,渤海国出兵契丹的辽州(今辽宁省新民市辽滨塔),杀辽州刺使并掳掠民众。这件事为阿保机出兵渤海国提供了最好的借口。10月,阿保机发动全国的兵力亲征渤海国。天显元年(926年)正月,契丹军攻下渤海国西部重镇扶余府(今吉林省农安县),然后以500骑兵打败了渤海国3万大军,进而围攻渤海国都城忽汗城(今黑龙江省宁安市渤海古城),渤海王大諲譔身穿素衣,手牵白羊,率臣属300余人出城投降。数月间,契丹平定了渤海国除边远地区以外的绝大部分地区,并在渤海国境内建东丹国,又封长子突欲为东丹王,镇守其地。不久,阿保机死在途中。据《中国东北通史》关于渤海夫余府府址在宁江伯都古城址的记载,阿保机病逝地应在松原境内的宁江区。次子耶律德光即位,被称为辽太宗。到辽景宗时,北起今黑龙江沿岸地区,南至长城以北,西至今西伯利亚、蒙古高原,东至太平洋沿岸的广大地区,均成为契丹的领土。契丹民族统一了中国北方及东北地

---

① 　参见《辽史》卷1《太祖》,中华书局2000年版。

区,与统一中原内地的北宋王朝成为当时中国版图内对峙的两大帝国。

由于游牧民族的征服本性,辽宋冲突一直伴随着辽国的发展,北宋不得不向地位与自己同等的统治中国北方地区的帝国入贡、赔款,使辽国益加强大。然而,与中原的频繁交流,已使游牧民族的剽悍之风荡然无存,辽朝已成为与宋朝没有太大差别的封建制王朝。到辽道宗在位时,辽朝国力已大大衰退。1101年,辽朝天祚帝即位,整日荒淫酗酒,不理朝政,国势更加衰微,最后亡于女真民族建立的金朝手中。

从耶律阿保机于916年称帝建立辽朝,到1125年天祚帝投降金朝,辽朝经9位皇帝,统治中国北方及东北地区长达210年,在巩固和开发中国北方及东北边疆、继承并传播中原地区的先进文化、促进这一地区的民族融合等方面,作出了巨大贡献。

室韦族出于东夷,故地在今河南省长垣县。大约在商周时期,室韦族的一部分向北方和东北地区迁徙,成为东北古民族之一。北魏时期,室韦族的居住地大致在今嫩江和黑龙江流域。唐朝建立以后,室韦族的势力发展到20余部。契丹建立辽朝以后,室韦的部分部落并入辽朝,另一些部落分化组合,形成许多新的部落联盟,蒙兀室韦就是其中的一个部落联盟。到了金代,随着室韦各部改称他名,"室韦"一名逐渐废弃。其民族流向是:以蒙兀室韦为核心形成蒙古族,另一些部落合并到女真民族之中。

蒙古族来源于唐代的蒙兀室韦,史书记载中,有蒙兀、蒙瓦、盟古、萌古、蒙古、盲古子、忙豁勒等异写,明朝修《元史》时采用蒙古二字,此后"蒙古"才得以定名。蒙兀室韦的原居地在黑龙江上游以南、额尔古纳河中下游以东的大兴安岭山区。唐朝后期,蒙兀室韦向西部的草原地区迁移,进入鄂嫩河、克鲁伦河、土拉河"三河之源"的不儿罕山(今蒙古国境内的肯特山)地区。11—12世纪,蒙古高原上形成了相对独立的5大部落集团,有蒙古、塔塔儿、篾儿乞、克烈、乃蛮等。与其他部落联盟一样,其首领由部落成员大会推举产生,但并不限制必须选自某一氏族或部落,蒙古部族的权力基本上掌握在泰赤乌部和乞颜部手中。统一蒙古各部的铁木真就是乞颜部首领也速该的儿子。铁木真诞生于1162年,9岁时,父亲被塔塔儿部所害。由于首领被害,乞颜部的余众投靠泰赤乌部,而泰赤乌部的首领收留了乞颜部的余众,却抛弃了也速该的妻子和孩子。铁木真一家陷于困苦的生活之中。成年以后,铁木真力图恢复家族的势力,他首先拉近与克烈部和札答阑部的关系。在遭遇蔑儿乞部的袭击时,他联合克烈部和札答阑部共同出兵,击败了蔑儿乞人,获得了大批的奴隶和牲畜。这次胜利壮大了铁木真的力量,曾经离散的乞颜部又聚集起来,推举铁木真为各部落的汗。铁木真称汗,得到了克烈部的支持,却引起札答阑部和泰赤乌部的反对,他们纠集13部联兵,进攻铁木真。铁木真战败,但基本实力得到保存,原属乞颜部的部众纷纷归附,铁木真部的势力又迅速壮大起来。1195年,塔塔儿部叛金,铁木真配合金军给塔塔儿部以沉重打击,不仅为父亲报了仇,而且得到金朝的信任,被授予"札兀惕忽里"之职。铁木真的政治实力得到提高,在蒙古高原各部中,铁木真的地位仅次于克烈部的酋长王罕。之后,铁木真又与王罕联合,击溃了以合塔斤部为首的5部联军,重创札答阑部的以札木合为首的12部联军,彻底打败了塔塔儿部。1203年,铁木真统一了呼伦贝尔地区。

铁木真的发展势如破竹,引起了起兵时的合作伙伴——王罕的不满,为了争夺草原霸主的地位,二者反目成仇。1203年的首次交锋,铁木真败退,毕竟姜还是老的辣。但天意弄人,不久,王罕与追随他的蒙古贵族发生分裂,实力大大削弱。铁木真则收集、整顿部众,势力再次恢复起来。1203年秋季,他向王罕的营地发动突然袭击,王罕父子逃走后被杀,克烈部的部众全部被俘,被分与蒙古贵族为奴。克烈部灭亡以后,铁木真又大败乃蛮部和蔑儿乞部,奠定了统一蒙古草原的基础。

1206年,铁木真回到鄂嫩河的驻地,蒙古各部贵族举行大会,推举铁木真为全蒙古的大汗,号"成吉思汗",建立蒙古汗国。此后,汗国所属的各部皆称为蒙古。蒙古帝国的疆域十分辽阔,东起兴安岭,西至阿尔泰山,南抵阴山,北连贝加尔湖。

蒙古帝国建立以后,成吉思汗继续奉行扩张政策,扩张的路线主要有两条:一条是南下;另一条是西征。南下的目标是消灭金、西夏、西辽、南宋等。铁木真在灭西辽之后,死于进攻西夏的军中,蒙古军奉铁木真遗命,灭亡西夏。继承汗位的窝阔台在即位6年以后,与拖雷联合南宋灭亡金朝。到蒙哥汗时期,又夺取了大理;至1252年,中国境内的封建王朝只有南宋没有归入蒙古帝国的版图。西征是与南下同时进行的,西征之后,蒙古帝国的版图进一步扩大,成吉思汗把所夺得的领土分给他的儿子术赤、察合台、窝阔台,后来发展成三个汗国:钦察汗国、察合台汗国、窝阔台汗国。在铁木真的另一个儿子旭烈兀灭亡黑衣大食后,忽必烈将此地交与旭烈兀管辖,并建立伊儿汗国。

蒙哥汗在进攻南宋时,中流矢而死,其弟忽必烈在汗位争夺中胜出,继承汗位。至元八年(1271年)十一月,忽必烈宣布"大元"帝国的建立;第二年,他把位于中都(燕京)东北重建的新城作为元朝的都城,改称大都(今北京)。至元十三年(1276年),南宋灭亡,中国版图完全统一在元朝的统治之下。元朝是中国历史上第一个由少数民族建立的全国性的统一王朝,作为元朝的统治民族——蒙古族也不断发展壮大,演变成现代的蒙古民族。

明朝建立以后,在东北地区实行了"以夷治夷"的羁縻政策,女真各部大举南迁。居住在西喇木伦河以北的兀良哈三卫为了寻找较好的游牧、狩猎之地,躲避部落间的战争仇杀,靠近明朝边境为获得各种生活资料创造便利条件,也自永乐末年开始大举南迁。土木之变以后,明朝在东北的统治力量被削弱,给兀良哈三卫南迁提供了便利条件。而瓦剌势力的不断侵扰加速了他们的南迁进程。到宣德、正统年间,兀良哈三卫已经接近经济文化比较发达的辽东汉族地区,活动范围到达西喇木伦河以南,今辽宁省辽西一带,部分兀良哈人甚至"往往于滦河牧马"①,但主体部分均在西喇木伦河流域。他们以这里为基地,不断南下进攻明朝,并经常与女真各部互相勾结,联合进攻明军。其分布情况是:"自大宁(今内蒙古自治区昭乌达盟宁城县大明城)前抵喜峰口,进近宣府(今河北省宣化市),曰朵颜;自锦、义历广宁(今辽宁省北镇)至辽河,曰泰宁;自黄泥洼(今辽宁省辽阳市西太子河南岸)逾沈阳、铁岭至开原,曰福余。"②"朵颜、泰宁、福余三卫夷人国初各有分地。朵颜在山海关以西,古北口以东蓟州边外驻牧。泰宁在广宁境外。福余在开原境外,辽河左右驻牧。"③今吉林省松原市及周边的长岭、通榆、前郭、洮安、大安等市县皆为明代兀良哈三卫的领地。

16世纪中叶,活动在辽西一带的东蒙古鞑靼部的虎喇哈赤(内喀尔喀部的祖先)和魁猛可(科尔沁部的祖先)兴起,分别吞并泰宁卫和福余卫的部众,朵颜卫依附于西邻哈喇嗔(喀喇沁)部。这时,今吉林省长春市以西被嫩科尔

---

① 《明宣宗实录》卷35,宣德三年正月丁未。

② 《明神宗实录》卷46,万历四年正月丁未。

③ 《明世宗实录》卷370,嘉靖三十年二月甲戌。

沁部所占据,其居地在察哈尔东北,脑温江(今嫩江)流域,东南与海西女真、建州女真的居地相接。兀良哈蒙古与海西女真的关系错综复杂,他们不仅插足海西地域的管理,介入女真与辽东事务,而且对海西叶赫部的崛起发挥了重大的作用。

明代生活在今松原市境内的蒙古各部与建州努尔哈赤关系的转变则是以争战为契机的。万历二十一年(1593年)九月,9部联军攻打建州,以9部联军的失败告终,自此,蒙古诸部与努尔哈赤化敌为友,"通使不绝"。嘉靖年间(16世纪中叶),嫩科尔沁部划分为杜尔伯特、扎赉特、科尔沁、郭尔罗斯4部。努尔哈赤统一女真,建立后金政权以后,结束了蒙古各部与扈伦4部的关系,蒙古诸部成为后金的藩部。

蒙古族是东胡系民族的终结民族。清朝至今,蒙古族一直是今松原地区重要的民族成分之一,其民族文化亦为松原地区的多元文化特征增姿添彩。

三、肃慎系民族的形成、发展及其终结民族

肃慎是东北古民族中的一支,肃慎的名称在先秦史籍中就已出现,早在传说中的虞、舜时代就与中原地区有了交往。汉魏时期,肃慎族改称挹娄;南北朝时期,挹娄族转称为勿吉。勿吉之称大体包括两种概念:一种是单指勿吉部;另一种是指包括7部在内的勿吉族。勿吉7部的名称分别是粟末部、伯咄部、安车骨部、拂涅部、号室部、黑水部及白山部。在史书的记载中,勿吉也称为靺鞨。"勿吉"与"靺鞨"是一个民族族称的两种不同的写法①,隋朝建立以后,勿吉正式转称靺鞨。

隋唐时期的靺鞨亦由7部构成,其7部名称与勿吉7部完全相同。唐朝武德年间以后,黑水一部强盛,不断扩展为16部,这时史书中记载的靺鞨是专指黑水靺鞨而言。

粟末靺鞨原是勿吉7部(后称为靺鞨7部)之一,因居于粟末水(今松花江)而得名。渤海国政权是肃慎系民族发展过程中出现的第一个统一的地方民族政权,是由粟末靺鞨的首领大祚荣建立的。大祚荣是粟末靺鞨酋长震国

---

① 参见李德山:《东北古民族与东夷渊源关系考论》,东北师范大学出版社1996年版,第346页。

公舍利乞乞仲象之子,7 世纪末叶,粟末靺鞨既受制于唐朝,又附属于契丹。由于契丹给乞乞仲象加封的官秩叫大舍利,后来的渤海王族即以大为姓。大祚荣骁勇善战,颇知书契,很有领导才能,归附他的人日益增多。① 随着势力的不断强大,大祚荣在武则天圣历元年(698 年)建国,自称震国王。② 其国位于营州东二千里,南与新罗相接,东北至黑水靺鞨,方圆 2000 里。共有编户十余万,数万精兵。③ 后来接受唐朝的册封,去掉靺鞨称号,专称渤海。④ 这就是渤海国的由来。

震国改称渤海,不单纯是名称的更换,它对于唐朝对边疆地区的统治具有重要的政治意义。由于渤海国是唐朝政府册封,使其成为唐朝统治区域内的地方民族自治政权,又是唐朝管辖下的一个设在民族地区的羁縻州,与唐朝是一体的关系。大祚荣既是唐朝所封的郡王,又是唐朝所任命的都督。在渤海国境内,他是最高统治者,是郡王和都督;但在全国范围内,他仅仅是唐朝政府任命的一个地方官吏,替代政府管理本部事务。到他的后代大钦茂时,被晋封为渤海国王,渤海国成为唐朝所封的王国。

渤海国建立在当时东北中原府州制之外,属当时唐朝在边境设的羁縻州府之一,仍属当时天下一体内的边境民族地区的地方政权,与唐朝是"车书本一家"的关系。⑤ 由此,渤海国不仅得以建立,而且延续 200 余年,成为历史上著名的"海东盛国"。

女真之名,是契丹人对肃慎的译称。是由肃慎二字音转而来。本名朱里真,也称为虑真,是渤海之别族。女真族属肃慎族系,起源于黑水靺鞨,五代时始称女真,后来为了避讳契丹国主宗真的名字,改为女直。此后,在史书中所见的"女直"也是女真。

11 世纪末至 12 世纪初,居住在按出虎水(今黑龙江省阿什河)一带的生女真完颜部强大起来,逐步统一了生女真以及居住在松花江、牡丹江下游的女

---

① 参见《旧唐书》卷 199 下《北狄传·渤海靺鞨》,中华书局 2000 年版。
② 参见《新唐书》卷 219《北狄传·渤海》,中华书局 1975 年版。
③ 参见《旧唐书》卷 199 下《北狄传·渤海靺鞨》,中华书局 2000 年版。
④ 参见《新唐书》卷 219《北狄传·渤海》,中华书局 1975 年版。
⑤ 参见张博泉、魏存成:《东北古代民族、考古与疆域》,吉林大学出版社 1998 年版,第 80—82 页。

真其他各部,并吸收了一部分渤海国遗民,形成了女真民族共同体,建立金王朝。金是肃慎系民族建立的第二个地方政权。建立金朝的女真完颜部的始祖是函普,系黑水靺鞨的后人,其部族在渤海政权时南迁,到达今北朝鲜咸镜道,后来又迁徙到仆干水完颜部,被吸收为完颜部人,再迁至按出虎水,被称为按出虎水完颜部。至献祖绥可时,迁徙到海古勒水(今阿什河支流海沟),在那里耕垦种植,开始修筑居室,从此定居在阿勒楚喀水。① 定居以后,绥可不仅积极倡导农业,而且还在完颜部中普及铁的使用及冶炼,有力地促进了完颜部社会经济的发展。昭祖石鲁时期,以"条教"治理完颜部,使完颜部迅速发展起来。"条教"后来被称为女真的"国俗"。完颜部在景祖乌古乃时期建立了统一的军事部落联盟。部落联盟的首领被称为都勃极烈。经过世祖刻里钵、肃宗颇剌淑、穆宗盈歌时期的发展壮大,完颜部的势力已发展到今兴凯湖一带。完颜部势力的强大,为女真建立金王朝奠定了基础。

辽天祚帝天庆三年(1113 年),完颜阿骨打继任部落联盟首领都勃极烈后,继续兼并尚未归附的各个部族,进一步巩固完颜部部落联盟的统治;同时积极发展生产,加紧练兵备战,为反辽做积极的准备。由于辽国经常派兵到女真地区猎取海东青(被称为通鹰路),给女真人民带来极大的骚扰,而且以低价强购甚至强行掠夺女真土物(被称为打女真),激起女真各部的极大愤慨。阿骨打在辽天祚帝举行的头鱼宴上,拒不服从天祚帝的起舞之命,天祚帝多次想除掉他。这件事情,成为阿骨打与辽决裂、起兵攻辽的导火索。

辽天庆四年(1114 年)九月,完颜阿骨打起兵反辽。他首先向宁江州(今吉林省扶余东南小城子古城)发起进攻,并于十月初攻克宁州,首战告捷。"大金得胜陀颂"碑就是为了纪念这次胜利而立的。第二年正月,完颜阿骨打称帝建国,国号大金,建元收国("收国"是金太祖的第一个年号),以上京会宁府(今黑龙江省哈尔滨市阿城区白城子)为国都,阿骨打为金太祖。

金国建立以后,阿骨打继续向辽国发动进攻,于金天辅六年(1122 年)正月占领整个东北地区。金天辅七年(1123 年),金太祖病死。其弟吴乞买被拥立为皇帝,是为金太宗。金太宗继承金太祖的未竟事业,继续发兵攻辽。于天会三年(1125 年)二月,俘获天祚帝,后天祚帝死,辽国灭亡。

---

① 参见《金史》卷 1《世纪》,中华书局 2000 年版。

辽国灭亡以后,金国立即向北宋发动进攻。于天会四年(1126年)闰十一月,攻下宋都汴京,北宋灭亡。此后,金国确立了在中国北部地区的统治,与退居江南的南宋形成对峙之势。

女真族建立的金王朝首先是一个地方民族政权,由于不断地发展壮大,有了可以与南宋政权抗衡的条件,这样,金政权开始作为一个统一的中国政权存在于北方,与南宋形成了北南对峙的局面。金与南宋是同时存在的一个中国的两个王朝,共同统治当时的中国。这里的"两朝",不可曲解,虽然"境分两国",但"义若一家",也就是同一国土上的两个王朝,同属中华民族大家庭。①最后,这两个王朝都被蒙古族建立的统一全国的元朝所灭。

金王朝南迁以后,大量女真人被迁往中原,在长期的生产生活中,这部分女真人逐步被他族,主要是汉族同化而消失。留在东北边疆地区的女真人继续过着"无市井城郭,逐水草而居"的渔猎生活。元朝建立以后,继承了金在东北的统治。女真族由统治民族转变为元朝统治之下的东北民族之一,虽然地位发生了变化,但其居住区域与金代变化不大。

明代初期,女真人主要分为建州、海西、"野人"三大部,建州女真在女真各部中发展较快,是建立后金、形成满族共同体的主体。海西女真因长期活动在松花江流域,而松花江在元明时期被称为海西江而得名。努尔哈赤统一女真各部以后,海西女真完全统一于建州女真之中。万历《大明会典》卷107《礼部·东北夷》载:"野人"女真的称呼主要是由于他们距离中原地区路途遥远,不能经常朝贡,故此得名。女真各部统一以后,"野人"女真的一部分融合于建州、海西女真之中,后又成为满族共同体的一部分,另一部分仍然居住在黑龙江流域的东北边陲,演变为赫哲、奇勒尔等族。

后金政权以及在此基础上建立的清王朝是肃慎系民族建立的第三个统一政权。建立后金政权的是明代建州女真部的努尔哈赤。明朝万历十一年(1583年)五月,当父亲和祖父同时被明军误杀时,努尔哈赤还只是一个名不见经传的小外郎,为了给父、祖报仇,努尔哈赤率众起兵,当时只有13副铠甲和百余名士兵。努尔哈赤首先统一了临近的建州5部,即浑河部、董鄂部、苏克苏护部、哲陈部、完颜部。后来又兼并了长白山3部,势力日益强盛。万历

---

① 参见张博泉等:《金史论稿》有关部分,吉林文史出版社1986年版。

十五年(1587年)正月,努尔哈赤在虎兰哈达南冈上(辽宁省新宾县永陵镇二道河子村东南山坡)筑城,建筑宫室,颁布法令。

同时,努尔哈赤还与大明通好,派人朝贡,凭借明朝的支持,扩展自己的经济实力,不断削弱其他女真各部的势力,进而统一女真各部。万历三十一年(1603年)正月,努尔哈赤迁到赫图阿拉(今辽宁省新宾县)。第二年,明朝授予努尔哈赤"龙虎将军"的称号。

随着势力的发展壮大,努尔哈赤创建了八旗制度,开始,用黄、红、白、黑四色旗种统兵,增加四个镶边的四色旗,组成八旗,并把原来的黑色换成蓝色,正式确立以后的八旗兵制由正黄旗、正红旗、正白旗、正蓝旗、镶黄旗、镶红旗、镶白旗、镶蓝旗组成,整个队伍都分散到各旗之下,分别统领。又设置了5名理政听讼大臣,主管政务和诉讼案件的审判。下设10名扎尔固齐,主管诉讼案件的初审。

明万历四十四年(1616年)正月,努尔哈赤在其部属的拥戴之下,登上汗位,建立了大金政权,历史上称为后金,都城就设在赫图阿拉(今辽宁省新宾县)。努尔哈赤自称英明汗,定年号为天命。

夺取辽阳和沈阳以后,努尔哈赤先把都城从赫图阿拉迁到辽阳,天命十年(明天启五年,1625年)三月二十二日,又把都城迁到沈阳,并把沈阳改名为盛京。天命十一年(明天启六年,1626年)七月,努尔哈赤身患毒疽而死,他的四子皇太极继承了汗位。

皇太极即位以后,继续完成努尔哈赤的未竟事业,在政治上推行了一系列的变革措施,削弱八旗贝勒的权力,提高汗权;仿照明制,改革国家机构。军事上利用与明朝政府之间相持议和的时机,对蒙古、朝鲜用兵,征服了漠南蒙古和朝鲜。后金政权建立之初所面对的三大强敌,如今只剩下一个气息奄奄的明朝,后金政权夺取全国的统治指日可待。由于出征察哈尔蒙古时,得到了元朝的"传国玉玺",似乎意味着"天命"所归。因此,后金国的贝勒大臣纷纷上表,请求上皇帝尊号。后金政权建立以后,一直沿用蒙古的称号,所以,努尔哈赤称英明汗,而皇太极继承的也是汗位。汉族最高统治者的传统称号是皇帝,要做全中国的统治者,在称号上就要改成皇帝。

天聪九年(1635年),皇太极颁布谕旨,将女真族改称满洲族(简称为满族),这时的满洲族已经不是单纯的建州女真族,而是女真族及其他民族共同结成的一个新的民族共同体。

天聪十年(1636年)四月五日,皇太极正式即皇帝位,改元崇德元年,改国号为大清,这标志着以满族贵族为核心,有蒙、汉上层分子参加的联合政权——大清政权的正式确立。

清王朝是全国统一的多民族一体王朝。它除了沿着金代女真开创的道路进一步发展以外,还把满族文化融入中原文化之中,并根据全国的局势,采取了更加适应的统治政策,其原因在于他拥有比金代女真更大的社会与地理环境以及中华文明在各族发展的基础,肃慎民族发展到满族时达到了鼎盛时期。[1]

清政权的建立,表明新兴的满洲族已经不能满足于对东北一隅的统治,他要取代明朝做全中国的统治者。没有了后金政权既想反抗明朝政府又恐怕失去明朝的强力支持和巨大物质赏赐的担忧,清王朝在不断的发展中,终于成为少数民族建立的统治全国的统一王朝,并统治中国达270余年。

满族是肃慎系民族的终结民族,满族共同体是由明代女真族主要是建州女真发展起来的。在统一女真各部以后,建州女真与汉族、蒙古族及朝鲜族等各民族的交往与融合范围进一步扩大,为满族共同体的形成奠定了民族基础。同时,满洲文字的创制与推行,不仅标志着满族民族共同体的形成,而且标志着女真族已经进入一个新的历史发展阶段。满文作为民族表徵之一,同骑射、服饰、法式一样,成为满族民族共同体的文化特点。[2] 天聪九年(1635年),女真族改称满洲族(简称为满族),是满族共同体最后形成的标志。这时的满洲族已经不是单纯的建州女真族,而是女真族及其他民族共同结成的一个新的民族共同体。

四、汉族及其他民族

汉族是中国境内的主体民族,形成于秦汉时期,是在以黄帝为代表的华夏民族的基础上融合其他民族而形成的。战国时期,中原地区的华夏民族共同体初步形成。以此为主干,先后融合了齐、楚、燕、韩、赵、魏、秦等不同族群,到

---

[1]　参见张博泉、魏存成:《东北古代民族、考古与疆域》,吉林大学出版社1998年版,第102页。

[2]　参见滕绍箴:《满族发展史初编》,天津古籍出版社1990年版,第305页。

汉代时形成了一个新的民族——汉族。

　　根据史书记载,早在史前时期,华夏族系就与以太皞伏羲氏和炎帝神农氏为代表的东夷族系通婚。长时间的交往与融合,在文化上与华夏族日益趋同,并由此而成为先秦华夏民族的重要组成部分之一。

　　若按这样的标准考虑,先秦时期,汉族先世——华夏族人口就陆续来到东北地区,成为东北地区诸多古民族之一,他们就是作为东夷后代的箕族和古燕族。箕子率领一部分箕族,大约有5000人左右,先落脚于辽西的孤竹族附近;后至古朝鲜之地,也就是今朝鲜半岛北部地区。这样,箕族就由中原民族而变为东北古民族之一。

　　古燕族,是东北地区最靠西部的民族,历史十分悠久,早在商王武丁时期的甲骨卜辞中就已出现了它的族名。古燕族建立的燕国是周王朝的属国,燕族是周王朝统辖下的一个少数民族。燕国所处的军事地理位置十分重要,代表周王朝管理辽西地区一些小的封国和民族。公元前222年,燕国被秦所灭,秦于公元前221年统一中国。

　　孤竹族是商代初期直到春秋时代,东北地区西部的一个古民族。孤竹族的历史十分悠久,其族名曾屡次出现在甲骨文和金文之中。孤竹族早在商代的初年就已成族立国,活动区域主要在东北的西部至河北省的广大地区。当山戎族强大并南下进入辽西之际,孤竹族受制于山戎族,后与山戎族一起被齐桓公所灭,孤竹族民众融于华夏民族之中。

　　令支族在殷商时期与孤竹族毗邻而居,东北西部是令支族的活动区域。春秋战国之际,令支族成为山戎族的附庸,后为齐桓公所灭,其族众融于古燕族和东胡系族之中。

　　除此之外,还有俞人、屠何、地豆于等弱小民族,曾活动在东北西部一带,后融于肃慎、东胡和秽貊各民族之中。①

　　东北地区的汉族人口,并不都是从中原地区迁入的,也有相当一部分属于土著。在历代东北各少数民族建立的边疆政权的统治区域内,汉族人口常常成为多数。在东北地区各民族人口的数量中,汉族曾经长时间保持第一大族

---

①　参见李德山、栾凡:《中国东北古民族发展史》第4章的有关内容,中国社会科学出版社2003年版。

的地位。不仅经济、文化等发展水平较高,而且人口数量也是较大的。

回族是形成于明朝时期的一个少数民族,虽然回族的主要来源是中亚细亚人、波斯人和阿拉伯人等外来人种,但也蕴涵着中国其他民族成分的融合。作为一个民族,回族完全是在中国土地上生长起来的人群共同体,并具备自身的民族特征:它的全部成员通用汉语,宗教活动时使用阿拉伯语和波斯语。

朝鲜族是我国邻邦朝鲜的主体民族,但由于近代有不少朝鲜族迁居到我国东北地区,因此朝鲜族也是我国东北地区的民族之一。清朝封禁东北时期,使东北的大量土地荒芜,朝鲜人开始北渡图们江进入我国东北地区,成为今天我国的一个少数民族。

第三节　多元经济特征

松原地区的社会经济具有多元的特征,东部东南部地区以农耕经济为主,西部以游牧经济为主,东部和东北部以渔猎经济为主。当然,在实际生活中,每一种经济形式的划分不是绝对的,多种形式兼有才是这一地区社会经济的主要特征,这一点在松原地区的文化遗存上也有明显表现。

一、东部及东南部地区的农耕经济

松原地区的农耕经济,最早出现在松花江流域。松原地区新石器时期的生产工具已经出现磨制工具,如石锄、石刀、石斧、石磨盘、石磨棒等,说明原始农耕经济的地位逐步提升。

松原地区具有代表性的青铜文化遗存是松嫩平原上的白金宝文化,出土的陶器有夹砂褐陶和泥质褐陶两类。主要陶器是篦纹钵、罐、壶、杯、鬲等。生产工具以骨器、蚌器为主,出现蚌刀、蚌镰,说明农业生产已有一定程度的发展。

松原地区较为发达的农耕经济主要体现在活动在松原东南部的夫余、高句丽及渤海等部族的社会经济之中。夫余国的社会经济发展也是较为迅速的,主要的经济活动是从事农业生产,当地的土壤适宜五谷生长,但不产果树。他们的畜牧业和狩猎业也很发达,善养牲畜,出产名马、赤玉、貂皮,培育精美的珍珠,大的珠子类似酸枣。手工业以纺织业和金银制造业闻名于当时,制玉技术更是十分精湛。史载夫余出产赤玉,夫余库有玉璧、圭瓒,都是几代相传的宝物。① 在确定为夫余遗址的大安东山头三号墓的一个女性骨架的颈部,发现了一件通体磨光扁平圆形半透明的玉璧。在望海屯遗址,还有牛、马、猪等畜骨以及狍、鹿、狼、黄羊等野生动物骨骼的出土,说明畜牧业和狩猎业在夫余人的经济生活中仍然占有相当大的比重。

早在远古时期,高句丽人就有了自己的原始农业,在高句丽遗址中,已出土了许多石制的农具。西汉时期,高句丽人已经开始使用铁制农具,在吉林省通化、集安等地出土的高句丽遗址中,常有汉代的铁制农具。随着铁制农具的使用,耕地面积扩大,改变了以往少田地的局面,推动了高句丽农业的发展。两汉时期牛耕已经比较普遍,农作物品种也增加了许多,有谷子、高粱、小麦、大豆、黄米等;同时由山野菜转化而来的葱、蒜、芹菜、韭菜,以及由中原地区传入的白菜、萝卜等蔬菜也开始在高句丽的辖区种植。这些植物的种植有许多高句丽的考古资料可以证实。随着高句丽的不断扩张,疆域的不断延伸,大面积已经成熟的农业区域被并入高句丽的统辖范围。公元四五世纪以后,特别是隋唐时期,高句丽的农业发展进入了繁荣时期。不仅生产的粮食已经能够满足生活的需要,而且有了存储,家家都有叫做桴京的小粮仓。这种粮仓的下部由六根柱子支起,离开地面,中部有四根楹柱,立在四角,木柱之间用木板横向连接,构成栅栏式仓体,上面有一圆顶的盖子。在今吉林省集安市、辽宁省桓仁满族自治县等地的农村,还到处可见这种样子的离开地面的仓房,当地百姓称之为"苞米楼子"。

东胡系民族主要经济形式是游牧经济,但随着作为先进经济形式的农耕经济的影响不断扩大,东胡系民族的农耕经济也在逐渐发展。乌桓族的农业生产初露端倪,主要种植耐寒的青稞、东墙。青稞就是东北地区现在仍在种植的穄子,东墙是一种类似蓬草的植物,植株可做饲料,果实可榨油或食用。乌桓人的农业生产水平较低,辨别时令节气的方法也非常原始,每年都以布谷鸟鸣叫的时候作为耕种的季节。乌桓人的手工业技术较高,能够制造弓矢鞍勒,能够把金铁锻造为兵器;还有刺韦,做文绣、织氀毼。由于农业水平低下,乌桓人的粮食基本仰仗中原。室韦族是一个游牧民族,畜牧业是其主要的生产部

---

① 参见《三国志》卷30《魏书·东夷传·夫余》,中华书局2000年版。

门,牲畜种类有牛、马、猪。至北魏时期,已经有了农业,能种植粟、麦、穄,已使用木犁,但不知用牲畜牵引。在辽朝建立以前,契丹社会已经开始出现粗放的农业,辽朝建立以后,实行农业与畜牧业并举的政策,一些契丹部族的经济活动逐步走向半农半牧,东北地区的农业经济不断向西部扩展,大量的土地得到开垦。辽代的铁制工具有犁铧、锄、镰、镐、叉、斧等,并已普遍使用牛耕。

肃慎系民族的农耕经济发展历史更为悠久,肃慎系民族发展到挹娄时期,他们的农耕、畜牧和手工生产就有了一定的发展。农作物有五谷,手工产品有麻布,这里还出产赤玉、貂皮。家畜饲养以猪为主,随着社会的发展,家畜的种类增加了牛、马,但不知骑马,只当作财产。在被确定为挹娄文化的东康、波尔采等遗址中,发现了磨盘、磨棒等脱粒器具和大量炭化的黍、粟,以及网坠、石镞、鱼钩、纺轮等,可与文献资料的记载相互印证。勿吉的农业生产采取偶耕的耕作方式,尚未使用牲畜耕地,处于锄耕农业阶段。种植的粮食作物有粟、麦、穄,蔬菜作物有葵。黑水靺鞨的农业耕作技术仍然采取偶耕的方式,作物品种有粟、麦、稷。①

松原地区出土的隋唐时期的大量铁器中,有很多是农耕生产工具,这表明这里的生产方式是畜牧、农耕和狩猎并存(参见图3-1)。渤海国建立以后,这一地区属渤海国夫余府管辖。在中原王朝的影响下,粟末靺鞨开始在适宜耕种的松花江流域种植粟、麦、稞、麻等作物。种植业的发展使其率先跨入了阶级社会,迅速封建化。

渤海国幅员辽阔,物产丰富,中期以后,农业手工业都有长足发展,松花江流域的农业、畜牧业经济已经相当发达。伯咄部所在的夫余府人饲养的鹿、莫颉府人培养出的良种猪,都很有名气。由于当时东北的交通主要靠水路,故夫余府、涑州(今吉林市东团山南城子)等临近江河的都邑,都发展较快。渤海社会的经济结构由农业、手工业、畜牧和渔猎业以及商业等各部门组成,其发展特点是农业逐步成为占主导地位的生产部门,初步形成以较发达的农业、手工业为主的经济系统,区域性分工比较明显。然而,虽然较为先进的农耕生产在渤海国各地区和各民族之间都已出现并逐渐发展,但程度各不相同。由于各个地区的社会发展水平不同,在渤海社会中出现了多种生产方式并存的局

___

① 参见《隋书》卷81《东夷·靺鞨传》,中华书局2000年版。

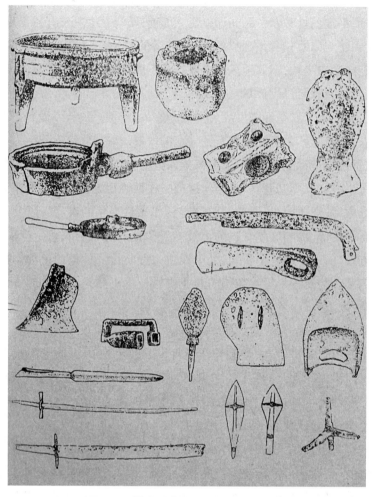

图 3-1　塔虎城出土的生产生活用具①

面,既有原始氏族公社制生产方式的残余形态,又有没有得到充分发展的奴隶制生产方式,还有日益发展壮大的封建制生产方式。落后的生产方式与先进的生产方式虽然共存于同一社会之中,由于先进的生产方式正处在不断发展的过程中,具有较强的生命力,而落后的生产方式则一步步走向灭亡,因此,在社会中起主导作用的毕竟是先进的生产方式。

---

① 参见吉林省文物志编委会:《前郭尔罗斯蒙古族自治县文物志》,1986 年内部资料,第 55 页。

契丹人的经济生活受农耕经济的影响较大。据《新五代史》记载,契丹酋长阿保机在唐末时就"率汉人耕种,……汉人安之,不复思归"。整个辽朝时期,农业经济在初期处于辅助地位、中期是农牧并举、后期已经位居主导。在辽代的中、后期,辽河、松花江两个流域的农耕经济得到了较好发展,位于松辽平原农耕区与蒙古草原游牧活动区的过渡地带的郭尔罗斯境内,传统的农业生产持续发展,与其相适应的农耕文化开始起步发展,与游牧文化开始初步融合。

金初,女真人的经济生活为半农半猎,宋使对东北种植区的描述为:"州地平壤,居民所在成聚落,新嫁殆遍,地宜稷黍。"①松原地区的辽金遗址众多,出土的铁犁、铧范(紫铜质)都是保存完好的金代遗物,证明这里当时已经系统地接受了中原的先进技术。大榆树遗址,是辽代早期沿用至金代的居住地,曾出土网坠、铁铧、兽骨等各种遗物,说明当时人们是半农半渔、兼有畜牧业的定居生活。金朝建国以后,在国内实行牛头地制度,其土地的所有权属于国家,从事经济活动的实体是以各家族长为财产代表的家族公社。② 政府依牛具授田征税,后实行计口授田,农业已经成为主要经济支柱。女真家族的最初形式是聚种聚耕、共同占有、共同分配;其后分居聚种,即在大家族中出现了单独居住的小家族,但财产仍归大家族所有,土地仍然共同耕种;后来发展为分居分种,这是奴隶制的家族聚种制向封建的个体经济过渡的桥梁,女真族的大家族就是这样转变为封建制的。女真建国以后,这种大家族的制度长期保留着,金世宗时期,虽然小家族已经分居出来,但仍然主张聚居;即使分居出来,也还是聚种。这是与金代的家族奴隶制相适应的。③

元朝时期,松原地区属开元路,被分封为游牧之地。在此生活的蒙古、女真、契丹、汉等各族人民,在经济、文化、社会事业等方面都是游牧主导、渔猎次之、农耕相辅。女真人已经开始从事农业,但各部发展的程度不同。明朝时期,活动在松原地区的海西女真却已开始从事农耕生产,他们从事农耕生产所

---

① (宋)许亢宗:《宣和乙巳奉使金国行程录笺证》,《靖康稗史》,中华书局1988年版。

② 参见张博泉、魏存成:《东北古代民族、考古与疆域》,吉林大学出版社1998年版,第92页。

③ 参见张博泉、魏存成:《东北古代民族、考古与疆域》,吉林大学出版社1998年版,第84页。

需要的耕牛、铁制农具等,都是从与明朝、朝鲜的贸易中获得。据统计,嘉靖二十八年至二十九年,海西女真在广顺关和镇北关互市中,共易换铁铧275件;万历十一年七月至十二年三月,又换得铁铧4848件。努尔哈赤统一女真各部以后,采取了鼓励农业生产的措施,促进了今松原境内农耕状况的转变。16世纪末,朝鲜官员申忠一在建州女真居住的地方(今吉林省通化、集安一带及辽吉两省的交界地区),看到"无墅不耕。至于山上,亦多开垦"。明万历四十一年(1613年)十二月,努尔哈赤"令各牛录出男丁十人,牛四头,始于荒地耕种,自是免征国人粮赋,国人遂无忧苦。粮储转为丰足,于是建造粮库"。足见这一时期的农耕水平与以往相比有了较大的提高。

清朝前期,满族统治者对蒙地实行封禁政策,筑"边墙"、设哨卡,禁止内地民众流入蒙地开垦。又因为长期战乱,郭尔罗斯地的垦区已经遭受破坏,垦民流亡,人口减少。清朝中后期,随着郭尔罗斯草原上蒙地的渐次开发,一些原来属于草原游牧的地方,如长岭、乾安和前郭中东部等地农耕经济也很快发展起来。

二、西部地区的游牧经济

松原地方的游牧经济,主要分布在松花江左岸的广大草原地区。游牧经济是东胡系民族的主要经济形式,乌桓的社会经济以游牧和狩猎为主,他们擅长骑射,经常迁徙,选择水草肥美的地方放牧牲畜,没有固定的居住地方,每到一处,都要搭设穹庐,向东面开门;狩猎也是一项必需的经济活动,猎获的禽兽是衣食的主要来源。

室韦族是一个游牧民族,畜牧业是主要的生产部门,牲畜种类有牛、马、猪。虽然出现了原始农耕,但渔猎在社会经济中仍占重要地位,以补充食物的不足。室韦人还掌握了嚼米酿酒的技术,并出现了简单的手工业,如割蚌、制玉等技术。

畜牧业是契丹人原有的经济产业,牧畜的种类以羊、马、牛为主,驼、猪较少。放牧的方法是自然群牧,不断驱赶牛羊寻找水草丰美的地方,对自然的依赖性很强(参见图3-2)。渔猎业是契丹人的传统产业,狩猎产品的种类繁多,西部草原的动物资源为契丹人的生产和生活提供了必备的条件,狩猎的生产方式是围猎。捕鱼是一年四季都可以进行的,也是他们饮食的主要来源,凿冰钓鱼和撒盐呼鹿是他们特有的渔猎活动,这种方法一直延续到近代。

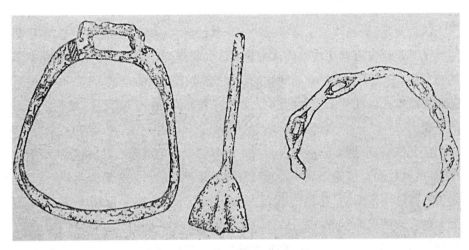

图 3-2 郑家围子出土的马镫、马掌①

蒙古各部主要的经济活动更是以游牧经济为主,狩猎经济作为补充。明代活动在松原西部地区的蒙古兀良哈三卫以游牧为生,其地多产马、牛、羊等,在生产和生活方面,多依赖与经济发达的辽东地区进行贸易活动,当他们通过朝贡和马市所获得的东西不能满足需要时,便到辽东地区进行掠夺,与女真人相同,掠夺是他们积聚财富的重要经济活动,而辽东地区则是他们从事掠夺经济的理想地区。其间,各种经济类型的分布并不是绝对的,尤其是对于作为游牧民族的蒙古族而言,他们经常是居无定所,哪里维持生活容易就迁徙到哪里,什么样的经济活动能解决部族的温饱就从事什么样的经济活动。在当时的经济条件下,维持生存是首要的,其他的社会活动都是以解决温饱问题为前提的。

三、东部及东北部地区的渔猎经济

关于肃慎,文献资料的记载大都是肃慎族向中原政权臣服的内容,极少关于社会发展的记载。有关向中原朝贡的史料涉及的仅是向中原进贡当地的弓

---

① 参见吉林省文物志编委会:《前郭尔罗斯蒙古族自治县文物志》,1986 年内部资料,第 41 页。

矢及他们捕获的当地出产的鹿属动物——麈,可以表明渔猎是这一民族的主要经济活动。

汉魏时期,挹娄族的生活区域决定了其经济活动以渔猎经济为主,渔猎的主要工具是楛矢石砮。在被确认为挹娄族的物质文化遗存的波尔采文化类型的遗址中,出土了大量以青石磨制的石镞,证实了文献的记载。这一时期的石镞制作技术比以往有了较大的进步,发明了将毒药涂于石镞之上,增强了石镞的杀伤力。

南北朝时期,挹娄改称勿吉。勿吉各部的分布范围较广,经济发展水平参差不齐,其社会经济是以农业、渔猎、畜牧等多种经济形式兼有为主要特征的。勿吉人能够用米酿酒,酿酒方式是“嚼米酝酒”,酒的醇度可能不低,多饮能醉。勿吉族的居地盛产树盐,取食方法是依靠阳光的照射,使产盐树上的盐自然凝结,然后取食。史书中还有勿吉妇女穿布裙的记载,大概已经掌握简单的纺织技术。勿吉的畜牧与渔猎经济特点基本上与肃慎、挹娄时期相同,家畜饲养仍以养猪为主,与勿吉不同的是挹娄有牛,而勿吉无羊、牛;马的牧养也较为发达,北魏太和初年,勿吉曾一次贡马 500 匹。[①] 狩猎是勿吉社会的主要经济形式,勿吉人擅长射猎,他们的弓长 3 尺,箭长 1 尺 2 寸,用石头磨成箭镞,而且在石镞上涂有毒药,以增强杀伤力。

除农业、渔猎、畜牧等生产性经济活动以外,入贡也是勿吉社会经济发展的一个重要来源。勿吉连年对北魏入贡,有时一年两贡,入贡人数有时达 500人之多,贡马也达 500 匹。入贡不是单纯向北魏进贡马匹及土特产品,其目的在于从北魏那里获得勿吉本部所没有的物品,如汉族的生产和生活用品等。

黑水靺鞨的社会经济与勿吉时期基本相同,经济形式主要有农耕经济、畜牧经济、狩猎经济等。黑水靺鞨的畜牧业继承了勿吉的传统,仍以养猪为主,猪的饲养量大大增加,富裕的人家甚至达到数百口。[②] 猪是黑水靺鞨主要的生活资料来源,猪肉作为食物,猪皮用来做衣服。

渔猎经济仍然是黑水靺鞨社会经济的主要形式,从弓箭的样式,到在箭镞上涂毒药以增强杀伤力的做法,都与勿吉族如出一辙。当地盛产的貂鼠、白

---

① 参见《魏书》卷 100《勿吉传》、《北史》卷 94《勿吉传》,中华书局 2000 年版。
② 参见《旧唐书》卷 199 下《北狄·靺鞨传》,中华书局 2000 年版。

兔、白鹰等兽类,是黑水靺鞨人狩猎的主要对象。朝贡也是黑水靺鞨社会的一项重要经济活动,黑水靺鞨的朝贡比勿吉时期更频繁,规模也更大。除入贡之外,还可以借入贡之机到中原进行就市交易。

元朝时期的女真人仍然过着"无市井城郭,逐水草为居,以射猎为业"的生活,渔猎经济成为主要的经济活动。① 根据明代女真的史料记载推断,大概从事渔猎经济活动的也包括居住在西部、西南部的女真人,二者只是在对渔猎经济的依赖程度上存在差异。此外,女真人的手工业大概也有了一定的发展,主要体现在织布、造船和冶矿等方面。

明代的女真各部以渔猎经济作为维持生活的基本的经济活动,女真族的经济活动受到当时自然条件的严格限制。当时的自然条件,造就了这里以箭著称的民族特点和以渔猎为主要特征的文化类型。有明一代,渔猎经济作为松原地区女真族传统的经济活动一直伴随始终。

努尔哈赤起兵以后至明朝末年,女真地区的农耕经济虽然日益占据主要地位,但渔猎经济仍然具有相当重要的作用。这一时期的渔猎采集经济,其目的固然有获得生活资料的一面,但渔猎产品更主要的作用是作为商品出售。这一时期渔猎经济的特点是,狩猎不再是小集团、小规模的活动,而是由政权统一组织的大型活动,其分配形式亦由政权统一管理。采集活动也是如此,由于渔猎采集经济的扩大、产量大大增加,有利于社会财富的集中,渔猎采集直接或间接地为社会财富的积聚提供了保障,促使女真社会的社会财富积聚大大超前于其社会生产力的发展。

四、多样、多元与兼容的经济特征

松原地区位于我国东北边疆,这里的"自然条件构造复杂多变,几乎包容所有的自然条件,于是形成了农业、畜牧业、狩猎业、渔猎业、采集业各种经济交错发展,组合成不同的经济分布地区,即使在同一地区也因自然条件不同,而形成不同经济的分布区"。② 古代松原地区经济发展的特点是多元经济的有机结合,在这一地区,渔猎经济、游牧经济、农耕经济等经济形式有机地结合

① 参见(清)长顺修、李桂林纂,李澍田等点校:《吉林通志》卷 11《沿革志二》,吉林文史出版社 1986 年版。

② 张博泉、程妮娜:《中国地方史论》,吉林大学出版社 1994 年版,第 176 页。

在一起,共同促进松原地区社会经济的发展。这里的经济结构具有多元的、各地区发展不平衡等特点,东胡系民族居住的西南部、西部以畜牧业为主,夫余人、渤海人、汉族人居住的南部地区以农业为主,肃慎系民族居住的东北部、东部地区以渔猎业为主,兼营农业。

松原地区的经济发展是以多元为主要特征的,活动在这一地区的肃慎、秽貊、东胡等三大族系的民族是这里的主体,其中,肃慎系民族是以渔猎经济为主要经济形式的民族,东胡系民族是以游牧经济为主要经济形式的民族,秽貊系民族的经济活动则以农耕经济为主。由于所居住地区的地理环境不同,决定了他们分别侧重渔猎、游牧、农耕等不同的生产类型。渔猎经济、游牧经济这两种经济形式为生活在今松原东部的肃慎系民族和西部的东胡系民族提供了大量的毛皮和山货等,在满足本部族的生活需求之余,为贸易经济的进行奠定了基础。

松原地区的经济结构是由渔猎经济、游牧经济、农耕经济等经济形式构成的。渔猎经济和游牧经济是肃慎系民族、东胡系民族所从事的主要经济活动,与农耕经济相比是较为落后的经济形式,其经济发展的对外依赖性较强,与外部的经济联系是通过贸易(包括朝贡、敕贡贸易、马市贸易)实现的。为了保持贸易通道的畅通,他们不断扩大渔(牧)猎经济,以获得大量的产品,换取更多的生产和生活用品。贸易越发展,需要的渔猎、牧猎产品越多,越能促进渔猎经济、游牧经济的发展;渔猎、游牧经济的不断发展,必然导致其组织的扩大,刺激掠夺的发生,以增加财富,提高社会生产力,并为农耕经济提供了大量的劳动力、耕牛、铁制农具等,从另一方面促进了农耕经济的发展。

游牧经济是西部东胡系民族所从事的主要经济活动,他们也兼事农耕,但农耕经济的水平明显低于东部地区,这是由东、西部的地理条件的差异决定的,历代中央政府的招抚政策虽然对西部地区农耕经济的出现及发展起了促进作用,但极其不适宜农耕的地理环境以及游牧民族居无定所的民族特征,决定了西部地区农耕水平的低下。而东部的地理条件比较适宜农耕,又获得了大批的汉族劳动力,因此,农耕经济的水平高于西部。

贸易经济是通过马市、榷场等交换场所将渔猎、牧猎经济的产品与农耕经济的产品进行交换的一种经济形式,贸易经济的发展,促进了渔猎、牧猎的发展及其社会组织的扩大。

渔猎经济、游牧经济是这一地区主要的经济形式,农耕经济虽然已经出现,但尚未发展到完全可以取代其他经济、为人类提供充足的食物的地步。这种经济不能单独发展,对相邻区域有较强的依赖性,主要通过政治上的臣附、朝贡、敕贡贸易及马市贸易来实现的。他们"以本地土特产作为贡品和互市的物品。中原王朝的赏赐往往多于地方民族贡品的数倍,主要是绢帛彩缎、服装和一些日用品。互市在边界郡县进行,地方民族用畜产品(马牛羊)和皮毛山货换取粮食、绢帛及生产工具。在经济往来中,通常是边疆民族获利较多,中原王朝外向经济联系的着眼点主要是政治上的臣附"①。除贸易之外,也可以把掠夺经济看作是对外依赖的另一种表现形式。掠夺作为另一种意义上的经济活动,在渔猎、游牧民族的经济活动中有着十分重要的作用,他们从事农耕经济所需的劳动力以及生产和生活资料等,在很大程度上依靠掠夺而来。有人认为,贸易经济不能满足需要时,掠夺经济才是生产和生活资料的重要保证。其实,贸易经济正常进行时,掠夺也时有发生,只是贸易停止或不能正常进行时,掠夺发生的更频繁而已。

综上所述,古代松原地区的经济类型涵盖了渔猎、游牧、农耕等三大主要经济形式,赋予松原地区多元、多样的经济特征。除此之外,自古以来活动在松原地区的各个民族所从事的经济活动几乎都不是单一的,而是以一种经济形式为主,兼营其他。由此,松原经济在多元的基础上又呈现了兼容的特征。经济是文化的载体,多元的经济造就了这一地区多元的文化,同时也给这一地区的文化赋予了多元和兼容的特征。

---

① 张博泉、程妮娜:《中国地方史论》,吉林大学出版社 1994 年版,第 199 页。

第四章　农耕文化

　　农耕文化是人们在农业生产和生活中创造的物质文化和精神文化的总称,包括农耕意识、农耕器物与技术、农业制度、农耕风俗习惯等内容。在中国古代社会,农耕代表了先进的生产力,是政治、经济、社会、文化等活动有序进行的基础。在东北地区,由于古代民族在不同的历史时期从事农业生产和生活的程度存在或多或少的差异,因而农耕文化被赋予了浓厚的区域特征。与此同时,农耕生产方式作为文明程度提升的重要标志,对东北古代少数民族及其政权的发展起到了至关重要的推进作用。在松原地区,原始农耕出现较早,受到自然环境的限制和古代民族生活习俗的影响,长期与游牧、渔猎经济共生,互为补充。这一地区古代东北民族聚族而居,社会经济发展水平不一,农业生产呈现较强的阶段性和不平衡性,农耕文化在制度、意识、风俗层面具有鲜明的民族特色。

第一节　农耕文化的形成与发展

　　松原地区原始农耕的出现可以上溯至新石器时期,汉代的夫余、唐代的渤海、辽代的契丹、金代的女真等少数民族先后在一个时期内推动农耕文化发展到了相当高的程度,清末以来对土地大规模的开发使这一地区的农耕文化走向成熟。

一、农耕文化的形成

(一)从史前至先秦时期的早期形成

进入新石器时期,从兴隆洼文化、新乐文化到红山文化再到小河沿文化、富河文化,原始农耕在东北地区出现并发展。由于居地、自然条件和社会经济发展速度的差异,东北各地在这一时期出现了富有地方或民族特点的文化。[①]松原地区历史悠久,江河湖沼纵横的优越渔猎环境与西部草原文化的相互碰撞,造就了这一区域农耕文化的特色。在扶余县,新安乡长岭子村曾发现新石器时期石斧。[②] 在长岭县,新石器遗址集中分布在沙丘土岗连绵起伏、沼泽泡塘星罗棋布的西部地区。[③] 其中,腰井子屯北岗遗址为新石器时期较为典型的草原沙丘遗址,分布在第二松花江中游地段以西,霍林河、查千泡以南的广阔沙丘地带和平原地带,松原地区乾安县也有分布,它们都是以渔猎为主要生活来源的部落的遗址。[④] 遗址中出土有砍凿器、石斧、鹤嘴锄、石刀、石磨盘以及陶纺轮等[⑤],与前六号屯墓群出土的石犁[⑥],都是新石器时期用于农业生产、生活的工具。它们在文化类型上与红山文化、昂昂溪文化有接近之处,属细石器晚期人类生活遗物。[⑦] 在前郭县,新石器时期遗址分布在西部草原地区靠近水源的坡地上。[⑧] 其中,腰浩特忙南坨遗址出土的陶片和磨制石斧,与东北地区新石器时期具有代表性意义的"昂昂溪文化"晚期器物有较多共性,反映了北方草原以游猎为主的新石器文化中已经出现了原始农业的经济形态。乾安石耜是松原地区新石器时期典型的农耕工具。石耜时代较晚,器身窄长,区别于红山文化,也异于长春地区[⑨],足见松原地区农耕文化早期形成

---

① 参见佟冬主编:《中国东北史》(第1卷),吉林文史出版社2006年版,第44页。

② 参见王国学:《扶余首次发现新石器时期石斧》,《吉林日报》1990年8月21日第3版。

③ 参见吉林省文物志编修委员会主编:《长岭县文物志》,1986年内部资料,第3页。

④ 参见吉林省文物考古研究所、白城地区博物馆、长岭县文化局:《吉林长岭县腰井子新石器时代遗址》,《考古》1992年第8期。

⑤ 参见吉林省文物志编修委员会主编:《长岭县文物志》,1986年内部资料,第16页。

⑥ 参见吉林省文物志编修委员会主编:《长岭县文物志》,1986年内部资料,第201页。

⑦ 参见吉林省文物志编修委员会主编:《长岭县文物志》,1986年内部资料,第4页。

⑧ 参见吉林省文物志编修委员会主编:《前郭尔罗斯蒙古族自治县文物志》,1983年内部资料,第7页。

⑨ 参见佟冬主编:《中国东北史》(第1卷),吉林文史出版社2006年版,第75页。

过程中的特殊性。一方面,这一类农具出土较少,与松原地区渔猎文化占据主导地位不无关系,也反映出这一地区早期农耕脱胎于食物采集与狩猎的时间相对较晚;另一方面,这一农具吃土不宽却较深,器形的设计更加适用于当地土质较硬的土壤条件,由此体现了先民的创造性,以及较强的适应生存环境的能力(参见图4-1)。

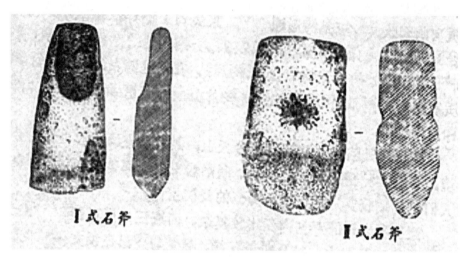

图4-1 腰浩特忙南坨遗址出土石斧①

根据文献记载,传说中的尧、舜、禹等部落联盟的影响力已经达到东北的部分地区。据《史记·五帝本纪》记载,虞、舜曾北抚"山戎、发、息慎"。夏商周时期,中原王朝对东北的管辖不断加强,加之东北古代民族与中原交往增多,在促进各民族之间接触与融合的同时,推动了中原农耕文化在东北的传播。进入春秋战国时期,燕国不仅进击东胡,设置上谷、渔阳、右北平、辽西、辽东5郡,而且东进"略属真番、朝鲜",灭貊国,控制了辽西以至朝鲜半岛北部的广大地区。在东北的南部,燕人设置郡县,修筑长城,官吏、戍卒的派遣与商业的往来、文化的交流,将燕人的统治方式、生产方式与先进文化迅速传入东北地区,加速了社会变革的进程。战国以来,铁制农具开始传入东北地区,应用于农业生产,促进了农业生产水平的显著提高。对夏家店文化、西团山文

---

① 参见吉林省文物志编修委员会主编:《前郭尔罗斯蒙古族自治县文物志》,1983年内部资料,第15页。

化、白金堡文化、莺歌岭文化的考察以及对图们江流域的考古研究表明,当时原始农耕的范围逐步向东、向北扩展。这一时期,松原东部的宁江区、扶余县、前郭县一带为古秽貊人世居之地,西部长岭县、乾安县一带为古东胡人游牧之地。① 以"戎菽"为特产的山戎族属东胡,他们以狩猎、游牧为主要生活方式,农业所占部分较小;②秽貊沿河滨海而居,以渔猎经济为主,其中由秽貊人建立的"蒿国"是"以黍为食"。这一时期的松原地区,农作物的品种有限,渔猎、畜牧相对发达,对农业的整体依赖程度较小。尽管如此,早期的农耕文化还是得到了初步的发展,尤其是从"以黍为食"到"戎菽",远古时期东北地区先民善于在有限的农耕条件下,通过对适应东北气候的原始谷物的栽培,丰富人们的生产和生活。与此同时,狩猎、渔猎经济也为原始家畜饲养活动提供了可能,与谷物种植共同构成农耕文化的物质基础,催生了早期的农耕意识,为中原农耕文化的传播提供了土壤。

（二）秦汉时期的初步形成

秦汉时期,中原地区的农耕文化发展到了新的水平。秦汉时期中央政权对东北南部的直接统辖,促进了东北与内地的经济文化交流。战乱之际,中原汉人逃至东北,为东北的农业开发带来了先进的生产技术和劳动力。汉武帝时期,北定匈奴,屯戍北边与推广先进农具、耕种方法等一系列举措,为东北农业的发展注入新的动力。中原地区农耕文化的发展与汉人的迁入,促进了东北农耕文化的初步形成。这一时期,秽貊、肃慎、东胡三大族系与汉族共同在东北地区繁衍生息,以各自具有民族特色的经济活动,推进社会的进步。松原地区的东北民族,在游牧渔猎的同时,不同程度地从事农耕活动,为农耕文化的初步形成发挥着积极的作用。松原地区在这样的历史背景下,初步形成了多民族共同创造的农耕文化。

东北地区秽貊族系中的夫余在汉魏时期建立夫余国,现今松原地区在当时为其所辖。据《后汉书·东夷列传》记载,夫余国"地方二千里",始祖东明建国,所居之地在东夷境内"最为平敞,土宜五谷"。于是"以员栅为城,有宫室、仓库、牢狱",在渔猎的同时,进入定居生活,开始从事农业经营。③ 汉代在

---

① 参见松原市地方志编纂委员会:《松原市志》,吉林人民出版社 2006 年版,第 13 页。
② 参见佟冬主编:《中国东北史》(第 1 卷),吉林文史出版社 2006 年版,第 162 页。
③ 参见《后汉书》卷 85《东夷列传》,中华书局 2001 年版。

夫余人活动较为活跃的今吉林省东团山至龙潭山一带,有西汉村落遗址和墓葬。① 在土城子、学古东山、杨屯等遗址中,出土了轮制陶器与少量铁镑、铁凿、铁锸、铁锥、铁矛,而石器仍为主要工具。考古资料的发现印证了夫余人从事农业定居生活的情况,为农耕文化的初步发展提供了佐证。另据《三国志·魏书·乌丸鲜卑东夷列传》所载:"旧夫余俗,水旱不调,五谷不熟,辄归咎于王,或言当易,或言当杀。"②夫余境内,五谷耕作受制于水旱气象条件,居民种植粟、黍一类耐旱作物,经营着比较发达的原始锄耕农业。③ 而秽貊族系见于史籍者尚有高句丽、东秽、东沃沮和北沃沮。据《三国志·魏书·乌丸鲜卑东夷传》记载,高句丽虽然初期"无良田,虽力佃作,不足以实口腹",但是由于统治者对农业的重视以及对中原作物的引种,仍发展到"家家自有小仓"的程度。④ 东秽不仅"知种麻,养蚕,做绵布",而且"晓候星宿,豫知年岁丰约"⑤,其农业生产的发达与自燕秦以来汉族融入朝鲜半岛不无关系。东沃沮则"土肥美,背山向海,宜五谷,善田种"⑥,接受高句丽役使。北沃沮种植黍粟,"以农业为主,兼营渔猎"⑦,在出土的东汉时期北沃沮遗址中发现了铁镰,印证了这一地区农业技术水平并不落后。秽貊族系在秦汉时期的发展壮大,加之汉族的迁入以及中原作物的引入,为东北农耕文化的初步形成作出了重要的贡献。松原地区扶余县境内的"汉书二期文化"遗址,如长岗子、熊家亮遗址,年代相当于战国至汉代,其出土器物反映当时居民已经从事原始农业活动。值得注意的是,在当地经济生活中,畜牧业和渔业仍占相当的比重。⑧

挹娄是古肃慎族在汉代的称谓。尽管"土气寒"且"土地多山险",又"法俗最无纲纪",但是在经济生活中"有五谷、麻布"。⑨ 农作物与经济作物的种

---

① 参见王子今:《东北诸族经济生活》,《秦汉边疆与民族问题》,中国人民大学出版社 2011 年版,第 314—315 页。

② 《三国志》卷 30《魏书·乌丸鲜卑东夷传》,中华书局 1982 年版。

③ 参见佟冬主编:《中国东北史》(第 1 卷),吉林文史出版社 2006 年版,第 384 页。

④ 参见《三国志》卷 30《魏书·乌丸鲜卑东夷传》,中华书局 1982 年版。

⑤ 《后汉书》卷 85《东夷列传》,中华书局 2001 年版。

⑥ 《后汉书》卷 85《东夷列传》,中华书局 2001 年版。

⑦ 佟冬主编:《中国东北史》(第 1 卷),吉林文史出版社 2006 年版,第 386 页。

⑧ 参见陈相伟、李殿福主编:《扶余县文物志》,1984 年内部资料,第 7、9 页。

⑨ 《后汉书》卷 85《东夷列传》,中华书局 2001 年版;《三国志》卷 30《魏书·乌丸鲜卑东夷传》,中华书局 1982 年版。

植反映了农耕文化的初步发展。挹娄与夫余毗邻，尤其"自汉兴已后，臣属夫余"①，在经济和文化上两个民族之间的相互影响，在一定程度上可以促进农耕文化的交流与发展。

松原地区的长岭县，周秦时属东胡，西汉至三国时为鲜卑所据。② 据《后汉书·乌桓鲜卑列传》记载，汉代东胡族系中的乌桓、鲜卑先后兴起。其中，乌桓"土地宜穄及东墙。东墙似蓬草，实如穄子，至十月而熟"。"言语习俗与乌桓同"的鲜卑，在东汉灵帝光和年间，由檀石槐统领，曾一度"种众日多，田畜射猎不足给食"，只得东击倭人国，"得千余家，徙置秦水上，令捕鱼以助粮食"。③ 可见，秦汉时期以游牧为主的东胡族人也辅以农耕经济，饮食中粮食占一定的比例。此外，鲜卑墓葬中，随葬有陶鬲、漆器残片以及残存的绢、麻织物，学者指出这一文化现象"反映其经济已受到黄河流域农耕文化的一定影响"④。在出土的东汉鲜卑墓中发现了铁制农具，如铁镬、铁锸、铁镰，可以用以平土收割，反映了东胡民族活动地区农业技术水平的提高。⑤

二、农耕文化的发展与成熟

（一）隋唐、辽金时期的进一步发展

魏晋南北朝时期，东北地区长期处于地方割据政权统治下，鲜卑、夫余、高句丽、勿吉、契丹等众多北方民族林立，发展各具特色的农耕经济。隋唐时期，通过设置羁縻州府强化了对东北边疆的控制和管理，加之对铁制农具和犁耕的推广，使东北地区的农业得到进一步的发展。这一时期，松原地区各民族的势力消长发生了显著变化。夫余亡国后，勿吉与鲜卑及其后裔契丹人分别控制东部和西部，分据松原地区。至隋朝，勿吉改称靺鞨，据有松原东部；西部则成为契丹人的游牧之地。唐初，分为室韦、高句丽所辖区域与挹娄故地。在渤海国建立后，置扶余府、鄚颉府、定理府；契丹诸部内属，置松漠都督府，下辖松

①　《后汉书》卷85《东夷列传》，中华书局2001年版。

②　参见苏国清主编：《长岭县志》，中华书局1993年版，第607页。

③　《后汉书》卷90《乌桓鲜卑列传》，中华书局2001年版。

④　王子今：《东北诸族经济生活》，《秦汉边疆与民族问题》，中国人民大学出版社2011年版，第313页。

⑤　参见佟冬主编：《中国东北史》（第1卷），吉林文史出版社2006年版，第367页。

原西部长岭、乾安一带,继续为契丹人放牧之地。① 松嫩平原是渤海国的农业区之一。② 渤海国是由族属古肃慎族系的粟末靺鞨建立的地方政权,对内统一靺鞨诸部,对外臣属于唐王朝的统治。作为"海东盛国",渤海国统治时期,对当地农业经济的发展作出过卓越贡献。以"楛矢石砮"闻名的肃慎人,在夏商周时代定居从事农业生产,境内"黍食"③。勿吉是古肃慎族系在南北朝时期的称谓。勿吉在农业耕作方式上采用耦耕,已经开始大量使用铁制工具;农作物品种"有粟及麦穄,菜则有葵",加之"嚼米酝酒,饮能至醉"④,表明当时不仅从事农耕,而且粮食生产有一定的盈余。至隋唐时期,勿吉又被称为靺鞨,部落众多,由粟末靺鞨建立渤海政权,统一诸部,促使农业得到进一步的发展。靺鞨人不仅广泛使用铁器,而且开始畜耕,作物种类多样,发展水稻、桑麻、水果的种植与栽培,农业生产呈现出前所未有的发展景象。与此同时,隋唐时期散居草原的契丹、奚、室韦诸族,由于"气候寒,田收甚薄",草原地区的农业生产一般仅限于穄一类早熟作物。⑤ 又据《新唐书·北狄》记载,奚"稼多穄,已获,窖山下",室韦"刻木为犁,人挽以耕,田获甚褊"⑥,可见"逐水草而处"的游牧民族在生产工具和技术上都较为落后。这反映了在全面开发东北的隋唐时代,农业经济的发展仍然很不平衡,农业生产水平还很有限,渔猎、游牧在社会经济中仍占有较大比重。

907 年,耶律阿保机称帝建立契丹国,在东北地区先后征服和控制了包括奚、霫、室韦、乌古、敌烈、女真、渤海在内的少数民族。契丹是北方游牧民族,从事畜牧、渔猎。唐代设置松漠都督府,契丹大贺氏首领窟哥任都督,契丹与中原王朝保持政治、经济、文化联系,农业有所发展。据《辽史·礼志一》记载,契丹有"祭山仪"与"瑟瑟仪",分别以饼饵、黍稷,且用酒,反映早期农业已有所发展。⑦ 契丹首领还教民稼穑、种植桑麻以及冶铁鼓铸。契丹建国后,在征服渤海、燕云所辖农业区的同时,也控制了当地的汉族和渤海民众。契丹统

---

① 参见松原市地方志编纂委员会:《松原市志》,吉林人民出版社 2006 年版,第 14 页。
② 参见王承礼:《渤海国简史》,黑龙江人民出版社 1984 年版,第 69 页。
③ 佟冬主编:《中国东北史》(第 1 卷),吉林文史出版社 2006 年版,第 172 页。
④ 《魏书》卷 100《勿吉列传》,中华书局 1974 年版。
⑤ 参见佟冬主编:《中国东北史》(第 2 卷),吉林文史出版社 2006 年版,第 87 页。
⑥ 《新唐书》卷 219《北狄列传》,中华书局 1975 年版。
⑦ 参见佟冬主编:《中国东北史》(第 2 卷),吉林文史出版社 2006 年版,第 287 页。

治者安抚流徙塞外汉人,南侵掳掠中原的汉人,强迁渤海王族与民众,在辽上京、中京腹地和漠北草原地带设置州县,安置渤海人与汉人从事垦殖耕作。在契丹部族地区,统治者也积极"劝农桑,教纺绩",发展牧区农业。统治者又在乌古之地徙置契丹人从事农耕,在西北边地则较为普遍地推行军事屯田,进一步扩大东北的农业区域,史称"辽海编户数十万,耕垦千余里"①。这一时期,松原地区分属辽上京道怀州、长春州、凤州,东京道宁江州②,以及乌古部乌古敌烈统军司。③ 契丹强迁渤海族人的策略,曾一度造成松原地区东部的农耕人口锐减,农田荒芜。黑水靺鞨的后裔女真各部开始填补渤海故地,他们以射猎、采集为业,较少从事农耕,因而农业经济不可避免地出现倒退。④ 随着辽代农业区向北推进与扩展,东京道、上京道地区农业整体水平的提高,以及在游牧地区推行农业屯田,带动了松原地区农业取得一定的发展。据《辽史拾遗》记载,宁江州"地苦寒,多草木。如桃、李之类皆成园。至八月,则倒置地中,封土数尺,覆其枝干,季春出之。厚培其根,否则冻死"。可以用土埋窖藏法栽种果木⑤,从一个侧面反映了契丹人对这一地区的开发状况。乌古之地的开垦,则较为成功地开发了西部草原地区,扩大了犁耕农业的分布范围。

辽天庆五年(1115年),女真人建立金朝,并最终取代辽朝继续统治东北。女真先人黑水靺鞨,旧俗"无室庐,负山水坎地,梁木其上,覆以土,夏则出随水草以居,冬则入处其中,迁徙不常"。完颜部"徙居海古水"之后,"耕垦树艺,始筑室","定居于安出虎水之侧"⑥。从事农耕成为女真部族社会变革的动力,备受女真统治者的关注。在女真抗辽的斗争中,农业生产为女真猛安谋克军(猛安谋克是女真族氏族社会末期的部落联盟组织。"猛安"为部落单位,"谋克"为氏族单位。这种组织平时射猎,战时出征,后发展为一种军事组织。阿骨打任首领时规定:300户为一谋克,10谋克为一猛安,此举将猛安谋克变为一种兼具军事和地方行政性质的组织结构)和人民生活提供基本的物

---

① 《宋史》卷264《宋琪传》,中华书局1977年版。

② 参见佟冬主编:《中国东北史》(第2卷),吉林文史出版社2006年版,第386—395页。

③ 参见松原市地方志编纂委员会:《松原市志》,吉林人民出版社2006年版,第3页。

④ 参见景爱:《历史时期东北农业的分布与变迁》,《中国历史地理论丛》1987年第2期。

⑤ 参见张国庆:《古代东北地区少数民族渔猎农牧经济特征论》,《北方文物》2006年第4期。

⑥ 《金史》卷1《世纪》,中华书局1975年版。

资储备,女真统治者对农耕重要性的认识由此提高到一个新的水平。在金王朝统治时期,受到中原先进农耕文化的影响,金朝的农耕经济制度日益完善,东北地区的农业开发达到新的高峰。金朝统治者通过降服和掳掠汉人、契丹人、渤海人,强行迁至金上京(今黑龙江省哈尔滨市)地区,充实当地的人口和劳动力;在军事要地和土地肥沃的地区派驻猛安谋克军,驻守屯田;实行牛头地制度,激励女真人的耕种积极性;颁布政令,鼓励农耕;设置劝农机构,修建常平仓,保障农业生产。这一系列开发东北农业的政策和措施,使东北地区的农业有了长足的发展,农业耕种几乎遍布东北。① 这一时期,松原地区分属上京路隆州府利涉县、会宁府会宁县,北京路临潢府、泰州。② 金朝初年,推行"每收城邑,往往徙其民以实京师"③的政策,今松原前郭县所属泰州曾安置辽户二百。④ 金初屯田垦荒,曾以银术可(金太祖之子)为谋克,分鸭挞、阿懒所迁谋克二千户,屯驻宁江州所辖今伯都讷古城,先后调集万户猛安谋克之民、迁居女真宁江州部民等至泰州,还曾将大批女真、契丹民户迁往上京临潢府一带垦殖。于是,松原地区广泛分布着辽金时期的村落遗址与城址,出土了铁制农具、石臼、小石磨等遗物,乾安县墓葬中还出土了粟类谷物、食物⑤,反映了在辽朝农耕经济的基础上,金代农耕取得了进一步的发展,在地域范围上和耕作技术上都远远超过了前代。辽金时期在松原地区进行屯戍,与这一时期契丹和女真之间的军事抗衡密不可分。屯兵戍守活动带来了包括女真、契丹在内的多民族构成的农业人口,有助于土地的开发和利用。扶余县出土"上京隆安劝农副使印"、"卜鲁哥乌主谋克印、退浑谋克之印"、"都弹压印"、"利涉县印",是金代管理松原地区、有效地发展和保障农业生产的历史见证。

(二)元、明、清前期的缓慢发展

金末元初,长期战乱使东北地区的农业生产遭受严重破坏,人口锐减,城镇残破,农业生产处于半停滞状态。⑥ 至忽必烈以来,元朝统治者采取"农桑

---

① 参见景爱:《历史时期东北农业的分布与变迁》,《中国历史地理论丛》1987 年第 2 期。
② 参见松原市地方志编纂委员会:《松原市志》,吉林人民出版社 2006 年版,第 14 页。
③ 《金史》卷 133《张觉传》,中华书局 1975 年版。
④ 参见《金史》卷 2《太祖本纪》,中华书局 1975 年版。
⑤ 参见吉林省文物志编修委员会主编:《乾安县文物志》,1985 年内部资料,第 84、85 页。
⑥ 参见佟冬主编:《中国东北史》(第 3 卷),吉林文史出版社 2006 年版,第 296—297 页。

为本"的经济政策,增设职官劝农,在东北地区推行军民屯田,提供土地、种子、牛具、农具等物资,在赋税方面也有优待,因而农耕经济在农田面积和粮食产量方面都有所恢复。屯田人口的成分多样,既有军户、民户、罪犯之分,也有汉、蒙古、女真等多个民族,尤其是以游牧或渔猎为生的少数民族参与到农业生产中,农耕的分布范围有所扩大。尽管如此,元代东北地区的农耕区域有限,女真人的农业经济水平发展不平衡且较为落后,而蒙古人以游牧为主,导致元代东北地区的农业生产发展缓慢。松原地区在这一时期的历史遗迹、遗物较少,也反映出蒙古人从事游牧经济、较少进行农业生产的特点。

明代东北地区各民族的经济普遍有了较为显著且长足的发展。明朝政府在辽东地区推行军屯,民田也有所发展;与此同时,以游牧为生的蒙古族和以渔猎为生的女真人也不同程度从事农耕。这一时期,东北地区的主要谷物杂粮作物共计 21 种,水稻、棉花、烟草的种植更反映出生产部门的不断拓展以及生产技术水平的提高。① 尽管如此,蒙古各部农耕经济发展缓慢,至明末兀良哈部仍然"春耕时,多聚人马于平墅,累日使之践踏粪秽。后种黍、稷、粟、蜀、秫诸种,又使人马践踏。至耘治收获时,令军人齐力云"②。松原地区长期为蒙古王公的游牧之地,先后为兀良哈、科尔沁诸部控制,统属于明朝奴尔干都司。在蒙古王公的游牧地上,农业依旧是"易地而耕"、"广种薄收"、"粗放耕作"③。建州女真通过发展农业迅速崛起,实现了对女真各部的统一。1616年,后金政权攻占讷尔浑,在松原地区设伯都讷站,派兵驻守。明代,女真各部的农耕技术仍长期停留在刀耕火种的发展阶段,抵御东北各种自然灾害的能力十分有限。④ 因此,明代松原地区农耕生产尚未独立于游牧、渔猎经济,发展水平不高。

清初,郭尔罗斯部归附,此后松原地区由满、蒙划江分治。⑤ 清代前期,分别在旗地与蒙地开发垦殖,农耕文化取得了新的进展。清政府在顺治十年

---

① 参见佟冬主编:《中国东北史》(第 4 卷),吉林文史出版社 2006 年版,第 983、1049 页。

② 辽宁大学历史系:《建州纪程图记校注》,《清初史料丛刊》,辽宁大学历史系 1979 年版,第 28 页。

③ 徐万江主编:《乾安县志》,吉林人民出版社 1999 年版,第 193 页。

④ 参见孙乃民主编:《吉林通史》(第 2 卷),吉林人民出版社 2008 年版,第 104、109 页。

⑤ 参见松原市地方志编纂委员会:《松原市志》,吉林人民出版社 2006 年版,第 14 页。

(1653年)颁布《辽东招民开垦条例》,鼓励关内无地农民出关垦殖,伯都讷始有汉民开荒。① 但是由于关外地域偏远,关内人口压力尚小,又受到安土重迁思想的影响,因而移民数量非常有限。康熙九年(1670年),清廷颁行封禁政策,康熙二十年(1681年)完成辽东边墙的修建,将松原地区隔在柳条边外,致使扶余一带呈现"满地荒草,黄羊山雉群集,古木怪石嵯峨"的景象。② 尽管如此,清朝自顺治时期以来由八旗官兵、流人与流民组成的拓荒者在伯都讷地区从事农业开发,垦殖土地。伯都讷旗地的开发始于清顺治初年,清廷在此设围场和欧李贡山,派驻戍守的八旗官兵,由官府按职级拨给土地,代替薪饷,兵丁也分拨份地,统称旗地。旗地由国家拨给,属国有土地,官、兵、丁只有使用权,没有支配权,由兵丁和一般旗人耕种或向民人租佃。此后,康熙二十四年(1685年),清廷设置伯都讷驿站,朝廷拨给"站丁地",计12,090.14公顷③;康熙三十一年(1692年),设伯都讷副都统,驻兵2000名;康熙三十二年(1693年)徙副都统衙门至伯都讷新城;康熙五十二年(1713年),从吉林派驻伯都讷满洲丁400名。至康熙末年,驻守伯都讷的八旗兵计有1100人,旗地18,530垧。④ 雍正初年,郭尔罗斯"乏食"之时,曾想到"伯都讷贮存仓粮颇多,可备散赈之用"⑤;雍正十年(1732年),伯都讷的农耕开发已经颇见成效。乾隆五十二(1787年)至五十三年(1788年),先后在伯都讷设立6处官庄,官庄的农业耕作者主要是内地迁入的流徙罪犯,时称"流人"⑥。至乾隆五十四年(1789年),旗地已增至近7万公顷。⑦ 流民在伯都讷开发中同样发挥了重要的作用。早在雍正年间,少数冒禁入境汉人在伯都讷私垦荒地近15万亩。乾隆六年(1741年),曾宣布"伯都讷地方,除现在民人,勿许招募外,将该处荒地与官兵开垦,或作牧场"⑧。清廷出台的一系列封禁政策,并未能阻止流民进入东

---

① 参见松原市土地志编纂委员会:《松原市土地志》(1616—2000),吉林文史出版社2003年版,第21页。

② 参见景爱:《历史时期东北农业的分布与变迁》,《中国历史地理论丛》1987年第2期。

③ 参见耿云生主编:《扶余县志》,吉林人民出版社1993年版,第117页。

④ 参见孙乃民主编:《吉林通史》(第2卷),吉林人民出版社2008年版,第303、309页。

⑤ (清)长顺修、李桂林纂,李澍田等点校:《吉林通志》卷1《圣训志一》,吉林文史出版社1986年版,第8页。

⑥ 参见孙乃民主编:《吉林通史》(第2卷),吉林人民出版社2008年版,第298页。

⑦ 参见松原市地方志编纂委员会:《松原市志》,吉林人民出版社2006年版,第106页。

⑧ 《清高宗实录》卷142,乾隆六年五月辛未,中华书局1985年影印本。

北的洪流。尤其是伯都讷控制较松,处于半开放的状态。① 乾隆二十七年(1762年),清廷将宁古塔流民安置到伯都讷,并且拨付土地,入籍纳粮。旗署丈量"陈民老地"即"民地"计6665.26公顷。② 乾隆四十二(1777年)年至嘉庆十一年(1806年)间,先后7次清查伯都讷流民,民户由1655增至6107户,民地由100,045亩增至197,483亩,人口增加,耕地也随之扩大。这一时期,清廷还派驻蒙古、锡伯、卦勒察等少数民族兵丁到伯都讷。其中,康熙年间,为了加强防务抵御入侵的沙俄,清政府采取迁民政策,将锡伯族与卦勒察部民编入上三旗,分派披甲、附丁各2000人合编40佐领,派驻伯都讷。锡伯族是从事农业兼营牧猎的少数民族,经过历次分批内迁盛京之后,仍有少数留驻伯都讷。清廷安置旗人与流人的政策促进了伯都讷地区旗地的开发,这一时期人口的不断增加为农业生产带来了劳动力,持续升温的开荒扩大了耕地面积,各民族共同参与社会经济生活更加推动了农耕文化的丰富多彩。从乾隆中叶开始,在蒙古王公控制下的蒙地也打破了"蒙古游牧处所,例不准内地民人逾界前往开垦"的束缚,为了扩大财政收入,蒙古王公私自招流民开垦,从而揭开了蒙地农耕开发的序幕。嘉庆四年(1799年),查出郭尔罗斯前旗辅国公恭格拉布坦私招汉人垦地265,648亩,民人2,330户。③ 嘉庆五年(1800年),清廷设置长春厅,管理流民和垦种土地,办理郭尔罗斯前旗民务事宜,反映了流民开发蒙地已经成为不可逆转的趋势。这一时期,蒙古王公向佃户丈放土地,征纳租粮,发放"蒙照"以证明蒙古王公与佃户的关系。④ 嘉庆十五年(1810年),设伯都讷厅管理民务,旗务由副都统专理。清廷在"严定招垦之禁"的同时,往往又推行"已佃者不得逐,未垦者不得招"⑤的变通举措。清廷对旗地、蒙地流民垦殖所采取的默许态度以及由此推行的相关政策法规,保障了流民的垦殖活动,加之嘉庆、道光年间多次诏谕放垦,蒙古王公招民开荒,松原地区

① 参见佟冬主编:《中国东北史》(第4卷),吉林文史出版社2006年版,第1573页。

② 参见松原市土地志编纂委员会:《松原市土地志》(1616—2000),吉林文史出版社2003年版,第23页。

③ 参见松原市土地志编纂委员会:《松原市土地志》(1616—2000),吉林文史出版社2003年版,第23页。

④ 参见松原市土地志编纂委员会:《松原市土地志》(1616—2000),吉林文史出版社2003年版,第220页。

⑤ 《清史稿》卷518《藩部》,中华书局1977年版。

长期荒弃的土地在一定程度上得到了开发利用。

元明至清前期,松原地区从零星开垦到荒地放垦,农耕文化的内涵随之取得一定的进展。在统治者的态度和推行的政策上,清代对东北地区的关注程度远胜于元明,对于农业生产的扶持力度是元明时期难以企及的,这也与清代统治者对满蒙地区进行有效管理不无关系。与此同时,清廷开发东北农业的相关举措,不仅安顿了流民,也在一定程度上缓解了社会矛盾,从而巩固了清廷对东北地区的统治。在开垦者构成上,元明时期主要是不善于农业生产的蒙古人、女真人以及少量民户、罪人参与垦殖;清代则涌入数量可观的汉人,带来了农耕生产所需的劳动力和生产技术,生产力水平得到了一定的提高。清前期以来,当地对土地的开发尚处于起步阶段,在"苦寒硗确"的自然条件下,清政府为发展农业提供了人力、物力、财力方面的多种支持,各民族劳动者艰辛劳作,引进和扩大作物品种,改进耕种方式,积极推进农业生产,在较短的时间里使农业生产出现了较为显著的进步。[1]

(三)清后期至近代以来的成熟

1840 年,鸦片战争打破了清廷天朝大国的迷梦。进入清后期,随着民族危机的日益加深,统治者在东北地区推行长达近 200 年的"封禁"政策被迫"弛禁"。面对西方列强的侵略与瓜分,清政府一方面需要移民实边加强防务,一方面又要开荒济饷,缓解国库告急的财政压力。[2] 经过咸丰同治两朝相继开荒放垦,伯都讷地方的土地基本得到开发。[3]

清末,松原土地开发在形式上呈现出新的变化。旗地与蒙地的开发,由于长期注重统计人口、丈量荒地等事务,转而设置官局进行招垦,加快了开垦荒地的进程。与此同时,按照放荒章程,大量封建国有土地、蒙古王公封地,经过丈放、报领、开垦、生科、清丈等程序转变为私有民地。其中,光绪六年(1880年)至八年(1882 年)、十三(1887 年)至十四年(1888 年)、二十八年(1902年)以及宣统元年(1909 年),多次对松原地区进行耕地勘丈,并且在伯都讷设荒务分局,光绪九年(1883 年)还发放土地执照,俗称"龙照"。在蒙地,光绪二十八年(1902 年)解除封禁令,光绪三十三年(1907 年)增设长岭县,开放长

---

[1]　参见佟冬主编:《中国东北史》(第 4 卷),吉林文史出版社 2006 年版,第 1628 页。

[2]　参见马汝珩、成崇德主编:《清代边疆开发》,山西人民出版社 1998 年版,第 404 页。

[3]　参见松原市地方志编纂委员会:《松原市志》,吉林人民出版社 2006 年版,第 116 页。

岭一带毛荒,又设长岭地局,制定《长岭县境蒙地丈放章程》。在蒙地开发过程中,废除了"揽头"包领蒙荒,规定由垦民直接在垦务局报领荒地,在缴纳荒价银、经费银后领取蒙汉合璧大照,再根据新垦章程对开垦的土地进行升科、清丈。宣统元年(1909 年)又针对民人承领土地的实际能力发布章程,规定将划定的一井(井为过去东北地区一种土地计量单位)土地分为 36 方,每方计地 45 垧,分五年交纳荒价等内容。① 同年,王府直接经营的留界地,也被分给王府屯民 250 户,作为蒙民耕种的户地,每户 30 公顷。② 此外,长岭县天惠垦务公司、普利垦务公司先后成立,承领大片荒地。其中 1911 年设立的天利公司,经营土地 8 万多垧,租佃土地、房屋给佃户,收取租金。至宣统三年(1911年),新城府开垦土地 44 万多公顷,耕地 36 万公顷;郭尔罗斯前旗放出生熟地共计 106 万多公顷,其中长岭县出放荒地共计 30 多万公顷。③ 松原地区旗地、蒙地、民地的开发,在一定程度上调动了民人垦荒的积极性,增加了清政府的财政收入,缓解了驻军的兵饷压力。农耕在社会经济中的比重日益增加,成为重要的经济部门,汉、满、蒙等民族从事农业生产的人口也呈增长趋势。据光绪十七年(1891 年)伯都讷副都统柏英修纂的《伯都讷乡土志》记载:伯都讷"民风尚厚",署内有土地祠,供奉释迦佛的玉皇阁内"设有先农坛",官民对农耕的重视程度由此可见一斑;特产丰富,谷物类有稷、粟、黍、粱、麦、玉米以及麻、豆等,蔬菜类有葱、蒜、韭、菘、芥、芹、菠、莴苣、茼蒿、萝卜、山药、黄瓜、倭瓜、搅瓜、茄、红花菜、黄花菜等,果类有香瓜、西瓜、梨、杏等,牲畜有牛、马、驴、羊、猪等,家禽有鸡、鸭、鹅、鹑等。④ 荒地被开垦成良田,村屯错落有致,鸡犬相闻。人们辛勤的劳作,不仅改变了土地的面貌,而且在耕种方式上的"日出而作,日落而息",也在不同程度上转变了生活的样貌(参见表 4-1)。

---

① 参见松原市土地志编纂委员会:《松原市土地志》(1616—2000),吉林文史出版社 2003年版,第 97 页。

② 参见前郭尔罗斯蒙古族自治县地方志编纂委员会主编:《前郭尔罗斯蒙古族自治县志》,辽宁民族出版社 1993 年版,第 166 页。

③ 参见松原市土地志编纂委员会:《松原市土地志》(1616—2000),吉林文史出版社 2003年版,第 30 页。

④ 参见(清)柏英:《伯都讷(扶余)乡土志》,辽宁省图书馆编:《东北乡土志丛编》,1985 年内部资料,第 758—765 页。

表4-1　伯都讷土地开垦表①

种类		开发年代	数量（公顷）
旗人屯垦地	站地	康熙年间	12,090
	八旗官民垦地	乾隆年间	69,011
	恩赏地	同治年间	16,533
	官庄地	咸丰至光绪年间	11,419
	随缺地	咸丰至光绪年间	24,690
汉民开垦地	原额陈民老地	乾隆年间	6,665
	汉民私垦地	乾隆年间	6,670
	续增陈民老地	乾隆至嘉庆年间	16,379
	放垦地	道光至同治年间	276,085
公田		光绪年间	1,236
总计			440,778

　　民国时期,国民政府继续鼓励农民垦荒。1912年颁布《农会暂行规程》,
鼓励农业改良,同年由北京政府批准放垦藕梨场剩余荒地。1914年由新设立
的旗荒局管理扶余县土地开垦事宜,公布国有土地开放手续及国有土地承垦
条例施行细则,奖励农耕。② 这一时期,蒙地同样进一步放垦。在长岭县,
1911年成立的长岭县天利农林蚕牧公司,承领瘠荒82,289垧,以"野无旷土,
开辟利源"为宗旨,进行农林牧综合开发,并且试栽果桑取得成功。在1917年
前,蒙地仍归蒙古王公所有,旗民放牧,共同使用土地。随着农业的不断发展,
牧场缩小,在牧业凋敝的形势下,牧民逐渐转向半农半牧或弃牧从农,要求王
府分割剩余土地。在宣统元年(1909年)、三年(1911年)先后分割部分王府
留界地和牧场的基础上,民国六年(1917年)将王府未利用的旗内土地28.3
万公顷全部分给旗内蒙民壮丁,每人100公顷。1926年,吉林省公署在长岭
县设吉林勘放蒙荒总局,同年11月完成对乾安蒙荒地的丈量,于1927—1931
年分别放垦。这是郭尔罗斯前旗从1800年以来的第6次放垦(参见表4-2)。

---

① 参见耿云生主编:《扶余县志》,吉林人民出版社1993年版,第119页。
② 参见耿云生主编:《扶余县志》,吉林人民出版社1993年版,第119页。

表 4-2　蒙地放垦表①

放垦次数	时间(年)	放垦区域	行政建制
第一次	1800	伊通河、饮马河、雾开河一带	长春厅
第二次	1824	农安一带	农安县(1889 年)
	1827	沐石河夹荒、龙湾夹荒	
第三次	1888	伏龙泉	
第四次	1903	奈银吐	今德惠
第五次	1907	长岭毛荒	长岭县
第六次	1926	达布苏荒	乾安设治局(1928 年)

1927 年,乾安蒙荒开始承垦,官僚、军阀、商人蜂拥而至,"跑马占荒"。民国时期,扶余县已经成为全省盛产小麦的县份之一,出产的大豆也闻名于世。20 世纪 20—30 年代松原境内较早种植的高粱、谷子播种面积约达 14 万公顷,占全部谷物面积的 45% 左右。②③ 境内作物一年一熟,多以高粱、谷子、大豆以及玉米逐年轮换种植,以恢复地力。20 世纪 20 年代初,水稻种植由朝鲜族引进扶余县陶赖昭一带。④ 1929 年,15 户朝鲜族垦民移居郭前旗套浩太一带,经营水田约 400 公顷。⑤ 在蒙汉各族民众的帮助下,这些朝鲜族移民安居下来,融入当地的民众中,共同生产劳动,建设自己的家园。

东北沦陷时期,殖民统治者的残酷掠夺与兵祸匪患,导致民不聊生。据满铁资料显示,日伪对松原地区的土地、人口、牲畜进行了较为详尽的统计⑥,以便对农业进行强制管理,对农产品肆意搜刮和掠夺(参见表 4-3、表 4-4、表 4-5)。

---

① 参见前郭尔罗斯蒙古族自治县地方志编纂委员会主编:《前郭尔罗斯蒙古族自治县志》,辽宁民族出版社 1993 年版,第 15 页。

② 参见松原市地方志编纂委员会:《松原市志》,吉林人民出版社 2006 年版,第 165 页。

③ 参见耿云生主编:《扶余县志》,吉林人民出版社 1993 年版,第 131 页。

④ 参见耿云生主编:《扶余县志》,吉林人民出版社 1993 年版,第 131 页。

⑤ 参见松原市土地志编纂委员会:《松原市土地志》(1616—2000),吉林文史出版社 2003 年版,第 270 页。

⑥ 参见兴农部农政司调查科:《满洲农产物收获高预想调查》(康德五年),吉林省社会科学院满铁资料馆藏 03630(油印),第 14—15 页;兴农部农政司调查科:《康德九年度第 3 次农产物收获、消费、余剩高预想调查集计表》(新京特别市、吉林省),吉林省社会科学院满铁资料馆藏 22946(手抄),第 2、12、26、27、32 页;《康德十年新京特别市、吉林省农产物流调查》,吉林省社会科学院满铁资料馆藏 22966(手抄),第 3、4 页。

表4-3　沦陷时期各县作物面积统计表　　　　（单位:陌★）

时间 ＼ 县别	长岭县	乾安县	扶余县	郭前旗
康德五年	131,686	95,884	296,010	160,267
康德九年	—	94,486	268,726	151,902
康德十年	—	100,120	300,215	150,934

★一陌等于一公顷。

表4-4　沦陷时期各县人口统计　　　　（单位:人）

县别	乾安县		扶余县		郭前旗	
时间	康德九年	康德十年	康德九年	康德十年	康德九年	康德十年
日人	120	125	711	808	825	585
朝人	3	7	3,162	3,381	1,005	1,394
满人	92,548	99,164	468,803	470,264	149,034	139,624
蒙人	38	165	1,111	1,411	22,063	22,233
其他	—	88	30	26	—	—
合计	92,709	99,549	473,817	475,890	172,927	198,836

表4-5　沦陷时期各县牲畜统计　　　　（单位:头）

县别	乾安县		扶余县		郭前旗	
时间	康德九年	康德十年	康德九年	康德十年	康德九年	康德十年
牛	3,107	3,641	3,148	4,017	5,611	6,346
马	16,409	14,781	45,809	43,961	21,703	23,550
骡	3,953	3,380	9,996	9,958	2,477	2,351
驴	1,035	895	3,303	3,033	1,920	1,873
家畜合计	24,504	22,697	62,256	60,969	31,711	39,620

日本侵略者为了达到长期占领的目的,组织"开拓团",从日本移民,奴役民工开垦生荒地。20世纪30年代后期,日伪强制农民送粮,由村屯催逼,兴农合作社强行低价收购。"粮食出荷"最高时竟达粮食总产量的82.3%。① 日

---

① 参见耿云生主编:《扶余县志》,吉林人民出版社1993年版,第386页。

本侵略者的大肆掠夺,深深压抑了蒙古族农民的生产积极性,作物产量大幅降低(参见表4-6)。[1]

表4-6 前郭尔罗斯前旗作物产量对比表

作物名称	沦陷前(公斤/公顷)	1943年(公斤/公顷)
大豆	750左右	741
高粱	1500左右	1012
谷子	1200左右	855

1943年,日本侵略者作出《满洲国紧急造田事业之件》的决定,由"满洲农地开发株式会社"造田18万公顷,其中包括在郭尔罗斯前旗修建灌溉区、开发水田。在随后修筑工程的两年间,不仅强迁数以万计的中国民户,使无数家庭流离失所,而且在14个县旗强征"劳工"4.8万人,最多时日出工达8万人。1945年春完成了1.8万公顷的水田开发工程。日本投降后,出于对侵略者的仇恨,灌区的部分工程遭到破坏。[2]

东北光复后,扶余、长岭、乾安、郭尔罗斯前旗人民政府先后建立,并开展了土地改革运动。根据1938年日伪兴农部的统计数据[3]显示,蒙地开发以来富农、地主的比例相当高,扶余县比重也不低。[4] 因此,土改过程中贫农要求平分土地的愿望非常强烈(参见表4-7、表4-8)。松原地区各县土改陆续完成,为新中国农耕文化的新发展奠定了坚实的基础。

---

① 参见前郭尔罗斯蒙古族自治县地方志编纂委员会主编:《前郭尔罗斯蒙古族自治县志》,辽宁民族出版社1993年版,第201页。

② 参见松原市土地志编纂委员会:《松原市土地志》(1616—2000),吉林文史出版社2003年版,第105—106页;张德臣主编:《前郭尔罗斯水田开发史》,辽宁民族出版社2008年版,第20—21页。

③ 参见兴农部农政司调查科:《农业基本统计调查集计表》(康德六年),吉林省社会科学院满铁资料馆藏03685(油印),第4—5页。

④ 参见耿云生主编:《扶余县志》,吉林人民出版社1993年版,第121页。

表4-7　康德六年土地层别所占耕地百分比统计表　　　　(%)

县名	计	无耕作	1亩未满	1亩以上	3亩	5亩	10亩	20亩	50亩	100亩
长岭县	100	3.8	9.9	12.3	6.2	10.9	20.7	28.6	7.6	—
乾安县	100	38.5	0.7	1.8	1.1	1.4	5.8	23.5	21	6.2
郭前旗	100	54.3	1.1	1.2	2.9	1.6	3.8	15.2	13.5	6.4

表4-8　1946—1948年扶余县耕地占有情况统计表

类型	耕地面积(公顷)	百分比(%)
地主	153,205	45
富农	58,578	17
其他剥削者	18,530	5
贫农	11,240.04	33
总计	341,553.04	100

　　清朝后期以来,农耕人口大量涌入松原地区,土地得到前所未有的开发,农耕文化日渐成熟。这一时期的农耕政策具有鲜明的时代特征,与中原地区一贯重农不同的是,东北地区开荒放垦,对于清廷而言,是迫不得已而为之,为的是缓解内忧外患,扩大财源;对于军阀、官、商而言,是"跑马占荒"的契机;对于侵略者而言,是不遗余力地榨取财富,掘取资源。以汉族为主迁入东北地区的各民族农业人口,带来了先进的生产技术,与满、蒙等民族一道从事农耕,生活习俗中农耕的内容不断丰富,从而形成了东北人淳朴而富有活力、无所畏惧又坚韧豪爽的性格。正是乐观进取的个性,才能在一望无际的草场、荒滩开辟农田,安居乐业;正是勇敢无畏的精神,才能冬战三九、夏战三伏,敢于抗租,维护权益;正是勤劳智慧,才能使荒原变为桑田,抢种、抢收,战胜各种自然、人为困境,收获春华秋实。经过百余年的耕耘,松原地区已经由一望无际的牧场发展成为沃野千里的农田,农业不再是游牧、渔猎经济的补充,而是独立的生产部门。玉米、水稻、烟草等作物的规模性种植,丰富了农作物的品种,饮食文化愈加成熟。粮豆轮作,较为合理地利用了土地,初步推行综合开发的尝试,进一步增强了人们战胜恶劣自然条件的能力,逐步向着"尽地力"方向发展。

在各族人民共同耕耘的这方土地上，农耕文化走向成熟。

第二节　农耕文化的基本内容

松原地区农耕文化的内涵丰富，既有时代变迁的烙印，又有多民族聚居的生活气息。以下从三个方面具体分析这一地区农耕文化的基本内容。

一、生产工具与农作物

（一）生产工具

生产工具是农耕文化发展水平的重要标志。原始农业是新石器时期从食物采集进入食物生产的一次革命性的转变。原始农耕较为典型的生产工具从形制上可以分为石器、骨器和木器。其中，石斧、石铲、石锄是砍伐树木和掘土的工具；石刀、石镰是收割的工具；石磨盘、石磨棒是谷物加工的工具；这些石器可以作为原始农业存在的标识。[①] 松原地区的农耕历史可以追溯到新石器时期。在长岭县，新石器时期遗址中出土有较为先进的农业生产工具，包括砍凿器、石斧、鹤嘴锄、石刀、石磨盘以及纺轮等，反映了新石器时期晚期农业生产不仅已经出现，而且较为发达。其中，石磨盘2件，花岗岩质地，已残；砍凿器3件，一件为青色花岗岩质地，两件为青色沉积岩质地，均为打磨而成；磨制石斧1件。[②] 此外，长岭县前六号屯墓群出土有石犁，一同出土的还有人的肢骨、头骨以及蚌壳、陶罐、绿松石饰件等遗物，而且墓群南约400米处发现有一个较大型的新石器时期村落遗址，该墓群很可能是当时村民的墓地。[③] 在前郭县，以渔猎经济为主的腰浩特忙南坨遗址中，出土两件完整的磨制石斧。其中一件质地为白色页岩，石质粗糙，通体较光滑，呈扁平梯形，用于砸、砍。在器型设计上，斧身两面各有一小凹陷圆坑，可能是便于使用时以拇指和中指掌

---

① 参见佟冬主编：《中国东北史》（第1卷），吉林文史出版社2006年版，第71—78页；景爱：《历史时期东北农业的分布与变迁》，《中国历史地理论丛》1987年第2期。

② 参见吉林省文物志编修委员会主编：《长岭县文物志》，1986年内部资料，第12、15、16页。

③ 参见吉林省文物志编修委员会主编：《长岭县文物志》，1986年内部资料，第201页。

握发力,反映出先民的聪明才智。另一件质地为青石,石质细润,呈扁平梯形。这一遗址延续时间较长,从新石器时期晚期跨入青铜时期,而且早期受到"昂昂溪文化"的濡染,晚期又受到"白金宝文化"的影响,反映了两种文化交界地区真实的历史面貌。① 上述新石器时期遗址表明,当时人们的生活方式以渔猎为主,农业工具的出现反映了原始农耕已有一定的发展(参见图4-2)。

图4-2　蚌镰②

进入青铜时代,青铜器的出现和使用,使物质文化的发展出现了新的飞跃。农牧渔猎各业并存,石器仍然是东北地区的主要生产工具,制造更为精细,骨、蚌、陶等工具的比重加大。③ 扶余县长岗子遗址出土有石制、蚌制、陶制生产工具。其中有少量石斧,陶纺轮的形制有扁圆形、算盘珠形、馒头形以及球形等,小陶器中有鸡、猪、马一类泥塑及仿实用器皿制成的鼎、杯等儿童玩具。大量的鱼骨、蚌壳、动物泥塑、马骨、兽骨等的出现,反映了畜牧业和渔业在村落居民经济生活中占有相当的比重,原始农耕只能是社会经济的重要补充。在乾安县,出土有石镐、石犁和石斧,其下限均不晚于青铜时期。其中,石镐出土于道字乡,质地为火山岩,呈青褐色,磨制而成,刃部磨损程度较大;石犁出土于兰字乡,舌形,质地为青色花岗岩,打磨而成,较为光滑;石斧出土于让字乡,质地为青灰色花岗岩,打磨而成,加工极其粗糙。尽管乾安县青铜时期遗址中出土有磨盘、磨棒、鹤嘴锄、舌形石犁、有段石镐和石斧等农业生产工具,农业生产技术同新石器时期相比有了很大程度的提高。但是,遗址中大量的鱼骨、蚌壳和小兽骨的存在,以及用于切割兽肉、剔刮

①　参见吉林省文物志编修委员会主编:《前郭尔罗斯蒙古族自治县文物志》,1983年内部资料,第15、16、17页。

②　参见吉林省文物志编修委员会主编:《长岭县文物志》,1986年内部资料,图版三。

③　参见佟冬主编:《中国东北史》(第1卷),吉林文史出版社2006年版,第173页。

皮张的刮削器、石镞,则说明社会经济的主体仍然是渔猎。① 在长岭县西洼子屯西岗遗址出土 1 件小石斧,质地为青灰色花岗岩,磨制而成②;后八十八号屯北岗遗址出土 1 件蚌镰,说明当时已有较发达的农业。③ 这两处均为青铜时期的文化遗存,后者出土的细石器和大量兽骨,表明渔猎在社会经济中占有重要地位。上述农具的出土为原始农耕在这一时期的发展提供了佐证。

两汉时期,东北地区的农具开始出现铁器化,铁犁和农耕法的推广,大大提高了农业的生产效率。④ 夫余国时期,铁器已经应用于农业生产,至魏晋南北朝时期,勿吉"有车马,佃则偶耕"⑤,再到隋唐时期,靺鞨"相与偶耕"⑥,农耕技术持续得到发展。辽金时期,松原地区出土众多农业生产工具,在前郭县塔虎城遗址就出土了包括铁铧、犁镜、趄头、镘、斧、铡刀、石磨等生产和生活工具,说明随着与中原日益发展的贸易往来和汉族人口的大量迁入,东北地区农业生产已发展到相当水平,为祖国的北疆开发作出了卓越贡献。⑦ 前郭县颇具代表性的出土文物还有犁铧铜范、铁铧、玉石斧、石磨等。玉石斧为玉石磨制而成,未有使用痕迹,制作精美、形体别致、小巧玲珑、光洁可爱,应是一件珍贵的装饰品。⑧ 犁铧铜范为紫铜质,上下两范,为辽末金初遗物⑨,铁铧为金代遗物⑩,这些实物可以印证文献的相关记载,反映出这一时期东北地区较为系统地接受了中原的先进技术,尤其是铁制生产工具得以较为普遍的使用,从

---

① 参见吉林省文物志编修委员会主编:《乾安县文物志》,1985 年内部资料,第 108、109、110、9 页。

② 参见吉林省文物志编修委员会主编:《长岭县文物志》,1986 年内部资料,第 69—70 页。

③ 参见吉林省文物志编修委员会主编:《长岭县文物志》,1986 年内部资料,第 79 页。

④ 参见佟冬主编:《中国东北史》(第 1 卷),吉林文史出版社 2006 年版,第 364 页。

⑤ 《魏书》卷 100《勿吉列传》,中华书局 1974 年版。

⑥ 《隋书》卷 81《东夷列传》,中华书局 1982 年版。

⑦ 参见吉林省文物志编修委员会主编:《前郭尔罗斯蒙古族自治县文物志》,1983 年内部资料,第 52 页。

⑧ 参见吉林省文物志编修委员会主编:《前郭尔罗斯蒙古族自治县文物志》,1983 年内部资料,第 92 页。

⑨ 参见吉林省文物志编修委员会主编:《前郭尔罗斯蒙古族自治县文物志》,1983 年内部资料,第 101—102 页。

⑩ 参见吉林省文物志编修委员会主编:《前郭尔罗斯蒙古族自治县文物志》,1983 年内部资料,第 112 页。

而有力地推动了农业生产的发展。石磨出土自塔虎城,用于研磨谷物①,与长岭县出土的辽金时期用于加工谷物的石臼②相比,更加美观实用,与长岭县出土的小石磨③相比,器型直径更大。在乾安县出土的辽金时期墓葬随葬品中,也不乏农具。在辰字井屯西南岗墓群中,随葬有马鞍、马镫、矛头、铁箭头等,还出土了石臼、石杵和大石磨盘等器物,陶罐中还盛有暗红色的粟类谷物④;在长岭县,出土金代铁铧、铁镰⑤;在扶余县,四道门古城遗址出土有铁刀、铁镞、铁犁、铁马镫等遗物⑥,西山屯金墓中的随葬品有铁斧、铁钳、铁锤、铁锅、铁刀、木杆铁箭、铁钩等生产工具、武器和生活用具。⑦ 上述生产工具足见当地农业生产较为发达,从长期与渔猎、游牧经济并存,至金代已经发展成为重要的经济部门。这一时期松原地区的铁制农具之所以如此普及,与契丹、女真民族先后进入封建社会有着直接的关系,不仅部族从事农业生产,而且在政策上鼓励农耕,推广先进的农具和生产技术。松原地区是契丹控制女真的前沿阵地,也是女真反辽的誓师之地,农耕必然受到民族战事的负面影响。尽管如此,陆续出土的辽金时期的村落遗址、城址以及墓葬中的农具,反映了农耕文化在当时社会生活的物质层面所取得的积极进展。

经过元代、明代和清代前期农业的缓慢发展,军事屯田与旗地、民地、蒙地陆续得到开发,松原地区的农具逐步与中原地区一致,马、牛、驴也广泛用于农耕。至清代,石臼完成了历史使命,不再用来加工谷物,给谷物去壳。长岭县古井屯遗址东部的古井⑧和乾安县的为查渠道⑨也逐渐改变了模样,成为历史的遗迹。

---

① 参见吉林省文物志编修委员会主编:《前郭尔罗斯蒙古族自治县文物志》,1983 年内部资料,第 93 页。

② 参见吉林省文物志编修委员会主编:《长岭县文物志》,1986 年内部资料,第 226、227 页。

③ 参见吉林省文物志编修委员会主编:《长岭县文物志》,1986 年内部资料,第 151 页。

④ 参见吉林省文物志编修委员会主编:《乾安县文物志》,1985 年内部资料,第 84—85 页。

⑤ 参见吉林省文物志编修委员会主编:《长岭县文物志》,1986 年内部资料,第 232 页。

⑥ 参见《扶余县文物志》编写小组:《扶余县文物志》,1984 年内部资料,第 59 页。

⑦ 参见《扶余县文物志》编写小组:《扶余县文物志》,1984 年内部资料,第 64 页。

⑧ 参见吉林省文物志编修委员会主编:《长岭县文物志》,1986 年内部资料,第 118 页。

⑨ 参见吉林省文物志编修委员会主编:《乾安县文物志》,1985 年内部资料,第 101—102 页。

（二）生产产品——作物

据《山海经》"大荒北经"和"大荒东经"记载,肃慎境内的"大人之国"和秽人"蔿国"皆"黍食"①。至春秋时期,"北伐山戎,出冬葱与戎菽"②。东北肃慎、秽貊和东胡三大古族,种植黍、豆类农作物以及葱类蔬菜,进行早期的农耕生产。

至汉代,松原地区主要为夫余、鲜卑控制。据《汉书·东夷列传》记载,夫余国"最为平敞,土宜五谷"。与此同时,周边民族也多种植农作物,正如《汉书·东夷列传》记载挹娄"土气寒","有五谷、麻布",东沃沮"土肥美,背山向海,宜五谷,善田种"。《后汉书·乌桓鲜卑列传》载乌桓"土地宜穄及东墙。东墙似蓬草,实如穄子,至十月而熟"。另据《三国志·魏书·乌丸鲜卑东夷传》,东秽"知种麻,养蚕,作绵布",表明当地的经济作物已有一定的发展。

魏晋南北朝时期,史载:勿吉"其国无牛,有车马,佃则偶耕,车则步推。有粟及麦穄,菜则有葵,水气醎凝,盐生树上,亦有盐池。多猪无羊。嚼米酝酒,饮能至醉"③;豆莫娄"其人土著,有宫室仓库。多山陵广泽,于东夷之域最为平敞。地宜五谷,不生五果。其人长大,性强勇,谨厚,不寇抄。其君长皆以六畜名官,邑落有豪帅。饮食亦用俎豆"④;乌洛侯,"其土下湿,多雾气而寒,民冬则穿地为室,夏则随原阜畜牧。多豕,有谷麦"⑤。各民族因地制宜,种植农作物、经济作物,进行家畜养殖。

隋唐时期,靺鞨"地卑湿,筑土如堤,凿穴以居,口开向上,以梯出入。相与偶耕,土多粟麦穄。水气咸,生盐于木皮之上。其畜多猪。嚼米为酒,饮之亦醉。妇人服布,男子衣猪狗皮","人皆射猎为业"⑥。显然,靺鞨民族的农作物耕种与勿吉一脉相传。

辽代的粮食作物主要有粟、黍、麦、粱、谷、荞麦、穈子、高粱等旱地作物,经济作物有麻类、少量桑树,栽培有梨、李子等果品,榛、栗、松子等山间物产,还种植西瓜。金代在塞外本土,扩大了粟、菽的种植范围,广泛种植黍,蔬菜有

①　郝懿行:《山海经笺疏》,巴蜀书社 1985 年版,《大荒北经》第 1—2 页,《大荒东经》第 3 页。
②　黎翔凤撰,梁运华整理:《管子校注》卷 10《戒》,中华书局 2004 年版,第 514 页。
③　《魏书》卷 100《勿吉列传》,中华书局 1974 年版。
④　《魏书》卷 100《豆莫娄列传》,中华书局 1974 年版。
⑤　《魏书》卷 100《乌洛侯列传》,中华书局 1974 年版。
⑥　《隋书》卷 81《东夷列传》,中华书局 1982 年版。

葱、蒜、韭以及生红芍药花,桑麻的种植范围与辽代相比也有所发展。① 在乾安县,辰字井屯西南岗墓群出土的陶罐内装有暗红色的粟类谷物②,成字井墓群出土的敞口细颈陶壶也内装红褐色粟类食物。③,宙字井西北岗墓葬随葬的陶罐内同样装有暗红色粟类食物④。在长岭县小阎家粉坊屯窖藏出土的金代大瓮内发现有腐烂的粟粒,呈暗红色。⑤ 由此可见,辽金时期,粟在松原地区确为主要的粮食作物。

清代,据柏英《伯都讷乡土志》记载,伯都讷即扶余县的土产包括:谷属,稷、黍、蜀黍、黏蜀黍、粱、粟、秫、小麦、大麦、荞麦、玉蜀黍、西番谷、苏、芝麻、蓖麻、大麻、豌豆、豇豆、芸豆、大豆、绿豆、小豆;蔬属,韭、山韭、葱、蒜、小蒜、菘、芥、芹、菠棱菜、莴苣、芸台、马齿苋、原蒌、秦椒、茼蒿、蒌蒿、苦买、地肤、萝卜、山药、越瓜、黄瓜、倭瓜、搅瓜、葫芦、茄、红花菜、黄花菜;果属,香瓜、西瓜、山定子、菱、棠梨、杏、枢梨;药属,车前、艾、防风地丁、王不留行、蒺藜、硝、牛黄、透骨草、老鹳嘴、茵陈、蒲公英、紫苏、坤草、蕫芪、苍耳、荆芥、百合;还有用于结绳的茼麻,染布用的蓝即靛草,编制席扇的水葱,养蚕的桑木,生菜莲又名罂粟,向日莲亦名葵花,以及家禽、家畜等等。⑥ 至日伪统治时期,据满铁资料,松原地区的农作物包括:豆类有大豆、小豆、绿豆等;主要谷物有高粱、粟、苞米、小麦、水稻、陆稻,杂谷有大麦、燕麦、黍、稗、荞麦;经济作物有大麻实、苏子等。⑦ 据1942年、1943年的统计资料,工艺农场的产品有芝麻、打瓜、向日葵、线麻、青麻、烟草、甜菜,园艺农场的产品有土豆子、其他蔬菜、果树、紫花苜蓿。⑧

---

① 参见韩茂莉:《辽金农业地理》,社会科学文献出版社1999年版,第105、111—113、250—254页。

② 参见吉林省文物志编修委员会主编:《乾安县文物志》,1985年内部资料,第84—85页。

③ 参见吉林省文物志编修委员会主编:《乾安县文物志》,1985年内部资料,第85页。

④ 参见吉林省文物志编修委员会主编:《乾安县文物志》,1985年内部资料,第85页。

⑤ 参见吉林省文物志编修委员会主编:《长岭县文物志》,1986年内部资料,第223页。

⑥ 参见(清)柏英:《伯都讷(扶余)乡土志》,辽宁省图书馆编:《东北乡土志丛编》,1985内部资料,第758—765页。

⑦ 参见兴农部农政司调查科:《满洲农产物收获高预想调查》(康德五年),吉林省社会科学院满铁资料馆藏03630(油印),第14—15页。

⑧ 参见兴农部农政司调查科:《康德九年度第3次农产物收获、消费、余剩高预想调查集计表》(新京特别市、吉林省),吉林省社会科学院满铁资料馆藏22946(手抄),第2页;《康德十年新京特别市、吉林省农产物流调查》,吉林省社会科学院满铁资料馆藏22966(手抄),第4页。

松原地区地处松嫩平原,属温带大陆性气候,全年无霜期 148 天左右,旱、涝、风、雹等自然灾害时有发生,适宜种植耐旱且成熟期短的作物。高粱、谷子、豆类作物的种植历史较长,曾经是主要作物。小麦种植的历史也较早,扶余县曾是民国时期全省盛产小麦的县份之一。芝麻、苏子、蓖麻、苘麻、线麻曾是境内主要的油料作物。葵花、甜菜、黄烟引进种植较晚。松原地区农作物的垦种,使这一地区从清朝中后期开始成为松嫩平原上重要的粮食产地,耕地资源得到充分利用,人们的餐饮文化与休闲生活日益丰富。

二、生产与生活方式

在不同的历史时期,松原地区各民族在生产与生活方式上存在或多或少的差异,丰富了这一地区农耕文化在物质和精神层面的内涵。我们大致可以将松原地区的农耕生产与生活方式分为 3 种类型,即原始农耕、半农半耕和农耕为主。

(一)原始农耕

原始农耕在松原地区由来已久。原始农耕发生在新石器时期,据县文物志[1]统计,松原地区计有新石器遗址 44 处。其中,前郭县皆分布在西部草原地区靠近水源、突出周围地表的漫岗阳坡上[2];乾安县则集中分布在地势较低、泡塘集中的西北部地区。[3] 青铜文化遗存计 101 处。其中,前郭县皆分布在第二松花江下游的冲积平原,青山头遗址的时间上限为新石器时期晚期,青铜遗址与古秽貊、夫余族生活时代较为契合[4];乾安县则均分布在泡泊岸边的二级台地或向阳岗坡之上,遍及全县的 39 处青铜时期文化遗存,有 20 处与辽金时期并存。[5] 在长岭县,西部地区沙丘土岗连绵起伏,沼泽泡塘星罗棋布,

---

① 参见《扶余县文物志》编写小组:《扶余县文物志》,1984 年内部资料;吉林省文物志编修委员会主编:《前郭尔罗斯蒙古族自治县文物志》,1983 年内部资料;吉林省文物志编修委员会主编:《长岭县文物志》,1986 年内部资料;吉林省文物志编修委员会主编:《乾安县文物志》,1985 年内部资料。

② 参见吉林省文物志编修委员会主编:《前郭尔罗斯蒙古族自治县文物志》,1983 年内部资料,第 7 页。

③ 参见吉林省文物志编修委员会主编:《乾安县文物志》,1985 年内部资料,第 7 页。

④ 参见吉林省文物志编修委员会主编:《前郭尔罗斯蒙古族自治县文物志》,1983 年内部资料,第 8、9 页。

⑤ 参见吉林省文物志编修委员会主编:《乾安县文物志》,1985 年内部资料,第 8 页。

分布了新石器、青铜、辽金、元明清等几个时期的遗物,反映了古代人们依岗傍水而居的生活特点和历史文化的连续性。[①] 在扶余县,原始文化遗存多分布在水草丰茂、渔猎方便、近水源而又不易受水害的河边台地。[②] 由此可见,松原地区的原始农耕发生地域,人口压力不大,且以捕鱼、狩猎为主要生活来源,粗放式的农耕只是作为社会经济的补充形式,因而对农具与生产技术的要求相对不高(参见表4-9)。

表4-9　松原地区新石器、青铜时期的遗址与墓葬统计表

县别	新石器时期遗址	新石器时期墓葬(群)	青铜时期遗址	青铜时期墓葬(群)
扶余县	—	—	11	—
前郭县	5	—	5	—
长岭县	36	1	46	1
乾安县	3	—	39	3
总计	44	1	101	4

松原地区古代民族社会发展参差不齐,尤其不乏渔猎、游牧民族长期生活于此,他们粗放式的农耕生产颇具民族特色。在松原西部,东胡系民族以游牧为生,创造并承载了草原游牧文化。从山戎以"戎菽"为特产,到乌桓种植耐寒的青穄、东墙,到室韦能种植粟、麦、穄,再到契丹、蒙古的粗放农耕,他们的耕种方式非常简单:春季将种子漫撒在潮湿的地上,赶牛、羊到地里乱踏几遍,就算播种;其间不再铲趟,任其自然生长;秋后游牧归来,在原地进行收割。[③] 肃慎古族是以贡献楛矢石砮闻名的渔猎民族,在接受中原农耕文明之前,靺鞨、女真族都是长期以渔猎为生。即便是从事农业的秽貊族系中,也有如北沃沮兼营渔猎,更何况松原地区水源丰沛,便于渔猎,因而渔猎经济遗存尤为丰富。尽管如此,早期的粗放农耕,为古代部族步入农耕文明开启了积极的方向。直到近代大规模开发松原土地,仍是采取易地而耕、轮作休耕等粗放式的

---

① 参见吉林省文物志编修委员会主编:《长岭县文物志》,1986 年内部资料,第 3 页。
② 参见《扶余县文物志》编写小组:《扶余县文物志》,1984 年内部资料,第 6 页。
③ 参见前郭尔罗斯蒙古族自治县地方志编纂委员会主编:《前郭尔罗斯蒙古族自治县志》,辽宁民族出版社 1993 年版,第 209 页。

农耕生产、生活方式。虽然粗放式的生产、生活方式难以达到"尽地力之效"的耕作程度,生产工具长期以石器为主,进入青铜时期、铁器时期,即使引进了一些先进农具,生产效率仍然不高。但是我们不能否认其间对先进技术的传播,以及粗放式耕作有利于地力的恢复和可持续垦殖的积极作用。

(二)半农半耕

半农半耕是介于原始农耕与农耕为主之间的一种生产、生活方式,包括半农半牧、半农半猎、半农半渔等形态,是松原地区生活的游牧民族与渔猎民族发展进程中的重要经济类型。东北地区原始农牧业发展的特点之一,就是农业或者与牧业相结合,或者与渔猎、采集相结合,形成复合型的经济。[①] 早在原始农耕出现之际,松原地区的农业生产就长期与东胡的游牧经济、肃慎的狩猎经济并存。松原地区的早期文化遗址中,也不难在渔猎经济发现原始农耕的存在。松原地区半农半耕的生产、生活方式,以辽金时期的契丹、女真最为典型。

辽金时期,契丹与女真民族先后经历了一次由氏族部落到封建政权的转变。在契丹政权建立的过程中,契丹民族由从事较为粗放的牧区农业到统一北方、进而推行重农的政策,经历了一次从游牧到农耕的社会转型。辽代统治者非常重视在松原地区推行"春捺钵"制度,渔猎经济在统治者的推动下盛极一时。与此同时,辽朝统治者将松原地区从事农耕的渤海人迁出,为从事狩猎的女真人进入这一地区提供了契机。松原地区分布了诸多辽金时代的城址、村落遗址,体现了这一时期半农半耕的生产、生活状态。以大榆树遗址为代表,遗址中出土的文物既有用于渔猎的网坠、兽骨,也有反映农耕的铁铧,遗址从辽代早期一直沿用到金代,说明当时人们的生活状态是半农半渔,并且长期定居于此。[②] 松原地区出土的辽金时期较为常见的铁制农具和石磨一类日常生活用具以及窖藏发现的粟类谷物,无疑是农耕经济与渔猎经济、游牧经济并存发展的有力佐证。这一时期,契丹、女真对农、牧、渔业经济的推动,促成了半农半耕生产、生活方式的长期发展。

---

① 参见佟冬主编:《中国东北史》(第1卷),吉林文史出版社2006年版,第71页。
② 参见吉林省文物志编修委员会主编:《前郭尔罗斯蒙古族自治县文物志》,1983年内部资料,第33页。

（三）农耕为主

松原地区水源丰沛、土地肥沃，很早就有先民从事农耕活动。这一地区在两汉时期、渤海国统治时期、辽金时期以及清代以降，一直存在着农耕这一生产、生活方式。

从春秋至南北朝时期，松原地区东部为古代秽貊人居地。其间，夫余人建立了民族国家。夫余境内的土壤适宜五谷生长，建有城池、宫室、仓库、牢狱，经营锄耕农业，又以畜牧业和狩猎业作为补充，过着定居生活。夫余国为勿吉所灭，其地易主。勿吉的族属为古代肃慎族系，后改称靺鞨，唐朝建立渤海国。肃慎系民族从事农耕的历史同样可以上溯至汉代的挹娄时期，其原始农耕甚至可以追溯到夏商周时期。勿吉在采用耦耕的耕作方式的基础上，开始大量使用铁制工具。农作物品种有粟、麦、穄，还有蔬菜，用米酿酒。唐代，靺鞨人栽培的作物进一步扩大到水稻、桑麻、水果，将农耕经济发展到新的高度。这一时期，松原地区的农耕水平也随之有所提高。辽金时期，以白依哈遗址为代表，松原地区在金代已经出现以从事农业为主、定居生活的居住地。[①]

经过元明以至清代早期的缓慢发展，到清代后期，松原地区进入土地渐次开发、农耕经济得到较快发展的新阶段。这一时期，土地开垦数量不断增加，作物品种不断丰富，农耕经济在社会生活中的比重不断加大，松原地区得天独厚的农耕资源得到充分的开发和利用。清代以来，松原地区农耕经济的发展，不仅促成了旗地、蒙地截然不同的土地开发形式，也使社会生产关系发生了相当大的变化。元灭金之后，松原地区的广阔土地成为牧场，牧民与王府之间形成了人身依附关系。满族兴起之后，接受了中原的农耕生产方式，建立封建的生产关系，并实现由部落向国家的转变。在旗地的早期开发过程中，这一地区开始出现旗人阶层、流人阶层。随着农耕的发展，土地流转的发生，以及流民的流入，地区内社会关系的变迁也悄然发生。旗地、蒙地的渐次开垦，社会阶层的分化愈加复杂，相互对应的社会身份关系包括蒙古王公与旗内牧民、流民，旗人与流民，地主与农民，揽头、土地承租者与租佃者等等。清末以来，松原地区还出现了官、商经营的公司，专门进行土地综合开发。民国时期军阀参

---

① 参见吉林省文物志编修委员会主编：《前郭尔罗斯蒙古族自治县文物志》，1983年内部资料，第42页。

与占地和土地兼并,日伪时期殖民统治的掠夺,对松原地区农耕为主的经济发展造成巨大破坏。直到中国共产党建立民主政权并实行社会主义土地改革,才真正实现耕者有其田。可以说,松原地区土地的开发,导致经济结构与农业经营方式的改变以至旗地土地占有制土崩瓦解。原有的社会生产与生活方式的改变,打破了长期以来形成的社会关系,生产关系的变革适应了社会生产力的发展。

三、风俗习惯

在农耕经济得到发展的同时,松原地区各民族的风俗习惯与宗教信仰也为农耕文化增添了生活的气息和思想的依托。

(一)生产生活习俗

东北地区的民谚、歌谣,以人们喜闻乐见的方式记述并反映着社会生活的片段。在松原地区广为流传的民谚、歌谣中,有不少是反映农耕生产、社会习俗的。

松原地方春风大、雨水少,旧时民谣有"风刮新城"之词,更有"十年九春旱"之说。为了不误农时,适时播种、早种尤为重要,因而形成了"清明忙种麦,谷雨种大田,过了芒种还抢种十天"的老习惯。在施肥上,因生产力较为落后而形成了"三年一茬粪"的固有模式。松原地区流传的"旧节气歌"[①]中称:"立秋忙打靛,处暑动刀镰。白露割糜粟,秋分不生田",总结了日常的生产经验;"六月六,看谷秀",则反映了当地察看谷物叶片来预卜年成的风俗。[②]东北沦陷前,松原地区流传有"耕作谣":"耕牛一对,白马一双,一去破楂,回来掏墒。浅一些种,深一些蹚,庄稼小苗,不能受伤。精工细作,五谷满仓"。文中的农耕经验是人们在长期从事农业生产的过程中总结而来,字里行间流露出对耕作的热情和对丰收的希冀。然而现实往往不能尽如人意,不仅要面对各种自然灾害,还要受到地主、富农的残酷剥削。新中国成立前,尽管勤于耕作,但是大多数的农民只能过着"糠菜半年粮"、"衣着似花郎"的饥寒交迫生活。[③] 新中国成立前,扶余县流传在西部风沙区一带的民谣唱道:"沙包地,

---

① 苏国清主编:《长岭县志》,中华书局 1993 年版,第 682 页。
② 参见耿云生主编:《扶余县志》,吉林人民出版社 1993 年版,第 739 页。
③ 参见苏国清主编:《长岭县志》,中华书局 1993 年版,第 298 页。

大风剥,种一葫芦打一瓢,去了地主租,粥都喝不饱"①,反映出了不少从事农耕劳动者真实的生活状态。从上述民谚、歌谣中,我们既可以想象出各族劳动者勤恳劳作的耕耘场景,也能体味出人们与自然抗争的艰辛,更能感受到人们的乐观与智慧,尤其是人们对丰收的渴望和对美好生活的向往。

另据《吉林通志·舆地志·风俗》记载,民间有二月二"多食猪头,唉春饼"的习俗,还有在端阳节"门户悬蒲艾,包角、黍食糯米糕、饮雄黄酒,门楣挂葫芦。妇女以彩丝为帚,以五色缎制荷包、葫芦诸小物簪髻上,或以布作虎系儿肩,除灾辟沴之意"②。汉族有正月十五"添仓日"全家吃"合欢菜"以祝丰年的习俗③;满族有八腊节,用黏高粱、小豆等8样五谷杂粮煮"腊八粥"④;蒙古族则喜食用黄米、稷子米制成的炒米。⑤ 正是农耕经济的不断发展,尤其是农作物的丰产,使人们有闲情逸致庆祝节日,根据时令调整饮食,将各种农产品加工成各色菜肴,丰富节日的餐桌,各种土特产也为日常生活增添情趣。古代生活在东北地区的汉族与改事农耕生产后的契丹族、女真族、蒙古族、朝鲜族、锡伯族、满族等少数民族,还有不少岁时节日习俗与农耕关系密切,诸如物候占年、鞭牛催春、社日试犁、引龙祈雨及抹黑、熏鼠、祭虫、打禾、填仓、抹粥、嘉俳等活动⑥,它们或多或少也成为松原地区节庆活动的内容,成为这一地区农耕文化的组成部分。

(二)宗教信仰

松原地区春旱是气象常态,而旱灾、风灾等自然灾害往往带来的是大幅度的减产,甚至绝收。新中国成立前,在扶余县就流传有民谣:"十成年,八成收,准有两成风上去。"⑦据《吉林通志·舆地志·风俗》记载,立春前官府要"迎勾芒春牛,于东郊天坛行鞭春礼",五月十三日"俗谓关帝单刀会",定于北

---

① 耿云生主编:《扶余县志》,吉林人民出版社1993年版,第761页。
② (清)长顺修、李桂林纂,李澍田等点校:《吉林通志》卷27《舆地志》15《风俗》,吉林文史出版社1986年版,第476、477页。
③ 参见耿云生主编:《扶余县志》,吉林人民出版社1993年版,第739页。
④ 参见张兴国主编:《乾安县志》(1986—2000),吉林人民出版社2008年版,第599页。
⑤ 参见苏国清主编:《长岭县志》,中华书局1993年版,第661页。
⑥ 参见张国庆:《古代东北地区岁时节日中的农耕习俗》,《中国农史》1998年第2期。
⑦ 耿云生主编:《扶余县志》,吉林人民出版社1993年版,第761页。

山庙演剧,"前一日,俗谓磨刀期,虽旱必雨"①。如此习俗反映了官府对耕作的重视,其中也夹杂着满汉等民族朴素的宗教观念。这种重农意识不仅是中国古代中原农耕民族的传统文化观念,也是夫余人、渤海人、契丹人、女真人甚至蒙古民族在从事农业生产的过程中被广为推崇的意识形态。每当夫余国人遇到水旱灾害之际,不仅"辄归咎于王",甚至"或言当易,或言当杀"。由靺鞨、契丹、女真民族建立的国家政权,同样仰慕中原文化,奖励耕种是其中的核心内容。蒙古族、满族一统中原,在文化上更是达到了当时农耕文化的制高点。这些从事农耕的各族人民,共同生活在松原地区,在不同的时代传承了农耕文化,推动了松原地区的农业发展。

松原地区建有不少庙宇,宗教遗址也有多处。松原地区的"喇嘛荒屯"是曾经的寺庙营地。② 关公庙、龙王庙等庙宇的修建,表达了人们求雨的诉求,从一个侧面反映了当时的农耕生活。宗教信仰在松原地区的传播,与农耕人口的涌入以及农耕经济的发展也有着密不可分的关联。宗教活动也在一定程度上丰富了农耕生产、生活。

总而言之,松原地区的农耕文化内涵丰富,在物质层面集中体现在生产力水平由低到高的发展;从精神层面而言,人们在农耕活动中形成的习俗、信仰,反映了劳动者耕作的艰辛与收获的喜悦。

第三节 农耕文化的基本特征

松原地区的农耕文化源远流长,从原始农耕以来就呈现出参差不齐、很不平衡的特点。多民族的繁衍生息,以及民族间的交流与融合,在这一地区形成了颇具民族风情又动态更新的农耕文化。以下从农耕文化所展现的地域性、民族性、多元性和不平衡性,具体加以分析。

---

① （清）长顺修、李桂林纂,李澍田等点校:《吉林通志》卷27《舆地志》15《风俗》,吉林文史出版社1986年版,第476、477页。

② 参见吉林省文物志编修委员会主编:《前郭尔罗斯蒙古族自治县文物志》,1983年内部资料,第129页。

一、农耕文化的地域性

(一)农耕分布的地域性

在不同的历史时期,松原地区的农耕分布具有突出的地域性特点。松原地区原始农耕占据较长的历史时期。在前郭县西部草原地区靠近水源的沙丘土岗阳坡和第二松花江下游的冲积平原上,在乾安县泡塘集中的西部地区、泡泊岸边的二级台地或向阳岗坡之上,在长岭县西部沙丘土岗依傍沼泽泡塘的地带,在扶余县的河边台地,都出现了原始农耕的印迹。农耕经济成为狩猎、渔业经济的补充,在社会经济中占有一定的比例。

随着东北古族的兴起,松嫩平原成为北方民族之间争逐、调动、迁徙、融合的大舞台。南部秽貊族系的夫余人从事稳定的农耕经济,而西部的东胡族系长期从事粗放型的农耕,后来居上的肃慎族系则是以狩猎起家,转而从事农耕。东北古族之间频繁往来,纷争不已。松原地区恰好处于农耕、渔猎与游牧民族交汇,文化冲突与融合的地域。历史上,东北古族社会经济发展极不平衡,因而农耕经济的阶段性和区域性发展尤为突出。

清代以来松原地区的土地渐次开发,清代中期伯都讷已成为松嫩平原上的主要产粮区①,而蒙古王公的游牧地前后经历 6 次放垦,一直持续到民国时期。其中,伯都讷的旗田开发较早,随后流徙于此的流民初步开发了松花江沿岸肥沃的平原,窝集被村屯所取代。在前郭县,以王府、蒙古以及以蒙语称谓的村屯,还保留有农耕生产发展之前游牧文化的痕迹;而在长岭县、乾安县,以井、字以及数字命名的村镇,都被烙上的土地放垦的印迹。农耕经济的区域分布由此可见一斑。

(二)作物分布的地域性

松原地区早期多种植耐旱作物,先秦时期已经种植有黍、冬葱和戎菽。汉代,夫余种植五谷,而东胡种植穄和东墙,地域差异已经较为显著。魏晋南北朝时期,勿吉种植有粟、麦、穄,蔬菜有葵;豆莫娄种植五谷;乌洛侯有谷麦。渤海国时期,靺鞨虽然种植粟、麦、穄,仍以射猎为主业。辽金时期,粟类是主要的作物,可以窖藏。清代以来,伯都讷地区的农作物种植已经颇为多样化,而

---

① 参见耿云生主编:《扶余县志》,吉林人民出版社 1993 年版,第 2 页。

蒙地开垦之后农作物的种类也有大豆、高粱、粟、黍、稗、大麦、水稻。尽管地区间农作物种植种类的差距在缩小，但是在个别种类上还是存在差异。以伪满洲国时期 1938 年的播种面积为例，可以较为直观地反映出在农作物种植上存在着地域性差异（参见表 4-10）。

表 4-10　1938 年农作物播种面积统计表①　　　　　单位:陌②

省市县旗名		长岭县	乾安县	扶余县	郭前旗
总计		131,686	95,884	296,010	160,267
大豆		10,492	13,358	69,747	25,100
其他豆类	小豆	4,003	1,450	4,591	6,615
	吉豆(绿豆)	1,356	840	11,741	1,885
	其他豆类	738	362	3,920	365
	其他豆类计	6,097	2,652	20,252	8,865
主要谷物	高粱	24,375	20,267	59,826	35,943
	谷子(粟)	30,475	26,467	67,487	32,170
	苞米(玉蜀黍)	28,813	15,155	17,678	34,210
	小麦	5,373	22	33,587	500
	水稻	53	—	667	260
	旱粳子(陆稻)	540	—	2,338	—
	主要谷物计	89,629	61,911	181,583	103,083
杂谷	大麦	—	9	539	4
	铃铛麦(燕麦)	—	18	—	—
	糜子(黍)	948	14,040	12,277	15,711
	稗子(稗)	1,896	—	490	245
	荞麦	13,432	885	1,268	3,013
	杂谷计	16,276	14,352	14,574	18,973
	普通农产物合计	122,494	92,873	286,156	156,021
小麻子(大麻实)		—	—	101	122
苏子(荏)		4,635	394	11	73
其他		4,557	2,617	9,742	4,051

---

①　参见兴农部农政司调查科:《满洲农产物收获高预想调查》(康德五年),吉林省社会科学院满铁资料馆藏 03630(油印),第 14—15 页。

②　本表计量单位是"陌","一陌"等于一公顷。

由表4-10可知,长岭县盛产小麦、稗、荞麦、荏,乾安县和郭前旗盛产玉米,扶余县盛产绿豆、小麦、旱稻。在整个松原地区,水稻、大麦、燕麦、小麻子种植较少,大豆、高粱、粟、玉米种植较多。

松原地区农耕发展的这一地域性特征,自然因素的影响是主要的,地理环境与气候条件决定了耕地的面积和农作物的生长,土地开发的程度也在一定程度上限制了作物的产量;人文因素的影响也非常显著,其中既有游牧、渔猎民族习俗对农耕的限制,也有统治者重农、封禁等不同政策的引导,以及生产力发展水平的制约;另外,在很大程度上也与从事农耕的人口数量、劳作热情等因素密切相关。这些因素综合作用于农耕的生产、生活方式上,就形成了农耕文化的区域性特征。

二、农耕文化的民族性

(一)少数民族

松原地区所处的松嫩平原自古以来就是东北各民族交往的大舞台。长期以来,生活在这一地区的古代民族从事农业生产的程度极不平衡,对农业的贡献也各不相同。松原地区的早期先民,长期从事原始农耕,在社会经济生活中成为畜牧、渔猎经济的重要补充。他们曾经使用的生产、生活工具,传承了农耕器物文明。在他们日常的农耕活动与习俗习惯中,也体现了朴素的农耕信仰。

在古代松原地区,先后有夫余、勿吉、渤海、契丹、女真、蒙古、锡伯、满、朝鲜等少数民族从事农耕。秽貊族系善于农耕,史载夫余国宜于种植五谷,在习俗上将"水旱不调,五谷不熟"的责任"归咎于王"。东胡族系的游牧民族习惯于广种薄收,肃慎族系的渔猎民族也多以农耕作为社会经济的补充。但是随着社会的发展,与农耕民族交往的不断加深,契丹、女真、蒙古、满族也转变了对农耕的态度,推行重农政策。农耕的生产、生活方式,使这些少数民族的社会经济生活为之一新。民国时期,朝鲜族迁入前郭县,种植水稻,得到当地各族人民的热情接纳,较好地融入到当地的社会生活之中。从"归咎于王"到鼓励农耕,从旱作农耕到水稻的种植,从冬葱到果树桑麻,从广种薄收、"嚼米酝酒"到合理安排农时以及农事习俗的形成,各具民族特色的农耕文化引人入胜。松原地区的少数民族在长期的生产、生活中,以各自独特的方式传承并发展了具有民族特色的农耕文化。

(二)汉族——流人、流民

历史上,汉人作为松原地区农耕文化的主要载体,在农耕文化发展中发挥了积极的作用。早在新石器时期,松原地区出土的陶器、农具就在一定程度上受到中原地区的影响。这一地区的东北古族在从事农耕的进程中,不断引入中原地区的先进农具与生产技术,如铁制农具、石磨、耦耕、犁耕等。中原汉族的农耕文化以器物与技术为载体,在松原地区传播并发展。据《辽史·地理志》记载:"长春州,韶阳军,下,节度。本鸭子河春猎之地。兴宗重熙八年置,隶延庆宫。兵事隶东北统军司。统县一:长春县,本混同江地,燕、蓟犯罪者流配于此。户二千。"①这些来自燕、蓟的罪人,流配的部分目的地就下辖于松原地区。在清代,移民至此的汉人主要有屯驻的汉族官兵、流人与流民等。伯都讷是清代流徙罪人发配的目的地之一,历史上将流徙的罪人及其家眷统称为流人。流民则主要指清代以来从关内进入东北谋生的农民。进入伯都讷和蒙地的流民主要从事农耕生产,流人也参与农业生产。随着旗地、蒙地的逐步开发,汉人大量涌入松原地区,从事土地开垦,按时交租纳粮,并且绝大多数世代定居于此。

据《吉林通志》"圣训",清代流人初到宁古塔流徙地时的境遇非常凄苦。宁古塔十月至正月"俱严寒之候",为避免罪人"冻毙于路",朝廷颁布法令禁止十月至正月以及六月发配流徙。而发至宁古塔乌拉的流人,在生活上"无房屋栖身,又无资力耕种,复重困于差徭",还要忍受苦寒之地的凛冽风雪,遭遇颇为值得同情。② 在伯都讷,流人大都在官屯、官庄从事农耕,还要当差服杂役,丧失人身自由,"五更而起,黄昏而歇",一年到头忙于生计。③ 伯都讷境内还有从黑龙江迁来的流人,入籍定居。④ 流人迁入之后,在杳无人烟的荒原上劳作,聚居于早期形成的村屯。流人的屯垦初步开发了松花江畔肥沃的平原,为伯都讷大规模的经济开发奠定了基础。

---

① 《辽史》卷27《地理志一》,中华书局2000年版。

② 参见(清)长顺修,李桂林纂,李澍田等点校:《吉林通志》卷1《圣训志一》,吉林文史出版社1986年版,第3、4页。

③ 参见孙乃民主编:《吉林通史》(第2卷),吉林人民出版社2008年版,第398页。

④ 参见孙乃民主编:《吉林通史》(第2卷),吉林人民出版社2008年版,第397页。

清代流民多是关内灾民、贫民,在松原地区多以农业为生。他们带来中原地区先进的农业技术,广开土地,将荒原变成良田。流民在租种旗地、开垦蒙荒时,生活非常艰辛。松原地区既有沿江平原、富饶的黑土地,也有贫瘠、不易开垦的土地。闲荒多年的游牧地,也要循序渐进地垦殖。蒙地早期招租时地多租少,但是也有把头从中渔利。经过清政府丈量勘放的土地,一般都有升科的规定,流民要承担租税的盘剥。土地开发进程中,也出现了土地兼并以及军阀占地的现象,有不少流民成为佃户。此外,松原地区多水旱风灾,减产绝收加剧了流民入不敷出的境遇。除了政府减免部分租税,流人还参与到维护自身利益的各种活动中,与蒙古王府订立盟约,进行抗租抗税的斗争。日伪时期,强征劳力,不堪奴役的农民,有的被迫离开土地,有的甚至在日本侵略者制造的惨案中惨遭蹂躏和屠杀。流民以内地汉人居多,他们不畏艰险到松原谋生,作为中原农耕文化的传播者,与东北少数民族共同创造了充满豪情又敦厚淳朴的垦殖精神。

在松原历史上,各民族共同参与农耕活动,不仅开发了荒地、草场,也推动了各民族间的流动、交流与融合,不断为农耕文化增添新的气象与内涵。

三、农耕文化的不平衡性

不平衡性是松原地区农耕文化发展的一个基本特征。主要表现在以下三个方面:

(一)各地区间发展不平衡

松原地区自古以来就存在区域间农耕文化的不平衡发展状况。松原地区早期原始农耕多集中在水源充足的平原台地或沙丘土坡,而其他区域则鲜有农耕遗迹。到了汉代,在夫余人种植五谷的同时,肃慎族系、东胡族系则将农耕作为社会经济的补充;隋唐时期,渤海国统治地区的农耕生产欣欣向荣,契丹、奚、室韦等游牧民族则"田收甚薄";至清代以来,松原地区得到渐次开发,旗地与蒙地的农耕开发也存在很大的差异,农作物种植品种上也有一定的差别。各个地区自然环境与农耕方式、生活习俗的差异,在不同程度上造成了农耕文化的不平衡性。

(二)各民族间发展不平衡

松原地区历史上曾生活着众多少数民族,其中秽貊族系大多从事农耕,其中尤以夫余的农耕文化兴起较早。游牧民族与渔猎民族的农耕文化虽然各具民族特色,却在农耕技术与制度层面稍显逊色,整体发展程度不高。东北各古族多向中原地区学习先进的农耕技术,而汉族进入松原地区之后,推动了松原地区农耕文化水平的迅速提高。在民族风俗方面,汉族的"添仓日"、满族的八腊节以及蒙古族日常饮食中的炒米等等①,同样反映出民族间农耕文化的差异。民族间农耕文化发展的不平衡,成为松原地区农耕文化的一个重要特色。

(三)各阶段间发展不平衡

松原地区农耕生产与生活方式多样,其中原始农耕形成早且延续时间较长。东胡族系的契丹族、肃慎族系的靺鞨族、女真族分别经历了由氏族部落向民族政权的转变,其间从事半农半耕的生产方式,推动了经济的繁荣。秽貊族系的夫余早在汉代已经建立起民族政权,高句丽的农耕水平也较高;渤海国时期、辽金时期,东北民族政权都曾将农耕文化发展到较高的水平;清代以来,满、蒙、汉等多民族生活于此,推动了农耕文化走向成熟。其间,勿吉灭夫余、辽灭渤海、元灭金,都使松原地区的农耕经济在一段时期内出现倒退,导致农耕文化由一个波峰降至另一个波谷。历史上,松原地区农耕文化发展的程度与速度的不平衡,由此可见一斑。

四、农耕文化的多元性

松原地区的农耕文化,由肃慎系、秽貊系、东胡系及汉族等诸多民族共同创造,经过历次农耕文化与渔猎文化、游牧文化的交流与碰撞,形成了经济、政治、社会层面多元发展的文化特色。

(一)经济层面

历史上,松原地区的古代民族在经济发展水平上一直存在相当大的差异。在松原境内,早在汉代秽貊族系中的夫余人已经使用铁制农具进行耕作,而东胡族系的鲜卑人、契丹人、蒙古人则长期以放牧为生,肃慎族系的靺鞨族、女真族、满族则是由渔猎转而经营农耕。农耕经济在不同民族的社会经济中所占比重不一,在同一民族的不同发展阶段也存在较大的差异,生产、生活方式多

---

① 参见苏国清主编:《长岭县志》,中华书局 1993 年版,第 661 页。

样。农耕文化是农耕经济发展的产物,更是分别由从事农耕、渔猎、游牧的各个民族在生产实践中形成、发展而来,不可避免地带有各自民族的生活烙印。经济结构的多元发展决定了农耕文化的多元性。

(二)制度层面

在农耕制度层面,游牧民族与渔猎民族同农耕民族之间存在较大的差异。夫余较早形成民族政权得益于这一民族农业生产较为发达。契丹族、女真族、蒙古族、满族由氏族部落发展到建立国家,与这些民族接受农耕经济有着密不可分的关系。尽管如此,松原地区生活的少数民族对农耕文化的接受程度不同,与农耕民族之间的文化交流存在差异,推行的农耕政策、农耕举措也各不相同。因此,松原地区历史上存在的各个民族政权,对农耕文化的制度建设是多元发展的。

在松原地区的社会发展史上,游牧民族与农耕民族、渔猎民族与农耕民族之间的对抗时有发生,往往是从事农耕或农耕发展程度相对更高的民族最终落得败绩。但是获胜方并未一如既往地遵循本民族的传统文化向前发展,而是通过从事农耕经济来建设制度文明。由此可知,农耕制度多元发展的同时,也具有鲜明的兼容性,推动着松原地区农耕文化前行。

(三)社会层面

松原地区在历史上曾多次发生农耕文化倒退的现象,分别出现在勿吉灭夫余之后、辽灭渤海之后以及元灭金之后。农耕文化在一段时期的沉寂,与农耕人口的迁出有着直接的关系。随后迁入的民族在新的起点上开始发展农耕经济,又将形成具有本民族特色的农耕文化。直到近代,随着松原地区开始大规模的土地开发,农耕人口的大量涌入带来中原农耕文化的元素,潜移默化地影响着业已存在的多元农耕文化,促使松原地区的农耕文化焕发出新的生机。

第五章　游牧文化

　　游牧文化，是从事游牧生产的部族及民族共同创造的文化。包括游牧民族的观念、信仰、风俗、习惯以及他们的社会结构、政治、经济、文化等各个方面。游牧文化与自然的关系十分密切，对自然的崇拜、依赖和适应，是游牧文化得以形成与发展的基本条件。游牧文化的物质载体是游牧经济，游牧经济是指终年随水草转移进行游动放牧的一种粗放的草原畜牧业经营方式。

　　松原地区的游牧文化不仅具备了这一文化的基本特征，而且还较为突出地表现为与本地区农耕、渔猎等文化类型的相互交融，形成多个民族、多种经济形式、多种文化类型并存的发展特点。游牧文化的精神内涵是从哲学的视角对游牧文化的基本概括，也是弘扬民族传统文化需要继承的主要内容。

第一节　游牧文化的形成与发展

　　松原地区的游牧文化形成较晚。春秋战国时期，作为东北地区主要游牧民族——东胡系各民族的游牧文化初步形成。西汉到魏晋南北朝时期，鲜卑、契丹等民族的相继兴起，促进了游牧文化的不断发展。此后，游牧文化的集大成者——蒙古族兴起，不但把游牧文化的发展推向高潮，还在中国历史上写下了浓墨重彩的一笔。

一、游牧文化的形成

游牧文化的形成是以游牧经济为物质基础的,游牧经济起源于狩猎或早期畜牧阶段,形成于青铜器时期中晚期。在新石器时期,从事狩猎文化的部分民族走向草原,以"逐水草而居"的方式从事游牧生活,由此产生了游牧民族,并逐渐形成游牧民族的文化。

恩格斯指出:"游牧部落从其余的野蛮人群中分离出来——这是第一次社会大分工。游牧部落生产的生活资料,不仅比其余的野蛮人多,而且也不相同。同其余的野蛮人比较,他们不仅有数量多得多的乳、乳制品和肉类,而且有兽皮、绵羊毛、山羊毛和随着原料增多而日益增加的纺织物。这就第一次使经常的交换成为可能。"①

松原地区位于世界三大草原之一的科尔沁草原与松嫩平原的交汇处,是欧亚草原带向东延伸的东端。今吉林省乾安县兰字乡传字井南岗遗址是距今7000 年前后的新石器早期的人类生活遗存;大布苏湖东岸的狼牙坝地带是青铜时期人类生活遗存,距今大约 3000 年前后,相当于中原地区的商周时期,据史料记载,这里应是东胡族及其先世族人活动的地区。春秋战国时期,这里归东胡管辖,并与中原地区有了往来。②

松原地方的游牧文化最早分布在松花江左岸的广大草原地区。远古时期活动在额尔古涅昆山林之中的豁罗剌斯部落从山林中走出,来到呼伦贝尔草原,迁徙至松花江与嫩江交汇的科尔沁草原,最后定居于此从事游牧活动。当东胡族系的各族群在松嫩平原游牧时,这里就已经产生了游牧文化。

在鲜卑族建立三燕政权之前,东胡系民族没有形成统一的民族,关于他们社会结构的记载不多。有关山戎族的社会发展,只能从他们向中原王朝所献的方物(指本地产物、土产)之中进行推断。山戎族已经出现了农业,但水平较低,农作物有戎菽,也就是蚕豆,还有冬葱,也就是现在的大葱。山戎族还从事畜牧业,主要牧养马、牛、羊、橐纮(骆驼)等,半农半牧的特点比较明显。山戎族的社会形态在战国时期还处于家长奴隶制阶段,各氏族部落在溪谷中分

---

① 《马克思恩格斯全集》(第 21 卷),人民出版社 1965 年版,第 183 页。
② 参见吉林省文物志编委会编:《乾安县文物志》,1986 年内部资料,第 4 页。

散居住,每一部落都有自己的君长,聚集起来的时候常常有百余部之多,但不能互相统属。

考古人员在松原地区发现过东胡族的遗址。从出土的随葬物和兵器等物件来看,多为青铜制品,其中出土的双侧曲刃青铜短剑,具有明显的民族特点,被认为是具有典型特征的东胡早期遗物。大量的考古发掘证明,东胡的游牧生产已有一定基础;从出土的动物骨骼有猪、狗、羊、马、鹿、兔等来看,当时的东胡不仅畜牧业较为发达,而且还兼营狩猎;从出土的农业工具有石锄、石铲等来看,当时的农业也有所发展,但在社会经济中未必占有重要的地位。从东胡活动地区出土的战国时期各国的货币来看,当时的东胡与中原的经济联系较多。

"游牧经济是一种高度专业化的、非自足性的经济类型,对农耕社会存在着依赖性,它不能完全脱离种植业,需以整个社会生产和交换的相当发展并产生一定的剩余产品为前提。这就要求种植技术和游牧技术都有相当的进步,从而决定了游牧民族只有在较晚的时候才能形成。以种植业为主的农牧结合的混合经济是人类赖以进入文明时代的最主要的经济类型。中国北方游牧业的兴起是在青铜文化的背景下展开的。马被认为是草原游牧的象征,马的驯化和传播是欧亚草原游牧兴起的关键。"[1]

游牧文化的经济基础是游牧经济,随着游牧经济的发展,游牧文化也逐步发展起来。在沙漠、山丘以及广阔的草原、荒漠,游牧民族以其独特的生存方式和生活技术,依靠群居性有蹄类动物,开拓了完全不同于定居农耕生活的另一个独特的生活空间,在人类文明史上写下了光辉的篇章。游牧文化的发展之所以持续不断,其根本原因就是作为游牧文明根基的游牧经济活动持续不断地进行着。

二、游牧文化的发展

两汉、三国时期,松原地区是古东胡族系的鲜卑人、乌桓人游牧、栖息之地;他们的主要生产活动是畜牧养殖和射猎捕鱼。《魏书·鲜卑列传》记载:"其兽异于中国者,野马、源羊、端牛,端牛角为弓,世谓之角端者也。又有貂

① 邵方:《中国北方游牧起源问题初探》,《中国人民大学学报》2004 年第 1 期。

貂、貔子,皮毛柔蠕,故天下以为名裘。"直至东汉末年,鲜卑人还保持着游牧兼狩猎的生活方式。《魏书·帝记·序记》载:鲜卑人"广漠之野,畜牧迁徙"。随后大批鲜卑人从东北地区向内蒙古草原中部、西部转移,松原地区辽阔的草原为游牧业的发展提供了良好的条件。鲜卑人经常以牛马与中原进行交易,换回中原地区的精金良铁及布帛彩缯、粮食等生活用品乃至奇珍异宝。随着物质交换的频繁进行,双方的文化交流也逐步展开。

慕容鲜卑在建立前燕政权之前,就很注意学习中原地区的政治、经济、文化;建立政权以后,更加以中原的模式构筑政权的内部建设。前燕的统治者十分重视农业生产的发展,认为稼穑是国家的根本,是迫在眉睫的事情。在占有大量土地的前提下,前燕政权按照中原的建制,设置郡县,对涌入东北地区的流民给予妥善安置。此外,还通过战争将十余万户各族百姓强行迁入统治区域之内,以增加农业生产的劳动力。政治方面的建设主要是学习和运用汉族上层阶级的封建统治经验,按照中原封建统治制度建立前燕的政治制度和法律制度。在中原封建制度的影响下,慕容鲜卑完全摒弃了本族的邑落制,按照中原的模式设置郡县,接受中原的封建帝制,称帝、立皇后、立太子,修筑龙城,构建宫殿。

作为前燕政权的继承形式,后燕政权积极招抚流民,发展农业。在后燕统治期间,这一地区的社会相对稳定,经济也有一定的恢复,尤其对东北南部地区的开发起了积极的作用。北燕政权所奉行的政策基本与前燕相同,特别是北燕的建立者冯跋在执政期间,整顿吏治,发展农业生产,提倡节俭,重视教育,努力发展东北地区的经济文化,而且不兴兵戈之事,与周边民族保持友好关系。

三燕政权虽然存在的时间不长,加起来才存在了70年的时间,但慕容鲜卑在民族发展中所选择的模式是走中国封建制的道路。三燕社会内部的主体是汉人,文化的核心是华夏文化,政治上利用汉人执掌政务,经济上利用汉人开垦土地,生活习俗上改胡俗为华风,借助汉人的力量使自己的民族统治发展成封建文明政权,避免了由部落制发展到奴隶制,然后再发展成封建制的曲折历程,提前进入封建制,极大地缩短了鲜卑族进入封建社会的历史进程。

松原地区乌桓族的社会经济以游牧和狩猎为主。据《后汉书·乌桓传》记载,乌桓、鲜卑之俗是"随水草放牧,居无常处。以穹庐为舍,东开向日。食肉饮酪,以毛毳为衣";他们的擅长骑射,经常迁徙,选择水草肥美的地方放牧牲畜,没有固定的居住地方,每到一处,都要搭设穹庐,向东面开门;狩猎也是一项必需的经济活动,猎获的禽兽是衣食的主要来源。乌桓族社会的基层组织是"落",落的首领被称为小帅;落上面是邑;邑的首领被称为帅,通过选举产生,不允许世袭;数百上千个邑构成一部,部的首领被称为大人,部落的大人一般由睿智勇健,能审理决斗、诉讼、相互侵犯等事件的人担任,各邑的帅要听从部的大人的召唤,刻木为信,在各邑落间传送,虽然上面没有文字,但没有人敢违抗大人的命令。大人的权力是至高无上的,违抗大人的话,要被处死;盗窃不止的人,要被处死。如果互相残杀,由各邑落之间自行解决;如果不能自行解决,就要请求大人评判,被判有罪的人出牛羊赎罪;但杀自家父兄的人无罪。逃跑的人一旦被大人捕获,各个邑落都不肯接受,就要被流放。这说明在乌桓族社会中,已经有了一定的法令约束,大人所掌握的权力使他们完全凌驾于部民之上,在乌桓社会已经出现了阶级分化。

　　晋、南北朝到隋唐时期,松原地区一直是东鲜卑的后人契丹人生存游牧的地方。契丹族更是以游牧狩猎为主要经济活动,活动区域近2,000平方公里,东西南北分别与高丽、奚国、营州和室韦相邻。据《辽史·食货志》记载,契丹族人"其富以马,其强以兵,马逐水草,人食湩酪,挽弓射猎,以给日用,粮饷刍秣,尽赖于此";他们随着狩猎的需要四处游动,没有固定的居住地。《辽史·食货志》说,契丹人"自太祖至兴宗,垂二百年,群牧之盛如一日",畜牧是契丹人原有的经济产业。《辽史·营卫志》载:"大漠之间,多寒多风,畜牧畋渔以食,皮毛以衣。转徙随时,车马为家"。牧畜的种类以羊、马、牛为主,驼、猪较少。放牧的方法是自然群牧,不断驱赶牛羊寻找水草丰美的地方,对自然的依赖性很强。渔猎业是契丹人的传统产业,狩猎产品的种类繁多,西部草原的动物资源为契丹人的生产、生活提供了必备的条件,狩猎的主要方式是围猎。捕鱼是一年四季都可以进行的,也是他们食物的主要来源,凿冰钓鱼和撒盐呼鹿是他们特有的渔猎活动,这种方法一直延续到近代。

　　大约在北魏中前期,契丹族进入父系氏族社会,形成了最初的有兄弟血缘关系的8个部落;到北魏后期,这8个部落有了具体的名称,仍有血缘关系,但没有形成部落联盟;到隋朝时出现了松散的部落联盟;到唐朝时,部落联盟得到巩固,联盟的首领是大贺氏,有一定的权力,但对大型的军事行动没有独立的决定权,需由各部统一协商。这时的部落联盟只是在大型的军事活动时联合起来,从事狩猎活动时则由各部落的首领分别统领。①

契丹建立辽朝以后,其政治制度有斡鲁朵、头下军州、五京及其所属州县、部族与属国。其中,斡鲁朵是皇帝的私人领邑,原意是君主或酋长的天幕,即宫殿行帐之意,斡鲁朵所管辖的州县归皇帝直属,其属下的宫户平时向皇帝缴纳租税,战时随皇帝出征,他们的社会身份是农奴,实际上与奴隶地位差不多。头下军州是契丹族的头目制与中原的州县制相结合的产物。皇帝是契丹最大的领主,所建立的军州最多;贵族建立的军州在政治上和经济上受皇帝的支配,没有完全的独立性,军州的生产者主要是俘虏来的汉人和渤海人。辽朝共设五道,也称为五京(上京临潢府、南京析津府、东京辽阳府、中京大定府、西京大同府),在东北地区有上京、东京和中京。五京及其所属州县是承袭中原旧制、仿照唐朝的道、京、府、州、县制而设立的,主要是为了统治汉人。在辽朝统治区域内部分布着许多部族,由于经济文化上的差别,辽朝对他们的统治基本维持原来的社会状况,保留他们的部族与属国,但在其部族所在地设置节度使、王府、大王府和惕隐等官职,进行有效的行政管辖。

辽代的经济部门有农业、畜牧业和渔猎业,松原地区的南部是农业经济区,西部是游牧经济区,东北部是原始农业、畜牧业和渔猎业的混合经济区。由于汉族工匠的加入,辽代的手工业有了较大的发展,主要生产部门有矿冶、纺织和陶瓷制造。矿冶业能够冶炼铜铁,制造兵器,生产生活用具、服饰及装饰品。纺织业不仅能够织造粗布、细布,而且能够织造绢、绫、罗、纱等丝织品。陶瓷业的生产水平也较高,出现了承袭唐三彩风格的辽三彩,除了生产中原风格的器物以外,还根据北方民族的生活习俗,制造出便于骑马携带和背负的具有草原风格的器物,如牛腿瓶、鸡冠壶、扁背壶等。

商业是辽代社会经济发展的重要部门,辽朝五京中的三京在东北地区,城内都有繁华的商业区,在一般的府、州、县也有固定的集市,松原西部草原地区的一些新兴的部落聚居地还出现了贸易集会,这些地方的商业贸易是由辽人经营的。在边境地区,辽朝设置榷场与周边的部族进行贸易。此外,辽朝与中原王朝和其他民族建立的政权也有密切的贸易往来,而且与高丽、日本、波斯

---

① 参见《旧唐书》卷199下《契丹传》,中华书局2000年版。

等国也建立了贸易关系。在商业贸易中,很长一段时期使用的都是以物易物的交换方式。辽太祖时期已经有了自铸的金属货币,但年铸币量不多。流通的货币大量是唐、五代、宋朝的货币,其中,宋朝的货币使用得最多。白银的使用在货币流通中也进一步增多。

南北朝至隋唐时的室韦诸部,属东胡系而又吸收了肃慎族系的一些部分,他们活动在嫩江流域和呼伦贝尔湖一带,以狩猎为生,种黍、麦、穄,刳木为犁,不知用牛,收成较低,饲养马、牛、猪,近乎无羊,基本上定居放牧,只有部分室韦人冬天逐水草而居。室韦中的一支是居住在额尔古纳河一带的蒙兀室韦,即蒙古族前身,这时也过着农牧猎相结合的生活。

北魏时的室韦没有形成部落联盟,也没有产生部落联盟的首领——大君长,但部落的首领莫贺弗则实行世袭制。隋朝时,室韦分为5部,即所谓南室韦、北室韦、钵室韦、深末怛室韦和大室韦。南室韦各部由酋长统领,称为余莫弗瞒咄,父死子继,如果后继无人,则推选有贤能的人担任。南室韦的居住地气候寒冷,虽有简单的农业生产,但收成极少,畜牧业是他们的主要产业,牲畜的种类以猪、牛为多,有马,但数量较少;渔猎在社会经济中已处于次要地位。北室韦的社会经济以渔猎为主,渔猎产品是他们衣食的主要来源,畜牧业在其社会中占次要地位,牲畜的品种有牛、马。农业生产的情况在史料中记载较少,说明农业发展程度较低,在社会经济生活中的地位也较低。北室韦分9个部落,每部有一个渠帅,称为乞引莫贺咄,另有莫贺弗3人,辅助渠帅的工作,说明北室韦已经形成了松散的部落联盟。其他几部室韦的情况记载不多,应该与南、北室韦的社会发展状况大致相同。

三、游牧文化的传承

游牧经济是在广袤的大草原上,以牧民的粗放游牧劳动进行畜牧生产。"畜牧业生计是人类对于干旱和高寒地区生态环境的一种适应形式。它的生态原理就是在人与地、人与植物之间通过牲畜建立起一种特殊的关系,构成一条以植物为基础,以牲畜为中介,以人为高消费等级的长食物链。"[1]游牧经济的发展也促进了游牧文化的发展。

---

[1]　林耀华主编:《民族学通论》(修订本),中央民族大学出版社1997年版,第92页。

　　唐朝时,室韦共有 20 余部,分为 8 个部落群,仍然没有君长,但有大首领,称为莫贺咄,统领各部,依附于突厥。唐代室韦的农业有了进一步的发展,出现了木犁,用人牵引,还不知用牛耕田,犁头也没有加金属。由于农业生产水平很低,不能满足生活的需求,畜牧业在社会经济中仍然占据十分重要的地位。他们饲养的牲畜主要有牛、猪、狗,食肉衣皮,制作衣服的方法很有特点,首先把畜皮割成条状,然后用编制席子的方法将其编制成衣服。辽金时期,室韦诸部有了很大的变动,重新组合并形成新的部落联盟。金代末期,蒙兀室韦吸收了许多室韦族系和非室韦族系的部落,形成了蒙古族。

　　蒙古族最早曾从事渔猎经济,迁居不儿罕山之后,开始从事畜牧饲养,社会经济以游牧为主,社会内部出现贫富差异,形成了显贵和领导层,那颜是显贵阶层,拥有牧场、臣属、属民、自由民和奴隶。12 世纪,蒙古族出现了农业,手工匠人也从一般牧民中分化出来,并开始一定程度的定居生活。据《元史·兵志》记载,蒙古族牧业更为繁盛,仅中央牧业管理机构太仆寺治下的马匹多到"殆不可以数计"。大约 13 世纪初,以游牧狩猎为主要经济活动的蒙古族逐渐占据了松原地区西部的草原地带。元朝以后,这里成为蒙古族游猎胜地。

　　蒙古国建立以后,经历了从地方政权到统一王朝的发展变化,社会结构由原来单一的蒙古社会结构发展为全国范围内的多地区、多民族的统一的社会结构。这时,在社会经济中占主体的是游牧经济,其次是与牧畜经济密切结合的手工业,另外有还有程度不等的农业经济和渔猎经济。元朝建立以后,将游牧封建主转变为地主,分封"汤沐邑",在里面从事农业、手工业生产的人被称为驱口。在东北地区也废除了蒙古贵族的分封,建立行省,将东北社会的政治、经济、文化统一到中央政权的管理之中。

　　明代兀良哈三卫主要经济形式是游牧经济,多产马牛羊等,在生产、生活方面,多依赖与经济发达的辽东地区进行贸易活动,也时常到辽东地区进行掠夺。

　　在松原地区的长岭县境内,有元明清时期的遗址和墓葬 18 处,还有 15 处清代晚期的庙址,均匀分布在全县东南、东北、西北、西南各地。遗址中的器物多为细泥质轮制青灰色陶、青花瓷等生活用具,而生产工具则很少见,说明在 600 多年的时间里,这里人烟稀少,一直是蒙王游牧之地。[①] 在乾安县境内,元

---

　　① 参见吉林省文物志编委会编:《长岭县文物志》,1986 年内部资料,第 5 页。

明两代的遗迹还是空白,可能是元明两代在这一地区活动的蒙古族人过的是游牧生活,很少留下遗迹的缘故。前郭县境内的情况也大抵相同。

可见,游牧经济作为古代北方游牧民族的主体经济,作为游牧文明的根基,一直在持续发展。从经济类型来看,游牧经济属生产型经济,与渔猎经济相比则属于经济发展的更高层次,标志着人们已从单纯攫取自然界的天然产品,转为通过自身努力、利用自然资源生产出更多的生活资料。而游牧民族所从事的经济活动则赋予游牧文化以丰富的物质与精神特征。

元朝至明、清以后直至现代,蒙古族在衣食住行方面一直保持着游牧文化的特色,且有许多文物传世,反映了他们适应自然的独特生活方式及文化特征。游牧之所以能称得上是一种文化,是它在物质文化和精神文化上具有区别于他种文明的特殊风貌。

综上所述,仅从东北地区的角度来讲,从春秋战国时期的东胡族系,到南北朝时期多次建立政权的鲜卑族,再到隋唐辽宋时建立辽朝的契丹族,最后到建立统一中国的元朝的蒙古族,游牧文化的发展一直持续不断,并与中华民族整体文明紧密相连,具有数千年经久不衰的历史持续力。

第二节　游牧文化的主要内容与特征

游牧文化的主要内容包括游牧民族的生产、生活、社会结构、民族习俗及宗教信仰等等,其基本特征也寓于其中。松原地区得天独厚的自然条件,不仅为游牧文化的产生与发展提供了条件,而且为游牧文化的传承以及今日松原特色文化的形成奠定了基础。

一、游牧民族的生产与生活

松原地区东胡系民族的衣食住行是与游牧经济息息相关的,乌桓人的饮食习俗是食肉饮酪,有的时候也吃米制食物并喝白酒。室韦人的饮食也是以肉食为主,能用植物的块根或果实酿酒,可能也用牛乳、马乳酿酒,但史书没有记载。契丹人的传统饮食是食肉饮乳,牛肉、羊肉是他们的主要食品,此外还有猎获的野生动物肉。食用方法是煮熟之后蘸蒜、葱、韭、酱、盐、醋等佐料。

除煮食外,还做成腊肉、肉干、肉酱等。在农业逐步发展起来以后,契丹人的农作物品种增加,有黍、粟、糜、麦、稗等,他们的食用方法是煮粥,或炒熟磨成粉,做成炒面。在与汉人、渤海人的交往中,他们学会了制作馒头、饼等食物,改善了他们的饮食结构。契丹人还用畜乳汁酿造乳酒,饮之易醉。蒙古族的饮食以肉类和乳类为主,肉类食物主要有羊肉、牛肉、马肉以及一切能够猎取来的动物,乳类有马、羊、牛甚至骆驼的奶等。吃肉的方法是:他们之中的一个人把肉切成小块,另一个人用刀尖取肉,送给在场的每一个人。从东胡系民族的饮食习俗来看,都是以"食肉饮酪"为主,并配以酒类,充分表现了游牧民族的饮食文化特征。

民族服饰也是一种文化,与民族传统生活习俗、宗教信仰和社会制度密切相关;它的每一种款式和饰物都隐藏着极为古老的文化内涵,尤其对没有文字的民族来说,它相当于文化展示的符号,而且不是简单的符号,它存在于一定的社会集体中,它的组合关系不时地阐释着意义的变化,表现出对内容与形式不断调整的肯定、有意识产物与无意识产物的内在关联。乌桓的女子与男子一样,也是髡发,即剃光头,到出嫁时,才把头发留起来,梳成发髻。鲜卑的婚姻制度与乌桓人类似,所不同的是鲜卑姑娘留发,出嫁时才髡发。室韦人的发式是男人索发,女子束发,并挽发髻。男人的索发就是全留其发,用绳系上。室韦的男女都穿白鹿皮制成的短衣和裤子,以一种珠子作为装饰,多为妇人佩戴,珠子的多少是贫富的标志,女子甚至把有没有这种珠饰作为是否出嫁的依据。契丹人的服饰为左衽,有长袍、短衣,都是短袖、系带,足蹬长靴。女子的衣服有短衣、长裙、长衫、长袍,直领,腰间系带。契丹人无论男女都喜欢戴毡帽。在蒙古族的服饰上,男女都以长袍为主,这种长袍从上端到底部都是开口的,在胸部折叠起来;在左边扣一个扣子,在右边扣三个扣子,在左边开口直至腰部,无论是用麻布制作还是用毛皮制作,式样都完全相同。所不同的是,男子的长袍为右衽,圆领、窄袖、束腰带;女式长袍为左衽、宽袖,外罩开襟短衫,喜欢披云肩。[①] 蒙古民族喜穿靴子,有布靴、皮靴和毡靴 3 种。布靴用高级布料或大绒制作,靴头和靴筒上往往以金丝线绣花。图案新颖艳丽,具有浓厚的民族特色。皮靴通常用牛皮制作,有旧式和新式两种,旧式皮靴用涩面牛皮制

---

① 参见［英］道森编:《出使蒙古记》,吕浦译,中国社会科学出版 1983 年版,第 8、119 页。

作,新式皮靴用光面牛皮制作,俗称马靴。毡靴用羊毛模压而成,俗称"毡圪达"。蒙古靴是蒙古族人民在长期的生产劳动和日常生活中创造出来的,非常适应牧区的自然环境。骑马时能护踝壮胆,勾踏马蹬;行路时能挡风防沙,减小阻力,又能防寒防蛇。

"我们对少数民族服饰中传承的具有阐释功能的许多服饰实例,就会有较充分的认识和把握,进而发现一定的服饰符号系统与相应的史诗、神话、传说、习俗解释所构成的全面阐释系统所起到的沿袭传统、追根忆祖、记述往事、储存文化信息的巨大作用。……祖源与战争迁徙,是许多少数民族服饰中的一大主题,它以非语言的信息形式,向我们传达了暴力与武功曾作为这些民族历史上的常规课题,昭示了那剑与火时代严峻冷酷而又充满激情的历史面貌,是他们沧桑沉浮的族群生活记录,通体焕发出一种浓郁的历史意识,折射着民族的史影。"[1]

东胡系民族的共同特点是游牧,所以他们的居住习俗是居无常处,以穹庐为家。室韦人的居住方式也是移动的,虽然夏季也有居住树屋的习俗,但主要的居住方式还是用木头搭制的像突厥人的毡车状的小屋,迁移时用车拉走,住宿时从车上移下来。冬季用兽皮覆盖,夏季用竹子或苇子编成的席子覆盖,可以随意拆迁,类似蒙古包。由于居住地的冬季较长,多有积雪,为了便于行走,室韦人发明了一种能够在冰雪上滑动的交通工具,类似现在的滑雪板,室韦族是中国乃至全世界最早发明和制造滑雪板的民族之一。夏季,室韦人的交通工具是简易的小船和用牛牵引的类似蒙古族后来使用的勒勒车。契丹人也是居无定所,随水草放牧,居毡室穹庐,以车帐为家。这种毡帐的搭建、拆卸和用车运载都非常方便,大的称为穹庐,上部和四周以毛毡覆盖,在顶部正中开一天窗,以便射入光线。契丹人有拜日的习俗,毡帐门为东南向,同时可以抵御草原上寒冷的西北风。蒙古人同样没有固定的住处,总是随着季节的变化四处游牧,每到一个游牧地,便用树枝和木棍搭设帐幕。具体做法是:"用交错的棍棒做成的圆形骨架为基础,在顶端汇合成一个小圆圈,从这个小圆圈中伸出一个像烟囱一样的东西。他们用白毛毡覆盖在骨架上面,并常常在毛毡上

---

① 杨鹓:《祖源、战争、迁徙:少数民族服饰文化意蕴的一致解释》,《黑龙江民族丛刊》1999年第4期。

涂以石灰或白黏土和骨粉,使之更加洁白。"①帐幕有大有小,小的一头牛就可以拉动,大的需几头牛才能拉走,甚至有用22头牛才能拉走的特大帐幕。当把帐幕安置在地上时,他们总是把门朝向南方。在帐幕的门口,悬挂着上面绣着多种图案的毛毡,覆盖在烟囱周围的毛毡上也都饰以各种各样美丽的图画。② 蒙古族民间文学曾经这样赞颂蒙古包:"圣主(成吉思汗)的时代将其革新,古老的习惯使它形成。英雄的民族宝贵的殿堂,草原的牧人雪白的毡房。灌出的羊胃一样浑圆,愿它屹立久长!"③用羊胃来形容蒙古包,充分体现了游牧民族的文化是与他们的生产、生活密切相关的。像羊胃一样的蒙古包,没有棱角,包顶也是拱形的,具有最强的承受力,有利于抵挡草原上严酷的暴风雪。而且搭建蒙古包的材料随处可取,木料在草原上是现成的,把剪下的羊毛擀成毡子,做顶毡和围毡,再用驼马鬃、尾和膝盖上的梢毛搓成围绳和带子,十分简单的建筑材料构成蒙古族特有的蒙古包文化。

衣食住行是人类生存的根本,也是文化的基本表征。游牧民族的衣食住行是游牧文化的具体表现形式,标志着游牧文化的发展进程,蕴涵着游牧文化的精神特质。东胡系民族的生活习俗表现出明显的传承特征,是游牧文化传承与发展的具体体现。

牲畜是游牧经济的基本生产资料。在新石器时期,是北方聚落人群最早驯化了羊、牛、马。考古资料证明,早在新石器时期晚期,中国古代北方狩猎畜牧民族就已驯化了马,在内蒙古的阴山岩画中可以看到他们放牧和使驭马的情景。因为有了马,畜牧业才发展成游牧业,才发展成游牧文明(参见图5-1)。

对游牧民族来说,马是不可缺少的生产、生活资料,同时还是交通工具。游牧、狩猎、征战都必须骑马,所以蒙古人有"马背上的民族"之称。长期的历史实践,造就了蒙古人崇马的习俗,松原地区的蒙古族也是如此。据《吉林省地理志》记载:"蒙民每人必有一马,无论远近,必乘之。有于十数里辨毛色而知其人者。蒙民在野,眼光宽也。日行千里,以五百为常。"蒙古民族崇马心

---

① 〔英〕道森编:《出使蒙古记》,吕浦译,中国社会科学出版1983年版,第112页。
② 参见〔英〕道森编:《出使蒙古记》,吕浦译,中国社会科学出版1983年版,第112页。
③ 郭雨桥:《郭氏蒙古通》,作家出版社1999年版,第253页。

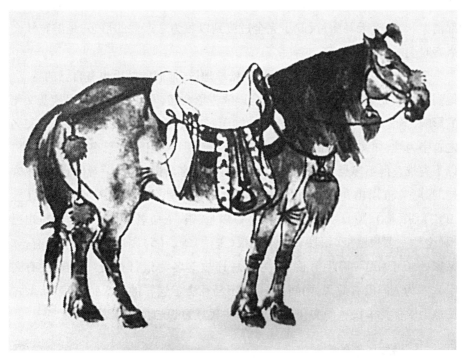

图 5-1 古代蒙古马①

理主要是以赞马词与民歌、供奉和祭祀来表现的。赞马词与民歌的内容主要是颂扬马的功能、赞美马的毛色、感谢马的恩德,赞马词和颂马歌是蒙古人对马的感情的流露。对马的供奉和祭祀主要体现在悬挂禄马风旗。禄马风旗也就是《天马图》,其原形形态的画面是:在蔚蓝的天空中,飞驰着一匹骏马。骏马的右上方镶嵌着一轮红日,左上方吊挂着一轮明月,左前蹄踏着一只猛虎,右前蹄踏着一只雄狮,左后蹄蹬着一尾蛟龙,右后蹄践着一只彩凤。把这幅画镶上狼牙边,然后门前筑一个祭台,祭台中央树一根旗杆,把天马图悬挂在旗杆之上,随风飘荡。每月初一日,要在祭台上烧柏叶香,以示祭祀。《天马图》反映了从游猎社会转入游牧社会的文化遗存,是以游牧为主兼营猎业的产物。从画面上可以看出,游牧时期驯养的马居首位,起主导作用;而游猎时期的禽兽则居于次位,起配角作用。这体现了蒙古人的崇马心理。《天马图》的过渡

---

① 参见朱耀廷:《蒙元帝国》,人民出版社 2010 年版,第 399 页。

形态的画面是:一匹扬鬃翘尾的骏马,正在绿色草原上飞驰。原有的禽兽已全部消失。这个《天马图》反映了完全过渡到以牧为主产业的形态,是游牧社会兴盛时期的写照。①

今吉林省境内的蒙古人主要居住松原地区,他们的姓氏也有自己的特点。他们的姓名完全是蒙古式的,即完全以蒙古语命名,不受其他任何民族及文化的影响,绝无与汉文《百家姓》相同的姓氏。主要特点是:(1)有姓者则以父名之首字为姓,如父名是布图克齐,其嗣以"布"字为姓氏,在己名前冠以布字,以下类推。但不多见。(2)习惯以吉祥富贵命名者颇多,如萨音巴雅拉、才吉拉胡等。(3)以山川湖海和飞禽猛兽命名者亦有之,如:阿拉坦阿古拉(金山)、大来(海)、阿日斯冷(狮)等。(4)以金、银、玉命名者也甚多。阿拉坦巴根(金柱)、盟根巴根(银柱)、哈斯巴根(玉柱)等。(5)因忌讳命名者也有,如某家的长子死了,再生男孩后,为了忌讳故起名为俄日吾贵(蒙语:没有名字),意为人间没有此人,阴间找不到,不易死去。这样的姓氏特点表明,蒙古民族力求保持本民族的文化特征,是蒙古民族意识的具体体现。

二、游牧民族的宗教信仰

松原地区的游牧民族普遍信奉萨满教,在萨满教的宗教体系中有一套调适生态平衡、协调人与自然以及植物之间和谐关系的生态调控机制。在萨满教的生态环境观念中,蕴涵着人只能适应环境、与环境和谐共生才能生存下去的朴素的生态哲学思想。

契丹人信奉萨满教,这是一种原始的多神信仰。在契丹人的心目中,占最高地位的神是天神和地祇,是传说中的契丹人祖先,即乘白马泛土河的男子和乘青牛车沿潢水而东行的妇人。他们二人在二水合流的地方相遇,遂结为夫妇,生子8人,分为8部。蒙古人最早信仰原始的萨满教,崇尚万物有灵,对自然界的各种事物和现象都进行崇拜,包括自然界的生物、动物、自然现象、自然实体等,它的思想观念由宇宙观、灵魂观、气运观和神道观构成。宇宙观是北方民族在对天的虔诚崇拜基础上,不断地观察和认识宇宙所产生的思想结晶。"萨满"一词的原意与天有着密切的联系,"萨满"系通古斯语,根据北方现代

---

① 波·少布:《蒙古族崇马习俗探微》,《北方民族》1993年第2期。

民族的民族志考证,"萨满"一词的词根均为"知道"、"知晓"的意思,也就是通达、了解神意的人。《多桑蒙古史》说:"萨满者,其幼稚宗教之教师也。兼幻人、解梦人、卜人、星者、医师于一身。击鼓诵咒,逐渐激昂以至迷惘,以为神灵之附身也。继之舞跃瞑眩,妄言吉凶。"中国史籍中也把"萨满"解释为"巫姽"或"祝神人",也具有同样的意思。

萨满教的灵魂观是一种多元的灵魂观,认为人有多重灵魂,而且功能各不相同。有永存的灵魂、心底的或暂时的灵魂、转世的灵魂等,认为灵魂可以转世再生。这些灵魂并不是抽象的概念,常常表现为一种物态,或者是鸟兽鱼虫,或者是人形,或者是气态,它可以脱离肉体而独立存在,人死而魂不灭。从哲学的角度来讲,萨满教的灵魂观属于唯心主义形神观,但又是不彻底的唯心主义。在萨满教的灵魂观中,灵魂是物化的,而躯体也是物质的,二者的区别就是一个是暂时的存在,一个是永恒的存在。这种明显地带有唯物与唯心相混合的倾向,在原始宗教中是一种普遍存在的现象,充分地体现了原始思维所具有的混沌性。这种物化的灵魂观奠定了萨满教各种信仰观念的基础,他们将崇拜的自然物和动植物等制成偶像加以供奉,后来发展成对祖先的崇拜。

蒙古族的萨满教有各种各样的偶像,有羽毛、骨、木、石、桦皮、鱼牙、兽爪、兽角等实物偶像,还有鱼、鸟、蛙、虫、兽等形体偶像,有的是由原皮制成,有的是用木、骨、草等制作成它的形状,供奉起来,作为祭祀之神。他们认为,在这些偶像身上附着神的灵魂与灵性,具有神之化身的品格。这样的神偶一般被奉为守护神。

灵魂观在实践中的具体表现就是萨满跳神。跳神时,萨满巫师"独舞其鼓而召鬼魔,已而昏迷,伪做神语以答之"①。萨满巫师们"在夜里把想向魔鬼求教的人集合在他们的帐篷里,并把煮熟了的肉放在帐篷中央。执行召唤任务的那个哈木男巫开始念他的咒语,并且用手里拿着的鼓沉重地敲打着地面。最后,他开始狂怒,并把自己绑起来。然后,魔鬼在黑暗中来到了,于是给他肉吃,而他就给予各种回答"②。

萨满教的气运观是它的核心观念之一,"反映了北方先民对宇宙、自然的

---

① 《多桑蒙古史》(上册),上海书店 2001 年版,第 262 页。
② 佟冬主编:《中国东北史》(第 3 卷),吉林文史出版社 1998 年版,第 527 页。

观察与探索,荟萃了人类认识自然并据此指导自己的社会生活、生产实践以及保护人类自身生存与发展的经验。萨满教气运观念看去朴拙、简单、浅显,却蕴涵着深刻的哲理,反映了人类的原始思维观念。"①萨满教的气运观认为,气是万物的本原,是运动变化着的。神、魂皆为气属,并以不同的方式影响人类,只有与神相通的萨满们才能识别和利用它们,避害逐利,为本氏族服务。萨满教气运观所指的"气"是自然之气。气运观在实践中的应用就是占卜,占卜的方式有羊骨占卜、磨石祈祷等,还有观气卜灾、测祭地、选居地等。

萨满在对自然的观察中,根据物候、星象的变化不仅总结出记时、记年的方法,而且他们通过记载星象的变化规律也积累了天文学的知识。萨满占卜、测地、跳神、治病的过程也蕴涵着北方民族的地理、数学、建筑、生物、医学等知识的萌芽。

宗教与科学从本质上来讲是对立的,"宗教是对超自然力量的崇拜,将一切现象归因于神的意志的体现;科学是人类对客观事物及其规律认识的总结,它将一切事物及其本质、运动规律视作不依人或神的意志而转移的客观实在。然而,在人类文明的历史进程中,宗教与科学并不是简单的对立与分野,而是存在着错综复杂的联系。特别在人类社会的初期,宗教与科学的联系更为密切,二者相互交织,呈混合状态。从一定意义上说,原始宗教对于自然科学的起源起过积极的促进作用。"但是,"随着人类社会实践活动的丰富,人类认识能力的提高,自然科学逐渐从原始宗教中分离出来,成为一种实证科学,它与宗教的对立也日益突出地表现出来。随着自然科学的发展和宗教神学的完善,二者的对立更加突出"②。

萨满教作为一种自然宗教,有着悠久的生态保护传统。在萨满教的观念认识和行为层面中都蕴涵着爱护大自然、维护生态平衡和回归大自然的环境意识和环保精神,主要表现在以树神的名义保护森林、以水神的名义保护河流、以地神崇拜保全土地、借助图腾禁忌保护物种、崇拜火神以预防火灾保护生存环境等。在古代蒙古族的萨满观念中,树神是与灵魂观、生命观联系在一起的。"现今皇帝的父亲窝阔台汗遗留下一片小树林,让它生长,为他的灵魂

---

① 郭淑云:《原始活态文化——萨满教透视》,上海人民出版社2001年版,第95页。
② 郭淑云:《原始活态文化——萨满教透视》,上海人民出版社2001年版,第115—116页。

祝福,他命令说,任何人不得在那里砍伐树木。我们亲眼看到,任何人,只要在那里砍下一根小树枝,就被鞭打、剥光衣服和受虐待。"①这种"神林"观念具有一定的环境保护作用。对于北方的渔猎、游牧民族来说,水是人畜的命根。在"逐水草而居"的游动性经济基础上产生的萨满教这一意识形态中,自然而然地包含着关于防止水面污染和水源干涸的宗教观念和禁忌规范。古代蒙古人认为水是极为纯洁的,严禁以任何方式污染它。根据萨满教的禁忌,不许在水中大小便,不许在水中洗衣服,甚至在春夏两季忌讳在河中洗手等,这些行为都被认为是对水的污染。对于游牧民族来说,土地虽然不如农业民族那么重要,但在逐水草放牧时,选一个好的地方也是一件很幸运的事情。由于对土地神的敬奉,蒙古族的宗教禁忌中出现了不少有关限制乱挖洞、乱动土的禁忌。至于图腾禁忌更是如同习惯法一样,它的环境保护作用是通过一种"神治"的方式来治理环境和防止生态失衡。在萨满教的观念中,火被视为神圣的东西,它既能给人带来灾难,又能给缓解失衡带来许多方便。为了防止火给人们带来灾难,在萨满教体系中出现了一整套严格管理和保存火苗、禁止肆意拨弄火堆等禁忌规范。以火净化环境、防止传染性疾病的禁忌也是萨满教所固有的一种行之有效的保护环境卫生的有力措施。因此,在萨满教的宗教体系中有一套调适生态平衡、协调人与自然以及植物之间和谐关系的生态调控机制。在萨满教的生态环境观念中蕴涵着人只能适应环境、与环境和谐共生才能生存下去的朴素的生态哲学思想。② 值得一提的是,萨满教的环保意识对今天的环境保护工作有着重要的借鉴作用。

与其他宗教不同的是,萨满教由产生、兴盛直到衰亡,既没有任何组织形式,也没有庙宇建筑、神佛塑像、统一的经卷和繁缛复杂的礼仪。他们的经文咒语和祝词赞语都是通过口传心授流传下来的,灵活多变,没有固定的内容和模式。笃信萨满教的北方民族如蒙古族、女真族等,甚至没有想到为萨满教立庙建寺,只是在高山峻岭之上用石头堆砌一些翁衮所依托的灵堂。翁衮,是蒙古语"灵"的意思。这些灵堂建立在高山峻岭之上,使人能够很容易看见和拜祭。它不仅有着保佑出行、保佑一方的作用,而且还有实用价值,即人们可以

---

① ［英］道森编:《出使蒙古记》,吕浦译,中国社会科学出版社 1983 年版,第 13 页。

② 参见色音:《萨满教与北方少数民族的环保意识》,《黑龙江民族丛刊》1999 年第 2 期。

根据石堆的式样来判断地点方向,免得迷路。蒙古族称这些石头堆砌的灵堂为"敖包"。死后能够进入灵堂受祭的有萨满、当地的英雄人物或有益于地方的长者。由于没有设灵牌的习俗,所以在灵堂里接受祭祀的有哪些人物只有当地人知道,外地人无从知晓。①

喇嘛教即藏传佛教,是蒙古族信奉的另一种宗教,13 世纪初传入内蒙古地区,松原地区与今内蒙古地区相邻,松原蒙古族也受到相应的影响。当时信奉喇嘛教的主要是蒙古族中的贵族阶级,民间仍然普遍信仰原始宗教——萨满教。明代,喇嘛教在内蒙古地区逐渐广泛传播,并逐渐代替了萨满教。明代万历年间,在板升城(今呼和浩特市)建立了黄教(即喇嘛教的一个教派,在内蒙古地区势力强大)大寺弘慈寺,即今天的大昭寺。此后,在内蒙古各地逐渐建立了许多寺庙。清朝中期,喇嘛教在蒙古地区发展到极盛,喇嘛人数激增,达十余万人,寺庙也达千座之多。由于黄教派的喇嘛不许结婚生子,大批青壮年当了喇嘛后,致使内蒙古地区人口数量下降,社会经济衰退,对内蒙古的社会产生了巨大和深远的影响。喇嘛教的传入,对蒙古族的文学、绘画、医药、雕刻、建筑等都产生了一定的影响。

三、游牧民族的婚葬习俗

松原地区室韦人的婚俗主要是抢婚,只要两家相许,男方就可以将女子盗去,然后送牛马为聘礼,并与女子一起回到女方家,在女方家劳动 3 年,然后女方家分其财物,夫妻二人才能真正回到男方家生活。如果丈夫先死,女子不能再嫁。室韦人的葬俗可以概括为树葬,父母死后,家人就把尸体放在树上;后来发展成各部族在林中搭一个架子,部族内的人死了,都放在这个架子上,家人要为其服丧 3 年。

松原地区契丹人的婚姻习俗是聘娶婚,有定亲、会亲、迎亲、拜奥等程序。其中,最重要的是拜奥。新娘被迎进男方家,由奥姑主持婚礼,奥姑是男方家族的象征,由家族内地位尊贵的同姓女子担任,送亲者要拜奥姑、致辞、敬酒,临行时还要以礼物谢奥姑。在契丹人的婚姻习俗中还保留一些原始遗风,如妻后母、抱寡嫂、妻姐妹婚以及表亲联姻,不分辈分。

---

① 参见苏日巴达拉哈:《蒙古族族源新考》,民族出版社 1986 年版,第 117 页。

契丹人的葬俗是将死者的尸体放在山树之上,3年以后将尸骨收回来焚烧,父母死时子女虽然悲伤但不许哭,因为哭泣不是壮士所为。这种丧葬方式实际是二次葬,先树葬、再火葬,在火葬之时,还要祝酒祷告,求死者保佑他们在狩猎时多有收获。契丹建国以后,吸收了汉族的丧葬习俗,改行土葬,皇帝、贵族、大臣、官吏等有地位的人都要修建豪华的墓室。

松原地区蒙古族的婚姻习俗具有浓重的原始痕迹,实行氏族外婚制,虽然原始的抢婚不再流行,但仍保存着一种"抢婚"的形式。婚宴之时,即将出嫁的姑娘要逃到亲戚家里躲起来,新郎和朋友们到处寻找,找到新娘以后,必须用武力把她抢过来并带回家去,装出使用暴力"抢婚"的样子。蒙古族的男子能供养多少妻子,就可以娶多少妻子,娶妻多少由男子的地位和财力决定。在蒙古族的婚姻习俗中,还存在一种接续婚制,男子丧偶后可以同任何亲戚结婚,但他们的亲生母亲、女儿和同母姐妹除外。不过,他们可以和同父异母的姐妹结婚,甚至在他们的父亲去世以后,可以同父亲的妻子结婚;弟弟也可以在哥哥去世以后同他的嫂子结婚,或者另一个较年轻的亲戚也视为当然可以娶她。根据蒙古族的婚俗,寡妇是不可以再嫁的,因为他们相信所有在今生服侍他们的人,在来生也将服侍他们,因此对于一个寡妇来说,他们相信她在死后将仍然回到她的第一个丈夫那里去。①

现代的蒙古族婚姻习俗发生了很大的变化,主要有说亲、定亲、结婚三大程序。蒙古族的习俗是选择配偶由父母做主,选定后,男家向女家托媒提亲;女家同意后,男家向女家献哈达、赠礼品,然后商定订婚日期。男家选定吉日,并通知女家;吉日来临,男家以盛大酒宴宴请女方父母及双方直系亲属,并在席间送交双方商定的彩礼。酒宴之后,便商定结婚日期。在举行结婚仪式时,男家要请有名望的婚礼祝颂人与新郎一起到女家送聘礼迎亲。在女家门前的活动有门前对辞、祭祀火祠、敬献聘礼、讨名问庚、送女出阁等。等送亲队伍到男家时,男家的活动也不简单,有篝火迎亲、结发拜天、堂门祝福、祭拜火祠、侑酒献歌、饯送新亲等。例行的程序之后,要拜见男方的父母及长辈;新婚三日,娘家来人省亲,然后新婚夫妇回拜娘家。所有的婚礼仪式才告结束。

蒙古族早期的丧葬习俗是刳木为棺,凿空其中木质,将死者放入,然后秘

① 参见[英]道森编:《出使蒙古记》,吕浦译,中国社会科学出版1983年版,第8、122页。

密埋葬。一般的蒙古人死去以后,他就被秘密地埋葬在他们认为合适的空地上。埋葬时,同时埋入他的一顶帐幕,使死者坐在帐幕中央,在他面前放一张桌子,桌上放一盘肉和一杯马乳。此外还埋入一匹母马和它的小马、一匹配备马笼头和马鞍的马,另外,他们杀一匹马,吃了它的肉以后,在马皮里面塞满稻草,把它捆在两根或四根柱子上,因此,在另一个世界里,他可以有一顶帐幕以供居住,有一匹母马供他以马奶,他有可能繁殖他的马匹,并且有马匹可供乘骑。他们把吃了肉的那匹马的骨头烧掉,为他的灵魂祝福。①

近代以后,蒙古族产生了集中墓地丧葬的习俗,就是一个家族或一个村屯有一个集中的墓地,正常死亡的人都可以在这里埋葬;但对于那些死于肝瘤病、痨病、月子病的人,要实行火葬。在集中墓地,逢年过节时后人要烧纸添土上坟,表示后继有人。

四、游牧民族的文字

在东胡系民族的发展过程中,形成文字的民族是契丹族与蒙古族,所形成的文字是契丹文和蒙古八思巴文。契丹人在建国之前没有文字,辽神册五年(920年),辽朝统治者下令仿照汉字、回鹘字创制契丹大、小字。此后,契丹文成为辽代的官方通用文字。契丹文废弃于金明昌二年(1194年),但并没有彻底消亡,一直流传到金代及元代初期,存在了300年之久。

元朝有关国家政权的法律命令以及与他国的交往都是通过汉字及畏兀儿文字表述出来的。利用他族的文字,对于说蒙语的人来说,存在着许多不便之处。特别是汉字是以表意为主,与其他民族的拼音文字不完全相同,所以将汉字改制成其他的民族文字是很困难的。这样,蒙古族一直使用的畏兀儿文字就成了改制蒙古文字的首选。

蒙古畏兀儿文是成吉思汗命俘获的原乃蛮部掌印官员畏兀儿族塔塔统阿创制的。② 蒙古畏兀儿字有19个字母,拼写时以词为单位构词,行文从左向右竖写。蒙古畏兀儿字在蒙古民族中使用甚广,在八思巴文创制以前,畏兀儿文是蒙古族一直使用的官方文字,记载蒙古民族发展的历史变化,畏兀儿文是东

---

① 参见[英]道森编:《出使蒙古记》,吕浦译,中国社会科学出版1983年版,第13页。
② 参见《元史》卷124《塔塔统阿传》,中华书局2000年版。

北地区少数民族古文字中一直保留至今并继续使用的唯一的一种民族文字。①

忽必烈即位以后，"文治浸兴，而字书有阙，于一代制度实为未备。故特命国师八思巴创我蒙古新字，译写一切文字，期于顺言达事而已。自今以往，凡有玺书颁降者，并用蒙古新字，仍各以其国字副之"②。八思巴（1239—1280年），法名罗古罗思·监藏，7岁时就能诵读数10万字的佛经，被称为神童。八思巴是喇嘛教萨迦派的首领。忽必烈笃信西藏喇嘛教，八思巴以渊博的学识得到忽必烈的器重，忽必烈即位以后便尊奉八思巴为国师、帝师。中统元年（1260年），八思巴奉命创制新字，于至元六年（1269年）创制完成，颁行天下。开始时称这种文字为蒙古新字，不久就下令只称"蒙古字"，由于它在元代官方文字中的唯一合法地位，又称为国字。由于是八思巴主持创制的，所以也称八思巴文，因为字体呈方形，也称为"方体字"（参见图5-2）。

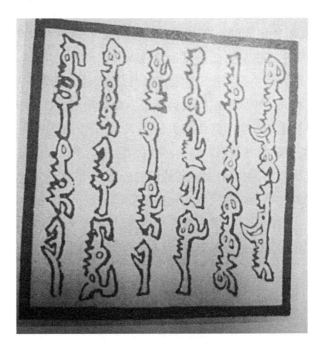

图5-2　八思巴文③

---

① 参见佟冬主编：《中国东北史》（第3卷），吉林文史出版社1998年版，第460页。

② 《元史》卷202《八思巴传》，中华书局2000年版。

③ 参见张秀华：《蒙古族生活掠影》，沈阳出版社2001年版，第293页。

蒙古八思巴文是用藏文字母改制而成的,最初由 41 个字母组成,在后来的实际应用中还增加了若干符号。八思巴文是在藏文字母的基础上参照汉字的书写及构字方式,把原来的藏文字母改为方体,并把藏文的横写改为自上而下直写,行文则自右向左。用八思巴文拼写蒙古语比原来的畏兀儿文准确得多。为了推广八思巴文的学习与应用,元朝把八思巴文作为官方文字。由于元朝政府的作用,八思巴文在元代的应用范围较广,使用时间也较长。但从文字本身来说,八思巴文在表示音值、构制字体方面都不如蒙古畏兀儿文,而且字词割裂,不易识读,因此元朝灭亡以后,八思巴文也很快就被废弃了。

除了蒙古文字之外,元代东北地区特别是吉林省松原地区还存在着契丹文和女真文。生活在松原地区的契丹族和蒙古族仍在一定范围内沿用了一个时期的契丹文。元朝中期以后,契丹文随着契丹族与蒙古族的完全融合而被彻底废弃。

由此可见,游牧民族的生产、生活、社会结构、民族习俗及宗教信仰,不是人类有目的、有理智的创造,而是以生物性本能的形式发生,通过经验发展起来的。每一个民族都生存在特定的自然条件之下,这种条件千差万别,所构成的文化也各不相同。不同地域的人群有着不同的生活方式,山林中的居民所崇拜的对象是与他们的生活密切相关的树木,而游牧民族过着逐水草而居的生活,所崇拜的对象自然是水。作为游牧民族,东胡系民族的习俗与肃慎系民族就存在一定的差别,他们的文化与他们的经济活动、生活方式密切相关。东胡系民族文化的发展是东北民族文化的重要组成部分,特别是一直延续至今的中国游牧文化的代表——蒙古族文化,不仅是松原文化的重要组成部分,更是东北地域文化的重要组成部分,而且在中华民族文化中也占有极为重要的地位。

第三节 游牧文化的精神内涵

游牧文化的精神内涵是游牧民族生产生活特征的反映,这种反映不是一一对应的反映,而是更高层次上的一种抽象的、概括的反映。松原地区特殊的地理环境和人文环境,将松原地区游牧文化的精神内涵表现得淋漓尽致。

一、天人合一,与自然万物和谐共生

游牧民族在长期的迁徙活动中,逐渐形成了与自然环境相适应的独特的游牧生态文化。从生态伦理学的视界来审视,游牧生态文化包含着丰富的生态伦理思想。这种思想以尊重自然、爱护自然万物,人与自然相互依赖、和谐共处为核心,充分表现在游牧民族的生命观、自然观和人与自然和谐共生观中。东北的游牧民族以东胡系的终结民族——蒙古族为游牧文化的集大成者,松原地区的蒙古族保持了游牧民族的诸多游牧特性,是游牧文化得以传承的承载者。

松原地区的蒙古族始终保持着传统的游牧经济生活,他们的习俗具有浓郁的草原风格。作为游牧民族,蒙古人的生产和生活受自然环境的约束较多,多有敬天地、惧鬼神的风俗,而且在生活中产生了许多禁忌。蒙古人敬天但又惧怕天威,尤其惧怕闪电和雷声。对于生活在草原上的游牧民族而言,雷电经常击死牲畜和引起火灾,是人们难以克服的自然灾害。当时的人们受各种条件的局限,对雷电这种自然现象认识不够,以为是自己的某些行为触怒了天威,因此,他们在春、夏两季禁止在河里沐浴和洗衣服,不可以在河流中洗手,不可以用金银器皿汲水,也不可以在原野上晾晒洗过的衣服,因为这些动作会导致雷电的发生。一旦有人触犯了禁忌,就要遭到鞭打和驱逐。

蒙古族崇拜圣火的炽热感情,在北方诸民族中占有突出的地位。这种崇拜自然界圣火的观念与祭礼,早在元代就十分普遍和隆重。祭火仪式完全同萨满教、喇嘛教的自然崇拜祭礼糅合在一起。火作为女性和母亲的化身,是财富和生育能力的源泉。拜火中有许多禁忌,在火堆边饮宴时,要向火里洒酒,敬献给火神,还要往火里撒血,供火神享用,不能随便跨火、扎火,往火中吐痰。喇嘛教传入蒙古后,拜火也成了喇嘛教的礼仪制度,成为喇嘛教徒日常生活范围内最重要而普遍的仪式之一,一直沿袭至今。他们特别尊重和保护火,认为火可以驱妖辟邪,对火的使用也有许多禁忌。在生活中,如果拿小刀插入火中、用小刀到大锅里取肉、在火旁拿斧子砍东西等,都被认为是罪恶,因为他们相信,如果做了这些事,就会被砍头。①

---

① 参见[英]道森编:《出使蒙古记》,吕浦译,中国社会科学出版社1983年版,第11页。

　　水是生命之源,能满足人们的生活所需,但同时也会带来灾难。因而,少数民族既敬水又畏水。原始人类对水的崇拜是十分虔诚的,崇拜的结果,便是禁忌的产生。蒙古各部始终保持着传统的游牧生活,水资源是他们赖以安身立命的一个重要自然资源,古代蒙古人非常注重对水资源的节约与保护。水在古代蒙古人心目中是神圣的,污染水源就是对水神的亵渎,所以在生活习俗中规定了不许向水中投掷脏物,月经期、坐月子的女子不能靠近水源等等。这些规定主要是为了节约水资源不使浪费、保护水资源不被污染,充分反映了古代蒙古族牧民对水资源的珍惜和爱护。

　　经营游牧经济的蒙古族非常爱草,对草具有独特的感情和偏好。元代著名蒙古族诗人萨都剌在诗中写道:"祭天马酒洒平野,沙际风来草亦香,白马如云向西北,紫驼银瓮赐诸王。"①蒙古族把祭神树称为"祭尚西"。"尚西",是指独棵大树,多为老榆树。过去,蒙古族每个部落、每个屯子都有自己的神树,每年祭祀一次,没有固定时间。天旱时人们常到神树下祭树求雨。祭神树时,全部落男女老少齐聚树下,用鲜花或彩布条把神树装饰一新,用"全羊"做祭品,由主祭人向神树洒酒和洒奶子。有的还推举族中德高望重的香老做"尚西老人",坐于树下,接受阖族叩拜。这种祭神树活动,一直延续到新中国成立初期。

　　蒙古族称天为腾格里,视苍天为多层,以"9"为吉数、满数,颂天为"九天"。蒙古族祭天,一般都选在旧历四月、八月、十二月等春、秋、冬季节。这些季节完全同蒙古族牧民狩猎生产有着密不相分的联系。蒙古族祭天,也包括祭星,过去在民间也很盛行。时间在正月初七晚上,在院中放一小桌,桌上摆上香炉,点香后向北斗方向叩拜,主要祈祷一年风调雨顺、牧业兴旺。

　　禁忌习俗最早是由原始信仰中衍生出的一种规范人们言行的习俗,人们把那些与生产生活密切相关的自然物视为有生命的生灵、神明的化身。人类像呵护生命一样爱护自然,通过神灵和宗法制度的权威来规范人们的行为,在他们的观念中确立了保护山林、水源等自然资源的原始生态保护意识。在长期的生产生活中,禁忌已经内化为一种心理上的坚定信念和行为,一种伦理规范,严守各种禁忌已经成为人们自觉的行为习惯。禁忌习俗是原始生态得以

---

　　①　王叔磐等选注:《元代少数民族诗选》,内蒙古人民出版社1981年版,第182页。

保持平衡的古老戒律,在人类的原始生态意识中,自然界不是人的附庸,而是与人类一样具有鲜活的生命力,山川、草地、湖泊、动物等所有自然风物,都有它们自己的生命轨迹。古代民族所从事的传统的渔猎、游牧活动,只是为了简单的生存,与贪婪的欲望无关。

传统民俗中的禁忌习俗产生于古代民族对自然界的不了解,不能说古代民族对自己的生态环境有着多么清醒的认识,他们只是出于对神的尊敬、对供给人类衣食的植物和动物的感激以及对自然现象的畏惧等等。禁忌的对象是古代民族所崇敬的自然神,禁忌的核心是不能触动自然界,否则就要遭到自然界的惩罚。禁忌的本质特征就是虚构危险、恐惧心理和自我限制及消极防卫,通过制约人的行为,以期获得神灵的保护。对自然界的敬畏和顺从,在客观上调节着人与自然的关系,有利于人们适应、利用和保护自然环境,达到人与自然的和谐相处,从而保证了生态环境的自然调节,维持了生态平衡,体现了古代民族保持自然和谐完整的原始生态意识。

原始生态意识是在人们的感情、风俗、习惯上表现出一些保护、利用自然生态系统的意念和知识,这些意念和知识不是通过正规的教育和训练产生的,而是直接来自生产劳动和日常生活。与现代意义的生态意识相比,属于低层次的生态意识,它是对社会存在的比较直接的反映,是一种不系统的、自发的、未定型的反映形式,可称为生态心理。生态心理作为生态意识的一个基本层次和组成部分,参与到社会存在与社会意识的相互作用之中。①

生态学认为,人与其他自然成员一样在本质上是平等的,人类并不在生物圈之外,而仅仅是在生物圈之中占据着自己的生态位的物种之一,万物互相联系构成一个整体。生态意识是从生命与环境的整体优化目标来理解和追求社会发展的一类意识要素与观念形态,是生态规律的支配作用和生态条件的制约作用在人的观念上的反映。它注重维护社会发展的生态基础,强调从生态价值的角度审视人与自然的关系和人生目的。

追求人与自然的和谐,是中国几千年传统文化的主流,儒家的"天人合一"思想意味着人与万物一体,都属于一个大生命世界。因此,人与自然万物

---

① 参见色音:《萨满教与少数民族环保意识》,《黑龙江民族丛刊》1999 年第 2 期;叶朗:《中国传统文化中的生态意识》,《新华月报(天下)》2008 年第 1 期。

是平等的,人没有权利把自己当做万物的主宰,而应该与自然万物和谐共处,使万物都能按照它们的自然本性得到生存和发展。现代的生态伦理学和生态哲学主张地球生物圈中所有生物是一个有机的整体,它们和人类一样,都拥有生存和繁荣的平等权利。天地万物(包括人类在内),都包含有活生生的生命和意义,这是最值得欣赏的。人们在这种欣赏中,体验到人与万物一体的境界,得到极大的精神愉悦,充满了对天地间一切生命的爱,表明人与万物都属于一个大生命世界,生死与共,休戚相关。社会学家 B.J.梅格斯在《亚马逊:一座虚幻天堂中的人与文化》一文中曾指出:"人类是一种动物,和其他动物一样,只有与环境维持适应的关系才能生存。虽然,人们是以文化为媒介而达到这种适应,但其过程仍然跟生物适应一样,受到自然选择规律的支配。"①

传统民俗所体现的原始生态意识不仅与中国传统文化包含的生态意识是完全一致的,而且与当今世界的生态伦理学和生态哲学的观念也是完全相通的。从生态和谐的视角对传统民俗中蕴涵的原始生态意识进行探讨,并深入研究人与自然协调平衡的发展观、对动植物有恻隐之心的生态伦理观、认为自然资源或自然要素是无比珍贵的价值观等方面的问题,不仅可以开拓研究古代传统的优秀民族文明成果的新领域,而且对于我国目前日益恶化的环境问题和现代的生态文明建设,也具有重大的现实借鉴意义和智慧启悟。

二、宽容礼让,与其他民族和平共处

游牧经济是在广袤的大草原上,以牧民的粗放游牧劳动进行畜牧生产。"畜牧业生计是人类对于干旱和高寒地区生态环境的一种适应形式。它的生态原理就是在人与地、人与植物之间通过牲畜建立起一种特殊的关系,构成一条以植物为基础,以牲畜为中介,以人为高消费等级的长食物链。"②

游牧经济的游动性导致游牧民族的足迹遍及诸多地区,不断接触不同的自然环境,接触不同的族群,接触不同的人,也就是说,他们的生活经常处于不断的变化之中。这样的生活条件要求他们彼此认同或尊重对方的一些风俗、习惯及宗教信仰,同时也造就了游牧民族较强的适应性和宽容大度的性格,赋

---

① 转引自[美]尹恩·罗伯逊:《现代西方社会学》,河南人民出版社 1988 年版,第 823 页。
② 林耀华主编:《民族学通论》(修订本),中央民族大学出版社 1997 年版,第 92 页。

予游牧文化兼容并蓄的人文特征。

　　游牧文化的人文特征也是通过游牧民族的民族性格体现出来的,游牧民族的民族英雄的性格也是民族性格的集中表现。在蒙古族人民的心目中,成吉思汗是最伟大的民族英雄,他的名字在蒙语中就是"广阔的海洋",是蒙古民族崇拜的"天神"一般、"父亲"一样的人物。成吉思汗作为蒙古民族的奠基人,为蒙古族的统一、发展和壮大立下丰功伟绩。成吉思汗的性格就是蒙古民族的性格,坚忍不拔、胸襟博大、嫉恶如仇。成吉思汗具有勇敢、坚韧、果断等许多优秀品格,对亲人、友伴、家乡、草原充满热爱。他具有真正统治者的素质——即游牧民的统治者。在这一限度内,他显示了对秩序和统治的天才。在他的头脑中,最突出的特征之一是对叛逆者有着本能的憎恶。①

　　蒙古族是一个讲究礼仪的民族,在他们的各项礼仪规定中,体现了民风淳朴、好客有礼的民族性格。有献哈达、敬奶茶、敬酒等,表达了对客人的敬重和爱戴。通常主人是将美酒斟在银碗、金杯或牛角杯中,托在长长的哈达之上,唱起动人的蒙古族传统的敬酒歌,客人若是推让不喝酒,就会被认为是瞧不起主人,不愿以诚相待。宾客应随即接住酒退回原位,用右手的无名指蘸酒向天、地、火炉方向各点一下,以示敬奉天、地、火神。不会喝酒也不要勉强,可沾唇示意,表示接受了主人纯洁的情谊。蒙古民族的礼宴上有敬神的习俗。厨师把羊割成 9 个相等的肉块,第一块祭天,把肉抛向蒙古包上方;第二块祭地,抛入炉火之中;第三块供佛,置于佛龛前;第四块祭鬼,置于包外;第五块给人;第六块祭山,挂之于供奉的神树枝上;第七块祭坟墓,即祭本民族祖先;第八块祭土地和水神,祭水神扔于河泊;第九块献给皇帝,祭成吉思汗,置于神龛前。蒙古人长幼有序,敬老爱幼。到蒙古包牧民家做客,见到老人要问安。不在老人面前通过,不坐其上位,未经允许不要与老人并排而坐。称呼老人要称"您",不许以"你"相称或直呼其名。见到孩子不要大声斥责,更不能打孩子。不要当着家人的面说孩子生理上的缺陷。对孩子和善、亲切,被认为是对家长的尊重。

　　蒙古族人民尊重礼仪,习惯成自然,至今仍然如此。一事一物,无不依据

――――――――――

　　①　参见[法]勒内·格鲁塞:《草原帝国》第 5 章第 14 节《成吉思汗:成就与性格》,国际文化出版公司 2010 年版。

其礼为之,敬长慈幼,同胞相见,长幼有序,宾朋有礼,客至如归。当然其礼仪之表达形式,随着时代的前进,物质文化水平的提高,在原有基础上有所发展、有所丰富、有所改进,如鞠躬、握手礼、互赠纪念品等等,均在蒙古族中盛行起来,体现了蒙古人在为人处事及待人接物中心地憨厚、热情好客的民族美德。①

三、勇武进取,与多种文化交融共存

"天苍苍,野茫茫,风吹草低见牛羊"的自然景色,"逐水草而居"的游牧经济,"毛毡帐裙"、"食唯肉酪"的生活方式和风土人情,铸就了东胡系民族崇尚勇武和积极进取的民族性格。

东胡系民族是以游牧和狩猎为主要生计的民族,长年驰骋在寒风冰雪之中,不仅磨砺了游牧民族的意志,强壮了他们的体魄,而且培养出他们吃苦耐劳、不畏困苦的精神。这里湛蓝的天空、无际的草原也培养出他们直爽、开朗、乐观向上的性格。

崇尚勇武是东胡系民族的一贯性格,对于战死的人给予厚葬,一般人死了没有棺材入殓,而战死的人则用棺材入殓,而且人死即哭,表示哀悼的心情;而且送葬时以歌舞相送,以示隆重。乌桓人的民族性格刚直强悍,大怒时甚至可以将自己的父亲兄弟杀死,但不伤害母亲,还保留母系氏族社会的遗俗;没有固定的礼仪规范,父子男女相对踞蹲,男女界限并不十分鲜明。奚人同样是擅长骑射狩猎,好抢掠。契丹人好为寇盗,以能抢善夺为勇;崇尚勇武,甚至父母死了也不哭泣,认为哭泣不是勇武之人的行为。

蒙古族是一个历史悠久而又富于传奇色彩的民族。千百年来,蒙古族过着"逐水草而迁徙"的游牧生活。中国的大部分草原都留下了蒙古族牧民的足迹,因而被誉为"草原骄子"。在蒙古族的经典史书《蒙古秘史》中,记载了13世纪前后蒙古诸部征战杀伐的雄壮场面,成吉思汗驰骋万里的戎马生涯,蒙古13翼骑兵神出鬼没的战略战术,还有氏族社会的各种遗迹——抢婚、结拜"安答"(盟友)、血缘氏族的财产分配方式,萨满教祝祷火神、太阳神和"悬肉祭天"的仪式等等,充分展示了游牧民族的生活场景、历史画面和民族性格。

---

① 参见张秀华:《蒙古族生活掠影》,沈阳出版社 2002 年版。

蒙古民族是世界上最虔诚信奉狼图腾的游牧民族,把狼作为蒙古民族的图腾、兽祖、战神、宗师、楷模,以及草原和草原民族的保护神。蒙古人不仅认为自己民族的先祖来自于"苍色的狼",而且蒙古王族一些核心部落的领袖,甚至一些核心部落本身,都直接以狼为名。养育了成吉思汗及其先辈六世祖海都汗、五世祖伯升豁儿汗的家族,发展到成吉思汗的四世祖屯必乃汗一代时,出现了一个蒙古王族的直系核心部落——"赤那思部落"。"赤那"的蒙语意思是"狼",而"赤那思"意为"狼群"。"赤那思部落"也就是"狼群部落"。该部落的两个领袖,就是成吉思汗四世祖屯必乃汗的两个儿子,一个名叫"坚都·赤那",另一个名叫"兀鲁克臣·赤那"。"赤那"的蒙语意思是"狼"。拉施特说:"'坚都·赤那'这个名字是公狼的意思,'兀鲁克臣·赤那'是母狼的意思。"因此,这两位领袖的名字分别是"公狼"和"母狼"。可见,狼在蒙古人的心目中占据了何等崇高的地位。因此,蒙古民族是以狼为祖、以狼为神、以狼为师、以狼为荣、以狼自比、以身饲狼、以狼升天的民族,是这个世界上性格最勇猛强悍、刚毅智慧的民族。而蒙古骑兵则是世界上最凶猛、最智慧、最善战的蒙古草原狼训练出来的军队。①

东胡系民族作为游牧民族,自山戎族起就具有游牧民族特有的强悍进取的民族性格,这种性格一直延续着,一直延续到东胡系的终结民族——蒙古族身上。成吉思汗精神主要是"自强不息,勇往直前"。游牧经济的流动性和脆弱性,造成了游牧民族居住地的不固定性和畜牧生产安全的不确定性,寻找一个可靠、生产潜力较大的草场对游牧经济的发展是至关重要的。游牧民族的生存不是直接决定于部落内部的状况而是决定于外部的自然条件,要使民族生存只能向外探索而不能自我封闭,甚至有时要自己创造机遇,这是游牧民族与农耕民族的一个本质的区别。这样,最初只是为保持民族生存而进行的开拓性的生存方式,便发展成为一种掠夺战争,成了开拓疆域的精神原动力。

蒙古民族入主中原,带来蒙古民族刚毅勇敢的游牧精神,虽然蒙古统治阶级已经接受儒家思想的影响,但是蒙古族固有的草原性格却没有完全改变,这就大大冲淡了儒家思想的影响。统治民族总是将自己民族的性格、风俗、习惯

---

① 参见姜戎:《狼图腾》之《理性探掘——关于狼图腾的讲座与对话》,长江文艺出版社2004年版。

强加到被统治民族身上,而统治民族的性格、作风和习惯又是被统治民族的模仿对象。这种上下两方面之间发生的灌输和模仿,就是民族性格的相互融合。由于元朝是中国历史上第一次由草原游牧民族建立的统治全中国的统一王朝,人数稀少的游牧民族第一次打败了世界上人口最庞大的汉民族,并统治整个中国,这对一向骄傲自大、藐视四夷的汉族刺激极大。在中国历史上,东北民族从公元前19世纪前后殷人第一次南下,经过鲜卑、契丹、女真、蒙古,到公元17世纪满族一统天下,影响并统治中国的时间长达1,400年之久。这些民族在文化上落后于南方的汉族,但在军事上却屡占上风。拥有先进文化的汉民族一再被来自东北深林和大漠草原的、文化相对落后的北方民族所战胜,甚至被征服,被统治。这种"野蛮"战胜"文明"的现象,在世界历史上虽不能说是绝无仅有,也是相当少见的。

一个民族要想避免被淘汰的命运,就必须部分保留或创造能培育强悍民族性格的生产方式和民族存在。总之,一个民族只有锤炼出自己的刚毅顽强的性格,才能掌握自己的命运。蒙古民族建立的中国元朝,对世界东西方文化交流作出了重大贡献,对中国和华夏民族也是功不可没。

蒙古民族建立了中国历史上从未有过的最大疆土的帝国,其面积超过汉唐,这就向世界再一次展示了中国人生存空间的范围。元朝在为古老中国领土延续的长跑接力中,承接了关键性的一棒。元朝对于重新恢复和扩大中国汉唐时的疆土功莫大焉,不仅大大地扩展了西北屏障,将与其他国家之间的边界推向远方,而且也为后来的明清两朝继续收复、守卫和扩大中国汉唐以来的疆土打下了基础,这对现代中国人的生存和发展至关重要。①

综上所述,游牧文化的基本特征主要是由游牧民族的生产、生活特点所造就的,在游牧民族的衣食住行之中,在他们的宗教信仰之中,在他们的民间艺术之中,在他们所建立的政权之中,在他们的经济发展之中,在他们纯朴、豪放、健康向上的民族性格之中,无不隐藏着游牧文化深厚的内涵和细腻的品格。由于游牧文化的简朴、动态,所留下的物质遗存远远比不上农耕文化,甚至比不上渔猎文化,但游牧文化所承载的历史远比农耕文化更加轰轰烈烈。

---

① 参见姜戎:《狼图腾》之《理性探掘——关于狼图腾的讲座与对话》,长江文艺出版社2004年版。

原因在于游牧文化的特质既是千百年来游牧民族生与死、血与汗的凝结,又是游牧民族对各种文化兼容并蓄而形成的成果以及丰富发展的渊源。弘扬传统文化主要是继承传统文化的精神特质,只有这样,才能使传统民族文化一代代地传承下去。

松原地区的游牧文化是中国蒙古族游牧文化的重要组成部分,虽然松原地区从事游牧经济的地域不是十分广阔,但麻雀虽小五脏俱全,松原地区的游牧经济同样承载着游牧文化的发生与发展。透过松原地区的游牧文化的情景,我们同样可以了解整个游牧文化的精神内涵,并使之传承下去。

第六章　渔猎文化

我们将发生在松原地区的渔猎活动,及其所反映的各种文化现象,统称为松原渔猎文化。松原渔猎文化的历史是悠久的、内涵是丰富的。

松原的渔猎文化经历了一个较为漫长的发展历程。就现有出土文物和文献观之,我们知道,它萌生于时代较为久远的石器时期,中间经过数千年发展,虽有起伏,但一直是松原历史文化的重要组成部分。18世纪以后,由于大量移民迁入松原,随着社会经济的发展,以及清政府一系列施政的影响,松原渔猎文化再次焕发生机。20世纪上半叶,松原渔猎文化因为日本帝国主义的干预而出现前所未有的衰落局面。新中国成立后,松原渔猎文化经历了一段时间的调整后,又有了新的发展,特别是吉林省松原市前郭县举办的查干湖冰雪渔猎文化节,已为世人所广泛关注。需要说明的是,本章所要研究的,是新中国成立前的渔猎文化。

第一节　渔猎文化的形成

同世界许多地区的人类文明一样,渔猎也是古老的松原人较早选择的生产方式,于是,颇具特色的文化形态在此基础上逐渐形成。松原历史文化的发展,与中原地区甚至是东北部分地区相比明显滞后,这一特殊性使它的"新石器时期"同"先秦时期","青铜时期"同"汉唐时期"的时代区间,出现基本对应的现象。从松原各历史时期的文化遗址及现有出土的文物观之,渔猎文化起源于"新石器时期"、"青铜时期",萌生和形成于先秦和汉唐时代。在几千年历史长河中,狩猎捕鱼是松原人的主要生产活动,渔猎产品是他们的重要食物来源,渔猎文化是他们的基本特色。

一、先秦溯源

松原地区自古就渔猎资源丰富,而且严格说来,要较今天更为丰富。就陆生动物而言,单是前郭县青山头遗址考古发掘而得的部分化石,就包括蒙古兔、似狗獾、普氏野马、野猪、野牛、鹿、草原旱獭等8科9属10种哺乳动物的化石,而且全是现生种。经碳十四测定年龄,这些动物化石距今7870±95年到9860±50年之间。而遗址下一层出土的化石,则包括披毛犀、普氏野马、野牛等9科12属13种。由化石种类和所在地层推断,这些动物生活在更早的"更新世晚期"[①]。此外,我们又在扶余县五家站发现猛犸象化石(1959年),在宁江区城郊小窑屯发现披毛犀上颌骨化石(1982年)和一具完整的披毛犀化石(1989年)。至于渔类资源,品种更为繁多,也有考古发掘资料为证,详见后文,此不赘述。总之,这些陆生动物和水生动物在松原大地、江河泡塘栖息繁衍之际,也是早期人类"青山头人"以及此后的肃慎、秽貊等东北少数民族从事采集渔猎之时。[②]

东北的古老民族中,最早见于文献记载的当是肃慎族,其所言之"虞夏"是指先秦时期的早期阶段,相当于松原地区的新石器时期。先秦之际,明确记载松原历史文化的史籍极为罕见。但是,20世纪以来的考古发掘,为我们提供了大量宝贵的材料,对于松原早期历史文化的研究有着不可估量的价值和意义。

通过吉林省20世纪80年代的文物调查可以知道,先秦之际的松原,前郭、长岭、乾安、扶余等地都有人类聚落。据不完全统计,除扶余县以外[③],前

---

① 参见金昌柱、徐钦琦、李春田:《吉林青山头遗址哺乳动物群及其地质时代》,《古脊椎动物学报》1984年第4期。

② 参见本书第七章《移民文化》第1节《移民文化的形成》。

③ 1990年,扶余博物馆在新安乡长岭子村征集到一具石斧。经分析,当为新石器时期的器物,也是"扶余首次发现"的新石器时期石斧。参见王国学、郑新城编:《伯都讷文物古迹》,时期文艺出版社2004年版,第115页。

郭县有新石器时期遗址 4 处,乾安县有新石器时期遗址 3 处,而长岭县则有新石器时期文化遗址 36 处,总计 40 余处。姑且不论它们之间的代际关系,仅就横向的空间分布而言,在东西长 240 公里、南北宽 172.4 公里的松原,数千年前的石器时代,就有数量如此之多的人类文化遗址,这足以说明松原历史之悠久,松原先秦文化之繁荣。而这一时期的文化形态应该是以渔猎文化为主题和特色的。

大量考古发掘报告显示,先秦时期松原地区的渔猎活动活跃,渔猎文化已初具雏形。以长岭县的腰井子屯北岗遗址为例,这是一处规模较大的新石器时期文化遗址,位于长岭县三十号乡腰井子屯。而今的腰井子地区,其屯南是大面积的草原和沼泽地,其北侧 50 米外是一座呈东西走向的大沙岗子,现高 4—6 米,宽 80 米左右,长约 3 公里,虽然经过几千年的环境变迁已经物是人非,但我们依然可以想见当时那番草长莺飞、水泡星布、禽兽麇集、锦鳞腾跃的景象。遗址中散布有大量蚌壳、鱼骨、禽兽骨,以及陶片和少量的细石器,出土的文物有石器、骨器、蚌器、陶器,甚至还发现有玉器,即鱼形环状饰 1 件,玉石管 1 件。①

腰井子遗址面积较大、遗存丰富,为研究探讨松原乃至吉林省西部地区的新石器文化提供了经典案例。1982 年,该遗址被列为省级重点文物保护单位;1986 年秋,吉林省文物考古研究所对该遗址进行了清理发掘。

再如前郭县腰浩特芒哈遗址,由腰浩特忙南坨遗址、西浩特忙遗址、浩特忙东北遗址三部分构成,这些遗址靠近长岭县,蚌壳、兽骨等"历历在目",石矛、小长石片等俯拾可得。其中腰浩特忙南坨遗址出土的一枚石镞,扁平状,凹底,呈三角形,不但"通体精琢",而且器型做了特殊处理,不但在"两侧边压剥出锯齿纹",而且"尾部有双翼"②。与其他形制的箭镞相比,这件特殊的箭镞应该是技术改良后的一件"利器",想必在当时的狩猎活动中名噪一时。其他遗址的发掘物也十分丰富,兹不详述。通过上述考古材料,我们大致可以得出这样的认识:

首先,松原地区出土的新石器时期文物中,有大量用于捕猎的石簇、箭镞、

---

① 参见吉林省文物志编修委员会主编:《长岭县文物志》,1986 年内部资料,第 6—16 页。

② 参见吉林省文物志编委会编:《前郭尔罗斯蒙古族自治县文物志》,1983 年内部资料,第 14 页。

石矛,以及用于猎物肢解和食物分割的刮削器(参见表6-1)。这些工具的发明与使用,足以说明古松原人的石器制作工艺已达到一定水平。因此从某种程度上说,新石器时期晚期直至西周早期,古肃慎人陆续"进贡"的石砮、楛矢,才为舜以下的酋长诸王所钟爱,并赋予其政治文化的含义。

其次,这些人类遗址中,各类兽骨、蚌壳、鱼骨层积,而少见果实、谷物的残留,这至少可以说明,渔猎物是当时社会的主要产品,也是人们的主要食物来源。也就是说,先秦时期的松原文明是建立在渔猎活动的基础上的,属于以渔猎文化为标志和核心的早期文明。

再次,在生产和生活实践中,先秦时期的松原人已养成颇具特色的审美观念。这可以从出土陶器上较为多变的纹饰中得见一斑。[1] 此外,更引人注意的是鱼形环状饰及鸟形蚌器的出土。[2] 其中的鱼形玉饰品现藏于长岭县文管所,它同红山文化、良渚文化等遗址中出土的鱼形玉饰品一样,有器型夸张、纹饰简约的共同特点,反映了当时社会共同具有的朴素的审美观念。

总而言之,狩猎捕鱼是先秦时期松原人生产和生活的核心和重点,他们以获取草莽禽兽、江河鱼鳖为食,栉风沐雨,看晨露夕阳,与万物共代谢。这一时期的松原人的生活单一而纯粹,与大自然和谐相处,在渔猎活动中塑造了自己,同时也创造了原生态的文化。松原渔猎文化在几千年的漫长历程中逐渐形成(参见表6-1)。

表6-1　松原地区部分新石器时代渔猎器具[3]

名称	器形及数量	出土地点	收藏单位
边刃刮削器	长2—2.5厘米,2件	孤店乡腰浩特芒哈遗址	前郭县文化局
三棱箭镞	长1.4厘米	孤店乡腰浩特芒哈遗址	前郭县文化局

[1]　参见吉林省文物志编修委员会主编:《长岭县文物志》,1986年内部资料,第6—11页。

[2]　参见吉林省文物志编修委员会主编:《长岭县文物志》,1986年内部资料,第15页。图片分别参见《长岭县文物志》附录图版三和第16页"图4-6"。

[3]　参见呼和少布主编:《前郭尔罗斯蒙古族自治县志(1986—2000)》,吉林文史出版社2006年版,第850—851页;吉林省文物志编修委员会主编:《长岭县文物志》,1986年内部资料,第11页;吉林省文物志编修委员会主编:《乾安县文物志》,1985年内部资料,第108页。

续表

名称	器形及数量	出土地点	收藏单位
小长石片	长 1.2—1.5 厘米,3 件	孤店乡腰浩特芒哈遗址	前郭县文化局
石矛	残。残长 2 厘米	孤店乡腰浩特芒哈遗址	前郭县文化局
石簇	三角形,凹底。长 1.8 厘米	孤店乡腰浩特芒哈遗址	前郭县文化局
石斧	磨制,平面呈长梯形,刃钝。长 11 厘米、宽 5 厘米、厚 2 厘米	孤店乡腰浩特芒哈遗址	前郭县文化局
石斧	长 13 厘米、宽 7 厘米、厚 5.4 厘米	孤店乡腰浩特芒哈遗址	前郭县文化局
石簇	13 件,完整 5 件。2 件为磨制,加工精细,尾微残。其他为压制。器形基本为平底长身柳叶形,少数有肩	腰井子遗址	长岭县文管所
石网坠	见《长岭、前郭部分新石器时代器物》表	腰井子遗址	长岭县文管所
陶网坠	残断,残长 4.2 厘米,最大直径 1.3 厘米	腰井子遗址	长岭县文管所
石簇	燧石质,压制,平面呈三角形,尖部锐利,中部起单脊,底部微凹,长 2.6 厘米,尾宽 1.7 厘米	西玉字井西岗遗址	乾安县文管所

新石器时代石网坠、石斧（长岭县出土）

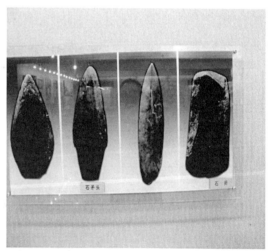

新石器时代石箭镞、石斧（前郭县出土）

图 6-1 长岭、前郭部分新石器时代器物

二、汉唐时期

汉唐时期,先后有如肃慎、秽貊、东胡等族系之夫余、挹娄、勿吉、靺鞨、鲜卑等族在松原地区留下生活足迹,并长期处于夫余国、渤海国的统治之下。区域政权和设治管理的出现,对松原的历史文化发展产生了重要影响。

汉唐时期的松原,基本处于青铜时期。我们知道,松原历史文化虽然在先秦即石器时期驻足较久,但是随着时间的向前推移,松原人生产力水平的逐渐提高,特别是一种具有标志性的器物——青铜器的出现,松原地区自先秦以后终于进入一个不同寻常的时代——青铜时期。

汉唐时代的松原,因为拥有青铜时期的文明而魅力非凡,故而直到辽金之际,仍为世人所眷恋。正是在这数百年间,松原渔猎文化实现了自己的持续发展。

然而,我们需要强调指出的是,就像世界许多文明一样,青铜器并非确定"青铜时代"的唯一标志物,甚至不是重要的标志物,这在松原地区表现得相当明显。这是因为,就松原地区的"青铜时期"而言,比起发现的具有普遍意义上的"青铜时期"特征的陶器来说,出土的青铜器并不多。而且,松原没有经历一个介于新石器时期和青铜时期的过渡期——或称"红铜时期"①,更没有发现青铜冶炼的文化遗址。因此,我们可以这样认为,松原的青铜器基本是从其他地区引入的,属于"舶来品"。概言之,"青铜器"只是"松原青铜时期"的一个响亮称谓,"陶制品"才是这个时期的具体内容。明白了这个道理,我们才能理解松原市各区县对"青铜时期"文物的考古发掘中,陶器多而铜器寥寥的根本原因。

汉唐时期,松原人口的数量有了显著增加,发现的人类文化遗址数量有数十处之多,据不完全统计,前郭县境内 4 处,扶余县境内 11 处,乾安县境内有16 处,长岭县境内 46 处,总计 77 处,是先秦时期文化遗址数量的近两倍。而且在分布范围上,除前郭地区维持现状外,乾安、长岭两地都有明显增长,而最引人注目的是"人迹罕至"的扶余地区,也发现 11 处人类聚落。青铜时代扶

---

① 红铜时期,是指介于新石器时期和青铜时期之间的过渡时期,以红铜的使用为标志。有铜石并用时期、金石并用时期的别称。我国部分地区经历了红铜时期,而有些地区,则从石器时期直接过渡到青铜时期。

余地区人类文化遗址的"突然"出现,同夫余国的建立不无关系。

汉唐时期,松原地区的渔猎文化发展状况如何? 我们知道,在前郭县、长岭县的青铜时期文化遗址中,除发现有少量青铜制箭头和饰品外,仍有一定数量的石质、骨质渔猎工具的存在,而且这些遗址中仍有大量兽骨、鱼骨及蚌壳残骸。

譬如位于长岭县龙凤乡十五号村的西十五号屯北坨子遗址,其中青铜时期的"陶片较多,多数为细泥质,少量为细砂质",发现的大量细石器,"一般形体较大",有石矛头,石斧,石簇,还有圆头刮削器以及长条刮削器等,这些器具大多系"压剥而成",有的虽然"经琢制加工",但仍较粗糙。西十五号屯北坨子遗址出土的大量遗物中,除陶片和细石器以外,"还有蚌壳、兽骨、鱼骨"等。① 长岭县的顺山堡南岗遗址,也发现了"大量的鱼骨、禽骨、小兽骨、蚌壳粉"等,裸露在沙坑中。② 另外,这一时期,依然有相当数量的夹蚌壳粉陶器散布在多个遗址,如乾安县大师西北岗遗址、乾安县大师字井西北遗址、扶余县老方家地遗址、扶余县长岗子遗址等。夹蚌壳粉陶制品出土文物并非松原一地所独有,但这却是地近江河、盛产鱼蚌的人类聚居区的一个主要标志。因此,这类陶制品在松原地区的广泛分布,也是其渔猎文化发达的标志之一。

乾安县、扶余县、前郭县的情形同长岭县大致相同。而且,直到辽朝建立,其中的部分文化遗址仍有人类居住。③ 这说明,至少在契丹国建立前,松原地区的农业生产有所发展④,但渔猎活动仍在当地居民的生产和生活中占有相当比重。

汉唐时期,松原渔猎文化的审美观念依然保持着自然纯朴的地域特色。

---

① 参见吉林省文物志编修委员会主编:《长岭县文物志》,1986 年内部资料,第 53、54 页。其他如前郭县青山头遗址、长岭县西八十一号屯南岗遗址、乾安县操字井南岗遗址等,也是石刀、石簇、刮削器等渔猎工具被大量发现的地点。可参见相关《文物志》。

② 参见吉林省文物志编修委员会主编:《长岭县文物志》,1986 年内部资料,第 79 页。

③ 如敬老院东南岗遗址、潘菜园子屯内遗址等,都有缸胎器物残块、白釉铁花瓷片被发现,而它们显然是辽金的文化遗存。参见《长岭县文物志》,1986 年内部资料,第 58、59 页等。

④ 在新石器时期及商周时期的黄河、长江流域遗址中,蚌镰就有发现。它的出现及数量,是当地农业的出现和发展规模的标志。长岭县的青铜器时期的"后八十八号屯北岗遗址"中发现了一具蚌镰,或有人以为"当时已有了较发达的农业"(参见《长岭县文物志》,第 79 页),该结论值得商榷。我们认为,青铜时期的松原农业还没有进入"较发达的阶段",即便是,也需要更多的证据。

长岭县敬老院东南岗遗址出土了一件饰品,骨质,橄榄形扁片,长2.1厘米,宽1.1厘米,厚0.15厘米,一侧微鼓,一侧微凹,一端有直径0.2厘米的小圆孔。这件骨器,就地取材,形制古朴,做工精细,较之前一时期的粗犷夸张,风格为之一变。这一审美上的趋于精致,是随着社会的进一步发展,松原人的内心世界也变得更加细腻而易于感动的真实写照。

在先秦和汉唐时代,松原地区的渔猎文化基本处于萌生和形成阶段。由于人口规模小,对物资来源没有太大的需求,工艺水平较低,只能以较为原始的石器、骨器和部分青铜器为生产工具,进行频繁的渔猎活动和有限的农业生产。在这较为漫长的几千年中,由于生产力水平不高,充分利用当地较为丰富的渔猎资源,自然成为该时期松原人之首选。这不难理解。总而言之,在辽朝以前的几千年历史长河中,狩猎捕鱼是松原人的主要生产活动,渔猎产品是他们的重要食物来源,渔猎文化是他们的基本特色。

第二节　渔猎文化的发展

辽金时期,松原地区开始较普遍地使用铁器。生产工具的革新①,极大地提高了劳动效率,最明显的表现是推动了农业生产的长足发展,捕鱼狩猎自此不再居于松原经济及社会生活中的核心地位。但是,由于辽帝经常在查干湖及其周边地区举办春捺钵仪式,并成为国之盛典,松原渔猎文化因此而空前繁盛,名垂史册。

金朝建立不久,开始将燕京、中土作为经营的重点区域,松原地区兴盛的渔猎活动逐渐被淡忘,那种鹿鸣嗷嗷、鸣镝遍野、伐冰铿铿、鹰飞鱼跃的景象,终于伴随着辽之败亡而泯灭。元明两朝以至清初,松原地区主要是蒙古族的势力范围,游牧民族习俗的介入,使得松原渔猎文化的发展出现重原野畋猎而轻水泽鱼鳖的态势。

---

① 前郭县前郭镇郊乡卡拉房子屯,发现辽金时期犁铧铜范一具。铜范的出现,是农业发展进入较高阶段的必要条件和标志。辽金以后,在松原地区多有铁犁铧等农用器具出土,并不鲜见。譬如前郭县东三家子乡三家子屯就出土了一具金代铁铧,现藏于前郭县文化局。

一、辽金分野

辽金时期,松原地区成为契丹、女真等族较为活跃的区域。特别是前郭县发现的古遗址、古城址、墓葬有 80 余处①,与先秦、汉唐时期相比,可谓空前繁荣。扶余有古遗址 42 处(包括与石器时期、明清时期等共生的遗址)、古城址 16 处,古墓葬 4 处,总计 62 处。② 乾安县有各类遗址 40 余处。③ 据《长岭县志》中言,该县"发现辽金时期遗址 198 处",另有古城址、古墓葬多处,④甲于它县(参见图 6-2)。

图 6-2 定窑赭釉鱼藻纹瓷匜(金)⑤

① 参见《前郭尔罗斯蒙古族自治县志(1986—2000)》之"表 29-3 古遗址一览表"、"表 29-4 古城址一览表"、"29-5 古墓葬一览表",吉林文史出版社 2006 年版,第 856—861 页。另参见《前郭尔罗斯蒙古族自治县文物志》,第八章《图表》之"1.前郭尔罗斯蒙古族自治县文物遗迹一览表",1983 年内部资料,第 154—165 页。

② 参见耿云生主编:《扶余县志》,之"扶余县古遗址一览表","扶余县古城址一览表","扶余县古墓葬一览表",吉林人民出版社 1993 年版,第 686—689 页。

③ 参见徐万江主编:《乾安县志》,吉林人民出版社 1999 年版,第 643 页。

④ 参见长岭县史志编纂委员会编:《长岭县志》,中华书局 1993 年版,第 605—607 页。

⑤ 1975 年于吉林省前郭县塔虎城出土,现由吉林省博物馆收藏。

辽金时期,松原除了名声显赫的塔虎城等重要城郭遗址外①,仍有许多文化遗址留有明显的渔猎文化印迹。

例如前郭县半拉山遗址。该遗址位于穆家乡莫古气村七家子屯北约2.5公里处。东、西、北三面被新甸泡环抱,南面是一片高地,西北侧有一南北大堤,将新甸泡一分为二,大堤南端有大小两个坨子,据当地群众讲,当初此处本有半个土山,故而有"半拉山"之谓。据当地《文物志》记载:大堤两侧无水处及土坨子地表,均散布许多砖瓦残件、铜钱,以及大量兽骨、鱼骨和陶瓷碎片等。尤其是"小坨子东坡鱼骨、鱼刺堆积明显"②。半拉山遗址,东西约250米,南北约750米,面积较大,是辽代一处人口密集的生活区。大量鱼骨、兽骨的堆积,说明当时人们的渔猎产品消耗量较大,渔猎活动及渔猎文化是这一地区社会经济生活中的重要内容。值得注意的是,半拉山遗址西南距查干湖只有5公里左右,是辽帝"春捺钵"活动的区域之一。

位于前郭县平凤乡大岗子村大榆树屯东的大榆树遗址,东距第二松花江约1.5公里,文化层堆积丰富,除了陶瓷残片、红烧土块、兽骨断瓦等物"俯拾皆是"之外,最值得注意的是该遗址"网坠较多"。据初步整理,这些网坠大致分三类:一类为扁方形,中间系腰,长5厘米,宽4.4厘米,厚1.8厘米;二类为方形,两端系扎,长3厘米,宽1.6厘米,厚0.8厘米;三类为圆柱形,两端有掐腰,分大小两种,大的长5厘米、直径2.6厘米,小的长2.7厘米、直径1.2厘米。以上三种网坠均"质地坚硬,火候较高"③。大榆树遗址东西宽约750米,南北长约1000米,是松原地区一处面积很大的生活区。据遗迹遗物推断,辽金两代一直有人在这一地区生活。近江得鱼、近水得利,地理位置得天独厚,既带动了捕鱼器具制作工艺的进步,也推动了松原地区渔猎文化的繁荣。

扶余地区辽金时期的文化遗址中多有兽骨、陶网坠的发现(如位于伯都公社新安大队的新安遗址,位于五家站镇西北青年水库西南角的青年水库遗

---

① 据记载,1975年在塔虎城遗址打井时,吉林省博物馆人员来此调查,发现塔虎城文化层最深可达5米,遗物较为丰富,其中"夹杂有许多鱼骨和兽骨残块"。参见《前郭尔罗斯蒙古族自治县文物志》,第49页。

② 吉林省文物志编委会编:《前郭尔罗斯蒙古族自治县文物志》,1983年内部资料,第30页。

③ 吉林省文物志编委会编:《前郭尔罗斯蒙古族自治县文物志》,1983年内部资料,第31—33页。

址,位于增盛公社沿江大队的两家子遗址等),其中富康遗址和兴隆沟遗址的文化层堆积都较厚。

富康遗址,位于社里公社西北 4 公里处的富康村北台地边缘,遗址面积较大,南北长 2000 米,东西宽 100 米,呈条状分布,它与第二松花江之间有低平的河滩,河滩上水草茂盛,泡塘众多。遗址南部有一面积约 400 平方米的灰层,堆积较厚,质地松软,当地人称之为"沙包地"。灰层内有大量的兽骨和鱼骨,其中鱼骨比重较大,反映了当地人长期依赖江河之利以维持生计的实际状况。或以为根据该处陶器形制和纹饰,这一部分"可上溯到距今约两千多年前的战国、秦、汉时期"①。可上溯到先秦两汉时期,不足为怪。渔猎生活是松原居民因地制宜的选择,而地近第二松花江、坐拥水产资源丰富之便利的富康民众,有几百年渔猎的历史也是情理之中的事。再如兴隆沟遗址,它位于社里公社新山大队西南,其南北走向的台地与第二松花江几乎平行,台地和松江之间,有一片沃土,适宜人类居住。遗址范围不大,南北长 60 米,东西宽 50 米,散布各种陶瓷残片。遗址中有一土沟,其断面可见灰坑。灰坑距地表 1 米深,宽 2 米,高 1 米,内含大量灰烬、灰陶片、瓷片和鱼骨等。这些遗物表明,辽金时期这里的居民擅长渔猎。②

在乾安地区的双山子遗址(位于暑字乡吕字井屯西南 1.7 公里处的沙岗上,当地人称此岗为"双山子",故得名)暴露在地表的遗物中发现了蚌壳、兽骨,其他数十处遗址勘查报告中都不见有相关内容的记载。③ 同先秦、汉唐相比,情形大不一样,缘何? 我们注意到,当地一些辽金时期的墓葬中,发现陶瓷类器皿中常装有"红褐色粟类食物"(如位于乾安县余字乡成字村成字井屯西南部的成字井墓群,位于乾安县余字乡列字村宙字井屯西北处的宙字井西北岗墓群等),以及随葬的马鞍、马镫、羊头、马头甚至马骨等。由此可以推测,辽金时期,畜牧兼农耕已经是乾安地区社会生产和生活的重点,已同前代,特别是与同一时期的扶余、前郭等地有了显著区别。长岭县的情况同乾安县大

---

① 《扶余县文物志》编写小组:《扶余县文物志》,1984 年内部资料,第 16—17 页。
② 参见《扶余县文物志》编写小组:《扶余县文物志》,1984 年内部资料,第 17 页。
③ 参见吉林省文物志编修委员会主编:《乾安县文物志》之"四、辽金时期遗址",1985 年内部资料,第 49—73 页。

致相同。①

由上述遗址调查资料可见，渔猎文化发展到辽金时期，在前郭、扶余和长岭、乾安之间出现了或渔或猎、各有侧重的局面。这种局面的出现，同自然环境的变迁有着密切的关系。我们知道，现在的长岭、乾安和松原其他许多地区，河流或出现季节性断流，湖泡多不易于鱼藻生长。草莽间多藏匿着飞禽走兽，故而遗址间散布的兽骨残骸多于鱼骨，甚而干脆不见有食用水产的迹象；而在靠近江河湖泊的文化遗址，因鱼蚌易得，出土的鱼骨自然多见。

二、"春捺钵"盛典

辽金之际，最能代表松原渔猎文化特色及发展水平的，当数辽帝"春捺钵"活动。"捺钵"是契丹语中行在、行营、行宫的意思。四季"捺钵"几乎贯穿辽朝始终，已成为辽代政治制度中的一项重要内容，辽帝"捺钵"的地点依季节变化而变化。

长期以来，学术界曾对春捺钵地区"大水泊"、"鸭子河"、"长春州"等记载的具体地址有过争论，由于文献不足证，见仁见智，一时没有结论。直到近年来，吉林省考古工作者先后在查干湖西岸的乾安县境内，发现4处大型辽代遗址群，几代学者心中的块垒方解。国内学者一致认定，乾安县辽代遗址，正是辽帝春捺钵的行宫之所在。②

松原是辽帝春捺钵的重要场所。《辽史》卷32《营卫志》"行营条"中这样写道："春捺钵，曰鸭子河泺。皇帝正月上旬起牙帐，约六十日方至。（时）天鹅未至，乃卓（立）帐冰上，凿冰取鱼。冰泮，乃纵鹰鹘捕鹅雁。晨出暮归，从事弋猎。"《营卫志》中的"鸭子河泺"就是今松花江、查干湖、嫩江下游一带，多在今松原市境内。

---

① 在长岭县一些标明是"辽金"时期的遗址中，如前八十八号屯南遗址、东五十九号屯东南岗遗址等，虽然有"大量蚌壳"、"粗砂夹蚌粉"陶片、碎骨等遗物发现，但从出土的细石器和陶器的制作工艺来看，应该多是契丹早期遗址。而其他可以确定是辽金时期的遗址中，代表渔猎文化信息的符号并不多。

② 2011年9月25日，首届"辽帝春捺钵学术研讨会"暨"松原辽帝春捺钵与松花江渔猎文化研究会"成立大会在松原市召开，对学界产生积极影响。

辽代帝王将春捺钵所在地主要选在松原市查干湖周边地区①,有着诸如契丹人倾心渔猎②便于处理同边民之间关系③等多重原因,但是最为重要的一个原因,是松原地区渔猎资源丰富,特别是"头鱼"、"头雁"系一方特产,非别处可比。

所谓"头鱼",宋人程大昌在《演繁露》中写道:辽主于凿透眼中,用绳钩掷鱼,无不中者,既中,纵绳令去。久之,鱼倦,便将其曳出冰眼,"谓之得头鱼,头鱼既得,遂相与出冰帐,于别帐作乐上寿"④。清人方以智《通雅》⑤中对其做了进一步诠释,所捕头鱼,多为牛鱼,而"牛鱼,北方之鲔类也,契丹主达鲁河钩牛鱼,以其得否为岁占"⑥。牛鱼,是松花江特产,晋人张华《博物志》、明人李时珍《本草纲目》和顾乾《东海志》、民国初年魏声和《吉林地理纪要》等文献中均有记载。牛鱼属鲟科大型鱼类,最大的体长达5米,重有1000公斤。今仍可见。

春捺钵"凿冰捕鱼"的方法,《辽史·营卫志》及《国语解》、宋绶《行程录》、程大昌《演繁露》等均有记述,以程氏所言最详明。"达鲁河钩牛鱼,辽中盛礼。意慕中国赏花钓鱼,然非钓也,钩也。达鲁河东与海接,岁正月方冻,至四月而泮,其钩是鱼也,辽主(辽道宗)与其母皆设次冰上。先使人于河上下下十里间,以毛网截鱼,令不得散逸。又从而驱之,使集辽帐。其床前预开冰

---

① 据李旭光统计,辽代218年中,自太祖以下的9位帝王,共行春捺钵153次。其中发生在松原地区查干湖畔的春纳钵活动,累加起来持续了将近100年。其中,明确表明春捺钵所在地查干湖(古称"鱼儿泺")的记载,共有28次。参见李旭光:《查干湖畔的辽帝春捺钵》之"辽代帝王春捺钵表",吉林人民出版社2011年版,第15—19页。

② 曾出使辽朝的宋绶,将亲身见闻记在所著《行程录》中,其言:"(契丹)俗喜罩鱼。设毡于河冰之上,密掩其门。凿冰为穴,举火照之。鱼来凑,朗垂'钓竿',罕有失者。"参见《宋会要》第162册,"番夷录"之"契丹"条。

③ 《辽史》"本纪""游幸表"中有20余处辽帝在松原春捺钵期间会见高丽、五国部、女真部使节头人的记录。非但如此,冬春之际,有要事相商的宋、西夏使臣,也要不远数千里奔赴松原。《辽史》中也不乏这样的文字。李旭光先生对此有统计,可参见《辽帝春捺钵在松原地的主要活动内容》,载《查干湖畔的辽帝春捺钵》,吉林人民出版社2011年版,第79—102页。

④ (宋)程大昌:《演繁露》卷3,"契丹于达鲁河钓鱼"条,四库全书本,子部十·杂家类二,第852册,第91页。亦可见(清)厉鹗:《辽史拾遗》卷23所记。

⑤ 方以智(1611—1671年),明末清初著名学者,《通雅》一书,52卷,卷首3卷,始作于崇祯十年(1637年),初稿成于崇祯十二年,至康熙五年(1666年)刊行。

⑥ 方以智:《通雅》卷47"鱼",中国书店1990年据康熙浮山此藏轩刻本影印本,第574页。

穴四,名为冰眼。中眼透水,旁三眼环之,不透,第凿减令薄而已。薄者,所以候鱼,而透者,将以施钩也。鱼虽水中之物,若久闭于冰,遇可出水之处,亦必伸首吐气。放透水一眼,必可以致鱼。而薄不透水者,将以伺视也。鱼之将至,伺者以告辽主,即于已透眼中,用绳钩掷之,无不中者。既中遂纵绳令去。久(之),鱼倦,即曳绳出之"①。辽帝捕"头鱼"的方法,简单而有效,基本为后人所沿用。而"河上下下十里间"凿冰设网的捕捞规模,即便在现代,也颇令人瞩目。故而见惯了中土世间繁华的宋人,也难免慨叹"盛礼"之宏大。

至于"头雁",《辽史》载,待到河湖"冰泮,乃纵鹰鹘捕鹅雁。晨出暮归,从事弋猎。鸭子河泺……四面皆沙埚,多榆柳杏林。皇帝每至,侍御皆服墨绿色衣,各备连锤一柄,鹰食一器,刺鹅锥一枚,于泺周围相去各五七步排立。皇帝冠巾,衣时服,系玉束带,于上风望之。有鹅之处举旗,探骑驰报,远泊鸣鼓。鹅惊腾起,左右围骑皆举帜麾之。五坊擎进海东青鹘,拜授皇帝放之。鹘擒鹅坠,势力不加,排立近者,举锥刺鹅,取脑以饲鹘。救鹘人例赏银绢。皇帝得头鹅,荐庙,群臣各献酒果,举乐。更相酬酢,致贺语,皆插鹅毛于首以为乐。赐从人酒,遍散其毛"②。这段文字,将春捺钵捕猎鹅雁的仪式、方法做了详细描述,800 年前那种千人弋猎、鸢飞戾天的盛况,仿佛就在眼前。

中国历史上,骄奢淫逸、沉迷于畋猎的帝王,或将围场秋狝与羁縻藩属等相结合的活动,均于典籍多见。但是,有如辽代君王这般,生于斯,死于斯,对松原渔猎情有独钟者,可谓前无古人后无来者。《辽史·营卫志》、《辽史·地理志》、沈括《梦溪笔谈》、洪浩《松漠纪闻》、徐梦梓《三朝北盟汇编》、李焘《续资治通鉴长编》等均有记叙,现当代学者也有人专门著书立说,详加探讨,可供参考。③

上有所好,下必甚之。国家提倡,意义非凡。辽代春捺钵选址松原,这对当地渔猎文化的发展产生了重要影响。松原地区渔猎资源的丰富,辽朝显贵

① (宋)程大昌:《演繁露》卷 3,"契丹于达鲁河钓鱼"条,四库全书本,子部十·杂家类二,第 852 册,第 90—91 页。

② 《辽史》卷 32《志二》"营卫志中","行营"。

③ 较早探讨辽帝春捺钵问题的是我国著名学者姚从吾、傅乐焕等先生。他们的论著,在包括松原渔猎文化等一系列问题中,均有开风气之先的意义。近年来,松原学者李旭光著《查干湖畔的辽帝春捺钵》(吉林人民出版社 2011 年版),在目前有关辽帝春捺钵问题研究中是颇为深入全面的。

的眷顾,共同缔造了"春捺钵"活动中渔猎文化的繁荣。

在此期间,松原地区较为完整地传承了前代渔猎文化的特色。譬如已为我们所熟悉的双鱼纹铜镜,在前郭县的塔虎城、大喇嘛坨子古城、小城子古城等地都有发现。其中如新立乡韩家店屯出土的一面铜镜,现藏于前郭县文化局。该镜直径为10.5厘米,边缘厚0.3厘米,圆形。背面为双鲤鱼翻转游戏于水波之中,周边则饰以荷叶莲花缠枝纹。整件器物做工稍显粗糙,但展现的文化信息则颇为丰富。

另外非常值得一提的是,塔虎城出土的一件定窑酱釉鱼藻匜。这件盥洗器,器身呈直壁圆钵形,胎较薄,一侧口边有平槽短流,矮圈足。高6.3厘米,口径17厘米,底径6.6厘米,流长4厘米。内底阴刻一尾漫游的鲤鱼,鱼鳍、鳞俱全。鱼侧上方配有水藻,下边是起伏的水波纹。这件瓷器造型美观,制作精细,施釉独特,它通过精细刻画的水波鱼藻的形象,为我们展示了那一时期松原人的审美和追求,同时也是北方定窑瓷器中少见的佳品。

三、元明沉寂

元明之际,松原渔猎文化的发展水平整体下降,从这一时期的文化遗址和考古发掘中,我们已经不太容易找到渔猎文化的符号,先秦、汉唐特别是辽金之际的繁华景象不再。

蒙古族兴兵之初,志在沙场争锋,不止对松原渔猎生活和文化传统,乃至对整个被征服地区的传统和文明均不甚介怀。蒙古铁骑在欧亚大陆纵横驰骋,兵锋所过之处,城郭残缺,村舍荒芜,诸多繁华都随硝烟退去。得人心者得天下,得"正统"者得人心。何谓"正统"?商汤之裔,孔孟之道,华夷之辨。蒙古族统治者在巩固国家政权的过程中,日渐认识到这一点。为此,在汉族儒士的建议和辅佐下,几代帝王都致力于调整治国方略,渐而开始重视农耕,倡导文教。于是,再次实现天下一统的中国,在战乱的废墟上重建,生产力慢慢复苏,中国历史在融入了蒙古族及其文化的新鲜血液后,继续前行。在此过程中,同广大中原地区不同的是,金元政权鼎革之后,曾遭受前所未有之困厄的松原,并未实现其生产生活和历史文化的恢复发展,渔猎文化尤甚!

朱元璋领导的农民起义军,虽然打败元顺帝、建立了大明王朝,但是有明一代,从未能有效控制过包括松原在内的许多北方地区。正如前面章节中详加叙述的那样,松原地区不在朱明王朝的实际控制之下,而相继被纳入蒙古兀良哈三卫、科尔沁蒙古的势力范围内。在这 270 余年间,蒙古人势力如日中天,契丹人、女真人丁壮继续凋零,中原汉族由于各种各样的原因鲜有迁入。就这样,因为元朝建立而加诸松原渔猎文化的影响,并未因为明兴元亡而有所改观。在元明时期,松原一直处于蒙古族各部势力此消彼长的干预之下,感受着蒙古人风俗习惯所带来的深刻影响。

松原地区的前郭、乾安、长岭等地,荒甸草场广阔,野生动物资源丰富,是蒙古人的天然猎场。蒙古族善骑射,尚勇武,喜狩猎,这在蒙古诸部统一前就有文字记载。蒙语中将"狩猎"称为"阿布"或"阿布拉胡",一些部族就以捕获物命名,如宝勒合真部,就是"捕貂者"之意;客勒木真部,即"捕青鼠者"之意。成吉思汗统一蒙古各部后,蒙古人依然保留着狩猎的传统,个别地区还将其作为畜牧经济的重要补充。①

蒙古族的狩猎,因规模和季节的不同而有许多区分和称谓。如春末夏初,一个或几个部落(旗)合作围猎黄羊,蒙古语称之为"海达嘎阿布"。常见的狩猎工具是弓箭、布鲁(蒙古语"投掷"的意思,即打兔棒子),以及后来出现的各种枪械,并多辅以骏马、猎犬。初冬是围猎的最好季节之一,在这样一种多人参与的狩猎活动中,能否精诚团结、密切配合是战果丰富与否的关键。蒙古族人将猎物视为天赐,以为当人人有份,捕猎有度,不巧取豪夺,反映了他们朴素的生存哲学。

但是,在蒙古族统治期间,就整体而言,松原的渔猎文化较之前代已有较大的退化。其主要症结在于渔猎经济的相对脆弱性。渔猎文化是以渔猎经济为基础的,根基不稳,求全诚难,一旦破坏,不易恢复。

我们知道,先秦以来的松原,其渔猎资源都是自然繁衍的,受自然环境的影响较明显,它的多寡一直制约着人口规模的大小和渔猎经济发展水平的高低。松原地区丰年则饱,荒年则饥,渔猎文化受经济基础波动的影响很大,从某种意义上说,它是敏感而脆弱的。战乱中,松原地区的契丹、女真等族民众

---

① 狩猎对于牧养大批牲畜的蒙古人来说,还有一个非常重要的意义,就是防止草原狼群的袭扰。据松原老人回忆,伪满洲国建立前的蒙地,野狼成群。因此松原牧民的狩猎活动中,狼是重要捕猎对象之一。参见苏博:《历史上蒙族》之《蒙地的狼》,载《郭尔罗斯文史》(第 4 辑),1986 年内部资料,第 40—42 页。

非死即亡。幸存者,要么随军出征,要么被强行迁徙。熟悉并掌握渔猎生产技艺、适应并热爱渔猎文化的"土著"所剩无几,缺少实践者加之渔猎经济遭到严重破坏,松原的渔猎文化注定难有发展。

而且,在历史长河的磨砺中,松原地区新的统治者养成风格迥异的文化传统,对牧野弓刀、林间畋猎独爱,而对泛舟江河、饮食湖泊之事则不甚了了。总之,元明时期松原渔猎文化的不景气,是经济基础和上层建筑、历史传统和社会现实等一系列因素共同作用的结果。

辽金元明时期,松原渔猎文化在原有的基础上继续发展,主要表现在渔猎活动的规模扩大,渔猎生活的区域特征凸显,捕捞工具的技术含量提高等几个方面。特别是在辽代,数位君王将松原地区作为春捺钵的首选之地,这使得该地区因为有国家经营而出现前所未有的发展局面,故而留下大量文物遗迹,松原也因此而名垂史册。蒙古铁骑推翻金朝统治后,松原渔猎文化遭遇了诸多无奈,不得不走向沉寂;明朝建立后,局势仍未见改观。渔猎文化千百年间之传承,主要由于元明两朝统治者的摧残和不善经营而逐渐颓废,留给我们的,只有大批辽金遗址中那些繁复甚至是杂乱的历史文化碎片。

第三节　渔猎文化的新格局

17世纪中期到20世纪中期的300年,是中国历史上风云变幻的时期,也是松原渔猎文化面临新形势、出现新格局的阶段。在这不算漫长的历史时期里,随着清王朝的统一,民国政府的接管,伪满洲国的建立,东北各地的解放,松原渔猎文化在政权更迭和时代变迁中发生了一系列转变,进而完成了由古代向近代的过渡。新中国成立后,饱经风霜的松原渔猎文化在涅槃中又获新生。

一、清代史话

松原渔猎文化的内涵是丰富的,有关这一地区的许多民间故事,就为我们证实了这一点。有人还将查干湖"头鱼"与顺治帝的即位联系起来,据说是皇太极死后,朝中诸皇子为争夺皇位用尽心思。孝庄皇太后为让儿子福临顺利即位,遵从雍和宫喇嘛的指点,命人从京城来到查干湖凿冰捕鱼,并亲手将获得的头鱼烹煮给福临吃。吃了查干湖头鱼的福临,如获神助,在激烈的皇位角逐中胜出,顺利即位。

故事中一个关键人物——孝庄皇太后,出身科尔沁部,系博尔济吉特氏,名布木布泰,崇德元年(1636年)得封庄妃,崇德八年(1643年)福临即位后,才由庄妃晋升为皇太后,此后累加尊号如"昭圣慈寿皇太后"等。她是一位在清初政坛上举足轻重的杰出女性。

我们知道,自清太祖努尔哈赤统一女真各部、建立后金政权开始,满洲贵族上层就极为重视同北方蒙古族,特别是同据拥松原大部分地区的科尔沁蒙古族建立密切联系。满蒙联姻就是在这样的政治和时代背景下逐渐建立和发展起来,进而成为清代一项重要的政治制度。满蒙联姻极大地促进了满蒙民族关系发展,对多民族统一国家的建立和巩固,起到了不可估量的作用。福临即位同孝庄皇太后不无关系,而她最引人注目的是相继成功地辅佐了儿孙两代帝王——顺治帝、康熙帝,却没有发生祸乱宫闱、后党干政之事,实在难能可贵!

因为孝庄皇太后之名远播,松原民众将她的事迹同清初政治、查干湖头鱼关联起来,也是情理之中的事。清代满蒙联姻的成功,满蒙关系的密切,对松原渔猎文化的影响较为明显。我们可以从上述故事中看到这一点。

当然,稍懂清初史事的人都知道,这只是一个亦真亦假、有实有虚的故事罢了。

首先,蒙古诸部及清初诸帝,的确对藏传佛教颇为礼遇,而"雍和宫"本是雍亲王胤禛潜邸(又称潜龙邸,指以非太子身份继位的皇帝登基之前的住所),雍正三年(1725年)方改名"雍和宫",直到乾隆九年(1744年)才将其改为喇嘛庙。而这些,都同崇德八年(1643年)的查干湖头鱼、福临即位有太久的时空间隔。

其次,皇太极驾崩后,诸王确有觊觎皇位者,如当时皇子豪格和叔伯辈的多尔衮等诸王,都是强有力的竞争者。一时间,剑拔弩张,形势颇为险恶。后来为平衡诸王和八旗内部的利益,豪格和多尔衮等声明拥护皇太极幼子福临即位,这场政治风暴才云破天晴。

总之,福临即位同吃"头鱼"没有必然的关系,而它所隐喻的,则是布木布泰和科尔沁部姻亲关系在清初政治中的重要地位和影响。

此外,松原地区还流传着一个有关顺治年间宾图妃儿子蒙古忠亲王与"靴子庙"的故事,详见后文。这两个传说,一鱼,一猎,给松原渔猎文化增添了神秘的色彩,也使得这个有着数千年历史的文明更加丰腴婀娜。

二、"鳇鱼贡"

清朝统治者在蒙古族聚居区推行盟旗制度。东部内蒙古的广大地区,基本上是科尔沁蒙古故地。清朝统治者尊重历史,也清醒于现实,分封诸部,赐予爵号,赏赉有加。今天的松原地区,除扶余以外,基本上属于哲里木盟郭尔罗斯前旗游牧地。

清代蒙古诸王、驻防将军等,有定期进京朝见的规定,面圣之时,奉献方物,渐而成为惯例。科尔沁蒙古向清政府进奉貂皮马匹的记载,在《清实录》中并不少见。如顺治元年十二月戊子(1644 年 2 月 6 日),"科尔沁国绰兑进香,献貂皮、马匹。酌纳之"①。其中尤其值得注意的是,《清实录》顺治四年正月壬戌(1647 年 2 月 24 日)的一段记载:"赏科尔沁国贡鳇鱼使臣多多和、敦泰、图尔开等缎布有差。"②

"科尔沁国贡鳇鱼"是有清一代《实录》资料中不多见的文字。据史书记载,后金天命九年(明天启四年,1624 年),科尔沁部首领与努尔哈赤结盟,后金天命十一年(1626 年),努尔哈赤赐科尔沁部酋长奥巴以"土谢图汗"称号。1636 年,皇太极改国号称帝后,以科尔沁部为首的 4 部 10 旗,于哲里木山下会盟,形成哲里木盟。③ 为巩固同科尔沁蒙古的关系,清政府一直推行满蒙联姻政策,特别是太祖、太宗及世祖三朝,几位皇后(包括孝庄皇后)均出身科尔沁部。为尊崇该部,这几朝《实录》多称"科尔沁部"为"科尔沁国",有时也将"哲里木盟诸部"统称为"科尔沁国"。"科尔沁国"者,非国也,实为清政权之内藩,顺治以后,很少再以"国"称之。

"科尔沁国"进献的"鳇鱼"当取自郭尔罗斯前旗驻地,或者就是郭尔罗斯

---

① 《清世祖实录》卷 2,顺治元年十二月戊子条。
② 《清世祖实录》卷 30,顺治四年正月壬戌条。
③ 参见《满洲实录》、《清太祖高皇帝实录》、《东华录·天命朝》、《清史稿·太祖本纪》、《清史稿·藩部一》、《蒙古游牧记》等。

前旗以科尔沁蒙古的名义进献的"贡品",因为鳇鱼是松花江特产。此前、之后,是否还有"鳇鱼"进奉,史无明文,不得而知。顺治帝食"头鱼"即位的风传,似乎与"科尔沁国鳇鱼贡"之间有了某些关联。

述及清代贡品,当然要给予"打牲乌拉"以格外关注。

松花江丰富的水产资源和渔猎文化的悠久历史,早就引起了清朝统治者的关注。清太祖努尔哈赤收服乌拉部后,就曾于土城子(位于今吉林市)建有打渔楼。据《打牲乌拉志典全书》中所言,打渔楼,就是晾晒、贮藏渔网等捕捞工具的处所。专门构筑房舍以为捕捞江鱼之用,至少可以说明努尔哈赤在创业之初,就已对松花江及其附近水域的丰富资源给予了足够的重视。

顺治、康熙年间,在吉林设立、完善了专门负责皇室贡品的机构——"打牲乌拉总管衙门",并将其划归清内务府直接管理,"不与驻防衙门干预"①。打牲乌拉,又称布特哈乌拉。《吉林外记》中言:"布特哈,译言虞(渔)猎也;乌拉,江也。故有打牲乌拉之称。"该机构一直存在到宣统三年(1911年),历时242年。

据《打牲乌拉地方乡土志》记载,清政府为打牲乌拉总管衙门划出了"贡山"、"贡江","管界周围五百里严禁山河",可参见《打牲乌拉贡山、贡江全图》。贡山、贡江四至,可详见《打牲乌拉志典全书》卷三。贡山、贡江划定的区域相对明确,但打牲丁的活动范围却相当广泛,特别是捕鱼和东珠两项"皇差",松花江、嫩江、黑龙江流域的主要河段几乎都有涉足。于是,"越界打牲"之事时有发生,同吉林将军、郭尔罗斯前旗王公之间的摩擦也不鲜见。《贡江碑》就是在此背景下设立的。② 打牲乌拉所要进贡的物品种类和数量,都有详细规定,其中如鲟鳇鱼、各色杂鱼,许多都取自松原地区。《打牲乌拉志典全书》中明确记载的几处畜养区是位于扶余县陶赖昭附近的如意渚,和处于蒙

---

① 据打牲乌拉总管英喜所言,早在皇太极时期,就已在吉林省松花江流域划定区域,安排人力"专为采捕"。(《打牲乌拉志典全书·原序》,载《长白丛书》第二集,吉林文史出版社1986年版,第14页。)但"如何设立"情形,因为康熙三年(1664年)有关档案遭火灾,"焚烧不齐",难以稽查。一般以顺治十四年(1657年)作为始设之年。原址在大乌拉虞村(今永吉县乌拉街乡旧街村),康熙四十五年(1706年),因水患将打牲乌拉城迁到今乌拉镇街镇。

② 打牲乌拉总管衙门为捕捞鲟鳇鱼、垦荒等事,与蒙古多尔罗斯公经常发生争执。经协调,实现了"分定界址,永绝葛藤"、消除摩擦、彼此"乐从"的目的。参见(清)云生修:《打牲乌拉地方乡土志》"沿革·贡江碑",长白丛书本,第153—154页。

古扎萨克公辖区的长安渚、巴延渚。清朝皇帝将鳇鱼作为国家祭祀的必需品，应该同金朝"荐新"祭祀中曾用鳇鱼的传统有关联（参见图6-3和图6-4）。①

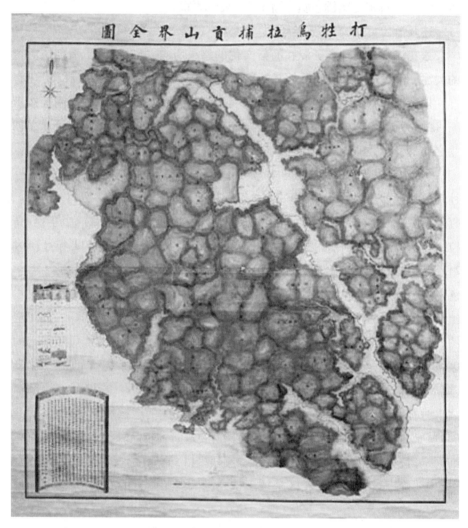

图6-3　打牲乌拉捕贡山界全图

今松原地区的锡伯族人，其先人就是清代专为皇家从事鳇鱼捕捞的人。

---

① 《金史》志第12《礼四》"荐新"载"天德二年，命有司议荐新礼，依典礼合用时物，令太常卿行礼。正月，鲔，明昌间用牛鱼，无则鲤代。……从之。……牛鱼状似鲔，鲔之类也。"

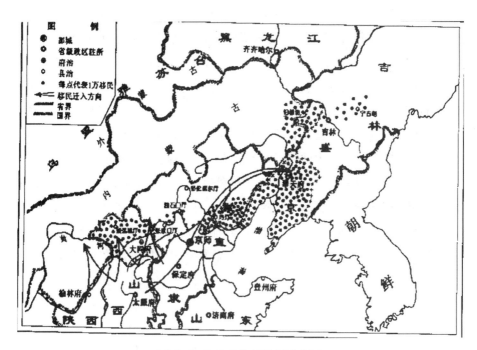

图6-4 打牲乌拉捕贡江界全图

注：图6-3和图6-4均藏于吉林省档案馆。

自乾隆时起，一些充当鳇鱼差的锡伯族人，就分住在今扶余县、前郭县的达户（原名达户利，即网达户的意思，今扶余县四马架乡达户村）、双屯子（今扶余县大洼乡民乐村）、锡伯屯（今前郭县锡伯屯）等处，主要有关、傅、杨、佟、苏5姓。据调查，如今扶余县的锡伯族，"也多是这五家"。① 这些打牲丁的管理者，被称为"务户里达"（总管）。据说有级别之分，譬如扶余双屯子苏姓"务户里达"就是其他几地捕鱼牲丁的总负责人。各地的"网房子"属于"务户里达"所有，人数从20—30人到5—6人不等。当地渔民曾言，捕鳇鱼是十分困难的，"只用网是捕不了的。如果在捕时不慎，碰了鼻子，不但网会撞碎，就是大船也给撞翻。所以必须先预备好笼子，戴笼头是个难事，不戴笼头是没办法捕

---

① 参见耿云生主编：《扶余县志》，第15章《人口结构》第4节"民族结构"，吉林人民出版社1993年版，第102页。关士杰：《伯都讷史话》，载松原市扶余区政协文史资料委员会编：《扶余文史资料》（第13辑，内部资料），1993年，第31页。

住活鳇鱼的"①。这和《打牲乌拉志典全书》中的记载不尽相同。或许这是捕捞成熟鲟鳇鱼的办法；或许是因为这样的原因，打牲丁将拦江网截获的鲟鳇鱼放到圈中饲养，这也是松原及其周边地区几处都有"鳇鱼圈"之名的原因。②

鲟鳇鱼体型较大，成熟期较晚，过度捕捞容易引起资源匮乏，这一问题早在乾隆时期就已初现端倪。乾隆四十二年十二月二十一日(1778年)，京城的官员发现乌拉进贡的鳇鱼只有四五尺左右，比往年的贡品小了不少，也比鱼市上卖的鳇鱼短小一半。为此，乾隆帝大为不满，特颁谕旨，将打牲乌拉总管索柱以下官员交由吉林将军福康安逐一惩处查办。③ 实际上，并非打牲丁办事不力，根本原因是鳇鱼资源不如往年丰富。

作为皇家贡品，松原地区的鳇鱼及其他鱼类的捕捞一直进行到清末。皇家特供的需要，专业机构的设置，这一切都为清代松原渔猎文化增添了新的内容。

三、渔猎管理

清以前，各级政府是否对松原地区居民的渔猎活动有所约束？史无明文，不得其详。但就乾隆二十六年(1761年)的一份上谕来看，至少是清初以来，无论是旗人、民人、驿站人夫还是蒙古扎萨克属民，"设网打鱼"之事基本处于放任自流状态。今将其引述如下："谕：据恒禄等奏称'松花江下游伯都讷所属地方、旗、民、驿站人夫、口外蒙古等，设网打鱼，率多争竞。请分定边界，计网征税，以杜讼端'等语。吉林、伯都讷等处，满洲、蒙古、民人，多藉渔猎为生。越界捕鱼，事所不免。著派贝子瑚图灵阿，驰驿前往。与恒禄、傅良及该盟长等，秉公查勘，分定地界。严禁越境捕鱼，以杜讼端，以资伊等生计"④。

---

① 边文元：《扶余风物八则》之"扶余进贡的物品"，载于扶余县委文史资料办编印：《扶余文史资料》(第3辑，内部资料)，1985年，第7页。王迅：《郭尔罗斯锡伯族》，载《郭尔罗斯文史》(内部资料)，1994年，第12页。

② 据郭尔罗斯前旗锡伯族后人关守坤先生说，今前郭县锡伯屯南农安境内有一个鳇鱼圈(该村子今名"黄鱼圈"，因为鳇鱼也有黄鱼的称谓)，锡伯屯和七家子附近江边，也有两个鳇鱼圈。转引自王迅：《郭尔罗斯锡伯族》，载《郭尔罗斯文史》(内部资料)，1994年，第12页。

③ 参见《打牲乌拉志典全书》卷1，第18页。另参见尹郁山：《乌拉史略》，《长白丛书》第二集，吉林文史出版社1993年版，第116页。

④ 《清高宗实录》卷638，乾隆二十六年六月辛未条。

通过这份上谕,我们知道,第二松花江下游,分属蒙古王公和吉林将军管制的前郭旗和伯都讷,一衣带水,隔江向望。这一盛产鱼虾的地区,满、蒙、汉杂居,各色人等汇聚,但都处于"藉渔猎为生"的状态。于是,人口的相对密集同渔猎活动的相对频繁之间必然发生碰撞,造成事端频出,不利于地区稳定和社会发展。故而,恒禄等提出"请分定边界,计网征税,以杜讼端"的解决办法。清朝中央政府,一则给予理解,认为"越界捕鱼,事所不免";一则给予重视,马上令有关各方头面人物,如吉林将军、哲里木盟盟长等,协调办理,妥善解决。

不到一个月,喀喇沁贝子瑚图灵阿等人,就将调查结果和处理方案提交中央政府,他们指出,经查:"松花江下游,内岸属伯都讷、拉林,外岸属蒙古。应令各于本岸捕渔,不得互越。其按网征税事宜,除拉林十网,曾给闲散满洲。蒙古十二网,亦经分给该处,均不征税外。伯都讷十八网,每网按年征税银二十两。"①由此可见,分属拉林无业"满洲"的 10 网和扎萨克蒙古的 12 网不必征税;除此之外的伯都讷地区的 18 网,需要按年征税。自此,松原等地的捕鱼活动正式纳入国家税收体系。因为每"网"20 两的税银相对较高,松原登记在案的渔户一直没有较大增长,保持相对稳定。直到 20 世纪 20—30 年代,情况才有改观。进入民国以后,因为税收、安全等原因,吉林省开始对狩猎活动实行更为明确的法律约束,并于民国三年(1914 年)和民国十年(1921 年)相继颁布《狩猎法》及实施细则,并颁行各县区"一体遵行"。

《狩猎法》规定猎户必须在警察局注册备案,领取"狩猎证书"。该证书实行类似今天的年检制度,每年一更新,按规定每次需要交纳一个银元的费用。未经警察官署核准发证,任何人不得从事狩猎活动,但在自家宅地内不使用"铳器"的捕猎活动除外。(参见《狩猎法》第二条)。而且,《狩猎法》第七条特别规定,狩猎者从事狩猎时,必须随身携带"狩猎证书",以便接受有关部门的"随时检查"。其中,"冒用"他人"狩猎证书"的做法,被法律明确禁止。考虑到对环境和人身安全的危害性,《狩猎法》第三条规定,除非有"特别情事"之需要,且必须经警察署核准公告,否则,禁止使用如炸药、毒药、陷阱等方法捕获鸟兽(参见图 6-5)。②

---

① 《清高宗实录》卷 640,乾隆二十六年七月辛亥条。

② 《乾安县设治局警察所呈为递令实业调查统计表取缔兑换券狩猎法的通令布告由》第 11 "狩猎法及实行细则的公布",乾安县档案馆全宗号 1,目录号 1,案卷号 1333,第 36 页。

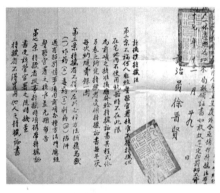

图 6-5 民国初年《〈狩猎法〉摘抄》

注:图 6-5 现藏于乾安县档案馆。

长岭、乾安等地,因为地理环境的限制,不具备渔业发展的条件。长岭县的鱼产品消费,特别是在冬季,基本上来自伯都讷地区的输入。然而两地的狩猎业却较为发达,这主要是这些地区地多人少,荒地草甸随处可见,是鹿、狐、狼、兔及雉鸡的优良栖息场所。当地猎户、商铺较多,其皮毛及雉鸡多销往长春等地。因而,《狩猎法》在当地的颁行,就显得必不可少。譬如乾安县设治伊始,便按照吉林省实业厅、乾安县设治局等机构的规定,颁行《狩猎法》,要求当地猎户"一体遵照",来设治局报领证书,如若违反规定,定当依法惩治,绝不姑息。[①]

新中国成立初期,春秋两季青黄不接、猎户进山打猎容易引起火灾的问题,也引起吉林省政府的注意,故特发"禁止春秋两季入山狩猎"的命令(参见图 6-6)。

四、日伪剥削

日伪统治期间,为扩充经费来源,在各县市相继设立专人管理渔猎,特别是水产。此后,又设立所谓兴农株式会社水产系等机构,垄断渔业生产。即便如此,松原地区的渔业生产仍有一定的

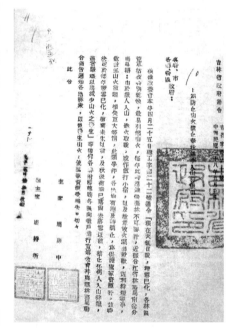

图 6-6 新中国成立初《春秋两季禁猎文件》

注:乾安县人民政府档案《办公室:为防止山火禁止春秋两季入山狩猎由》,1949 年,全宗号 8,目录号 5,案卷号 684。

---

① 《乾安县设治局警察所呈为递令实业调查统计表取缔兑换券狩猎法的通令布告由》第 10"公布之狩猎法布告",乾安县档案馆全宗号 1,目录号 1,案卷号 1333,第 35 页。

发展。譬如 20 世纪 30 年代初的扶余县,渔业仍"相当兴盛"。县内有杨家白、玉中花、唐林坨子、罗林营子、大鱼楣等主要渔场 5 处,登记纳税的渔家约 150 户,渔民在 4000—5000 人到 9000 人之间。(捕捞期最繁忙时有 9000 人左右;其他时期参与捕捞的人数在 4000—5000 人之间。)[1]到了 1939 年(康德六年),伪满洲国对管内现住人口及其职业进行普查。统计结果显示,1939 年的扶余地区,从事渔业的人口总计 1516 人(其中男子 1501 人,女子 15 人)。[2]

扶余县渔场共有 10 余种鱼类,其中以白鱼、边鱼、敖花、鲤鱼和胖头鱼产量最大。每年夏季因为运输不便,故而每年 11 月到来年 4 月是捕鱼的最好时期;尤其是冬季,因鱼产品不易变质,故而产量更大。据扶余县有关部门的水产调查显示,扶余县各类鱼产品总额约有 70 万斤左右。其中胖头鱼、杂鱼的产量最大,冻鱼的产量是鲜鱼产量的 2 倍左右(参见表 6-2)。

表 6-2　扶余县 1939 年渔类产品情况一览表

	白鱼	敖花	胖头	鲤鱼	杂鱼	总计 (单位:斤)
鲜鱼	2,000	3,000	100,000	30,000	100,000	235,000
冻鱼	3,000	7,000	250,000	70,000	120,000	450,000
总计	5,000	10,000	350,000	100,000	220,000	685,000

资料来源:《农安扶余地方一般经济调查报告》,昭和九年(1934 年),吉林省社会科学院满铁资料馆藏,第 91—92 页。

扶余县的鱼产品主要向长春(当时称新京)、沈阳(奉天)、哈尔滨等地出售。这些地方的商人在当地群众的协助下,或者从鱼市,或者直接从渔民手中购买,使用马车、汽车等交通工具将这些货物运到陶赖昭、三岔河,进而通过北满铁路销往各地。

扶余以外地区的状况如何呢?《康德六年十月一日现在满洲帝国现住人口统计》显示,这一时期在长岭、乾安地区从事渔业的人口为零。那么前郭旗

---

① 参见《农安扶余地方一般经济调查报告》,昭和九年(1934 年),吉林省社会科学院满铁资料馆藏,第 91—92 页。

② 伪治安部警务司、总务厅统计处:《康德六年十月一日现在满洲帝国现住人口统计》之"职业人口统计编",国本照市印刷康德八年,第 41 页。

的状况如何呢？

一份有关 1941 年(康德八年)前郭旗现状的调查数据显示,前郭旗查干泡"盛产鱼类,年产量在 30 万斤左右"①。而从事渔业的人口只有 178 人,约占总人口的 1.2‰(当时总人口有 147,469 人),是各行各业中从业者最少的。实际上,因为捕鱼活动的季节性特征十分突出,捕鱼旺季的参与者一定很多,因此这 178 人只是在政府注册备案、常年从事此项工作之人。此外,较能反映前郭旗渔业发展实际的,是渔业捐税在各类税捐中的比重(参见表 6-3)。

表 6-3　前郭旗捐税调查表(康德八年四月三十日)

税目	土地税	车税	不动产所得税	屠宰税	渔业税
康德七年(1940 年)	131,230.25	19,410	2,710	1,500	29,916.63
康德八年(1941 年)			2,773	267	1,759.26

资料来源:郭尔罗斯前旗公署关于具体概况(1941 年),之"康德八年七月郭尔罗斯前旗概况",前郭县
　　　　档案馆全宗号 12,案卷号 6,第 16 页。

1944 年,随着世界反法西斯战争不断取得胜利,日本政府不堪战争压力,开始不择手段地掠夺资源,在松原等地施行"军需紧急出荷法",对渔民施行许可证制,一边限制捕捞,一边加强剥削。日伪政权加强了对松原渔场的剥削和管理,集中表现为《暂行郭尔罗斯前旗有渔场使用规定》的出台。该规定共有 13 条,对旗长的权利、渔场使用者的义务、渔场的租赁方式、租金的征收标准及缴纳办法等等,都进行了明确规定(参见图 6-7)。该规定预计于"康德十一年二月一日施行"②。

为便于控制和掠夺,日伪政权将该旗渔场的使用者、渔场位置、捕捞用具、应缴纳费用以及年产量等,都进行了详细的登记备案。我们从《1944 年渔场使用者调查》中,可以很全面地了解到 20 世纪 40 年代前郭旗渔业生产和生活的基本状况。特别是当时 520 余万公斤的预产量,分别是扶余 1934 年鱼产量的近 8 倍,前郭旗 1941 年鱼产量的 14 倍,如若没有虚夸的成分,这一数目是

————————

① 《郭尔罗斯前旗公署关于具体概况(1941 年)》档,全宗号 12,案卷号 6,第 5 页。
② 《郭尔罗斯前旗公署关于具体概况》档,第 6 件"暂行郭尔罗斯前旗有渔场使用规程",前郭县档案馆全宗号 12,案卷号 6,第 13—19 页。

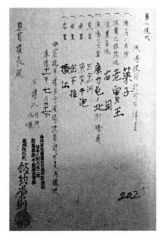

图 6-7　1944 年（康德十一年）前郭旗渔场许可书及渔场位置示意图

说明：加黑色代表渔场所在位置

资料来源：前郭县档案馆全宗号 12，案卷号 6，第 103—104 页。

注：《康德十一年渔场使用许可书》，收在《郭尔罗斯前旗公署档（1944—1945）》，前郭档案馆藏，全宗号 12，案卷号 13，第 20 页。

相当可观的（参见表 6-4）。①

表 6-4　1944 年渔场使用者调查②

渔场使用者	使用者住所	渔场位置	渔具类型、数量(个)	使用费(元)	预计年产量(千克)
刘清泉	老马圈	西查干泡	大拉网 1	1,500	150,000
		达子河	簖子 1	500	30,000
刘传桐	新立屯	西查干泡	大拉网 1	1,500	130,000

---

①　据前郭县 1949 年到 2000 年"水产品产量统计表"，可知 1990 年以前，只有 1960 年、1988 年、1989 年 3 个年份的鱼产量超过这个"预计"。分别见前郭尔罗斯蒙古族自治县地方志编委会编：《前郭尔罗斯蒙古族自治县志》，辽宁民族出版社 1993 年版，第 299 页；呼和少布主编：《前郭尔罗斯蒙古族自治县志（1986—2000）》，吉林文史出版社 2006 年版，第 259 页。

②　资料来源：《郭尔罗斯前旗公署关于具体概况》档，第 2"旗有渔场使用料调定表"，前郭县档案馆全宗号 12，案卷号 6，第 2—5 页。《郭尔罗斯前旗公署关于具体概况》档，第 8"（康德十一年）渔场使用者调查"，前郭县档案馆全宗号 12，案卷号 6，第 22—26 页。《郭尔罗斯前旗公署关于具体概况》档，第 9"康德十一年度定置渔具水产出荷契约量调查表"，前郭县档案馆全宗号 12，案卷号 6，第 27—30 页。

续表

渔场使用者	使用者住所	渔场位置	渔具类型、数量(个)	使用费(元)	预计年产量(千克)
潘德家	新立屯	西查干泡	大拉网1	1,500	160,000
包八宝	八狼屯	西查干泡	大拉网1	1,500	150,000
宝金山	八狼屯	西查干泡	大拉网1	1,500	100,000
陈玉珍	八狼屯	西查干泡	大拉网1	1,500	180,000
包金铺	三家子	西查干泡	大拉网1	1,500	140,000
		羊营泡	簸子1	300	10,000
戴祥	三家子	西查干泡	大拉网2	3,000	400,000
包玉田	三家子	西查干泡	大拉网2	3,000	400,000
包彦山	三家子	西查干泡	大拉网2	3,000	300,000
包铁和勒	三家子	西查干泡	大拉网1	1,500	170,000
包福祥	三家子	西查干泡	大拉网1	1,500	150,000
包福财	北上台子	西查干泡	大拉网1	1,500	150,000
包青山	三家子	西查干泡	大拉网1	1,500	130,000
包福盛	三家子	西查干泡	大拉网1	1,500	120,000
包金海	三家子	西查干泡	大拉网1	1,500	100,000
高国勤	三家子	西查干泡	大拉网1	1,500	150,000
吴凤山	东洞努库	西查干泡	大拉网1	1,500	130,000
饭盛常则	新庙	东、西查干泡	大拉网6	9,000	580,000
		西查干泡老实王章古台土尔夏	簸子5	3,400	580,000
			冰槽子2	200	
陈国宽	八狼屯	嘎不拉五克马	簸子2	1,800	300,000
		汤头亮子	簸子1	600	80,000
		达子河	冰槽子2	200	150,000
杨惠芳	前郭旗街北区29牌20户	三岔河	簸子1	1,000	180,000
		牛粪滩	冰槽子1	100	20,000
胡振海	三家子	夹信子	冰槽子1	100	15,800
高士魁	库里	小鱼圈	簸子1	300	30,000
高福海	库里	大鱼圈	簸子1	300	30,000

续表

渔场使用者	使用者住所	渔场位置	渔具类型、数量(个)	使用费(元)	预计年产量(千克)
吴恒义	老马圈	干口面	冰槽子1	100	30,000
		官财河子	簗子1	500	
胡扎把	牙不吐屯	松花江八道湾	簗子1	300	*
高国泰	三不管	三不管小新店	冰槽子1	100	*
总计:27户			各类渔具50件	税款50,300	5,245,800

总之,由于历史和现实的原因,在清代较长一段时间,松原地区的人口数量都是比较有限的,尤其是乾安、长岭地区,荒草丛生,禽兽出没,地广人稀。前郭县由于是前郭旗扎萨克驻地,相对繁华。扶余地区,由于旗人驻防、移民垦荒,户口日增,是清朝中后期松原地区人口最为稠密的县区。有关内容,可详见《移民文化》部分。人口既是渔猎活动的实践者,也是渔猎文化的创造者,人口的数量、民族的类别,直接影响到所在地区的文化特色和发展规模。

有清一代,松原渔猎文化基本保持并延续元明以来渔重、猎轻,蒙古好畋猎、满汉能捕鱼的特色。民国和日伪统治时期,政府较多地通过行政手段干预松原地区的渔猎活动,特别是日伪统治期,松原渔猎文化的殖民色彩颇为浓烈。1945年"八一五"东北光复后,国民党加紧向东北运兵,但因兵力不足未能进驻松原地区。只是对德惠、农安以及前郭等县委派县长,整编土匪流氓以为羽翼。不久为共产党队伍相继解放,随着新政权的建立,人民开始当家做主,松原及其渔猎文化的历史从此揭开了新篇章。

第四节 渔猎文化的内涵及特色

一、丰富内涵

有着悠久历史的松原渔猎文化的内涵十分丰富,它包含在生产力和生产关系、经济基础和上层建筑、物质文明和精神文明诸多范畴之中,涉及渔猎工具的发明和技术革新、渔猎活动的礼俗信仰和文化生活等一系列内容。

（一）渔猎工具的不断更新

从先秦到清末，松原渔猎工具出现了几次革命，由打磨石器到金属制品，由石弩楛矢到火铳火枪。在渔猎工具的阶段性变革进程中，松原人不断克服困境，适应自然，创造文明，进而也创造着自己的伟大历程。我们研究松原渔猎文化，应当予以格外的关注。

从松原人类遗址中，我们惊喜地发现了石网坠。这是长期生产实践的经验总结，是松原渔猎文化的宝贵财富。在使用石网坠时将其系于鱼网，可使旋网悬垂或挂于网底，也可拴在大网两头以固定网位。吉林省出土过很多网坠，有石质、陶质和骨质，多为亚腰形，还有一种两头小中间大的网坠，这在前郭县等处都有发现，是用于捕捞大鱼的辅助工具。它的发明和使用，有力地证明了松原地区的渔猎活动已经达到了相当的规模。

因为水域特点不同，松原地区捕鱼器具及方法较为多样。主要使用的渔具有张网（又名待获网）、挂网、铁脚网（兜网）、小拉网、拖网、围网、箔旋，以及一些钓鱼具。不同的渔具有不同的使用方法，据20世纪30年代的满洲国调查资料，当时的捕鱼法有：冰下拉网法，打冰槽法，明水拉网法，打呆哈网法（挂网的一种），打铁脚网法，打旋网法，放溇法（网箔法的一种），卡鱼法（这种捕鱼法颇有特色，多用以诱捕大鱼），插旋法，挂网捕鱼法，罩鱼法，绳钓法等。① 上述渔具和用法，是对几千年来不断进行的捕鱼实践的总结，因地制宜，便捷有效，为历代所不断承袭、改进，直至今日，多有延续。

因为冬季是历代松原地区的捕鱼旺季，所以有必要将这一期间最为常用也颇具规模的渔具及捕捞办法略述如下，这就是冰下拉网。冰下拉网有大小之分，也分有囊网和无囊网两种。每趟拉网都由若干个单片网连接而成，并根据江河、泡沼等水域深浅、鱼的大小和种类等，确定拉网的长度、苗子的高低、网目的多少。冰下大拉网的主要器具有冰镩、穿杆或穿索器、拧矛、走钩、冰崩、压纲叉、小钩子、马轮子（马拉绞盘）等。每年冬季，待到冰层达到一定厚度时，即可开网捕鱼。首先，由有经验的鱼把头根据经验，在预先选定的渔场，

---

① 《吉林省扶余县事情》，满洲帝国地方事情大系第12号，满洲帝国地方事情大系刊行会，吉林省社会科学院满铁资料馆藏，第43—45页。

用小旗等标志物标出网眼、出网眼及拐角处等位置。然后,有人会根据划定的范围,先打好足够大的网眼和出网眼。其后,从网眼处分别向左右方向、成一定角度,每隔一穿杆的距离打一冰眼,直到出网眼处。再用拧矛使带水线的穿杆,按预定方向前进,每隔一段距离,拉出水线牵引的大绠,直至出网眼。待大绠全部进水后,安置马轮子,用大绠牵引拉网前进,再通过一个出网轮子将两头一起绞出来,并将绞出网片上的鱼翻到冰面上,最后从网肚捞鱼。[①] 这种捕捞办法的总体特点是:网具大,作业面积宽,参与人力多,捕获量大,少则数千斤,多则数万斤。[②]

(二)渔猎资源的繁衍消长

松原市水域广阔,境内有松花江、嫩江,以及大小内陆水泡400余个,水域总面积达到11.9万公顷。松原水域水质较好,水生植物资源丰富,水深适宜,有利于鱼类的繁殖和生长,是盛产鱼类的好地方。

其中如前郭县境内的查干湖,是我国十大淡水湖之一。据1980年调查,第二松花江有鱼类10科38种,其中鲤科25种,占65.8%。嫩江有鱼类10科48种,其中鲤科34种,占70.8%。与两江相通的几个大型湖泊的鱼类基本与两江相同。主要天然鱼有鲫、鲤、鲶、红鳍鲌(麻鲢)、乌鳢等。在西部一些封闭湖泊中,只能生长一些适应性较强的本地鱼类,如鲫鱼、白漂、鲶鱼、红鳍鲌、鲈塘鳢等。此外,松嫩两江均有大量河蚌资源,嫩江段为数较多。河蚌种类主要有褶纹冠蚌、三角帆蚌、螺纹蚌、圆顶珠蚌、马蹄蚌,还有各种螺丝蚌类。

至于飞禽走兽,如天鹅、野鸭、狍子、黄羊等,近代以前,数量和种类也是相当丰富的,这也有古遗址中的较厚堆积层为证。特别是在先秦、汉唐时期,它们同鱼虾水产共同构成古松原人的重要食物来源。辽金以后,畋猎于山林草甸,依然为蒙古、女真等族民众所爱,但是因为农业的发展等原因,特别是到了近代,随着移民的不断迁入,松原地区的许多野生动物,因为生活空间的逼仄,渐而从围猎者的视线中淡出。

---

① 参见《前郭尔罗斯蒙古族自治县志》,辽宁民族出版社1993年版,第292页;《前郭尔罗斯蒙古族自治县志(1986—2000)》,吉林文史出版社2006年版,第260—261页。

② 譬如前郭县,据言,冬季是前郭尔罗斯捕鱼的黄金季节,场面非常壮观,每年可冬捕鲜鱼2000吨。参见《前郭尔罗斯蒙古族自治县概况》编写组及修订本编写组:《前郭尔罗斯蒙古族自治县概况》,第4章《农业》,民族出版社2009年版,第106—107页。

历史上松原的渔猎资源，无论从地域分布上，还是类别数量上，都随时代更迭和环境变迁而发生较大的变化。譬如长岭、乾安地区出土的先秦时期的许多文化遗址中，都有大量鱼骨、蚌壳堆积，不难想见，曾经的千百年前，这些地区一定是水道纵横、泡塘星布。现如今，这些水泽连同繁衍其中的鱼虾，都已成为历史的记忆。其中被誉为"宝湖"的大布苏湖，自有文献记载的清末以来，就一直靠晾晒盐碱硝石闻名，而当初它曾是古松原人渔猎资源的重要来源。①

渔猎资源的匮乏乃至消失，除了自然因素的影响以外，人为干预的破坏性作用更大，这在工业化大生产的今天表现得更为强烈。20世纪80年代，边文元先生听当地老人们讲，松花江(人们俗称"北江")"过鱼群时，插一大鞭杆可以二、三里不倒"②。我们联想到东明南逃之际，前有江水，后有追兵，万分危急关头，水中鱼鳖搭成浮桥相救，东明脱险，建国夫余。③虽然学界对夫余国地望所在，见仁见智，但是联想到松花江鱼汛时的景象，借鱼鳖渡江的可能性未必没有，至于其中神异之事，纯属后人演绎罢了。不过东明登鱼鳖过江的传说，与20世纪扶余老人所言，两相印证，至少可以说明自古松花江盛产鱼虾。

再如第二松花江，它在20世纪70年代以前，曾盛产甲鱼，后因江水污染，水位下降，甲鱼几乎永沉江心，濒临灭绝。1945年丰满水库建成后，人为干预下的松花江水量较此前大为减少，曾几何时，那些自先秦以来就屡见载籍，纵横松江，喷云吐雾，为辽、清几代帝王所钟爱的牛鱼，从此几乎绝迹于松原渔猎文化之中！

(三)传说信仰的鲜明烙印

渔猎文化承载的信息，包括的内容十分丰富。受其影响的民间传说、习俗

---

①　大布苏湖的成因，学者尚有分歧。今已成为国家级自然保护区。此外，如乾安县境内，目前只有几条小河、季节性河沟和7个较大湖泡，河流水量不大，湖泡含碱量高，分别属于西辽河流域和松花江流域。其中乌树台泡、腰井子泡、四十六泡水质轻碱，生有鱼虾，20世纪曾有个别年份大量产鱼(如腰井子泡于1930年、1956年、1957年、1963年、1985年都有较高的鱼产记录)，其余水域，都已不适宜鱼类生存。详见长岭县史志编纂委员会编:《长岭县志》第5章《水文》，中华书局1993年版，第85—88页。

②　边文元:《扶余风物八则》之"扶余进贡的物品"，载于扶余县委文史资料办编印:《扶余文史资料》(第3辑，内部资料)，1985年，第6页。

③　参见《好太王碑》、《三国志·魏书·夫余传》等。

信仰等,也是渔猎文化及其研究的重要内容。本书有专门章节探讨松原宗教信仰文化的内容,为避免重复,在此仅就一点简要说明如下。

如上文所述,松原的民间传说也是构成渔猎文化的重要内容。譬如清朝顺治年间宾图妃儿子蒙古忠亲王与"靴子庙"的故事,就是其中较为著名的一个。① 这个蒙古忠亲王是宾图妃的儿子,而宾图妃就是传说中清朝顺治皇帝的乳母,一个出生在郭尔罗斯草原蒙古族家庭的著名女性。宾图妃曾在朝中辅佐政事多年,顺治帝对她颇为恭孝。宾图妃在她75岁那年病危,曾向即位12年的顺治帝发愿,要魂归故里,于是才有库里泡前宾图妃陵的修筑。宾图妃陵近旁,还有一座靴子庙。据说就是宾图妃儿子游猎前郭失踪后,随从拾得其战靴一只在当地建造的。且说这位蒙古亲王年少英俊,颇有成吉思汗之风,但"性喜游猎"。一日,他在祭拜过生母宾图妃后,便率随从数十骑、猎犬多只,在附近林木茂盛处围猎消遣,孰料围猎未遂,忠亲王失踪。从人遍寻无路,仅于卡伦店附近拾其战靴一只。从人"遂于该处建庙一所,将靴供置其中,以志不忘",靴子庙由此得名。②

实际上,宾图妃、宾图妃陵,是人们将清代孝庄皇太后及其先祖事迹、孝庄祖陵修筑始末等一系列史事,进行的故事性演绎。而靴子庙的建立,同子虚乌有的"蒙古宗亲王"狩猎失踪之事更无丝毫的关系。不过,故事中所说蒙古族显贵在清朝初年仍喜欢在前郭县一带进行狩猎活动,则确有其事。

正可谓,湘妃竹者,娥皇女英;不周山倒,地东南倾;松原草长,毓秀钟灵。松原那江河、那原野、那山丘、那水泊,都给世代生活其中的人们以不尽的灵感和想象。

(四)渔猎民众的文化审美

由于渔猎活动在松原地区社会生活中的重要地位,因此,无论是当时人的衣食住行,还是生活器具的纹理图案,都鲜明地反映出它加诸当时人审美情趣中的倾向,从而共同构成渔猎文化的重要内容。渔猎文化的美学意义,既是渔猎文化的重要内涵,也是笔者倾心探寻的重要内容。渔猎文化审美研究,是一

---

① 一说这位蒙古亲王,就是孝庄皇后的祖父莽古斯。见《靴子庙的传说》,收录在《中国民间故事全书》的《吉林·前郭尔罗斯卷》,知识产权出版社2009年版,第147—148页。

② 前郭尔罗斯蒙古族自治县地方志编委会:《前郭尔罗斯县志》,第27编《社会》第5章《民间传说》之《宾图妃与靴子庙》,辽宁民族出版社1993年版,第994—995页。该故事亦收录在《中国民间故事全书》的《吉林·前郭尔罗斯卷》,知识产权出版社2009年版,第145页。

个颇为复杂的问题,笔者在此仅就几件器具,浅谈些许个人感受。我们注意到,塔虎城出土的几件器具中,都有鱼形纹饰。

其一,定窑白釉双鱼碗。该品残,口沿作六出式,腹壁斜直,圈足较浅,碗心刻有双鱼水波纹饰。胎质洁白,釉色乳白,口径 19.5 厘米,底径 6.4 厘米,高 6.4 厘米。现藏于吉林省博物馆。据推断,该瓷器当于北宋中期,即辽时烧制而成。

其二,塔虎城还出土了三面"双鱼铜镜"。三面铜镜均圆形,半球状钮,背部饰双鲤鱼,除直径较小的一块纹饰较粗糙以外,其他两面铜镜均做工细致,是同类器具中的精品。特别是其中一块,边刻"肇州司候司",另侧刻"官■"的铜镜,背面两条翻跃的鲤鱼,线条流畅,惟妙惟肖。其中另一块边缘阴刻"信州司候司■"的铜镜,也是金代铜镜中的佳品。①

如上文所述,非但辽金时期,也不仅塔虎城一地,松原地区许多文化遗址中,都发现以"双鱼"为纹饰的器物,特别是铜镜,并不鲜见。这些松原人曾经使用或曾制作的器物,历经数百年,仍有较多数量存世,这表明该纹饰在当时社会曾风靡各地,隽永流传。时至今日,我们依旧能从这些鲜活灵动的文化符号中,体味到松原渔猎文化的美学意蕴。

1983 年,在八郎乡北上台子屯征集到一枚花草卧鹿押,据言是塔虎城中物。这枚印记高 4.1 厘米,上宽 1.8 厘米,下宽 3.3 厘米,侧面上宽 0.7 厘米,下宽 1.8 厘米,厚 0.7—1.8 厘米,石质。上窄下宽,顶有穿孔,形似砣坠。押文似"公公"二字。它的引人关注之处,在于其正面阴刻的梅花卧鹿。工匠将这只双角微翘、回头惕听的梅花鹿,刻画得颈修体健、机警灵动、蓄势待发,充分展现出在松原渔猎文化的浸润下,刻画者内心世界的敏感细腻。因为这样的细腻感悟,松原渔猎文化中生成许多脍炙人口的作品。

二、基本特色

松原境内草甸丰腴,水多鱼美。自古以来,地方百姓多借走兽鱼虾之利,以为生计。特别是这一地区的水产,其量大、其易得,临江近水者,多赖捕鱼以

---

① 有关器形、纹饰的描述,可参见张敬岩、苏赫巴鲁编:《郭尔罗斯文物古迹及人物》第 4 章"博物馆及馆藏文物",中国国际文化出版社 2006 年版,第 112—113 页。

糊其口,这已有数千年的传统。在历史长河的浸润下,松原渔猎文化养成了鲜明的地域及时代特色。

(一)渔猎经济的重要性

纵观人类文明发展史,在许多国家和地区,渔猎经济都在较长一段历史时期居于主导地位。后来,由于自然环境变迁,人口数量增加,农牧业生产发展等原因,渔猎经济不再居于重要地位,甚而从人们的生产、生活中淡出。这几乎成为绝大多数地区渔猎经济的共同遭遇。单就松原地区而言,情况稍有不同。

通过阅读前面几节文字,我们知道,松原地区的渔猎活动也大致经历一个由弱而盛、由盛而衰的发展过程。同时,我们也发现,由于自然和人文环境的特殊性,捕鱼狩猎一直是当地群众劳动生产和社会生活中的重要内容。19世纪末20世纪初,世界各地几乎都被卷入资本主义贸易体系当中,大机器生产的热潮风行各地。劳动生产和商品交换的关系热络,使得松原渔猎生产和渔猎产品消耗打上了经济贸易活动的鲜明烙印。一时间,生产和销售、产量和产值等经济学概念深入人心。在这一时期,松原渔猎文化凸显了其作为一种社会生产的经济学意义。我们找到一份《昭和九年农安扶余地方一般经济调查报告》,其中记录了当时扶余地区几种鱼产品的售价。根据其中的记载,我们将鲜鱼和冻鱼的情况分别绘制表格如下(参见表6-5和表6-6)。

表6-5　扶余地区1941年几种鱼产品鲜鱼情况表

鲜鱼	白鱼	敖花	胖头	鲤鱼	杂鱼	合计
产量(斤)	2,000	3,000	100,000	30,000	100,000	235,000
价格(元)	300	180	4,000	21,00	2,000	8,580
平均价(元/斤)	0.15	0.06	0.04	0.07	0.02	0.04

表6-6　扶余地区1941年几种鱼产品冻鱼情况表

冻鱼	白鱼	敖花	胖头	鲤鱼	杂鱼	合计
产量(斤)	3,000	7,000	250,000	70,000	120,000	450,000
价格(元)	600	1,500	20,000	12,000	4,880	38,980
平均价(元/斤)	0.20	0.21	0.08	0.17	0.04	0.09

从以上统计数据中可以看出,扶余县捕捞业年总收入为 47,560 元,其中冻鱼年收入是鲜鱼年收入的 4.5 倍。我们又可以看到,无论是单种鱼产品,还是全部鱼产品,冻鱼的平均价格一般是鲜鱼平均价格的两倍左右。

年产量近 70 万斤,年收入约 5 万元,是个什么概念?康德元年五月的一份物价表,给我们提供了一个可靠的参照标准,我们截取其中部分物价,制成表 6-7《1934 年扶余地区部分商品价格表》。根据该物价表可以得出以下结论:扶余渔业收入,相当于 16 万升大米,或 64 万升大豆,或 83 万升小豆,或 192 万升高粱,或 10 余万包洋蜡,等等。① 参见表 6-8《扶余渔业收入可兑换商品数量一览表》。

冻鱼、鲜鱼在产量及价格上的显著区别,不仅能说明渔猎经济中的问题,更能反映渔猎文化中的信息。也就是说,扶余地区每到冬捕季节,都是一年中最红火繁荣的时候。扶余是产鱼大县,上面的统计数据很有代表性。

通过扶余县渔业经济的状况可以看出,在 20 世纪上半叶的社会变革中,扶余渔猎活动的重要性非但没有被冲淡,反而变得更加突出。于是,我们可以说,渔猎经济在松原地区的重要性,自古以来就是一贯的,只是在程度上闪耀着不同时代的光泽而已。

表 6-7　1934 年扶余地区部分商品价格表

物品	数量	价格(单位:元)
大米	1 升	0.3
大豆	1 升	0.078
高粱	1 升	0.026
小麦	1 升	0.16
小豆	1 升	0.06
小米	1 升	0.09
煤	1 吨	1.2

① 昭和九年(1934 年)前后,东北市场流通的主要货币有吉林官贴、奉天票、哈大洋等,还有日本人发行的所谓"国帑"。按照日伪"中央银行"公布的兑换标准,以"国帑"1 元为标准,可以分别兑换吉大洋 1 元 30 钱,吉林官贴 500 吊,黑龙江官贴 1680 吊。出自:《农安扶余地方一般经济调查报告》,昭和九年(1934 年),吉林省社会科学院满铁资料馆藏,第 94 页。

续表

物品	数量	价格(单位:元)
木炭	百斤	4
酱油	1桶	3.2
豆油	1斤	0.08
美孚机油	1桶	18
亚细亚机器油	1桶	18
苏联火油	1桶	6
大支洋蜡	1包	0.5
小支洋蜡	1包	0.4
火柴	1包	0.06
装有电表灯电费	1字	0.3

注:为便于比较,笔者按1斗=10升,1元=100钱进行折算。

资料来源:《农安扶余地方一般经济调查报告》,昭和九年(1934年),吉林省社会科学院满铁资料馆藏,第107—108页。

表6-8 扶余渔业收入可兑换商品数量一览表

物品	数量	单价(元/升,等)
大米	166,666.7升	0.3/升
大豆	641,025.6升	0.078/升
高粱	1,923,076.9升	0.026/升
小麦	312,500升	0.16/升
小豆	833,333.3升	0.06/升
小米	555,555.6升	0.09/升
煤	41,666.7吨	1.2/吨
木炭	12,500百斤	4/百斤
酱油	15,625桶	3.2/桶
豆油	625,000斤	0.08/斤
美孚机油	2,777.8桶	18/桶
亚细亚机器油	2,777.8桶	18/桶
苏联火油	8,333.3桶	6/桶
大支洋蜡	100,000包	0.5/包
小支洋蜡	125,000包	0.4/包

续表

物品	数量	单价(元/升,等)
火柴	833,333.3 包	0.06/包
装有电表灯电费	166,666.7 字	0.3/字

(二)渔猎生产的科学性

商汤罗雀,网开一面。[①] 后人多用以盛赞汤王仁德。实际上,这何尝不是古人在长期生产实践中,总结出来的一种生存智慧和朴素哲学?

受生产力水平限制和自然环境制约等多种因素的影响,自古以来,松原人就注意到避免"焚林而畋,竭泽而渔"的现象发生。因此,即便有朝代更替、人世代谢,而这一地区的渔猎文化却一直保持着"由天滋养,捕猎适度"的鲜明特征。生存哲学的朴素自然,是松原渔猎生产科学有效的根本原因,正是因为这样的自然、如此的科学,松原渔猎资源才能生生不息,松原渔猎文化才能不绝如缕。

20世纪中后期,由于攫取无度,松原渔猎资源特别是江河鱼类资源出现严重问题,造成许多不可逆转的环境影响。譬如前郭县在"'文化大革命'期间,水产资源遭到严重破坏,只捕不育,造成鱼类大量减少,有些名贵鱼类甚至已濒临绝种。"而在粉碎"四人帮",特别是改革开放后,前郭县认真执行"自繁、自育、自养"的方针,"渔业生产得到恢复和发展,尤其是个体渔场发展更快"[②]。到2005年时,前郭县水产品产量15,600吨,其中养殖10,300吨,捕捞5300吨。[③] 松原人民经过认真反思,向自身问原因,向自然问发展,走出一条"以养为主,养捕结合"的发展道路,从而实现了与松原渔猎传统的再次接续。

(三)渔猎生产的持久性

如上文所述,渔猎采集是人类社会早期阶段普遍存在的生存状态,特别是

---

① 参见《吕氏春秋·孟冬纪》之"异用篇",也见于《史记·殷本纪》:"汤出,见野张网四面,祝曰:'自天下四方,皆入吾网。'汤曰:'嘻,尽之矣!'乃去其三面。"

② 《前郭尔罗斯蒙古族自治县概况》编写组及修订本编写组:《前郭尔罗斯蒙古族自治县概况》,民族出版社2009年版,第105页。

③ 参见《前郭尔罗斯蒙古族自治县概况》编写组及修订本编写组:《前郭尔罗斯蒙古族自治县概况》,民族出版社2009年版,第106页。

在中国北方民族中,畋猎生活的场景应该是其发展史上最深刻的记忆。譬如敦煌石窟中的《射猎图》,正是北方游牧民族纵马驰骋、逐猎塞上的生动写照。同样在松原地区,辽金以前特别是在新石器时期,渔猎资源在古松原人的生产、生活中居于十分重要的地位。我们从许多人类遗址的发掘报告中,可以很清晰地认识到这一点。

汉唐时期,松原的历史文化进入所谓"青铜时期",但是松原许多地区的物质文化生活依然没有特别明显的改变。1974 年,吉林大学考古专业调查组对位于扶余县伯都乡伯都屯(今划归宁江区)西北约 3 公里的一处遗址进行了发掘。出土文物有石器、陶器、蚌器等生产、生活用具。据此,人们大致将其认定为处于青铜文化期的遗址类型,依据考古学惯例,命名为长岗子青铜文化遗址。遗址中大量的鱼骨、蚌壳和兽骨的发现,表明渔猎活动仍是这一时期该地区民众生产和生活的重要组成部分。[①] 同时,该遗址叠压着辽金时期的文物。这表明,带有浓烈渔猎文化色彩的长岗文明,一直成长发育着,直到辽金甚至更晚。松原是辽帝春捺钵的首选之地,近百年"头鱼"、"头雁"盛典,造就了松原渔猎文化史上的空前繁荣。

同北方许多地区不同的是,直到 20 世纪上半叶,松原地区的渔猎活动仍保持着相当规模。甚至到了 21 世纪,查干湖上仍延续着传统的捕捞办法,松原渔猎文化因此而焕发新的生机,在新的时代继续谱写新的篇章。松原渔猎文化的持久传承,是人类文化发展史上较为少见的文化现象。

(四)渔猎文化的多样性

松原渔猎文化的多样性,实质上是多个民族渔猎生活的文化表现形式。据文献记载,松原地区先后有肃慎、东胡、秽貊、扶余、契丹、女真、蒙古、满洲(族)、锡伯、朝鲜人和其他外国人,以及大量中原汉族移民,来到这片土地上生活繁衍。包括渔猎文化在内的整个松原历史文化,就是上述广大民众共同创造的结果。

民族类别、民族心理,特别是信仰习俗上的差别,给松原的渔猎文化以不同程度的影响。譬如中原地区较早发明和使用的金属工具,在中原汉族与东

---

① 参见白晟:《长岗子青铜文化遗址》,载于苏赫巴鲁主编:《古今松原》,龙门书局 1996 年版,第 140—141 页。

北边疆少数民族的交流往来中，被引进到松原地区并渐而得到广泛使用，汉族地区较为先进的工艺水平，极大地改善了松原地区的渔猎工具，进而影响到松原的渔猎文化。例如，"转徙随时"、素以"畜牧畋渔"为生的契丹族，自建立民族政权后的270年中，中央政府四时迁徙，形成一种独特的政治制度，这就是颇具盛名的辽帝"捺钵"。松原地区处于辽朝政治版图的东北部，与女真、室韦等部毗邻，辽代君王几乎每逢冬春之交，都要来松原地区举行"春捺钵"仪式，一则是这里的鱼雁资源丰富，一则是便于接受"千里之内"诸部酋长来贺。借渔猎以羁縻诸部，寓巡狩以治国安邦，松原渔猎文化因而有了非同寻常的政治色彩。

再如，我们知道，金代女真人视鲤鱼为祥瑞之物，这应该是女真人在长期渔猎生活中形成的特殊习俗。据《金史》记载，"荐新"祭祀中，若无牛鱼（鳇鱼），可用鲤鱼献祭。① 在国家祭祀中，鲤鱼仅次于鳇鱼，可见其地位之高。此外，金朝有一套严格的佩鱼制度，皇太子佩玉双鱼袋，亲王佩玉鱼，一到五品官员佩金鱼，等等。此外，武官、太医、内侍等，或因掌握兵戈者不祥，或因服侍宫禁者卑贱，均不可佩鱼。② 因为女真人有此习俗，我们就能理解塔虎城等出土的铜镜中，为何多铸有灵动精妙的鱼形纹饰了。

清朝建立后，为巩固国家政权，满洲贵族大力提倡满蒙联姻制度，并在蒙古族旧地推行盟旗制度。因此大一统国家政权的建立，并未从根本上改变松原自元末明初以来"一地两制"的局面。加之清朝统治者限制流民进入蒙古旗地和贡山围场，有清一代，松原地区长期处于地多人少、有土少田的局面，也使得松原地区自元明以来一直较为沉寂的渔猎生活，依旧少见起色。松原渔猎文化的发展，同清朝统治者对鲟鳇鱼的情有独钟，同关内流民的不断迁入，同实边移民政策的酝酿实行，都有着密切的关联。于是，带有满族统治者施政影响之鲜明色彩的松原渔猎文化，出现了久违的繁荣景象。

因为重要而细心呵护，因为用心而道法自然，因为科学而能久远传承，因为久远而能深入人心。除了上述内容，我们知道，它还有诸如"地域的独特性"等其他方面的特征。所谓"地域的独特性"，从松原渔猎资源分布来看，辽

---

① 参见《金史》志第12《礼四》"荐新"。
② 参见《金史》志第24《舆服中》。

金以后,松原地区就出现较为明显的前郭、扶余重网鱼,长岭、乾安多狩猎的特征;从松原鱼类资源的种类和数量来看,查干湖、松嫩交汇处等主要渔场产量大而稳定,鲟鳇鱼、白鱼、胖头鱼等水产,远近闻名,颇有声誉,等等。总之,松原渔猎文化的特征是鲜明的。

第七章　移民文化

本章将要探讨的,是历史上松原地区的移民文化。所谓"移民文化",是移民活动中所体现的诸多文化现象的简约称谓,而不仅仅是迁徙者本身的文化素养和文化生活。因此,我们所理解的"移民文化研究",应包括对移民主体的认识、对移民背景的分析、对移民历程的描述、对移民特征的归纳、对移民影响的评估,以及对移民文化内涵的界定等。

松原移民文化的历史非常久远,始于石器时期晚期,迄于 20 世纪中叶,数千年连绵不断。从某种意义上说,松原移民文化的发展史就是一部松原简史。笔者从移民文化生成的角度,选取了先秦、汉唐、辽金、明清、民国初年及日伪统治等几个有代表性的时期,将具有共同目的、方向、路线的多个人口迁徙类型勾画出来,并解读其背后的文化符号的意义。

第一节　移民文化的形成

松原移民文化是如何发端的,又形成于何时?要回答这样的疑问,就必须从松原古人类遗址的发掘和研究说起。考察松原地区最早的移民活动,寻觅松原移民文化的源头,对于中国乃至世界的历史文化研究、人与自然关系研究、自然和人类社会变迁研究等,都具有重要的价值和意义。

一、松原先民

探究松原的最早移民,当从"青山头人"的发现说起。前郭县查干湖东岸,是一道连绵起伏的山岗。从湖面望去,其南端陡然峭立,因有杨柳成荫、山青如黛,故名青山头。青山头的北坡坡度不大,延缓舒展,有葱绿的草地左右簇拥。其南面山下,水泽隽永、鸢飞鱼跃。可以想见,今之青山头背风向阳,滨水临湖,草甸广阔,渔猎资源丰富,当是古人类较为理想的居住栖息之地。

果不其然,1981 年吉林省地震局野外队在青山头一带进行新构造调查时,发现了一具人类头骨及若干遗骨。翌年 4 月,吉林省地质局区域地质调查大队又在青山头的不同层位中采集到一些人的骨骼、装饰品以及脊椎动物化石。经碳十四测定,这些古人类化石距今约 1.3 万年至 7,800 年。1984 年,吉林省文物考古研究所又在该地进行科学发掘,获得一具人骨化石。与此同时,还发现有粗糙的打制石器、骨器,以及蚌壳类装饰品。这具人骨经碳十四测定,距今 9000 年左右。① 依照国际惯例,古人类学家将青山头出土的古人类化石命名为"青山头人"②。

我国科研人员在前郭县青山头地区,陆续发现了旧石器时期晚期的人类化石、新石器时期早期的人类遗骸、大量文化遗物,以及共生的动物群化石(如猛犸象、披毛犀动物等)。这表明,青山头地区早在 1.3 万年前就有古人类居住,且长达数千年之久,跨旧石器晚期和新石器早期两个时期。青山头人是迄今为止在吉林省西部地区发现的最早的、延续时间最长的古人类。

很显然,根据现今掌握的考古资料,比照中国古人类进化发展的历史,我们可以说,松原地区并非古人类的发源地。那么,最早生活在松原地区的"青山头人"来自何方?

科学研究表明,人类发展进化的历史也是人类走出非洲、不断向世界各地迁徙的过程。当今学界普遍认为,距今约 600 万年前的南方古猿,是最早的人类祖先,它最早出现在非洲大陆南部,是最早的人科动物。此后,原始人类逐渐从猿类分离出来。到了约 150 万到 250 万年前,南方古猿的一支进化成"能

---

① 参见《放射性碳素测定年代报告》(14),《考古》1987 年第 7 期。

② 参见李西崑:《吉林省青山头人与前郭人的发现及其意义》,《吉林地质》1984 年第 3 期。

人"。"能人"最早在非洲东岸出现,能制造工具,是最早的人属动物,属早期猿人。在旧石器时期①,经过数十万年的演进,"能人"最终被新品种的直立人所取代而消亡,能人与其后代直立人曾共存过一段时间。所谓直立人,约20万到200万年前,最早在非洲出现,也就是所谓的晚期猿人,懂得用火,开始使用符号与基本的语言,约100万年前,非洲开始草原化,直立人不得不开始迁徙,向世界各地扩张,在欧、亚、非三大洲都有分布,著名的北京猿人就属于直立人。

到了距今25万到3万年前,古人类发展到早期智人阶段,广东的马坝人、湖北的长阳人、山西的丁村人、陕西的大荔人、山西的许家窑人、欧洲的尼安德特人,以及辽宁的金牛山人等,都属于早期智人。一般认为,早期智人(除独立演化为早期智人的尼安德特人)也来自非洲。

大约在6万年前,随着亚冰期的到来,早期智人的生存环境恶化;约3万年前左右,所有早期智人均被大自然淘汰而灭绝,现代人(人类学上将前1万年以后的人类称为现代人)的祖先——晚期智人——又名新人,开始登上人类历史的舞台,并先后向欧、亚、非、澳、美五大洲迁移,这是人类第三次走出非洲。这时的人类已掌握人工取火的方法,绘画、雕刻等艺术出现,人类普遍处于旧石器时期晚期的母系氏族公社阶段。著名的北京山顶洞人、内蒙古河套人、广西柳江人等都属于晚期智人。此后,人类进入"现代人"阶段。"现代人"在他的早期社会中,开始使用弓箭、磨制石器和陶器,同时也出现了原始农业和牧畜业,人们将这一时期称作"新石器时期"②。著名的裴李岗文化、仰韶文化、龙山文化、昂昂溪文化等,都属于新石器时期的文化。此后,人类相继进入铜器时期、铁器时期,以至现代。

由上述不难看出,在人类漫长的历史长河中,中国古人类经常面临着自然环境的严峻挑战,由于心智和劳动工具的限制,他们适应自然的能力是非常有限的,因此必然会因为逐渔猎资源而行,甚至为猛兽天灾所迫,而进行较为频

---

① 人类以石器为主要劳动工具的早期泛称旧石器时期。从距今260万年延续到1万多年以前,相当于地质年代的整个更新世,其后是新石器时期。

② 新石器时期,在考古学上是石器时期的最后一个阶段。以使用磨制石器为标志的人类物质文化发展阶段。一般认为,新石器时期有开始制造和使用磨制石器,发明了陶器,出现原始农业、养畜业和手工业等三个基本特征。但并不是三个特征齐备才能称新石器时期。

繁的人口迁移。

就目前已出土的古人类遗址化石观之,中国古人类的历史非常悠久,如果从云南"元谋人"算起,至今有 170 万年左右。如果从北京周口店"中国猿人"、辽宁汤河"庙后山人"算起,至今也有 20—30 万年之久。如果从活跃在东北南北地区的"金牛山人"、"鸽子洞人"算起,中国古人类步入早期智人阶段,也是 15—20 万年前的事情。中国古人类经历了一个由非洲而亚欧,由南方向北方、由西南向东北的迁移过程。

总之,就现有考古资料而言,松原历史上的最早居民,可追溯到旧石器时期的"青山头人",距今约 1.3 万年左右,在人类文化史上处于旧石器晚期,属晚期智人阶段。就上观之,我们是否可以这样推测:长期生活在松原地区的最早人类,本是由中国其他地区的原始人群迁徙而来的。因为诸多迹象表明,松原地区发现的最早居民——"青山头人",应该就是这一人类迁徙过程的结果。① 然而,由于缺乏文字记载,很多重大的发展变化无法澄清,要复原并研究这些移民活动将是十分困难的。如"元谋人"、"北京人"、"庙后山人"、"鸽子洞人"同"青山头人"之间,从人类体质或文化形态上,都有动辄几万甚至几十万年的间隔以至断裂,纯粹凭借想象力的填充,是没有多少学术价值和意义的。不过幸好,这些时代久远的移民活动,尚有部分考古资料的佐证,从而大略知道距今 1 万年以前人类迁徙的概况。因此,我们的探讨并非虚言浪语。

我们也注意到,松原地区同中国以及世界上的许多其他地区一样,也流传着自己的创世神话,详细内容可见《武当喇嘛创世》、《日月和昼夜》、《日食和月食》等传说,当地学者苏赫巴鲁先生等人已将其收集整理并编入《中国民间故事集成·吉林卷》中。② 如《武当喇嘛创世》篇中所言,宇宙最初无天地之别,混混沌沌,犹如鸡蛋。武当喇嘛出世后,命诸王造作天地山川,又用天之雨水和地之泥土做成男女二人,命他们生儿育女繁衍后代,继而建立国家云云。或有人视其为松原的原住民,甚至以其为"青山头人"的始祖。我们认为,这些带有神话色彩的传说,只是松原的"盘古开天辟地"、东北的"亚当与夏娃",

---

① 《中国东北史》的编著者也提出类似观点。见佟冬主编:《中国东北史》(第 1 卷),吉林文史出版社 1998 年版,第 9 页。

② 苏赫巴鲁、苏伦巴根编撰:《中国民间故事集成》(吉林卷),中国文联出版公司 1992 年版,第 3—9 页。

从科学的角度考量,显然不具有多少可信性。而松原移民说则有着考古学、人类文化学及文献学上的证据。

二、先秦遗址

松原的移民活动非但没有因为旧石器时期的结束而终止,反而随着自然环境的变化、生产力的提高而进入新阶段。先秦时期①松原的移民状况如何?这要从肃慎人的"进贡"说起。

人们在研究中国古代东北民族问题时,经常引述肃慎人向中原部族(国家)进献"楛矢石砮"②的文献,来说明早在三皇五帝时期,古肃慎人即同中原地区就有了一定的交往。据史料记载,在距今 4000 多年前的新石器时期晚期,当舜即位 25 年之际,肃慎人前往"朝贡弓矢",从而同中原华夏族建立了较密切的往来。"(帝舜有虞氏)二十五年,息慎氏来朝,贡弓矢。"③此后,禹定九州时,周边各族"以职来贡",其中也包括"东北夷"的"息慎"④。西周初年,周武王灭纣,肃慎人又来献石砮、楛矢。⑤ 周武王将肃慎的贡品楛矢、石砮铭以"肃慎氏之贡矢"⑥六字,以"昭其令德之致远也,以示后人使永监",并把它分给异姓诸侯,希望他们如肃慎一样忠于周王朝,"无忘服也"。周成王九年,征服东夷,"息慎来朝,王赐荣伯作《贿息慎之命》"⑦,以为褒奖。

《山海经》记载:"大荒之中有山,名曰不咸,有肃慎氏之国"。经后人考证,东北三大族系之一的肃慎人,当时应生活在包括今松原地区在内的、遍及长白山一带、松花江及黑龙江流域的广大地区。新石器时期晚期直至西周早

---

① "先秦"是中国传统学术中常用的概念,我国学界一般将自上古的"神话传说时代"开始,直至公元前 221 年秦始皇统一中国的这数千年历史,称为"先秦"。其中的"神话传说时代",是指中国历史上口耳相传的,以盘古开天辟地、西王母、三皇五帝等传说中的形象为主角的一段特殊的历史时期。不难看出,"先秦"和"石器时期"的概念不尽相同,但所涵盖的时间范围大致相同。

② 楛矢,就是用长白山区的楛木(有学者认为就是桦木)制作的箭杆;石砮,就是用松花江(也有学者认为是黑龙江)的坚硬的青石磨制的箭头。

③ 参见《竹书纪年·五帝纪》。

④ 《史记》卷1《五帝本纪》。

⑤ 参见《后汉书》卷85《东夷传》。

⑥ 《国语·鲁语》。

⑦ 《史记》卷4《周本纪第四》。

期,古肃慎人同中原地区即开始了较为持久的往来。这表明,由于社会的进步,物质的相对丰富,时人活动的范围更大、自由度更高。这都为地域间的人口流动提供了必要的条件。可以想见,由于自然或人为的原因,无论是当时或是更早时期的松原,同其他地区之间(甚至是中原地区)①一定也存在着人口流动的现象。一系列考古发现表明,这种推断是能够成立的。

我们在调查中发现,青山头遗址中还出土了磨制较为精细的石器、骨器、泥质夹蚌壳粉陶器等,这表明青山头文化由旧石器时期晚期一直延续到新石器时期,而质地较硬、火候更高的灰色泥质陶片及青铜耳环的出土,则表明青山头的居民已进入青铜时期。② 在松原市其他县区,我国考古工作者也相继发现十余处新石器时期及更晚期的人类文化遗址。较有代表性的是位于前郭县浩特芒哈乡(原孤店乡)北部的"浩特芒遗址"。该遗址分布在"腰浩特芒"和"西浩特芒"的沙岗上,除人类骨骼外,还出土了石箭镞、刮削器、长石片、有色陶器(有灰陶、灰褐陶、红褐色陶、黑陶等)以及磨制石斧等。这些石器都属打磨精致的细石器,质地多为玛瑙石、燧石、石英、水晶等。其中的一件长石片,单脊,剖面呈三角形,周身留有压剥痕迹,刀刃部锐利,玛瑙石质,"制作精细,小巧玲珑"③。据上述出土器物推断,无疑当属新石器时期文化遗址。其延续时间较长,甚至由新石器时期晚期而"跨入青铜时期",也就是说,其下限到了"西周末春秋初期"④,或者更晚。

此外,位于前郭县乌兰塔拉乡西太平屯的"西太平遗址",也是一处较有代表的新石器时期文化遗址,距今约4000年,相当于中原地区的舜、禹时期,或夏朝早期(参见图7-1)。

同旧石器时期晚期的人类文化遗址相比,先秦时期松原地区文化遗址的

---

① 如《后汉书·东夷传》中有言,商朝帝武乙时,因为国势衰微,"东夷浸盛,遂分迁淮、岱,渐居中土"。就后来东夷、淮夷等在山东半岛及淮河流域广泛分布的史实观之,所谓东夷渐侵的活动是确实存在的。东夷南下,是否也牵动了松原地区的移民外流? 其是乎? 其非乎? 不得而知矣!

② 青铜时期是以使用青铜器为标志的人类物质文化发展阶段。人类利用金属的第一个时代。中国的青铜时期始于公元前1800年,而松原地区进入青铜时期,应当是战国晚期,甚至是秦汉之际了。

③ 吉林省文物志编委会编:《前郭尔罗斯蒙古族自治县文物志》,1983年内部资料,第14页。

④ 参见《前郭尔罗斯蒙古族自治县文物志》,1983年内部资料,第17页。

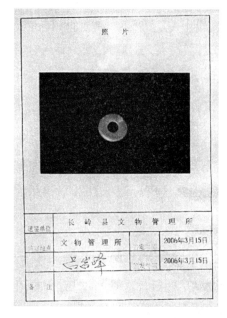

图7-1　新石器时期磨制玉环（长岭县出土）

分布较为广泛。不难看出,松原地区的人口规模和数量,其增加是相当显著的。于是,一个不能回避的问题就是:松原地区这些文明程度更高的"现代人"来自何方? 是由晚期智人"青山头人"进化繁育而来? 还是由来自其他地区的晚期智人繁衍进化而来? 抑或是其他地区的"现代人"迁徙滋生的结果? 等等推测,颇令人关注,也很令人困扰。

虽然利用考古成果研究先秦时期(特别是石器时期)的移民问题存在很大的局限性,但是一个我们不能否认的基本事实是,人口迁徙的历史同人类社会发展演进的历史同样悠久①,这在松原地区也概莫能外。如上述,我们知道松原在旧石器时期存在着人口迁徙,因此我们同样可以判断,松原在新石器时期及青铜时期,同样也存在人口迁徙的现象。所以,上述遗址的居民,虽非全部,但也有相当部分来自中国的其他地区。一个重要佐证就是,松原新石器时期遗址文化类型,同辽宁"新乐文化"、内蒙古赤峰"红山文化"、黑龙江齐齐哈

① 葛剑雄等学者持该观点。参见《简明中国移民史》,福建人民出版社1993年版,第23页。

尔"昂昂溪文化"等其他地区文化存在着诸多关联。①

譬如上述"浩特芒遗址",其遗物表现的诸多文化内涵,如"凹底三角形石簇和夹粗砂拌蚌壳粉的红褐陶片,以及磨制石斧"等,就"显然"与"昂昂溪文化"的晚期器物有"很多共性"。② 再如位于前郭县吉拉吐乡东灯楼库屯东南约3公里的"达红石砬子遗址",考古工作者在历次考察中采集了大量的文物,石器仅见一件"沉积岩磨制"品,已分辨不出器形;这些文物中陶器残片居多,能够辨认出器型的有鬲、鼎、钵、罐、豆、纺轮等,大部分为生活用具。其中的陶纺轮、红衣陶片、素面黄褐色陶片等非常具有代表性。人们认为,红石砬子遗址的出土文物表明,其年代上限至西周早年,下限则到了西汉时期。它与黑龙江省肇源县境内的"白金宝文化"、"望海屯文化"及吉林省大安县境内的"汉书文化"③类似,有一定关联。

当然,论证松原先秦时期文化遗址与上述人类遗址的孰先孰后是有意义的。但是我们认为,文化间的影响是相互的,而造成这种文化互动的,想必也离不开人口的地域间迁徙。因此,松原同其他地区文化类型和内容的相似,至少可以说明松原同这些地区间的人口流动是存在的,故而我们认为,新石器时期及其以后的松原,至少有部分人口属于外来移民,这应该是可以成立的。

第二节 移民文化的发展

如同青山头遗址一样,"浩特芒遗址"、"西太平遗址"等新石器时期遗址

---

① 乾安县发现了三处新石器时期早期的人类文化遗址,就出土的"之"字纹陶片而言,有学者认为,这反映了乾安县境内的新石器时期文化"有着自己的独特风格",但能否"独树一帜,自成体系,还有待于今后的工作来解决"。(参见吉林省文物志编委会主编:《乾安县文物志》,1985年版,第8页)。《乾安县文物志》编写者提出的观点是值得重视的,但是共性和个性的关系是辩证的,考量遗址间、区域文化间的关联,应该全方位、多角度地进行,不能贸然下结论。

② 参见吉林省文物志编委会编:《前郭尔罗斯蒙古族自治县文物志》,1983年内部资料,第16页。

③ 汉书遗址位于吉林省大安市月亮泡乡汉书村东北1公里的月亮泡南岸一个隆起的黄土岗上。经考证,汉书遗址属青铜时期人类生活的遗存。被誉为吉林省"露天博物馆"和"地下文物仓库",是省级和国家级重点文物保护单位。

上层,也有时代更晚,甚至是辽金时期的器物出土。这说明,自先秦迄辽金,上述地区一直是松原人生息繁衍的聚居地。那么,汉唐辽金时期(辽金之际,松原基本不在两宋统治力的范畴,故不用"两宋时期"的提法),松原地区的移民文化的发展状况如何? 有关信息,见于史料记载的虽然不在少数,但大量史事已湮没无闻,具体情况往往难再详述。

一、汉唐时期

我们知道,秦末汉初,不堪战乱之苦的"燕、齐、赵人"往朝鲜半岛"避者数万口"①。此后,又由于当时的朝鲜半岛民风淳朴、刑政修明,对冀鲁等地汉人很有吸引力,所以"所诱汉亡人滋多"②。西汉元封三年(前 108 年),汉武帝征服朝鲜,设乐浪、玄菟、临屯、真番 4 郡,到元始二年(2 年),乐浪、玄菟二郡(临屯、真番二郡已裁并)已有人口 60 多万。③ 这只是当时汉王朝东北辖区人口的约数。此时的松原,其北部和东部正是夫余族的活动范围,不在汉王朝的政治版图内。

夫余族④是东北地区的古老民族之一,是秽貊族系⑤的主体,所建立的政权存在 700 余年,北魏太和十七年(493 年)亡于勿吉。《汉书·夫馀传》中言:"夫馀国,在玄菟北千里。南与高句骊,东与挹娄,西与鲜卑接,北有弱水。地方二千里,本濊地也"。⑥《三国志·魏志·夫余传》也记:"夫余,在长城之北,去玄菟千里,南与高句丽,东与挹娄接,北有弱水,方可二千里,户八万。"⑦弱水,即今第一松花江。参照其他文献记载,可知松原绝大部分地区正在夫余国统治范围内。

---

① 《后汉书》卷 85《东夷传》。
② 《汉书》卷 95《朝鲜传》。
③ 参见《汉书》卷 28《地理志》。
④ "夫余",亦作扶余、夫馀、扶馀、凫臾,始见于《史记》卷 129《货殖列传》中:"夫燕……北邻乌桓、夫余,东绾秽貊、朝鲜、真番之利。"
⑤ 秽貊族系是由许多大小不一的民族共同体组成的。由于这些民族语言习俗相近,居住相近,所以概称秽貊。实际上是由秽和貊两个主要族群混合而成。秽是从事农业的,居住地区偏东,约在今吉林省及朝鲜半岛北部,是这个地区的土著民族。貊是从事畜牧的,居住地区偏西,约在今辽宁省东部及吉林省西部,以后有部分东迁到秽族居住区。
⑥ 《后汉书》卷 85《夫馀传》。
⑦ 《三国志·魏书三十》"乌丸鲜卑东夷传第三十"。

汉与夫余之间往来较为密切①，单就人口流动而言，它们之间的关系又会对松原移民造成何种影响呢？一份东汉延光元年（122 年）的诏书为我们提供了部分信息："鲜卑、秽貊连年寇钞，驱略小民，动以千数。"②所谓"秽貊连年寇钞"，指的是秽貊族系的夫余、高句丽政权多次掳掠汉境，这确实是存在的，此前如此，之后亦然。如永初五年（111 年），夫余出兵 7000—8000 人掳乐浪；永康元年（167 年），夫余王大台率兵 2 万袭玄菟。③ 高句丽的掳掠更为严重，此略。在当时，人口同金玉珠帛等一样，是不可多得的财产，甚至更为宝贵。正如汉廷诏书中所言，历次掳掠行动中，掳掠汉民"动以千数"，不在少数。当然，战争掳掠并非夫余与中原王朝关系的主流。因此，由于其他因素促使的人口迁徙，就更不在少数。

西晋太康六年（285 年），鲜卑族慕容廆侵略夫余，夫余因此而灭国。后虽复国，但鲜卑人将掳掠的大批夫余人贩卖到中原各地，一则从中渔利，一则进一步削弱夫余势力。④ 由此可见，汉人有进入夫余地者，也有夫余人进入汉地者。总之，包括这些被掳"小民"在内的一队队特殊移民，必定有相当部分往来于辽东诸郡县与松原各地之间，只是文献不足，不能知其确数罢了。

秦以前，东胡族系大致活动在东北地区西部，今内蒙古草原东部、松原部分地区，都留下了东胡族的足迹。汉高帝元年（前 206 年），东胡族被匈奴⑤击溃，其中一部分沦为匈奴的族属奴隶，余下的被分解为乌桓和鲜卑两个族系。⑥ 两汉之际，乌桓活动范围不断拓展，曾东临夫余，松原部分地区也在其游牧范围之内。东汉末，曹操于建安十二年（207 年）率兵征乌桓，"胡汉降者二十余万口"⑦，曹操将其尽迁汉地。这次牵涉数十万人的人口流动，必然对

---

① 参见田耘：《两汉夫余研究》，《辽海文物学刊》1987 年第 2 期；王绵厚：《东北古代夫余部的兴衰及王城变迁》，《辽海文物学刊》1999 年第 2 期；赵红梅：《夫余与玄菟郡关系考略》，《满族研究》2009 年第 2 期，等等。

② 《后汉书》卷 85《东夷传》。

③ 参见《后汉书》卷 85《夫余传》。

④ 参见《晋书》卷 97《夫余传》。

⑤ 匈奴，不同历史时期有不同称谓。《史记·匈奴列传》中言："唐虞以上有山戎、猃狁、荤粥，居于呗蛮。"《史记集解》引晋灼语云："尧时曰荤粥，周曰猃狁，秦曰匈奴"。晋灼所言，对于理顺先秦典籍，考察匈奴源流，有重要参考价值。

⑥ 参见《后汉书》卷 90《乌桓传》。

⑦ 《三国志》卷 30《魏书·乌丸传》。

松原地区的人口,特别是被掳掠到当地的汉人造成重要影响。他们是否因思念故土而南迁汉地？这种可能性是不能否认的。

曹操征乌桓后,乌桓余部入鲜卑部,渐而成为鲜卑人。鲜卑族也属东胡族系,先秦时在大兴安岭中部、北部一带活动。到东汉后期的汉桓帝时,鲜卑的势力"东西万四千余里,南北七千余里",所以在魏晋时期,中国北方草原上活动的就主要是鲜卑各部了,包括松原部分地区在内的今吉林省西部地区也都是其势力范围。鲜卑各部较为频繁的权力更替、民族征服和人口迁徙也波及松原地区。除上文提到的西晋太康六年(285 年)鲜卑人攻灭夫余国、贩卖夫余人之外,晋穆帝永和三年(347 年),鲜卑族慕容皝又派兵袭击夫余国,俘虏自夫余王以下 5 万余口"而还"。如果以《三国志》"户八万"的数字估计,除去战斗伤亡,夫余 5 万余口被掳走,想必包括松原在内的广大地区,已是倾国倾城、炊烟难见了。

上文提到灭夫余国的"勿吉"人,本是肃慎、挹娄人的后裔。[①] 到南北朝时,"勿吉"二字始见载籍。松原一带夫余和勿吉考古文化交融混合的现象,表明这两个民族曾经共处的事实。实际上,这些肃慎族系的后裔,在松原地区曾被夫余人长期统治,直至 5 世纪后期(473 年),才击败夫余获得独立。政权更替,松原易手,必定对夫余国民众产生重要影响,夫余人、勿吉人何去何从？史无明文记叙,但比照往代、后世可知,夫余最终亡国,夫余人不知所终,其所引发的人口迁徙,想必是有相当规模的。

此后的百余年间,粟末(今松花江)、白山(今长白山)、伯咄(即伯都讷,今扶余县)、安车骨(今阿什河)、拂涅(今牡丹江一带)、号室(今绥芬、穆伦二河流域)、黑水(今黑龙江下游)等部逐渐壮大,各据一方。隋唐时,人们将他们统称为靺鞨。唐圣历元年(698 年),粟末靺鞨首领大祚荣受唐册封,去"靺鞨"号,称"渤海",建立政权,号称"海东胜国",繁盛一时。渤海国在松原地区设立夫余府。在松原地区设治,而且是地方最高一级机构,这不但说明其地位之重要,也说明其经济发展之状况及居民户口之规模。

值得注意的是,隋唐两代,汉人移民松原地区的资料目前尚未见到,而且

---

① 《魏书·勿吉传》称之为"旧肃慎国也"。肃慎族人,汉晋时称"挹娄",北魏时称"勿吉"。一般以其为"窝集"的转音,满语意为"森林"。因此"勿吉"人就是"林中人"之意,这是对其生活环境和生产方式的形象称谓。

即便是移民东北的资料,也很少见。就唐代的情况而言,有学者指出:"终唐之世,汉族在辽西的分布区没有更大扩展。今年在辽西地区发现的唐代汉人遗迹,主要是墓葬,也仅限于今朝阳市附近。"①辽西尚且如此,遑论松原。因此可以说,隋唐之际的松原移民,主要是夫余、契丹、粟末靺鞨(后称渤海)、黑水靺鞨(后称女真)等族之间的人口迁徙。而唐末五代以后,特别是辽金时期,情况有了改变。故而,有学者指出:"辽金是东北历史上人口迁移活动相当频繁的时期,人口的迁移对区内人口发展、民族变迁和地区开发产生了深远影响,并波及这一历史时期的中国社会发展。"②

二、辽金时期

唐末,契丹人兴起,松原西部地区就曾是他们的势力范围。契丹人,一说属于东胡族系鲜卑族柔然部,"契丹"称号在北魏时始见于史籍。此后的契丹人过着渔猎和游牧生活,活动于包括松原西部地区在内的东北广大地区。唐哀帝天祐四年(907年)建立政权,五代后梁贞明二年(916年)立国,公元947年辽太宗耶律德光改国号为辽,成为中国北方统一政权。其间,辽于公元926年灭渤海国,松原全境归辽后,分属上京临潢府和东京黄龙府。辽朝初年,东北地区除了契丹、女真各族民众较为频繁的迁徙之外,北方汉人(甚至统兵将领)也因为逃避战乱、不堪暴政、被掳夺等原因迁入东北,继而进入松原。如辽太祖时"(唐时幽州节度使)刘守光暴虐,幽、涿之人多亡入契丹"③。辽太祖元年(917年),平州刺史刘守奇因政治失意,率数千人降辽,被安置在平卢城(今朝阳市)。④ 特别是辽军掳掠汉人的记载,《辽史》诸帝本纪、《兵卫志》、《新五代史》之《契丹传》等文献中,书不胜书,可详诸原著。在长达百年的人口迁徙中,究竟有多少人口进入松原地区? 又有多少人口从当地迁出? 我们已无法作出确切的统计。目前只能从《辽史·地理志》的个别记载中得窥一

① 孙进己、冯永谦主编:《东北历史地理》(第2卷),黑龙江人民出版社1989年版,第217页。

② 吴松弟:《中国移民史》(第4卷)《辽宋金元时期》,福建人民出版社1997年版,第59—60页。

③ 《新五代史》卷72。

④ 参见《辽史》卷1《太祖本纪上》。

斑:"长春州长春县",燕蓟犯罪者流配于此,户 2000。以每户 5 口估算,当有 1 万人左右。这仅是一时、一地之记录,如果资料更系统完整,松原移民自当不仅仅是 1 万人。除此之外,辽朝统治者还有意识地组织契丹人移民。譬如其中的长春州,是契丹移民的一处重要迁入地。① 这同松原是辽帝历年"春捺钵"所在地有重要关系。

辽灭渤海国后,渤海人被迫举国向外迁徙,或有进入松原地区者②,而此时的黑水女真(辽代时始称黑水靺鞨为"女真",文献中又多记作"女直")一部则陆续南迁,进入宁江州(今扶余县境)以东、松花江以北广大地区生活,受辽统治。北宋政和五年(1115 年),女真抗辽建国,1125 年灭辽,1127 年灭北宋,宋绍兴十一年(1141 年)与南宋划江而治。女真人建立国家政权后,松原属金北京路临潢府、上京会宁府和隆州府辖区。受金朝施政的影响,特别是因与汉移民聚集的上京会宁府相毗邻,松原地区的移民活动再次活跃起来。

金朝建立后,为巩固统治,开始一系列有组织的人口迁徙,其中包括将大批汉人迁入东北,如金兵进攻北宋并从开封撤军时,"华人男女,驱而北者,无虑十余万"。③ 其中有北宋徽、钦二帝、宗室百官及其他各色人等。其他劫掠尚有许多。虽然并非所有移民都迁入东北,但是东北仍是上述移民的一个主要迁居地。我们不知有多少移民进入松原地区,但是从南宋使者的有关记叙中,可以略知大概。曹勋,北宋宣和进士,南宋绍兴十一年、二十九年两次奉命出使金国。④ 他曾有言:"自燕山向北,部落以三分为率,南人居其二。"⑤ 这是他途经金上京会宁府(治所在今黑龙江省阿城境内)时的见闻。三分之二虽非确数,但也反映出金统治下,包括松原在内的北方广大地区,汉族移民充斥各邑的情形。特别是金都城上京所在地,迁来汉人最为集中,这同金初统治者

---

① 《辽史》有言"突吕不部司徒居此州西面"。《辽史》卷 33《营卫志下》。

② 辽朝统治者对渤海人一直心存芥蒂,故而陆续将其大批迁出渤海故地,而置于辽中、辽南、内蒙古中东部地区,甚而中原。《辽史·地理志》记载颇详,此不赘述。

③ (宋)李心传:《建炎以来系年要录》卷 4,建炎元年四月辛酉,中华书局 1988 年版,第 92 页。

④ 曹勋(1098?—1174 年),字公显,号松隐,阳翟(今河南省禹州市)人。尝数次出使金国,有《松隐集》、《北狩见闻录》等传世。事迹见《宋史》卷 379 本传。

⑤ (宋)曹勋:《松隐集》卷 7《古诗序》,四库本。

的治国策略有关。《金史》载："太祖每收城邑，往往徙其民以实京师"①云云。这同辽统治者首重上京临潢府（内蒙古自治区赤峰市巴林左旗境内）的移民政策如出一辙。

除汉民外，女真人也将大批被征服的契丹人移民到今松原、阿城地区。如大定十七年（1177年），金世宗担心"西南、西北招讨司契丹余党心素狠戾"、再生事端，"不为我用"，于是下令将其迁到上京（今黑龙江省哈尔滨市阿城区）、济州（后改称隆州，在今吉林省农安县境）、乌古石垒部（在今嫩江中游以西的雅鲁、绰尔河流域）等地②，同女真、汉等族杂居。这是在金朝行政手段干预下，契丹人一次较大规模的移民活动。原本或迁徙到松原地区的契丹人，或陆续迁出，或与当地人通婚，民族特征渐而消失。

金朝也对本民族进行有计划的迁徙。譬如金天辅五年（宋宣和三年，1121年），金统治者因原居地按出虎水和宁江州（在今扶余县境）"境土"多"瘠卤"，故而将本部猛安谋克民户万余，迁徙到泰州屯种。③ 后又恐上京民少兵寡不足以作"缓急之备"④，又将速频、胡里改猛安谋克并移居上京，再入松原等地。⑤ 此外，金太祖在率军灭辽攻宋战争期间，也将包括女真人在内的东北各族民族迁徙到中原地区，整个过程持续了大约30年之久。⑥ 其间规模较大、对松原地区影响最大的一次移民，是金贞元元年（1153年）海陵王迁都燕京，将上京路大批女真人迁入中原的那次，《金史》卷44《兵志》有较详细的记载。据日本学者三上次男考证，此次共有12猛安的女真人被迁往华北。以1猛安3,000户，每户5人算，这次移民约有3.6万户，计18万人的规模。这是最保守的估计，因为上京路是金贵族最为集中的区域，侯门深似海，故旧亲随

① 《金史》卷133《张觉传》。

② 参见《金史》卷44《兵志》，《金史》卷88《唐括安礼传》。

③ 《金史》卷46《食货志》。

④ 《金史》卷44《兵志》。

⑤ 是为金大定二十四年（1184年）、二十五年（1185年）的两次移民活动。详见《金史》卷8《世宗纪》。

⑥ 有关研究成果可参考［日］三上次男：《金代女真研究》，金启宗译，黑龙江人民出版社1984年版；张博泉：《金史论稿》（第1卷），吉林文史出版社1986年版；宋德金：《金代社会生活》，陕西人民出版社1988年版；罗贤佑：《金、元时期女真人的内迁及其演变》，《民族研究》1984年第2期；吴松弟：《中国移民史》第4卷《辽宋金元时期》，福建人民出版社1998年版，等等。

也人丁兴旺,此猛安非彼猛也,所以 18 万口是最保守的估计。如此大规模的移民,自然要对阿城京畿地区的松原等地女真居民产生重要影响。

辽金两代户口缺乏较完整的全国统计,各州县的户口数据也很不完全,松原地区的人口数量就更付诸阙如。① 因此我们只能另辟蹊径,从其他角度探讨松原地区的人口规模,从而窥测其移民情况。松原地区大量辽金时期城镇遗址的发现,为我们提供了宝贵的信息。在规模上,塔虎城周长 5213 米,是吉林省境内规模较大、形制较典型的辽金古城,除此之外,周长在 2000 米以上的中型古城有哈拉毛都的哈朋店古城、大山乡的大土城子古城;周长在 1000 米左右的有王府那拉街古城、吉拉吐乡的扎罕布格古城、长山镇的偏脸子古城、乌兰图嘎镇的大喇嘛坨子古城;周长在 400—800 米的古城有查干花小城子古城、深井子旱龙坑南北古城、乌兰塔拉乡的西哈什坨子古城等。在分布上,沿松花江分布的偏脸子古城、大土城子古城、扎罕布格古城、那拉街古城、哈朋店古城,应是长春州通往农安黄龙府的陆路通道。分布在松原西部的龙坑二古城、西哈什坨子古城、大喇嘛坨子古城,则是长春州通往信州的交通驿站。另在较为丰富的出土文物中,我们能更直观地看到辽金时期松原地区经济和社会发展所达到的水平。总之,松原地区在辽金时期得到进一步发展,松原移民及移民文化出现步入繁盛的端倪。

第三节　移民文化的辉煌

松原移民文化的发展,并非一帆风顺。辽金以后,特别是元明时期,因为政治格局、统治思想、社会文化等一系列因素的共同作用,松原的移民数量消长不定,松原地区一度萧条,这一状况直到清代中期才有改观。此后,随着国

---

① Karl A.Wittfogel, Feng Chia-Sheng.*History Of Chinese Society Liao*,*907-1125*(*The American Philosophical Society*,*1949*)一书中,据《辽史·地理志》所记辽"五京"户数,估算全国有 76 万户,380 万人口。其中,汉人 240 万,契丹人 75 万,渤海人 45 万,其他藩部 20 万人。葛剑雄在《中国人口发展史》一书中(福建人民出版社 1991 年版,第 7 章第 4 节)估计,辽代人口至少在 400 万人以上。至于金代,据金章宗泰和七年(1207 年)的记载,可知全国有 768 万户,4581 多万人口。但是,临潢府路、上京路各州县的具体统计数据仍不得其详。

内外形势的巨大变化,闯关东、开蒙荒运动日渐高涨。值此风云际会之时,松原移民文化自19世纪末期起,出现前所未有的繁荣景象,从而为当代松原社会和经济的腾飞奠定了基础。

一、元明时期

蒙古族是中国古代北方草原的一个游牧民族,唐时称蒙兀室韦。① 公元1206年(南宋宁宗开禧二年),孛尔只斤部的铁木真将长期在漠北游牧的蒙古各部统一起来,建立蒙古国。蒙古大军不断征讨,相继灭西夏、大理、金朝等政权。元世祖至元十六年(1279年),元灭南宋后,最终统一中国。元朝的疆域极其广大,《元史·地理志》中言:"其地北越阴山,西极流沙,东尽辽左,南越海表",版图超越汉唐。自蒙古政权控制东北地区始,松原移民便进入另一个历史时期。

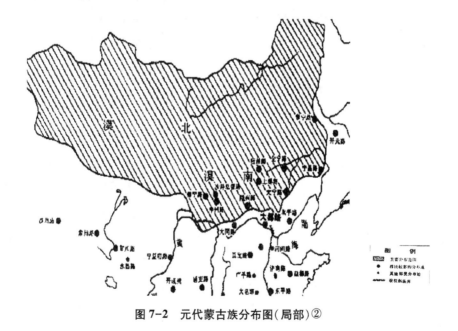

图 7-2　元代蒙古族分布图(局部)②

---

① 据研究,蒙古的祖先之一是室韦,而室韦又是柔然的一支。关于柔然人的来源,众说纷纭。有东胡、鲜卑、匈奴、塞外杂胡等诸说。如《魏书·蠕蠕传》提及蠕蠕为"东胡之苗裔"、"匈奴之裔"、"先世源由,出于大魏";《宋书·索房传》《梁书·芮芮传》均认为柔然是"匈奴别种"。而《南齐书·芮芮房传》则以为是"塞外杂胡"。

② 参见吴松弟:《中国移民史》第4卷《辽宋金元时期》,第544页。

辽金时期,蒙古各部主要生活在大漠以北的今蒙古国境内,自元代征服宋金、统一中国始,蒙古人的分布则变得非常广泛,应该说长城内外、五岭以南,西自新疆青海,东到松漠东北,都有蒙古移民的足迹(参见图7-2)。但元朝的政治中心在上都、大都,因此漠南、京畿、河南等地,是蒙古族移民最为集中的地区。蒙古汗国建立后,为控制东北且屏卫京畿,便将该地区分封给成吉思汗诸弟及一些异姓王。随之,一些蒙古族移民开始进入上述地区,移民一直持续到元末明初。这些蒙古族人主要分布在泰宁路(治所在今吉林省洮安县东)、开元路(治所先后在今吉林省农安县和辽宁省铁岭市)西部,大宁路(治所在今内蒙古自治区宁城县西)北部、宁昌(治所在今辽宁省阜新县东北)路。据估计,当有"三到四万户,二十多万人"①。

这些蒙古人中究竟有多少分布在松原地区?尚无较具体的统计数据。蒙古人横扫松漠、统一中国对松原移民产生的影响,不在于具体统计数据之有无,而在于重组松原地区人口之结构。元初至清末,蒙古族一直是松原地区的主要民族,这对包括松原移民文化在内的整个历史文化均有深远的影响。而元朝时期前往东北的汉族移民并不多,且"主要集中在辽东半岛一带"②,基本未涉足松原地区。

公元1368年,朱元璋推翻了元朝的统治,建立明朝。但是败退的蒙古贵族仍占据北方的大片土地,其中的蒙古兀良哈部③即长期控制着西辽河(西喇木伦河)以北的嫩江流域,和元朝遗将纳哈出部控制的今扶余、农安等地相邻。明洪武二十年(1387年),纳哈出及其部下20余万人降明。明太祖朱元璋本意是将纳哈出所部"各照原地方"便宜安置(《明太祖实录》卷181),但主事官员在得到太祖谕旨前,已将这20万蒙古军民悉数迁离纳哈出故地。这次大规模的人口迁徙,必定将松原等地大量人口裹挟出境,唯具体数目不详。此后,兀良哈蒙古人部分南迁。明洪武二十二年(1389年),朱元璋在兀良哈设

---

① 参见丛佩远:《元代辽阳行省境内的契丹、高丽、色盲与蒙古》,《史学集刊》1993年第1期。

② 吴松弟:《中国移民史》第4卷《辽宋金元时期》,福建人民出版社1998年版,第682页。

③ 兀良哈,是元衰明兴之后,明人对已被蒙古种族所同化的奚、契丹等民众的称呼。为将这些蒙古人与蒙古本部人相区别,《明史》将"兀良哈"、"瓦剌"、"鞑靼"分别立传。实际上他们已是蒙古人了。

置朵颜、福余、泰宁三卫,确立同兀良哈部的羁縻关系,但明朝在当地的有效控制范围仅限于辽东,而对辽东以北区域的统治总显力不从心。①

由于政治②和军事的原因,明代军卫或普通民众的迁徙,基本都止于明与北元对峙一线,而很少有走出辽东者。这种格局对松原移民造成重要影响,尤其是打断了汉人移民进入松原地区的进程。而且,由于前元将士的归降,明政府将他们调离旧地,大批蒙古族人口陆续离开松原等地而进入辽西、中原甚至南方边陲。如上文提到的明初对纳哈出降服军民的处置;再如明正统十三年(1448 年)兀良哈部众在蒙古瓦剌部也先的侵扰下,请命南迁并进入辽东地区。③

盛极一时的瓦剌部瓦解后,鞑靼部的达延汗崛起,统一了蒙古,且将领土分封,为日后蒙古各部的形成奠定了基础。达延汗死后,后继者失去对蒙古各部的控制,其中的察哈尔部由内蒙古中部地区东迁。受此影响,原兀良哈三卫的福余、泰宁两部相继瓦解,朵颜部依附于达延汗分封的喀喇慎部,成为今辽宁西部喀喇沁蒙古的前身。察哈尔蒙古势力的东迁,给松原带来了新的移民,与此同时,也开始与女真人密切往来,其间战和不定。直到清朝初年,林丹汗病死,察哈尔部为满洲劲旅所击溃。

二、有清一代

自清代始,终于可以见到一些有关松原移民较可靠的官方统计数字,这是十分值得重视的问题,这也表明,松原移民文化的发展进入一个新时期。

东北是满族的发源地,因此不同于明政府的是,清政权建立后,极为重视对东北地区的统治。建州女真在努尔哈赤的率领下,一面同明军周旋,一面不遗余力弭平各部,终于在万历四十四年(1616 年)建立后金政权。如同任何一个新兴势力一样,后金政权建立伊始(皇太极于公元 1636 年改国号为清),也

---

①　著名明史专家顾诚先生就曾指出:"从东北到西北以至西南,这些大约构成半个明帝国疆域的地方在明代(特别是在明初)一般不设行政机构,而由都斯(行都司)及其所属卫所管理。"参见顾诚:《明帝国的疆土管理体制》,《历史研究》1989 年第 3 期。

②　明朝统治者对经营非汉族聚居区的东北不是很感兴趣,这是一系列羁縻措施制订的重要原因。此外,明朝实行严格的户口登记制度,没有官方文书,不能进行自由迁徙。移民活动的自由的受限制,也影响到华北等地民众进入松原等边外"苦寒"之地。

③　参见《明英宗实录》卷 163。

极为注意对人口的掠夺和安置,以巩固其对辽东占领区的统治。因此,满洲贵族在不断攻伐中,或不断调派八旗驻防,或安置大批俘获民众。① 一时间,辽沈各地人口流动频繁。

顺治帝迁都北京后,"从龙入关"者数以万计,此后为统一中原、平定天下而进行的屡次调兵,东北(尤为辽东地区)人口流失较为严重。② 虽然这些较为频繁的人口迁徙主要集中在辽中、辽南,但对松原等地的影响仍值得注意。

我们认为,对松原移民影响最大的,却是清军入关后出现的汉人"闯关东"和蒙古王公的"丈放蒙地"政策。诚然,清政府长期推行的"封禁政策",对冀鲁等地民众进入松原地区、对东北广大地区的发展,都产生一定的不利影响。因此西清在嘉庆中期赴黑龙江任官之后称:"自沈阳至卜奎(今齐齐哈尔)",所见者,仍是"数百里无居民"。③ 上述地区,少有人烟,地旷人稀,从某种程度上说,与清政府实行封禁东北的政策不无关系。④ 但是,随着时代发展和社会形势变化,东北广阔且待开发的土地,对耕地面积不足的广大民众来说,具有越来越大的吸引力,加之"封禁"之既定政策在施行过程中时紧时松,不是很严格,直至后来被彻底废除⑤,这都为移民活动的再次兴起准备了必要的条件。

就这样,清代伯都讷地区的人口数量日益增长。松原的伯都讷地区,旗地、官庄较多,旗人不善于耕种,需要汉族劳动力的充实。因此,该地是清代移民较为集中的区域。因为汉族移民日渐增多,雍正四年十二月(1727 年),清

---

① 满洲政权除了将辽西汉民迁往辽阳、沈阳等地之外,还将大批关内俘获的人口安置在清军占领区内。正如清太祖皇太极在崇德七年三月谕旨中言:"所获明国官民,不啻数百万。"(参见《清太宗实录》卷 59)皇太极所言并非浮夸,明清对峙时期,清军俘获人口当有百万之众。

② 顺治十八年(1661 年),张尚贤向朝廷进言中称,辽东"沃野千里,有土无人,唯几处荒城废堡,败瓦颓垣,点缀于茫茫原野中而已。"(见《清圣祖实录》卷 2)张尚贤所言基本属实。据一些专家估算:"清代初年,辽东土著人口大约只有 15 万"(参见曹树基:《中国移民史》第六卷《清民国时期》,第 472 页)。数十万平方公里土地,人口十余万,其荒废情形可想而知。辽东尚且如此,遑论东北其他地区?

③ (清)西清:《黑龙江外纪》卷 7。

④ 清乾隆、道光年间的"京旗回屯"政策,涉及满人约 5000 户左右,且基本集中在拉林、阿勒楚喀(今年黑龙江省阿城)、双城堡(今黑龙江省双城),基本未在松原地区安置。

⑤ 《清实录》、《蒙古律例》、《大清会典则例》、《理藩院则例》等清代文献中,有大量、反复颁布有关禁止汉人"出关"或到"口外"觅食、耕种的规定和命令。有些规定从行文看来,是相当严厉的,但诸如"已佃者不得逐,未垦者不得招"(见《清史稿·藩部一》)的措辞,也道出清朝统治者的无奈。

政府在此设置了长宁县,乾隆元年(1736年)裁撤。乾隆年间,封禁政策约束乏力,外来移民不绝如缕。到嘉庆十五年(1810年)时,新旧移民已有万余户,若按每户5人计算,当有5万人。为便于管理,清政府下令增设伯都纳厅,于光绪三十二年(1906年)改称新城府。咸丰以后,因为清政府核准开放阿城、双城等地,受此影响,伯都讷地区的人口也随着移民的不断进入而逐年增长。据1913年的统计资料,当时的扶余县已有包括汉、满、蒙等族在内的人口35.5万余人。参见表7-1《1913年扶余户口、人口统计表》。

表7-1 1913年扶余户口、人口统计表

民族	汉族		满族		蒙古族		合计	
户数总计	18,496	29,439	1,472	902	8	124	19,976	30,465
	47,935		2,374		132		50,441	
男	193,136		7,769		443		201,348	
女	147,826		6,268		364 *		154,458	
人口总计	340,962		14,037		807		355,806	

注:1.该统计对土地所有者和租赁者也进行了区分,如"18496│29439",表示土地所有者18496户,土地租赁者29439户。2.原统计数据为"367",经推算有误,当为"364"。来自:日外务省通商局编纂:《北满洲》,启成社大正七年(1918年)再版,第26页。

劳动力的丰富,为当地的农业发展准备了必要的条件,伯都讷即后来的扶余县,成为吉林省乃至全中国的重要农垦区(参见图7-3)。

前郭尔罗斯蒙古王公固穆一系,在清代拥有的土地不止今前郭、长岭、乾安等地方,连同今农安、长春、九台、德惠等市县,都曾是清代前郭旗的封地。同其他地区的蒙古王公一样,前郭蒙地的拥有者也以各种方式招揽大批汉民拓荒垦殖。较早见于记载的是乾隆五十六年(1791年)前郭尔罗斯旗扎萨克恭格喇布坦招民私垦,此后的几年间,不断有民户流入。嘉庆四年(1799年)时,据清政府的报告,已查出前郭旗有流民2330户。此后,前郭旗王公又继续丈放今农安、德惠及长春周边的数十万坰蒙地。对此,清政府不得不承认既成事实,且为安定地方、消弭事端计,于嘉庆五年(1800年)设立长春厅,光绪十四年(1889年)升为府。①

———————

① 嘉庆五年,清政府于郭尔罗斯前旗境内的长春堡附近(今长春市净月开发区新立城屯)设立长春厅。光绪八年、宣统三年,今农安、德惠等相继从前郭旗划出另行设治。

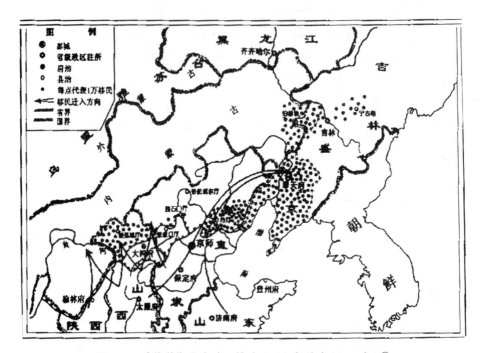

图 7-3　清代前期北方地区的移民迁入与分布(1776 年)①

　　广大蒙地的开发,离不开移民的大批迁徙,因此据文献记载,嘉庆十一年(1806 年),长春厅又增加流民 7000 多人,两年后,查出新来流民 3010 户。到了嘉庆十六年(1811 年),则有编订民户 11,781 户,丁口 61,755 人。② 这些移民又有多少进入今松原辖区,我们并无具体统计数据。

　　应该说,辽宁地区是清前期接受移民最多的区域,吉林地区、黑龙江地区吸纳移民的数量较为有限。在这样的格局下,我们会更为理性地认识松原地区移民活动的频率、人口分布、绝对数量等一系列问题。

　　但是,此后的百余年间,特别是 19 世纪中期以后,情况大为改观。这是因为随着中国边疆危机的日益迫人,东北、西北、西南、港澳地区的大批领土相继易手,东北地区人少兵寡,更给外国侵略者以可乘之机,其领土之沦丧以数十

　　① 参见《中国移民史》第 6 卷《清、民国时期》,福建人民出版社 1998 年版,第 490 页。

　　② 参见《清仁宗实录》卷 164,《吉林通志》卷 2。

万计。① 国人呼吁开禁、移民实边的浪潮日益高涨。

在此情形下,清政府不得不改弦更张,逐步开放东北荒地。咸丰十年(1860年)开放哈尔滨以北的呼兰围场;次年,准许移民进入吉林西北草原;到了光绪三十年(1904年),终于下令全部开禁。于是,光绪三十三年(1907年),决定开放长岭荒地30万垧,次年设长岭县。② 据日本外务省的统计资料,到1913年前后,长岭已有各族各类住户1.6万余户,汉、满、蒙族各人口10万余人(参见表7-2)。

表7-2 1913年长岭户口、人口统计表

民族	汉族		满族		蒙古族		合计	
户数总计	3,677	13,023	4	0	83	212	3,764	13,235
	16,700		4		295		16,999	
男	63,513		19		1,241		64,773	
女	34,683		23		1,325		36,031	
人口总计	98,196		42		2,566		100,804	

注:该统计对土地所有者和租赁者也进行了区分,如"3,677 | 13,023",表示土地所有者3,677户,土地租赁者13,023户。数据来源:日外务省通商局编纂:《北满洲》,启成社大正七年(1918年)再版,第132页。

民国十五年(1926年),时任吉林省长的张作相与前郭旗扎萨克、哲里木盟盟长齐默特色木丕勒协商,计划勘放前郭旗西部达布苏(今乾安县)荒地,次年设立乾安县。宣统三年(1911年),清政府制定了东三省移民实边章程,虽然未及实行便爆发了辛亥革命,但其移民办法基本为民国政府所采纳。总之,在此国内形势和国际环境的影响下,松原移民运动进入新时期。

三、现代移民

本书所说的"现代",是指20世纪上半叶的民国及日伪统治期间,它是松

---

① 1858年签订的《瑷珲条约》、1860年签订的《北京条约》,迫使清政府割让中国黑龙江以北、外兴安岭以南、乌苏里江以东的大片领土,面积约60万平方公里。

② 参见长岭县史志资料办公室编:《史志资料汇集》(2),《30万垧蒙荒开放述略》,1987年,第33—35页。

原移民史上最为活跃的一个时期,同时也是松原移民文化最为丰富多彩的时期。

松原地区适宜农牧业开发,这是移民进入这一地区的重要原因,特别是进入 20 世纪,在中国其他地区的土地开发殆尽、人均耕地不足的情况下,松原、东北对广大移民来说,充满了巨大诱惑力。日本殖民者在 20 世纪 30 年代初,曾绘制一幅较为醒目的土地资源分布图(参见图 7-4),可供参考。而通过另两张统计图(参见 7-5、图 7-6)可以看到,松原地区可开发的土地尚有,且人口密度低。就土地开发程度而言,1935 年的满铁农业统计资料,将松原地区的土地利用情况较完整清晰地呈现给我们(参见表 7-3《1935 年松原土地使用情况统计表》)。① 通过表格中的数据可以知道,长岭、乾安等地尚有大量可耕地有待开发。耕地一直是引导移民走向的重要因素,松原地区的大量待垦耕地,对其他地区的广大民众颇有吸引力(参见图 7-4)。

表 7-3　1935 年松原土地使用情况统计表　　　　（单位:陌★）

单位:陌		前郭		长岭		乾安		扶余	
可耕	已耕	83,808	15.7%	139,327	30.2%	51,613	11.4%	229,100	41.9%
	未耕	78,777	14.8%	110,491	24.0%	122,159	27.1%	91,470	16.7%
不可耕		370,564	69.5%	211,015	45.8%	277,584	61.5%	226,045	41.4%
总面积		533,149	100%	460,833	100%	451,356	100%	546,615	100%

★:1 陌等于 1 公顷,笔者未将调查数据进行换算。

资料来源:[日]山田胜夫:《昭和 10 年满洲农业统计》,"Ⅲ县别土地利用状况",南满洲铁道株式会社昭和十二年,吉林省社会科学院满铁资料馆藏,第 4—5 页。

农业开发、工业生产的需要是现代以来东北移民出现高峰的根本原因,而政府的投入、铁路运输事业的发展,为 20 世纪初年移民浪潮的到来准备了必要的条件。1931 年"九一八"事变后,日本加紧对中国东北地区的殖民掠夺,东北的移民及城市出现加速发展的局面。在此形势下,松原地区的人口有了显著增长,除去自然增长的因素,移民占了较大的比重。

---

① 1934 年,日本实业部农务司也做了一份农业统计资料。该统计资料除将前郭地区的数据付诸阙如以外,长岭、乾安、扶余三地的统计数据也与满铁的统计有别。详见实业部农务司农产科:《康德元年满洲国农业统计》,"1.土地利用统计,B 县别土地利用统计",康德二年六月,吉林省社会科学院满铁资料馆藏,第 1 页。

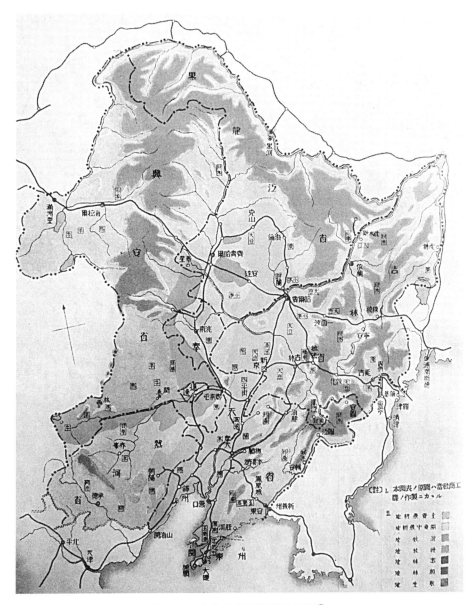

图7-4　东北农牧业地带分布图①

①　引自满铁经济调查会编:《昭和九年满洲经济统计图表》之《满洲农牧业地带分布图表》,满洲日报社印刷所昭和九年,吉林省社会科学院满铁资料馆藏,第20页。

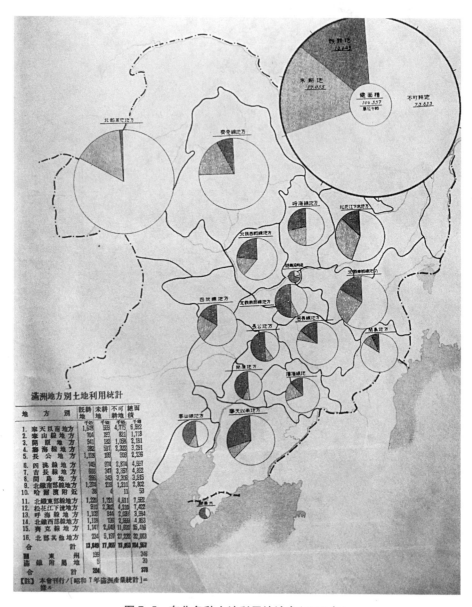

图 7-5 东北各种土地利用统计表（1932 年）

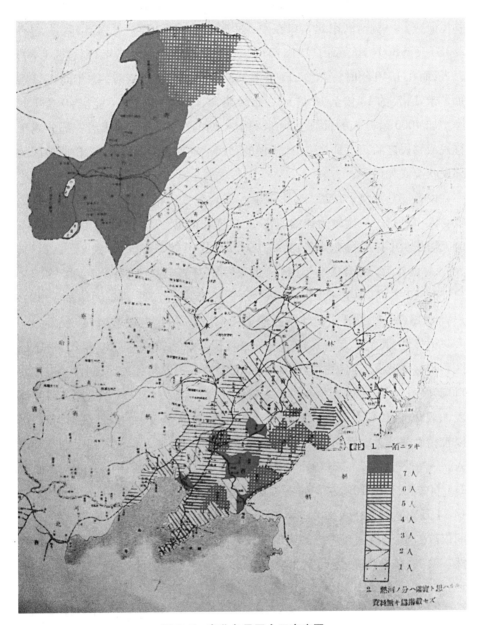

图7-6　东北各县区人口密度图

资料来源:满铁经济调查会编:《昭和九年满洲经济统计图表》,满洲日报社印刷所昭和九年,吉林省社
　　　会科学院满铁资料馆藏,第21、22页。

松原移民的增加,是在全东北人口快速增长的形势下出现的。据《北支移民研究》一书统计,东北人口在中日甲午海战前后(1894—1895 年)大约有 250 万人至 300 万人;到了 1910 年(宣统二年,即明治四十三年)则达近 1,800 万人;而在 1940 年时,东北人口为 4,323.4 万人。较之从前,45 年间人口增加了十几倍(约 13 倍至 16 倍)。① 很显然,人口自然增长是不能在 40 余年间净增加 4000 余万人的,因此,20 世纪上半期的东北人口,有相当一部分属于移民或移民之后裔。那么,如此规模的移民运动对松原有何影响,松原地区的移民状况又如何呢?

以乾安县为例。1929 年(民国十八年),乾安设治不久,民国政府便对乾安县人口进行了一次较为详细的普查,据统计,全县五区(本为六区,其中第 3 区无居民)共有居民 2,462 户,17,693 人(其中男子 10,349 人,女子 7,344 人)。② 两年后(民国二十年四月)的又一次普查结果显示,全县六区 4,735 户,38,812 人(其中男子 23,148 人,女子 15,664 人)。③ 两年间增加了 2273 户,计 21,119 人,按千分之十的自然增长率计算,两年自然增加人口约为 360 人。很显然,其余 2 万余人肯定是外来移民。那么,20 世纪 30 年代,松原地区整体移民状况如何呢? 笔者查阅了相关档案,提取有关数据,制作了三个人口统计表:表 7-4《1934 年末松原人口统计表》、表 7-5《1936 年松原人口统计表》、表 7-6《1942 年松原人口普查表》。通过这三个表中的统计数据,我们可以较精确解读近十年间,松原移民的状况。第一,松原人口随着移民的不断迁入,一直处于增长的态势。特别是 1934—1936 年的两年间,人口增加了 244,602 人,剔除 10‰左右的人口自然增长率,尚有约 24 万的人口净增长。这 24 万人显然是外来移民。第二,1936—1942 年间,松原人口增速放缓,6 年间仅增加 15,376 人。考虑到当时的国内国际形势,人口的移入放缓,也是必然。第三,在松原移民总量增长放缓的形势下,松原各县区之间出现了较显著

---

① 参见[日]《北支移民研究》,载《东亚经济研究》,吉林省社会科学院满铁资料馆藏,第 152—155 页。

② 吉林乾安县设治局:《乾安县户口统计表》(中华民国十八年九月),乾安县档案馆,案卷号 Z41。

③ 乾安县公安局:《为递填全县户口变动统计表》(民国二十年),乾安县档案馆全宗号 1,目录号 1,案卷号 1542,第 3 页。

的人口流动。特别是扶余县人口的明显负增长同前郭县、乾安县人口的显著增加形成鲜明对比。[①] 松原各县区间的人口流动，是对移民资源的进一步调配，是此前移民浪潮之余波。第四，日本人、朝鲜人随着日本殖民的不断强化，逐步渗透到东北各地。松原地区日本人、朝鲜人的显著增加，使20世纪上半叶的松原移民增添了殖民主义的色彩。

表7-4　1934年末松原人口统计表

县别	本国人	日本人	朝鲜人	其他外国人	合计
扶余	385,843 (200,059;185,784)	90(53;37)	1,026 (582;444)	3 (1;2)	386,962 (200,695;186,267)
长岭	126,617 (67,500;59,117)	19 (13;6)	无	无	126,636 (67,513;59,123)
乾安	51,882 (28,078;23,804)	5 (5;0)	无	无	51,887 (28,083;23,804)
前郭	16,573 (8,406;8,167)	无	无	无	16,573 (8,406;8,167)
合计	580,915 (304,043;276,872)	114 (71;43)	1,026 (582;444)	3 (1;2)	582,058 (304,697;277,361)
吉林总计	4,735,551 (2,546,435;2,189,116)	8,493 (5,153;3,340)	29,884 (16,812;13,072)	211 (136;75)	4,774,139 (2,568,536;2,205,603)

注：日本外务省所指的"本国人"，指伪满洲国成立后，在松原地区生活的中国人。"朝鲜人"，指日本殖民统治下的朝鲜半岛的朝鲜族人。477,139(2,568,536;2,205,603)，表示吉林省有477,139人，其中男2,568,536人，女2,205,603人。

数据来源：伪民政部：《满洲帝国民政部第一次统计年报》（康德二年刊行），"2.全国户口数（康德元年12月末）"，吉林省社会科学院满铁资料馆藏，第4—5页。

---

① 特别是前郭县，直至新中国成立前后，仍基本保持这样的人口规模。1948年11月20日的一份调查统计显示，截至当月，前郭共有蒙、汉等族人口29,744户（其中第1区的4,360户未作民族类别的区分，第2至14区，有汉族22,056户，蒙古族3,270户，其他民族58户），152,747人（男子80,012人，女子72,735人）。这15余万居民中，第1区未作民族区分共17,984人，第2至14区中，汉族有116,244人，蒙古族18,311人，其他民族208人。资料来源：《前郭旗人民政府办公室：前郭旗人民政府关于干部任免等档》（1948年4月10日至1948年12月1日）之"郭前旗行政区划各民族户数人口分布及不能使牲畜统计表"，前郭县档案馆藏，全宗号2，目录号1，案卷顺序号5，第48页。

表 7-5　1936 年(昭和十一年)松原人口统计表

县别	满洲国人	日本人	朝鲜人	其他外国人	合计
扶余	542,130 (282,164;259,966)	393 (216;177)	1,618 (887;731)	26 (13;13)	544,167 (283,280;260,887)
长岭	157,117 (82,399;74,718)	26 (21;5)	328 (184;144)	无	157,471 (82,604;74,867)
乾安	65,614 (30,662;34,952)	28 (18;10)	无	无	65,642 (30,680;34,962)
前郭	58,967 (32,040;26,927)	210 (145;65)	203 (106;97)	无	59,380 (32,291;27,089)
合计	823,828 (427,265;396,563)	657 (400;257)	2,149 (1,177;972)	26 (13;13)	826,660 (428,855;397,805)
吉林总计	5,257,843 (2,834,420;2,423,423)	54,692 (30,364;24,328)	62,666 (35,381;27,285)	584 (346;238)	5,375,817 (其中包括32 名台湾人)

注:日本外务省所指的"满洲国人",指伪满洲国成立前后,在松原地区生活的中国人。"朝鲜人",指日本殖民统治下的朝鲜半岛的朝鲜族人。"393(216;17)","393"表示总人口,"216"和"17"分别表示男、女性人口数。

资料来源:日外务省东亚局:《满洲国及中华民国在留本邦人及外国人人口统计表》(第 29 回,截止昭和十年十二月末),"第二表:满洲国人口省、特别市别",吉林省社会科学院满铁资料馆藏,第 3—4 页。

另,伪国务院总务厅统计处:《康德三年末满洲帝国现住人口统计》(康德四年九月发行,吉林省社会科学院满铁资料馆藏,第 12—14 页)中的统计数据,与日本外务省东亚局的统计时间相近,统计数据有一些出入,可参考。

表 7-6　1942 年(康德九年)松原人口普查表

县别	满汉	蒙古族	回族	日本人	朝鲜人	其他外国人;无国籍人	合计
扶余	434,736 (223,887;210,849)	1,702 (862;840)	3,222 (1,756;1,466)	1,161 (670;491)	3,054 (1,663;1,391)	1(1;0); 25(13;12)	443,901 (228,852;215,049)
长岭	167,900 (88,239;79,661) (注1)			40 (30;10)	131 (80;51)	无;无	168,071 (88,349;79,722)
乾安	90,386 (48,141;42,245)	151 (92;59)	71 (33;38)	117 (69;48)	7 (3;4)	无;无	90,732 (48,338;42,394)

续表

县别	满汉	蒙古族	回族	日本人	朝鲜人	其他外国人; 无国籍人	合计
前郭	115,566 (61,194; 54,372)	22,123 (11,904; 10,219)	301 (157; 144)	439 (278; 161)	903 (477; 426)	无;无	139,332 (74,010; 65,322)
合计	808,588 (421,461; 387,127)	23,976 (12,858; 11,118)	3,594 (1,946; 1,648)	1,757 (1,047; 710)	4,095 (2,223; 1,872)	26 (14; 12)	842,036 (439,549; 402,487)
吉林 总计	5,367,354 (2,863,274; 2,504,080)	24,026 (12,887; 11,139)	33,241 (18,012; 15,229)	60,125 (35,122; 25,003)	169,311 (94,029; 75,282)	173 (113;60) 335 (199;136)	5,654,565 (3,023,636; 2,630,929)

注:1.《调查》未严格区分满族和汉族,统称"满汉"。2.《调查》将"内地人"和"朝鲜人"统称"日本人",
实际上,"内地人"才是严格意义上的"日本人"。3."1702(862;840)","1702"表示人口总数,
"862"和"840"分别表示男、女性人口数。4.1941年7月,长岭县划归"四平省",随即将泰和镇村、
太平山等划归开通县和长春县,又将辽源的太平川、保康村划归本县。(参考:长岭史志编委会:
《长岭县志》,中华书局1993年,第11页。)满洲人口统计(康德九年末)时,正值长岭县区划调整
时,故而选择1939年的《满洲帝国现住人口统计》(康德六年)中的数据补足。5.《满洲帝国现住人
口统计》(康德六年)中,未将满族、汉族和蒙古族等区别开,而统称"满人"。同时,仍将"日本国
人"称"内地人",且将其和"朝鲜人"统称"日本人"。且未对"无国籍人"进行人口普查。
资料来源:[日]满铁调查资料:《满洲人口统计》(康德九年末),"民族别户口"(一、二),吉林省社会科
学院满铁资料馆藏,第6—12页。

总之,进入现代社会以后,松原移民进程开始了一个新阶段,移民规模、移
民类型以及移民文化等都有了不同于以前的特征。而且由于大量调查统计资
料的形成,为我们探讨这一问题提供了相当的便利。文献资料的收集和运用,
真正意义上成为松原移民文化研究的主要手段。在有关松原移民活动文献资
料的收集和研究方面,国内外学者都作出了一定的贡献,但是尚有巨大的挖掘
空间和潜力,主要表现为前人重调查,后人重研究;前人调查有余,后人研究不
足的特征。

第四节　移民文化的内涵与特征

本书要强调的是,在松原移民问题研究中,由于历史上的人口迁移及其文

化现象中,能被直接记录下来且又保存至今的少之又少,所以我们不能仅以这些今见的记载为唯一依据,去探讨内容繁杂的移民文化问题。故而,综合运用考古发掘、史志传说、调查记录等多种信息来源,演绎寻觅、分析推断就成为该问题研究之必须。考虑到现掌握资料的极不完整,我们对不同时期、不同县市乃至不同民族的移民问题,将采用不同的考量标准和分析方法。

通过前几节的内容,我们知道,自先秦以来,松原历史上的人口迁徙频繁发生,涉及的人口数量当以万千计,但是要把这林林总总的迁徙过程都完整还原出来并加以研究评述,是绝对不可能的,主要是因为文献不足。而且,移民文化呈现的现象纷繁复杂,移民文化包含的内容丰富多彩,在这里,我们不能事无巨细地考察松原历史上的全部移民活动和文化现象。以下重点探讨其中几个值得关注的问题。

一、基本内涵

移民文化涉及种族、宗族、政治、经济、军事、教育、文化,以及自然环境、社会变迁等等自然和人文的诸多方面,内容极为丰富。任何移民文化研究,每当面对上述纷繁复杂的现象和问题时,一时间都会感到不知所措。因此,从学术研究的实际出发,从移民文化的丰富内涵中择其要旨——基本内涵进行深入探讨,既是可行的,也是必要的。那么,什么是移民文化的基本内涵?笔者认为,移民的劳动生产和社会生活、移民的精神信仰和宗教活动、移民活动的历史背景及文化分期、移民的精神生活等等,是任何移民文化研究中不得不给予回答的问题,故而属于“基本内涵”的范畴。如就移民文化背景分析而言,人口迁移的原因无外乎有以下3个类型:一是民众迫于自然灾害,或为了更好的生活环境,进行的无组织的、零散的、自发的人口迁移;二是民众迫于政治压力,或响应官方引导,进行的有组织的、大规模的、带有政治色彩的人口迁移;三是以上两种类型的混合形态,因为就历史实际观之,自从人类进入有文字记载的阶段,自然与社会、民众与国家、经济和政治等等关系错综复杂,它们对所谓文明史阶段的移民活动造成各种各样的影响,因此混合形态的移民活动更为多见。就整体而言,移民文化的发展,经历了一个由自然而人文、由生计而经济、由自由而自觉的过程。这样的过程,在松原地区同样不断地演绎着。

在前面的几节内容中,我们已经较为详细地探讨了松原移民文化发生的自然和人文环境,松原移民文化的阶段和发展历程,限于篇幅,自不赘述。这里,拟就移民文化中以下几个问题提出我们的观点。

(一)移民的生产与生活

移民的劳动生产和社会生活,是移民文化的基本组成部分,同时也是移民文化研究的重要内容。移民的生产与生活,同原居民相比有着重要的区别。他们之间的区别,并不体现在生产和生活资料的品质上,而主要表现在追求并获得生产和生活资料的方式和方法上。移民为了实现"追求"的愿望而进入迁居地,而原居民则为了实现曾经的(祖辈或自身)"追求"愿望而在当地停留。

通过前面几节内容的叙述我们知道,自先秦以来,移民进入松原就有各种各样的原因,无论是石器时期的渔猎采集,还是汉唐辽金之际的刀兵掳夺,无论是突破满洲贵族的层层封禁,还是日伪时期的蓄意殖民,时代不同,原因各异。但是,总体而言,唯有自发或自愿的移民行为,才能在真正意义上给松原地区带来生机和活力。纵观松原移民文化发展的历史,我们不难找到大量的例证,譬如清代的松原移民。

清代是中国历史上人口总量最大且不断刷新峰值的时期,而当时社会的生产力水平有目共睹,因此"耕地不足,人口过剩"的问题从未有清朝这样严重。为获得尽可能多的生产资料和生存空间,除了围湖造田、砍伐山林、推广高产新作物(如玉米、马铃薯)等措施以外,向关外塞北移民一时成为冀鲁等地群众之首选。不过,与长江流域、黄河流域、内蒙草原的过度开垦形成鲜明对比的是,清代移民北上带给包括松原在内的东北大地的,不是生态环境的极度恶化①,而是新生活、新希望的曙光。

松原移民文化发展到现代阶段,仍是如此。通过日本大东公司1936年(昭和十一年)的一份移民原因调查我们知道,移民的原因多种多样,有逃兵役、水旱灾害、不喜欢以往的职业,甚至有感情不和等,但是由于"耕地不足"和"农业不振"的原因而移民东北的,分别占被调查者的37.6%和14.2%,加上与此直接相关的"满洲一直保持良好发展势头"的原因(8.6%),这几项因

---

① 参见李文海等主编:《中国近代十大灾荒》,上海人民出版社1994年版。

素共占近60%的比重。① 这一状况在整个东北移民中较为普遍,松原也不例外。因为大量土地待垦的长岭、乾安等地,人口数量的急剧增长,正可以论证"土地为移民,移民为土地"这一历史久远的命题。当时以及日后的历史发展证明,这些满心憧憬、渴望耕地的各地移民,为松原农业生产和经济发展作出了重要贡献。

(二)移民的社会与组织

移民的社会构成和组织形式,是移民文化的重要内容。相对于原居民,移民的社会与组织有着鲜明的特征。通过分析20世纪上半叶的移民统计数据,我们注意到以下三点:

第一,在移民性别构成方面,男女比例大致均衡,男子的比重相对偏高。以表7-4《1934年末松原人口统计表》、表7-5《1936年松原人口统计表》、表7-6《1942年松原人口普查表》这3份统计数据中的信息为例,1934年(男304,697人;女277,361人);1936年(男428,855人;女397,805人);1942年(男439,549人;女402,487人)。统计数据表明,男女比例大致在108—109比100之间。从某种程度上来说,松原常住人口在人口总量中的比重是比较低的,而且,即便是这些"常住人口"也几乎是移民的后裔。所以,我们将上述人口统计所反映的信息,视为20世纪上半期松原移民的普遍特征,是有一定依据的。

总之,男女性别比例的合理,从一定程度上说明移民家庭的完整,而家庭的完整对于移民的生产和生活来说意义重大。否则,男女比例失衡,不但不利于移民社会的安定,也不利于移民的繁衍生息。

第二,在移民年龄构成方面,青壮年的比重相对较高。这是几乎所有移民群体的普遍特征,因为对资源的追寻是移民的普遍诉求,所以,青壮年劳动力必然要占移民的相当比重,而不堪长途跋涉之苦的老弱病残,特别是老人,除非因为家庭整体迁移而不得不随行,否则很少有加入移民行列当中。关于松原移民的年龄构成,我们可从一个人口统计数据中得见其端倪。有机构曾于1938年(昭和十四年)对东州(今辽宁省大连市)部分人口的年龄和性别构成

① 参见[日]《北支移民研究》,载《东亚经济研究》,吉林省社会科学院满铁资料馆藏,第320—321页。

进行统计,笔者将部分统计信息摘录如下:

表7-7 东州地区 1938 年人口构成统计表

年龄(岁)	男(人)	女(人)	总计(人)	比率(%)
1—15	181,727	171,979	353,706	32.8
16—50	370,641	230,962	601,603	55.9
51—100	70,441	51,158	121,599	11.3
总计(人)	622,809	454,099	1,076,908	100.0
比率(%)	57.8	42.2	100.0	

资料来源:《北支移民研究》,载《东亚经济研究》,吉林省社会科学院满铁资料馆藏,第 325 页。

我们知道,辽南是 20 世纪初年以来东北移民的重要通道,数以十万计的冀鲁民众从海路北上,经大连、旅顺、营口来到东北。有的在当地居留,有的继续北上。其中"东州"的 100 余万人口中,50 岁以上的中老年人口只占 11.3%(参见表7-7)。东州人口构成年轻化,不但是辽南,也是整个东北移民群体的主要特征。

第三,在社会构成及社会组织方面。因为移民的性别构成合理,有利于个体家庭的发展。而且由于青壮年人口比重占优势,所以,松原一定是一个以个体家庭为基本单位的、年青且充满活力的社会。在以农耕为主的经济形态中,个体家庭的大量存在和充满活力,将会极大地促进当地经济和社会的发展。由于历史的原因,自夫余国以来,王公贵族、庄头旗长、民国官员、日伪衙署在松原地区轮番登场,广大民众特别是外地移民,不得不接受被雇佣、被奴役、被束缚等一系列不平等待遇。因此,我们认为,新中国成立前,松原一直是阶级压迫占主流形态的社会,这给松原移民的社会组织以鲜明的时代和阶级的烙印,从而使得松原的移民文化带有浓烈的旧社会的色彩和气息。

(三)移民的信仰与习俗

松原移民的信仰与习俗是移民文化的重要内容。我们知道,就宗教信仰而言,诸如回族的伊斯兰教、西方的基督教、蒙古族崇尚的藏传佛教、萨满文化中的多神崇拜等等,均非肇端于松原地区。也就是说,这些宗教文化和宗教信仰,都是随着一队队移民的迁入而在松原地区生根发芽的。

至于宗教信仰以外的社会习俗,松原地区也因为移民的媒介作用,而出现兼收并蓄、丰富繁荣的景象。就契丹人而言,无论贵贱都习惯于住在毡房之中,已适应逐水草而居、频繁迁徙的生活。故而契丹人的早期聚居地,没有房屋城郭的修筑。但是,因为汉族文化的影响,"素无邑屋"的契丹人也开始"为城郭宫室之制"①。于是,才有诸如上京临潢府、中京大定府等都城的修筑。辽人接受了城郭之制的观念,也逐步适应了居市井之中的生活,一系列观念习俗随之渐改。契丹人的这一习俗,也随他们迁徙的步伐影响到松原各地,并为后继者所不断继承和诠释。松原各地大批辽金时期城镇遗址的发现,从某种程度上印证了移民的文化习俗带给松原社会的深刻影响。在松原地区,我们尚未发现辽金以前的城镇遗址,从这个意义上我们可以这样认为,正是辽金时期的松原移民,揭开了该地区城镇文化的序幕。

蒙古族移民进入松原后,仍保持着固有的社会习俗,其中对松原影响最为深远的,是他们的游牧习俗和对这种生产和生活方式的坚持与执着。同北方大部分地区一样,松原西部广大地区成为蒙古部族的牧场,而游牧民族的特有习俗,给当时以及后世的松原社会打上了鲜明的烙印,今日松原地区的许多生活习俗和文化遗产,都是数百年前的蒙古族移民带来的。

因为本书的《宗教文化》、《礼仪节庆文化》部分对上述内容有深入探讨,此从略。

二、主要特征

同中国其他地区的移民文化一样,松原移民文化有其鲜明的个性,同时也具有移民文化的普遍特征。我们知道,松原最早的移民活动可上溯到旧石器时期晚期,其间洋溢着作为一种新生文化的青春气息,从处于日渐形成的松原移民文化中,我们发现一个了解边疆地域文化、理解中华悠久历史的渠道。随着先秦时代的结束,松原移民文化进入一个新的发展阶段,即区域性政权影响下的移民文化。也就是在辽金等统治者的影响下,松原的移民活动及移民文化出现了前所未有的发展态势,以移民活动为媒介,中原和松原、汉族和"异族"、华夏气度和松漠豪情之间,有了频繁而充分的交流。元明以降,松原移民浪潮稍有顿挫,但是带给松原的,是日后数百年间对其影响最为深远的一个

---

① 《旧五代史》卷137《契丹传》。

民族——蒙古族。清代中期以后,特别是 20 世纪上半叶,松原地区因为国际国内环境的变化而迎来前所未有的移民风潮,松原移民文化因此而步入辉煌时期。总之,自先秦以来,松原移民文化经过数千年的成长,遭遇过坎坷,也见证了辉煌,它的一系列品质和特征,经过岁月的不断打磨锤炼而愈发鲜明。

(一)移民文化的可塑性

移民的人口素质各异,加上活动范围广泛,迁入地自然条件不同,因此人与环境的矛盾关系对移民文化产生了强烈的影响,从而形成了移民文化一个鲜明特征——可塑性。移民文化的可塑性包括彼此作用的两个方面:其一是移民在生产和社会实践的过程中,养成对自然和社会环境的适应性,从而给移民文化以"塑移民"的特征;其二是移民迁入地在移民的开发和经营过程中,自然和人文景观发生一系列变化,被打上移民固有习俗和文化的烙印,从而给移民文化以"塑景观"的特征。移民文化的可塑性意义重大,这不难理解。

迁移产生移民,但迁移只是移民的手段,适应移居地的自然和社会环境并最终实现其向往的生活,才是广大移民的根本目的。为实现这个目的,移民适应新环境的能力就显得极为重要。也正是因为这样,可塑性成为移民文化中的一个显著特征。早在石器时期,为追逐猎物而来到松原的第一批移民中的大多数留了下来,从而成为松原的第一批土著。青山头人就是他们中的著名代表,详见上文。截至目前,我国考古及文物工作者在松原境内发现新石器时期遗址多处,这些遗址主要分布在松原西部草原、松花江及嫩江台地上,并多具有近水源、处高岗、向阳、多渔猎资源的特征。在那个生产力不发达的时代,人类因为不具有抗拒自然的能力而理智地选择适应自然。这些遗址中较厚重丰富的文化遗存,正说明了这种适应对这批移民生存并长期生活下来所具有的重大意义。此后的几千年间,一股股新移民不断迁入,也有一批批住户离此而去,有来有去的原因很多,而留下来的原因只有一个,就他们能够适应松原的自然和社会环境。

松原培养移民文化可塑性的过程中,松原的自然和人文景观也因为这些移民而发生一系列变化。移民是文化的载体,移民是文化的传播者。松原接受了来到这里的扶余人、契丹人、女真人、蒙古人,甚至殖民者的相继统治,松原的经济形态、社会生活、政治文明、城镇交通等等方面,都在塑造移民文化的过程中接受了移民文化的塑造。

（二）移民文化的包容性

松原的移民文化是包容的而非封闭的。松原地区前赴后继的移民，总能给这一地区带来新的信息和知识，以及新的生产和生活方式，并能为该地区所广泛接纳，这就是松原移民的文化自觉。松原移民的文化自觉，是松原移民文化包容性养成的基本条件。松原考古发掘表明，从渔猎工具到农耕器械，从唐宋钱币到江浙布帛，从契丹文字到城郭形制，有多少文化的符号和技术的更新，是因为移民的迁入而来到松原？例证不胜枚举。

朱明以降，移民的进程因为政策的牵制而步履维艰。究其原因，一方面是明代开始推行的户籍制度为清政府所延续，一方面是明代不重视、清代不鼓励"关内"汉民移居塞外。因此，在较长一段时期内，较少有冀鲁等地的汉族人口迁入松原，松原的生产和社会生活也为此而多年徘徊不前，甚至是落后。历史发展到了清帝雍正朝时，清政府在前朝往代的基础上，进一步实施赋役制度改革，采取"地丁合一"、"摊丁入亩"的办法，即将康熙五十年的丁银平均摊入各地田赋银中，统一征收。丁银随粮起征，极大地放宽了套在农民身上的枷锁，人身束缚的减弱，有利于人口的自由迁徙。此外，康熙以后匠籍制度的废除，也使得手工业者对清政府的人身依附关系大为改观，这不但极大地促进了诸如纺织业、制瓷业、煮盐业在长三角地区、江西景德镇、四川等地的区域化规模，同时，也因为技术移民的北上，给松原等地的农业特别是工商业发展注入无限活力，移民文化的包容性又有了广阔的发挥空间。

这一态势，在20世纪20—30年代后，又有了进一步发展。耕地面积大幅增加，工商户的比重显著提高，社会生活日益改善，因为移民带来的文化和技术交流，松原的物质文明和精神生活质量有了重要的改善。文明不是某些国家和民族的特产，享受技术进步带来的喜悦是所有人的权利。文明是人类的共同财富，松原因为移民的进入而呈现的社会进步，再次证明了移民文化自觉的非凡魅力。

（三）移民文化的创新性

移民文化充满创新性。它的创新主要体现在改革松原经济和社会发展的旧格局，为松原地域文化带来新景象。具体表现在以下两点：

第一，移民文化充满了开拓性，实行了荒地开发，使草莽变农田。东北开禁后，大批关内百姓移民东北，男女老少络绎不绝，时人曾做了这样的描述：

"由奉天入兴京,道上见夫拥只轮车者,妇女坐其上,有小孩哭者眠者,兄以后推,弟自前挽,老媪拄杖,少妇相依,踉跄道上……前后相望也。由奉天至吉林之日,逆旅共寝食者皆山东移民。"①松原在开禁之初,也有此番景象。譬如乾安地区,明清之际,人烟稀少,经过近百年发展,特别是乾安设治以后,移民不断输入。据统计,1947 年时,乾安县共有人口 76,205 人②,有土地 472,410 垧,其中,除去 291,762 垧(占土地总面积的 61.78%)不可耕地以外,已开垦熟地 108,567 垧,占乾安土地总面积的 22.96%,可耕地之大半。③

第二,移民文化充满活力,农工商并举,社会面貌多样。松原移民文化充满活力,有着较为久远的传统。从原始的狩猎采集,到农耕的引入推广,再到行商走贩的市井生活,移民带给松原的是原来习得的生活和生产方式,这对相对僻远的松原来说意义非凡。20 世纪 30 年代的一份人口调查资料显示,松原的扶余、前郭等地,工商户及从业者均占一定比重,大致在 3—30% 之间。松原移民来自国内外,他们灵活多样的从业取向,是松原社会经济和文化生活多样性的必要条件,他们农工商并举,在创造松原社会生活多样性的同时,也丰富了自身的精神生活和物质生活。移民文化若无活力,松原地区就难以实现发展和繁荣。

表 7-8　1935 年松原居民职业按户数统计表　　　　（单位:户）

县别	农户	工商户	其他	总户数	农户比重%
前郭	11, 199 *	220	150	11, 569	96. 8
长岭	16, 610	1, 139	483	18, 232	91. 1
乾安	7, 305	594	200	8, 099	90. 2
扶余	43, 050	8, 672	8, 921	60, 643	71. 0

* 原数据记作"11, 119",经核算,误,当为"11, 199"。

---

① 《白山黑水录》,作新社,1902 年版。

② 《中共乾安县委:乾安县土地面积区分统计表》之"乾安县耕地面积及人口比较表",1947 年,全宗号 3,目录号 3,卷号 29。

③ 此外,可耕但未耕种土地 72,081 垧,占土地总面积的 15.26%。根据《中共乾安县土地面积区分统计表》之"乾安县土地面积区分统计表",1947 年,全宗号 3,目录号 3,卷号 29。

表7-9　1935年松原居民职业按人数统计表　　（单位：人）

县别	农民	工商业者	其他	总人口	农民比重%
前郭	74,143	1,452	841	76,436	97
长岭	119,410	7,108	2,714	129,232	92.4
乾安	52,814	2,659	851	56,324	94.3
扶余	304,732	50,928	50,650	406,310	75.0

资料来源：[日]山田胜夫：《昭和十年满洲农业统计》，"Ⅲ县别户数及人口"，南满洲铁道株式会社昭和十二年，吉林省社会科学院满铁资料馆藏，第352—353页。

（四）移民文化的殖民性

松原历史上的民族迁徙和权力更迭，从未遭遇有如20世纪30年代初的伤痛。"九一八"事变后，日本侵略者为把东北建成稳固的殖民地，制定了将日本和朝鲜人移民东北的战略计划，即在20年中将100万户日本人和朝鲜人移植到东北各地。松原各地很快成为日本殖民统治的势力范围。进入日伪统治时期，松原移民文化被打上了鲜明的殖民烙印。20世纪30—40年代，生活在松原等地的"外国人"就是这一殖民政策的产物。我们通过日本满铁调查资料，可知1910年到1932年这22年间，东北地区日本人（满铁资料称"内地人"）、朝鲜人的统计数据。（参见表7-10）

表7-10　东北地区1910—1932年日本人、朝鲜人统计表　　（单位：人）

年份	日本人	朝鲜人	合计
1910	76	53	129
1911	82	56	138
1912	89	238	327
1913	94	252	346
1914	101	271	372
1915	102	282	384
1916	110	328	438
1917	120	338	458
1918	131	362	493
1919	148	431	579
1920	160	459	619

续表

年份	日本人	朝鲜人	合计
1921	166	489	655
1922	171	516	687
1923	175	528	703
1924	182	532	714
1925	188	532	720
1926	193	542	735
1927	199	558	757
1928	206	577	783
1929	216	598	814
1930	229	607	836
1931	236	631	867
1932	272	627	899

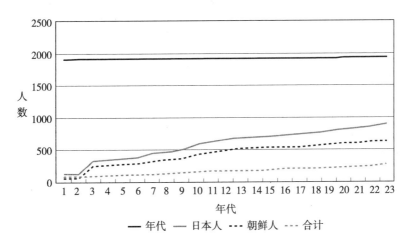

图7-7 东北地区1910—1932年日本人、朝鲜人统计示意图

注:1.为更醒目,本文未选取《昭和九年满洲经济统计图表》中的图表,并根据表7-10的统计数据制作图7-7。

2.人口单位:千人。根据满铁经济调查会编:《昭和九年满洲经济统计图表》之《满洲人口增加趋势》,满洲日报社印刷所昭和九年,吉林省社会科学院满铁资料馆藏,第13页。

通过上述数据我们知道,东北沦陷之前,生活在东北的日本人和朝鲜人呈稳步增长的态势,由10余万人,增加到近90万人,其中日本人的人口总量由

7.6万人,增加到27.2万人,增加了2.6倍;朝鲜人由5.3万人,增加到62.7万人,增加了10.8倍。

受此影响,松原地区也有一定数量的殖民输入。据档案资料记载,是20世纪30年代的事情。我们通过《1934年末松原人口统计表》可以知道,1934年前后,松原地区有日本人114人,朝鲜人1,026人,其他外国人3人。他们分别占吉林省"外国人"人口总量的13‰,34‰,14‰,且基本集中在扶余县境内。大约10年后的1942年,我们发现,随着时间的推移,历史改写了这一统计数字:日本人1,757,朝鲜人4,095,其他外国人26,总人口分别增加了几倍到十几倍不等,在吉林省"外国人"人口总量比重各有盈缩(分别是29‰,24‰,6‰)。很显然,日本人的增长幅度是最大的,分布的范围大为拓展(由扶余一县,扩展到各地区)。这反映了日本殖民统治的强化和深入(参见表7-6《1942年(康德九年)松原人口普查表》)。

此外,多元性也是松原移民文化的重要特征。它主要表现为以下几个方面:首先是移民原因的多元;其次是移民民族的多元①;再次是移民生活的多元。

---

① 如清康熙、乾隆年间,因为军事防御、鲟鱼贡等原因,锡伯族迁入松原(参见王迅:《郭尔罗斯锡伯族》一文,载于《郭尔罗斯文史》第12辑,1994年内部资料,第9—14页。该文稍作改动后,又收在苏赫巴鲁主编:《古今松原》中,龙门书局1996年版,第264—268页,改名为《锡伯族风俗》)。再如清乾隆年间,山东等地的回族也来到松原地区经商、开荒(参见《吉林乡土志》等资料,此外如《扶余县志》、《吉林回族》、伊尔哈格·张殿祥的《前郭回族考》等都有相关记叙。《前郭回族考》载于《郭尔罗斯文史》第16辑,1998年内部资料,第56—74页)。他们的迁入,给松原移民文化的多样性增添了新的内容。

第八章　服饰文化

　　服饰是人类生活不可缺少的必需品。所谓服饰,在中国古文献中指的是衣服与装饰。在现代汉语中,服饰一词指的就是衣服和装饰。文化学意义上的服饰,包括了人本身的修饰,是指人着装打扮以后的整体,它包括化妆、发式、护肤、配饰、冠帽、鞋袜与衣服等等。概言之,也就是衣服和装饰两大类。①

　　民族是人们在历史上形成的一个有共同语言、共同地域和共同经济生活以及表现在共同文化上的共同心理素质的稳定的共同体。服饰是一个民族区别于其他民族最显著的外部特征之一。松原地区各民族服饰的形成与发展,受到自然环境、生产力水平与生产方式、生活习性、风俗习惯、民族历史、文化传统、宗教信仰等多种因素影响,形成了具有浓郁民族特色与地域特征的服饰风格和特点,并且赋予服饰文化丰富的内涵。

第一节　民族服饰的形成与发展

　　松原地区自古就是多民族聚居地,秽貊族系、东胡族系、肃慎族系和汉族长期共存,后期又有朝鲜族、回族、锡伯族等民族陆续迁入。在长期发展演变的过程中,形成了各具民族风格的服饰文化。

---

　　① 参见王继平:《服饰文化学》,华中理工大学出版社 1998 年版,第 13、14 页。

一、东胡族系服饰

胡是对古代塞外诸多民族的通称。东胡族系因分布在匈奴的东面,所以称为东胡。春秋至秦时期,松原地区西部(今长岭县、乾安县一带)为古东胡人的游牧地。

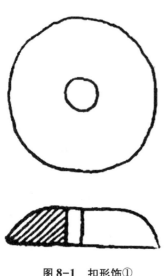

图 8-1　扣形饰①

东胡族是典型的游牧民族,狩猎在古东胡人的生活中占据重要地位。人们利用狩猎得来的兽皮简单地围裹身体,以此抵御寒冷,保护肌肤。随着生产力水平的提高,人们的生活条件有所改善,出现了对美的追求。在乾安县狼牙坝地区出土绿松石扁坠、圆形铜饰、亚腰形铜饰、玉管饰、扣形饰等多件遗物,这些可能就是当时古东胡人的配饰(参见图 8-1)。②

汉朝时,东胡族被匈奴击败,分为乌桓和鲜卑。据《三国志·魏书·鲜卑传》记载,东汉后期,鲜卑实力大增,活动范围东部至辽东,与夫余(今吉林省西北部)、秽貊(今吉林省辉发河)接。至三国时期,松原地区西部一直是鲜卑人游牧、栖息之地。长岭县分布着青铜时期遗址 46 处、墓葬 1 处,根据出土的陶器、青铜器分析,均为鲜卑族遗物。③ 在位于龙凤乡龙凤村敬老院东南岗遗址中,还出土了一件精美的橄榄形扁片骨坠饰件,长 2.1 厘米、宽 1.1 厘米,厚 0.15 厘米,一侧微鼓,一侧微凹,一端有直径 0.2 厘米的圆形小孔。④

发式方面。鲜卑人不论男女都髡发,即剃去头顶的头发,四周留发任其自然下垂或编成辫子。结婚时,男女双方"先髡头"。婚后,女子不再髡发,"养

---

① 参见吉林省文物志编修委员会主编:《乾安县文物志》,1985 年内部资料,第 117 页。

② 大布苏湖东岸,南北长近 7.5 公里。由于植被遭到破坏,加之多年雨水冲刷,水土流失严重,使岸边形成了土柱林立,千沟万壑之状,当地人称狼牙坝。据《黑龙江古代民族史纲》等资料记载,这里应为东胡族及其先世的活动区域。参见吉林省文物志编修委员会主编:《乾安县文物志》,1985 年内部资料,第 4、79、117 页。

③ 参见吉林省文物志编修委员会主编:《长岭县文物志》,1986 年内部资料,第 4 页。

④ 参见吉林省文物志编修委员会主编:《长岭县文物志》,1986 年内部资料,第 58 页。

发分为髻，著句决，饰以金碧，犹中国有簂步摇”。[①] 此外，由于“北方气候寒冷，头颈部的保暖很是重要。另外，花费不少时间和心血精心编织的发辫也需要保护，故鲜卑人常戴一种脑后垂挂长幅，顶部偏圆的冠”。[②] 随着鲜卑族人同汉族等其他民族交流的日益加深，鲜卑人开始广泛流行扎巾、戴幞头。

服饰方面。《魏书·乌桓鲜卑传》记载，鲜卑“言语习俗与乌桓同”。乌桓“食肉饭酪，以毛毳为衣”。可见，毛皮也是鲜卑人的主要衣物原料。鲜卑人还十分注重衣服的实用性，为了防风御寒，服装多为紧身窄袖。一般上身穿圆领或交领的长袍，下身穿合裆长裤，脚穿长筒皮靴，腰部系兽皮制成的鞢革燮带，钩挂各种随身携带的小物件，如小刀、火石、手巾等。鲜卑人穿着较为随便，实用舒适即可，缺乏严格的服饰等级差别。此外，鲜卑族服饰还有另一个重要特征，就是男女服装除了特殊服饰外，均没有严格的限制。一般男女同服、女子穿男装的现象非常普遍。

室韦也作失韦，东胡族系的一支。唐朝时，今松原地区的宁江区、扶余县之地属室韦（东胡族系北鲜卑后裔）达姤部。室韦人的发饰为“丈夫索发，女妇束发，作叉手髻”[③]，就是男子全留其发，不编辫，不盘髻，散发任意下垂，末端用绳系上；女子将头发束于脑后，盘成发髻。据《魏书·室韦传》记载，室韦“男女悉衣白鹿皮襦袴”[④]，襦为上衣，有长短之分；袴则是无裆的套裤。其后，室韦分为5部，分别为南室韦、北室韦、钵室韦、深末怛室韦、大室韦。南室韦的服饰为“丈夫皆被发，妇女盘发，衣服与契丹同”[⑤]。北室韦与钵室韦服饰基本相同，身着鹿皮、鱼皮、貂皮制作的衣帽。深末怛室韦和大室韦的服饰情况并未见记载。但据《北史·室韦传》记载，大室韦地区多产貂及青鼠，故大概以此为皮制作衣物。唐朝时期，随着家庭畜牧业的发展，室韦人已经较少用兽皮，改用猪皮或狗皮缝制衣物。珠子是室韦人的装饰物品，多为妇人佩戴，偏爱红色，女子甚至把有没有这种珠子作为是否出嫁的依据。唐朝时，室韦女子

---

① 《后汉书》卷90《乌桓·鲜卑传》，中华书局1965年版。

② 彭卫、杨振红：《中国风俗通史》。转引自王瑜：《中国古代北方民族与蒙古族服饰》，北京图书馆出版社2007年版，第7页。

③ 《魏书》卷100《室韦传》，中华书局1974年版。

④ 《魏书》卷100《室韦传》，中华书局1974年版。

⑤ 《北史》卷94《室韦传》，中华书局1974年版。

的审美有所变化,"其家富者项著五色杂珠"①,并以此作为区分贫富的标志。

契丹也是东胡族系的民族,北魏时始见于史籍,过着逐水草畜牧的生活。今松原地区是契丹族人居住、游牧的重要地区。晋、南北朝时期,境内西部就为契丹人所据。唐天祐四年(907年),耶律阿保机统一契丹各部,建立契丹国。契丹大同元年(947年)改国号为辽。今前郭尔罗斯蒙古族自治县和乾安县为契丹二十部的游牧地,并且松原地区还是辽帝进行春捺钵的重要区域。

立国初期,辽朝的衣冠服饰制度尚未确立,由于受到汉族文化的影响,逐渐创立了服饰制度,把契丹族服饰分为国服和民服两大类。契丹皇室、贵族、官僚穿着的服饰称为国服,按照不同的穿着场合可分为祭服、朝服、公服、常服、田猎服、吊服6类。民服则是一般契丹人日常的服装。

契丹人生活在东北草原,气候寒冷。冬季多以动物皮毛或毛毡做衣物。根据文献、史料记载和考古材料证明,辽代契丹人用来缝衣服、做鞋帽的动物毛皮主要有貂鼠皮、水獭皮、野猪皮、野马皮、獐皮、鹿皮、狐皮、狼皮、虎皮、熊皮、羊皮、牛皮、马皮、兔皮和驼皮等。春、秋、夏3季,契丹人一般用布帛如麻布、绸、缎等做夹衣和单衣。②

契丹传统服饰的样式为长袍,左衽、窄袖、束带、皮靴。这其中左衽成为契丹服饰同汉族服饰的一个明显区别。男子日常服饰为上身穿长袍或及膝短衣,颜色以黑、红、紫、绿色居多,有圆领、交领等样式,袍上有纽袢,腰间束带,下身多穿合裤或套裤。合裤又叫做长裤,大裆小口,长及足踝,腰间系带。套裤又称为吊墩或钩墩,是一种典型的契丹服饰,分为两种类型:一种为带裤腰的,穿时类似围裙将两端的带子直接绕系在裤腰上;另一种为不带裤腰,用钉在裤筒上部的带子绕系在腰部或上身。契丹女子的日常服饰为长袍和长裙。长袍,直领、左衽,又被称为团衫,颜色以黑、紫、绿色居多。长裙下摆宽大,长及脚踝,裙身上刺绣金枝花纹图案。腰带颜色艳丽,与袍、衫相搭配。

契丹人的发饰也很特殊,保留了东胡族系髡发的习俗,无论男女、贵贱皆髡头,以为轻便。男子髡发的式样多种多样,大体有以下几类:一是剪去颅顶头发,留其余发;二是剪去颅顶及前后头发,只留两侧;三是前额留有一排短发

---

① 《旧唐书》卷199《室韦传》,中华书局1975年版。
② 参见张国庆:《辽代契丹服饰考略》,《学习与探索》1990年第4期。

与两边长发相连,长发自然下垂;四是颅顶一圈剪掉,正中留有一块短发,修剪成各种形状,于四周留发。① 契丹男子不是人人都可以扎巾,辽朝规定只有皇帝、上层官员等具有一定社会地位的人可戴冠裹巾,中下级官员和平民即使是在寒冷的冬季也一律不准私戴。一些有钱人想戴头巾,需向政府缴纳大量财富。契丹女子在年少时也讲究髡发,但式样与男子不同,往往在头顶留有一绺头发,编成小辫或挽成辫髻,到出嫁时开始蓄发。已婚的契丹妇女流行梳高髻、螺髻和双高髻。一些官宦人家的女子也有披发的,额间多用巾带扎系。

随着社会的发展,契丹人越来越注重修饰自己的仪表,尤其喜爱装饰品。契丹人不论男女都喜戴耳饰。男子一般只戴耳环。女子耳饰样式丰富,有耳环、耳钳、耳坠等,质地分为玉石、金银、牛骨等。1983 年就曾在前郭县弧店乡长发屯的辽代古墓中出土了一只金耳饰。该金耳饰由直径 1.4 厘米的金环穿连一颗白色珍珠和一个酱紫色玛瑙组成。珍珠呈圆形,直径 0.5 厘米,晶莹光洁。玛瑙坠呈椭圆形,直径 0.6 厘米,长 1.2 厘米,清晰透明。整个耳饰制作精美,小巧玲珑,是一件艺术价值很高的装饰品。②

契丹妇女重化妆,以面涂黄物的佛妆为美,同时还可防止皮肤皲裂。宋代彭如砺的诗句"有女夭夭称细娘,真珠落髻面涂黄"就是形容契丹妇女面涂黄物的妆容。此外,契丹妇女还有以鱼鳔作花钿的习俗。

唐代,回鹘人西迁,鞑靼人开始迁入蒙古草原,并逐渐以蒙兀室韦为核心形成蒙古族。元朝时,今松原地区的宁江区、扶余县、前郭县为委纳仁汗豁罗剌思部居地,今长岭县为蒙古王公的封地。明朝时,松原地区为兀良哈和科尔沁蒙古族居地。清朝时,松原地区划江实行满蒙分治。

蒙古族人的外貌有自己的特征,他们两眼之间和两个颧骨之间的距离较其他民族为宽。嘴上面的面颊也相当突出;他们的鼻子扁平,眼睛很小,眼皮向上朝向眉毛。他们的身高几乎都是中等。他们几乎没有人长胡子,只是有些人的上唇和下巴上有一些髭须,但不加任何修剪。蒙古男子的发式是"婆焦"头,像中国小儿的三搭头,囟门位置的头发稍长则剪之。在头顶上剃出一个光秃的圆顶,然后"从一个耳朵到另一个耳朵把头发剃去三指宽",与上述

---

① 参见王瑜:《中国古代北方民族与蒙古族服饰》,北京图书馆出版社 2007 年版,第 15 页。
② 参见吉林省文物志编委会编:《前郭尔罗斯蒙古族自治县文物志》,1983 年内部资料,第 93 页。

圆顶连接起来。在前额上面,同样把头发剃去二指宽,在这剃去的二指宽的地方和光秃圆顶之间的头发,他们就允许它生长,直至长到眉毛那里;由于前额两边剪去的头发较多,而在前额中央剪去的头发较少,使得中央的头发较长;其余地方的头发则任其自由生长,像妇女那样编成两条辫子,每个耳朵后面各一条。① 蒙古族女子的发式一般是笼髻,已婚者戴"固姑冠"。"固姑冠"蒙语称作"孛黑塔"②,是用树枝、树皮或铁丝制成的封闭的圆形头饰。"这种头饰有一厄尔(古时长度名,等于 45 英寸,合中国市尺 3.429 尺)高,其顶端呈正方形;从底部至顶端,其周围逐渐加粗,在其顶端,有一根用金、银、木条或甚至一根羽毛制成的长二细的棍棒。"③已婚妇女先把头发从后面挽至头顶,束成一种发髻,把兜帽戴在头上,把发髻塞在兜帽里面,再把头饰戴在兜帽上,然后把兜帽牢牢地系在下巴上。不戴这种头饰,她们从来不走到男人面前去。④因此根据这种头饰可以立即把已婚妇女和未婚女子区别开来。

早期的蒙古族服饰,男女都以长袍为主。"这种长袍从上端到底部都是开口的,在胸部折叠起来;在左边扣一个扣子,在右边扣三个扣子,在左边开口直至腰部,无论是用麻布制作还是毛皮制作,式样都完全相同。"⑤如同汉族的"道服之类"。蒙古人制作长袍的原料主要有皮毛和纺织品。冬衣用动物皮毛制作。"在冬季,他们总是至少做两件毛皮长袍,一件毛向里,另一件毛向外,以御风雪。后一种皮袍,通常是用狼皮、狐狸皮或猴皮做成的。当他们在帐篷里面时,他们穿另一种较为柔软的皮袍。穷人则用狗皮和山羊皮做穿在外面的皮袍。"⑥夏季的长袍一般用纺织品制作,富人用绫罗绸缎,穷人用麻布。

元朝建立后,随着与汉族和其他民族的接触日益增多,蒙古族的服装有了较为重要的变化。元世祖忽必烈在服饰上采取"近取金宋,远法汉唐"原则,把服饰分为官服和民服两类。

---

① 参见[英]道森编:《出使蒙古记》,吕浦译,中国社会科学出版社 1983 年版,第 7 页。
② 《蒙古秘史》卷 2;转引自佟冬主编:《中国东北史》(第 3 卷),吉林文史出版社 2006 年版,第 492 页。
③ [英]道森编:《出使蒙古记》,吕浦译,中国社会科学出版社 1983 年版,第 8 页。
④ 参见[英]道森编:《出使蒙古记》,吕浦译,中国社会科学出版社 1983 年版,第 120 页。
⑤ [英]道森编:《出使蒙古记》,吕浦译,中国社会科学出版社 1983 年版,第 8 页。
⑥ [英]道森编:《出使蒙古记》,吕浦译,中国社会科学出版社 1983 年版,第 119 页。

《元史·服舆》记载:"今考之当时,上而天子之冕服,皇太子冠服,天子之质孙,天子之五辂与腰舆、象轿,以及仪卫队仗,下而百官祭服、朝服,与百官之质孙,以及于士庶人之服色,粲然其有章,秩然其有序。"①官员参加朝廷的朝会、宴会或晋见时,所穿的服饰被称为质孙服。质孙服又称一色服,冬夏样式不同,冬季分大红纳石失、大红怯绵里、大红冠素、桃红、蓝、绿官素、紫、黄、鸦青官 9 等,夏季分素纳石失、聚线宝里纳石失、枣褐浑金间丝蛤珠、大红官素带宝里、大红明珠褡子、桃红、蓝、绿、银褐、高丽鸦青云袖罗、驼褐、茜红、白毛子、鸦青官素带宝里 14 等。

此外,忽必烈又对百官公服做了规定,用不同的颜色、花色等来区分官职的不同。具体样式为:制以罗,大袖,盘领,俱右衽。

民服方面,蒙古族也有很大变化。男子服饰和女子服饰开始有了区别。男式长袍为右衽,由早期的方领改为圆领,窄袖,束腰带。女式长袍为左衽、宽袖,外罩开襟短衫,喜欢披云肩。在穿长袍的时候,蒙古妇女还配以坎肩,一般不扎腰带。坎肩无领无袖,前面无衽,后身较长,正胸横列两排纽扣或缀以带子,四周镶边,对襟上绣着鲜艳花朵,并缀有五颜六色的电光片儿,光泽闪闪。佩戴的固姑冠此时也更为精致美观。冠顶一律改为插野鸡翎,所谓"其上羽毛又尺许",插拔十分方便,贵族妇女坐车时,因羽翎妨碍行动,往往拔下,由女侍捧持,这正如杨允孚诗中所写"旋摘修翎付女曹"②。

后金时期,蒙古族增加了同满族的交往,扩大了满族文化对其的影响。松原地区的蒙古族在服饰上也较早地受到了满族的影响。清朝建立后,蒙古族官服承袭清制,按等级穿戴顶带和袍靴。民服方面,松原地区的蒙古族还按传统习俗身穿长袍,但把袖口改为了马蹄袖。衣袍的颜色多为赤紫或柠黄。随着社会发展,颜色也越来越丰富,男子多着天蓝色、浅灰色绸面长袍,女子多穿葱绿色、粉红色绸面长袍。

此外,蒙古族还有一种独具民族特色的服装——摔跤服。摔跤服蒙语叫"昭德格",此服前无纽扣,袒胸露腹,为了便于施展身手,牛皮做的上衣缀满了光闪闪的银钉或铜钉,后背中间有圆形银镜或"吉祥"之类的铜字。下穿十

---

① 《元史》卷 78《舆服一》,中华书局 1976 年版。

② 杨允孚:《滦京杂咏》,《口北三厅志》。转引自佟冬主编:《中国东北史》(第 3 卷),吉林文史出版社 2006 年版,第 496 页。

分肥大的布制白裤子,上面再套一条绣有各种动物或花草图案的灯笼裤。腰间系有用红、蓝、黄等绸子做成的条条围裙,并在健美的颈上围上五彩缤纷的饰物"江戈",足蹬镶花的蒙古靴或马靴。①

蒙古族人喜穿靴子,有布靴、皮靴和毡靴3种。布靴用高级布料或大绒制作,靴头和靴筒上往往以金丝线绣花。图案新颖艳丽,具有浓郁的民族特色。皮靴通常用牛皮制作,有旧式和新式两种,旧式皮靴用涩面牛皮制作,新式皮靴用光面牛皮制作,俗称马靴。毡靴用羊毛模压而成,俗称"毡圪达"。蒙古靴是蒙古族人民在长期的劳动生产和日常生活中创造出来的,非常适应牧区的自然环境。骑马时能护踝壮胆,勾踏马蹬;行路时能挡风防沙,减小阻力,又能防寒防蛇。

图 8-2 蒙古族鼻烟壶②

在发式方面,蒙古族男子同满族一样,剃发留辫,垂于脑后。中老年男子梳辫后,习惯于盘在头顶,冬天加戴卷耳式皮帽。民国以后,男子不再留辫,多剪短发。元朝灭亡后,女子不再佩戴固姑冠,多用红、蓝色头帕缠头,冬季和男子一样戴圆锥形帽。未婚女子把头发从前方中间分开,扎上两个发根,发根上面带两个大圆珠,发梢下垂,并用玛瑙、珊瑚、碧玉等装饰。已婚妇女从前向后分开梳理扎成辫子,并别簪插花;中老年妇女梳发髻,改用长巾扎头。

在蒙古族生活中,鼻烟壶是一件不可缺少的用品,其大小不一,形状各异,由金银、琥珀、玉石、珊瑚等材质制作而成,有椭圆形、葫芦形等式样,壶身上饰有花草、珍禽等图案(参见图8-2)。

二、秽貊族系服饰

秽貊是我国北方和东北地区的古老民族。春秋至秦,松原地区东部(今

---

① 参见吉林省文物志编委会编:《前郭尔罗斯蒙古族自治县文物志》,1983年内部资料,第133页。

② 参见吉林省文物志编委会编:《前郭尔罗斯蒙古族自治县文物志》,1983年内部资料,第140页。

江宁区、扶余县、前郭县一带)为古秽貊人世居之地。汉至南北朝时期,境内东部为秽貊人建立的夫余国的一部分。

在东北地区少数民族的三大族系中,秽貊族系发展较快。1974 年在对扶余县长岗子遗址考古发掘时,出土了鸡、猪、马一类的泥塑玩具,说明当时人们已经普遍饲养鸡、猪、马等家禽、家畜。据此推断,当时可能以动物皮毛为原料制作衣服。并且秽貊族系的古夫余人已经有了手工纺织的雏形。前郭县红石砬子遗址中曾出土了一件灰褐色陶纺轮,泥制,半扁球状,中为一直径 0.7 厘米穿孔,四周刻划指甲纹,火候较高。①

夫余人的服饰特点是尚白,并且深受汉族服饰的影响。夫余人平时身穿白色的大袂、袍、裤,脚穿皮制的鞋。如有重要活动,比如到周边其他王国,则要穿上带有锦绣的衣服,官员还要穿戴狐狸、黑貂、狖白等皮毛制成的裘皮衣物,在帽子上插上金银饰品。服丧期间,无论男女都穿纯白的衣服,妇女要穿布面衣,摘去首饰。夫余人的发式和冠式记载不清,也许与中原有相似之处。

太和十八年(494 年),夫余国被勿吉所灭。唐朝时,今前郭县地为秽貊族系的北夫余人建立的高句丽所据。高句丽人的发式受到汉族影响,与肃慎族系的剃发不一样,与东胡族系的髡发也有区别。男子的发式为发髻式,较为普遍的是束发为髻,并用头巾包住。比较有特点的是高髻和双髻。高髻较为普通,是用丝带将头发束起扎实,再把头发盘成高耸的发髻。双髻的梳扎方法与单髻基本相同,只是最后盘成两个发髻,少年多采用此种样式。女子的发式分为高髻和垂髻两类。身份高贵的妇女梳高髻,把头发向上梳成环状,有单环、双环、三环等形状。平民女子梳垂髻,把头发梳理成自然下垂于脑后或将头发梳成一条发辫披在身后。高句丽的贵族还喜欢戴冠,冠的形制大同小异,基本以罗制成,王戴白罗冠,白皮小带,由冠及带都有金扣装饰。大臣所戴之冠依次为青罗冠、绯罗冠、紫罗冠,上面用金银杂扣,然后再插上两根羽毛,用来区别贵贱。平常百姓则戴一种用皮革制成的帽子,称为弁。

高句丽的服饰习俗前后有了很大的变化,早期服装的特点是比较原始,但样式多样,有麻衣、水藻衣、衲衣。经过发展,高句丽逐渐形成了极具民族特色

---

① 参见吉林省文物志编委会编:《前郭尔罗斯蒙古族自治县文物志》,1983 年内部资料,第23 页。

的服饰。高句丽民族在衣着穿戴上比较讲究,有很高的审美观点。在服饰上,贵贱有别,男女有异。男子服饰的样式,上为左襟短衣,下为腰间系带的大口裤。依据人的等级差别,短衣袖筒有肥瘦之分。贵族的衣服为宽袖,一般人为窄袖。男子穿的裤子是前后都可以穿、不分裆的一种挽腰的便裆裤。有身份的人或者王公贵族还有外罩,即袍和袄。袍是下襟到膝盖左右较短的外衣,公开场合穿长袍,在室内则穿袄。女子服装的样式为上衣下裙。裙子多为百褶裙,除此外还有长裙、短裙等。高句丽妇女外罩的长袍,有的拖至地面,有的到臀部,前期衣领主要为左衽,后期受到汉族人影响也出现右衽的服饰。颜色为白、黑、黄、淡红、蓝灰等,上面带有深红、红褐、紫色或黑色的条纹。不同身份的人穿不同的服装,贵妇人一般是合衽长裙襦,裙袖皆为襈缘,显示出其雍容华贵。平民女子的服饰以短衣和裤为主,较为朴素单调。

高句丽人喜欢戴各种饰品。其中以金银饰品为最。《周书·高丽传》记载,高句丽男子的饰物"男子衣缬锦,饰以金银。贵者冠帻,而后以金银为鹿耳,加之帻上,贱者冠折风,穿耳以金环。"其冠曰"骨苏",杂以金银为饰,其有官品者,又插二鸟羽于其上,以显示不同。此外,高句丽男子还在腰间佩戴腰刀和磨刀石,左佩砺石,右佩五子刀。女子的配饰主要为耳坠、指环、项链、手镯等,种类繁多,样式各异。高句丽妇女还常佩戴中原地区的饰物,例如步摇。

高句丽人的鞋子有靴子和履。《周书·高丽传》记载,高句丽人足穿"黄革履",用黄色的皮革制成,鞋尖儿向上反翘。其中钉子履极具民族特色,此鞋防滑,利于攀登。

三、肃慎族系服饰

魏晋南北朝时期,今松原地区成为不断兴起的北方民族争夺、迁徙之地。太和十八年(494年),勿吉人灭亡夫余国,占有其地,今松原地区东部为勿吉七部之一的伯咄部居地。

勿吉是肃慎、挹娄的改称。夏商周时期,肃慎人处于原始社会,生产力低下,穿着十分简陋。据史料记载,肃慎人"多畜猪,食其肉,衣其皮,绩毛以为布"①。可见,社会发展水平较低的肃慎人仅用猪皮或猪毛织成的布裹身为衣,所以此时

---

① 《晋书》卷97《四夷传》,中华书局1974年版。

还谈不上有什么服饰。编发是肃慎人一种比较有特色的习惯,但具体样式不详。汉魏时期,肃慎被称为挹娄,穿着没有太大的变化,猪皮仍是他们制衣的主要原料。冬季,他们还把猪油涂在身上,"厚数分,以御风寒"。夏季则全身赤裸,仅"以尺布隐其前后,以蔽形体"。挹娄人的纺织业也有了一定的发展,能织制麻布,所以挹娄人还用布做成一种便衣,遮挡身体。①

南北朝时期,肃慎、挹娄转称勿吉。其社会、经济发展水平均有了较大提高,服饰也比前代有所改观,有了男女之别。"妇人服布裙,男子衣猪皮裘"②。男子还在头上"插虎豹尾"③作为装饰。

隋朝时,勿吉改称靺鞨,分为粟末、伯咄、安车骨、拂涅、号室、黑水和白山7部,境内东部仍为伯咄部居地。靺鞨族人的穿着打扮基本与勿吉相同,"妇人服布,男子衣猪狗皮"④。随着同汉族交往的日益加深,靺鞨族人非常喜爱汉人的风俗和服饰。隋炀帝时,首领度地"悦中国风俗,请被冠带"。

唐朝时,以粟末为主体的靺鞨人在东北建立政权,后受到唐朝的册封,改称渤海,今松原东部归渤海国夫余府管辖。由于纺织业的发展,渤海人已经能生产粗布、细布和丝织品,再加上从唐朝和日本输入的大量丝织品,渤海人在穿着上有了很大的改进。当时贵族的服装大致为丝织品、绸类;百姓的衣服为麻织品、布类。服饰的样式也与唐代中原汉人相差无几,男人头戴幞头、帕巾,足蹬黑靴、麻履,穿着袍服,革带束腰。此时,渤海国对官服也有了明确的规定:"以品为秩,三秩以上服紫,牙笏、金鱼。五秩以上服绯,牙笏、银鱼。六秩、七秩浅绯衣,八秩绿衣,皆木笏。"⑤随着社会生产力的发展,生活水平的逐渐提高,人们也越来越注重自己的仪表。妇女的首饰也日益增多,她们佩戴金银饰品,如耳环、手镯、指环等。她们还懂得用天然铁矿石研磨成粉,当作化妆品,化妆后的渤海国妇女粉面朱唇,楚楚动人。

契丹崛起后,黑水靺鞨依附契丹,被称为女真,辽朝以后,女真的名称就取代了靺鞨。辽天庆五年(1115年),完颜阿骨打建立大金国。从文献上看,女

---

① 参见《三国志》卷30《魏书·挹娄传》,中华书局1982年版。
② 《北史》卷94《勿吉传》,中华书局1974年版。
③ 《北史》卷94《勿吉传》,中华书局1974年版。
④ 《北史》卷94《勿吉传》,中华书局1974年版。
⑤ 《新唐书》卷219《北狄·渤海靺鞨传》,中华书局1975年版。

真人的发式也是髡发,但同契丹人相比有些差异。《大金国志》记载女真人的发式为"辫发垂肩,与契丹异。耳垂金环,留颅后发,系以色丝,富人用珠金饰。妇人辫发盘髻,亦无冠"①。女真族灭辽后,妇女头部开始有了装饰,扎系逍遥巾或头巾。

女真族早期,由于生产力水平低下,服饰在原料样式上都较为单一。女真"土产无桑蚕,惟多织布,贵贱以布之粗细为别……富人春夏多以纻丝棉袖为衫裳,亦间用细布。秋冬以貂鼠、青松、狐貉皮或羔皮为裘,或作纻丝四袖。贫者春夏并用布为衫裳,秋冬亦牛、马、猪、羊、猫、犬、鱼、蛇之皮,或獐、鹿皮为衫。裤袜皆为皮。"男子服饰的样式为盘领,腰系图骼带,脚穿乌皮靴。女子所穿的服饰"曰大袄子",衣服款式采用直领,右衽,形状如同男子道服。下身穿裳曰锦裙。为了使裙子的下摆张开,特别用裹着绣帛的铁丝圈作内衬,外面用单裙笼罩。

后期受到中原文化的影响,女真人的衣着已经完全汉化,女真统治者为了维护本族利益,曾两次推出限制汉化的措施。天会七年(1129 年),金元帅府"禁民汉服,又下令髡发不如式者杀之"。世宗大定年间颁布了一系列抵制汉化的政策,女真人不得改称汉姓、学南人衣装,犯者抵罪。章宗承袭世宗政策,于泰和七年(1207 年)九月下令:"敕女真人不得改为汉姓及南人装束"。这些政策虽起到了一些抑制作用,但阻挡不了女真人穿汉族服装的趋势。

随着社会的发展,女真人也越来越注重自身的装饰,尤其是喜爱佩戴各种饰物。主要饰品有戒指、耳环、手镯、发饰等,种类多样,样式精美。1982 年扶余县文物普查时,在江家岗遗址采集到玉质手镯残段及动物纹饰耳环 1 件。在北大沟遗址中采集到白玉手镯残段、蓝色石饰件残段等。② 在众多女真人饰品遗物中,最为精美的当属 1958 年在更新公社西山屯一中墓葬中,出土了两件金代装饰品——金扣玉带和金装饰。

金扣玉带,系由金扣 1 个、金环 1 个、玉铊尾 1 个、玉銙 18 个、金钉 69 枚组成。草鞋已腐烂无存。金扣上饰忍冬花纹或云卷纹,下衬珍珠纹地,其上附有 3 枚金钉,应是将扣钉在鞋上用的。金扣玉带全长 4.7 厘米,平板宽 2.4 厘

① (宋)字文懋昭撰,崔文印校证:《大金国志校正》卷 39《男女冠服》,中华书局 1986 年版。
② 参见《扶余县文物志》编写小组:《扶余县文物志》,1984 年内部资料,第 28、30 页。

米,环宽 3.6 厘米。金装饰,呈长圆状,两端有黄金帽,中夹一贝,内用一金丝,外用一长方形金片联结牢固。金片上满饰忍冬花纹,周边作卷云纹,下衬珍珠纹地。联结之金丝,在一端拧成一环,便于系挂。金装饰全长 11 厘米。这两件器物,造型精美,工艺高超,是吉林省首次发现的珍贵文物。它们为研究金代的官制、服饰以及金玉制作工艺,提供了极为宝贵的实物资料。①

此外,在扶余县、前郭县等地还出土了多面金代铜镜。有双龙铜镜、双鱼铜镜、航海铭文铜镜、带柄铜镜、连珠纹铜镜等多样纹案。

明代中后期,女真人迅速发展。后金政权建立后,统治者完成了对女真各部族的统一,形成了新的民族——满族。满族在一定程度上继承、保留了女真及其先世的一些传统,形成了独具特色的满族服饰文化。

清朝时,松原地区境内的满族官员按朝制穿戴官服与顶戴花翎。官服分为蟒袍、补服、外褂、常服几类。冠服中的蟒袍,又被称为花衣、花袍。补服俗称补子,缝在外褂的前后心上,根据刺绣图案的不同来标记品级高低和官员职别。文官绣飞禽,一品至九品分别为仙鹤、锦鸡、孔雀、云雁、白鹇、鹭鸶、鸂鶒、鹌鹑、练雀。武官绣走兽,依次为麒麟、狮、豹、虎、熊、彪、七八品同为犀牛、海马。顶戴花翎是清代表示官秩的独特标志,是自皇帝至各级官员冠顶的镶嵌物,多用各色宝石与素金,表示品秩。此外,皇室贵族及四品以上高级官员还配戴朝珠。以松原地区为例,康熙三十一年(1692 年),清政府在伯都讷设副都统(二品武职)一职。② 根据清代官员服饰的规定及《清史稿·舆服志二》记载,我们大体可以描述出该官职的官服样式及图案。二品武官蟒袍绣九蟒四爪图案,底部开二衩。补服为方形补,前后绣狮子图案。朝冠冬季用薰貂制作,农历十一月至正月十五用貂尾制作,镂金底座,中间装饰一块红宝石,上衔镂花珊瑚,翎管里安插单眼花翎。颈部佩戴朝珠,旁边的三小串,佩戴时两小串在左,一小串在右。

民服方面,满族不论男女老幼、贫贱富贵都穿袍,满语叫做“衣介”,因是旗人穿着,所以后世称为旗袍。袍的传统样式为圆领,左衽,四面开叉,束腰,窄袖。男子所穿旗袍长及脚踝,无纹饰,下摆肥大。袖口处通常接一个半圆形

---

① 参见《扶余县文物志》编写小组:《扶余县文物志》,1984 年内部资料,第 106 页。
② 参见松原市地方志编纂委员会编:《松原市志》,吉林人民出版社 2006 年版,第 14 页。

袖头,称为箭袖,因形似马蹄,又被称为马蹄袖,骑马打猎、作战时覆盖手背,起到御寒及保护的作用。箭袖平时挽起,在见到长辈时,将袖口掸下行礼。男袍下摆至踝,分为常袍和行袍两种。其中常袍日常穿着,行袍为外出时所穿,比常袍短十分之一,并且在右襟处裁下一尺左右,再用纽扣系上,因便于骑马所以被行袍,又叫做缺襟袍。与长袍配套穿着的是马褂,罩在长袍外面,因身袖较短,便于骑射,所以称为马褂。其式样为圆领,对襟,四面开叉。清初,马褂多为士兵穿着,康雍以后,在民间流行,逐渐成为一种礼服,有对襟、大襟、琵琶襟、一字襟等多种样式,又有单、夹、皮、棉之分。此外,男子还喜在长袍或马褂的外面套穿坎肩,一方面御寒,另一方面起到装饰的作用。坎肩,俗称背心或马甲,由汉族的"半臂"发展而来,对襟、无领、无袖,也分为琵琶襟、一字襟、巴图鲁坎肩等样式。

满族女子的服装大体与男子相同,穿着旗袍与坎肩。早期女式旗袍腰身较瘦,袖管细窄。入关后逐渐演变为直身式,宽襟大袍,衣襟、领口、袖边绣花纹图案。旗袍最初无领,只戴领巾,即在脖子上围绕 2 寸左右宽的绸带子,一端掖在大襟里,另一端自然下垂,直到清末才出现立领旗袍。

发饰方面,明代女真人将前额头发剃去,留脑后头发扎成辫子。入关后,满族男子"剃发垂辫",即将前颅的头发全部剃去,只留颅顶后头发,扎系成辫,垂于脑后。为了美观还常用金、银、珠宝等制成别致的小坠角儿,系于发梢。满族女子在成年前,发型与男子相似,剃去颅顶头发,余发绾起抓髻盘于脑后或只梳一根单辫垂于背后,到成年待嫁,方始蓄发。已婚的满族妇女发型多样,有大盘头、两把头、吉祥头、一字头等样式。当时较为流行的是两把头,即将头发高高束在头顶,平分成两半,挽成两个扁长型的发髻,底部留有一绺头发修整成燕尾式的尖角,压在后脖领上,显得格外稳重、文雅。如遇喜庆或接待客人时,在头顶发髻上戴一扇形发冠,多用青素缎、青绒制,后来逐渐演变成大拉翅发式。中老年妇女,多把头发绾成一个大的发髻,盘在头顶正中。后期受汉族妇女发饰影响,满族妇女中还流行一字头、平三套等。满族妇女不仅发型多样、优美,而且喜欢在头发上插戴簪、环等首饰,尤其喜戴鲜花,就是年过花甲的老妪也不例外。民国以后,满族男子剪辫留短发,或平头或分头。妇女发饰也逐渐简化,已和流行发式相近,只在民族的重要活动中,仍梳传统的头式。

满族男子以穿靴为主,一般用黑皮或黑缎制作,多为尖头。满族女子不缠足,着高跟木底鞋。鞋跟一般高1—2寸,后期也有的高达4—5寸,上下较宽,中间细圆,镶在鞋底中部,并用白细布将整个高跟包裹起来,不着地的部分常用刺绣或穿珠装饰,跟底似马蹄的称为马蹄底,似花盆的称为花盆底。老年妇女为了便于走路,多为平底,前端少削,称平底鞋。女鞋鞋面一般都要刺绣装饰,图案多饰蝉蝶,鞋帮镶彩边绣花,最忌素而无花,以为近凶服。此外,还有一种最具满族特色的冬季靴鞋——靰鞡。靰鞡为兽皮或家禽皮制作,方口,鞋尖部分宽平,多褶皱,鞋帮四周钉有6个小耳,穿时将皮绳或麻绳穿过小耳,绑在腿部。为了保暖,鞋里还垫上细长柔软的靰鞡草,防潮吸汗,穿上这种鞋即使在雪地中数小时也不会冻坏脚。清中叶以后,受汉族影响,满族开始流行布鞋。男鞋素帮布底,圆方口式,女鞋多为薄底,青布或大绒鞋面,鞋头绣有云子卷或其他花卉图案。

满族不分长幼,四季都可以戴帽子,分为礼帽和便帽两种。礼帽又分为凉帽和暖帽。其中春夏戴凉帽,无檐,呈圆锥形,用藤、竹、麦秸等编织而成,外裹绫罗,颜色以白色居多;秋冬戴暖帽,黑色居多,用呢毡、缎制成,呈圆形,四周有约2寸宽的帽檐,檐上镶以皮毛。富贵者多用貂皮或水獭皮,平民多镶青鼠皮、袍皮等。暖帽中部还装饰有丝绸制的红色帽纬。便帽,有被称为小帽,俗称瓜皮帽。老人幼童都戴,由6片方瓣缝合而成,无檐,有方顶、平顶、硬胎、软胎之分,帽顶镶丝绒结成的疙瘩,多为红黑两色,帽檐前额正中缀有珍珠、翠玉、猫眼石、玻璃、银片等制成的帽正。年轻男子还喜在帽疙瘩上褂一尺多长的红丝绳,称为红幔。老年人冬天戴大风帽,俗称风兜,帽扇很长,可护住脖颈,方便暖和。因满族人有敬狗之俗,所以忌戴狗皮帽。满族妇女平时爱戴平顶帽,帽缘绷有檐,上绣云子卷花纹。老年妇女多用一条中间宽两头窄的长条带子围在额上,带子上下边缘用素色布锁边,中间绣素花,既挡寒风又可使头发整齐。

满族不论男女皆有配挂,如小刀、手帕等。其中最常见的是荷包和香囊。清代的荷包十分讲究,一般为绸缎、绫罗等材料制成,工艺精湛,形状各异,图案多样,里面常装香料、烟香、小零食等物。荷包是幼童时期的重要礼品,也是相恋中的男女青年定情的信物。满族妇女喜戴耳饰,且"一耳三钳"。

四、汉族及其他民族服饰

(一)汉族服饰

秦汉时期,受战争影响,燕、齐、赵国民众纷纷来到东北躲避战乱。东汉时期,夫余、高句丽政权建立后,在与中原地区的冲突中掳掠了大量汉人。这一时期的汉族男子多穿大袖袍服,右衽,领口和袖口处装饰有花纹。富裕人家为丝、锦等高级面料制作而成,贫民多为麻、葛制成,有夹、棉之分。女子多着裙装,紧身,下摆呈喇叭状。辽金时期掳掠人口的事更是时有发生。辽朝统治者在服饰方面规定"北班国制,南班汉制",根据这一制度,汉人仍保留了自身的服饰特征。男子着袍、衫、袄等服装,其中以长袍为主,圆领,长及脚面。平民穿着粗布或麻布制成的短衣,以方便劳作。女子仍多着裙装,以颜色淡雅的绿色、粉色居多。元朝时期,种族等级森严,把全国各族人民分成四个等级,以区分高低、贵贱。其中,蒙古人为第一等;色目人(包括阿拉伯、波斯、欧洲人等)为第二等;汉人(包括以前金辖区的汉人和其他民族)为第三等;南人(包括宋辖区的汉人及其他民族)为第四等。这种等级上的不同,在服饰上亦有所体现。汉族人口由于地位低下,多衣着褴褛。明朝建立后,完全废弃了元朝的服饰制度,"上采周汉,下取唐宋",进行了大规模的调整,以恢复汉制。明朝服饰制度的制定从洪武元年(1368年)开始,直到洪武二十六年(1393年)才基本确立。当时文武百官的服饰有朝服、祭服、公服、常服等,其中最常穿着的是公服和常服。公服是官员参加公务活动时穿着的服饰。根据规定,样式为"盘领右衽袍,用纻丝或纱罗绢,袖宽三尺",官员等级以颜色、花样等相区分。

平民男子的帽巾有网巾、四带巾、四方平定巾、圆帽、大帽等样式,衣服以袍服为主,右衽,宽袖,下长及膝,杂色盘领。富贵人家多以绸缎、织锦为主,上绣各种花纹,以体现吉祥富贵的图案居多,有莲花、牡丹等,其中最流行的是在团云、蝙蝠中间镶嵌一寿字的五蝠捧寿图案,表达了福寿绵长的意义。一般女子的装束以袍衫、霞帔、褙子、裙子为主。其中,褙子为妇女常穿的服装,对襟,过膝。还有一种由各色零碎杂布拼凑而成的水田衣,在当时也深得女子喜爱。

清朝建立后,男子的发饰、服装一如满族。女子服饰则根据清政府"男从女不从"的政策,基本上承袭了明朝的装束。女子服饰仍以上身穿袄,下身着裙、裤为基本装束。袄为大襟,圆领,右衽,领口、袖口及下摆处刺绣花纹。裙子的样式多样,有百褶裙、月华裙、凤尾裙等。裤子以高腰合裆居多,长及脚面。汉族女子缠足,多穿弓鞋。后期随着满、汉之间交流的日益加深,满汉服饰在样式、纹饰上也越来越相似,汉族女子袄衫的长度也越来越长,类似于袍。民国以后,汉族服饰的变化不大,男子仍穿着长袍马褂,女子着袍衫。20世纪20年代以后,本是满族妇女喜爱的服装——旗袍,在城市妇女中广泛流行。至20世纪30年代,式样经过改良的旗袍已广泛普及,成为妇女的主要服饰。

(二)回族服饰

回族的先民来自西域穆斯林地区。唐宋时期,大批阿拉伯、波斯的商人、工匠来到中国,从事经商、贸易等活动。元朝时,成吉思汗及其后继者多次远征中亚、西亚,掳回信仰伊斯兰教的各族人数十万,部分被编入回回军。元朝统一全国后,这些回回军被派往各地驻防,在长期与汉族、维吾尔族、蒙古族等其他民族杂居、融合的过程中,元末明初逐渐形成了一个新的民族——回族。

吉林省自康熙朝即17世纪80年代始有回族人口。[1] 最早源于平定"三藩之乱"后被发遣至吉林地区的回族官兵,分布在吉林北五屯一带。清末民初,随着弛禁政策的实施和交通业的发展,大量移民涌入吉林,进入吉林地区的回族人口也显著增长。伯都讷地区的回族,据吉林乡土志记载,"肇于清乾隆元年至十二年"(1736—1747年)。这些回族人口聚居在县城西南营子一带,此后有些回族向五家站、三岔河一带移居。另据《吉林通志》记载,清代吉林各地修建清真寺4座,其中3座在吉林乌拉,另一座在伯都讷城,该寺庙在同治元年(1862年)重修。可知清代伯都讷地区是回族的聚集区。乾安县在1928年成立设治局时,已经迁入回族4户。[2]

因长期与汉族等民族杂居相处,松原地区的回族多使用汉语、汉名,在服饰上也没有特殊衣着,逐渐与汉人相同,日常生活中仅有一些老年人或是在参加宗教活动、民族节日时,才穿戴本民族服饰。

回族男子的头饰特征显著,戴最具民族特色的白帽,这成为回族区别其他民族的标志性服饰。白帽又被称为号帽、回回帽、顶帽。无檐,有圆顶、方顶、

---

① 参见吉林省地方志编纂委员会编纂:《吉林省志》卷78"民族志",吉林人民出版社2003年版,第381页。

② 参见吉林省地方志编纂委员会编纂:《吉林省志》卷78"民族志",吉林人民出版社2003年版,第388页。

六瓣等样式。颜色以白色为主,此外还有灰、绿、红、蓝、黑等。一般来说,春夏秋三季以白色为主,多戴白色。冬季戴其他深色。有的宗教人士如清真寺的阿訇、教长和一些老年男子不戴白帽,而喜欢在头上缠一圈白布,称为戴斯达尔。戴斯达尔是一块长达3至4米,宽0.6米的长布,分为长方形和方形的,白色居多,也有黄色、黑色和格子的。缠裹的时候由右往左缠,只能缠到前额的发际处,不可以把前额遮住,布带的一头缠至脑后压在里面,另一头留出一肘搭在背后。

同回族男子一样,回族女子的头饰也极具特色,参加礼拜时多戴盖头。回族妇女戴盖头,是从阿拉伯妇女戴面纱发展而来的。盖头的样式一般是统一的,从头套下,披在肩上,遮住两耳,颌下有扣,将头发全部盖住,只留面孔在外。盖头的搭法因年龄而不同,中老年妇女的盖头一般搭至背心处,多为黑色、白色;少女和少妇则搭至脖子,颜色为绿色或其他鲜艳的颜色。盖头的布料非常讲究,多为丝绸等高档布料,有些少女和少妇还在盖头的四周绣上图案或镶嵌金边,看上去美观大方。

据传,伊斯兰教创始人穆罕默德喜穿白色衣服,曾多次对教民说:"你们宜穿白色服装,因为白衣最洁最美。"回民认为白色是最为圣洁的颜色,所以男子上身喜穿白色衬衫,外套黑色坎肩。坎肩是回族男子服饰的特色组成部分,无领、无袖、直对开襟,一般套穿在白色衬衫外。坎肩式样美观,做工精巧。衣服的口袋、襟边等处都用明线缝纫,线条平整,采用羊毛或优质羔羊皮等材质制作而成,扣子用相同的布料做成盘扣或小包扣,即可直接穿在外面,也可套穿在大衣里侧,非常舒适、保暖。准白(长袍、长大衣)是回族男子的传统外衣,立领,长袖,右开襟,袍身长及脚踝,多采用棉布或毛料制作而成,一般为黑、白、灰等颜色,分为夹、单、棉、皮4种类型,深受回族宗教人士、老年人的喜爱。回族男子春秋一般都穿自制的方口鞋或圆口布鞋,夏季穿麻或棉钩底的凉鞋,冬季穿毡靴或暖鞋,但忌穿猪皮鞋,老人基本都扎绑裤腿。

女子服饰式样较为单一,包括外罩、腰裤、坎肩。上衣多为大襟,立领。中老年妇女一般穿蓝布大褂,年轻妇女和少女多喜穿颜色较为鲜艳的长袍或短衫,胸口、领口等处压线、滚边,并刺绣各种图案。女子的鞋式样丰富,有绣花鞋、缎面鞋、暖鞋等,一般都在鞋头绣花。老年妇女鞋的样式较为简单,以布鞋为多,不绣花。

回族孩子的服饰比较简单,多采用鲜艳的颜色。一些女孩的服装在袖口、胸口等处绣上图案。

回民还特别注意面容的修饰。男子必须留胡子,为了日常打理胡须,回民随身携带一把胡须梳子,有木质、牛角、骨质等材质,女子经常开面。此外,回民喜戴各种饰品,男子多随身佩戴腰刀,大小不一,大的斜挂在右肩左臂下,小的系在腰部。大部分回族女子从小就扎耳朵眼,喜戴耳环、手镯、戒指等饰品。

(三)朝鲜族服饰

吉林省朝鲜族的先民是明末清初从朝鲜半岛迁移来的。最初他们只是"朝耕暮归"、"春耕秋归"、"令紧暂退"、"令驰又回",人数较少。朝鲜族人大批涌入,出现在清末民初。19世纪以来,朝鲜流民来到吉林省居住的日益增多。20世纪30年代和40年代,迁入吉林省的朝鲜人更多。据记载,松原地区的朝鲜族人是20世纪20年代迁入的,分别居住在扶余县陶赖昭和前郭旗七家子一带,从事水田生产。1931年,扶余县已有朝鲜族91人。1934年增至295户,共计1,141人,其中男性643人,女性498人。

居住在松原地区的朝鲜族服饰多沿用李氏朝鲜的民间服饰,具有浓郁的民族特色。

朝鲜族儿童不论男女均留发编辫,成年后改盘发髻。男子成年后举行冠礼,因需要3次加冠,又被称为"三加礼"。初次加冠称为"初冠",将头发结成发髻,罩网巾,加冠。"再加"时把冠巾取下,换成纱帽。"三加"时再加上幞头。日常发饰则用黑布做成辫绳,发辫拢向头顶,盘髻后插上金、银、琥珀等制成的发簪或戴冠巾。女子婚后用红布或紫布做成发绳,将头发梳成辫,在脑后盘成发髻,多插戴银质发簪。清末,随着社会的不断发展,朝鲜族的发式有所变化。民国时期,男子以短发为主,女子出嫁前编辫或短发,已婚妇女多盘髻或烫发。

初期,由于朝鲜族生活较为贫困,服装的衣料多为麻布、土布。随着经济的发展,一些富裕的人家开始采用丝、绸等较好的衣料。朝鲜族不论男女均喜爱穿白色衣服,认为白色象征清净、素雅和淳朴,故有"白衣民族"之称。在盛大节日,隆重庆典等场合,朝鲜族男女都习惯穿白色衣衫,故又有"白衣之国"的美称。男子的传统服装有袄、坎肩、长袍、裤等。男子上身穿袄,男袄为斜领,衣襟右掩,袖口宽大,没有纽扣,在前襟两侧钉有飘带,穿时在中上部系成活结，自然下垂。在袄的外面，一般还加穿一件带纽扣的有色坎肩，不镶边，不钉衣带，多为黑、灰、棕色，主要起装饰作用。朝鲜族男子外出或聚会时，穿着长袍，这是朝鲜族男子的礼服。长袍长及膝盖，有单、棉、夹之分，多为青色或灰色。男子下身穿裤，男裤最大的特点就是裤裆、裤腿、裤腰都很肥大，这样便于在炕上盘腿而坐。穿着时裤腰前部折起扎上腰带，裤腿从里向外挽用布带系上，劳动时还要在腿部缠裹类似套袖的"行缠"，以方便活动。

女子传统日常服装为短袄、长裙。女袄与男袄样式类似，但袄襟较短，右衽，仅及胸部，领口呈圆弧形，衣袖肥大，肘部略宽，袖口略窄，在袖口、领口、襟边等处多镶有紫色、栗色、赤色的绸布花边，女袄没有纽扣，用衣襟处两条飘带在右肩下打成蝴蝶结来扎系。朝鲜族女子长裙有缠裙、筒裙等几种。中老年妇女最常穿着的是缠裙，这种裙子由裤腰、裙摆、裙带和白色衬裙组成，裙腰及胸，长拖脚面，裙摆宽大，上面有许多细褶，一边开叉，一边缝合，多以白、灰色最为常见，穿着时将裙子右侧下摆稍稍提起，围一圈后，掖在左侧后腰带处。年轻姑娘和少女多穿背心式的带褶筒裙。筒裙是缝合的筒式裙子，腰部带有许多细褶，达到合腰身的作用，上端还连有一个白色小背心，前胸开口扣纽扣，穿时从头部往下套，裙长过膝，便于劳动。朝鲜族女子有时也穿裤，样式同男裤类似，但裤腿较瘦，裤脚窄，不系腿带。

朝鲜族儿童装中最有特色的是彩袖袄，也称为七彩衣，袖子用红、黄、蓝、绿等7种颜色的彩绸或彩布制成，犹如彩虹。这种袄男孩可以穿到一两周岁，女孩可穿到十余岁。

朝鲜族的鞋样式种类繁多。早期穿木屐、革屐，后来出现草鞋、麻鞋、油鞋、云鞋、布鞋等，鞋面上还编结出各种美丽的图案。民国以后，胶鞋在朝鲜族中广泛流行。男子胶鞋宽大，长方形，多为黑白两色。女子所穿的船形胶鞋较为有特色，鞋尖略高于鞋帮，向脚背方向微翘，形同小船，多为白色、天蓝色、黑色。

从前，朝鲜族男子平时戴网巾或宕巾，外出时普遍戴笠。笠是一种圆锥形宽檐圆的帽子，上等好笠用马鬃做成，一般的笠为草笠或油纸笠，封建时代戴笠是身份的象征。民国以后，青年男子喜戴西式礼帽，中老年人秋冬多戴毡帽，夏季戴大檐凉帽。女子冬季戴风帽御寒，风帽无顶，由前额和后摆组成，后摆长至后背上部，边缘镶有黑色毛皮，下垂紫穗。日常生活中，朝鲜族老年妇女习惯用白布包头,一般妇女都普遍戴花色头巾,将半米见方的四角巾对折叠起,从前额到头后系上。

(四)锡伯族服饰

锡伯族族名"锡伯"是锡伯人的口语,曾有"实伯"、"西伯"、"席比"等多种写法,其族源可追溯到东胡族系鲜卑人。"锡伯"二字最早见于道光二十二年(1842 年)魏源所著《圣武记》卷 1 记载,明万历二十一年(1593 年)进攻建州女真的九部联军中的一部为"锡伯"。从此,在汉字记载的史书中以及清代档案资料里,多用"锡伯"二字。[①] 康熙年间,为了加强东北防务,曾将锡伯编入满洲八旗中,分驻伯都讷等地。自乾隆年间,为了减轻财政负担,多次组织"京旗还屯",其中有一部分锡伯族旗人和奴仆从北京遣回伯都讷一带,应鳇鱼差务,并建立了两处锡伯族聚居地锡伯屯(今前郭县境内)和达户屯(今扶余县境内)。

清代,锡伯族男子的发式如满族,剃发留辫。未婚女子梳单辫,由后背垂下,用红绿色头绳扎系辫跟,红色代表未婚,绿色代表已经订婚,辫梢戴花。婚后妇女在比较隆重的场合梳盘龙髻,额前剪刘海,脑后有燕尾。平时将头发绾成两个抓髻后再盘成大疙瘩髻,上插金簪。结婚时,男子剃头,女子用线修面,并要盘头翅,插簪子、鲜花等饰物。

清代锡伯族男子服装喜用青、蓝、棕等颜色,服饰与旗装基本相同。男子为便于骑马、劳作,身穿左右有较大开襟的长袍和短袄,并常在袄外套穿坎肩。锡伯族男子下身穿长裤,扎腿带,并搭配红色或白色腰带,腰带上佩戴烟袋、荷包等饰物。妇女服装的样式随着年龄的增长而变化。年轻女子多穿各色大花布和方格布制成的大襟长袍,式样同旗袍,腰身较窄,长及小腿,衣袖和下摆四周贴花边或绣花边,外面常套坎肩。坎肩有对襟、大襟两种,也贴花边。老年妇女多穿青、蓝、黑色旗袍,长及脚面,扎裤脚,在春夏秋三季里多包白头巾,冬季戴棉帽。在锡伯族传统服饰中,最具有特色的装饰为"锡伯瑞兽"图案。"锡伯瑞兽"形状似牛似马又似犬,吻上长一角,两肋生出一对翅膀,呈奔翔状。男子服饰上多刺绣的是瑞兽足踏祥云,女子服饰则为瑞兽脚踏莲花。

---

① 参见吉林省地方志编纂委员会编纂:《吉林省志》卷 78"民族志",吉林人民出版社 2003 年版,第 471 页。

锡伯族很讲究儿童装,刚出生的婴儿在摇篮里只穿内衣,半岁以上的幼童就穿连袜衣裤和尚装、旗袍等服装,旗袍右衽,下边左右开衩,如前面有孩子夭折,下一个孩子就改为左衽,寓意平安。

第二节　服饰文化的特征与内涵

松原地区各民族的服饰在长期发展演变的历史过程中,不仅在颜色、式样、艺术特点等方面形成了各自的特色,具备了实用、审美的一般功能,而且具有鲜明的地域性、民族性和融合性的特征,同时也被赋予了一定的社会功能,具有反映民族生产力发展水平、习俗、宗教信仰等多方面的丰富内涵。

一、服饰文化的地域性

文化形态是人类适应地理环境的结果。服饰作为文化形态的外在表现形式,其最基本的功能是实用,无论是在生活资料极为匮乏的古代,还是在物质财富日益丰富的现代,都概莫能外。[①] 松原地区地处吉林省西部,这里春季干燥多风,当地有民谚"风三风三,一刮三天"之说,尤其是冬季漫长且寒冷,大地封冻时间长。为了抵御严寒,生活在该地区的各民族人民多穿着保暖性强、防风防潮袍式服装、鞋帽。契丹人在冬季多以动物皮毛或毛毡做衣物;蒙古族,不论男女都以长袍为主,原料主要是动物皮毛,以御风雪;女真人同样是这种情况,《大金国志》的有关记载是:"冬极寒,多皮衣,虽得一鼠皮藏之,皆以厚毛为衣,非入室不撒。"[②]

此外,地域环境的差异还使得同一民族在服饰方面体现出不同特点。例如,郭尔罗斯地区的蒙古族,在服饰方面主体上同其他地区的蒙古族相同,但却有细小的差别。郭尔罗斯地区服装保持着本地区独特的蒙古族服饰标志,系蒙古文字"郭尔罗斯"一词首位字母的变形体,代表松嫩两江水域的民族符号。因郭尔罗斯是蒙古族音译,引申为江水,所以郭尔罗斯蒙古族服饰的标志

[①]　参见胡敬萍:《中国少数民族的服饰文化》,《广西民族研究》2001年第1期。
[②]　(宋)宇文懋昭撰,崔文印校证:《大金国志校正》卷39《男女冠服》,中华书局1986年版。

图案俗称为江水图案。

二、服饰文化的民族性

由于历史、经济、文化、地理、语言等因素的影响,松原地区的各民族形成了不同的服饰风格。每个民族的服饰都有自己不同于其他民族的鲜明特征,通常从服饰上就能一眼看出民族的差异,识别出民族的属性。其中,服饰的款式则是服饰民族性最直接的体现。例如,蒙古族不论男女均喜穿较为宽大的长袍;满族人穿旗袍、马褂;朝鲜族男子穿短衣、阔腿裤,女子穿长裙;回族男子头戴白帽,女子佩戴盖头,等等。通过这些特征鲜明的民族服饰,可以很容易辨别出穿着者的民族属性。

除款式外,各民族服饰的制作和装饰也具有鲜明的民族特色。满族的旗袍讲究镶嵌衣绦或彩牙,被称为"十八镶";蒙古族的袍服虽也讲究镶边,但镶边工艺却与满族不同,一般分滚边、沿边和饰绦3种。其中滚边主要起加固作用,沿边和饰绦起装饰作用。在服饰纹饰方面,各民族也独具特色。蒙古族多喜用云纹;回族多为花卉和阿拉伯图案;锡伯族最有特点,衣服上缝制一种似牛似马又似犬的锡伯瑞兽。

三、服饰文化的融合性

松原地区自古就是多民族聚居区,各民族在不断交往中相互学习、相互融合,在服饰习惯方面也多有改变。辽金时期,就曾出现大批契丹人、女真人效仿汉人衣着打扮。特别清代以来,各民族交往日益增多,在服饰上进一步体现了融合性的特征。

清朝时期,由于满族特殊的政治地位和社会地位,满族服饰成为主流。清前期,松原地区各民族服饰出现了满化趋势。在清政府的要求下,除朝鲜族外,其余各族男子发饰均从满"剃发留辫",汉族服饰改变了以往宽袍大袖的装束,代之以长袍、马褂为基本服饰。清后期,随着汉族移民的不断涌入,以及其他民族的陆续迁入,各民族之间互相学习,文化上互相影响,松原地区的民族服饰文化有所发展,更加显现出融合的性质。例如,满族中最具有代表性的服饰——旗袍,早期袖口为窄袖,但后来发现窄袖不利于田间耕种,逐渐效仿汉族人宽袖的样式,并且把袖口也改成喇叭袖。再如,居住在该地区的锡伯族、回族等,受汉族文化影响日益加深,服饰在颜色、式样上均有所变化,至民国以后,服装已与汉族无异。

四、服饰文化的丰富内涵

(一)服饰文化的审美情趣

服饰反映着各民族独特的审美情趣,它是人类审美心理的物化。从这个意义上来讲,服饰美乃是服饰本身所具有的属性。作为人类特有的劳动成果,服饰具有两方面的意义:一是具有物质文明方面的意义;二是具有精神文明方面的意义,即人们的习俗、风尚、审美情趣以及其他各种文化心态、观念,都积淀于物质的服饰之中,从而形成服饰的精神构成。[1]

在长期的生产生活中,各民族培养出许多具有典型民族特色的审美情趣。金代女真人世居白山黑水之间,长期从事渔猎生产,对鱼兽情趣极深,很多配饰和生活日用品上都以鱼兽作为主题。在塔虎城等地出土的4面铜镜中,画面均为两条盘游翻跃的鲤鱼。[2] 并且松原地区各民族服饰从款式、纹样、做工等多方面都凸显了自身的文化特点,保留了自己的审美追求。蒙古族世代生活在广阔的草原上,以游牧为生,每日面对朝阳、白云、蓝天,使他们对纯净的颜色格外喜爱,并且豪迈的民族性格也在服饰上有所反映,表现为蒙古族人不论男女穿着均简单明快、宽大舒适;汉族女子以小脚"三寸金莲"为美,而满族女子则崇尚"天足",在一些满族民歌中还对汉族妇女的缠足进行了戏谑。如《比小脚》:"小脚登,上山峰,跌了一个倒栽葱。鼻尖摔通红,眼眶磕曲青。"[3]

(二)服饰文化的政治内涵

服饰的形成、变化和发展,体现了社会生产力发展水平和经济发展状况。在原始社会,由于生产力水平低下,生活在松原地区的各民族均穿着十分简陋,利用树皮、兽皮等围裹身体,可以说是衣不蔽体。服饰的发展是随同社会生产力与经济的发展而日趋华丽和完善的。随着生产力的发展,阶级出现了。

---

① 参见王继平:《服饰文化学》,华中理工大学出版社1998年版,第163页。
② 参见吉林省文物志编委会编:《前郭尔罗斯蒙古族自治县文物志》,1983年内部资料,第106页。
③ 博大公、李永海:《满族民歌集》,辽宁民族出版社1989年版。转引自刘明新:《解读满族服饰习俗的文化内涵》,《中央民族大学学报》2006年第5期。

汉代的贾谊在《服疑》中言："是以天下见其服而知贵贱,望其章而知其势位。"服饰强烈地反映了等级、阶级的差别。历代官员的服饰都有着严格的规定,例如契丹人制订的冠帽制度规定,只有皇帝、上层官员等具有一定社会地位的人可戴冠裹巾,中下级官员和平民即使是在寒冷的冬季也一律不准私戴。另据《马可·波罗游记》记载:富裕的鞑靼人,衣着十分讲究,穿的衣服都是用金银丝线织成的布匹,或用黑貂皮、貂皮和其他动物的皮革制成,极其华丽昂贵。穷人则穿狗皮、老山羊皮制成的长袍。清朝时也规定了不同的官阶与不同的服饰、纹样相对应的服饰制度,对初犯者一律治罪。通过以上种种论述可以看出,服饰所蕴涵的标识人们社会地位、阶级阶层的功能。

(三)服饰文化的宗教内涵

服饰还积淀着民族的宗教观念。例如,萨满教认为发辫是其真魂栖息之所,所以满族人视发辫为生命,格外珍惜,对在战场上阵亡的八旗将士,必将其发辫带回家乡,隆重埋葬。萨满教还认为人有三魂,即命魂、真魂和游魂,其中游魂最活跃,可以脱离人体而活动,而耳环则能护卫游魂,以保证人的神安志明,所以满族先民视耳环为平安辟邪的灵物。① 回民的穿戴则多受到伊斯兰教义的影响。男子戴白帽是由于在做礼拜时,需前额和鼻尖着地,戴着无檐帽比较方便。女子戴盖头是根据《古兰经》的规定:"你对信女们说,叫她们降低视线,遮蔽下身,莫露出首饰,除非自然露出的,叫她们用面纱遮住胸膛,莫露出首饰,除非对她们的丈夫,或她们的父亲,或她们的丈夫的父亲,或她们的儿子。"清初,藏传佛教在松原境内蒙古族聚居地的草原地区逐渐兴盛起来,广泛融入蒙古族人们的生活之中。蒙古族男子随身佩戴佛像,女子银饰上刻有法轮等,均是蒙古族宗教信仰在服饰上的反映。

---

① 参见刘明新:《解读满族服饰习俗的文化内涵》,《中央民族大学学报》2006 年第 5 期。

第九章　饮食文化

　　松原自古以来就是一个多民族聚居的地区,这里世代生活着具有悠久历史和优秀文化传统的民族。各族人民在长期的历史发展中,共同缔造了中华民族丰富多彩的文化,饮食文化便是其中之一。任何一个民族的存在和发展,都离不开日常的饮食,而每个民族的饮食文化又因自然环境的差异和所从事的物质生产方式的不同,以及历史上各自形成的宗教信仰和风俗习惯等原因,在饮食文化上亦各具特色。

第一节　各族饮食文化的形成和发展

　　松原地处松嫩平原腹地,有3条江河过境,境内湖沼密布,地势平坦,林草茂密,人们自古以来就在这里捕渔、狩猎、放牧、耕种。长期的生产实践活动,为人们提供了丰富的饮食。松原饮食文化的形成和发展,同松原优越的地理环境、各族民众从事的经济活动、各民族的文化和宗教信仰有着必然的联系,也使松原饮食文化具备了鲜明的特色。

一、夫余族的饮食

　　夫余族是我国东北的古老民族之一,是古秽貊族系的主要支系。夫余国建立的政权存在了700余年,管辖着松嫩平原及第二松花江沿岸地带。松原的北部、东部是东明王创立夫余国的肇始之地,沿松花江流域也是夫余国发达时期的重要属地。这一地域土地肥沃,适于农耕,是东北少数民族中农业最发达的地区,农业在夫余人的经济生活中占有较大比重。此外,夫余人还兼营渔猎。

夫余立国之初,已开始使用铁制农具。夫余人是松原地区最早的土地开发者,沃野千里的松嫩平原,地势非常平坦,适宜于农业耕种。在已发现的夫余遗址中,出土的农业生产工具除石斧、石锛、蚌镰外,蚌刀数量就多达40余件,并根据不同的用途和使用方法制成两种形式,说明当时的农业工具比较先进。陶器有甬、罐、壶、钵、盆、碗、杯等。遗址内有半地穴式居室,居室周围窖穴的陶罐中依稀可见已经炭化的谷物。由此说明当时白金堡遗址的人们已经过着定居的农业生活,农业有了明显的进步。遗址中又发现有石镞、骨镞、骨矛、鱼漂及大量鱼骨。我们从中可以看出夫余人不仅有发达的农业、渔猎业,狩猎业也具有一定的发展规模。随着农业的发展,夫余的手工业如农具制造、金银器皿制作、制陶、纺织、制革等,都达到了较高的水平。在当时东北各少数民族中,其经济文化发展处于领先地位。

夫余先人和夫余人在长期生产、生活中,逐渐形成了自己独特的饮食习俗。《后汉书·东夷传》记载:“土宜五谷,出名马、赤玉、貂豽、大珠如酸枣。”《三国志·东夷传》记载:“其国善养牲,出名马、赤玉、貂腹、美珠,珠大者如酸枣。”当地松嫩平原的土壤肥沃,适宜五谷生长,但不产果树。草场广阔,又是放养牲畜的好地方。名马、貂豽、赤玉、美珠,亦为当地特产。

夫余人的主食主要是粟、黍、豆、麻籽、高粱等谷类。在西团山文化的中晚期猴石山、杨屯大海猛遗址里,曾发掘出人工栽培的粟、黍籽粒,大豆碳化物等,可以推断出夫余的先人秽人已经能够种植黍、粟、大豆和麻等农作物。据史料记载,夫余人的东邻勿吉人已经种植粟、麦、稷。[①] 夫余人的农业生产水平远远高于勿吉人,因此我们可以断定,夫余人当时也能种植粟、麦、稷,他们把上述粮食和俎豆作为主要食品和食具。

夫余人的畜牧业和狩猎业也很发达,擅长饲养牲畜,而且畜牧种类齐全,有牛、马、猪、狗等六畜。发达的畜牧业和狩猎业丰富了夫余人的饮食,副食中的肉类,主要有猪肉,其次是马、牛、羊、狗、兔等肉,推测还有鸡、鸭、鹅肉及禽

---

① 参见《三国志》卷30《魏书三十》、《乌桓鲜卑东夷传》。

蛋。狩猎业扩大了夫余人饮食的范围,包括猎获的野猪、鹿、狍子、貂、狸等兽肉。副食中的菜类,有适于松原地理环境种植的白菜、萝卜、芹菜、菠菜、大葱等。此外,第二松花江、松花江、拉林河流经夫余境内,众多的江河湖泊中的鱼、虾、鳖、蚌和山间田野生长的可以食用的野菜、野果,也是夫余人的食物来源之一。

夫余人使用的食具,据《三国志·魏志·东夷传》记载:"食饮皆用俎豆。"俎和豆原来都是古代祭祀用的器具。俎,是祭祀时盛放祭牲用的长方形桌子,两端有足。自商周以来多是青铜制品,也有木制饰漆的。豆则是盛装食物的高盘,盘子下面有柱,柱下有座。自从殷商以来多是青铜铸造的,也有陶制品。史料此处所指的俎豆并不是祭祀用具,而是饮食用具。据推测,夫余人饮食所用的俎可能是木制品,豆则是陶制品。

夫余人的食具使用豆是有其历史渊源的,其前人土著秽人的西团山文化遗址出土物中就有陶豆,而且越到晚期数量越多;另一前人藁离人的庆华文化遗址出土物中也发现了陶豆,并且占据相当大的比重。唯一不同的是,西团山文化遗址出土的陶豆都是采用砂质褐陶制成,而庆华文化遗址出土的除采用砂质褐陶外,还有在砂质褐陶豆座上饰红衣的,以及泥质黄褐陶制成的陶豆。而夫余文化,除了砂质褐陶豆继续使用外,还出现了夹粗砂褐陶豆、汉式泥质灰陶豆。此外还出现了专门为祭祀用的外挂铅黑色陶衣的夹细砂或夹粗砂的陶豆。

夫余国在存续700百年后,就从中国历史的长河中销声匿迹了。但夫余人创造的灿烂文化则被后人传承下去。

从以上可以看出,夫余作为古代东北少数民族政权,与中原王朝在政治上保持着臣属关系,经济、文化和贸易往来频繁,中原汉族先进的饮食文化很自然地要对夫余产生影响。夫余有充沛的水利资源、温暖的气候和肥沃的土地,这些都是适合农业生产的良好的自然条件。从"土宜五谷"看,农作物品种较为齐全。夫余还有良好的牧地、山陵和草地,适合饲养牲畜、狩猎和捕鱼。因此夫余人的饮食比先秦时代生活在北流松花江流域的土著秽人和生活在东流松花江流域的藁离人要丰富。毋庸置疑,在汉文化的影响下,夫余人逐渐形成了明显受到中原文化影响但又不失自己民族特点的古夫余文化。到了汉代,松原夫余人的饮食文化已经与中原或辽河流域的汉族人极其相似了。

二、契丹族、女真族的饮食

辽金时期,松原成为契丹、女真等族的居住区域之一。在前郭县、扶余县、乾安县、长岭县都发现了大量的古遗址、古城址、墓葬等,与先秦、汉唐时期相比,可谓盛况空前。

契丹人、女真人最初的饮食非常单调。契丹人、女真人建国后,随着与农耕民族广泛接触,中原地区丰富的物产和烹饪技术的传入,契丹人、女真人较粗糙、单调的饮食受汉族饮食文化的影响而转向精细。契丹人原以肉食和乳品为主,当其农业经济发展之后,粮谷食物如粟(小米)、黍、稻、菽、稷、麦等丰富了契丹人的食物种类,改变了他们传统的单一饮食结构。辽中、后期,受汉人和渤海人的饮食习俗影响,契丹人已会制作馒头、煎饼、糕、酥乳饼、饼饵(带馅糕点)等食品,种植各种蔬菜,喜欢用生姜、蒜、韭等来调味,还种植了枣、栗、桃、杏、梨等,为了保存水果,还会把新鲜的瓜果制成蜜果、干果、酒果、果脯和冻果。至今松原地区冬季还有冻梨、冻柿子,这种水果深得人们的喜爱。

女真族是从事农耕的民族,同时畜牧、渔猎占有重要地位。随着农业生产的发展和受汉族先进文化的影响,女真人引入了在中原广泛种植的粟、黍、粱、荞麦等。女真食品中粮食比重增加,食品加工渐趋精细,其主食中出现了以馒头、炊饼为主的主食,副食以食肉为主,来源既有家畜家禽肉,也有野生动物肉及鱼虾等。女真人的蔬菜主要有芹菜、笋、葵、豆、莲、竹笋等,还学会了腌制酸菜,至今酸菜还是松原人民饭桌上的佳肴。其饮食中使用的调料主要有葱、姜、蒜、椒、盐、醋、酱等,食品中放入适当的调料可增加食欲。契丹人、汉人的果品如李、桃、西瓜、栗、枣等也成为女真人使用的果品。后来女真族的饮食已同汉族没有太大的区别。

辽金时期,松原成为契丹、女真等族较为活跃的地区。特别是前郭县,发现的古遗址、古城址、墓葬等多达80余处。在前郭县羊营子遗址出土了辽代白瓷和铁花瓷片等,辽白瓷片以碗盘类居多。铁花瓷片既有碗、盘、罐类,也有大型盆、钵之类(参见图9-1)。在半拉山遗址出土了大量的文物,其中有辽代白瓷片、小型壶耳等,这里是辽帝"春捺钵"必到之地。在三岔河遗址曾出土过炊具——一个四耳大铜锅,口径54厘米,腹径58厘米,通高43.5厘米。

锅底部有长期使用过的黑灰痕迹。在前郭县塔虎城遗址还出土了金代黑釉瓷盘、黑釉大盘、黑釉大碗。在扶余县、长岭县、乾安县出土了辽金时期的铜匙，出土的炊具有铁锅、碗、盘、碟、盆、钵等，曾在遗址挖出多处灶址、炕址、灰坑等。从松源出土的辽金时期的遗物和地理位置推断，可以看出当时这里是较大的村落，是辽金人口密集的居住地。

青花瓷碗
金代时期文物，质地：瓷质。前进乡南城子古城址出土（征集）。高5厘米、口径17厘米、底径5.9厘米。

图9-1　金代青花瓷碗①

饮茶和饮酒在辽金时期成为风尚。茶文化作为中原先进文化的一部分，被契丹人、女真人吸收。辽金本不产茶，契丹人饮用的茶主要来自南唐和吴越等南方诸国，或来自契丹与五代十国以及北宋之间的贸易，加上后来北宋的纳贡等。金朝女真人茶叶来源于宋人岁供和边界之榷场贸易。在北宋输往辽朝的茶中，不仅有一般的饼茶和草茶，还有建茶、团茶、乳茶等名贵珍品。中原茶文化进入契丹民间和契丹王朝宫廷，在宫廷各种礼仪中多数有"行茶"等仪式。如皇后生辰朝贺仪有"饼茶"、"行茶"，皇帝生辰朝贺仪有"饼茶"，立春仪、重九仪等"赐茶"仪式。女真人初期仅有少数上层统治者饮茶，后来饮茶之风在各个阶层中都很盛行。《松漠纪闻》载，女真人在婚嫁酒宴后，"富者瀹建茗，留上客数人啜之，或以粗者煮乳酪"。这时只有上客才可以饮用茶，茶比酒还贵重。饮茶之风日盛，"上下竞啜，农民尤甚，市升茶肆相属"。说明当时饮茶非常流行，上下竞啜并出现了茶肆相属的情景。由于饮茶盛行，茶叶消耗量大，朝廷曾多次采取措施，金世宗年间曾"以多私贩，及更定茶罪赏格"，来限制商贾私自贩运。榷场中，契丹商旅多以丝绢交换茶叶，岁费不下百万。朝廷官员提出禁茶，章宗因此下令："七品以上官，其家方阡食茶，仍不得卖及馈献。"②章宗规定了饮茶的范围，不许随意馈献及出售茶叶。宣宗时朝廷根据情况再次提出饮茶之禁，朝廷官员纷纷要求禁茶，主要是因为财政收

---

① 图片来源于长岭县档案局。
② 《金史》卷49《食货志四》。

入因此大量流失。朝廷规定了禁茶范围后,上层官员仍可以饮茶,平民百姓则没有这种特许。

饮酒是契丹人、女真人的嗜好,酒可驱寒助兴,延年益寿。契丹人喜饮酒,各种礼仪、祭祀、节日、喜庆、迎宾、赏赐等活动都要畅饮,上至皇帝下到平民百姓,日常生活中离不开饮酒。辽国皇帝在祭山仪、瑟瑟仪、宋使进留物仪、册皇后仪、皇太后生辰朝贺仪、皇帝及皇后生辰朝贺仪中都要饮酒。辽国曾专门设麹院来管理酿造工场,为皇室贵族酿酒。辽朝宫廷有酿造工场,民间有酿酒作坊。穆宗曾微服私访酒家并赏赐银两鼓励酿酒。契丹人好酒,辽代京城及各州县中酒肆星罗棋布。女真人很早就掌握了酿酒技术,女真人以糜制酒,而且嗜酒成风。朝廷中重大礼仪如祭祀天神、祖宗、接待外国使者等都设有酒馔。士兵出外征战时,"凡用师征伐,上自大元帅,中自万户,下至百户,饮酒会食"①。女真人崇尚豪饮助兴,青年男女结婚时,夫婿和亲戚到女方家,要携带许多酒缸来款待客人。

由于各阶层饮酒十分盛行,随之出现了一些社会问题,辽金朝廷根据情况采取一些措施。辽朝官吏极力主张对饮酒适当加以限制。金朝正隆五年(1160 年),海陵王禁朝官饮酒,犯者死。大定十四年(1174年)三月,世宗诏猛安谋克,当节辰及祭天日时,方可饮宴聚会。但自二月一日至八月终,"并禁绝饮燕,亦不许赴会他所,恐防

图 9-2 辽金时期鸡冠壶②

农功。虽闲月亦不许痛饮,犯者抵罪"③。禁酒令并没有打消契丹人、女真人对酒的热情,饮酒仍在生活中占据重要地位。在前郭县、长岭县发现了很多辽金时期的饮酒器皿,如造型独特的鸡腿瓶、鸡腿坛、长颈瓶、酱釉双耳壶等具有民族特色的储酒器皿。在扶余县出土了辽金时期的铜酒杯、黑釉缸胎葫芦状酒壶等(参见图 9-2、图 9-3)。

金朝饮食文化因袭辽朝饮食文化,与辽朝相比,金朝主食米、面食品的品

① 《金史》卷 6《世宗纪上》。
② 图片来源于长岭县档案局。
③ 《金史》卷 7《世宗纪中》。

垂腹陶壶

1986年征集。前进乡南城子辽金城址出土。陶壶为小敞口小卷沿垂腹凹底，青灰色，火候较高，制做粗糙。口沿外径12厘米，底径9厘米。底部很不规整，是把陶胎制成后又用去过厚部分防止窑烧时过厚部分开裂，可以看出制陶者有丰富制陶经验。

图9-3　辽金时期垂腹陶壶①

种有所增加，副食、蔬菜和果类食品更加多样化。辽金时期，契丹人、女真人都喜欢饮酒喝茶，都在与中原地区的文化交流中吸收先进的饮食文化，并与自己原有的饮食文化相融合，使得辽金两朝的契丹人、女真人的饮食文化具有了独特的民族魅力。

三、蒙古族的饮食

蒙古族是一个勤劳勇敢、历史悠久的民族，自古以来就生活在我国北方草原地区。蒙古灭金，松原地区尽属蒙古。至元八年（1271年），元世祖忽必烈统一中国，改国号为元。元朝时期，松原地区归属开元路，被分封为游牧之地。在此生活的蒙古、女真、契丹、汉等各族人民，在经济、文化、社会事业等方面都是游牧主导、渔猎次之、农耕相辅。元朝时期，无论是生活在农业区还是牧业区或半农半牧区，蒙古族人根据本民族长期的生产和生活实践，创造出了独具特色的民族饮食文化。

独特的草原生态环境为发展畜牧业提供了得天独厚的地理环境，使得草原上牛羊成群，肉类成为蒙古人的主要食物。这里的牲畜膘肥体壮，其肉中营养丰富、脂肪含量高、热量大，是抵御高寒气候的重要食物。蒙古族农区以粮食为主，以肉、乳为辅；半农半牧区则是粮、肉、乳并用。

蒙古族传统食品可分为白食和红食。白食蒙古语叫"查干伊德"，意为纯洁高尚的食品，即奶制品，是指牛、马、羊、骆驼的奶制品。蒙古人喜欢吃白食，还赋予它许多美丽的传说，认为白食能带给人们幸福和吉祥，因此按照蒙古人的习俗，白食是蒙古人待客的最高礼遇，是敬客食品。

对于蒙古牧民来说，白食是不可缺少的，主要分为食品和饮料两种。食品有奶豆腐、奶皮、奶油、黄油、奶干、奶酪、奶渣、奶糕等，饮料为鲜奶、酸奶、马奶、牛奶、奶茶等。

---

① 图片来源于长岭县档案局。

奶皮子,蒙古语称为"乌日莫"。在夏秋两季,将刚挤出的鲜奶倒入锅内加热,用温水煨煮,等奶沸腾后,用勺子搅拌,使奶的生沫浮于表面,待其奶中的脂肪凝结成一层黄色的皮子,冷却后用一根小棍子将这层硬结状东西挑起,放在卷帘上阴干,即成为奶皮子。奶皮子有非常丰富的营养价值,而且香甜可口,是奶食品中的佳品,一般只作为贡品或用以招待最尊贵的客人。元代《饮膳正要》一书中记载:"奶皮子属性清凉",有"健心清肺止咳"等功效,而且可以和炒米一起放在碗里,以奶茶泡着吃。

马奶酒,蒙语叫"额策格",是元明时期蒙古族牧民最喜欢的一种饮料,其中精品又被称为"元玉浆"。而且历史悠久,是蒙古人最早的饮料。史载:"马之初乳,日则叫其驹之食,夜则聚以流涕,贮以草囊,倾洞数,味微酸,始可饮,谓马奶子。"[①]

元朝宫廷和蒙古诸王都掌握一批专门制作马奶酒的人,所制马奶酒除自饮之外,还在举行宴会、款待客人、赏赐臣属和祭祀时使用。据《马可·波罗游记》记载,忽必烈曾用金碗饮马奶酒,元代开国功臣耶律楚材称赞马奶酒为"琼浆",因而作诗云:"愿得朝朝赐我尝"。

后来,马奶酒成了蒙古人经常饮用的饮料。做法是把马奶倒入容器中,不断地搅拌,直至发酵变酸,提取出奶油后,纯净的乳清就浮在了上边,味道变辣时就成为马奶酒。是待客佳品,善饮者一次能喝上几斤。

红食,蒙语为"乌兰伊德干",其意思为"鲜红的肉食品"。蒙古族的红食多种多样,主要有羊肉、牛肉、马肉以及一切能够猎取来的动物。最常见的是羊肉,吃羊肉的花样也很多。元朝忽思慧在《饮膳正要》中记载的菜肴和面点类食品,70%以上是用羊肉或羊五脏作为主要材料。羊肉的烹调方法,大多是先把羊肉煮熟细切,再加葱、姜等调料。"带花羊头"就是其中一例:"羊头三个熟切,羊腰子四个,羊肚肺各一具,煮熟切攒胭脂染,生姜四两、糟姜二两各切,鸡子五个作花样,萝卜三个作花样,拌用好肉汤炒,葱、盐、醋调和。"再如"水晶角"是以"羊肉、羊脂、羊尾子、葱、陈皮,各细切,依法入拌,盐酱拌馅,用豆粉作皮包子"等,这些烹调方法朴素简单,适合游牧民族食用。

---

① (宋)彭大雅撰:《黑鞑事略》,通州翰墨林编译印书局,清光绪二十九年(1903年),铅印本。

食全羊有煮全羊与烤全羊两种加工方法。极具特色的烤全羊,蒙古语称其为"朱玛"。烤全羊是蒙古人的一种节日盛宴,也是蒙古族用来招待客人的最高礼仪。在品尝全羊时,蒙古人要放歌迎宾曲,给客人献上哈达和美酒,以示美好的祝福。客人在接受哈达前,要先用酒敬天、敬地、敬祖先,然后一饮而尽。如果你不喝,蒙古族姑娘会一直唱下去,直到你把酒杯里的酒喝干了为止。

手把肉,蒙古语叫"布含勒",也有叫"秀斯"的。"布含勒"就是整羊席,是蒙古人招待尊贵客人和喜庆宴会或各种祭奠摆供品时所用的肉食品。其吃法颇具草原游牧民族的古风。手把肉就是手抓羊肉,将整只羊放入锅内,不加调料和盐,用原汁熬煮,只要表面熟了就可以食用了,肉质鲜嫩味美,蘸调料食用,吃时不用筷子,一只手抓羊骨,一只手拿蒙古刀剔着吃。

全羊席是蒙古族在喜庆宴会和招待尊贵客人时最丰富和最讲究的传统宴席。据史料记载,全羊席于至元元年(1264年)元朝建立时,就在宫廷中出现了。又称"全羊大宴"。"全羊席"的菜名非常考究,全羊席一共76个菜,每个菜都不露"羊"字。以不同部位的羊肉做成的菜有各种不同的名称,如以羊眼睛做的"玉珠顶",以羊脑做的"烩白云",以羊百叶作的"素菊花"等。不仅菜品高雅脱俗、丰富多彩,而且烹制技艺精湛,配料考究,煎、炒、烹、炸、爆、煮、蒸、炖各种加工方式齐全。全羊席上菜程序也非常讲究,要以羊头为首菜,再加以诸色点心、各种主食,具有独特的民族风味。

成吉思汗火锅是仔羊肉的一种食用方法。相传,成吉思汗在一次围猎宿营时,看见士兵们架在篝火上的肉被熏烧得焦黑。他取来一个士兵的铁盔放到篝火上,拔出腰刀,把猎获的黄羊肉切成薄片,贴在铁盔上,烤成外焦内嫩的炙肉片。从此,"成吉思汗火锅"诞生了。后来,这种美食随成吉思汗西征传到欧洲,又传到东南亚和日本,以至风靡世界。

除羊肉外,蒙古族也嗜食马、猪、牛、驼及禽鸟肉,但重要性远远不及羊肉。蒙古八珍是蒙古族独具特色的食品,具体包括醍醐、麈坑、野驼蹄、鹿唇、天鹅炙、元玉浆、紫玉浆、驼乳。元代著名诗人白珽曾赋诗赞曰:"八珍看龙凤,此出龙凤外。荔枝配浆,徒夸有风味。"这八珍中的"天鹅炙"即是烤天鹅肉。蒙古族对天上的天鹅特别重视。

蒙古族的乳、肉、粮三大食品中,粮食的比重也很大。由于松原地区的蒙古族多居住在农业区和半农半牧区,与汉族、满族居住地区比较接近或者杂居,所以食用粮食的品种也大体相同。不过,蒙古族人仍保留着一些民族食品的传统吃法。如炒米是蒙古族较普遍食用的食品,蒙古语叫"熬特",是把稷子洗净后先蒸后炒,去皮、净糠而成。食用时,把炒米盛在碗内,加上白糖、奶油,用热奶泡后食用。

牛犊汤也是松原蒙古族人民比较喜欢食用的。牛犊汤蒙古语叫"陶和列"。是把小面块碾成猫耳朵形的面片,或擀、切的面片用牛奶煮后加黄油、奶皮、白糖而食用。

面肠是蒙古族杀猪、杀羊时做的具有蒙古族特点的食品,不同于血肠的是,它在血中加入荞面、猪板油丁(腔子油)及各种佐料。

还有一种肉粥,也是蒙古人爱吃的饭食。直至今日,每年的农历腊月二十三小年,有些农牧民家庭还要吃肉粥。除此之外,还有具有鲜明的民族特点和地区特点的蒙古馅饼等。

蒙古族的饮品是茶和酒,视砖茶为饮食之上品,尤其特别喜欢喝奶茶,一日三餐都不能离开茶。品茶是蒙古人每日生活必不可少的饮食活动。蒙古人喜欢熬煮茶,砖茶在熬制过程中又因方法的不同和佐料的差异,可分为以下几种:砖茶直接熬制成茶水的素茶;放入奶液的奶茶;与藏民酥油茶相似的"希日陶斯台茄";冬天常喝的面茶。茶可生津解乏、提神益思,能预防和治疗许多疾病。蒙古人尤其喜欢喝奶茶,以个人的喜好或用淡盐,或用糖提味。既可单独饮用,也可在喝茶时候吃些炒米、奶皮子、手把肉等各种食品。因其与满、汉、回等族饮茶方式不同,人们把奶茶也叫作"蒙古茶"。

蒙古人也好饮红茶,也称"清饮"。饮红茶不是为了摄取营养,而是为了帮助消化。蒙古人有喝早茶的习惯,而且喜用红茶,每天清晨起床后,要先烧水沏茶。喝茶是蒙古人会晤朋友,聚会谈天必不可少的饮料。

此外,蒙古族的饮品还有马奶酒和奶酒。蒙古族古代就很盛行用马乳酿酒,最初多为远行狩猎时为防备饥渴而随身携带的。后来,马奶酒成为蒙古族的特色饮品,其色玉清如水,味道甘香。元朝诗人许有仕形容它"味似融甘露,香疑酿醴泉"。奶酒的烧制方法是蒙古族牧民祖辈传下来的,用新鲜的牛奶经发酵后,再用特制的蒸笼上火蒸制而成,酿制方法和过去普通粮食烧酒的烧制相仿。这种奶酒刚出锅时酒度有20度,口感较好。

虽然蒙古族的游牧生活在今天已经不多见,取而代之的是舒适的现代城市生活。因为生活环境的不同,蒙古族已经基本融入汉族的生活方式之中,一些陋习已经被时代所淘汰,有的饮食习俗已经被赋予新的内容与形式,但蒙古族仍保留一些传统的饮食习惯,成为民族文化中的一朵奇葩。这是一个民族长期生存智慧与生存礼仪的结晶,其中蕴含着丰富的人文精神。

四、满族的饮食

今松原地区是古代东北民族聚居的地方,这里的民族成分极其复杂,肃慎系、秽貊系、东胡系各民族及汉族等民族都在这里生息繁衍。肃慎系民族主要包括肃慎、挹娄、勿吉、黑水靺鞨、粟末靺鞨、渤海、女真、满族等民族。满族共同体形成以后,松原地区的民族构成发生了重要变化。一些汉人、蒙古人、朝鲜人与女真人融合,成为满族。天聪十年(1636年)四月五日,皇太极正式即皇帝位,改元崇德元年,改国号为大清。标志着以满族贵族为核心,有蒙、汉上层分子参加的联合政权——大清政权的正式确立,从此统治中国长达270多年。清政权的建立,除了沿着金代女真人开创的道路进一步发展以外,还把满族文化融入中原文化之中,又使得满族的饮食文化在中国饮食文化史上占有了不可忽视的地位,并始终发挥着深远的影响。

满族的先民是以渔猎为生的,因此,满族的饮食自古以来简单古朴,制作与食用方法也粗陋方便。后来,随着社会生产力的发展,农业和畜牧饲养业逐渐成为主要的生产经营方式,渔猎则降至从属地位。满族人开始种植五谷,食物范围明显扩大。清朝建立后,在汉族和其他民族饮食文化的影响下,满族的饮食品种和食俗也发生了一些变化,除了保持自己的特色外,还吸收了汉族及周边少数民族的食俗。如食水饺、粽子、元宵、月饼、高丽打糕等等。满族的一些传统饮食品种也被汉族所吸收,如火锅、腌酸菜等。

满族传统的主食可分为面食和饭食。面食是满族的主食之一,总称为"饽饽",最大的特点是"黏"。满族人喜欢吃粘食,一年四季都有应季节的食品。这是因为黏食易于存放、耐饥饿、便于游猎和远途征战携带,至今仍然是满族人喜欢吃的主食之一。

黏食制品品种多样,用料广泛,使用的原料主要是玉米、麦、高粱、糜等。如黏玉米、粘黍子、粘高粱等做成的各种饽饽。在清代,满族人就喜欢黏食,所制米糕、色黄如玉，质感黏腻爽口。满族的各种糕点和主食已经闻名于世。据《清朝野史大观》记载："满人嗜面，不常嗜米，种类繁多，有炸者、蒸者、炒者，或制之以糖，或以椒盐，或做成龙形、蝴蝶形，以及花卉形；另有一种中有肉馅……又有绿豆糕、花生糕类事，配以制糖之汤。"翻开清朝历代皇帝的膳食档案，每餐必有各类饽饽。这说明满族人关后，满族饽饽也成了御膳主体，这正是对满族人喜爱吃面食的印证。如今居于松原特别是扶余、宁江地方的满族家庭，普遍喜欢用黏米面（大黄米、小黄米）做豆包、凉糕、切糕、炸糕、驴打滚等食品，统称为黏饽饽。

满族人也非常喜欢吃甜食，如芙蓉糕、萨其马、绿豆糕、豌豆黄、五花糕、凉糕、风糕、卷切糕、驴打滚、大小八件等各种点心，这些都已成为国内外市场上非常著名的食品。这是满族对中国饮食文化的一大贡献。

满族面食中具有代表性的是驴打滚、萨其马和大小八件。

驴打滚，又叫黏面糕，也叫豆面卷子。满族人称它为"飞石黑阿峰"，该食品见于《柳边纪略》一书："飞石黑阿峰者，黏谷米糕也。色黄如玉，质腻，参以豆粉，蘸以蜜。"其做法是将大黄米或小黄米磨成面粉后，把黄米面上锅蒸熟，然后擀饼，撒以炒熟的黄豆面（有的掺拌白糖），或在豆面上滚，然后卷成长卷，再切成小段，一般随做随吃，口味独特，又甜又香。现在仍称其为"驴打滚"，满族人对它的厚爱不减当年。

萨其马①是满族语音译，汉语被翻译成"糖缠"或"饽饽糖缠"，是满族传统糕点。在清代一些笔记杂著里间或提到："萨其马乃满洲饽饽，以冰糖、奶油合白面为之，形如糯米，用石灰木烘炉烤熟，遂成方块，甜腻可食。"②时至今日，萨其马的制作方法已被改良：把加入鸡蛋的白面和江米面揉好后切成面条状，然后下锅炸熟，再用白糖、蜂蜜、奶油及各种果脯丁等制成混合糖浆，加入青丝、红丝、白芝麻和瓜子仁，然后与炸好的面条混合，倒在特质木框内（上下

---

①　萨其马：传说为清朝在广州任职的一位满洲将军，姓萨，喜爱骑马打猎，而且每次打猎后都会吃一些点心，还不能重复！有一次萨将军出门打猎前，特别吩咐厨师要"来点新的玩意儿"，若不能令他满意，就准备回家吃自己。负责点心的厨子一听，一个失神，把沾上蛋液的点心炸碎了。偏偏这时将军又催要点心，厨子一火大骂一句："杀那个骑马的！"才慌慌忙忙地端出点心来。想不到，萨将军吃了后相当满意，他问这点心叫什么名字。厨子随即回答一句："杀骑马。"结果萨将军听成了"萨其马"，因而得名。

②　（清）富察敦崇：《燕京岁时记》，北京古籍出版社1981年版，第134页。

板抹一层油防粘），压平、切成方块，待干而成。色泽金黄，绵软香甜。萨其马过去是满族人喜爱的食品，至今也是各地畅销的食品，深受各族群众的喜爱。

大小八件是满族糕点中的上品。八件是采用山楂、玫瑰、青梅、白糖、豆沙、枣泥、椒盐、葡萄干等八种馅心，外裹以含食油的面，放在各种图案的印模里精心烤制而成。形状有腰子型、圆鼓型、佛手型、蝙蝠型、桃型、石榴型等多种多样且小巧玲珑。入嘴酥松适口，香味纯正。大八件一般是8件一共1斤，小八件一般是8件一共半斤。

除了黏食、甜食外，满族颇具特色的面食还有荷叶饼、四样饽饽、锅贴、锅烙、三鲜合子等，还有颇具特色的米饭类和汤面类。米饭类有龙虎斗（二米豆饭）、小米饭、黄米饭、高粱米水饭、饭包等。

米饭类是满族的主食之一，满族人在长期的历史发展过程中，创造了丰富的饮食品种，且赋予某些食品种种传说，这增强了饮食上的文化内涵。如满族人纪念祖先时要吃一种用两片大白菜叶包着加入各种熟食拌入米饭的饭包，手捧着饭包吃。据传说清太祖努尔哈赤当年在统一女真各部时候遇到困难，士兵断了口粮，在极其困难的情况下，努尔哈赤和大家一起吃用树叶包的野菜，带领全体士兵渡过了难关，最终取得了战争的胜利。后来为了纪念这一历史事件，每年农历八月二十六吃这种独特的"饭包"。这一天，清朝从皇帝到嫔妃以下的所有人都要吃这种"饭包"，使这种食俗具有了传统的纪念性意义。

汤面类有酸汤子、酸辣碗坨儿、特色扁食（饺子）、过水珍珠汤、飞火旗（菱形面片）、猫耳朵等。

满族的传统副食可谓品种齐全、花样繁多，有肉类和各种蔬菜等。满族人喜欢吃肉，尤其喜食猪肉，一方面因猪肉脂肪、蛋白质都很高，能增强他们抗御寒冷的体质；另一方面因为满族及其先人家畜饲养相当发达，猪是当时普遍饲养的家畜之一。经过多年的饲养实践，满族人积累了丰富的养猪经验与娴熟的烹调猪肉的技术。满族人最喜欢吃的是白煮肉。有资料记载着清代营房中满族士兵的饮食生活，说他们"非常喜欢吃猪肉……特别喜欢吃白煮肉，白煮肉就是把肉洗净后用白水煮熟，然后切成薄片，沾着酱油吃。这种白煮肉片，切成薄片之后上肥下瘦，摆在盘中一片白色，所以叫白肉"[1]。

---

[1]　金启孮：《北京郊区的满族》，内蒙古大学出版社1989年版，第19页。

满族的饮食习俗中,有一个禁忌风俗:即满族人对狗特别敬畏,不食狗肉。民间传说是当年努尔哈赤因一黄犬的救助,才没有被大火烧死,但黄犬却因救他而劳累致死。努尔哈赤曾立誓:"日后我若得势,就让我的后代,世世代代供养你们,不准他们吃狗肉、戴狗皮帽子,让他们永远记住你们的恩情……"另外,又因为狗是满族人狩猎时的得力助手、看家护院的"卫士"、冬季交通运输的运力,所以满族人不食用狗肉。满族人平时对狗倍加珍爱,无论是谁,不准吃狗肉,不准戴狗皮帽子,不准铺狗皮褥子,不准以狗皮缝制衣服。

满族除喜欢食用猪肉、禁食狗肉外,还喜食狍子肉、鹿肉、野猪肉、野鸡肉。满族有许多有名的菜品如烤鹿脯、蒸鹿尾已成为中国饮食文化中的瑰宝。

满族日常饮食中,蔬菜是必不可少的。除食用白菜、萝卜、土豆、豆角外,还喜欢吃采集的野菜,如蕨菜、刺棘菜、猴腿、大叶芹、枪头菜、鬼子姜,不仅增加了蔬菜的数量,更重要的是改善了口味。

酸菜是满族人最喜欢吃的蔬菜,满语称"布缩结"。过去,满族长期生活在东北比较寒冷的地区,为了在寒冬里也能吃到蔬菜,满族人常常在秋季以窖藏或腌渍的方式将一些蔬菜贮存起来,渍酸菜就是其中最具独创性的制菜、储菜方式。在清宫廷菜谱中就有一道"肉片酸菜",酸菜在清宫廷与百姓中都得到认可。

现在的松原满族人依然喜爱腌渍酸菜,除了腌渍白菜外,还腌渍扁豆、小茄子、芥菜叶、小辣椒、黄瓜等蔬菜。每到秋天,有些家庭一般都要买上几百斤,挑选那些白菜帮少而内瓤菜叶多的大白菜腌渍一或两缸。酸菜腌好后,可以炖、炒、凉拌、做饺子馅或做酸菜汤等等。酸菜醇香而不腻,成为餐桌上不可缺少的菜品,是很好的开胃菜,吃后令人赞不绝口。酸菜炖猪肉,至今也是松原地区常见的一道菜肴,令人回味无穷。

满族有一种重要的调味品为自制的大酱,这种酱的做法类似汉族人做的盘酱。今日的松原满族人对酱的花样推陈出新,由此衍生出蘸酱菜系列。大酱也叫黄酱,可制出不同口味的菜酱、肉酱、鸡蛋酱等美味。也可将黄瓜、茄子、南瓜、地瓜、萝卜、芹菜叶、白菜叶等原料放入酱中,腌制成的酱菜也别有风味。

满族人喜欢饮酒,不好饮茶。许多史书均有满族先世"嚼米酝酒"、"酿味极甜"的记载,这一方面体现了满族人的博大胸怀和豪迈性格,一方面表明满族民间嗜酒与东北地区寒冷的气候有着直接的关系,酒为最方便的御寒食品。每逢节庆之日、亲朋好友相聚之时,满族人便会拿出白酒和家酿的米酒来庆祝。

酒,满语称为"阿鲁克艾",有白酒、黄酒、烧酒、清酒、醴酒、米儿酒、松苓酒等。其中白酒俗称"白干",多以高粱酿制。黄酒和米儿酒分别为黄米和谷、麦等酿制而成。黄酒是满族人最喜欢饮用的一种酒,因其味道醇美、酿造方法简易,受到满族普通民众的青睐。满族人将白酒埋在古松根下,多年后挖出,酒色如琥珀,有理肺化痰之奇效,这就是清代满族所制成的名酒"松苓酒"。满族故乡盛产名贵药材,现今著名的人参酒、鹿茸酒已畅销世界。

满族人一般不好饮茶,因茶叶产自南方,路途遥远,得之不易。因此平日爱喝"糊米水",即把稷米炒糊冲水喝。炎热的夏季则多饮用暑汤和酸水。"暑汤"是用药茶加水熬制而成的;"酸水"是用醋、白糖加水熬制而成,冷却后饮用,清凉酸甜,是消暑的必备品。

满族的特色菜肴不断地吸收汉族经典菜肴制作方法和蒙古族、回族等其他民族的特色菜肴制作方法,使其品种越来越多,品味也越来越高,集合满、蒙、汉等族名菜,既有宫廷菜肴之特色,又有地方风味之精华,菜点精美,礼仪讲究,形成了引人注目的风格。满族的特色菜肴有满族八大碗、火锅、血肠(蒜泥血肠)、白肉血肠、悖菜、满族酱,还有酱猪手(鸡翅)、拌生鱼、老虎肉(类似红焖肉)、溜肉段、锅包肉、扣肉、烧汁鱼、各式卤菜、各式烩碗汤等。

火锅是特色菜点之一。满族人在外狩猎、捕捞或采集野菜的时间较长,为了抵抗饥饿和寒冷,就把陶罐放在篝火上煮涮食物,这就是最早的满族火锅。涮火锅在清代宫廷和王府中很盛行,满族士兵经常吃火锅。在清代的王府,从冬至日第一天(又称一九)起就开始吃涮羊肉火锅,要吃十次火锅,当然,每次火锅的内容不同,但涮羊肉是排在第一位的。在清宫中不仅冬至吃涮火锅,宴席上也吃涮火锅。如嘉庆年间宫中的"千叟宴"共享火锅 1555 个。随着社会的不断发展,食物品种的多样化,火锅的种类也随之多元化,不仅仅是涮羊肉,牛肉、海鲜、蔬菜类都成为满族人涮火锅的食品。

血肠有清血肠和混血肠两种,是由沙仁、桂皮等10多种配料灌肠煮制而成的,食用时切成片直接食用,蘸以佐料,别具风味。其中白肉血肠起源于满族的祭祀活动,为满族传统风味食品,以白肉和猪血灌肠煮制而成。特点是白肉片薄如纸帛,肥而不腻,血肠清香软嫩。酸菜白肉血肠中的白肉必须肥瘦相间,这样才能格外鲜美,酸菜也更滑柔脆爽。

著名的清朝宫廷宴席菜肴是"满汉全席"。满汉全席具体形成于乾隆年间,以礼仪隆重、肴馔繁多精美、技艺精湛而驰名中外。在清代烹饪史中有重要位置。乾隆甲申(1764年),文学家李斗在他著的《扬州画舫录》上载有一份上买卖街前后寺观的大厨房所制的菜单,罗列了专门"备六司百官"食用的共计134道菜品,这是关于"满汉全席"最早的记载。

据《大清会典》等有关资料的记载与推断,满汉全席将满族、汉族的大量名菜、名点兼收并蓄,全席菜点多达200多种,包括热菜134种、冷菜48种和各式点心等等。其结构形式是以数种菜点配为一道,全席分数道菜点进食。满汉全席的席名用的都是吉祥如意的名称,如玉堂宴、龙门宴、金花宴和鹿鸣宴等。

满汉全席用料名贵且丰富,山珍海味、珍禽异兽无所不有,而且所用的餐具也很讲究,如金杯、银盘、玉盏、象牙筷子等等,均为稀世珍品。贫穷人家无法举办如此奢华的宴席,多为皇宫、富贵之家举办。自乾隆以后,凡是"新亲上门,土司入境",无不以其来显示自己的身份、地位和门第的尊贵。因此,春秋更迭200多年,满汉全席不胫而走,名扬海内外,很快便风靡日本、新加坡以及东南亚的许多国家。

满汉全席正是在清宫中满席和汉席的影响下,承袭满席和汉席的特色而发展起来的,但其菜点不仅仅是满族和汉族的,还吸取了蒙古族、回族等民族的饮食精华。特色宴席"满汉全席"在不断发展中,既突出了满族菜点特殊风味的烧烤、火锅、涮锅等,同时又展示了汉族烹调的特色技巧如扒、炸、炒、熘、烧等。如今松原地方的"扶余满餐"、"满汉合餐"等特色宴席,可视为小型的"满汉全席",并以主菜的用料分别为宴席命名,如"春江头鱼宴"(又叫开江鱼宴)、"全猪席"、"海参席"、"燕窝席"等。旧时,一般的扶余满餐的菜肴讲究"八顶八"(八种盘装的炒菜、凉拌菜和八样烩碗汤)或"六顶六"套菜等。

由此可见,满族是一个历史悠久、长期生活在我国东北地区特殊生态环境内的民族。满族的饮食文化是满族历史文化遗产的重要组成部分,在中国饮食文化史上占有重要位置,是中华饮食文化史上一份不可忽视的文化遗产。自入关以来,满族饮食文化已有300多年的历史。因此,探讨满族饮食文化的丰富内涵,对于全面认识满族的历史贡献以及繁荣和发展中华民族的饮食文化具有非常重要的意义。特别具有研究价值的"满汉全席"是我国历史上著名的宴席之一,是清朝最高级别的国宴,也是我国传统宴席中的艺术精品,素有"中华宴席之冠"的称谓。它具有礼仪隆重、用料华贵、菜点繁多、格调高雅等特点,是我国古代烹饪文化宝库中一笔宝贵的遗产。

五、汉族、回族、朝鲜族的饮食

松原地区是多民族聚居的地方,这里世代生活着具有悠久历史和优秀文化传统的民族。除了秽貊族系的夫余、高句丽族,东胡族系的鲜卑、契丹、蒙古、锡伯族,肃慎族系的勿吉、渤海、女真、满族,这里还生活着汉族、回族、朝鲜族、锡伯族等民族,这些民族也都有自己独具特色的饮食习俗。

(一)汉族饮食习俗

汉族是在秦汉时期由以黄帝为代表的华夏民族发展演变而来的,先秦时期已有华夏民族进入东北地区,成为东北地区诸多古民族之一。东北地区汉族人口,并不都是从中原地区迁入的,也有相当一部分属于土著。在历代东北各少数民族建立的边疆政权的统治区域内,汉族人口常常成为多数。在东北地区各民族人口的构成中,汉族曾经几度长时间保持第一大族的地位。不仅经济、文化等发展水平较高,而且人口数量较大,分布最广。

松原位于松嫩平原腹地,地处东北玉米黄金带中部,自古就有"鱼米之乡"的称号,盛产玉米、大豆、谷子、高粱等农作物。这里水源充足,肥沃的黑土地适宜种五谷,因此有了"粮仓"的美誉;一望无际的科尔沁草原,承载着各种类型的动物,人们自古以来就在这里打猎、畜牧,于是又有了"肉库"的美称;松花江、第二松花江、嫩江在松原"三江交汇",拉林河、霍林河绕境流淌,境内湖沼星罗棋布,各种鱼虾等水生动物数不胜数,丰富了各民族的饮食。

在这种优越的生态环境下,松原地区的汉族形成了以农业为主、家庭饲养业为辅的生产经营方式,这对汉族的饮食结构发生了深刻的影响,形成了以植物性食物为主,主食是五谷和面食,辅食是蔬菜、豆制品、蛋类以及各种动物性食物的基本饮食结构。

汉族主食的三大类型是米食、粥食和面食。米食类起源很早,古代汉族人蒸米为饭。现今米食主要以五谷杂粮为主。米饭类主要有大米饭、小米饭、黄米饭、五谷饭等。黄米在端午节时候也用来包粽子,为该节令专用的食品。

面食类则有则有馒头、面条、面片、各种烙饼(油饼、发面饼、合叶饼、烧饼、馅饼、合子、酥饼等)、花卷、豆包、包子、饺子、馄饨、油条、春卷、炸糕、煎饼等,常食用的还有疙瘩汤。这些都是汉族人日常喜爱的食物。

冬至、春节除夕,汉族人要包饺子吃,俗称"捏冻耳朵"。传说东汉末年著名医学家张仲景曾在长沙为官,他告老还乡那年,正赶上寒风刺骨的冬天。他看到南阳的乡亲们衣不遮体、很多人的耳朵都被冻烂了,就叫弟子搭起行医的大棚,将羊肉、辣椒和一些驱寒药材放锅里煮熟,捞出后剁成碎末作为馅料,用圆形面片包成像耳朵的样子再下锅煮熟,再把这种被誉为"驱寒娇耳汤"的药施舍给百姓吃。神奇的是,人们的耳朵因食用了这种食物很快就治好了。后来过年时大家都按这样做着吃,以此来驱寒、保护耳朵,因此,每到冬至这一天,汉族人都要包顿饺子吃,冬至吃了饺子不冻耳朵的说法一直流传至今。现在,饺子已经成为汉族人日常的主食之一。

汉族面食另有米糕、汤圆、粽子、月饼、年糕等各种不同的食品,一般作为过节时食品或只作为零食,很少作为主食食用。如端午节吃粽子的习俗,千百年来传承不衰。中秋节的月饼,寓意着对亲人团圆和事事和谐的祝福。其他诸如开春时食用的春饼、春卷,正月十五的元宵等。

粥食类主要有大米粥、小米粥、高粱米粥、玉米渣粥、五谷杂粮粥等。每年腊月初八,汉族人每家都要吃一顿腊八粥(也叫腊八饭)。松原汉族人腊八粥的做法是用小米、绿豆、豇豆、麦仁、花生、红枣、玉米糁等8样食物掺在一起,熬成稠糊,一般都在早饭时食用。现在有的还在粥里放进红糖、核桃仁等。吃腊八粥的寓意是庆祝丰收、祭祀祖先,祝愿来年五谷丰登。春节前吃一顿杂七杂八的饭,也有教育子孙不忘耕织为本的意义。

汉族人的副食类主要有蔬菜和肉、蛋等。蔬菜菜肴是汉族饮食结构的重要组成部分。汉族菜肴烹调方法有几十种,常见的有煮、蒸、烧、烤、煎、炒、烹、炸、烩、爆、汆、扒、炖、焖、拌等十多种。

松原境内的汉族和其他各民族在蔬菜类的食用方法上大体相同,主要蔬菜品种以白菜、土豆、萝卜、茄子、黄瓜等用量较大,常食用的还有角瓜(又称西葫芦)、韭菜、芹菜、豆角、辣椒(青椒、尖椒、小辣椒)、倭瓜(赤倭瓜)、甘蓝(大头菜)、地瓜、大葱、洋葱、西红柿等,后引进的蔬菜主要有花椰菜、茼蒿、油菜等。日常生活中常食用的海带需要从临海城市输入。汉族人也喜欢食用山野菜,主要有各种蘑菇、木耳、黄花菜等。以前这些山野菜需要从外地输入,后来本地大量引种。经加工后食用的蔬菜有豆芽(绿豆芽、黄豆芽)、豆腐(干豆腐和大豆腐)、粉条(土豆粉、绿豆粉)、凉粉(粉皮)等。

汉族人还有食用腌渍菜、干菜、野菜的习惯。旧时,汉族人从满族人那里学会了腌渍菜,主要是为了弥补冬季、春季时令蔬菜的不足。现如今,腌渍菜已作为一种习惯食法而保留下来,深受汉族等各族人民的喜爱。其中食用量较大的主要是渍酸菜。腌制咸菜主要有芥菜、萝卜、黄瓜、雪里蕻、椿菜等。一般汉族人家都喜欢在蔬菜旺季晒干菜,到冬、春天菜少时吃。干菜主要有角瓜干、茄子干、萝卜干、豆角干等,现在晾晒者已逐渐减少了。旧时,汉族人喜食的野菜主要有苣荬菜、蒲公英、反枝苋(西田谷、野苋菜)、地肤(扫帚菜)、猪毛菜等。如今蕨菜、刺老芽、薇菜等野菜因其无污染、纯天然的特点,是一种天然的有机食品,成为人们餐桌上一道道清爽可口的菜肴。

汉族人副食中的肉类、蛋类,也曾是松原境内古代汉族人的副食。随着生产力水平的不断提高,汉族人可食用肉类的范围日渐扩大,喜欢食用猪肉、牛肉、羊肉、兔肉、狗肉、驴肉、鹿肉等,以及鸡、鸭、鹅、鹌鹑、鸽子等禽肉。经济较富裕的人家,入冬以后就买块猪肉撒上盐和其他调料腌起来,这就是汉族人爱吃的腊肉;用切碎的猪肉调成馅,装入洗净的猪肠制成香肠,风干后熘、煎、烤、炖、炒加以食用。

海产品也是汉族人的副食之一,汉族人过年的家宴中往往少不了鱼,象征"年年有余"。松源地方有三条江河过境,境内多湖泊,鱼产丰富。现在食用的鱼类绝大部分是养殖鱼类,主要有鲤鱼、鲫鱼、鲢鱼(白胖头)、鳙鱼(花胖头)、鲇鱼、草鱼、白鱼、嘎牙子、鳊鱼、乌苏里口(牛尾巴)、泥鳅等。汉族人食用的水产品还有河虾和少量的鳖(甲鱼)以及青蛙等,食用量较大的有刀鱼(带鱼)、黄花鱼、螃蟹、对虾等。

汉族人食用的蛋类有鸡蛋、鸭蛋、鹅蛋、鹌鹑蛋等。汉族人喜欢吃腌制鸭蛋、鹅蛋。鹌鹑蛋因其蛋白质含量高、营养价值丰富,曾一度非常流行。

汉族有一种重要的调味品为自制的大酱,这种酱的做法是把大豆磨成干糊状,然后拌湿,做成酱块。待酱发酵约两个月后,将干酱块取下砍成小块,磨碎,置于缸中,加盐加水。再令其自然发酵约一个月,即可食用了。今日松原人对酱的利用花样推陈出新,由此衍生出蘸酱菜系列。大酱也叫黄酱,可制成不同口味的菜酱、肉酱、鸡蛋酱等美味。也可将黄瓜、茄子、南瓜、地瓜、萝卜、芹菜叶、白菜叶等原料放入酱中,腌制的酱菜也别有风味。

汉族人喜欢吃各种水果,尤其是喜欢吃冻梨和冻柿子。由于松原冬天天气寒冷,一些水果冻过之后,另有一番滋味。最纯正的是冻秋梨,北方的秋梨刚采摘下来的时候又酸又涩,口感极差,汉族民众就把这种梨采摘下来,经过冬天冰冻之后,秋梨颜色变得乌黑发亮,酸甜可口,果汁充足。冻梨在吃之前要放在水里解冻,年夜饭后吃这种梨能解酒、解油腻。

汉族主要的两大饮品是茶和酒。茶文化和酒文化在中国源远流长,已经构成汉族饮食习俗中不可缺少的部分,在世界上也产生了广泛影响。

茶是比酒更为普及的一种日常饮料,汉族是种茶、制茶和饮茶最早的民族。汉族人饮茶始于神农时代,至今已有4700多年的历史。先秦《诗经》总集中已出现有关茶的记载。魏晋南北朝时已有饮茶之风。隋朝时已是全民普遍饮茶。唐朝时,茶业昌盛,出现了茶馆、茶宴、茶会。唐代饮茶要加许多香料和调料,宋以后逐渐发展起绿茶、花茶、乌龙茶、红茶等一系列品种。宋朝已开始流行斗茶、贡茶和赐茶等。明代的名茶品目繁多,其中"龙井茶、天池茶、天目茶"等是最为汉族称道的名茶。清代出现了乌龙茶、白茶、红茶,传统的紧压茶也有了发展和创新,从而形成了绿茶、红茶、花茶、乌龙茶、白茶、紧压茶等我国茶叶体系中的6大种类。

汉族人饮茶,既讲究细煎慢品,又讲究茶叶档次、水质品质,还对火候、水温以及茶具的风格有一定的要求,同时又要兼顾饮茶的环境优雅和气氛等多种条件。目前,松原汉族和各民族的饮茶习俗,已赋予饮茶更多的文化内涵,将健康养生、文化欣赏、社会交际、沟通联系等多种功能综合为一身,成为民族饮食中最普及、最受欢迎的饮料之一,也是民族文化中最普遍的现象之一。

酒在汉族长期的饮食文化中占有重要的地位,是在日常生活和各种社会活动中传达感情、增强联系的一种媒介。在汉族的重要节日中,酒是不可缺少的重要饮品。汉族有句俗话叫做无酒不成宴。酒可以助兴,可以增加欢乐的气氛。在松原地区,民间不但在元旦、元宵、端午节、七月七、中秋节、重阳节等节日饮酒,而且在婚娶、新居落成、生日、小儿诞生、老人寿辰、丧葬礼等人生礼俗日畅饮,往往要办一顿丰盛的酒席。酒席一般为8个菜,以偶数递增递减。酒为宴席必备之品,以白酒、啤酒为主。汉族人饮酒时的"猜拳"、"酒令"等活动,既是一种饮酒习俗,又是一种民族游艺和民间智慧,它具有活跃气氛、显示和锻炼智力等多种功能。所有这些饮酒习俗,都是汉族过去和现在饮食和生活习俗的有机组成部分。

除酒和茶两种主要饮料,一些水果果汁制品也成为汉族人的饮料。

随着生产力的发展,食物的品种不断增多,各种炊具的相继发明,更新和更先进的烹饪方法出现也顺理成章,如炒、炸、炖、煨、烩、熬以及腊、醅、菹脯等腌制菜肴之法,都为汉族人饮食习俗的发展奠定了基础。了解和认识松原汉族饮食风俗形成和发展的历程,其意义就在于认识汉族风俗形成和发展的历史过程及内容。随着人类社会进入 21 世纪,人们对未来生活有着更多期待和追求。更好地认识汉族风俗的过去,才能科学地总结现在和面向未来,从而促进汉族风俗在 21 世纪实现新变异、新整合、新发展。

(二)回族饮食习俗

回族是我国一个分布最广、历史悠久的少数民族。最早可以追溯到公元 7 世纪中叶,大批波斯和阿拉伯商人经海路和陆路来到中国的广州、泉州等沿海城市以及内地的长安、开封等地定居。公元 13 世纪,蒙古军队西征,大批信仰伊斯兰教的中亚各族人、波斯人和阿拉伯人迁入中国,在长期发展中吸收汉族、蒙古族、维吾尔族等民族成分,在文化的交融过程中,逐渐形成了一个统一的民族——回族。

松原地区的回族是乾隆初年从关内来到这里的。康熙二十一年(1682年)建立的伯都讷驿站,是拉林河流域通往嫩江流域的陆上交通枢纽。后来,在驿站以南 20 里的地方,又修建了伯都讷新城(原扶余县城),成为吉林西部与内蒙古科尔沁交往和农、牧、商贸交流的必经之地。因此,从乾隆朝以后,回族前往这里经商、开荒的人逐渐增多,并逐步定居下来,成为松原地区一个新的民族成分。

回族是全民族信仰①伊斯兰教,信奉伊斯兰教的人被称为穆斯林。②《古

---

　　①　这里的"全民族信仰",字面意思是该少数民族全体民众都信仰,实际上应理解为大多数人信仰,是相对于其他 46 个民族几乎没有人信仰伊斯兰教的情况而言的。这是显而易见的,世间没有绝对的事,公民有权自己决定信仰或不信仰宗教。中国穆斯林总数在 2000—3000 万人之间。

　　②　穆斯林(英语为 Muslim,阿拉伯语为مسلم),意思是顺服伊斯兰教的真主"安拉"的人。一般提到的穆斯林都是泛指伊斯兰教徒。此外,穆斯林也可以指穆斯林世界,可以指现今的伊斯兰国家或中世纪的阿拉伯帝国。2009 年的穆斯林总人数是 15.7 亿人,占全世界人口的 23%。

兰经》①是伊斯兰教信仰和法律的源泉，穆斯林行为的最高规范。《古兰经》上规定的饮食禁忌，穆斯林必须遵守。这种饮食的教规，经过长期的历史发展，已被广大回民所接受，并逐渐演变为回族的生活习俗，代代传承下来，已不仅仅是对宗教的虔诚和恪守教规的表现。

　　回民的饮食习惯源于伊斯兰教②，这种清真饮食③习惯已成为促进族群认同与族群识别的重要因素之一。伊斯兰饮食规定以佳美为原则，佳美除通常理解的色、形、味或营养滋补外，更主要的是指该食物的"洁净与性格"，反之则禁止食用。禁止食用猪肉，禁食宰杀时未朗诵安拉之名的牲畜。但《古兰经》在强调禁食猪肉等食物的同时，也明确说明在迫不得已的情况下，为了生存、活命吃了禁食的食物，毫无罪过，真主是可以宽恕其行为的。

　　禁食猪肉是回族饮食风俗中最为显著的一项民族习俗，也是伊斯兰教规。禁食猪肉是古代阿拉伯民族的生活习俗在伊斯兰教中的体现。早在伊斯兰教创立以前，古阿拉伯的游牧部落，以及中东地区的其他古老民族，都有不食用猪肉的习俗，并认为猪是一种丑陋、生性懒惰、肮脏污秽的动物。

　　我国清初著名的回族伊斯兰学者刘智的《天方典礼》，对禁食猪肉做了大量的阐述。古代的医药学家从不同的角度也阐述了猪肉的危害。李时珍的《本草纲目》对猪肉有过定性，"豚肉属寒，其肉剧毒，血脉不通，易生痰，损君

---

　　①　《古兰经》：是伊斯兰教唯一的根本经典。它是穆罕默德在 23 年的传教过程中陆续宣布的"安拉启示"的汇集。"古兰"一词系阿拉伯语 Quran 的音译，意为"宣读"、"诵读"或"读物"，复述真主的话语之意。中国旧译为《古尔阿尼》、《可兰经》、《古兰真经》、《宝命真经》等。中世纪伊斯兰经注学家根据经文的表述，说它有 55 种名称，其中常以"克塔布"（书、读本）、"启示"、"迪克尔"（赞念）、"真理"、"光"、"智慧"等来称呼。现存最古老的公元 688 年的《古兰经》藏于埃及国家图书馆。

　　②　伊斯兰教：是世界性的宗教之一，与佛教、基督教并称为世界三大宗教。中国旧称大食法、大食教、天方教、清真教、回回教、回教、回回教门等。截至 2009 年底，世界人口约为 68 亿人，穆斯林总人数是 15.7 亿人，分布在 204 个国家和地区，占世界总人口的 23%。

　　③　清真饮食：中国清真饮食是指中国穆斯林食用的、符合伊斯兰教法规食物的统称。"清真"是中国回族穆斯林对伊斯兰教的专用名称，一般多用于一些固定的称谓，如"清真寺"、"清真饭店"等。"清真"一词古已有之，最初和伊斯兰教无关。宋代陆游《园中赏梅》中说："阅尽千葩百卉春，此花风味独清真。"这里的"清真"指高洁幽雅之意。宋元时期，伊斯兰教在中国尚无固定的译名。后来穆斯林学者根据伊斯兰教信仰真主，崇尚清洁的教义，多选用"清真"、"清净"一类词译称伊斯兰教或礼拜寺。中国具有清真饮食习惯的有 10 个少数民族：回、维吾尔、哈萨克、乌孜别克、塔吉克、柯尔克孜、塔塔尔、保安、撒拉、东乡。

肺。"韩懋曰:"凡肉皆补,唯猪肉无补,故养生家不食猪肉也。"古人尚知种种食用猪肉的弊端,现代人对猪肉是否具有养生价值的研究就更加深入、精准了。猪是牲畜中最不爱清洁的动物,是杂食动物,不像牛羊那样选择以草为单一食物,在中国都是用肮脏的泔水喂猪。因此,猪常染有各种疾病,是多种寄生虫的载体。伊斯兰教禁止吃猪肉,正是从清洁卫生、有益身体健康的角度着眼的。回族人严格恪守禁食猪肉的清真饮食习惯。

回族可食用的动物主要有以下几种:凡禽类中的似鸡砾者,以食谷物类为主的;兽类中蹄分两瓣偶蹄、且反刍的食草动物;鸟、水鸟类中,以水虫、谷物类为食的;海产类,有正常的鱼首、鱼尾,以腮呼吸,脊有刺、身有鳞、腹有翅、口无齿、形美而性善的鱼类可食。如鸡、鸭、鹅、鸽、野鸡、雁、雉、山雀、牛、羊、驼、鹿、黄羊、兔、獐、鱼、虾等。在可食的畜禽身上,还有不可食用的部位,如牛、羊的耳、鼻、脑、血、鞭、泡、胰等,均不可食用。正是由于伊斯兰教对于饮食的严格要求,回族人才养成了谨饮谨食的习惯。回族饮食经过1000多年的历史变迁,才形成了精深而独特的清真饮食习惯,形成了博采各民族烹饪技艺之精华的清真菜。

清真菜因具有鲜明的地方民族特色而别具一格,是我国较大的菜系之一,由全国10个信仰伊斯兰教的少数民族传统地方风味组成的。它是在严格遵守这些伊斯兰民族的饮食禁忌的基础上,博采各民族的烹饪技术之精华而逐渐形成和不断发展的。清真菜的特点是以牛、羊、鸡、鱼和蔬菜为主料,咸甜分明,酥烂香脆,色鲜味浓,烹调方法擅长于扒、烧、熘、爆、炸、炖、涮等。

由于受伊斯兰教法的规定,回族可选择的合法肉类比较有限,因此在饮食上对牛羊肉进行了更深层次的开发。回族常见的牛羊肉加工方法主要有蒸、煮、炒、炸、炖、烩、涮、腊制、酱制等若干种。比较有名的传统清真菜肴有:扒肉类(扒肉条、扒口白、扒胸口等)、烧肉类(烧牛肉、烧紫盖、烧牛尾、锅包肉、烧牛蹄筋、孜然羊肉等)、熘菜类(熘肉段、熘胸口、熘肚领等)、爆菜类(水爆肚丝、油爆双脆等)、炸菜类(香酥子鸡、炸松肉)、炖肉类(炖牛肉、清炖羊肉)、涮肉类(涮羊肉、涮牛肉等)、烤肉类、汤类(羊杂碎汤、羊肉汤)、酱肉类(酱牛肉、酱羊脖、酱羊蹄)、手抓羊肉、腊牛羊肉、蒸羔羊肉等。回族对牛羊肉深度加工的最高典范就是清真全羊席。清真全羊席形成于乾隆朝的宫廷,到了同治、光绪年间,全羊席才开始流行于民间。时至今日,清真全羊席得到了长足发展。

回族饮食习俗的另一方面是日常饮品,严禁喝酒,喜爱喝果汁、饮茶。回族的先民阿拉伯人、波斯人很早就注重选择饮料。《古兰经》曰:"安拉从蜂腹之中,取出各种饮料,医疗人疾。"又说:"家畜对你们有教戒,其腹流纯奶,供人饮用。"同时还记录着:"你们用枣和葡萄制饮料与美食。"由此可以看出,当时的阿拉伯人就知道饮用奶和蜂蜜是对人身体健康有益的,还懂得用水果制作饮料等。

后来由于客观和历史的因素,酒后误事经常发生,故开始倡导禁酒。穆罕默德把酒称为"万恶之母"。《古兰经》第二章219节指出,饮酒和赌博,"这两件事包含着大罪";第五章90节指出:"饮酒、赌博、拜像、求签,只是一种秽行,只是恶魔的行为,故当远离,以便你们成功。"酒能使人的神经处于麻醉状态,对自己的言行失去自控能力,从而给自己和他人带来危害,甚至有时因语言、精神失控而导致穆斯林信仰的丧失,因此,伊斯兰教严格禁酒、禁赌博,禁止从事与酒有关的营生和出席有酒的宴席。而伊斯兰教早已将酒及一切饮用后导致人丧失理智的麻醉品和毒品一概禁止,因为麻醉品和毒品对穆斯林身心的危害性比酒更大。伊斯兰教的此项禁忌,有助于抑制吸毒、贩毒等世界公害活动,具有不可忽视的积极作用。回族禁酒的习俗延续至今,不饮酒,设宴不摆酒,清真饭店不卖酒。

饮茶是回族饮食习俗中的重要组成部分,以茶待客、馈赠亲朋,以表示尊重。回族人习惯饮花茶,如茉莉花茶、玉兰花茶、玫瑰花茶、桂花茶等。回族人还在长期的劳动实践中,摸索创造了一种独特的茶俗——"八宝盖碗茶",在配料和工艺方面都有独特的要求。在盖碗茶中加入八宝:砖茶(花茶)、红糖(白糖)、大枣、桂圆肉、葡萄干、果干、芝麻、核桃肉。也有加入柿饼、枸杞的。"八宝茶"清香甘甜、止渴生津,有温养气血的功能。回族很讲究茶具,不少回族家庭都备有成套的各式各样的茶具。过去煮茶或沏茶所用的壶,一般都是银和铜制做的,形式多样,别具一格,有长嘴铜茶壶、银鸭壶、铜火壶等。回族现在沏茶一般都用瓷壶、盖碗或带盖瓷杯,煮茶多用锡铁壶,夏天讲究用紫砂壶。

回族的日常主食主要由面食和米食组成。面食是清真饮食中重要的组成部分,蕴含着浓厚的民族情结,种类繁多、制作精细,主要以油炸、蒸、煮、烙等食品为主。回族面食以经济实惠、大众化而闻名。

油炸食品是回族情有独钟的传统面食食品,凝结着深厚的民族情结,一般回族宗教节日(开斋节、古尔邦节、圣纪节)、纪念日、婚礼仪式或招待尊贵的客人时,种类繁多的油炸食品成为餐桌上的重头戏,油炸食品花样繁多、口味不同,种类主要有油香、馓子、麻花、油圈圈等。

油香:俗称油饼。为回族油炸食品之首,每逢节日,家家都要煎炸油香,除了自己食用以外,还要相互赠送;有了红白喜事,也要炸油香以表示尊祖继俗。油香有普通油香、糖油香、肉油香3种,油香以颜色诱人、火候到位、口感酥软香闻名遐迩。炸油香是非常严肃的事,炸前要沐浴净身。

馓子:又名环饼、细环饼。是回族人待客、过节的传统风味食品,做工繁琐。面粉中要加入适量的红糖、花椒葱皮水、牛羊奶、油,然后揉成面团,拉成细条,盘绕成椭圆形馓子坯,放入油锅炸制而成。炸好的馓子样式美观、色泽鲜艳、味道酥脆可口,堪称一绝。

炸油香、馓子时,一般要求参与者要先大小净①,还对主厨人的年龄以及厨房环境有一定的要求,不允许陌生人闯入,等等。

肉火烧:用面粉做皮,包入羊肉馅,摁成饼状,入锅炸制。食时佐以酱油、米醋。

松原地区回族人很善于做面食小吃,味道是酸、甜、咸、辣俱备,颜色是五彩纷呈,奇香争艳。扶余县、前郭县的回族风味食品独具特色。如扶余县有王焕召的切糕、王三的凉糕,前郭县有尹凤林的切糕和张树和、张树学兄弟的凉糕;扶余县有万凤桐的牛油茶、香油茶,前郭县有万树义的油茶面;扶余县有万盛斋的烧饼、沙家馆的烧麦,前郭县有盛记馆、瑞记馆的烧卖。此外,郭尔罗斯回族食品厂制作的各种糕点也闻名全县,如"三糕"即西洋糕、槽子糕、芙蓉糕;"上八件"即佛手、桃酥、山楂酥及以枣泥、焦盐、白糖等做馅的各种白皮

---

① 大小净:穆斯林沐浴分大净和小净。大净,阿拉伯语称"胡苏里",即用净水按程序洗涤全身。古老的方法是头顶上挂一盛满清水的吊桶,桶底有一塞着的孔。沐浴时,拔去塞子,清水即从头流至周身。现在则多使用冷热水自行调节的淋浴设备。小净,波斯语称"阿布代斯",即用净水按程序清洗局部,使用特制的"汤瓶壶",壶颈很长,盛水后持壶进行冲洗。先洗大、小便处,称之为"净下"。再将两手洗净,以右手资水漱口、呛鼻孔、洗脸和两肘,并摸头、耳、脖,最后冲脚。大净是全身淋浴,然而淋浴前也要净下、漱口、呛鼻孔,浴后也要冲脚。凡在房事、遗精、月经和产期血净后必须进行大净。凡在呕吐、流血、睡眠和便后等再作礼拜时,必须进行小净。无论大净或小净,其洗涤方式有一个共同的特点,那就是必须是淋浴式的,而绝不许用盆和桶洗涤,更不能在浴池内洗涤,因为手和肢体一进入盆和桶内其水便被认为是污水,即不能用受污的水再洗涤其他部位。教法还规定穆斯林要常剪甲、理发、净腋毛和脐下毛等。

酥;"下八件"即炉果、江米条、麻元、糖原、核桃酥、到口酥、饼干、薄脆以及冰花、三花、牛舌饼、光头饼、各种月饼等。现今,这些风味食品名点,有的已经失传,有的已经大众化。现今前郭县具有回族传统风味而誉满松源的食品有:回宝斋的饺子、杨会茹的烧饼、万树义的茶面和糕点、满宝库的油炸糕等。①

回族人的米食,与汉族基本相同,食用大米、小米、黄米、玉米及各种杂粮。但其制作方法丰富多彩,各具特色,擅长制作干饭、黏饭、稀饭(粥)等,有白米与黄米混合作的干饭、黏饭,回族也称"二米子饭"。回族的米食最有特点的是肉米子黏饭、肉粥、切糕。肉米子黏饭,有用黄米做的,也有用白米做的。是将牛肉加葱段、调料一起炒熟并加适量水,水开后下米煮成粘饭。熬羊肉粥,一般把煮肉的汤加点开水,水烧开以后先下脱了麦膜的麦仁,后下大米或黄米并加调料,最后将煮熟的羊肉切成肉丁放进去后煮开,即可食用了。

以上不难看出,回族在食物方面十分注意食品的洁净。回族的饮食习俗除了满足回族群众一般的生活需要外,还被认为是伊斯兰教法规定的一项宗教功修,从而使回族饮食具有一定的宗教性特点,这是汉族、朝鲜族、满族、蒙古族、锡伯族等族群的饮食文化所不具备的。回族在选择可食用的食物时,把动物的外形特征、性情结合起来,以人的价值观和审美观作为评判的标准。回族清真饮食的意义在于:使人保持一种心灵上的洁净、对宗教信仰的虔诚,同时也是一种有益于个人、家庭和民族身心健康的十分有效的防病措施。回族清真饮食文化是回族文化的一个重要组成部分,也是其他民族认识回族和回族文化的一个重要途径。

(三)朝鲜族饮食习俗

朝鲜族是松原地区民族构成的成分之一,而且是重要的民族成分。吉林省朝鲜族的先民是明末清初从朝鲜半岛迁移来的。朝鲜族人大批涌入,出现在清末民初。19世纪以来,朝鲜流民来到吉林省居住的日益增多,分别居住在扶余县陶赖昭和前郭旗七家子一带。

朝鲜族迁入松源定居后,在长期同其他民族共同生产和生活的实践中,他们依靠自己的勤劳智慧,广泛吸收包括汉族在内的其他民族的饮食文化,其饮食风俗仍保持着自己鲜明的民族特色,其特点可以概括为:高蛋白,以素食为

① 参见松原市地方志编委会:《郭尔罗斯文史》,出版单位不详,1997年版,第99页。

主,忌油腻,以辛辣、清淡为特色。朝鲜人爱吃辣,无论是主食还是副食之中,辣椒酱、辣椒丝、大蒜等都是不可缺少的调料,虽然辣味十足,但与汉族腌制的咸菜相比,味道醇正、少盐少油、甜脆可口。

朝鲜族日常饮食以大米为主食,辅以杂粮、面粉等。米饭是朝鲜族不可缺少的主食,除米饭外,有糕饼类、面条类、米肠等。

朝鲜族擅长种植水稻,自古以来喜食米饭,擅长做米饭,做出的米饭颗粒松软,味道纯正。一锅一次可以做出质地不同的双层米饭,或多层米饭。朝鲜族喜欢吃五谷饭由来已久。新罗国时,把正月十五这天叫做"乌忌之日",用五谷饭祭扫乌鸦。每逢正月十五,农民用江米、大黄米、小米、高粱米、小豆做成五谷饭吃。还拿一些放到牛槽中,看牛先吃哪一种,便表示哪种粮食这一年能获丰收。这种风俗,至今还在朝鲜族民间流传。

糕饼是日常生活中的主食之一,也是节日饮食中最主要的主食,大约有100多种。如春节吃年糕、年糕饼、年糕汤、炒年糕、大米年糕、松饼(豆沙馅、栗子馅蒸糕);端午节吃艾叶糕、蒸片糕;重九(九月九)吃糯米面甘菊甜饼、栗子馅糯米团子;上月(十月中旬)吃萝卜蒸糕、糯米面菊花甜饼,冬至吃汤圆。

糕饼类食品中最负盛名的是打糕。打糕的历史比较长,早在18世纪朝鲜族的有关文献中已有记载,当时称打糕为"引绝饼",并称"引绝饼"已成为传统食品之一。如今,逢年过节或婚宴喜庆日子及迎待贵宾时,每家都用打糕来招待亲朋好友。打糕又分糯米打糕、小黄米打糕、大黄米打糕,把蒸熟的糯米、小黄米或大黄米放在木槽子或石槽里,用木槌打成黏团状,切成条形状或块状,蘸着用大豆、绿豆、小豆或芝麻、苏子、松子、栗子等材料制作的豆沙面,或蘸红豆泥、白糖、蜂蜜等食用,吃起来爽滑筋道、香甜可口。

面条类也是主食之一,种类很多,根据加工方法可分为刀切面、压面;根据原材料又分为荞麦面条、白面面条、淀粉面条、玉米面面条、高粱米面面条、绿豆面面条以及葛粉面面条、山薯面面条、天花面面条、栗子面面条、百合面面条、花面面条、白土面面条等;根据烹饪方法又分为冷面、温面和炒面等。

朝鲜族冷面,俗称高丽面,以它独特的风味闻名中外。朝鲜冷面的历史很长。据日本史书记载,17世纪上半期,朝鲜僧人天珍已将制作冷面的方法传到日本。朝鲜族人不仅在炎热的夏天爱吃冷面,即使在寒冬腊月里也喜欢坐在炕头吃冷面。朝鲜族有每年农历正月初四中午吃冷面的习俗,据民间传说这一天吃了冷面,就会长命百岁,故冷面被也称作"长寿面"。

这种冷面主要原料多为荞麦面、小麦面和淀粉,也可用玉米面、高粱面、榆树皮面和土豆淀粉制作。制作冷面,关键在汤,汤有牛肉汤、鸡肉汤、鸡蛋汤、豆汁汤、泡菜汤等,最上等的要算野鸡汤了。做好的汤,一定要待其冷却后撇油,以去掉腥味。冷面煮熟后用凉白开水泡凉,放入碗内,加香油、胡椒、辣椒等调料,再放入牛肉片、泡菜、半个鸡蛋、梨片、柿子片或苹果片等。冷面吃起来味道鲜美、清凉爽口。如今还传遍中国的大江南北,深受大家的喜爱。

朝鲜族副食主要有酱类、肉类和泡菜、汤及其他菜肴。朝鲜族副食种类丰富,可用腌、生、烤、辣4个字来概括。

酱类,不仅可以成为一种副食,而且还可以作为其他副食的主要原料之一。因此,朝鲜族很重视下酱,下酱有不少讲究和禁忌。下酱的妇女三天内不得出门,不得骂狗等。下完酱,用挂满红辣椒和木炭的"禁绳"围酱缸,以防"邪气"侵入。

肉类中喜欢吃狗肉、牛肉、猪肉、鸡肉、海鱼。一般不吃鸭、鹅、羊肉和其他油腻的食品,也喜欢吃生鲜食品,生拌鱼、生拌牛百叶等。

朝鲜族人最喜欢吃狗肉,认为狗肉营养丰富,还能驱寒消暑,滋补身体。朝鲜族人款待客人时奉上一桌狗肉宴席,是一种较高的礼遇。每当贵客来临或喜庆的日子,朝鲜族人都要在家里摆狗肉宴,从肉、汤到杂碎,从白斩到红烧,应有尽有。朝鲜族大多数人爱吃狗肉。然而在逢年过节、婚丧嫁娶或搬家之时不杀狗,绝对不准吃狗肉。这是一种习俗,也是一种礼节。

牛肉、鸡肉、鱼肉都可用来烤着吃,特别是烤牛肉更是朝鲜族的拿手好菜。烤之前,将牛肉按部位切好,有的需先用调料腌好了再烤,有的则可直接烤,烤好后用生菜包着吃。

朝鲜族人也喜欢吃山野菜,如桔梗、婆婆丁、小根蒜、柳蒿芽、山白菜、蕨菜等。家菜品种更多,如萝卜、白菜、土豆、黄瓜、茄子等。

朝鲜族最著名的副食还要数独具特色的泡菜,俗称高丽咸菜。朝鲜泡菜做工精细,享有盛誉,是入冬后至第二年春天的常备菜肴。泡菜味道的好坏也是主妇烹调手艺高低的标志。

泡菜是由植物性食物和动物性食物发酵制成的,以酸辣为主味。最早的泡菜用萝卜、茄子、竹笋、蒜、生姜腌制,后来又增加了白菜、辣椒,使泡菜的种类发展至数十种。朝鲜泡菜的制法与内地泡菜略同,佐以苹果、梨片、鸡牛肉汤等料。酱菜,用萝卜梗、地瓜梗、小辣椒、苏子叶、牛肉、狗肉、小鱼等多种原料加酱入缸腌制而成。

泡菜是朝鲜族最富特色的传统风味菜肴,其种类繁多,按季节还可分为春、夏、秋季随腌随吃的时令泡菜和过冬泡菜。时令泡菜,主要是以桔梗、蕨菜、萝卜、黄瓜、菠菜、芹菜等当季蔬菜为原料,洗净后切成段、块、丝,然后再拌以盐、芝麻、蒜泥、姜丝、辣椒面等多种调味品,吃起来辣麻酥脆。时令泡菜因为加工时间很短,不适宜存放。过冬泡菜因其加工精细,保存时间长,色香味都佳于时令泡菜,深受朝鲜族人的喜爱。

过冬泡菜中,冬季用大白菜做的辣泡菜最受欢迎。辣白菜的主要原料是三辣:辣椒、大蒜、生姜,另外还有白梨、苹果、梨、青萝卜丝、韭菜段、葱段,再加入少量的糖稀、鱼露、虾仁。辣白菜比一般泡菜营养丰富,其发酵时间长,含有多种维生素、有机酸等营养元素,因此在朝鲜族的餐桌上无论丰俭都少不了它。产品特点是色泽鲜艳,酸辣脆嫩,清爽可口,具有浓厚的地方特色。

朝鲜族的"汤文化"堪称世界一绝,也是朝鲜族日常饮食中不可缺少的佳肴,冬天喝热汤,夏天喝凉汤。汤的种类繁多,有狗肉汤、牛肉汤、猪肉汤、河鱼汤、海菜汤、泡菜汤、黄豆芽汤、豆腐汤、饼汤、冷面汤、河豚鱼汤、鳝鱼汤、明太鱼汤、乌骨鸡汤、参鸡汤、海带汤、酱汤、年糕汤等。仅就酱汤一类,又因其所用酱的品种不同而分为若干种酱汤。大酱汤不仅味道可口,而且开胃健脾,有益于身体健康。酱汤和泡菜都是每餐必备的食品。

狗肉汤是朝鲜族"汤文化"中最具代表性的作品,不仅是香辣可口的诱人汤,而且是滋补身体的营养汤。制作分两部分:首先将狗肉慢火煮熟捞出,手工撕成碎条备用;然后制作狗酱,这一部分是关键。狗酱做法是将一些狗皮切碎剁烂,放入葱、姜、大酱、盐、辣椒面、味精、野苏子等作料,暴锅后慢火熬制而成。朝鲜族在最炎热的三伏天有宰狗吃狗热汤的习俗,据说此时吃狗肉酱汤可大补。

朝鲜族最具代表性的饮食就是"汤泡饭"。朝鲜族喜欢把饭泡到汤里吃,在朝鲜族家里做客,一般汤是不能剩的。

朝鲜族的饮料主要有酒、五味子汁、柿饼汁、大麦茶、酒酿等。酒主要以粮食为原料酿制而成,主要有浊酒、清酒、烧酒、米酒。五味子汁是以草莓、苹果、西瓜、樱桃、桃、梨等水果为原料,加蜂蜜、五味子汁制成。柿饼汁以柿饼、生姜、白糖为原料,加桂皮粉、松子制成,多食用于春节。酒酿以大米饭和麦芽酵母做原料,加白糖水和蜂蜜水制成,多在春节食用。

饮品中的米酒是朝鲜族爱喝的一种饮料。米酒是他们招待客人的佳品,如有客人来访,主人总要端上来一碗自家酿制的米酒。这种酒比黄酒的颜色稍淡一点,而且还略带甜味。这种米酒后劲十足。和长辈一起喝酒时,要把头移到旁边去喝,切不可面对着长辈举杯饮酒,否则就是对长辈的不尊重。

喝"耳明酒"是朝鲜族的风俗。每年农历正月十五早晨,空腹喝耳明酒,以此来预祝耳聪目明,此酒并非特制,凡是在正月十五早晨喝的酒,都叫"耳明酒"。

以上可看出,朝鲜族的饮食不像汉族那么丰富繁杂,但是特色比较鲜明。朝鲜族的饮食高蛋白、多蔬菜、不油腻、讲究营养搭配,而且有些山野菜不仅风味独特,还具有良好的防病治病功效,其中相当一部分是中医学上常用的中草药,具有食疗与保健作用,有利于人的身体健康。朝鲜族受汉族道家思想的影响,认为人体需要与天地节气调和,因此形成了按季节进补食品和一些独特的饮食方式。

第二节　各族饮食文化的特点

饮食是人类生存的根本保障。俗话说,"民以食为天",离开饮食人类就无法生存。松原地区幅员辽阔,民族众多,由于地理、气候、经济、风俗习惯的不同,使得各民族的饮食风俗千姿百态、异彩纷呈,形成了独具风味的民族饮食文化。松原地区饮食文化是各族人民长期适应环境的具体创造,积淀了数千年的文化思想,成为一种重要的文化景观。松原饮食文化不断吸收、创新、发展,具有历史性、多样性、融合性的特点,这几个特点都有机地融入松原历史文化的整体之中,并伴随着时代的发展而演变。

一、饮食文化的民族性

松原各民族的饮食文化是伴随着悠久的民族历史发展而来的。各民族的饮食文化作为一种文化现象,可以追溯到几千年前。饮食文化都是自古相传,一代代沿袭下来的。随着历史的发展,松原地区汉族、蒙古族、回族、满族、朝鲜族与其他少数民族的交流和融合不断加深,日渐受到其他民族饮食方式的影响,创造出具有本民族鲜明特色的饮食文化。松原地区各民族的饮食乃至由饮食折射出的文化特质,都贯穿于体现着这些民族独特性的文化风范之中。饮食作为文化的载体,不仅内含着这个民族的文化精神与特征,而且也述说和传达着该民族的文化传统。由松原饮食与松原地域文化的结合而形成的松原特色的美食文化,人们不仅可以在感官上获得充分的物质享受,更可在精神上接通与中华文化数千年的历史联系,乃至更进一步,在更深层次上对中华饮食文化在全球文明中享有的声誉与地位取得理性的文化认同,并随着时间变迁及历史发展而不断发展创新。

如蒙古族是一个历史悠久而又富于传奇色彩的民族。千百年来,蒙古族过着"逐水草而迁徙"的游牧生活,因而被誉为"草原骄子"。蒙古人自称"蒙古",这一名称较早记载于中国《旧唐书》和《契丹国志》,其意为"永恒之火"。蒙古族的别称是"马背上的民族"。蒙古族在远古时期,也和其他民族一样经历了采集野果为食物的阶段。在有史记载的时候,已经进入狩猎时期。《北史》说:室韦"无羊少马多猪牛",这些记载是泛指南室韦。蒙兀室韦对此还缺少足够的史料作证。据《北史》记载,当时肉食、乳食、粮食已成为蒙古族生活中的三大食品,而且从那时起一直沿袭至今。只是在农区、牧区和半农半牧区,食品中的粮、乳、肉的比重有较大的差异。蒙古人喜欢喝茶,特别喜欢喝奶茶。蒙古人喝奶茶历史久远,至少在宋辽金时期饮茶习惯就已经形成了。以蒙古族为主体建立的元朝,虽然时间上将近一个世纪,但在当时,蒙古人依据本民族长期的生产与生活实践,按照自身的民族传统,创造出了举世瞩目的民族饮食文化。这不仅成为中国饮食文化中一个重要的组成部分,而且也为整个蒙古族饮食文化的发展与繁荣作出了显著的贡献。蒙古族饮食文化古老、历史悠久而自成体系,是这个民族长期生存智慧与生存礼仪的结晶,其中蕴涵的人文精神值得我们更深入地探讨。

回族的清真饮食文化同样历史悠久,是和伊斯兰教同步传入中国的。据史料记载,唐朝德宗贞元三年(787年),长安城里的胡人已经达到了4000余户,大都是回族的先民,他们已经开始在长安开设"胡店"、"波斯邸",兴建清真寺,开设商铺,买卖胡麻饼、胡麻粥等。唐代僧人慧琳曾在书中记载:"毕罗、烧饼、胡饼等皆为胡食。盖西域胡人传入。"①可以看出,当时胡人中的穆斯林已经将清真饮食传入中国。唐代就已经盛行的回族传统食品——油香,原来是波斯部分地区待客用的食品,传说因伊斯兰教创始人穆罕默德于公元622年在麦地那一位名叫阿尤布的老汉家食用后大加赞赏而世代流传,并于元朝传入中国,油香已经成为回民在节日、丧葬时用以款待宾客、馈赠亲朋好友的传统食品。除此之外,从西域还传入了一些蔬菜水果,主要有回鹘豆(即豌豆,元时叫做回回豆)、波斯枣、西瓜、无石子、齐墩子油、底称实、野悉密、偏桃等。可以想象,唐朝与西域少数民族及波斯、大食等国的饮食文化交流相当频繁,阿拉伯人、波斯人将清真饮食习俗传入中国,并成为回族先民及回族人的习俗。清真饮食文化被回族人世代相传。北宋时期,清真饮食习俗已经引起了汉族等非穆斯林群体的关注。现如今回族人爱吃的羊肉饼、油酥饼、韭饼、年糕等,其渊源都可以追溯到宋代,这些足可以证明回族清真饮食文化历史的悠久性。元明清时期,清真食品得到了充分发展,具备了相当大的规模,为以后清真食品的发展奠定了牢固的基础。清真饮食文化的历史性特点则更为明显突出。

在漫长的松原各民族饮食文化的成长过程中,各民族饮食文化之所以历久弥新,就在于其在不同的历史阶段不断地汲取其他少数民族的有益的饮食文化因素,进而将之统一在自身的文化系统之中,不断凝练的"医食同源的辩证观"、"孔子食道",不断丰富自身饮食文化的内涵,在变革中共同推动着中华饮食文化的创新发展。

二、饮食文化的多样性

如同服饰一样,饮食作为一种文化是地域人文、民族智慧和传统风俗的体现,也是地理气候、地产资源的对应产物,再加上本民族特有的聪慧与勤勉,造就了松源各民族饮食文化的多样性。

松原属于中温带大陆性气候,亦称为亚湿润季风气候。这里气候的主要特点是大陆性明显,四季分明。春季天气多变,干燥多大风;夏季天气温热,雨

---

① 《一切经音义》卷37。

水集中;秋季秋高气爽,晴天较多,温差大;冬季寒冷漫长。松原地处松嫩平原腹地,有三条江河过境,境内湖沼密布,江河湖海无一不备,这就为松原的饮食与烹调提供了不同种类、不同品质的各种农作物、鱼肉蛋禽、山珍海味、瓜果蔬菜等丰富的动植物原料、调料。各民族的饮食习俗多与当地的生产方式和物产种类有关。长期以来,每个民族都形成了各自的饮食文化模式和特殊的菜肴风格流派,如蒙古族菜、满族菜、回族清真菜、朝鲜族菜、汉族菜等等。他们色彩不同,形态各异,口味迥异,配料精美,技法多样,从而构成了松原繁多的美食品种。

满族的菜品品种齐全、花样繁多。比较著名的有满族的满汉全席、满族八大碗、烤乳猪、烤全羊、白肉血肠等。满族人喜欢黏食,黏食制品品种多样,用料广泛,使用的原料主要是玉米、麦、高粱、糜等,用黏玉米、黏黍子、黏高粱等做成的各种饽饽。在清代,满族的各种糕点和主食就已经闻名于世、种类繁多,有炸者、蒸者、炒者,或制之以糖,或以椒盐,或做成龙形、蝴蝶形,以及花卉形;另有一种中有肉馅……又有绿豆糕、花生糕类食品,配以制糖之汤。满族人也非常喜欢吃甜食,如芙蓉糕、萨其马、绿豆糕、豌豆黄、五花糕、凉糕、风糕、卷切糕、驴打滚、大小八件等各种点心,这些都已成为国内外市场上非常著名的食品。这是满族对中国饮食文化的一大贡献。

回族清真饮食品种多样,五花八门,丰富多彩,有面食类、米食类、肉食类、流食类等等,味道上有甜、酸、咸、香、辣;硬度上有酥、脆、软、硬、粘;烹调技巧上有蒸、炸、煮、烙、烤、煎、炒、烩、熏;颜色上有黑、白、红、绿、黄等。清真食品品种之多,花样之繁、味道之香,有感官上的形色之美,显示了回族人的聪明才智。清真饮食营养丰富,深受各兄弟民族的喜爱。面食是回族人的传统主食,其品种之多、花样之新、味道之香、技术之精,都是无与伦比的,充分显示了回族人民的聪明才智。据统计,回族饮食中,面食品种达60%之多,而其他品种也或多或少地用到了面粉,制作的特色面食有拉面、馓子、长面、麻食、馄饨、油茶等等。这些融汇了回族饮食传统和民族特色的食物,不仅已经成为待客的美味佳品,更是中华饮食文化中不可或缺的重要组成部分。又如朝鲜族饮食品种丰富多彩,日常饮食以大米为主食,辅以杂粮、面粉等。米饭是朝鲜族不可缺少的主食;除米饭外,有糕饼类、面条类、米肠等。仅主食糕饼的品种就有100多种。春节吃年糕、年糕饼、年糕汤、炒年糕、大米年糕、松饼(豆沙馅、栗子馅蒸糕);端午节吃艾叶糕、蒸片糕;重九(九月九)吃糯米面甘菊甜饼、栗子馅糯米团子;上月(十月中旬)吃萝卜蒸糕、糯米面菊花甜饼,冬至吃汤圆。朝鲜族汤的种类繁多,有狗肉汤、牛肉汤、猪肉汤、河鱼汤、海菜汤、豆腐汤、饼汤、冷面汤、河豚鱼汤、鳝鱼汤、明太鱼汤、乌骨鸡汤、参鸡汤、海带汤、酱汤……仅就酱汤一类,又因其所用酱的品种不同而分为若干种酱汤。

　　松原各民族多样性的饮食文化对周边的民族和中华饮食文化都不可避免地产生了巨大的影响,满族、蒙古族、回族、朝鲜族等族的人们在潜移默化中对中华民族饮食文化作出了巨大的贡献,从而丰富了中华饮食文化的内涵,丰富了世界饮食文化的宝库。

三、饮食文化的融合性

　　松原地区自古以来就是一片地域辽阔、多民族繁衍生息、共同生产和生活的热土,松原饮食文化在数千年的历史演变中之所以始终保持强劲的生命力,就在于它既具有鲜明的民族特性,又在相近的自然环境中、趋同的生产方式下,松原各民族通过相互学习、借鉴互补和吸收融合相关的饮食文化因子,作为改善自身饮食文化机制、培养饮食文化创新能力的有机元素。共同铸造了独具特色的、多元文化兼容并蓄的松原饮食文化,在新的变革中共同推动着中华饮食文化的创新发展,为中华饮食文化增添了新鲜的血液,为博大精深的中华饮食文化作出了贡献。

　　松原有汉、满、蒙、回、朝鲜等各族人民在这里定居,各民族间的饮食文化交流与融合,不仅丰富了人们的日常生活,而且促进了我国饮食文化的完善与发展。如汉族的传统食品饺子、月饼、粽子、元宵等,而今已成为满族、蒙古族、回族、朝鲜族群众都认同和欢迎的食品,是餐饮中的重要品种。清代满族入关后,满族统治者将其关外的特有饮食、原料带入关内,与内地汉民的传统饮食文化相融合,丰富了中国饮食文化的内容,最为突出的是满汉全席的形成。它是中国古代孔府菜系和满族关外饮食结构相互融合的产物,其规模宏大,礼仪隆重,用料华贵,菜点繁多。满汉全席代表了清代烹饪技艺的最高水准,是中国古代烹饪文化的一项宝贵遗产。如满族的特色菜肴在发展中,吸收汉族经典菜肴制作方法和蒙古族的特色菜肴,使其品种越来越多,品位也越来越高,集合满、蒙、汉名菜,既有宫廷菜肴之特色,又有松原地方风味之精华,菜点精美,礼仪讲究,形成了引人注目的独特风格,民间称为"满汉全席"。标准的满汉全席上菜一般起码108种,取材广泛,用料精细,烹饪技艺精湛,富有地方特色。突出满族菜点特殊风味的烧烤、火锅、涮锅几乎是不可缺少的菜点;同时又展示了汉族烹调的特色,扒、炸、炒、熘、烧等兼备。松原地方的"扶余满餐"、"满汉合餐"等特色筵席,可视为小型的"满汉全席"、"海参席"、"燕窝席"等。

　　回族饮食文化,既有别于波斯、阿拉伯饮食文化,也不等同于汉族饮食文化,而是回族民众在融会贯通两者饮食文化的基础上,自己创造的独具民族特色的饮食文化。松原回族在与汉族共同生活和经济交往中,使回族饮食习俗也融入了汉文化的内容,主要表现在工艺上的借鉴和品种上的丰富,吸收汉族先进的制作方法和烹调方法,然后再创新发展。如借鉴汉族的焗、卤、爆、烤、烧、酱等烹调技法,在全羊席的基础上,创新出各种类型的清真宴席:鱼羊吉祥宴、清真海鲜宴、吉祥烧烤宴等,名目之多,规格之高,都是史无前例的。回族穆斯林在吸收、借鉴汉族、满族、蒙古族的小吃、菜系时,一直坚持伊斯兰教规的禁食食律,因此清真菜系在中国的各个菜系中独具伊斯兰民族魅力。如回族在与其他民族长期相处和文化交流的过程中,吸收了不少异族的"饮食形态"、烹调技术和饮食习惯,因而也大大丰富了自己的饮食文化。回族的面食——馓子,是源于中国传统饮食文化的,早在汉代即以糯米煎制,分为盘馓与酥馓,名曰"寒具"。后因地区、时间不同而有膏环、环饼、捻头等别称。明朝李时珍《本草纲目》云:"寒具,即馓子也",是回族在节日或嫁娶时用以招待客人的传统食品。汉族有悠久的茶文化传统,在同汉族长期杂居的过程中,回族也逐渐喜欢上了饮茶,在吸收了阿拉伯人、波斯人喜食甜食的习惯后,形成了以盖碗茶、糖茶等为代表的回族独特的饮茶习俗,成为回族饮食文化的标志性产品之一。除受汉族影响外,回族在同其他少数民族相处或杂居时也受到他们饮食文化的影响。如回族、朝鲜族、汉族等也喜欢喝蒙古族的奶茶,各少数民族不仅喜欢吃汉族的饺子、元宵、月饼、粽子等,还喜欢吃满族的酸菜、朝鲜族的特色泡菜等。

　　朝鲜族的饮食文化随着历史的发展,与当地汉族、满族及其他少数民族的交流和融合不断加深,日渐受到其他民族饮食文化的影响,从食物原料、烹饪方法、饮食风味到饮食习惯都表现出融合性。朝鲜族深受汉族饮食文化的影响,发展了既体现本民族口味,又具有汉族特色的朝鲜族菜品,如红烧明太鱼、红焖狗肉排和多种多样的炒泡菜、时令蔬菜等,增加了菜肴的品种和热炒菜种类。与汉族明显的区别是朝鲜族炒菜注重清淡,少油盐,佐料主要是辣椒。其调味品在汉族、蒙古族、满族等民族的影响下,开始食用花椒、大料、胡椒、黑椒、麻椒等调料,味道也越来越鲜美。

如今,朝鲜族的饮食为了适应大众的口味,正从传统的多冷辣为主向冷辣和热辣并重,从凉、酸、辣、甜为主向多元化饮食口味方向发展。随着朝鲜族与汉族、蒙古族、满族等其他民族的经济、文化交流日益扩大,其多元化程度有了非常明显的提高,饮食文化也进入了快速发展时期。自从 1992 年 8 月 24 日中韩建交后,已建立起全面合作伙伴关系。凭借自身民族语言和民族同源的优势,大量的中国东北地区朝鲜族人奔赴韩国,归国人员不断将朝鲜半岛南部的饮食方式、饮食养生理念、医食同源观念引入中国国内,为朝鲜族饮食文化注入新鲜的内容。朝鲜族人们对其他民族的饮食文化进行了富有创意的兼收并蓄,形成了既相互融合又具有本民族鲜明特色的饮食文化特征。

饮食文化是传统民俗文化的重要组成之一,而民俗作为一种传承的社会文化现象,是在共同地域、共同历史的作用下形成的积久成习的文化传统。松原地域辽阔,自然环境错综复杂,历史文化传统悠久,世代生活在这里的蒙古族、满族、汉族、回族、朝鲜族、锡伯族等少数民族,形成和发展了松原地区独特的饮食文化。松原各族人民对中华民族的饮食文化作出了巨大的贡献,从而丰富了中华饮食文化的内涵。松原丰富多彩、博大精深的饮食文化,为开辟饮食文化特色旅游提供了宝贵的资源。所谓饮食文化旅游,就是指将饮食文化与旅游活动相结合,以品尝松原民族美食、了解中国饮食文化为主要内容,以游览所在地的自然景观与人文景观为辅助内容的特色旅游。研究和探讨松原饮食文化,对于促进我国饮食文化的发展,推动我国民族饮食业的繁荣,加强我国饮食文化旅游资源的开发利用,具有重要的理论意义和现实意义。

第十章 建筑与交通

建筑和交通与人们的居住及出行有着极为密切的关系。松原地区的建筑形式既有东北地区的共同特点，又有其地方特色，并且随着生产力水平的提高和社会的进步而不断地发生着变化。松原地区的建筑类型多种多样，大致可分为普通民居、蒙古包、王府和官邸衙署、寺庙等几大类，各类建筑的文化内涵比较丰富。松原地区的交通是为了满足人们出行和交往的需要应运而生的，道路及驿站的发展、桥梁和交通工具的进步，对松原地区的文化发展都产生了深刻的影响。

第一节 建 筑

建筑是人们用土、石、木、草、金属、玻璃等一切可以利用的材料建造的构筑物。建筑有广义和狭义之分，广义的建筑包括城市的市政基础设施、园林、墓葬、关隘、城防、宫殿、官邸衙署、寺庙、民居等；而狭义的建筑则只是包括可供人们居住的宫殿、官邸衙署、寺庙、民居等构筑物。本书中建筑指的是后者。松原地区的建筑类型多种多样，其文化内涵也比较丰富。

一、建筑形式的演变与特点

《老子》第八十章指出："民各甘其食，美其服，安其俗，乐其业，至老死不相往来。"可见，居住和衣、食一样，也是人类生存与生活不可或缺的必要条件,正所谓"各安其居而乐其业"①。

　　松原地处松嫩平原腹地,地势较为平坦开阔,属温带大陆性气候,四季分明,雨热同季,但冬季严寒而漫长。这种自然环境虽然有利于农业生产的发展,但却难以找到现成的居住地点。这对于生产力水平低下、主要依赖于自然条件生存的古人类来说,的确是一个严酷的考验。为了能够更好地生存下来,这里的人们不得不动手为自己营造最原始和简陋的庇护场所。据考古调查,在今长岭县腰井子遗址(新石器时期遗址)曾发现椭圆形或近似圆角长方形等形状的残破房址 7 座,其共同特点是:"房址的居住面抹一层 2—3 厘米的浅黄色黏土,非常坚硬","在居住面中间挖一个圆角长方形或圆形周边抹浅黄色泥土的灶,火膛内堆满了草木灰","无墙壁痕迹"。② 在今松原市南部社里乡鸡爪沟遗址(青铜器时期遗址)曾发现:"路面上露出一堆堆红烧土,也有草拌泥地面,显然是当时的居住遗址。"③由于年代久远,松原境内发现的古人类遗址中的居住址并不多见,但上述考古发现也足以说明,早在新石器至青铜器时期,居住在松原大地上的人们就已经开始用红烧黏土和草拌泥营造民居建筑。人们之所以把居住面的泥土烧成坚硬的红烧土,主要是为了达到防潮保暖的目的,这样形成的居住址能够保证冬暖夏凉。据学者考证,这一时期的居住址多为"半地穴式穴壁覆板,上结四角钻尖式屋顶"④,它也成为后世房屋的雏形。从地理分布上看,这些居住遗址应为古秽貊和夫余人所建。

　　在我国中原内地,从远古至旧石器时期,人们最初选择居住址主要是利用天然洞穴或在树上构筑巢所;进入新石器时期,开始出现半地穴和木骨泥墙式建筑和干栏式建筑;到了夏、商、周时期,开始出现宫殿建筑;战国时期,流行高台建筑(这是夯土与木结构技术相结合形成的一种土木混合结构建筑);秦汉时期,高台建筑减少,多层楼阁大量增加,庭院式的建筑布局基本定型,砖瓦结构的建筑开始出现;魏晋南北朝时期,开始出现园林建筑和佛教建筑;隋朝时期,开始进入古建筑体系的成熟时期;唐朝时期,建筑形式和艺术水平又有了

① （汉）班固撰:《汉书》卷 91《货殖列传》(中华书局标点本),中华书局 1962 年版。
② 吉林省地方志编纂委员会编:《吉林省志·文物志》,吉林人民出版社 1991 年版,第 12 页。
③ 陈相伟、李殿福主编:《扶余县文物志》,1984 年内部资料,第 11 页。
④ 王兆全编著:《伯都讷风俗民情》,时代文艺出版社 2004 年版,第 15 页。

飞速发展和提高。

与中原内地多种多样、不断变化、日臻成熟的建筑形式形成鲜明对比的是,松原地区的建筑形式自青铜器时期至唐朝时期一直没有大的变化,半穴居一直是主要的居住形式。甚至直到肃慎族系的勿吉人灭夫余国成为这里的居民后,仍"筑土如堤,凿穴以居,开口向上,以梯出入"①,沿用了半穴居的居住习惯。

辽朝建立后,今吉林省中西部地区已成为契丹统治者分化、瓦解渤海遗裔,控扼奚、室韦、女真等少数民族的边防重地,同时也是契丹统治者实现其南下中原、统一中国目标的战略基地,松原地区更是日益受到统治者的重视。在这种背景下,松原地区的建筑得到了较快发展,形式也出现了新的变化。首先是出现了规模较大的州城,如长春州、宁江州等;其次是随着辽代佛教的兴盛,这里出现了佛教建筑;第三是出现了土木、木瓦和砖石结构等多种建筑形式。金灭辽后,松原地区的许多城址都被沿用,建筑也得到了进一步的发展。值得注意的是,宋辽金时期,我国南北各地的建筑风格逐渐产生了差异,松原地区的建筑形式和风格应反映出我国北方建筑的特点。到了金末元初,随着蒙古铁骑南下灭金,松原地区的绝大部分建筑被摧毁,成为一片废墟。没有定居习惯的蒙古人以"蒙古包"作为自己的栖身之所。

清朝时期,松原地区兴建了几座比较有名的藏传佛教寺庙,如崇化禧宁寺、德寿寺、广庆寺、妙因寺等,但是当时民居很少。嘉庆元年(1796年)以后,关内各省大批汉人涌入松原地区定居移垦,荒芜了数百年的松原大地上又呈现出村屯密集、民宅林立的景象。这时的蒙古王公贵族已经定居,住在砖瓦结构的房屋里,而广大汉人和蒙古族平民则多住在起脊房、平房以及马架子、窝棚或地窖子等简易房中。

民国至东北沦陷时期,由于建筑技术的进步和新材料、新工艺的应用,松原地区出现了少数应用钢筋、水泥等现代化建材的房屋,但各县的房屋建筑仍以土木结构为主且条件较差。如当时扶余县(今松原市宁江区)的民居就"多为低矮、潮湿的土平房,纸糊窗,对面屋,对面炕,几代人同居一室"②。又如乾

---

① (唐)李延寿撰:《北史》卷94《勿吉传》(中华书局标点本),中华书局1974年版。
② 耿云生主编:《扶余县志》,吉林人民出版社1993年版,第326页。

安县官僚士绅和平民百姓的住宅差别较大：少数官僚士绅建有四合院、大院套，且多为砖瓦结构；而平民百姓的住宅建筑"均为矮小狭窄、众家连脊而建的土木结构平房"①。

总之，松原地区的建筑形式既有东北地区的共同特点，如注重保暖、通风，又有其地方特色，如就地取材，大量使用"碱土"和茅草等极易取得的建筑材料。与东北其他地区一样，松原地区的建筑形式也在随着生产力水平的提高和社会的进步而不断不变化和完善。

二、建筑类型及文化内涵

松原地区的建筑大致可分为普通民居、蒙古包、王府和官邸衙署、寺庙等几大类。

（一）普通民居

1.简易房。

主要有地窨子、马架子和窝棚 3 种。

地窨子是一种简易的穴居房，一般都是南向开门，室内阴暗潮湿，但冬暖夏凉，里面搭上木板，铺上厚草和兽皮褥子即可住人。建造地窨子的房址，一般选在背风向阳、离水源较近的山坡。先向地下挖 3—4 尺深的长方形坑，空间大小根据居住人口多少确定，在坑内立起中间高、两边矮的几排房柱，柱上再加檩椽，椽子的外（下）端搭在坑沿地面上或插进坑壁的土里，顶上绑草把，再覆盖半尺多厚的土培实，南面或东南角留出房门和小窗，其余房顶和地面之间的部分用土墙封堵。这种房子地下和地上部分约各占一半，屋内空间高两米左右，或砌火炕、或搭板铺在地中央生火取暖，支起吊锅做饭。房顶四周再围以一定高度的土墙或木障，以防人畜踩踏。

马架子是我国东北地区一种特有的民居建筑形式。居民搭建的马架子介乎窝棚和正房之间，也能长期居住。它和土墙茅草房一样，都是土坯砌墙、草苫顶，或是由几根木头简单搭建而成，开有门窗，门开在三角形一面。马架子的形状像一匹趴着的马，从正面看呈三角形，侧面看呈长方形，它只有南面一面山墙，窗户和门都开在南山墙上，这是昂着的马头，屋脊举架低矮，"马屁

① 徐万江主编：《乾安县志》，吉林人民出版社 1999 年版，第 328 页。

股"上搭拉着厚厚的茅草。由于简单易建,冬暖夏凉,所以也是过去松原地区常见的一种民居建筑。蒙古族平民一般都在居住的马架子房内的西窗下搭一顺山炕,和南北炕相连,俗称"卍字炕",独具特色。

窝棚比马架子小,是一种能遮风避雨的简陋小屋,一般室内高度不超过人体,有一扇门和一个窗洞,屋内有简易炕(或草铺)和锅灶,房顶有起脊和平顶两种,上面覆盖草或抹碱土。①

上述类型的房屋具有以下特点:起源较早,历史悠久,结构简单实用且容易建造,省工省料,拆迁方便,广泛分布于农村等等。

2.平房和起脊房。

平房按照墙面框架的建筑材料不同,可分为土平房、砖平房和砖土混合平房(又称一面青或一面红)等。旧式平房框架由墙壁、梁柁、柱、檩、房檐构成,柁檩之间由挂柱相连,檩上钉挂椽(即椽子),椽上覆盖"巴"(即屋顶的内衬,通常有草巴、苇巴、木巴和板巴等几种),巴上铺草(多为麦秸),其上皆抹碱土加以覆盖。20世纪60年代以后,新式平房屋顶建材用料发生较大变化,多使用油沙(即沙土拌原油)、三合土(即黄土、白灰和炉渣)或红砖泼扫水泥浆来代替碱土,20世纪80年代以后,更是采用油毡纸等新兴建材"打防水",不再使用碱土。② 旧式平房的房门多为对开式,木门扇由户枢支撑(即民间所称的"哈巴轴"),内有门闩(俗称"插关儿"),窗户为上下合扇式,上扇是花格窗,外糊土纸(一种手工生产的专用纸张),可向内支起,下扇镶玻璃;新式平房的房门多改为单开式,窗户则改为立开式,均用合页并镶满玻璃。

起脊房分为草房和瓦房,其墙壁结构与平房一样,也有土墙和砖墙之分。草房的屋顶一般用二层柁(后亦有改用"人"字架者),柁上亦置檩、椽等支撑物,上面覆盖柴草(芦苇、小叶樟或糜秸),烟囱一般在房山头另垒,有烟道与炕、灶相通。旧式瓦房屋顶结构与草房大体相同,只是屋顶覆盖小青瓦(亦称鱼鳞瓦),为通字式,人字顶略向内凹,有飞檐;新式瓦房则多采用"人"字架结构,斜面平直,门窗与平房相同(参见图10-1)。③

---

① 参见王兆全编著:《伯都讷风俗民情》,时代文艺出版社2004年版,第16页。

② 参见王兆全编著:《伯都讷风俗民情》,时代文艺出版社2004年版,第15页。

③ 参见耿云生主编:《扶余县志》,吉林人民出版社1993年版,第734页;王兆全编著:《伯都讷风俗民情》,时代文艺出版社2004年版,第16页。

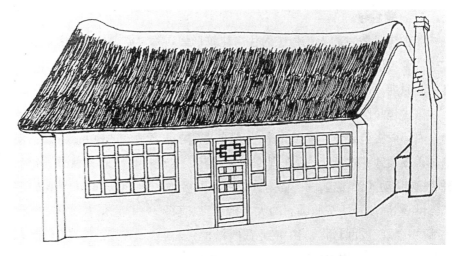

图 10-1　松原市农村的起脊房之———草房①

　　从松原地区的平房和起脊房建设及布局上看,1949 年以前,官僚士绅和普通百姓的差异非常明显。富户为四合院,分为正房、厢房和耳房;个别地位显赫的绅士官商甚至建有大院套,由四合院串联而成,一门而入,过厅相连,在使用功能上,可细分为正堂、客厅、书房、卧室、厨房等等,且多为砖瓦结构。②普通百姓居住条件很差。以乾安县为例,绝大多数普通百姓居住在低矮、狭窄、简陋、由众家连脊而建的土木结构平房(多为五、七檩)。据统计,至 1945 年东北光复前,县城共有居民住宅 5,000 余间,面积为 80,000 余平方米,其中砖平房仅占约 3%。③

　　3.楼房。

　　20 世纪 70 年代以前,松原地区的居民住宅楼极少,扶余县城(今宁江区)仅有的几栋二层楼房也是 20 世纪二三十年代修建的,且兼作商业性用房,均为砖木结构。20 世纪 70 年代中后期,扶余油田修建了为数不多的职工住宅楼。20 世纪 80 年代以后,楼房建筑逐渐增多,分为一楼一底式和单元式两种,均为砖混结构。20 世纪 90 年代以后,开始出现商品住宅楼。④

(二)蒙古包

蒙古包是蒙古族人民传统的住房建筑形式。称穹庐,又称毡帐、帐幕、毡包等。蒙古语称"格儿","包"是"家"、"屋"的意思。松原地区的蒙古包出现在清朝时期。

蒙古包呈圆形,有大有小,大包内径约7米,中包内径约4米,小包内径3米左右。蒙古包架设起来很简单,一般是搭建在水草适宜的地方,最初是用猎获的兽皮覆盖在木架上,后来则发展为毡包。这是一种天幕式房屋,分为两种:一为移动式蒙古包,一为固定式蒙古包。移动式蒙古包根据其大小先画一个圆圈,然后便开始按照圆圈的大小搭建:以直径3—4厘米,长2.1—2.4米的柳木杆编织成网目状,用牛皮绳在两杆相交处穿过,两头做纽;包顶呈伞状骨架,关键之处都用牛皮绳系紧,四边再用兽毛绳拉紧,中间没有支撑,主要靠周围的竹壁来支撑。整个蒙古包都用毛毡或乌拉草包围覆盖,里面挂上一层薄毛毡,地面也铺上毛毡和兽皮。包顶中央设一个圆形天窗,用于通风、透光和排烟,天窗用一个方形毛毡覆盖,每边各有两个纽扣,用以适应风向开闭,一般为白天开,夜晚关。包门多朝南或东南开,门宽约3.5尺,高约4尺,与竹壁高度相同,一般安装木质门扇或挂毛毡为门。固定式蒙古包基本格局与移动式蒙古包相同,只是前者的竹壁埋在地下,用石头或木材固定,并在附近设置木栅栏,用以存放车辆和干草。固定式蒙古包一般只为一对夫妇及其子女居住,子弟娶妻则要另设新包。各家一般有2—3个包,富裕人家则可以连设数个包,左边的蒙古包为尊长的住室。

蒙古包的中央有一火盆,上吊铁环,将锅或壶挂在环上烧水或做饭,燃料大部分是牛粪或木柴,炊烟受包形的限制直接从包顶预留的天窗冒出。与包门相对的正面包壁上挂着佛像、佛龛,佛像下面是供桌,桌上经常点燃奶油(或麻油)灯、香烛,摆放一些贡品。供桌里存放日常食用品、餐具等。包门的左右侧设有低矮的木质床铺,上铺毛毡,左床住男性,右床住女性,若有来客,主人都让其在左边的床位上就座。①

蒙古包看起来外形虽小,但包内使用面积却很大,而且室内空气流通,采

---

① 参见苏博主编:《前郭尔罗斯蒙古族自治县志》,辽宁民族出版社1993年版,第426—427页。

光条件好,冬暖夏凉,不怕风吹雨打,由于建造和搬迁都很方便,所以非常适合于牧业生产和游牧生活。

（三）王府和官邸衙署

1.王府。

松原地区是清朝时期蒙古族王公的属地,建有多座王府。

郭尔罗斯前旗王爷府,俗称公爷府、公营子。原是根据扎萨克辅国公府所在地而称呼的,至 12 世扎萨克辅国公齐默特色木丕勒晋升为亲王后,改称为亲王府,又叫王爷。王爷府坐落在松花江的左岸,位于长春市西北 130 公里处。

王爷府是一座宫殿式的建筑,仿照北京故宫的结构和样式改建与扩建。修建工期自清光绪三十四年(1908 年)起至完工大约用时 10 年左右。王爷府外围墙长 350 米,顶宽 1.67 米,高 5 米,占地面积为 457.5 亩。围墙为夯土筑成,四角及西墙正中设有炮楼。府院东门为侧门,南门为正门,皆用硬质木料精制,朱红涂漆,金钉密布,貔貅衔环,铁叶镶边,装饰华丽,坚实牢固。门楼飞檐翘角,双龙滚脊,碧瓦青砖,幽森洞然。门前青石砌阶,两侧石狮伫立,正中有一道影壁墙横贯东西,长 10 米有余,为砖石结构。四周的墙角及西墙的中间设有炮楼。大门前的高台上横列 4 根旗杆,旗杆根部直径 0.6 米,高 10 米有余,风磨铜球饰顶,光华耀眼。王爷府院内分为 4 大宫院,从正门入分七进,房舍计 647 间。① 王爷府中房舍多为回廊式建筑,专门仿造京城之建筑,于朱漆大门上涂以彩色,内部有大厅、内厅、花厅、女房、厨房等各种设施,布置得异常幽雅别致。此外,府中还建有西洋式的家屋,有山水、花园、温室等场所,四季如春。王爷府是按照严格的等级体制而修建的,在东北地区的各类建筑中虽然算不上豪华堂皇,但也依山傍水,气势巍峨,实属宏伟壮丽,遐迩闻名,素有"世外桃源"、"朔北花园"之称。

除王爷府外,还有七大爷府和祥大爷府。七大爷府坐落在屯中央,现为乡政府所在地。此府原为郭尔罗斯前旗末代王爷齐莫特散披勒的七叔的府址,故称之为"七大爷府"。祥大爷府坐落在屯的西南角,现为前郭尔罗斯蒙古族

---

① 参见苏博主编:《前郭尔罗斯蒙古族自治县志》,辽宁民族出版社 1993 年版,第 429—430 页。

自治县第二良种繁育场所在地。此府原为齐莫特散披勒的伯父保祥令的府址。因取其"祥"字,故有"祥大爷府"之称。

两府皆建于清末民初,结构基本相同,均坐北朝南,为四合院砖瓦硬山式卷棚顶建筑,占地面积各约 2500 平方米。每院内各有正厅 5 间,两侧各有耳室 1 间,东西厢房各 3 间,前有门房,中有回廊相连。耳室与厢房间各有 1 个月亮门与外院相通。正厢房房檐凸出,檐下各有朱红独木大柱,正房 4 根,厢房两根,檐下直通回廊。院中为青砖砌就的十字甬道,分通各房。房屋卷棚顶皆灰色瓦,檐上连珠纹兽面瓦当,间有三角形蝴蝶纹滴水。门窗皆经后来维修,原貌已失。回廊宽 1.5 米,高约 3 米,平顶锯齿檐,外有抹圆棱方形红柱支顶,下为方砖铺就路面,高出地表约 0.5 米。在回廊两端及屋檐下,原绘有山水花鸟鱼虫等壁画,现皆脱落。

七大爷府门楼 3 间,硬山卷棚顶。左右为门房,中为门。门为木质红漆,两侧各有一明柱,柱下有椭圆形雕花石坊,前有台阶通向院外。祥大爷府有门楼一座,为木瓦结构,双脊,前为横脊,后为卷棚,下有 6 根红漆柱支撑,中为两扇木质大门。原四周曾有土墙相围,四角亦有炮楼,新中国成立初已被拆毁。①

2.官邸衙署。

松原地区早在辽代就已出现官邸和衙署建筑。在前郭县境内的塔虎城古城遗址(即辽代军事重镇长春州)内的西北角有一建筑遗址,当地群众称之为"金銮殿",在此处曾采集到兽面瓦当、绿釉筒瓦残块、残鸱尾等建筑饰件,可以想象当年这里的宏伟华丽。根据辽朝皇帝每年都要前往塔虎城古城遗址附近的查干湖进行春捺钵活动,长春州为辽帝临时行宫,辽朝东北路统军司以此为办公驻地以及金朝改长春州为新泰州等史实判断,这一建筑遗址应为宫殿遗址或东北路统军司办公地址并为金朝所沿用。但是,此后元明两代直至清末民初的数百年间,松原地区的官邸建筑并不多见且多为平房。如清末的长岭县城只有宣统二年(1910 年)落成的县衙,其 5 间正厅为砖瓦结构平房,其余机关均为土木结构建筑。② 又如民国初年,乾安县城只有县设治局、监狱、

---

① 参见苏博主编:《前郭尔罗斯蒙古族自治县志》,辽宁民族出版社 1993 年版,第 430 页。
② 参见苏国清主编:《长岭县志》,中华书局 1993 年版,第 455 页。

警察所等建筑,均为砖平房。松原地区各市县的政府机关办公大楼等建筑,一般都是 1978 年实行改革开放以后陆续建成的。

(四)寺庙

松原地区的寺庙建筑最早出现在辽金时期。据考古调查发现,在伯都讷古城遗址(即辽代宁江州)内的西南部发现 4 处土台,其中 1 处面积较大,呈圆角方形,东西、南北各长 62 米,高度 3 米,表面散布大量的灰色方形和长方形砖块、布纹瓦片、莲瓣纹瓦当、陶瓷残片,还有一些佛像及佛饰残块、草拌泥烧土、白灰面残块等遗物。而且据当地人反映,这里曾出土有小铜佛。其他 3 处面积较小,但地表也遗存着灰色砖瓦残块和陶瓷残片等,因此这里应为辽代佛教遗址。① 在塔虎城遗址(即辽代长春州)城东北护城河外,距城墙 50 米处有一椭圆形土台,1983 年 5 月,此台下曾出土方柱形铜风铃 1 件,风铃四下角呈卷云状,据此可判断,此土台很可能是辽代的一座塔基。②

清朝时期,松原地区出现了更多的寺庙建筑,而且遍及各个区县。据统计,宁江区有永善寺等 21 处③,前郭县有崇化禧宁寺等 7 处④,乾安县有三圣寺等 3 处⑤,长岭县有清净寺等 22 处⑥,共计 53 处。松原地区寺庙建筑涉及道教、佛教、喇嘛教(即藏传佛教)、天主教、基督教等,其中尤以藏传佛教寺庙最为著名。下面择其重要者做一简要介绍。

1.崇化禧宁寺。

此寺于顺治四年(1647 年)初建于前郭县境内比赫尔地方。康熙在位期间,敕令赏赐满蒙汉 3 种文字寺名,由理藩院拨巨款修建。后因损毁严重,于咸丰年间(1851—1861 年)重建于前郭县王府镇阿拉街屯中,故俗称"阿拉街庙",北距哈玛尔屯 3 公里,东距松花江约 5 公里。此寺为郭尔罗斯前期的旗庙,规模较大,建筑面积约 7 万平方米。内有大经堂、佛殿、活佛斋院、执政喇

① 参见陈相伟、李殿福主编:《扶余县文物志》,1984 年内部资料,第 43—44 页。

② 参见吉林省文物志编委会编:《前郭尔罗斯蒙古族自治县文物志》,1983 年内部资料,第 49 页。

③ 参见《扶余县文物志》,1984 年内部资料,第 135—143 页。

④ 均为藏传佛教寺庙,见《前郭尔罗斯蒙古族自治县文物志》,1983 年内部资料,第 166—167 页。

⑤ 参见《乾安县文物志》,1986 年内部资料,第 151 页。

⑥ 参见《长岭县文物志》,1987 年内部资料,第 299—302 页。

嘛斋院、大喇嘛斋院等建筑,其中大经堂位于该寺正中,为一栋 3 层高的汉藏结合式建筑,第一、二层为 81 间藏式平顶建筑(佛堂),第三层为汉式大屋顶建筑(大佛殿),高达 15 米。整个寺庙雕梁画栋,金碧辉煌,气势雄伟,具有浓厚的民族风格。此寺于新中国成立初期被全部拆除。①

2.德寿寺。

又称"黑帝庙",位于前郭县乌兰敖都乡北约 7 公里的黑帝庙屯中心。此寺建于清光绪三十三年(1907 年),由光绪帝赐名。寺庙由前殿、中殿、后殿、禅堂、钟楼、里外院等所组成。布局严整,错落有序,是前郭县西部的最大寺庙。德寿寺的前、中两殿均为 15 平方米,为硬山式砖瓦建筑。前殿有前后两门,后门为券门。中殿前有 3 个门,中间大、两侧小,后有一大门。后殿约 22 平方米,建筑为平顶重殿结构,前有一门。在后殿正中供奉着一骑骡子女天神像,像前有 5 层纱幛遮盖。两侧分立大小佛像近 1000 个,衬托出女天神的尊严与气魄。四壁还挂着 24 仙图画,有上、中、下八仙,分别骑着牛、马、羊、龙、凤、象等禽兽,神态各异,栩栩如生。整个庙宇给人以雄伟壮观、神秘莫测的感觉。寺里数中殿最为壮观,正面前檐为 18 根明柱承托,每根柱上有三铺坐斗拱叩接,拱以子拱、斗以户斗为中心,有散斗 6 个。除柱头斗拱外,还有补间三铺坐斗拱 6 座,阑枋与斗拱之间皆加装饰,精巧细美,浑厚古朴,显示了松原地区劳动人民的伟大智慧和高超技艺。该寺中、后殿于新中国成立前已遭破坏,前殿于 1965 年春被拆除。

3.广庆寺。

位于前郭县东三家子乡小庙子屯,又名"小庙子"。建于清乾隆二十五年(1760 年),乾隆敕令赏赐满、蒙、藏、汉 4 种文字寺名。广庆寺由 3 间门楼、40 间正殿、前后殿组成。正殿为 3 层楼房,第一层为喇嘛诵经的经堂,有 4 根通天柱直通二楼顶,柱上雕龙刻凤,气势宏伟。第二层和第三层为供佛像的佛堂。里面供有如来、弥勒、关公等神像,多为铜铸或泥塑,也有纸画和布画。在广庆寺二层楼上还专门设有钟楼房,两侧有木梯可供上下。寺院为青砖围墙,东西各有一角门。寺里曾有喇嘛 100 余人,每年 6 月 15 日为庙会,这一天人

---

① 参见阿汝汗主编:《松原文化述略》,时代文艺出版社 2009 年版,第 222 页,以下各寺庙均有所参考,恕不一一注出。

山人海,连 100 余里以外的群众也远道而来,香火兴旺,盛极一时。门楼和后殿新中国成立初即被拆毁,正殿于 1965 年被拆除。

4.妙因寺和福兴寺。

在前郭县新丰乡庙上屯原有两座寺庙,一寺名为"妙因寺";一寺名为"福兴寺"。两寺相距约 25 米。妙因寺在福兴寺的西侧。妙因取自佛家"绝妙之行因,菩萨之大行也"。佛经云:"妙因斯满,极果顿圆",这是菩萨修行的最高果位。妙因寺建成于清乾隆二十年(1755 年),是郭尔罗斯前旗"沙卜隆"云丹扎木苏活佛为祝贺乾隆皇帝寿辰而建。当时报请清朝理藩院,得到赏赐满、蒙、藏、汉 4 种文字的匾额——妙因寺。后几经修建,到清朝末年福兴寺因年久失修迁来之后,这里形成有佛堂、经堂、活佛斋院、北仓、东仓、西仓等建筑群体,共计房屋 500 余间。佛堂和经堂都是 81 间的大殿,共 3 层。妙因寺为平顶,是一座青砖垒砌的平顶 3 层楼,属藏式建筑,两根通天柱直立,雕梁画栋,气势宏伟。中间有一处直通三楼的"天井"。一层楼为供佛殿,供奉着各种铜铸和泥塑的佛像,最大高约 1.6 米。楼上藏有经书。门外两旁还分立着两匹泥塑马,一红一黄,为妙因寺喇嘛所用;曾有嘛喇 80 余人。福兴寺为大屋顶,是汉藏结合式建筑,为青砖垒砌、起脊,规模较小,为福兴寺喇嘛所用。两殿各为一院相隔,院外有高墙相围,前有山门殿,门前有红、黄两匹泥塑骏马,殿内供有关帝伽蓝大护法,左关平,右周仓,威严而立。活佛斋院在佛堂经堂的后院,是一座两层平顶小楼,内有小佛堂和活佛起居室,二楼藏经。北仓为总管喇嘛,负责活佛斋院和全寺经济管理,收地租、收布施,管理寺庙佃户、车马、畜群以及两寺支出等。西仓、东仓则由二寺"扎甫"大喇嘛住持,分别主持妙因寺、福兴寺的宗教活动、法会,负责喇嘛日常管理等事宜。西仓、东仓里面也供有铜佛和泥佛。1966 年两寺全部被拆毁。

2000 年,经吉林省政府批准,妙因寺得以重建。重建的妙因寺坐落在美丽的查干湖畔,依山傍水,柳绿成荫;寺庙周围山光湖影,绿草如茵;湖岸边苇蒲摇荡,荷香鸟语;寺内钟声荡漾,香烟缭绕,好一派佛家胜境。

松原地区多种多样的建筑类型是其技术、艺术与文化的完美结合,它随着文化的发展而发展,忠实地记录着松原文化的历史变迁,凝聚着松原各民族的智慧、才能和创造力,真实地反映了该地区居民长期以来的生活方式、价值观和审美观。例如,松原地区的民居和东北其他地区一样,讲究实用性、耐久性和美观性,不仅适应了这里寒冷的气候特点,而且也反映出这里的朴实民风和地方文化特色。又如,松原地区的佛教建筑是随着佛教的传入而逐步发展起来的,而众多藏传佛教建筑在该地区的兴建,则更是说明了藏传佛教文化在该地区的深刻影响。

第二节 交　通

在人类历史的长河中,松原地区的道路、驿站、桥梁及交通工具经历了从无到有、从落后到繁荣的发展过程。新中国成立后,经过 60 多年的建设,特别是改革开放以来的发展,松原地区的道路、桥梁及交通工具都发生了翻天覆地的变化,对文化的发展也产生了较大的影响。

一、道路与驿站

夏商之前的原始社会,松原地区的道路是居住在这里的居民为满足渔猎活动需要,经过长年累月地往返踩压而形成的。到了汉魏时期,随着中原王朝在东北地区统治范围的扩大,人们开辟了多条通往东北腹地的道路,其中北行干线出玄菟郡(东汉时期的郡治在今辽宁省抚顺市)至弱水(今东流段松花江及其下游)地区的夫余国境内,于是,松原地区有了真正意义上的交通。两晋南北朝时期,松原地区被勿吉人占据,这里逐步形成了经和龙(今辽宁省朝阳市)通往中原内地的朝贡道。唐朝时期,随着渤海国的建立和发展,东北地区的交通得到进一步改善,其中的"扶余——契丹道"经过松原地区,是这里与外界联系的主要通道。

辽朝时期,随着松原地区战略地位的提升,其交通也得到了较快的发展。在辽朝境内,以上京临潢府(今内蒙古自治区巴林左旗林东镇波罗城)为中心,形成了许多交通线。在这些交通线中,以今松原地区为终点或经过今松原境内的有以下几条:一是春捺钵路线。大体上是从上京临潢府出发,沿狼河(今乌吉尔木伦河)东行至今阿鲁科尔沁旗和乌力吉木仁,再北上至今扎鲁特旗,科尔沁右翼中旗、双城子古城(今内蒙古自治区突泉县境内),然后转向东行至今洮南市,沿挞鲁河继续东行 20 里到达泰州,再沿洮儿河到达鸭子河泺,最后到达长春州。有时,辽帝的春捺钵活动还要继续前行至宁江州附近进行。① 每年辽帝自上京临潢府起程,最后到达长春州时,走完全程大约需要60天左右。二是辽初晋帝北迁路线。即辽灭后晋后,将晋国国主石重贵押往黄龙府所走的交通线。该路线自幽州出发,往东经平州(今河北省卢龙县)、榆关(今河北省抚宁县榆关镇)、锦州(今辽宁省锦州市)、海北州(今辽宁省义县)、东丹王陵(显陵,今辽宁省北镇县)到达辽水(今辽河)边,渡河后抵达铁州(今辽宁省大石桥市汤池堡),再北行经南海府即海州南海军②(今辽宁省海城市)、鹤野县(今辽宁省鞍山市南驿堡古城)、东京辽阳府、沈州、兴州(今辽宁省沈阳市北懿路镇)、银州(今辽宁省铁岭市)、同州(今辽宁省中固县)、咸州(今辽宁省开原老城)到韩州后进入今吉林省境内,再经信州,最终抵达黄龙府。③ 这条交通线也就是辽金元时期一直沿用的古道开原北陆路。三是鹰路。即辽上京至生女真五国部的交通线。因为辽统治者主要是通过这条路线向女真人强行索取海东青(一种小型的、善于捕猎的鹰)的,所以当时的人们称这条路线为“鹰路”。该交通线的起点也是上京临潢府,有西路和南路两条路线。西路从上京临潢府至长春州和宁江州一段与辽帝春捺钵的路线重合,然后自宁江州起,沿松花江顺流而下,直抵黑龙江下游的五国部头城。南路自上京临潢府出发后东行,经阿鲁科尔沁旗、开鲁到通辽,再沿西辽河东行至信州,然后北行至黄龙府,自此再往东至涞州,向东越过今张广才岭到达渤海国故都忽汗城,再由忽汗城北上直抵五国部头城。上述所经路线实际上就是渤海国时期的扶余——契丹道和黑水靺鞨道。④

　　金朝时期与松原地区相关的是上京会宁府至燕京的交通线。该交通线也分南路和西路两条。南路出发后先抵达济州(辽黄龙府),再沿辽初晋帝北迁时的路线直达燕京。这条路线也是宋朝、金朝使者及商人往来于中原内地和东北地区的主要交通线。西路出发后先到新泰州(辽长春州,今前郭县塔虎城),再沿辽帝春捺钵时的路线抵达临潢府,再由临潢府南下至燕京。其具体路线是:自上京会宁府出发后,经新泰州、今大安市与洮南市之间的二龙山古

---

① 参见王绵厚、李健才:《东北古代交通》,沈阳出版社1990年版,第180页。

② 此处的“南海府”是《五代史》中所记载的地名,实际上应是“南海军”之误。

③ 参见王绵厚、李健才:《东北古代交通》,沈阳出版社1990年版,第206—211页。

④ 参见王绵厚、李健才:《东北古代交通》,沈阳出版社1990年版,第213—214页。

城、金善屯古城、新荒古城和古城屯古城进入泰州(即辽泰州,又称旧泰州,今
吉林省洮南市城四家子古城),然后西行至今内蒙古自治区突泉县双城子、科
尔沁右翼中旗吐列毛杜古城、今扎鲁特旗到达临潢府,再由临潢府南下经松山
县(今内蒙古自治区赤峰市城子乡城子屯古城)、北京路大定府(即辽中京,今
内蒙古自治区宁城县大明城)、富裕馆(今宁城县甸子乡黑城屯古城)、今河北
省平泉县,最后抵达燕京。① 值得注意的是,在上述交通线中,无论是南路还
是西路,金朝都是继承了辽朝的交通线,并在此基础上对驿站等设施进行了修
复,还在沿途各州设立了接待使臣的馆驿,驻有接伴、馆伴、送伴、省客使等专
门的接待服务人员。由此可见,金朝时期的交通线与辽朝时期相比又有了新
的发展。

元代经过松原地区的交通线起点是元大都(今北京市),经大宁(今内蒙
古自治区宁城西大明城)到达西祥州(今吉林省农安县万金塔古城),以西祥
州为中转站,往正北行,经斡母(今吉林省松原市宁江区境内)到肇州(今黑龙
江省肇东县八里城),再西行到塔鲁(今吉林省前郭县塔虎城)、泰州(今吉林
省洮南市城四家子古城),最后由泰州向正北行直抵吉荅(今黑龙江省齐齐哈
尔市)。② 元代不但建立了发达的交通线,而且还以大都为中心,在全国各地
设立了星罗棋布的驿站(即站赤),形成了驿站(站赤)管理制度。元代驿站
(站赤)因其交通线所经过地方和使用交通工具的不同,分别称为陆站、水站、
牛站、马站或狗站,每站平均距离在30—50公里之间。

明清两代,随着松花江航运的兴起和发展,松原地区的驿路和驿站都得到
了完善和加强。

明代经由或接近这里的驿路有两条:一条是"海西西陆路",由肇州(今黑
龙江省肇东县八里城)出发,经龙头山、哈剌场、洮儿河(今址均待考)、台州
(今吉林省洮南城四家子古城)、尚山、札里麻、寒寒寨(今址均待考)、哈塔山
(今吉林省洮南市岭下乡小城子古城)等驿站,抵达兀良河(今内蒙古自治区
呼伦贝尔盟乌兰浩特市乌兰哈达乡前公主岭古城)。③ 由于肇州地近扶余(今
松原市宁江区),所以无论是水路还是陆路交通运输都需得到扶余的水力、物

---

① 参见王绵厚、李健才:《东北古代交通》,沈阳出版社1990年版,第220页。
② 参见王绵厚、李健才:《东北古代交通》,沈阳出版社1990年版,第259页。
③ 参见王绵厚、李健才:《东北古代交通》,沈阳出版社1990年版,第289页。

力和人力的支援。① 另一条是"海西东水陆路",是沿松花江直抵奴尔干城(今俄罗斯境内特林地方)这是明王朝苦心经营的一条具有军事意义的重要交通线。

　　清代,除保留了古道开原北陆路交通线之外,还于康熙二十四年(1685年)开辟了一条从吉林市经由伯都讷(今松原市伯都乡)到黑龙江城(今黑龙江省黑河市爱辉区南 35 公里古城)驿路。从吉林市至伯都讷段全长 270 公里,沿途设有 10 个驿站,其中在今松原境内的有陶赖昭站(今北陶)——22.5 公里至逊扎布站(今五家)——17.5 公里至蒿子站(即浩色站,今新站)——30 公里至社哩站(今社里)——35 公里至伯都讷站(今松原市伯都乡)——20 公里至三叉河站(今松原境内嫩江与松花江汇流处)等 6 处驿站。② 这些驿站均隶属于北路驿站,清朝设监督 1 人、总站官 1 人、办事笔帖式 1 人、领催委官 1 人来分别管理这些驿站。③ 这是一条贯通东北北部的交通干线,也是连接瑷珲(今黑龙江省黑河市)、吉林(今吉林省吉林市)和盛京(今辽宁省沈阳市)的交通大动脉。此外,还有一条法库(今辽宁省法库县)至伯都讷(今松原市伯都乡)的交通线,到清朝末期,该线已成为沟通辽吉黑三省的重要通道之一。

　　明清时期,松原地区的陆路交通原本并不是很发达,例如,前郭尔罗斯旗只有一条民间土道通往境外。但由于清末实行开禁政策后,松原地区兴起了许多集镇,所以公路交通也随之得到了发展。例如,由扶余县城(今宁江区)至三岔河(今扶余县)、陶赖昭之间逐渐形成了 3 条公路:一是扶三中线,即从扶余出发,经三井子、弓棚子到三岔河,全长 103 公里;二是扶三北线,即从扶余出发,经三义、长春岭、大林子、弓棚子到三岔河,全长 123 公里;三是原驿站路线(今称扶陶线、南线),即从扶余出发,经社里、增盛、新站、五家站到陶赖昭,全长 114 公里。

　　清朝末年,随着时代的发展与进步,上述驿路中有些路段逐渐失去其以往的价值和作用。如浩色(即蒿子站)及陶赖昭站旧址即被改为校舍,其余各站

<hr />

① 参见陈相伟、李殿福主编:《扶余县文物志》,1984 年内部资料,第 68 页。
② 参见耿云生主编:《扶余县志》,吉林人民出版社 1993 年版,第 286 页。
③ 参见徐洁、张志强:《清代东北邮驿史》,中央广播电视大学出版社 2008 年版,第 35 页。

的房产地亩,均经丈放民户承领。① 而且由于出现了现代交通工具,有的驿路逐渐演变为现代公路,有些驿路则被废弃。由于电报等近代新技术的出现,有许多驿站都被改为文报局或文报站。中华民国三年(1914年)以后,这些文报局、站又被现代邮电局所代替。

中华民国时期,松原地区的公路交通有了一定发展,但发展并不平衡。扶余县城(今宁江区)在上述3条干线公路的基础上,陆续开辟了13条"警备路",其中本地区内有扶余至陶赖昭、三岔河、长春岭、弓棚子等9条,通往外县或外省的有扶余至肇州、三岔河至榆树、陶赖昭至榆树、长春岭至双城等4条。前郭尔罗斯全旗形成了3条公路:一条是亲王府经塔虎城至大赉城(今吉林省大安县),全长114公里;另一条是亲王府至农安县城,全长61公里;还有一条是亲王府至伏龙泉,全长84公里。但这些公路均为宽窄不均的民间土路。至于长岭县则更落后,所有道路都是由人踩、马踏、车碾而成的。

东北沦陷时期,日本侵略者将扶余县城(今宁江区)的13条"警备路"扩建、加宽、取直、铺平,总长度达到435.4公里。1939年1月起,陆续开辟了后瓦房(今黑龙江省肇源县境内)至扶余、前郭至扶余等7条营业公路线,全长325公里。② 1944年,又在前郭境内修建了6条"警备路",但均为土路。③

新中国成立后至"文化大革命"结束,松原市的交通经历了一个曲折的发展过程。改革开放以来,特别是进入21世纪之后,公路、铁路和水路航运等方面的建设都有了突飞猛进的发展。公路方面:全市现有公路总里程11,085.8公里。其中,国道356.4公里,省道543.1公里,县道1,202.9公里,乡级公路2,853.8公里;专用公路206.9公里。其中过境国家级公路有G102线、G203线、G302线和同三高速公路。全市公路网密度为49.9公里/百平方公里。各级公路共有桥梁371座,19,198.5延长米。全市乡镇已全部实现晴雨通车。铁路方面:松原市辖区有京哈、平齐、长白、通让、大齐、长榆铁路在境内通过,境内营运总里程320公里。并拥有4个国家二等站:松原站(原前郭站)、太平川站、陶赖昭站和扶余站(原三岔河站),1个国家三等站:即乾安站,28个

---

① 参见陈相伟、李殿福主编:《扶余县文物志》,1984年内部资料,第73页。
② 参见耿云生主编:《扶余县志》,吉林人民出版社1993年版,第286页。
③ 参见苏博主编:《前郭尔罗斯蒙古族自治县志》,辽宁民族出版社1993年版,第378页。

四等、五等站。2007 年 7 月 2 日,又开通了松原至北京的直通旅客列车。内河航运:松原市主要通航河流有松花江、嫩江。现共有码头和渡口 13 处,通航里程 420 公里,年货物吞吐量 15 万吨。从松原沿松花江逆行可直溯吉林市,从松原至三岔河口沿嫩江逆行可直达齐齐哈尔;沿松花江航道顺行,可直达哈尔滨、佳木斯各港;经黑龙江入海,可直达俄罗斯的一些港口城市。目前,全市有内河营运机动船 189 艘,其中客船 80 艘,货船 96 艘,货驳船 13 艘。①

从松原地区古代驿路和驿站的发展历程来看,各个时期的发展并不平衡,其中辽金时期发展较快,而明清时期的水路驿站则发展得更加完善,成为吉林省境内交通的重要组成部分。在近现代历史上,民国时期的松原地区道路没有明显的改善。新中国成立直至“文化大革命”结束,松原地区道路的发展仍然比较缓慢。1978 年改革开放以来,特别是进入 21 世纪后,松原地区的道路建设才发生了翻天覆地的变化,得到了全面的发展。

二、桥梁与交通工具

(一)桥梁

桥梁是交通线上的重要基础设施。由于考古资料的缺乏,我们难以了解清代以前松原地区的桥梁建设情况,只知道现存最早的一座永久性石桥应为建成于 1921 年的万善石桥(位于今松原市宁江区石桥乡境内,参见图 10-2)。

此桥为三孔拱式,桥身由花岗岩石条砌成,全长 40.1 米,宽4.1 米,高 7.7 米,三个桥孔设计适度,既能减轻桥身重量,节

图 10-2　万善石桥②

① 参见阿汝汗主编:《松原文化述略》,时代文艺出版社 2009 年版,第 41—44 页。

② 万善石桥图片选自耿云生主编:《扶余县志》,吉林人民出版社 1993 年版,第 691 页。

省材料,又能分洪缓流,有助于桥身的巩固,桥墩呈船形,迎水面凿成分水尖,可抗御洪水,保护桥墩。① 万善石桥是吉林省境内唯一的一座民国时期的桥梁建筑,历经 90 年的雨雪风霜仍屹立在松原大地,它凝结着劳动人民的聪明智慧,至今仍然在为子孙后代造福。由于具有较高的历史、艺术和科学价值,所以 1978 年改革开放后,扶余县人民政府对该桥加强了保护并进行了修复,使之旧貌换新颜,并于 1985 年 8 月 14 日将该桥列为县级文物保护单位。② 此外,1949 年以前,松原市宁江区境内还有木桥 13 座,涵洞 6 处;1943 年至 1945 年,前郭县共修建大小木质桥 75 座,但不少已年久失修或损坏。

新中国成立后,松原地区不但对旧有桥梁进行了维修,而且结合水利工程开发还新建了一些桥梁。扶余县城(今宁江区)至 1987 年已先后修建了包括"前扶松花江大桥"(1973 年建成,又称松原松花江大桥)在内的公路桥梁 32 座,总长度达到 2213.8 延长米。③

前郭县于 1950 年至 1956 年间共建成 14 座木质桥,但因造型陈旧,承荷力低,所以于 1971 起全部改建为钢筋水泥的永久式桥梁,至 1985 年改建新建桥梁共计 49 座,总长度达到 1431.5 延长米。④ 而 1986 年至 2000 年间又新修桥梁 14 座,使桥梁总数达到 63 座,长度达到 2601.6 延长米,涵洞数量多达 189 孔。⑤ 长岭县自 1966 年至 1985 年共修建 36 座永久性公路桥,总计长度为 787.03 延长米。⑥ 乾安县于 1950 年至 1967 年间共建成 20 座木质桥。1967 年至 1985 年共建成水泥公路桥 12 座,总计长度为 214.8 延长米,建成公路涵洞 18 孔。⑦ 1986 年至 2000 年间,乾安县新修建公路桥梁 6 座,建成公路涵洞 60 孔。⑧

进入 21 世纪以来,松原地区的桥梁建设有了飞跃发展,修建了现代化的

---

① 参见耿云生主编:《扶余县志》,吉林人民出版社 1993 年版,第 291 页。
② 参见王国学、郑新城编著:《伯都讷文物古迹》,时代文艺出版社 2004 年版,第 113 页。
③ 参见耿云生主编:《扶余县志》,吉林人民出版社 1993 年版,第 288 页。
④ 参见苏博主编:《前郭尔罗斯蒙古族自治县志》,辽宁民族出版社 1993 年版,第 382 页。
⑤ 参见呼和少布主编:《前郭尔罗斯蒙古族自治县志》(1986—2000),吉林文史出版社 2006 年版,第 390 页。
⑥ 参见苏国清主编:《长岭县志》,中华书局 1993 年版,第 423 页。
⑦ 参见徐万江主编:《乾安县志》,吉林人民出版社 1999 年版,第 297 页。
⑧ 参见张兴贵主编:《乾安县志》(1986—2000),吉林人民出版社 2008 年版,第 169 页。

松原大桥和世纪彩虹公铁立交桥。

松原大桥是吉林省"十一五"期间重点工程,也是松原建市以来最大的市政工程。松原大桥是东北境内最长的大桥,全长4176米,其中桥梁长2546米,两岸接线长1630米,桥宽27.5米,双向6车道,设计时速40公里,通航等级Ⅳ级,是一座分离式独塔斜拉桥。大桥于2006年9月正式开工建设,2009年8月31日合拢,2009年11月27日正式竣工通车,共完成投资7.4亿元,有效地缓解了现有的"前扶松花江大桥"的交通压力,加快了松原市区江南、江北一体化的发展进程。

松原世纪彩虹公铁立交桥由中铁十八局五处承建。该桥全长820米,宽30.5米,总投资5600万元,主跨为65+85+65米三跨中承式钢管拱桥,地处黑龙江明水至沈阳公路的咽喉地段,跨越长(春)白(城)铁路、建华公路,它的建成有效地缓解了吉、黑、内蒙三省区交界处的交通阻塞状况。

(二)交通工具

交通工具与人们出行密切相关,也是与交通的发展相辅相成的。由于汉魏以前的松原地区交通发展缓慢,交通工具也极为缺乏,所以大部分平民出行都要靠步行,交通很不方便。自汉魏时期起至辽金元时期,随着交通线的开辟,人们也开始使用车马等交通工具。据考古调查,在前郭县塔虎城遗址就曾出土了辽金时期的铁车瓦[1],说明契丹人已经开始使用木轮上嵌着铁瓦的车辆。当时的"勒勒车"是蒙古族人出行时的主要交通工具,"勒勒车"又名大轱辘车、罗罗车、牛牛车,"勒勒"原是牧民吆喝牲口的声音。"勒勒车"因常以牛拉动,所以也称"蒙古族式牛车",其特点是车身小,双轮大,其原因是由于牧区冬天雪深过膝,夏季草原草深、沼泽地多,而轻便灵活、车轮较大的"勒勒车",无论是牧草繁茂的草场,积雪深厚的雪野,还是泥泞的沼泽或者崎岖的坡道,都能够顺利通行,因此被牧民誉为草上飞。"勒勒车"实际上是牧民流动的家,平时被用来拉水运柴,迁居时则用来装载毡包及其他生活用具。如果在车上罩上蓬,可作为临时住所。正所谓"行则车为室,止则毡为庐"。

明清时期,骑马或乘坐木制畜力马车是当时富家贵族主要的出行方式,此

---

① 参见吉林省文物志编委会编:《前郭尔罗斯蒙古族自治县文物志》,1983年内部资料,第194页。

外,冬季里使用爬犁也是人们选择的出行方式之一。到了清末民初,扶余县城(今宁江区)内出现了少量的四轮马车用于客运,这种马车主体结构为铁制,前轮小后轮大,可乘坐 2 人,御者居前。当时能够乘坐这种马车的人均为达官显贵,普通百姓仍以步行为主。1917 年,"飞龙长途汽车行"成立,汽车作为长途客运工具在扶余县城首次出现,20 世纪 20—30 年代,又有 3 家汽车行开始从事长途客运业务,但是,当时的汽车客运不但车少乘客少,而且路况差,车速慢。即使是这样,到了日伪统治时期,"满铁"成立了汽车公司,排挤这些民营汽车行,致使它们相继倒闭。20 世纪 30 年代,有人从国外进口了少量自行车(当地人称其为"洋车子")作为代步工具。1935 年 10 月,京(长春)白(白城)铁路竣工通车,火车开始成为沿线人们出行的交通工具。

新中国成立之初,当地交通很落后,汽车很少,木轮大车、花轱辘车则成为松原地区的主要交通工具。如 1950 年时,乾安县只有两辆客运公共汽车,50 个座位。20 世纪 50—60 年代,出现了充气胶轮大车(又称胶皮车),在以货运为主的同时,也开始作为人们的代步工具。这一时期,一般居民出远门多乘坐长途汽车,但因客车较少,所以在一些偏远线路上,甚至还要使用"解放牌"敞篷汽车。

20 世纪 70 年代初,松原地区的自行车数量猛增,一度成为人们主要的代步工具。截至 1985 年,仅乾安县一地就拥有自行车 6715 辆,农村平均每 3—4 人就有 1 辆,城镇则达到每 2 人 1 辆,人均占有量居全省诸县之首。[1] 1978 年改革开放以来,随着地方经济的全面发展,公路建设和交通事业也得到了相应的发展,长途汽车客运事业日渐发达,扶余县地方客运量到 1987 年已达 4260 万人次,比 1972 年时的 60 万人次增长了 70 倍。[2] 目前,松原境内有过境国家级公路 G102 线、G203 线、G302 线和同三高速公路;有过境省级公路 S106 线、S207 线、S301 线;还有县级公路 22 条。人们的出行因此而方便快捷多了。

铁路交通工具。松原境内现有京哈、平齐、长白、通让、大齐、长榆铁路通过;近期在松原市陆续修建松陶铁路支线、松乾铁路支线,将京哈、长白、通让铁路连接起来。这样一来,就形成了四通八达的铁路交通网。而且自 2007 年

---

① 参见徐万江主编:《乾安县志》,吉林人民出版社 1999 年版,第 698 页。

② 参见王兆全编著:《伯都讷风俗民情》,时代文艺出版社 2004 年版,第 21 页。

7月2日起还开通了松原至北京的直通旅客列车。① 通过列车提速和调整铁路运行图,过境列车的等级不断提高,从而极大地方便了人们的铁路出行。

水路交通工具。松原境内有松花江和拉林河,内河航道长达518公里,过境江河每年航期在210天左右。自古以来,人们就依靠船舶往来渡江。新中国成立前,水运工具皆为木制船舶,多数为货运船只,客运代步的多为人力小船,在江河之间横渡摆渡。沿江客运则只有木帆船,上行至吉林市,下行至哈尔滨市,或转入嫩江后上行至齐齐哈尔等地。1915年,扶余商会曾购置两艘机动船,运行于扶余——吉林和扶余——哈尔滨之间,以客运为主,兼营少量货运业务,但到20世纪30年代便停运了。

20世纪50年代初新中国成立后不久,有关部门购置了横渡机动船(俗称"汽船")往来于扶余——前郭码头之间,以客运为主,直至1973年"前扶松花江大桥"建成后停渡。1961年至1962年,曾开辟了扶余——陶赖昭客运航线,全长141公里,两天一个航次,出行旅客一般在10人至15人之间。遇到阴雨天,乘客人数因公路泥泞陆路停运而增多。1963年该航线停航。②

松原地区的桥梁建设和交通工具的演变发展,适应了经济社会的发展水平,适应了人们生产生活的需要,适应了当地的气候特点和地理环境,也反映出松原人民的聪明才智,折射出人类文明的进步和社会的发展变化。

三、交通与松原地区文化发展

古代松原地区交通的发展具有重大意义。

辽金时期松原地区交通的快速发展,对这里政治、经济与文化的影响是非常明显的。如辽代的春捺钵路线是连接辽朝统治中心和东北边疆女真等少数民族地区的重要通道。辽朝末年,女真人在反辽战争中,就是先攻下长春州后,再沿着这条春捺钵路线进攻上京临潢府的。又如辽初晋帝北迁路线是连接中原内地与东北边疆的辽东以及今吉林省西部地区的交通要道,它的开辟无疑加强了辽朝的南京析津府与东北地区生女真和熟女真诸部的联系,有利于辽朝加强对东北地区少数民族的统治,也有利于民族融合和文化交流。再

---

① 参见阿汝汗主编:《松原文化述略》,时代文艺出版社2009年版,第20页。
② 参见王兆全编著:《伯都讷风俗民情》,时代文艺出版社2004年版,第22页。

如鹰路是辽朝和生女真诸部联系的重要交通线。辽朝正是通过这条路线来加强对女真人控制的。辽朝中后期,辽朝的"银牌使者"等使臣也是通过这条交通线,向女真人索取海东青、强行搜刮女真人的财物、凌辱女真族妇女,最终导致"诸部怨叛,潜结阿骨打,至是举兵谋叛"①。

元明清历代途经松原地区的驿路和驿站主要承担着传送文件,转运军需、贡品、赏赐,运送公差等项任务。尤其是在清代,这里的驿路和驿站发挥着重要的作用。在军事上,当年一些重要情报是通过这里的驿路和驿站传送的,生活物资和武器的补给(如中俄雅克萨战役所使用的"神威无敌大将军"巨炮以及军粮等等),也是通过这里的驿路和驿站运往前线的。在政治上,驿站方便了官员的往来,政令也更加畅通。在经济上,清朝在这些驿站储备银、粮,以备不时之需。如伯都讷常年备有:库贮备用银两 10,000 两,官差支借银两 3300 两,牛具银两 4000 两,恩赏银两 1300 两;公仓额存粮 25,000 石,义仓额存粮 10,000 石。② 在宁江区四马架乡嘎尔奇清代遗址以及班德古城遗址中发现的粮窖和粮仓,也可能是这一时期用来存储粮食的。③ 通过驿站交通,本地与外地的商贾出行更加便利,促进了松原乃至东北地区与中原内地的贸易往来,这里的土特产通过这条交通线源源不断地运进关内,而内地先进的生产工具和生活用品也大量流入松原乃至东北地区。尤其是在文化上,中原内地先进的生产工具和生活用品源源不断地输送到松原地区,两地各族人民的风俗习惯也得以融合,物质文化和精神文化通过交通线传入松原地区,对这里的文化交流和发展起了很好的推动作用。

近现代松原地区交通发展对该地区的全面进步特别是文化发展起到了更加重要的作用。

由于公路、铁路和水路交通的不断发展,人们在出行方式上有了更多的选择余地。四通八达的交通线,不但给松原地区带来了先进的生产技术和建筑技术,使得该地区的道路和桥梁建设逐步迈向现代化,而且还改变了人们在出行方面的思想观念。

---

① (宋)叶隆礼撰:《契丹国志》卷 10《天祚皇帝纪》,上海古籍出版社 1985 年版。

② 参见(清)萨英额等撰,史吉祥等点校:《吉林外纪》,吉林文史出版社 1986 年版,第 67—68 页。

③ 参见王国学、郑新城编著:《伯都讷文物古迹》,时代文艺出版社 2004 年版,第 111 页。

四通八达的公路、铁路交通网络,是松原与世界连接的桥梁,也是松原文化与其他地域文化交流的纽带。得天独厚的资源优势和交通区位优势,是松原文化产生并得以发展繁荣的保障。① 松原地区有着悠久的历史和丰富多彩的传统文化资源,如查干湖冬捕、马头琴、满族新城戏等等。松原人民通过日益发达的交通线,把自己家乡的传统文化介绍给全国乃至世界各国人民,又通过这些交通线,吸引各地的人们来到美丽的查干湖畔,领略松原文化的神奇与魅力。

---

① 参见阿汝汗主编:《松原文化述略》,时代文艺出版社 2009 年版,第20页。

第十一章　文学与艺术

　　松原的文学艺术发端于古扶余文化和伯都讷文化，早期以歌舞艺术闻名于世，并远播日本等国家。由于具有边疆和多民族的特点，表现在艺术形式上也是多元文化互相融合并存。语言文学艺术多以口口相传的形式存在于民间，在当代被广泛挖掘传承，形成当代文学艺术繁荣和发展明晰的历史轨迹。其历史久远的民间传说、民间故事、秘史和独特的民族乐器、民间艺术样式，经过时代的沉淀，在当代以非物质文化遗产的形式发扬光大。其中以苏赫巴鲁先生为代表的松原蒙古族文学艺术成就，跨越了历史和国界，为世界民族文学艺术的交流和发展作出了贡献。

第一节　文学艺术的形成与发展

　　地域的多样性成就了松原这个多民族聚居之地，在此积淀了悠久历史和优秀文化传统。无论是秽貊族系的夫余族、高句丽族，还是东胡族系的鲜卑族、契丹族、蒙古族、锡伯族，或者是肃慎族系的勿吉族、渤海族、女真族、满族，都流传有丰富的有关民族起源的神话、传说以及民间歌谣、英雄史诗等口头文学，同时也创造了不朽的文学、歌舞、绘画、建筑等方面的文化成果，充分表现了独立的民族文化。地域多样性的特点成就了松原文化的多民族包容并存、文化艺术样式多元化的特点，使之在文化艺术上形成独特的内容和形式，展现了非凡的魅力。

一、古代文学艺术的形成

（一）唐代之前的文学艺术

古代松原文化实际上由古扶余文化和伯都讷文化构成。唐代之前的松原文学艺术鲜见于文字记载。据考古资料显示，一直到渤海国时期，古代东北先人仍没有民族文字，均使用中原文字。从松原的考古和历史典籍中，可以推测到一些当时文学艺术概况。出土的主要艺术品是红石砬子遗址的陶器；流传下来的神话有远古时代满、蒙先人的创世神话《武当喇嘛创世》、《日月和昼夜》、《日食和月食》等。

由于东北历史文化经常性的在低起点上起始往复这一历史特性，唐代甚至直到元代之前，松原地区的文人文学和官办文化艺术鲜见于文字记载，然而这并不等同于这里没有文化艺术。相反，其艺术和文化从某种意义上说更具有独特性和生命力，比如这一时期流传最广泛、对海内外影响巨大并历史源远流长的民间歌舞艺术。古扶余国在历史上存在的时间，目前史学界公认为约创建于"西汉初年或更早一些"①，而其疆界之辽阔更不仅限于今天松原的地界，还包括辽宁省和黑龙江省的部分区域。那时这里的人们处于原始蒙昧时期，远不如中原发达，因此尚无自己的官方文字而主要使用汉字，隶属魏晋汉族政权。风俗上遵从中原汉家礼仪。夫余人喜歌舞善豪饮，与中原的歌舞艺术相比更富有自己的特色。据《三国志》记载：扶余国"行道、昼夜、老幼皆歌，通日声不绝"。随着历史不断地延伸，这片广袤的土地上的先民们越来越频繁往来于中原，到中原朝贡。尤其到了唐代渤海国时期，这里的农耕经济开始日渐发达，歌舞之风则有自己的地域文化特色。比较中原文化，这里的歌舞"有尚武的曲折，不足为怪也，此歌舞之形态，或者加入萨满教之仪式，而作奋武之容耶？"②可见当时歌舞的风格与今天的满蒙民间歌舞之雄健、清新、刚劲、威猛一脉相承。据渤海国史料记载，渤海国时期，不仅这里的"靺鞨"乐被传到日本；唐代的汉乐也通过这里传入日本，日本也是通过东北亚这条丝绸之路把日本的音乐传到了唐代的首都长安，这是东北亚丝绸之路文化交流重要

---

① 薛虹主编：《中国东北通史》，吉林文史出版社1991年版，第135页。
② 徐达音编著：《新城戏与八角鼓》，时代文艺出版社2004年版，第31页。

的内容之一。日本多忠龙著的《雅乐》认为,当时从渤海国传过去的"新靺鞨",现在仍被经常演奏和喜爱。直到今天,在日本宫廷音乐中演奏的很多传统曲目,仍有一部分是渤海国乐曲和唐代乐曲。

东北边疆地处偏远、孤寒绝塞。古代的先人在这里创造生活,比在中原要付出更多的勇悍、顽强,要更加坚韧不拔,在荆棘和严寒中筚路蓝缕,其苦寒难耐之烈,铸就了边民的剽悍豪迈、艰苦创业、开拓进取、乐观大度、淳朴豪爽的精神风貌。这种古朴、坚实、遒劲的文化特质与格调,不仅是松原,也是东北各民族共同的文化品格。而艺术反映的正是民族的精神品性,所以满蒙民族以及在这里长期居住的朝鲜族、汉族的歌舞艺术都深受感染,多被雄健、尚武、奔放、豪迈之气融贯其中,成为其艺术风格的主要底色和重要元素。

(二)辽金时期的文学艺术

辽金时期,松原地界的文学艺术见诸史料的微乎其微,文人诗作仅有北宋洪皓的诗词流传至今,洪皓的诗集《鄱阳集》和《鄱阳词》,记载了洪皓在金国流放期间的思想和情操。洪皓在其文集《松漠纪闻》中,用游记和散文的形式描述了当时伯都讷一带的风物人情,为后人研究那一时期的历史留下了鲜活的资料。

洪皓(1088—1155年),字光弼,鄱阳(今江西省乐平市峁山)洪源村人。生于北宋哲宗(赵煦)元祐三年,卒于南宋高宗(赵构)绍兴二十五年。徽宗(赵佶)政和五年(1115年)登进士第。初任宁海县主簿,宣和年间改任秀州司禄。靖康之变后,北宋亡。康王赵构建立南宋后,金兵再次南侵,朝野惶然。洪皓"位卑未敢忘忧国",数次上疏朝廷,对抵抗与议和问题提出积极建议。在爱国将领张浚等推荐下,建炎二年(1128年),洪皓连升五级,擢任徽猷阁待制,假礼部尚书,任大金通问使,奉诏出使金国。南宋朝廷的软弱无能,由派文弱书生洪皓出使也可见一斑。

金国劝洪皓降金,洪皓凛然回绝,遂被金流放冷山(今黑龙江省五常县一带)。冷山为金元帅右监军完颜希尹(即悟室)领地,距宁江州很近。辽金时期在今松原市宁江区设"宁江州",洪皓在《松漠纪闻》中数次提到宁江州。

洪皓在《松漠纪闻》中,以较多笔墨描写了宁江州一带的风土民情。如其中的"宁江州去冷山百七十里,地苦寒,多草木。如桃李之类,皆成园,至八月,则倒置地中,封土数尺,覆其枝干,季春出之。厚培其根,否则冻死。每春冰始泮,辽主必至其地,凿冰钓鱼,放弋为乐"①。根据该书注释,文中的"弋"
为风筝,也可见当时气候之寒冷、林木之繁茂;同时每年辽代统治者放弋垂钓
的情景更是跃然纸上。

洪皓的诗词约 1000 余首,在当时的金国流传甚广。其中有《鄱阳集》、
《鄱阳词》等集子流传至今,多抒发怀念故国、盼望南归之情和不忘使金的使
命之情怀。其中"冷落天涯今一纪,谁怜万里无家"、"断回肠,思故里"、"怕东
风,一夜吹"、"寒食无家泪满巾,清明无酒更愁人"等诗句,都是思念家乡故
国、期盼早日回归的生动描述。洪皓留下的诗句,除赠友人外,大多是思家念
母的,诗中景物,一派北方的苍凉、寒冷,风格具悲凉之美。

"由于洪皓囚居时间很长,他曾以桦皮为纸,亲书《四书》以作塾馆教材,
史称'桦叶四书。''桦叶四书'把中原儒家的忠君、节义、仁爱、孝悌等思想在
女真人中间传播,同时,他还将诗文创作、乐曲、绘画等文学艺术及节庆等风俗
习惯传播到东北地区。十五年后洪皓南归,也把女真人的思想文化带回来介
绍给宋朝人。"②

洪皓去世后,朝廷为洪皓追封谥号"忠宣",赠太师,封魏国公。洪氏家乡
为其立"洪忠宣公祠",祠中明柱联云:

身窜冷山,万死竟回苏武节;

魂依葛岭,千秋长傍鄂王坟。

1996 年,松原市宁江区成立"洪皓研究会",对洪皓一生的业绩、遗作开展
了系列研究,并取得初步成果。1999 年和 2008 年,松原市两次创作演出大型
古装满族新城戏《洪皓》,塑造和展示了洪皓的舞台形象,凡此种种,显示出历
史文化由古至今的发展脉络和传承轨迹。

辽金时期,在松原宁江州已开始使用女真语言文字。女真语言文字属通
古斯语族满语支。是清代满语的祖语。女真文字最初源于汉字和契丹文字的
变形取义或变形采音。但金建国之初并不用于公文,仍用契丹文或汉语。目
前流传的女真文字资料,有金石、墨迹和文献 3 大类。金石以扶余县得胜镇石
碑崴子村《大金得胜陀颂碑》著名,碑文概括了女真族杰出首领完颜阿骨打在

---

① 洪皓:《松漠纪闻》,吉林文史出版社 1986 年版,第 26 页。
② 阿汝汗主编:《松原文化述略》,时代文艺出版社 2009 年版,第 102 页。

得胜陀誓师反辽的故事,碑文与金史互为印证,不仅具有正史、补史的价值,记录了金朝开国的历史,更是女真书法遒劲、挺拔艺术风格的代表。后金初年,努尔哈赤废止女真文,创制满文,女真文字停止使用。

到辽金时期,松原民间文学已比较丰富,有历史传说、民间故事、民俗传说等。与伯都讷历史相关的传说众多,王维宪、王兆全先生已整理出《东明建扶余国的传说》、《朱蒙建高句丽国的传说》、《辽太祖病死扶余国的传说》、《阿骨打头鱼宴受辱决意反辽》、《希尹献策首战宁江州语出惊人》、《希尹用计以少胜多攻克宁江州》、《奇袭出河店阿骨打建金称帝》、《神明指点金太祖抛玉带退辽兵》、《洪皓寻访宁江州之战》等近20篇。此外在《吉林乡土志》、《吉林省民间文学集成·扶余民间故事卷》中,有一些民间故事和民间传说记载了辽金时期的人文历史与风土人情。

(三)元明清时期的文学艺术

渤海国灭之后,辽金两代宫廷中仍盛行渤海乐。到了元代,曲艺盛行,但元曲中音乐的很大一部分是当时的女真人乐曲,也就是渤海时期传承下来的歌舞遗风。其中"四国朝"、"鹧鸪舞"等被元代的杂剧吸收。据史料记载,元杂剧虽属戏剧,但由于采用了女真人载歌载舞的风格,实际上有歌舞剧的元素,这些与后来的松原新剧种诞生具有一定的历史渊源关系。

明清时期,松原文学最著名的诗篇是曾任都伯讷巡检的左宜留下的。左宜(1780—1856年),字子署,号谦甫,原籍安徽桐城。26岁时进京为钦天监天文生,又为翰林院、国史馆供事。道光四年(1824年)出任伯都纳巡检,先后曾3次出任伯都讷巡检,由于善诗文书法,留下来的诗作达500余篇,诗集有《兰园诗集》、《左宜诗集》、《云璈集》等。

与洪皓一样,左宜诗中也有怀念家乡的。"丽日晴光照吉城,冰缸花木已盈庭","微官随祝万年庆,旅馆无眠忆妹兄"。只不过洪皓为金人所困,思乡中有凄苦、感慨、望归心切之情,而左宜为朝廷效命,置身于丽日晴光和灿烂春灯之中思念亲人,自然轻松了许多。

元代诗词,思念家乡亲人的非常之多。动乱的年代,颠沛流离的生活,国破家安在?许多诗词没有了大唐和宋初的艳丽摇曳,也失去了李白式的豪放,更多的是坦露悲愤、壮怀之心,如岳飞、辛弃疾的词,远离家乡和祖国,有谁能不思念亲人呢?

元明清时期,松原地区的民歌、民谣、民间传说、历史故事、英雄史诗和乌力格尔、好来宝等民间文学艺术较以往有了很大的发展。英雄史诗有《阿勇干·散迪尔》《陶克陶胡之歌》等,叙事民歌有《龙梅》《韩梅香》《罗成与鹦哥》《阿尔龙嘎》《陶宁和》等等;此外蒙古族民间祝词、格言、谚语,蒙古族婚礼歌等艺术形式有极其鲜明的地域文学文化特色。

到清代末期,这里的曲艺戏曲艺术已非常发达。扶余八角鼓、满族太平鼓等形式盛行,为松原现代戏曲繁荣发展奠定了历史基础。

清末民国时期还产生了一批著名的民间艺人。他们用口口相传来传承民间文艺,用独特的好来宝、乌力格尔等形式演唱,内容是世世代代传承下来的民间传说和神话故事,为后人保留了一大批丰富的历史文化遗产。清末松原民间艺人还有绘画创作较闻名者。百森的山水花鸟和民间制作、王庆淮等的山水画在国内非常著名。

松原地区古代文学艺术与中原其他城市相比有很大的不同。这里的文学艺术具有多民族性、多元性和边疆地域特色。民间文学艺术繁盛,口口相传的原生态文学艺术成了这里文学艺术的主要形式,文人文学和传统中国文学艺术寂寥而荒凉,绿色文学却枝繁叶茂又摇曳多姿,这些为松原当代文学艺术的形成与发展积淀了丰厚的历史文化基础。

二、当代文学艺术的发展

由于古老的古夫余文化和伯都讷文化的传承和积淀,松原的文学艺术发展到当代,就像一颗耀眼的明珠镶嵌在松嫩平原上。活跃在前郭尔罗斯的文学艺术创作群体如万马灵动,以奔涌之势组成巨大的方阵,引领着民族文学文化的发展。其中的苏赫巴鲁关于成吉思汗系列文学的创作已经达到世界蒙古文学的巅峰,对于蒙古文学文化的传播以及松原文学艺术的发展,起到了旗舰和领军的作用。

当代松原的传记文学和小说,源于蒙古族民间文学。当地的神话、民间传说、民间故事给了这块土地上的作家们无尽的创作源泉和灵性;松原戏剧曲艺、蒙古说唱艺术、马头琴艺术、满族新城戏等都源于对辽金元时期松原古老文化的传承。松原文化实际上是古扶余文明的延伸、继承和发展。

当今松原戏曲、杂剧的繁盛,实际上是对辽金元时期杂剧和戏曲的进一步发展,应该作为戏曲界重大课题进行深入的研究。

(一)传记、小说享誉世界文坛

以苏赫巴鲁为旗帜的松原蒙古族传记文学和小说,在当今世界文坛上独树一帜。苏赫巴鲁继首部长篇小说《成吉思汗传说》(上)获得吉林省首届少数民族文学奖后,长篇小说《大漠神雕·成吉思汗传》又获得第四届长白山文艺奖和首届世界蒙古作家大会颁发的唯一一块成吉思汗虎头令牌奖,《漠南神笔·古拉兰萨传》获得首届东北文学奖,后与珊丹合作又创作了长篇小说《宫廷情猎》、《大野芳菲》等。苏赫巴鲁的长篇传记文学《哈萨尔王传》、《陶克陶胡传》、《齐王秘史》出版后,又入选《苏赫巴鲁全集》再版。

投身创作生涯以来,苏赫巴鲁出版专著38部,其中19部与民间文学、民间艺术和民俗有关。多年来,他的获奖作品共有51项,其中20项与民间文学有关。苏赫巴鲁的成功源自查干湖草原绿色文学的天然滋养。这种天籁之音由民间到民族再到经典,最终取得了全球瞩目的成就,清晰而鲜明地印证了当代松原文学源自古代民间文学的积淀轨迹。与其他城市不同,松原文学没有传统文学正统厚重的历史轨迹,却有着天籁般的灵动、清新、豪迈、奔放,这也是传统文学文化所一直缺失的。

王维宪、王兆全、胡瑞英等人,以松原地域文化中洪皓、完颜希尹、萧振瀛等为主题创作的传记文学作品,严谨、翔实、厚重,反映了不同时代松原历史人物的风采。

此外,松原作家群中的刘凤仪的长篇小说《魔窟》、《天皇弃女》、《草原儿童团》等先后出版发行。王秀国连续推出两部长篇小说《赵姬外传》和《最后一吻》。郭闻奇的长篇小说《覆巢》生动地描述了松原的石油文化。王永奇出版了《万督军传》、《长岭剿匪记》、《鸽子楼》、《圣水湖畔》(与何庆魁合作)4部长篇小说,其中《圣水湖畔》获"五个一工程奖"。赵显和创作出版了长篇小说《静静的泥林》和《呼啸的大布苏》。孙正连创作出版了《神秘的大布苏》、《一九四五年大布苏考》。青年作家吉振宇先后推出《红棺新娘》、《梦寻离》等6部长篇悬疑推理和科幻小说,其中5部已在台湾再版。志愿军老战士田兴权的《硝烟弥漫》,讴歌了中国人民志愿军保家卫国的英雄业绩。苏伦巴根以蒙古骑兵团的事迹为素材创作了长篇小说《铁骑之子》,以此为题材的还有扎木苏的长篇小说《春晓烽火》。孙侠以铃铛为笔名,创作出版了《商业时期的爱情》、《嫁也好，不嫁也好》。

朱光雪的小说《集体之间》被译成西班牙文在国外发行。马星海在《作家》等杂志上发表了《爹去爹来》、《刽子手》等中短篇小说，其中《爹去爹来》收入了《新时期十年来文学作品选》，《刽子手》曾被《传奇文学选刊》选载。孙正连发表了《寻找马杆》、《洪荒》、《山狗》等中、短篇小说，并出版了短篇小说集《洪荒》。程永刚近几年发表的中篇小说有《乡下警察》、《红花柳》、《远去的风筝》、《十面埋伏》等作品。程光出版了短篇小说集《真实背景》。额鲁特·珊丹的中篇小说《安巴的命运》、《遥远的额济纳》均在《民族文学》上发表。

在吉林地域文学中，以苏赫巴鲁为代表的松原前郭尔罗斯文学创作，源自民间文学又超越了传统，具有鲜明的民族风格和地域特色，并且展现了清晰的文化传承脉络，经历了从民族、民间到经典的过程，走出国门并在世界文坛上占有一席之地，为中华文化与世界文化的交流、互动和融合，作出了贡献。

（二）戏剧、影视争奇斗艳

新中国成立以来的松原戏剧影视创作，不仅独创了满族新城戏这一新剧种，而且在影视文化方面独具风格，有些剧作独步国内外艺坛，形成了独特、鲜活、灵动的创作态势。

新中国成立初期，松原籍作家郭梁信创作的电影文学剧本《红色娘子军》、《从奴隶到将军》、《风雨下钟山》相继被拍成电影公映，在当时产生很大的影响。感染教育了几代人。

苏赫巴鲁创作的长篇小说《成吉思汗传》（上、下卷）被改编为电影剧本《成吉思汗》（一、二集），由北京青年电影制片厂、内蒙古电影制片厂联合摄制，1986年在全国上映后，有27个国家抢购拷贝、争先上演，占当年汉语电影出口量的第一位，为蒙古民族优秀文化的传承和传播工作作出了不可磨灭的贡献。

电视剧《梁士英》、《告状之后》均获国家级奖项。何庆魁、王永奇的《圣水湖畔》两部电视剧在中央电视台一套黄金时段播出，有力地宣传了改革开放的成果，展现了松原的发展形象，产生了前所未有的轰动效应。

满族新城戏等戏剧创作硕果累累。新编古装戏《箭帕缘》、创编剧目《战风沙》上演后，获得好评如潮。满族剧目《红罗女》演出后获得高度评价，新城戏于 1984 年被国家文化部正式批准为少数民族戏曲剧种,省文化厅将其正式命名为"满族新城戏"。1985 年,满族新城戏《绣花女》荣获省演出奖、东北三省演出金虎奖。

满族新城戏剧团的大型历史故事剧《通问使臣》也分别获 1997 年度、1999 年度全省大型戏剧评选活动一等奖,并分别奉调赴省城参加国庆献礼演出。

大型历史故事剧、满族新城戏《铁血女真》,曾荣获全国舞台艺术最高奖——文化部"文华大奖"、中宣部精神文明产品"五个一工程"奖,主要演员获第十届中国戏剧梅花奖。

满族新城戏的诞生,是建立在伯都讷文化戏曲、曲艺、杂剧的深厚地域文化基础之上的,为中国戏苑增加了一枝光彩夺目的奇葩,在国内外受到热烈的追捧。由于古扶余文化和伯都讷文化的历史积淀,松原杂剧、民间戏曲、曲艺、民间谚语都有着悠久的历史文化传统;至于是否因为元杂剧、曲艺的深厚影响,尚有待另立课题研究。这为现当代松原的影视戏剧艺术的创作奠定了坚实的文化根基,使这里戏剧影视艺术异彩纷呈。

蒙戏《斧劈小王爷》,二人转《牧场新风》、《爱情合同》、《拨钟》,儿童评剧《小明为什么长出了胡子》,小评剧《四号地》,评剧《就是他》、《野狼坡》,歌剧《珍珠》,大型话剧《主课》、《我们正年青》、《青山寨》、《灵魂》,单出头《开明姑娘》,小戏曲《王显能》,戏曲《牛得财告状》等一大批戏剧剧目,犹如艺苑奇葩,争奇斗艳,获国家和省级各种奖项,丰富了人们的精神文化生活,推动了松原文化艺术的发展创新。

20 世纪 90 年代至 21 世纪之初的 20 年间,松原市创作的剧目在连续 4 届全省二人转暨小品汇演的 35 个参赛剧目中,获奖 216 项。《撵妈》、《山村婚事》获 4 项金奖、3 项银奖。《没病找病》分别获文化部群星奖金奖和第一届国际小戏汇演金奖;小戏曲《对症下药》获第一届国际小戏汇演大奖;拉场戏《吃请》获第二届国际小戏银奖。京韵大鼓《清风颂》获国家反腐倡廉征歌词曲一等奖。满族新城戏《皇天后土》获第十二届田汉戏剧奖剧本奖和全国少数民族戏曲汇演银奖。剧本《新官上任》获中国戏剧文学奖。评剧《刘巧儿外传》获全国评剧艺术节一等奖。大型满族新城戏《洪皓》先后荣获中国"金孔雀"综合大奖和中宣部精神文明"五个一工程"奖。

（三）散文诗歌青云出岫

松原有一个以散文创作见长的作者群。著名的散文作家和代表作品主要有：苏赫巴鲁的散文集《蒙古行》，包广林的《博斋琐笔》，王迅的《松江夜话》，扎木苏和乌日娜的《扎木苏、乌日娜作品选》，王秀国的《三草集》、《痴人梦语》，赵显和的《大布苏之恋》等系列散文集 6 部，杜喜武的《大布苏情怀》，孙正连的《凭吊大布苏》，牟凤樵的《快乐是平等的》，罗然的《歌者无声》，李凤志的《岁月情节》等散文 3 集 6 部，李旭光和张亚玲的《逝水集》，李旭光的《春泥集》、《方舟、方舟》、《踏青集》、《心远集》等 6 集，鞠洪军的《一路走来》，纪希跃的《一路走来》，王春出版的《白色乌鸦》，沈凤祥的《岁月敲门》，才文秀的《触事立言》，郑志的《山水拾零》，程永刚的《雨中柳桃花》，高振诠的《绿色的芳华》，宋书涛的《纸上情怀》等散文集，吴云龙出版的散文、随笔、杂文集《回首流年》3 集。

松原籍现代诗人师田手（1911—1995 年），原名田质成，扶余人，著有诗集《螺丝钉之歌》、长诗《歌唱南泥湾》、反映抗战题材的叙事长诗《爷爷和奶奶的故事》等。

姚奔，原名姚向之，1919 年出生，扶余人，1944 年即有诗集《给爱花者》、《痛苦的十字》出版。新中国成立后译作有《拜伦爱情诗选》（四川人民出版社出版）。

新中国成立后，一批松原籍诗人在国内产生一定的影响。主要有李汝伦、戈非、万亿萱、巴彦布等人。

诗人苏赫巴鲁在 20 世纪 60 年代就以《黎明前的鹰》、《青山烈火》、《龙泉水》、《牧人歌手唱达兰》等长篇叙事诗引起诗坛瞩目。党的十一届三中全会以后又创作了长篇叙事诗《嘎达梅林》、抒情诗《太阳的女儿》和《蒙古菊》先后在《诗刊》、《人民日报》发表并获全国优秀奖，20 世纪 90 年代出版了《苏赫巴鲁诗选》。改革开放以来，松原境内形成了多个诗歌创作群落：一是以苏赫巴鲁为首的蒙古族诗歌创作群体，主要围绕在吉林省西部地区蒙古文学学会和《金鹰》杂志周围，主要作者有苏赫巴鲁、博·巴彦都楞、武昌、包莲子、白蕾、苏伦巴根、尼·巴雅尔等。其中，包莲子的诗集《原上草》和博·巴颜杜楞的诗集《二十世纪的花朵》获吉林省第三届少数民族文学奖。吉林省西部蒙古文学学会秘书长武昌创作勤奋，生前出版诗集 4 部。二是前郭"八点钟诗社"

在 20 世纪 80 年代曾很活跃,主要诗人有焦洪学、刘鸿鸣、肖振有、宋志纲、紫燕、姜国忠、廉晓来等,他们的诗作曾集中亮相于《城市晚报》、《青年诗人》和《参花》等报刊杂志,一些优秀作品曾被《当代诗歌》、《作家》、《诗人》等报刊登载。个人结集出版的诗集主要有焦洪学的《爱之花》,刘鸿鸣的诗集《远去的帆影》,姜国忠的诗集《热土之恋》,肖振有的诗集《毛罗诗选》等多部诗集。三是 20 世纪 80 年代扶余县成立的松花江诗社,出版了《松花江诗报》,主要诗歌作者有于金廷、于富、吴战林、李义、刘燕、高振诠、孙玮、柘子、王维宪、王兆全、李锡洪、郭科宏、严治、宋永学、孟庆文等。诗社曾在《诗人》、《参花》发表过诗歌专辑。乡土诗人于金廷的代表作《大筐》、《这边和那边》等发表于《人民日报》、《作家》等几十种报刊,出版过诗集《柳笛》。吴战林于 20 世纪 50—60 年代就发表诗歌作品,由他整理农民王久昆口头创作的诗歌《歌唱新农村》公开出版。四是松原建市至今的石油作家群。其中诗人郑志、甄凤斌、王国发、张成林、卢井维、李明新、王玉忠、沈凤祥等,围绕油田文联主办的《石油河》杂志创作了很多反映石油工人生产、生活的好诗。先后出版了王国发诗集《荒原玫瑰》、甄凤斌诗集《梦的旋律》、成林诗集《唱给缪斯》、卢景维诗集《查干湖恋歌》(与赵云江合著)等。五是在松原市区和乾安县先后成立的以赵之友为社长的以写古体诗词为主的松原诗社和以吴村夫、蓝翔等为首的井方诗社。松原诗社有社员 100 余人,曾出版《松原诗词》4 期,举办过一次端午诗会。2008 年重组后,由夏恩民担任社长,社员队伍迅速扩大。社刊《松原诗词》改名为《哈达山》,已出刊两期。诗人结集出版的作品主要有赵之友的《陟游诗词选》,孙玮的诗集《江山颂》和长篇叙事诗《松漠正气歌》、《金戈击天》;其他还有刘燕的《燕歌行》,高振诠的《绿色的生命》、《绿色的年轮》,赵希忱的《桑榆缘》,张力的《张力诗词选》、《醒思园集》,刘希章的《希章诗选》、《放弓诗选》、《晚虹》,郑志的《南游诗草》、《南行诗草》,李振和的《潜流》、《笔墨吟歌》,夏恩民的《故乡的云》、《那盏煤油灯》,韩少武的《自由十四行诗》,王恩荣的《瞳仁恋》,王维宪的《王维宪诗文集》,高峰林的《吟感集》、《咏赞录》等。

这些诗社还出版了《焦洪学诗集》、《大雁飞向远方》、《故乡的河》、《记忆的碎片》、《松花江咏叹调》、《有风吹来》、《断瓦集》、《窗外依旧》、《抹不掉的回忆》、《故乡的早晨》、《温存而有力的手》、《王立民新诗选》、《走向天涯》、

《永远的情歌》等诗集。

乾安县的井方诗社于 2005 年成立,从事诗歌创作的主要有吴村夫、邵志军、蓝翔、贾利民、刘华明、管卫东、宋书涛、王淑杰、张观泰、孙济洲、宋连起、隋玉良等。出版的作品有:邵志军的诗集《雪夜林边》、《井方诗词集》3 册。

(四)民间文学特色鲜明

郭尔罗斯草原是民间文学的源泉,流传的民间神话有"日月和昼夜"、"武当喇嘛创世"等;民间传说产生于神话之后,主要分为人物传说、历史传说、地方风物传说 3 大类。根据阿汝汗主编的《松原文化述略》一书的归纳,在松原民间流传较广的传说主要有:"东明建立夫余国的传说"、"郭尔罗斯始祖'金盆之子'的传说"、"蒙古部落化铁出山的传说"、"女真族的始祖函普进入完颜部的传说"、"锡伯族祖先海尔堪玛法的传说"、"郭尔罗斯宾图妃陵与靴子庙的传说"、"黑帝庙传说"、"锡伯族鳇鱼贡的传说"、"郭尔罗斯龙坑的传说"、"新城府知府'金大杀'的传说"等。其中有很多民间传说已被整理出版,主要收录在《伯都讷史话与传说》(王维宪等编著)、《郭尔罗斯蒙古族民间文学类略》(王迅、孙国绵编选)等专著中。

谚语是千百年来人们的智慧之花,在生产生活中发挥着巨大的作用。松原的民间谚语包括地方少数民族民间谚语(蒙古族、满族及其他少数民族民间谚语)和汉族民间谚语。根据阿汝汗主编的《松原文化述略》,蒙古族民间谚语有谚语和谣谚之分。谚语多是两句式,广泛地用在会话和各类文体之中;谣谚多是四句式,可伴随着曲调在马背上流传。松原地方的民间谚语已大部分为各级地方志所收录;另外还有张艳红、王岫竹搜集整理并于 2003 年 12 月出版的《关东民间谚语》,王兆全编著于 2004 年出版的《伯都讷风俗民情》,也收录了一些流传在伯都讷民间的谚语、歌谣和歇后语;王迅、孙国绵编选于 2006 年出版的《郭尔罗斯蒙古族民间文学类略》中,收录了流传在郭尔罗斯草原的一些民间谚语。

民间故事是民间文化中的重要组成部分。不仅具有文学价值,而且对于历史学、社会学、民族学、民俗学等学科的研究和发展,也有一定的参考价值。流传于松原的民间故事包括少数民族民间故事和汉族民间故事。郭尔罗斯蒙古族民间故事,按其内容大体可分为战胜邪恶、传颂美德、传颂智慧等 3 类,并各有一个庞大的故事群落。2009 年 3 月,由前郭县文化馆征稿,中国知识产权出版社出版发行了收录 80 多篇民间故事、共计 48.2 万字的《中国民间故事全书·吉林·前郭尔罗斯卷》。此外,伯音伊勒布杰编著的《郭尔罗斯轶事》(2004 年内部出版)也收录了 30 多篇郭尔罗斯蒙古族民间故事。在松原也有很多人在从事着汉族民间故事的搜集、整理工作,其中何辉编著并于 1998 年出版的《黑货精》,收录了 80 多篇民间故事。苏赫巴鲁搜集、整理出版的《成吉思汗的故事》,是中国最早的一部有关成吉思汗的故事和传说的结集。

三、文学艺术的特征

(一)地域的多样性

松原市地处北温带,位于松嫩平原腹地的吉林省中西部。这里江河绕境,湖沼遍布,水源充足。地处世界三大草原之一的科尔沁草原与松嫩平原的交汇处,位于欧亚草原带向东延伸的东端,是吉林省草原比较集中、面积较大的地区之一。该市草地资源丰富,现有草原面积 53.3 万公顷,占全市总面积的 24.1%,可利用草原面积 38 万公顷,占草原总面积的 71.7%。同时境内有嫩江、松花江、拉林河、霍林河 4 条主要河流,松花江从市区穿过。马背上的满蒙民族来自山林和草原,其他各民族生活在沃野良田。地域的多样性成就了多民族聚居一处,积淀了悠久历史和优秀文化传统。无论是秽貊族系的夫余、高句丽族,还是东胡族系的鲜卑族、契丹族、蒙古族、锡伯族,或者是肃慎族系的勿吉族、渤海族、女真族、满族,都流传有丰富的有关民族起源的神话、传说以及民间歌谣、英雄史诗等口头文学,同时也创造了不朽的文学、歌舞、绘画、建筑等方面的文化。都充分表现为独立的民族文化。地域多样性的特点成就了松原文化的多民族包容并存、文化艺术样式多元互动的特点,使之在文化艺术上形成独特的内容和形式,展现了非凡的魅力。

(二)形式的独特性

松原地区文学艺术的独特性表现在内容和形式两个方面。由于独特的地形地貌、民族繁衍,这里的历史文化积淀在海内外具有独特魅力。在内容上,从成吉思汗到陶克陶胡、洪皓,文学作品和戏剧艺术的主角大都是曾广泛活跃于这片土地的著名人物;作为蒙古文化的化身,成吉思汗一直是世界文学文化的研究热点和创作源泉。在形式上,这里的传统音乐、舞蹈、民间文学、戏剧、民俗、曲艺、杂技等都因其形式的独特性被列入国家和省级非物质文化遗产,成为人类遗存的宝贵文化成果。这些在阿汝汗先生主编的《松原文化述略》中,已表述得非常清晰明了。

(三)优秀的民族精神

民族精神源于文化内核。在当代,松原历史文化既包含了松花江左岸前郭、长岭、乾安等县在内的大草原上形成并发展起来的,以草原游牧文化、渔猎文化、农耕文化为特色的,以蒙古族文化为主体的郭尔罗斯文化,也包含了松花江右岸宁江、扶余等区县在内的以满族文化为主体的,多民族文化融合形成的,以渔猎、农耕文化为特色的伯都讷文化;同时,还包括从20世纪50—60年代以来迅速形成的石油文化。在松原文化当中,4种文化既有着明显的区别,也有很多的交叉和包容。阿汝汗先生在他主编的《松原文化述略》中,对这一时期的历史文化脉络进行了清晰的梳理。他认为:"历史地看,古代的渔猎文化、草原文化、农耕文化是在今松原不同的地域、不同程度地随着人们生产生活所交织、影响,在互相促进中竞相发展的。在松花江左岸草原地区,从东胡—鲜卑—契丹—室韦—蒙兀室韦—蒙古文化的产生、发展,到郭尔罗斯文化的形成;在松花江右岸农业地区,从秽貊—夫余—勿吉—渤海—辽、金地方民族文化的产生、发展,形成满族文化,在发展中接受中原汉族文化的影响,到伯都讷文化的形成;以及近半个多世纪松原石油文化的迅速崛起,松原文化每前进一步,都历经了吸收、包容岁月的沧桑。应该说松原文化就是渔猎文化、草原文化、农耕文化和石油文化的有机结合;也可以说,松原文化的乐章,是渔猎文化、草原文化、农耕文化和当代石油文化和谐的四重奏。"①东北的气候较为寒冷,生活条件比较艰苦,为了求生存,长期共同生活在这一方水土的蒙古族、满族、汉族及其他各族人民,在同严酷的大自然进行艰苦卓绝的斗争中,互相学习,互相包容,互相融合,刚毅、豪爽、淳朴、乐观已经成为松原各族所共有的民族气质和共同的品格。这种民族气质和品格反映在文化上,必然形成一种刚健、磊落、激昂慷慨而悲壮的格调,洋溢着自力图强、奋发向上、艰苦创业、开拓进取、乐观大度、淳朴豪爽的民族精神风貌。古朴、质实、遒劲的民风民俗,坚强、刚毅、质朴豪爽、粗犷强悍、顽强磊落的北方民族共同品性,一方水土,培育了一方人的民族精神和信仰。

---

① 阿汝汗:《松原文化述略》,时代文艺出版社2009年版,第2页。

松原各民族共同信仰萨满教。满族、锡伯族、赫哲族、鄂伦春族、鄂温克族、达斡尔族等民族大多信仰萨满教;而蒙古族早期崇信萨满教,后来又崇信喇嘛教,一直是两种宗教并存,在蒙古族聚居的地方,至今还有职业萨满在活动。它真实地反映了该民族的信仰,阐明了萨满教的宗旨和广大蒙古族人的希冀和追求,具有鲜明的务实精神和功利主义特征。

第二节　蒙古族史诗与满族新城戏

松原前郭尔罗斯史诗《迅雷·森德尔》属于战争题材的英雄史诗,属于以婚姻和征战为情节的复合结构的中篇英雄史诗。史诗一般由职业的民间艺人演唱。说唱分为"朝尔沁"和"胡尔沁"派。松原英雄史诗属于"胡尔沁"。《蒙古文学史》认为,松原蒙古族史诗属"科尔沁、扎鲁特史诗带"。松原蒙古族英雄史诗的代表作为《阿勇干·散迪尔》和《迅雷·森德尔》。

满族新城戏源于松原满族传统说唱艺术八角鼓。经过多年的积淀、演化而成。新中国成立前夕,音乐人徐达音根据扶余著名的八角鼓艺人程殿选口述,记录整理了40个曲目和27个曲牌。新中国成立后,中央和地方政府对八角鼓等民族文化遗产进行了抢救、挖掘。1959年,扶余地方政府组织一批八角鼓老艺人和文艺工作者,对八角鼓进行戏曲化工作。从1960年到"文化大革命"前,扶余县新剧种实验剧团开始编演新剧目。改革开放后,国内业界认为新城戏源于满族说唱艺术,应向满族戏曲发展;到1984年,由于满族题材新剧目《红罗女》演出成功,此类剧目被国家文化部正式命名为满族新城戏。

一、民间蒙古族文学的发展与史诗的形成

(一)说唱艺术

在古老的草原上,当炊烟袅袅升起,牛羊安静地回归圈里,世世代代的牧人们最乐于从事的娱乐就是听说唱艺人讲古老的民族故事、神话和传说。马头琴声悠远绵长,四胡声透出亘古的忧伤。一代代流传着的蒙古族说唱艺术,也把蒙古族人的民族精神滋养。在没有更多娱乐的那些年代里,这些说唱艺术迷住了一代代的蒙古族人,承载着他们的喜和乐,也记载着蒙古族先民的辉

煌和荣誉,更使牧民们的生活充满着趣味和快乐。

在中国古代北起黑龙江、西到天山这一狭长的地域上,山林密布,湖泊纵横。狩猎游牧民族多聚居于此。从上古直至 13 世纪蒙古族各部落实现统一,蒙古族说唱艺术成为散韵结合的叙事艺术形式,并取得了一定的艺术成就,成为北方民间艺术的重要存在形式。

松原地区的蒙古族民间说唱艺术,明代以前一般以民族英雄史诗、巫歌和民族生活,尤其是战争、婚姻和爱情故事为内容。这些说唱艺术,不仅娱乐了百姓生活,更成为蒙古族民间文学形成、发展尤其是蒙古族史诗发生和成长的摇篮。

早期的蒙古族英雄史诗,题材多以蒙古族先民与自然、魔怪相抗争及部落间战争为主,这些说唱艺术在早期都与宗教活动、巫术密不可分。因此,早期的说唱艺人或许兼巫师的身份,为普通的百姓阶层所敬畏。其中蒙古民族最为普遍知晓的说唱曲目如《特古斯朝格国汗》和《阿拉坦嘎啦巴》,都是讲镇压魔鬼故事的。甚至在近代,包括现代的蒙古族百姓生活中,每当受到灾害或取得丰收之后,都会请说书艺人焚香演唱史诗,其中大多演唱镇压魔鬼的故事。

蒙文中,说唱艺术被称为"乌力格尔",原意为"说书",说唱艺人均采用蒙古族语言进行表演,以四胡(也叫四弦琴)或马头琴为伴奏乐器,所以又叫"蒙古族琴书",一人一把琴,说唱一个故事,既可以在剧中表演或参与大型演出,又可以在单门独户或到田间草原进行演出,成为源远流长的流传于内蒙古自治区东部及我国东北各省蒙古族聚居区的蒙古族民间娱乐的一种方式。

在蒙古族说唱艺术中,产生时期与流布范围与乌力格尔相同的还有好来宝。好来宝是一种自拉自唱、即兴创作的表演艺术。它有固定的曲调,但没有固定的唱词,曲调朴素无华,似小溪流水,韵味优雅,在草原上流行很广,到后来逐渐发展成二人对唱、重唱和多人合唱等多种形式。由于伴奏乐器的相应增加,演唱气氛比较辽远年代的好来宝显得热烈许多。蒙古族说唱艺术的唱词以散韵结合为特点,一般都是由自由诗体的连头韵开始,四行一韵,押头韵、脚韵,或两行一韵或隔行押韵,押韵不拘一格。韵文中间常常夹有相当的韵白来构成散韵相间的表述方法。由于其说唱曲调源于蒙古族民歌,在固定的结构和旋律中添上鲜活灵动的词语,形式活泼,风格幽默。一般通过叙述、问答和论辩来叙述、歌颂或讽刺不同的人物与事件,形成有头有尾的叙事故事;有时又似民歌般曼妙地唱情表意。因此好来宝同乌力格尔一样,深受蒙、汉各族人民的喜爱。

清初,大批黄河流域汉民进入关东,形成历史学家们称谓的"文化北移"现象,使松原因地缘特点而形成蒙汉满等多民族聚居之地,这使前郭尔罗斯的蒙古族在生产生活、风俗习惯、兴趣爱好等方面都发生了很大的变化,绝大部分蒙古族居民渐渐地都能用汉语会话。汉族艺人带来了黄河文化,推动了蒙汉文化交融,也使汉族曲艺迅速融入蒙古族说唱艺术。京韵大鼓、评书、莲花落、"二人转"和"什不闲"等曲艺形式的出现,使乌力格尔、好来宝在融汇蒙古族史诗说唱、民俗活动中的颂唱词、祝福歌、民歌和祭祀音乐的同时,又融入了上述北方汉族曲艺等各门类艺术精华的生成发展,丰富了蒙古族说唱艺术独特的艺术风格。

松原地区的蒙古族说唱艺人们为了增强表现力,在说唱中把一些生动、有趣的汉族方言、俗语也运用到乌力格尔和好来宝之中,产生了更加贴切、活泼的艺术效果。有的在说唱内容中把蒙汉语言叠加使用,更有直接用汉语叙述。蒙汉两种文化融合的结果,丰富了说唱艺术的魅力,体现了蒙古族说唱艺术既原汁原味、又蒙汉皆宜的独特的前郭尔罗斯乌力格尔艺术特色,使前郭尔罗斯蒙古族的乌力格尔有自己独有的调式、结构、语言等。

经过漫长的历史演化,前郭尔罗斯的蒙古族人创造了辉煌的蒙古族说唱艺术历史。2006 年,前郭县申报的"前郭尔罗斯乌力格尔"获选国家文化部公布的第一批国家非物质文化遗产。目前整理出来的传统的前郭尔罗斯"乌力格尔"书目有 200 多个,曲调有 100 多首。蒙古族经典的传统曲目有《格尔格斯的故事》和《江格尔》,富有前郭尔罗斯地域特色的有《陶克陶胡》、《阿阑豁阿》,此外还有融合了汉族传统剧目的《隋唐演义》、《三国演义》、《水浒传》、《唐代五传》、《粉装楼》及表现当代社会生活的《林海雪原》、《新儿女英雄传》、《烈火金刚》等曲目。

蒙古族说唱艺术由说唱艺人来完成和传承。作为民族文化的传播者,这些艺人多游走于民间,在大草原上漂泊,被称为"胡尔沁"。郭尔罗斯著名的说唱艺人有常明、青宝、白音仓布和白·色日布扎木萨等。

常明(1874—1959 年),郭尔罗斯人。根据网上资料显示,常明的祖父、父亲都擅长演唱蒙古民歌、好来宝,他从童年期就喜欢蒙古族的民间说唱。18

岁时,他已能在乡间演唱民歌、好来宝。为了探求更好的说唱艺术,他背起四胡,走出家门,走南闯北,寻师访友,开始了他追求一生的胡尔沁生涯。在图什业图,他有幸结识了乌日塔那斯图,从那里不仅学到了《封神演义》的说唱内容和表演技艺,还学到了乌日塔那斯图精湛的琴艺和刚柔相济、张弛交错的"陶力音乐"及"博音乐"。此后,他逐步南行,先后到过科尔沁十旗、扎鲁特二旗、巴林二旗、阿鲁科尔沁和东土默特,向一切有影响的艺人学习,广交博撷,吸取各家精华,独成一派,终于成为一位享誉东蒙草原的郭尔罗斯胡尔沁艺术家。他说唱的书目主要有《封神演义》、《三国演义》、《隋唐演义》、《周国故事》、《金国故事》等。他为人豁达、诙谐,语言多趣,喜用比喻,善于夸张。在故事讲述中,常用群众熟悉的历史人物相互对照或作绰号,从而使形象更加鲜明感人。

青宝(1895—1946年),辽宁省朝阳市人,后迁至前郭尔罗斯。他精通蒙汉文,曾将尹湛纳希的长篇小说改编成同名长篇琴书,并将其中五箭训子的故事改编成中篇琴书《折箭同义》。1944年,他以套曲5支在王爷庙(今乌兰浩特市)成吉思汗灵堂落成典礼上演唱并取得巨大成功。

白音仓布(1900—1990年),前郭尔罗斯人。他毕生致力于陶克陶胡说唱曲目的整理和创作,晚年完成长篇蒙文书目《陶克陶胡》,中篇蒙文书目《火烧龙王庙》等。在他90岁那年,吉林省民间文艺家协会授予他"民间故事家"称号。

(二)史诗

史诗是人类童年时代的文学产物。蒙古族史诗大约产生于蒙古氏族社会晚期、奴隶社会初期,史称军事民主制时代,即"英雄时代"。史诗在文学上归为叙事诗范畴,在篇幅上一般分为长篇和中短篇。据不完全统计,流传国内外的蒙古族英雄史诗目前有500多部,著名的有长篇史诗《江格尔》、《格斯尔》,此外还有其他大量的中短篇史诗。在世界文学宝库中,史诗是认识一个民族的文化精神和成长历程的百科全书。由于古代蒙古族遍布今天的中国、俄罗斯、蒙古国等的蒙古族聚居区,历史悠远漫长,蒙古民族又是崇尚英雄和产生英雄的民族,因此蒙古族英雄史诗分布广阔,成果丰厚,流传广泛。

研究蒙古族英雄史诗是一项充满趣味并且复杂的工作。在英雄史诗文本中,除颂赞英雄外,人类早期尤其是蒙古民族早期通过对世界的探索,形成的宗教观、自然观和世界观,早期蒙古民族的生活愿景、审美取向等,在史诗中以鲜活的原生态存在着,为人们了解和探知远古蒙古族先民的精神世界和生活风貌提供了历史见证。

在国内,根据地域分布、内容风格等的不同,蒙古族史诗分为巴尔虎—布里亚特史诗带,卫拉特史诗带,科尔沁—扎鲁特史诗带。巴尔虎—布里亚特史诗文化较早地保留了狩猎、萨满教和神话方面的传说;卫拉特史诗则反映了人类牧业、萨满教和佛教方面的文化;科尔沁史诗是农业文明时代人类文化的代表。

史诗一般经过漫长的历史过程才能形成。经过数个世纪的加工、演化古代的民间故事、歌谣等逐渐演变成大型的英雄史诗。根据《蒙古族文学史》的论述,松原英雄史诗被认为属于中古时代史诗,其中保留了远古时代的生活遗存。

二、松原蒙古族史诗的分类与特征

(一)蒙古族史诗的分类

蒙古族史诗一般分为神话史诗、创世史诗和英雄史诗 3 大类。松原前郭尔罗斯史诗《迅雷·森德尔》属于战争题材的英雄史诗。按照篇幅史诗又可分为长篇和中短篇。史诗在情节结构上可分为两种:即单一结构和复合结构。单一结构是只有一个情节组成一部史诗;复合结构是由两个以上的情节构成一部史诗或一部史诗的一章。①《迅雷·森德尔》属于以婚姻和征战为情节的复合结构的中篇英雄史诗。史诗一般由职业的民间艺人演唱。说唱分为"朝尔沁"派和"胡尔沁"派。松原英雄史诗属于"胡尔沁"派。《蒙古文学史》认为,松原蒙古族史诗属"科尔沁—扎鲁特史诗带"。松原蒙古族英雄史诗的代表作为《阿勇干·散迪尔》和《迅雷·森德尔》。

《迅雷·森德尔》即《阿拉坦嘎啦巴》的故事,讲述的是降伏魔鬼的内容,广泛流传在蒙古草原和前郭尔罗斯草原。20 世纪最早由白—色日布扎木萨以蒙古族说唱艺术的形式演唱;1979 年,先由王迅、特木耳巴根整理成散文体

---

① 参《苏赫巴鲁全集》卷 16,中国国际文化出版社 2008 年版,第 100 页。

故事《镇服蟒古斯》，后由特木耳巴根、包玉文汉译成韵文本《迅雷·森德尔》。

　　1987 年，在母本《迅雷·森德尔》基础上，苏赫巴鲁同博—巴彦都楞、乌云格日一起在重新采访的基础上，重新整理出蒙文本的《阿勇干·散迪尔》。

（二）松原蒙古族史诗的特征

　　《阿勇干·散迪尔》属于带有萨满教色彩的神话传说，讲述了两位女神乌银高娃和阿喜玛协助英雄散迪尔镇服恶魔蟒古斯的故事。两位女神是受天命而降的天使，各有分工地协助英雄降服大量形形色色的魔怪。史诗中大量的远古神话故事和传说，汇集了蒙古民族在长期的历史进程中积累下来的智慧、勇敢、理想和审美风范。

　　有评论说，《阿勇干·散迪尔》是"宗教的印记，风俗的画卷；传说的源流，神话的演变；文化的宝镜，韵文的典范"，这种赞誉是非常精当的。[①]

三、满族新城戏

（一）满族新城戏的历史渊源

　　20 世纪 50 年代之前，松原没有属于自己的地方剧种。坊间演出的剧目主要是评剧。满族新城戏作为新剧种，诞生于 1959 年的扶余县，由于该县曾是清朝新城府治所，满族居民众多，并演唱八角鼓成风，故名满族新城戏。

　　满族新城戏源于满族传统说唱艺术八角鼓。八角鼓在明朝末年形成，在清乾隆年间盛行，广泛流行于民间，尤其是在松花江、辽河流域成为长期流行的说唱艺术。清定都北京后，满族人将其带入关内流入中原，后演变成表现完整故事的叙述体说唱艺术。到民国初年，逐渐形成以地域为名称的流派。其中扶余八角鼓、山东聊城八角鼓、北京八角鼓、河北清苑八角鼓、辽宁凤城八角鼓、内蒙古呼和浩特八角鼓这 6 个地区的八角鼓，由于地域和历史文化传统不同，八角鼓的声腔、唱腔有所不同。其中"北京八角鼓演变派生出单弦的形式；清苑八角鼓发展出载歌载舞的形式；聊城八角鼓曾以广场剧的形式演出；呼和浩特八角鼓演变为歌舞和满族戏曲两种形式"[②]。扶余八角鼓在清代晚期传入扶余地界，流传至民国初年时已兴盛成风。新中国成立后，八角鼓这个

---

　　①　参见苏赫巴鲁、白蕾编著：《郭尔罗斯文学概论》，中国国际文化出版公司 2006 年版，第253 页。

　　②　徐达音编著：《新城戏与八角鼓》，时代文艺出版社 2004 年版，第 61 页。

曲艺形式渐渐地衰落并濒于失传。但曲牌作为满族新城戏的声腔基调被保存下来,为满族新城戏的诞生奠定了音乐基础。

(二)满族新城戏的诞生

松原满族新城戏源于扶余八角鼓,经过多年的积淀、衍化而成。新中国成立前夕,音乐人徐达音根据扶余著名八角鼓艺人程殿选的口述,记录整理了40个曲目和27个曲牌。新中国成立后,中央和地方政府对八角鼓等民族文化遗产进行了抢救、挖掘。1959年,扶余地方政府组织一批八角鼓老艺人和文艺工作者,对八角鼓进行戏曲化工作。从1960年到"文化大革命"前,扶余县新剧种实验剧团开始编演新剧目,他们在扶余八角鼓的基础上,不断吸收满族民间音乐、民歌、俗曲、汉军旗香太平鼓音乐、单鼓音乐和清宫舞乐、庆隆舞乐等,将八角鼓曲牌中的两个曲牌作为主要声腔,创建了多种版式,从而形成了八角鼓音乐唱腔委婉抒情、清脆明朗的特点。

改革开放后,国内业界认为新城戏源于满族说唱艺术,应向满族戏曲的方向发展。1984年,满族题材新剧目《红罗女》演出成功,该剧被国家文化部颁发证书命名为满族新城戏(参见图11-1)。

根据徐达音先生的《新城戏与八角鼓》统计,大型的、经常性演出的满族新城戏剧目有30多个,其中比较著名的古装戏有《箭帕缘》、《东海人鱼》、《斗县官》、《金哥访母》、《红梅记》、《刘海与金蟾》、《望江亭》、《乔老爷上轿》、《春草闯堂》、《刘三姐》、《牧羊城》、《梁山伯与祝英台》、《狸猫换太子》和《泪美人》;现代戏有《战风沙》、《一堂课》、《八姐妹》、《更上一层楼》、《渠水长流》、《战鼓催春》、《岭上新歌》、《小姐白玉》、《青年一代》、《千万不要忘记》、《杨立贝告状》、《海防线上》、《沙家浜》、《杜鹃山》、《救救她》、《小女婿》等;此外自编的满族剧目有《红罗女》、《绣花女》、《萨丽玛》、《皇帝出家记》、《铁血女真》、《通问使臣》等戏目,深受海内外观众的欢迎。

(三)满族新城戏的特点

声腔特点:在艺术形成的渊源上,由于满族新城戏源于八角鼓这种曲艺形式,因此其声腔形成沿用了八角鼓的板式声腔,但又在此基础上扩展派生出十几种不同于八角鼓的板式,并兼用曲牌。"曲艺八角鼓音乐为联曲体,现今存留的曲牌有〔四句板〕、〔茨山〕、〔剪菊花〕、〔太平年〕、〔靠山调〕、〔柳青娘〕、〔数唱〕等27个。新城戏音乐整体上以八角鼓音乐为基础, 吸收满族民间音

图 11-1　满族新城戏《洪皓》在国家大剧院演出剧照①

---

① 松原市委宣传部提供。

乐(满族民歌、太平鼓等),以板式变化为主,兼用曲牌。现已有原板、慢板、三眼、二六、弹颂板、行板、数板、垛板、流水、二三板、快四板、散板、摇板(紧打慢唱)、尖板和清板等十几种板式。它的声腔,已发展成以板式变化体为主兼用曲牌的音乐体制。它的板腔和曲牌的运用比较灵活,有时板腔和曲牌结合使用,有时只用板腔,有时则单独使用曲牌。"[1]

唱腔特点:唱腔的主要特点是:"旋律上经常使用四、五度的连续跳进又二度上行,加之行腔跳跃幅度较大而舒情,拖腔长而委婉,因此形成了自己的韵味。男女分腔常采用的是同腔异调和同调异腔的方法,在声腔演唱上讲求字正腔圆,声情并茂。因人而异,尚未形成流派。"[2]

表演舞蹈化:表演舞蹈化是新城戏的突出特点。由于满族民风民俗喜歌舞,每逢大型活动和宴会尤其是宗教活动,戏剧化的舞蹈动作更多,满族新城戏吸纳了满族舞蹈元素,使之成为戏剧表演素材,使戏剧表演逐渐形成了独具特点的表演动作、身段。如骑射动作是满族妇女特有的动作,左手背于身后,右手加于额的"三道弯"动作;再如勇士们模仿鹰、蟒、虎、犬等动物的身形动作等,有的来自"莽式空齐"舞,有的来自满族萨满舞。在挖掘整理传统的满族舞蹈、秧歌的基础上,满族新城戏把古朴苍凉的萨满舞、腰铃舞,稳健优美、雍容华贵的寸子舞,刚劲火爆的单鼓舞,表现满族骑射生活的马舞等特有的舞蹈组合动作,在诸多满族剧目中反复运用,使戏剧舞台成为充满满族风情的流动画卷。尤其在海外表演的满族新城戏曲,由于全场戏载歌载舞,既具有戏剧性,又富有民族性,更增加了观众和演员的互动性,成为满族新城戏灵动而鲜活的表演特性。

第三节　少数民族歌舞

松原蒙古族歌舞包含了蒙古族民歌、音乐、乐器和舞蹈。民歌有着优美的旋律、独特的韵味,歌中时时透射出蒙古人"胸中跑马,天为穹庐"的开阔胸

---

① 阿汝汗:《松原文化述略》,时代文艺出版社 2009 年版,第 357 页。
② 阿汝汗:《松原文化述略》,时代文艺出版社 2009 年版,第 357 页。

襟;其音乐歌曲的内在品格雄健、清新、辽远、苍茫、奔放和豪迈;但也有的饱含苍凉、孤独、悲怆的悲凉之美。

松原满族歌舞充分表现了满族先民的文化品格和审美风格。剽悍、尚武、刚健、勇猛、矫捷、乐观、通达、崇拜神祇的风俗,与大自然融合为一的精神境界和自然神祇观念,在这些精神内涵的支撑下形成满族歌舞质朴、清新、明快、健康、奔放、典雅、端庄的特点。朝鲜族歌舞既生动活泼、热烈火爆,又体现出一种奋发向上、昂扬积极的气概,是中国传统社会农业文明时代艺术的代表,充分反映了农耕文明的价值观。

一、蒙古族歌舞的历史源流与发展

(一)蒙古族歌舞的历史发展

蒙古族有历史悠久、异彩纷呈的歌舞传承。公元 1240 年成书的《蒙古秘史》,记载了蒙古族民众在庆典时跳踏舞的热烈场面:"绕蓬松茂树而舞蹈,直踏出……没膝之尘矣。"这是较早记载蒙古族歌舞的典籍。蒙古族歌舞包含了蒙古族民歌、音乐、乐器和舞蹈。蒙古族民歌是天籁之音,有着优美的旋律、独特的韵味,歌中时时透射出蒙古人"胸中跑马,天为穹庐"[1]的开阔胸襟;其音乐歌曲的内在品格雄健、清新、辽远、苍茫、奔放和豪迈;但也有的饱含苍凉、孤独、悲怆的悲凉之美。在漫长的历史发展中,盛产英雄和善于开疆拓土的蒙古民族,生活的地域辽阔,同时由于历史和时代的变迁,各民族杂居以及各地方的生活方式的差异,催生出蒙古族民歌和舞蹈不同的艺术风格。因此,蒙古族歌舞既有风格上的统一性,又有地域色彩的多样性。

郭尔罗斯虽居于嫩科尔沁草原的一隅,在 20 世纪的前期曾成为东蒙地区的文化中心,出现了众多的民间艺人和优秀的蒙古族民歌。按题材可以归纳为正歌和副歌;按曲调可分为长调与短调;按内容可分为婚礼歌、赞歌、教诲歌、宴歌、情歌、思念歌、儿歌、祭祀歌、博道(蒙古萨满教歌)、安代道(安代歌)等。苏赫巴鲁等人出版的《吉林蒙古族民歌及其研究》可视为实践与理论的集大成者。由特木尔巴根演唱并翻译、苏赫巴鲁整理的《那达巴拉》,是郭尔罗斯蒙古族民间叙事诗中的代表作,一般也是由说唱艺人按民歌的曲调演唱

---

① 《苏赫巴鲁全集》卷 22,中国国际文化出版社 2004 年版,第 7 页。

的,已由香港金陵书局出版公司出版并在海内外发行。

蒙古族民歌按内容主要分为两大类:礼仪歌和牧歌。礼仪歌用于婚宴等喜庆场合,主要用于颂赞;赞颂的对象多为纯真的爱情、英雄、夺标的赛马骑手等。牧歌则多在放牧和迁徙时唱颂,内容以赞美家乡、状物抒情者居多。蒙古族民歌音乐特点是一般节奏自由、悠长、徐缓,多采用"密—疏—更密—疏"的节奏。牧歌的上行乐句节奏是悠长徐缓的,下行乐句则往往采用活跃跳荡的三连音节奏,形成绚丽的华彩乐句。装饰音多而细腻,并具有较强的朗诵性。其嘹亮、悠长、亲切的曲调,给人以辽远、清新、苍茫、灵动之感。歌词情景交融,表现人和大自然的和谐关系。

多少年来流传于松原前郭尔罗斯地区的婚礼歌,于1978年秋由前郭县文化馆与草原文化馆从一个名叫宝音达赉的老贺勒莫沁(职业的民间祝词歌手)那里进行了全面的采录和整理。后来,经特木尔巴根翻译,由苏赫巴鲁整理成多达1700行的《蒙古族婚礼歌》。1983年,郭尔罗斯《蒙古族婚礼歌》由中国民间文艺出版社出版,它在目前蒙古族婚礼礼仪歌中是最原始也是最经典的。

蒙古族民歌按音乐特点可分为长调和短调。长调民歌是反映蒙古族游牧生活的一种牧歌式体裁,尤其是长调叙事民歌一般有较长的篇幅。长调演唱时的特点是词少音长,气息宽广,情感深沉,高亢悠远,节奏舒缓自由,既宜于叙事,又长于抒情,并有独特而细腻的颤音装饰,表达了蒙古族人独有的深情。长调一般流行于牧区,据内蒙古自治区人民政府相关网站资料,长调民歌用蒙古语歌唱,且因地区不同而风格各异。如锡林郭勒草原的长调民歌,声音嘹亮悠长,流行有《小黄马》、《走马》等;呼伦贝尔草原的长调民歌则热情奔放,有《辽阔草原》、《盗马姑娘》等;阿拉善地区的民歌节奏缓慢,流行有《富饶辽阔的阿拉善》、《辞行》等;科尔沁草原的民歌以抒情为主,流行的有《思乡曲》、《威风矫健的马》等;昭乌达草原流行的民歌有《翠玲》、《孟阳》等。长调民歌在一些长音的演唱上,可以根据演唱者的情绪自由延长,从旋律风格及唱腔上具有辽阔、豪爽、粗犷的草原民歌特色。

短调民歌。与长调民歌明显不同的是,短调民歌篇幅较短小,曲调紧凑,节奏整齐、鲜明,音域相对窄一些;一般是两行,有韵的两句式或四句式,节拍比较固定;歌词简单,但不呆板,其特点在音韵上广泛运用叠字。短调民歌主要流行于蒙汉杂居的半农半牧区,往往是即兴歌唱,灵活性很强。流行的有《锡巴喇嘛》《成吉思汗的两匹青马》《美酒醇如香蜜》《拉骆驼的哥哥十二属相》等。短调民歌流行在沃野千里的河套平原、土默川平原及内蒙古自治区其他农业和半农半牧区的广大地区。短调民歌也叫爬山调、山曲儿,多用汉语演唱。所以,不仅内蒙古西部地区的蒙古族人喜欢唱,当地的汉族和其他民族的人也喜欢唱这种山曲儿。

松原蒙古族歌舞应从辽远的隋唐渤海国时代已产生并流传,只不过鲜有文字记载。蒙古民族的歌和舞一向是相伴相生的。蒙古族的舞蹈节奏欢快,动作刚劲有力,以抖肩、揉臂和马步为其最大特色,表现了蒙古族人民淳朴、热情、粗犷的气质。

松原蒙古族民间舞蹈一般含有两部分,一是古朴典雅的民间舞蹈,即安代舞、盅碗舞、筷子舞等;二是寓意深刻的古典宗教舞蹈—查玛舞。安代舞最初是用来治病的宗教性舞蹈,内容含有祈求神灵庇佑、祛魔消灾的意思,后来才逐渐演变为用以表达思想感情的民族民间舞蹈。该舞在集体表演时,队列呈圆形,一人领唱,众人相和,载歌载舞。舞蹈风格热烈奔放、朴实刚健,自娱性很强。

筷子舞。一般由男性艺人在喜庆节日里单人表演。舞者右手执一把筷子,半蹲姿势,边唱民歌,边用筷子敲击手掌、肩部、腰部、腿部,有时旋转敲击地面,节奏由慢渐快。伴奏乐器有三弦、四胡、扬琴、笛子等。

盅子舞。又称打盅子,一般由男性艺人在节日欢宴时独舞。开始时,艺人席地而坐,左右手各握两个盅子,随着音乐的节奏,每一拍碰击一下盅子,使其发出悦耳的声响。然后舞者起立,双手边碰击盅子边舞,双脚一前一后踏动,形成"手在舞、腰在扭、眼跟手、脚步稳"的典雅优美的舞姿。伴奏乐器有三弦、扬琴、四胡、笛子等。曲调采用当地流行的民歌。

摔跤舞。俗称"二鬼摔跤"。属面具舞,为北方特有民族舞蹈之一。舞蹈一人二角,表演者身背一长型木制架,架上用布缝制两个木偶形象的摔跤手,两者身着各色官服,头戴雁翎缨帽,两只假臂相互紧抱,各做摔跤状;木架下遮布幔,演者两手做脚,四肢踏地,四靴靴尖相向。饰者随鼓乐节奏,摔打起舞。表演套路主要有"地空旋转"、"双滚"、"前后跳跃"等,动作幽默逼真,舞姿粗犷豪放。

查玛舞。是蒙古族宗教舞蹈,汉译为"跳鬼"之意,明代中叶从西藏传入内蒙古草原,在各地寺庙中流行。由于教派不同,寺庙的规格不一,查玛舞的形式也有差异,但总的来说,都是反映人们娱神破灾、图腾崇拜的一种心理。所以在有蒙古族寺庙的地方,查玛舞都久跳不衰。查玛舞的情节均以"佛法无边"为核心主题。随着历史的变迁,查玛舞也从娱神逐渐演变为娱人。查玛舞有大、中、小的区别,参舞人数分别为130人、60人、20人左右。舞者一般都头戴各种鬼怪面具,手执法器或刀、矛,着彩色服装,在打击乐器鼓、镲、铙钹及大号的伴奏下有韵律地舞蹈。在庙会上表演的大场查玛舞以队舞为主,中间穿插独舞、双人、三人、四人舞。查玛舞动作粗犷,气势恢宏。

松原前郭县的查玛舞在长期的流传过程中,喇嘛艺术家们努力吸收民间舞蹈形式,对其进行改造,使之逐渐民族化,更为接近民众,成为蒙古民族的宗教舞蹈艺术。1953年,郭尔罗斯前旗查干河文化站的查玛舞队第一次把查玛舞由寺庙搬上了舞台,也使查玛舞的舞蹈动作更加规范化。2002年7月,在前郭县查干淖尔广场的舞台上,首演了情节完整、堪称舞剧的11场"依赫查玛",使在前郭县失传了近70年的大查玛舞被完整地挖掘出来。目前查玛舞也被广泛用于松原前郭尔罗斯冬捕等蒙古族传统仪式中。

(二)松原蒙古族歌舞的特点

据阿汝汗主编的《松原文化述略》中对郭尔罗斯民歌的介绍,公元16世纪时期,科尔沁部蒙古占据了嫩江、洮儿河流域的广大地区。当时的郭尔罗斯是科尔沁十旗政治、经济、文化的中心。清代(1644—1911年)哲里木盟府所在地即为郭尔罗斯前旗的卡拉木(今哈拉毛都镇)。当时流传在这一带的蒙古族民歌《天上的风》、《雁》等最为古老,歌词语言古朴、雄壮,曲调高亢、缓慢,是13世纪的时代产物。在19世纪到20世纪初,居住在大凌河沿岸具有较高文化的原卓索图盟人北移到了松花江、嫩江流域。他们把蒙古族的文化也带到了这些地方,特别是蒙古族民歌。这时,蒙古族民歌也随之由室外音乐进入室内表演,"长调"变"短调",这种变革是这一时期郭尔罗斯蒙古族民歌的一大特点。郭尔罗斯蒙古族本土民歌多数产生于20世纪初至40年代。这一时期出现了许多著名的艺人和歌手,如那音太、青宝、白音仓布、乌拉、金·桑吉扎布等,给后人留下了丰富的文化艺术遗产和精神财富。歌中唱述的都是发生在人们身边的真人真事,经艺人创作和艺术加工而成,如《英雄的陶克陶胡》、《龙梅》、《高小姐》、《八月》、《水灵洪格尔》、《金姐》、《铁秀英》、《三月》等和一套完整的蒙古族《婚礼歌》。《龙梅》是一首叙事情歌,龙梅是郭尔罗斯花淖屯的一位姑娘的名字。花淖屯附近的黑帝庙里的庙奴中有一个名叫艾力乌贵的年轻人,他深深地爱着龙梅。他用蒙古琴书曲调《赞山水》,给龙梅编了一首歌,这首歌被人听见,一个传一个,慢慢地就唱开了。后来经过民间艺人努拉的加工、创作翻新,使曲调更加优美,歌词也更加动人,《龙梅》这首民歌最后形成,后来还灌制了唱片。1990 年,《龙梅》同另一首蒙古族民歌《水灵洪格尔》以及民间艺人灵月老人演唱的 20 多首蒙古族民歌,均被载入《中国民族民间歌曲集成·吉林卷》中。

根据苏赫巴鲁先生的系统梳理和分类,郭尔罗斯蒙古族民歌题材大体上可分两类。一是按曲调分类,也称之为音乐分类。这些民歌可分为"乌日图道"(即长调)和"宝古尼道"(即短调)以及呼尔尼勒道(叙事民歌)。但是,产生在郭尔罗斯的蒙古族民歌,长调极少,短调甚多;抒情民歌甚少,叙事民歌极多,每首叙事民歌都能叙述一个故事,有的完整,有的是片段,等等不一。在蒙古族的《婚礼歌》中,还能捕捉到当年长调的音律和痕迹。但随着专业婚礼歌手的故去,能唱《婚礼歌》的人越来越少了,也就是说长调蒙古族民歌也就越来越少,这也是当今郭尔罗斯蒙古族民歌的一大特点。

与其他民族不同的是,蒙古族民歌具有训谕的作用。因此这些民歌又可分为"图林道"(即雅乐,也称正歌)和"育林道"(即俗乐,也称副歌)两种。"图林道"内容严肃。由已故民间艺术家、故事家青宝、白音仓布胡尔沁根据旺钦巴勒、尹湛纳希著《大元盛世蒙古青史演义》中"五箭训子"的故事,编创出的套曲《折箭同义》(5 首)就是此类民歌;再如《英雄的陶克陶胡》、《赞马》、《嘎达梅林》、《成吉思汗之歌》等也都属于此类民歌,适于在正式而庄重的场合演唱。除以上在庄严活动的正式场合演唱的以外,其他民歌都属于"育林道"。育林道这一类的民歌在郭尔罗斯蒙古族民歌中数量最多,而且叙事情歌占主要地位,如《龙梅》、《高小姐》、《金姐》、《铁秀英》,以及《波茹来》、《十二属》、《祝酒歌》等。图林道大体包括"玛克塔林道"(赞歌)、好日民道(婚礼歌)、"乃林道"(宴歌)和"苏日嘎林道"(教诲歌)等。育林道大体包括"依那嘎道"(情歌)、"萨那林道"(思念歌)、"嘎斯愣道"(苦歌)、"高木达林道"(怨恨歌)、"耿西乐道"(摇篮曲及游戏歌)及"太嗨林道"(祭祀歌)、"博道"(萨满调)、"安代道"(安代歌)等。

音乐和乐器。马头琴是蒙古族民众最喜爱的民族乐器。因为琴杆的上端雕有一个很精致的马头,所以叫"马头琴"。演奏马头琴的人多半是独奏,或是自拉自唱。马头琴的声音辽阔低沉,悠扬动听,仿佛把人们带进茫茫无边的草原。其演奏技法成熟完备,表现力非常丰富,既可表现蒙古族粗犷豪放、浩瀚深沉的性格,又可表达出圆润婉转、如歌如泣的效果。

松原不仅蒙古族歌舞地域特点鲜明,马头琴及马头琴专业演奏更是闻名遐迩、蜚声乐坛。2004 年,中国第一家马头琴专业团体——前郭县马头琴乐团在前郭县民族歌舞团成立,成员 50 余人。2006 年 8 月 4 日,前郭县被文化部和中国民族管弦乐学会命名为"中国马头琴之乡"。2006 年 9 月 1 日,在庆祝前郭尔罗斯蒙古族自治县成立 50 周年大会上,1199 人表演的马头琴齐奏《腾飞的前郭尔罗斯》、《查干湖》,申报"马头琴演奏规模最大、人数最多"的吉尼斯世界纪录获得成功。吉尼斯世界纪录英国总部纪录总管马克·弗里加迪先生亲来颁发证书。2008 年 7 月 15 日,在松原市奥运火炬传递启动仪式上,2008 人表演的马头琴齐奏《永恒的圣火》等曲目,向世人展示蒙古族文化的魅力,表达蒙古族人民特有的欢快和喜悦之情。参加演出的演奏者最小的8 岁,最大的 65 岁。这次演出是继 2006 年 1199 人齐奏马头琴创下吉尼斯世界纪录后,又一次创下的新的吉尼斯世界纪录并保持至今无人超越。

松原前郭尔罗斯蒙古族歌舞和马头琴表演,是这里的蒙古族人民生产生活方式、风俗习惯、性格特点、兴趣爱好、宗教信仰等的艺术再现。虽说这里蒙古族歌舞产生的历史并不是十分悠久,但它具有鲜明的地域特色和文化内涵,并因此被列入国家级非物质文化遗产名录。

二、满族歌舞的历史源流与发展

(一)满族歌舞的历史发展

满族及其先民多以游牧围猎为生,长期的野外劳动和简单的生产方式,形成了满族人乐观、开朗、豁达的性格。满族人能歌善舞,祭祀、喜庆、节令无不歌之舞之。歌与舞紧密相连,甚至满族的戏剧都饱含满族歌舞的元素,比如满族新城戏,就是载歌载舞的戏剧,可见满族歌舞的历史源远流长。

满族音乐旋律简约、朴实,音程跳动棱角分明,节奏短促有力、富有弹性,呈现出热烈欢快、质朴豪爽的风格。

满族民间传统音乐历史源远流长。从三国到隋唐辽金时期,都有很多关于女真族歌舞的记载。"渤海乐"的《新靺鞨》,"女真乐"的《鹧鸪》、《臻篷篷歌》,满族民歌《出征歌》、《子孙万代歌》等,后被宫廷用于典礼、祭祀、宴飨而日趋高雅化。《鹧鸪》是产生于松辽地区的典型女真族民间歌曲,旋律美妙、婉转动听。渤海乐舞成为渤海国、日本国的宫廷乐舞,女真乐舞用于大金朝宫廷活动,形成了满族宫廷音乐中的渤海乐以及后来金代和清代的宫廷乐。

渤海乐。它具有多元文化融合的特点,既传承了满族先人肃慎、挹娄、勿吉的艺术传统,又汲取了扶余、高句丽和汉族的艺术精华,具有较高的艺术造诣。渤海政权设有管理音乐舞蹈的专门机构"太常寺",不断推动宫廷音乐及舞蹈艺术的发展。

金代宫廷音乐。它沿用渤海乐,并由教坊继续指导和推进宫廷礼乐和祭祀乐的发展。常用于宫廷朝仪庆典活动的曲目有《殿庭乐歌》、《泰宁之曲》、《和宁之曲》、《嘉禾之曲》、《王道明之曲》、《万寿无疆之曲》等。用于祭祀的有《郊祀乐歌》、《方丘乐歌》、《丰宁之曲》、《大安之曲》、《大惠之曲》、《大均之曲》和《宗庙乐歌》等。

清代宫廷音乐。清宫廷设乐部管理宫廷乐礼,并使礼乐随朝代更迭而不断发扬光大。康乾时代贡献尤其大些,乾隆时期重定《诗经》乐谱,光绪末年仿照欧美制军乐、定国歌。此时的宫廷乐中已融入包括汉民族在内的诸多民族音乐,繁荣一时。

满族音乐还包括萨满乐和鼓吹乐。萨满乐保留了传统的祭祀音乐传统,野性、原始、神秘。鼓吹乐属于助兴音乐,多用于各种婚丧嫁娶等活动,保留了民间音乐的传统特点。

满族舞蹈刚健、威武、剽悍、热烈、火爆,歌舞形态尽展奋武之容。著名的是"莽式空齐"舞。在丰富多彩的歌舞中,"莽式空齐"和"鞑子秧歌"最具典型。"莽式空齐"是满族盛传之传统歌舞,"满洲大宴会,主家男女,也必更迭起舞。大率举一袖于额,反一袖于背,盘旋作势,曰'莽式'。""中一人歌,众皆以'空齐'二字和之,谓之'空齐'。"由此观之,"莽式"为舞,"空齐"为歌,有男蟒式、女蟒式之分。① 表演时两人相对而舞,众人拍手而歌为其伴唱。满族舞

---

① 参见阿汝汗主编:《松原文化述略》,时代文艺出版社 2009 年版,第 387 页。

蹈逢喜庆宴会酒至半酣时,主人和宾客即兴起舞,边跳边唱,朴实而又热烈,这与朝鲜族歌舞有相似之处。不同的是由于满族是马上民族,其舞蹈中保留了许多与骑马狩猎有关的内容,满语的本意是画成"鬼脸"的皮制面具。表演时一些人戴上这种面具装扮妖魔鬼怪、狼虫虎豹,另一些人则扮成猎手,交替起舞并作搏斗厮杀之状,最后以猎手降服妖魔鬼怪、狼虫虎豹而告终。

"莽式舞"表演有九折十八势,九折:起式、拍水、穿针、吉祥步、单奔马、双奔马、怪蟒出洞、大小盘龙、大圆场。十八式:手、脚、腰各三式,肩、转、走各两式,鼓三式。

"鞑子秧歌"就是东北满族秧歌。满、汉皆有秧歌,既各有特色,又相互吸收发展。表演服装和道具与清代八旗制度密切相关,舞队的行进方式(俗称"走阵")也来自作战时的阵法,舞姿粗犷豪迈,别具特色。满族秧歌多在正月十五元宵夜表演,表演者前有持伞灯似卖膏药之人,后有扮演各式角色,手持圆木相击对舞,以锣鼓伴奏,歌舞更迭。

"马闲秋草后,人醉晚风前。莽式空齐舞,逍遥二十年"。清代诗人扬宾写出了满族舞蹈的风格。

在满族民间,还有许多沿袭传统或与其他民族文化融合形成的歌舞形式。如萨满祭神时边唱边跳的表演,能根据所祭神的不同,模仿出虎、豹、熊、鹰、鹿等各种动作,民族特色十分突出。满族的太平鼓舞据说是乾隆年间八旗军队获胜凯旋时表演的舞蹈。鼓形类似团扇,铁条为架,羊皮蒙面,鼓柄饰以铁环,舞时以鼓鞭敲击鼓面,铁环随着鼓鞭抖动作响,再配合不断变化的舞姿舞步,既铿锵有力又优美活泼。还有表现满族人民劳动、祭祀、游戏、出征和日常生活的民歌、儿歌。其中有渔民号子《跑南海》、山歌《开山调》、牧歌《溜响鞭》、《挖人参》、《蚕姑姑》等;反映民间生活的有《巴音波罗》、《轱辘冰》、《喜歌》等;反映爱情的有《伊勒哈穆克》、《红绒线》、《烟荷包》、《十二月》等;游戏歌有《抓嘎拉哈》、《拍手歌》;反映出征内容的有《出征歌》、《八角鼓咚咚》;反映妇女生活的有《丹查拉米》;儿歌有《干草垛插金刀》、《风来咯》等。

腰铃舞。因角色腰系"腰铃"(腰带上垂挂 20—30 个铃铛故称腰铃)而得名。该舞是以满族民间太平鼓以及萨满祭祀神时的扭唱身段为基础,经筛选提炼、艺术加工与戏曲表演组合而成的一种满族集体舞蹈,分群舞、对舞。人物扮相中有老萨满一人,头带神帽,左手持"抓鼓"、右手持鼓鞭,小萨满 8 人

（男女各 4 人），双手各持一个"红箍"（形似哑铃而不哑）。老萨满和小萨满皆系腰铃，腰身随着击鼓及唱和而有节奏地摇摆，撞击铜铃发出强、弱、快、慢而铿锵的响声，有"歌伴舞"亦有"舞伴歌"。此舞多用祭祖、祭神、婚礼及驱邪赶妖。如将太平鼓栓于马后，则产生助战气氛，使场面更加热烈。为表现主题，其舞蹈语汇是模仿被神话了的蟒神、鹰神的神行动作。老萨满似神莽，时而跪卧平川，时而蠕动翻身，动作矫健；小萨满们形似神鹰，时而金鸡独立，时而抖羽展翅，神形雄健。他们舞蹈互为配合，神勇威武，刚健沉稳，挺拔多姿，粗犷火爆，表现了神威和战胜邪恶的精神锐气。

寸子舞。系满族戏目里的女性集体舞，4、6、8 人表演均可。为满族妇女旗装装扮，脚穿寸子鞋（也称花盆底鞋），此舞亦由此而得名。此舞依据满族的"莽式空齐"舞，中间掺杂抿鬓、整装、礼仪、趋拜等动作，经过艺术加工组合而成。舞蹈端庄典雅，轻巧敏捷，娴熟妩媚，娇憨活泼。该舞多用于朝典庆祝、宫廷宴饮、喜兴嘉会等场面。

萨满舞。最初是指萨满教巫师在祭祀、驱邪、祛病等活动中的舞蹈。萨满一词原意即为因兴奋而狂舞者，后衍为萨满教巫师的称谓。萨满舞舞蹈时，巫师服装饰以兽骨、兽牙，所执抓鼓既是法器又是伴奏乐器，有的头戴鹿角帽、熊头帽或饰以鹰翎，动作也大抵模拟野兽或雄鹰。萨满舞虽有迷信的一面，但它对各族民间舞蹈的形成和发展都有很大影响。在松原地方的舞台上演出的一些民族舞蹈如"单鼓舞"、"腰铃舞"等都是从萨满舞改编而来。

太平鼓舞。亦称"单鼓舞"，源于汉军旗人打旗仪式，在很大程度上吸收了原始萨满舞的一些舞蹈程式。此舞系男女角色的集体舞蹈。表演时，演员左手持单鼓，右手持鼓鞭，舞蹈表演动作有包头鼓、双顶鼓、单纺线、双纺线、侧片鼓、背鼓、双絮线、抬腿花、里腕花、外腕花、平鼓等动作。多用于祭祀、庆祝胜利等场面。

马舞。根据满族古代骑射的历史生活而创编的一种骑马舞蹈，舞姿亦吸收戏曲中的传统"趟马"程式动作。此舞多见于单人策马疾行，亦见于群体圆场奔腾。

格格舞。乾隆九年，奉旨到拉林屯垦戍边的京籍旗人保留下来的一种宫廷舞，是京旗文化艺术的组成部分。舞蹈要求女子穿满族格格服装，男子着满族武士服装，舞起来高雅庄重，充分展示满族人民对未来生活的美好憧憬。

满族民歌内容丰富,较之汉族民歌,多了一些渔、猎、牧劳动场景和八旗兵出征场面及思念亲人等内容的歌曲。其歌词语言通俗、活泼,旋律质朴、简明。流传在农村的满族民歌这一特征更为明显。

(二)满族歌舞的特点

满族歌舞充分表现了满族先民的文化品格和审美风格。剽悍、尚武、刚健、勇猛、矫捷、乐观、通达、崇拜神祇的风俗,与大自然融合为一的精神境界和自然神祇观念,在这些精神内涵的支撑下形成满族歌舞质朴、清新、明快、健康、奔放、典雅、端庄的特点。

寸子舞、格格舞舞起来端庄典雅,高雅庄重,轻巧敏捷,娴熟妩媚,娇憨活泼,在喜庆的场面中充分展示满族人民对未来生活的美好憧憬。

腰铃舞场面热烈,神勇威武,刚健沉稳,挺拔多姿,粗犷火爆,表现了神威和战胜邪恶的精神锐气。

马舞是根据满族古代骑射的历史生活而创编的一种骑马舞蹈,舞姿亦吸收戏曲中的传统"趟马"程式动作。此舞多见于单人策马疾行,亦见于群体圆场奔腾。太平鼓舞多用于祭祀、庆祝胜利等场面,表现了满族先民威武雄壮、生龙活虎的性格特点。

满族歌舞最大的特点,或许正在于它所体现的满族人热爱生活、热爱大自然、不怕艰苦、攻坚克难、光彩四射的民族精神。

三、朝鲜族歌舞的历史源流与发展

(一)朝鲜族歌舞的历史发展

清朝末期至中华民国初期,朝鲜半岛的很多民众流入中国,分别定居于吉林、辽宁、黑龙江3省,加入中华民族的大家庭,成为中国的朝鲜族。

生活在松原地区的朝鲜族同松原的满蒙等民族一样,更"喜饮酒歌舞"。其民族的传统乐器、歌曲和舞蹈特色鲜明,在松辽地区朝鲜族居住处不断流行与发展。

朝鲜族乐器主要有伽倻琴、洞箫、唢呐、长鼓、圆鼓和铜锣类的铮、小金等。这些乐器既可演奏民间乐曲,又可为歌舞进行伴奏,一般都以固有的3/4节拍为节奏,体现了本民族音乐的显著特点。早期民间流行的主要歌曲,一般都属于一领众合、载歌载舞的演唱形式。其中既有约定俗成的歌词,也有随时的即兴填词,注重气氛热烈,场面欢腾,抒发各种激动的思想感情。旋律约定俗成,唱词可以因地制宜、即兴而出,这是朝鲜族民间歌曲的一个特征。因此,男女老少不必现学,均能根据特定环境轻松自如地你唱我合。

舞蹈是朝鲜民族具有悠久传统的文化艺术,数量很多。《农乐舞》、《僧舞》、《初目舞》、《鹤舞》、《刀舞》、《绩麻舞》、《牙拍舞》、《背架舞》、《阳山道》、《龟舞》、《狮子舞》、《长鼓舞》、《手舞》、《扇子舞》、《萨尔普里》、《手拍舞》、《巫舞》等共计 30 余种。传统的朝鲜舞蹈不仅题材广泛、舞姿优美、色彩艳丽,而且在思想内容和表现形式方面,具有鲜明的民族特色。例如:《农乐舞》是朝鲜族代表性的大型民俗乐舞,源于朝鲜"三国"(高丽、百济、新罗)时期的"农乐游戏",其主题思想却明显出自汉族"以农为本"的传统观念。《鹤舞》是朝鲜族的传统表演舞蹈,外在形式展现鹤翔长空的优美姿态,内在含义则继承东北古代民族高句骊时代的崇鹤传统。

(二)朝鲜族歌舞的特点

根据阿汝汗主编的《松原文化述略》,很早以前,在松原的朝鲜族聚居地就有了朝鲜族自己的农乐舞的表演者;新中国成立以后,在前郭县的鲜丰村等地曾自发地组织起农乐舞队。因为有了这些民间艺人的存在,朝鲜族舞蹈一代一代传承下来,源远流长,经久不衰,最终成为朝鲜族民间舞蹈的代表和象征。

农乐舞。表演以打击乐器锣鼓为先导,领衔者为一打铜锣者,舞蹈的开始、中间的变换及结尾,均由打锣者指挥。表演农乐舞时,必须有一位打旗的人,旗上要写上"农者天下之大本也"8 个大字,站在打锣者之前,尽情舞动,满怀豪情。在农乐舞的表演中,没有演员和演奏者之分,一般都是演员一边演奏一边舞蹈。在农乐舞的乐器编组中,过去一般分为大编组、中编组、小编组等。大编组包括铜锣、铮、大鼓、小鼓、洁鼓、长鼓、大平箫、螺角等乐器的演奏者 53人,另外还有令旗、杂色等。农乐舞的音乐具有独特的多样旋律,称作"十二拍"。"十二拍"是按照舞蹈构成的方法排列的,并以此规定它的舞蹈运作和构图。农乐舞的表演是一个大型的综合性舞蹈,其全部演出需要几个小时才能完成,既能表现生动活泼、热烈火爆的欢乐气氛,又能体现出一种奋发向上、昂扬积极的气概,是中国传统社会农业文明时代艺术的代表,充分反映了农耕文明的价值观。

象帽舞。属于独特的技巧表演,舞者以颈的力量频频摇动头部,使所戴象帽的飘带旋转如风,似车轮飞转般在舞者头顶和身体前、后、左、右划出种种光辉耀眼的美丽彩环。象帽以飘带的长度分大、中、小3种,长者达12米,短者仅1.5米,介于中间为中象帽。甩象帽的动作花样翻新,含"平甩象"、"左右甩象"及"主甩象"和"抖露珠象"等,能够边甩边跳跃,表演出"甩象跨步"和"伏身甩象"等高难动作。象帽舞表现了朝鲜族民族乐天、豪迈、激情洋溢的民族特点。

顶水舞。因舞者头顶水罐起舞而得名,是朝鲜族女性表演的传统舞蹈。朝鲜族妇女习惯用头部顶着器物行走,在插秧、锄草季节,妇女们常头顶水罐将饮水或米酒等送至田间地头。顶水舞即在这种生活习俗基础上形成,成为当地群众最广泛的民间舞蹈之一。舞者顶的水罐原是生活中的实物,后来为了便于起舞,多使用纸糊的罐型道具,在表层上绘以漂亮的花纹,轻巧别致。顶水舞以"挫垫步"、"踏波步"、"碎步"为基本步伐,主要动作有"甜泉舀水"、"玉指弹珠"等。舞蹈通过模拟顶罐行进中的各种动作,抒发欢乐喜悦的内心感情,舞姿轻松优美。

第十二章　宗教文化

松原地区的宗教文化主要涵盖萨满信仰与民间文化、道教文化、藏传佛教文化、基督教文化、伊斯兰教文化与天主教文化。不同历史时期松原地区的宗教信仰是不同的,萨满教为松原的原始宗教信仰,道教、藏传佛教、基督教、伊斯兰教、天主教先后传入松原,打破了松原单一宗教信仰的格局。经过历史的沉淀,在松原境内至今仍有藏传佛教、道教、基督教、伊斯兰教、天主教的宗教建筑。信仰不同、宗教建筑的风格各异,使得各类宗教活动成为松原宗教文化一道道亮丽的风景。

第一节　萨满信仰与民间文化

萨满教为通古斯语族各族及阿尔泰语系各族共同信仰的、以氏族为核心、以万物有灵为主旨,由自然崇拜、图腾崇拜、祖先崇拜等共同构成的信奉多神的一种原始宗教。"萨满"一词源出通古斯语,在中国境内的满、锡伯、鄂伦春、鄂温克、赫哲等族使用通古斯语的族群中通用,意为"激动"、"狂怒",汉语意为"巫师",《乌布西奔妈妈》中释为"晓彻",即最通达、了解神意之人。宋人徐梦莘在《三朝北盟会编》中有"珊曼者,女真语巫妪也"。"珊曼"即"萨满",为代神行事、庇护氏族之人。在通古斯语之外的其他信仰萨满教的语族中,对"萨满"则有不同称谓,如古代突厥语民族称之为"喀木"、维吾尔人称之为"巴克西",哈萨克人称之为"巴克塞",蒙古人称男萨满为"勃额"、女萨满为"奥德根",达斡尔人称之为"雅德根",等等。松原地区萨满信仰与民间文化主要分满族萨满信仰与蒙古族勃额教信仰两部分。

一、萨满信仰

松原地区的萨满信仰主要体现了对山神、火神、雷神、天神的自然崇拜以及对动物、植物的图腾崇拜和对灵魂不灭的祖先崇拜。其中,蒙古族的祭"敖包"就是典型的多神信仰。"敖包"也叫"鄂博",是堆子的意思。"敖包"所祭之神有自然神中的天神、土地神、河神、雨神、风神和动物神中的羊神、牛神、马神等,每年按季节定期供祭,由萨满司祭,祈求神灵保佑人们安宁和生产丰收。在伪满洲国以前,蒙古王公贵族及一些富裕人家还出现了自家修的"家敖包"。

(一)自然崇拜

自然崇拜在原始宗教信仰中较为常见,松原地区满族、蒙古族虽然都崇拜天地神、山神、火神、水神,但在具体的祭祀上也是有所区别的(参见表12-1)。在松原地区萨满教的自然崇拜中,保存较为完整的祭祀仪式主要有今宁江区满族祭祀松花江的"鳇鱼祭"仪式、今前郭县的蒙古族祭祀查干湖"祭湖·醒网"仪式与祭敖包仪式。

表 12-1　松原地区满族、蒙古族自然崇拜比较表

	满族(今宁江区)	蒙古族(今前郭县)
天地神	端午节祭祀松花江	
山神		不儿罕山
火神		农历腊月二十三祭"火神爷"
水神	端午节祭祀松花江(江神、河神)	农历腊月初祭祀查干湖
特有祭祀		祭敖包

(二)图腾崇拜

松原萨满信仰的图腾崇拜主要包括对鸟、蛇、虎、熊等动物的崇拜,在松原地区的萨满祭祀活动中仍然可以看到对"神鸟"的崇拜。此神鸟指的是乌鸦,在扶余县满族人的祭神仪式"祭苏拉竿"中,祭祀者"把猪肉皮剥下,取其耳、尾、肠、肝少许,放进苏拉竿上的锡斗中,以供过往乌鸦食用(因为传说中它们曾救过满族人祖先的命,故被称为'神鸟')"①。蒙古族的图腾崇拜主要是对苍狼、白鹿、熊、牤牛、天鹅、鹰等的崇拜。

(三)祖先崇拜

松原市满族的祖先崇拜主要表现在宁江区满族祭祀松花江的"鳇鱼祭"仪式中,出现满族先祖的牌位。扶余县满族的祭神仪式为家祭,亦属祖先崇拜(其祭祀仪式将在下文详述)。

二、萨满祭祀

萨满祭祀是萨满教的核心和表现形式,具有丰富的历史文化内涵,是在信仰萨满教的民族中对祖先灵魂不死观念的延续。"萨满"被视为能够洞察天机、传达神谕之人,是沟通人与神的桥梁和纽带,是萨满祭祀活动的组织者、指导者、主祭者。作为祭祀的核心人物,"萨满"分为"家萨满"与"野萨满"两种性质完全不同的"萨满"。其中"家萨满"是主持家祭、专门从事祭祀祖先或还愿的萨满;"野萨满"是主持野祭(即跳大神)、请神附体给人治病的萨满。

(一)满族家萨满与家祭

"家祭"是"家神祭祀"的简称,主要有常例祭、烧官香、许愿祭、续谱兼祭祖等4种方式。家祭的主持者为"家萨满"。"家萨满"没有义务给人治病,平时也没有什么特权,仅为氏族的普通一员,仅在家祭活动举行时,才戴神帽、穿神服,履行家萨满的职能。家萨满学习培训的内容主要与祖先祭祀的家祭有关。

1.祭祀神器。

新萨满通过学习来掌握萨满祭祀的规程、礼仪、族史掌故、先代谱系以及神法;学会使用神器的规矩、用法、动作要领以及武功打斗格式;掌握神赞或舞蹈的步伐;练习嗓音、步法和跳跃以及敲抓鼓、甩腰玲的动作。他们边唱、边跳、边跑、边敲,直到能走、能跳、能跑、能攀、能爬、能滚等。②

神器是萨满从事祭祀活动必须使用的各种工具的统称。按类别划分,有

---

① 吴战林:《简介扶余满族人的祭神仪式》,中国人民政治协商会议吉林省扶余县委员会文史资料研究委员会办公室编印:《扶余文史资料》(第三辑),1985年内部资料,第42页。

② 参见波·少布:《黑龙江满族》,哈尔滨出版社2008年版,第271页。

祭祀用的,有披挂饰物用的,有请神、通神用的;按使用方式划分,有敲打的响器,有摆放和祭祀的祭具。

神鼓:满语称"尼玛琴",俗称抓鼓,是萨满祭祀时经常使用的响器。鼓形不一,有长条形、椭圆形和圆形几种。鼓面以狍、牛、马、驴、羊等皮革蒙面,并缀有铜钱,把手在鼓背中间,鼓面绘有神界图案。根据祭祀场所不同,分别使用单点、老三点、快三点等不同击法。神鼓代表云涛,灵魂借神鼓之力飞天入地,无所不能。

抬鼓:满语为"通肯"。早期制作工艺简单,地上插 4 个能够围成圆形、椭圆形等形状的木桩,或者将树干锯断,用大牛皮等包上绷紧,兽皮晒干后用棍棒敲击。

扎板:满语称"恰拉器"、"卡拉器",俗称拍板,布条穿于 3 根板条的一端,类似于汉族的竹板。在萨满祭祀中扎板代表神的步履,请神或送神时有 20—30 人或 5—6 人同时使用。

腰铃:满语称"西沙",是萨满祭祀中必备的响器。原始的腰铃为石头制作,后为铁质或铜质,形状似细长喇叭筒。腰铃撞击,意味着萨满升入自然宇宙,身边风雷交鸣,行途遥远广阔。腰铃响不是人摇动的,是神的支配,是神来、神走时震动的声音。有时腰铃撞击就响,这便是神来了。腰铃又是镇邪器,哪有妖魔鬼怪,放上腰铃就能镇住,保佑太平无事。

铜铃铛:满语称"轰务",在萨满祭祀中代表魂魄精灵,也是神,象征着神灵的踪迹。是萨满神器中声音最清脆的响器。铜铃不受人的支配、控制,它可以自己出行,还可以化成各种各样的动物。

铜镜:满语称"托利",有艾新托利(金镜)、蒙温托利(银镜)等,无柄,尺寸大小不等。是光明的象征,降魔除妖的武器,族人安全的守护神,无论哪里有险情,只要有铜镜出现,就会化险为夷。

神龛:满语称"喔车库",是祭拜散神的地方。

神匣:是放神书、神偶、祭规等神物的地方。

哈马刀:也称蛤蟆刀,护法神器,铜质,形似匕首,刀脊、刀柄处分别缀有金属链。

神帽:满语称"央色"。人们认为鸟是生命、灵魂的所居,它能翔天与各神交往。萨满神帽多饰鸟,鸟的数目不大,有 3、5、7、9、13、17、25 各种。各姓神帽多表现所祭祀自然宇宙大神的数目、内容及神权范围,有以江河神为主祭内容者,也有以山川莽林各神为崇信对象者。

神竿:满语称"索木",代表通天之意,并达"九天",即天之最高层。祭祀时以猪血蘸竿头,意谓天神享食,并扎草把,内夹猪身诸部位之一部分,绑于竿上,以享天穹。然后,将神竿送到高山清洁处,或送江中漂走,也有的存放在院中西南方立的石柱上,待来年祭时换新竿,并将旧者送走。

神石:祭天时在院内支祭锅的石头,一般为 3 块大石。祭锅内煮小肉饭,祭家在室外设食,祭供。祭后神石不能乱扔,而要送到高山上,是对原始户外狩猎生活的模拟。

香炉碗:祭器,木刻,4 寸长许,内盛达子香,也称年期香,以示虔诚。

口琴:满语称"莫库尼",有木质、骨质、铜质 3 种,为家萨满在家祭中用嘴吹奏时使用。

霸王鞭:俗称"罕王鞭",萨满经常在请神到后或送走之前使用。多为木棍,长 3 尺左右,木棍两端凿孔,将数枚铜钱嵌入,再用彩绸或彩纸把木棍裹紧就可以了。

2.家祭程式。

家祭程式是指家神祭祀的程序和步骤,大体为如下 4 步:

第一步是家祭准备。家祭之家在祭祀前要净庭院,祭期内祭家门上悬一束谷草作为标识,严禁僧丐、衣孝、衣狗皮者入内。开祀前一周之内,祭祖之家会同族长,到上次祭祀之家将祖宗匣子请来,祭祀家用年期香净扫炕地院落,叩首迎接,放在净桌之上。祭日和迎祖宗匣日,皆预诹吉日,恭迎祖宗神祭是在黎明时分。祖宗匣请入后,祭家于供桌设祭品。祖宗匣请进屋,下放至南炕桌上,然后斟酒上供。点香悬供,分辈分列行,依次行三拜九叩礼。

第二步是祭饽饽神(打糕祭神)和白天肉神。打糕祭神是满族家祭的第一项内容,它的整个程式包括淘米、镇米、做糕或饽饽、敬神。之后领牲、杀猪、摆件子、敬神,最后阖族分享神赐的阿木孙肉,即祭白天肉神。

第三步是背灯祭。背灯祭是在祭日当夜近 24 点左右举行。祭时最大的特点是背灯,即在黑暗中祭祀。背灯祭喜猪肉,外姓人不得吃;背灯祭结束便撤供,萨满将祭祖的神器请回祖宗匣子,安置于西墙祖宗板上。背灯祭过程中门窗紧闭,族人不得有半点声响,而神刀、腰铃、卡拉器却奏出沉重和谐的音响,象征着众夜神在风中云里行走的脚步声,萨满祝辞也多至 3 次或 4 次。

第四步是院祭、换锁。院祭是紧接背灯祭的又一祭式,也叫"天祭"或"祭天祭",俗称"祭神杆"。院祭的突出特征是阖族在祭家院中祭祀神杆。神杆一般长 9 尺,代表九层天,它取自最高的也是最圣洁的山上。院祭中萨满要用五谷撒地。祭毕,阖族共餐。院祭整个过程基本在祭家室外的院中进行。

院祭的另一项内容是换锁。换锁是从西墙神龛处扯出一根彩绳,一直拉到室外竖起的柳树上绑好。这个彩色的布条叫锁线。萨满将锁线上的布条取下缠在男孩、女孩脖颈上。男孩带上锁线,长大后就会成为一个骁勇威武的巴图鲁,女孩带着锁线可以长得健康、俊俏。人们把它视为佛陀妈妈赐给的吉祥物,回家放在西炕上,能保佑族中孩子健康平安。仪式完毕,锁线收入黄布袋内,挂在西墙神龛下。再逢祭日,把原来套过的彩线系在锁线上。

在绑着锁线的柳树上还挂着密密麻麻的水团子(黏饽饽),象征着人口众多,孩子们都来抢神树上的水团子,以图吉利。院祭吃剩的骨头和肉必须送到高冈上,或撒到江河中。院祭结束,整个家祭就结束了。①

(二)满族野萨满与野祭

野萨满以请神附体、为人治病为主,以供奉和信仰多种神灵为前提,神辞内容具有浓厚的宗教色彩,跳神过程中唱请神歌、使用昏迷术、模拟术、配合术及舞器术等都是与家祭格格不入的。②

不是所有人都可以成为野萨满,从传统观念来看,有资格成为野萨满的人主要有以下几种情况:一是出生时胎胞不破需割开取出的婴儿长大后一定是萨满;二是重病或怪病久治不愈在请了萨满跳神后好了的人;三是癫痫病好了的人。

从萨满传承来看,主要有三种方式:"神道传授"、"许愿抬神"和"氏族选举"。"神道传授",亦称"神抓萨满","它是指本族先世萨满的灵魂回转,附着于该族某一成员身上,使被附者产生一系列反常举止,出现一些奇特症状,突然间掌握了许多常人难以达到的技能。神抓萨满并无规律可循,并非一代萨满死后,必须传给下一代,世代传承不息。而是在萨满去世后经过一段时间,或数月、数年,或几十年,甚至上百年,前代萨满的灵魂突然选中某一族人

---

① 参见富育光、孟慧英:《满族萨满教研究》,北京大学出版社 1991 年版,第 73—78 页。
② 参见波·少布:《黑龙江满族》,哈尔滨出版社 2008 年版,第 277、278 页。

为萨满,将灵魂附着于其身"。① 这种选择方式是萨满传承过程中最具神秘性和突然性的。

"许愿抬神"为近世萨满传承的主要途径,某些婴儿在出生后不久,即患奇病重症,有些则在青少年时发病,久治不愈,父母往往请来身通法术的萨满为其治病,如仍不能治愈,并被看出系"被神灵选中"所致,父母或家中长辈便在神龛前许愿:如果神灵保佑自己的孩子早日康复,便许诺让孩子在"神前效力",做本族的萨满,为族众服务。②

"氏族选举",即"选举萨满",有的学者认为这是萨满教发展到现代社会后出现的一种萨满传承形式,认为"多数是经过在世的老萨满选定,再通过全氏族的评选和推荐,征得本人及家庭的同意,即可被选定为萨满。这往往是老萨满年事已高,后继无人,适逢族户烧香祭祀之际,由氏族公推数名品德高尚、诚实正派、刻苦好学、积极进取、尊老爱幼、热心氏族事业的青年,由老萨满亲自传授"③。

萨满教最重要的特征是:"萨满精通'脱魂'术,能使(自己或他人)灵魂离开躯体到'别的'世界去。萨满的灵魂通过象征性的、充满虚幻的'其他世界'之行,斡旋于两个世界(天上与地下世界)之间。另外,有的定义还认为:萨满具有凭借'脱魂'通过超越的世界并与之交往的特殊技能,但其条件是:萨满的'脱魂'之行通常为帮助(氏族)集团成员这一特定目的而进行。萨满经常负有解决危机状况的使命,并以自身承担这种危机所带有的痛苦。"④野祭正是"野萨满"使用昏迷术、模拟术、舞器术或配合术来实现请神、神附体、栽种赞神、送神的过程。

三、蒙古族勃额教信仰

蒙古族勃额教也是整个萨满教文化的组成部分。满族与蒙古族萨满信仰均系多神崇拜,而蒙古族称男性萨满为"勃额"或"列耶青",女性萨满为"渥都干"或"奥德根"。目前渥都干大部分已经消失,所以蒙古族的萨满教被称作

---

① 郭淑云:《多维学术视野中的萨满文化》,吉林大学出版社 2005 年版,第 141 页。
② 参见郭淑云:《多维学术视野中的萨满文化》,吉林大学出版社 2005 年版,第 145 页。
③ 郭淑云:《多维学术视野中的萨满文化》,吉林大学出版社 2005 年版,第 145 页。
④ [匈牙利]米哈依·霍帕尔:《图说萨满教世界》,白杉译,内蒙古自治区鄂温克族研究会选编 2001 年版,第 1 页。

"勃额教"。郭尔罗斯部在嘉靖年间南迁时,将勃额教从呼伦贝尔草原带到松嫩两河流域。郭尔罗斯前旗萨满教的祖先是"浩布克太",称所供奉的神为"翁古达"或"赛胡鲁斯"。佛教传入之后,蒙古族原始宗教信仰受到了极大的影响,勃额教分为哈喇勃额与查干勃额两派。

(一)哈喇勃额

佛教传入郭尔罗斯前旗以后,勃额教与佛教的发展在社会上各有侧重。其中,佛教得到了王公统治阶级的支持,王公贵族以佛教为主,兼信勃额教;牧民多以勃额教为主,兼信佛教。坚持与佛教斗争的一派为"哈喇勃额",即"黑派"。哈喇勃额的神祠中唱道:

"没有乌云和大海,
蛟龙的神通从何来;
没有神灵翁古达,
勃额的神通从何来。

没有高山和森林,
勃额的威风从何来。
没有灵魂做后盾,
勃额的神通从何来。"

"斩下僧人头,
祭坛作牺牲,
佛教有何益,
容我驱逐净。
渴饮袈裟血,
此事又何妨,
喇嘛无端由,
容我消灭光。"①

---

① 波·少布、何日莫奇:《黑龙江蒙古部落史》(郭尔罗斯部),哈尔滨出版社 2001 年版,第329 页。

（二）查干勃额

而在勃额教的基础上吸收了部分佛教因素,融勃额教与佛教于一身的为"查干勃额",即"白派"。查干勃额,意为"白鹰",亦即其图腾崇拜为白鹰。神服中有喇嘛服饰的成分,所运用的神器也有佛教的用具,在他的神祠中也出现了佛教的内容,其唱词为:

"击鼓叩头向西天,
如来大佛在那边,
倒退三步再祷告,
达赖班禅活神仙;

烧香敬酒献苍天,
释迦牟尼在上边,
向前迈步再求告,
葛根喇嘛活神仙。"
"芒草结了籽,
瀚海百丈冰,
我等迷途时,
米拉引我向光明;

野草结了籽,
沙漠冰雪深,
我行野蛮时,
喇嘛度我皈佛门。"①

佛教传入蒙古地区,对勃额教有所冲击,至清中叶,勃额教在郭尔罗斯部中仍具有重要地位。民国、伪满洲国时期,郭尔罗斯前期萨满活动广泛,佛教上层人物联合蒙古王公和军阀、日寇,对勃额进行血腥屠杀。尽管佛教与统治阶级采取种种措施消灭勃额教,但勃额教有广大牧民信仰、崇奉和支持,得以幸存至今。

---

① 波·少布、何日莫奇:《黑龙江蒙古部落史》(郭尔罗斯部),哈尔滨出版社 2001 年版,第330 页。

第二节 道教盛行与传播

道教为我国中原地区的传统宗教,由于唐朝皇室极力推崇,使道教在有唐一代得到了较大发展。目前关于道教传入松原的时间众说不一,多有争议。一说认为道教传入松原始于渤海国时期,其依据为"今松原地方当时为渤海夫余府所在地";一说认为道教在辽金时期传入松原;一说则将道教传入松原的时间定为清代中期,其传入地为伯都讷。

一、渤海时期道教传入松原说

渤海建国后,在渤海国疆域内的高句丽遗民与汉人早已接受道教,使道教在渤海国的流传有了广泛的群众基础;而唐渤关系的亲睦,又为道教在渤海国的发展与传播提供了重要契机。

《松原文化述略》中认为:"道教传入松原应始于渤海国时期"。其依据为《松辽文化》中相关资料的记载,渤海国时期道教便已传入松辽地区。指出:"渤海人早期信仰萨满教,后来由于师法盛唐,便吸收了中原地区汉族的宗教,呈现出多种宗教并存的局面。唐玄宗即位后大兴道教,对渤海影响很大,五京地区道教盛行。今松原地方当时为渤海夫余府所在地,必然有道教活动。"①

《渤海国史》认为:"20世纪60年代,在渤海上京遗址宫城址附近,曾发现了一件圆形铜饰,系用较薄的铜片制成,上部边缘刻有'城隍庙路北'字样,无疑是渤海时期的遗物,为当时上京城内存在'城隍庙'提供了有力的线索。因为所谓'城隍庙为护城之庙,所供奉之神,是道家所传守护城池之神',当然,也就成了道教在渤海境内存在的重要物证。……据1977年台湾新文丰出版公司出版的《正统道藏》第七册所收录的一本著者不明的问答体的小册子——《金液还丹百问诀》一书所载:'李光玄者,渤海人也。''少孤……家积珠金巨万。''弱冠'即20岁左右时,乘船往来于登、莱、淮、浙之间,'后却过

---

① 阿汝汗主编:《松原文化述略》,时代文艺出版社2009年版,第216页。

海'，'贸易巡历'，在新罗、渤海、日本诸国间进行海上贸易和周游，一次在从日本回国的途中巧遇一年已百岁的唐朝道士，因受到强烈影响和启蒙教育，'后至东岸下船，道人自欲游新罗、渤海，告别光玄。'而光玄也就从此醉心于长生不老之说及炼丹修仙之术，在返回故里后即不再顾尘世间的繁华而重游沧海名山，遁迹云岛，拜访仙人达士，并潜心修炼十多年后，于889年8月3日，在嵩山会见了道士玄寿，相互间以问答的形式探讨了炼丹之术和求仙之道。也正是在这样的背景下，为使这些道理和秘法传布世间，以为更多的访求者们所用，乃出现了《金液还丹百问诀》一书的写作，其中的大半内容都是光玄与玄寿两人间问答的记录。基于如上所述，有的学者推论该书的著者就是李玄光。不止于此，《道藏》丛书中还收录了《金液还丹内篇》和《海客论》二书，以及另一小册子——《太上日月混元经》，也可能是李玄光所作。"[1]

渤海国时期松原的道徒中除了正式出家的道士、女冠，还有为数不少的一批俗家弟子。受中原地区道教的直接影响，道教在松原逐渐深入人心。由于道家的教义内容繁杂、深奥和戒律甚多，短时间内还很难为松原地区的普通渤海民众所接受，广大民众也难以适应炼丹修仙、画符念咒，这决定了渤海时期道教在下层社会中的影响相对有限，在普通百姓的宗教生活中难以取代萨满教的地位。

二、道教文化在松原的发展

辽金时期，道教也较为流行，辽太祖立国之初，便曾"诏建孔子庙、佛寺、道观。"辽道宗时，境内有龙兴观，并有讲《道德经》的法师。金朝道教新派出现，金熙宗曾在上京召见过太一教创始人道士萧抱珍。

"金朝道教主要有三大教派：一是金熙宗时期萧抱珍创建的太一教；二是金世宗时期咸阳人王喆创建的全真教；三是沧州（今山东）人刘德仁创建的大道教。这三教是女真人入主中原后，汉人在异民族的压迫下创建的新教派，全真教主张道、儒、佛三教合一，倡导苦行、忍辱、柔弱、清净。大道教也倡导苦行，'不妄求于人，不苟侈于己'。太一教以柔弱为主，崇尚符箓，为人治病、求子、禳灾、驱鬼。三个教派有相同之处，即主张柔弱、忍耐，这对女真统治者巩

---

① 魏国忠、朱国忱、郝庆云：《渤海国史》，中国社会科学出版社2006年版，第438—439页。

固、稳定统治秩序有益无害,因而得到金朝统治者的支持,熙宗曾召见太一教主萧抱珍,世宗亦曾召全真教王处一、丘处机至京师。"①

清朝中期以后,道教在松原境内的伯都讷地方较为盛行,共建道教庙观9处,各庙主祀神祇多为流传民间而为道教所信奉的自然神、英雄神、文化神、各种保护神、行业神和功能神。晚清以后,道教逐渐传入松原其他地方。20世纪30—40年代,松原境内有道教寺观30余处。

(一)自然神

龙王庙:乾隆四十九年(1784年)修建,位于扶余县城南关外。

山神庙:乾隆二十九年(1764年)修建,位于扶余县城里西北营子。庙内有山神爷塑像,像的后边塑着一只黄色老虎,下边是木刻的一个小鬼,脚上用铁钉钉着,手拿勾魂牌,上面写着"正要拿你"。

江神庙:嘉庆五年(1800年)修建,位于扶余县城南关外,面临大江。

(二)英雄神

关帝庙:康熙四年(1739年)修建,位于扶余县城南关外。祭祀时间为每年农历五月十三日、六月二十四日。

(三)文化神

孔子庙:道光二年(1822年)修建,位于扶余县城里东南营子东南隅。庙内塑有孔子像,庙台上有4配及12哲牌位、72贤人等。祭祀时间为每年农历二、八月。

(四)保护神

三皇庙:修建时间不详,位于扶余县城南关外关帝庙后背。3尊神像,中间为天皇,东边是地皇,西边是人皇。

三母庙:修建时间不详,位于扶余县城东南。

城隍庙:雍正六年修建,位于扶余城内西南营子。祭祀时间为每年清明、农历七月十五、农历十月初一。

(五)行业神

玉皇阁:修建年代不详,位于扶余县城南关外,庙分上下两层,上层有玉皇像,东西墙壁上面画有风、云、雷、雨、电、闪等神;下层有灶王和惧留孙老祖等

---

① 程妮娜主编:《东北史》,吉林大学出版社2001年版,第215页。

神像。祭祀时间为农历五月初三。

药王庙:乾隆十六年(1751年)修建,位于扶余县城内东南营子。庙内有药王孙思邈塑像。祭祀时间为每年农历四月二十八日(药王生日)。

鲁班庙:道光三年(1823年)修建,位于扶余县城南关外。祭祀时间为每年农历五月二十日。

(六)功能神

财神庙:乾隆二十九年(1764年)修建,位于扶余县城内西南营子。祭祀时间为每年农历九月十三日(财神生日)。

娘娘庙:乾隆十六年(1751年)修建,位于扶余县城南关外。主祀子孙娘娘和眼光娘娘。祭祀时间为每年农历四月十八日。

鬼王庙:乾隆五十七年(1792年)修建,位于扶余县城南关外。

昭忠祠:嘉庆五年(1800年)修建,位于扶余县城南关外。

白骨庙:伪满时期修建,位于扶余县城外西北隅。

道教的传入丰富了松原的宗教文化,在民间广为流传的各自然神、英雄神、文化神、各种保护神、行业神和功能神,充分体现了松原人民对生活的热爱和对美好未来的向往。

第三节　藏传佛教与社会生活

蒙古人信奉藏传佛教始于元朝,发展于明朝,兴盛于清朝。藏传佛教是以寺庙为单位建立组织机构,每座寺庙的机构都比较健全,凡事有人管理,而且严格执行教规。藏传佛教传入松原后,在祭敖包、婚丧嫁娶以及日常生活中都出现了喇嘛的身影,使藏传佛教与牧民生活日益紧密地结合在一起。

一、藏传佛教的传入

南宋淳祐七年(1247年),藏传佛教萨迦派传入蒙古族地区。南宋宝祐四年(1256年),藏传佛教噶举派传入蒙古族地区。后来藏传佛教宁玛派也传入蒙古族地区。元朝时,上述三派基本上是在蒙古族上层统治阶级中受到信奉,而广大蒙古族群众,在当时主要还是信仰萨满教。藏传佛教格鲁派,即黄帽派,也称黄教。明万历元年(1573年),蒙古俺答即阿勒坦汗与十三世达赖索南嘉措于仰华寺会面,阿勒坦汗尊称索南嘉措为圣识一切瓦齐尔(瓦齐尔为梵语,意为金刚持)达赖喇嘛,达赖喇嘛的称号由此开始使用。亦有观点认为阿勒坦汗引进黄教的时间是在万历六年(1578年)。黄教对蒙古地区影响极深,上至王公贵族,下至牧民百姓,无不信仰佛教。从此,蒙古族地区大兴黄教,加之在《法典》中为黄教各级喇嘛规定了种种特权,对喇嘛给予优厚待遇,因此生活贫困的平民纷纷投奔寺庙,喇嘛人数剧增。

活佛:是旗寺最高长官,活佛的权力至高无上,受到庙内所有喇嘛的尊敬,也受到全旗佛教信徒的信任。但他不直接参与庙务的领导,而是由达喇嘛来实现整个庙务的管理工作。至新中国成立前,松原的妙因寺共有六世活佛:

一世云丹扎木苏,于乾隆二十年(1755年)上奏理藩院,请住妙因寺。

二世洛布桑·普日来·丹津,于乾隆四十年(1775年)上奏理藩院,请住原寺。乾隆四十四年(1779年)因病圆寂。

三世洛布桑旦巴拉布杰,于乾隆五十二年(1787年)上奏理藩院,请住原寺。乾隆五十七年(1792年)因病圆寂。

四世玛尼扎布,于嘉庆二十一年(1816年)上奏理藩院,请住原寺。道光二十九年(1849年)因病圆寂。

五世耶熙·索德巴,于咸丰二十一年(1861年)上奏理藩院,请住原寺,光绪十三年(1887年)因病圆寂。

六世宝因达赖,是新中国成立前最后一代转世佛。传到宝音达赖这一代,共有六代转世佛。宝音达赖于光绪三十二年(1906年)欲赴巴仁召(拉萨大昭寺)学经深造,遂即向大部申请6年告假。光绪三十三年(1907年)接到起程通知,前往巴仁召。宝音达赖赴西藏学经6年,于1913年6月返回妙因寺。民国二十七年(1938年)圆寂,终年51岁。[①]

达喇嘛:活佛以下达喇嘛为长。总管寺内的行政、教务、财政大权。庙仓就是达喇嘛管理庙务工作的执行机构。达喇嘛通常要由德高望重、精通经文、有社会地位又有领导能力的高僧来担任。

"常斯德"喇嘛:总管佛仓事务,并负责小活佛的教育成长工作。

---

① 参见阿汝汗主编:《松原文化述略》,时代文艺出版社2009年版,第226—227页。

"德木赤"喇嘛：仅次于达喇嘛的职位。协助达喇嘛处理庙务、行政、社会事务。

"葛斯贵"喇嘛：属于执行喇嘛，负责掌管寺庙的法规戒律。凡喇嘛违犯教规，都由"葛斯贵"喇嘛去处理。

"翁斯德"喇嘛：是经头喇嘛，集体诵经时，由他领头念，其他喇嘛随声附和。

"遂宾"喇嘛：负责活佛的衣、食、住、行等事务。

"涅日布"喇嘛：即管事喇嘛，负责管理寺庙的总务工作。

"绍仁"喇嘛：负责做别楞（面塑）和"送鬼"仪式所用的物品。

"第泊"喇嘛：管理寺庙的膳食工作。

"改松嘎"喇嘛：协助翁斯德喇嘛指导诵经工作。

"格比格"喇嘛：协助葛斯贵喇嘛监督执行寺庙的法规戒律。

"高尼尔"喇嘛：负责佛像、佛灯、香火、法器、乐器、经卷、服装、道具等物品的整理工作。

二、藏传佛教的发展

松原藏传佛教的发展，一方面体现在清代在郭尔罗斯前旗先后修建了6所规模较大的喇嘛教寺庙。崇化禧宁寺建于顺治四年（1647年），福兴寺（四克基庙）建于雍正八年（1730年），妙因寺和广宁寺建于乾隆年间，普祥寺建于同治七年（1868年），德寿寺（黑帝庙）建于光绪三十三年（1907年）。其中崇化禧宁寺和普祥寺为全旗喇嘛教活动中心。

（一）松原地区藏传佛教遗迹

崇化禧宁寺建于顺治四年（1647年），始建于比赫尔，并经康熙皇帝赐名崇化禧宁寺。咸丰年间移建那拉街，故而俗称那拉街庙。移建的寺庙位于王府站镇阿拉街屯，北距哈马尔屯约3公里，东距松花江约5公里。建筑面积7万平方米，内有大经堂、佛殿、活佛斋院、执政喇嘛斋院、大喇嘛斋院等。寺庙正中大经堂为高3层的汉藏结合式建筑，第一、二层为81间藏式平顶建筑，第三层为汉式大屋顶建筑，高达15米。寺庙雕梁画栋，金碧辉煌，气势雄伟，具有浓厚的民族风格。新中国成立初期，寺庙全部被拆除。

福兴寺（四克基庙）建于雍正八年（1730年），并蒙康熙皇帝赐名福兴寺。

后因寺庙倒塌,无力重建,住寺喇嘛遂迁至妙因寺。两寺喇嘛虽同居一庙,但各有主持,故后人认为妙因寺一庙二寺。

妙因寺,妙因,取自佛家"绝妙之行因,菩萨之大行也"。佛经云:"妙因斯满,极果顿圆",这是菩萨修行的最高果位。妙因寺建成于清乾隆二十年(1755年),是郭尔罗斯前旗"沙卜隆"云丹扎木苏活佛为祝贺乾隆皇帝寿辰而建。当时报请清朝理藩院,得到赏赐满、蒙、藏、汉4种文字的匾额——妙因寺。

妙因寺主体布局呈倒"品"字形,东侧大殿为妙因寺,西侧大殿为福兴寺。北侧为活佛斋院。妙因寺是藏式平顶三层楼,内设有81间房舍。一楼为主供佛,供奉的铜铸和泥塑的佛像数百。二楼是藏经楼,所藏皆为藏文经书。福兴寺为青砖垒砌,规模较小。北侧的活佛斋院为三层小楼,平顶,内有佛堂。两寺于1966年拆除,2000年在查干湖畔重建。据清宣统年间所编《郭尔罗斯前旗报告书》记载:"妙因寺内住扎甫喇嘛一人,度牒喇嘛二十四人,小喇嘛二十七人,庙地六百零五垧,由公爷府岁给香资钱一百吊。附近的福兴寺,因庙宇倒塌,无力重建,所有喇嘛移于妙因寺。并有扎甫喇嘛一人,度牒喇嘛十四人,小喇嘛十六人,庙地三百三十垧,由公爷府岁给香资钱一百吊。"这样,两寺合起来共有喇嘛近100人,庙地近1000垧。

广宁寺,又称"小庙子",建于乾隆十五年(1760年),位于现东三家子乡小庙子屯。乾隆皇帝"敕令赏赐满、蒙、藏、汉四种文字寺名"。此庙由3间门楼、40间正殿、3间后殿组成,采用藏式平顶建筑,大经堂高3层,层层后错,共40余间。门楼和后殿新中国成立初拆毁,正殿于1965年被拆除。

普祥寺,建于同治七年(1868年),并蒙皇帝赐名。庙址位于王府站镇东北那拉街屯,与崇化禧宁寺同处一地。

德寿寺(黑帝庙),建于光绪三十三年(1907年),并蒙光绪皇帝赐名。位于现乌兰敖都乡北约7.5公里的黑帝庙屯中心。寺庙由前殿、中殿、后殿、禅堂、钟楼、鼓楼和里外院组成。此寺中殿、后殿在新中国成立前已遭破坏,前殿于1965年春被拆除。

(二)藏传佛教深入牧民生活

藏传佛教自传入松原后,很快走入蒙古族牧民们的生活之中。首先是祭敖包。蒙古族原始萨满教信仰中的祭祀敖包自藏传佛教传入后,"便染上了宗教色彩,成了喇嘛教活动的组成部分。至此,小冢被多层建筑的群体所代替。最典型的是中央大冢周围或两边分别建造六个小冢,即十三个敖包。佛教徒认为,中央大冢代表'须弥山',其余十二小冢是十二个'提布',象征着世界的各个部分。也有的把十三个敖包称为'十三太包敖包'。还有七个冢并列、中间为主体的敖包群,但多为一个单独敖包。"①

其次是婚丧嫁娶。从婚姻上看,订婚吉日由喇嘛卜择,结婚当天由喇嘛念经祈祷,祝愿新婚夫妇未来幸福。蒙古族人得病时,立即去请喇嘛为之祈祷或治疗;病人去世后火葬者,"先请喇嘛诵经,超度亡灵,接着洗洁身体,缠以白布,涂以黄油。之后选定火葬之地用砖石铺好,堆以易燃薪材,将尸体置于其上,纵火焚之。之后将骨灰收拾装置,供奉寺庙之内献以香料,再经喇嘛僧之手,将骨灰与面粉混合,做成三四寸高的小塔,存放于庙中灵塔之上,作为永久之保存"②。

在日常生活中,蒙古族人也经常请喇嘛诵经。"王公富户之家,日日有喇嘛若干人念经,为之祈福;中资的家庭,五日一次或七日一次;贫困之家,每月也至少请喇嘛一次。数日不请喇嘛诵经者,几乎未有。所请喇嘛的人数,多则数十人,少则三五人。由于家庭极贫,请一名喇嘛诵经者,实所罕见,亦为万不得已。一般各家请喇嘛诵经时,都用美酒佳肴热情款待,破费再多,也毫不吝惜。当喇嘛离开时,还要给予一定酬资。除各家各户单独请喇嘛诵经外,也有一村或几村联合起来请喇嘛诵经的,其经名为太平经,也称甘珠尔经。当每年的七月闲时,由屯达(即村长)出面张办,以公资请喇嘛十数人或数十人诵经,一般每次为三日、五日或七日,因村落贫富不同而有所差异。"③

三、藏传佛教的文化生活④

藏传佛教寺庙的宗教生活以诵经为主。除了平时念诵佛经外,要在指定

---

① 省文物志编委会编:《前郭尔罗斯蒙县文物志》,1983年内部资料,第132页。

② 前郭尔罗斯蒙古族自治县史志编撰委员会办公室:《前郭尔罗斯史料》(第四辑),吉林省内部资料准印证6648号,第18页。

③ 前郭尔罗斯蒙古族自治县史志编撰委员会办公室:《前郭尔罗斯史料》(第四辑),吉林省内部资料准印证6648号,第73页。

④ 参见白晓清:《黑龙江蒙古族》,哈尔滨出版社2003年版,第145—148页。

的时间内集中到庙堂集体念经,这就是经会,蒙古语为"呼拉尔"。经会是非常严肃的宗教活动。每次经会开始时,要吹3次海螺,作为讯号。第一次为预备,喇嘛们听到第一次海螺响后,纷纷从住宅出发走向寺院;第二次海螺响时,所有的喇嘛都必须赶到寺庙;当第三次海螺响时,正殿庙门大开,从庙堂里走出了葛斯贵喇嘛,手执乌兰毛都法棍,站在庙门旁监视。这时,喇嘛们依次步入庙堂,坐在自己的座位上。最后,葛斯贵喇嘛进入庙堂里,庙门关闭,经会开始。各个寺庙的经会时间不一,次数也不同。

在喇嘛寺庙中普遍供奉的佛像有释迦牟尼、宗喀巴、阿日亚宝勒、麦德尔、阿尤希、查干楚乎尔特、奥特什、亚莫勒德格、关公、四大天王、却吉等。除此之外,根据各寺庙的实际情况也有供奉其他佛像的。

(一)藏传佛教的法器

喇嘛寺庙的经卷多为藏文,亦有蒙文经卷。喇嘛们所用之法器、乐器多样。出席经会时,每人手里都持有一件法器或乐器,在集体诵经时使用。有的作为权力的象征,有的则是伴奏的乐器。

"敖其尔":是3寸长两头尖的一种黄铜器,上面雕有各种图纹。它是达喇嘛用的法器,是权力和职务的象征,用左手拿着"敖其尔",表示我是达喇嘛。

"达慕乳":是小型"×"形双面皮鼓,鼓面直径大约3寸左右,中间拴一条彩带,并有一个绳索结,似拨浪鼓,用手一摇,咚咚作响。也是达喇嘛用的。

"洪赫":是一个精致的铜铃,大小不等,上面雕有各种佛饰,开始诵经时摇铃作为讯号。

"呼木哈"、"奔巴":是一种高装的紫铜壶。里面盛圣水,并从上口插入一根美丽的孔雀翎,做洒圣水用。带壶嘴的叫"呼木哈",不带壶嘴的叫"奔巴"。

"乌兰毛都":即法棒。1寸5分见方,长1尺8寸5分。是一根四棱檀香木棒,四面分别雕刻着法轮、宝剑、莲花、宝石等图纹。如果在诵经会上,有谁违反宗教法规戒律,或读错经文,或迟到早退,或不执行训令,葛斯贵喇嘛可以用此"乌兰毛都"执法,打死勿论。

羌:即大钹。改松嘎喇嘛以及其他普通喇嘛都可以使用。

"伊赫布热":也称"乌乎尔布热",汉译老牛号,俗称喇嘛号,长1—2丈。吹的这一端细,喇叭口一端粗,呈漏斗形。分布由上而下,一节比一节粗。吹奏时用人抬,声音悲壮,高亢似阵雷,颇有生气。

"其木根布热":即羊角号。号的外壳用银片装饰,非常美观。吹奏时声音洪亮。

"毕西固日":唢呐。

"衡日格":即皮鼓。在木帮上穿一个立棍,成为鼓把儿。敲击的鼓棒呈弯钩形。此种鼓叫立鼓,俗称喇嘛鼓。

苳:即海螺号。寺庙的喇嘛上下班都吹海螺号。海螺号都是由沙比(小喇嘛)们吹,一般喇嘛不用。

(二)藏传佛教的僧服

喇嘛的僧服无论在样式、颜色、着法上都有自己的特点。

"班斯勒":是有结带的筒裙。春、夏、秋、冬分别有单、夹、棉、皮的。颜色为白色、蓝色。它代替裤子。喇嘛不穿短裤、长裤;用筒裙代替下衣。

"唐什莫":是一种大筒裙,长度按身体高矮从腰到脚脖为宜。筒裙的圆周长 14 尺左右,上下各有 4 寸宽的围边。穿时套在班斯勒的外面,用长腰带结扎。唐什莫的颜色一般都是木蓝色(赤而带黑)。

"额仁":是和尚领式的短坎肩,无纽扣,用布带结。领和衣襟是连接的大宽边。额仁的颜色多是红色或黄色的,领和衣襟边是木蓝色。

"敖日合莫赤":是一条宽 3 尺、长 15 尺的木蓝色或红色的条带,用以披在肩上。披敖日合莫赤时,右手露在外,从右腋下到左肩膀反复缠绕,直到缠绕完为止。

"雪格":它是用 5 寸宽、1 尺长的 10 个黄绸块连缝在一起的,变成 5 寸宽 10 尺长的条带;然后,再把同样长的 7 个黄绸条带连缝在一起,就成为 3 尺 5 寸宽、10 尺长的长方形黄绸布,这就叫"雪格"。穿用时,把它披在敖日合莫赤的外边。

"那莫吉日":大小与雪格相同,它是把 20 块 3 寸 5 分宽、5 寸长的绸布连缝在一起,然后把同样大的 10 个条带连起来,就做成了那莫吉日。穿用时,把它披在雪格外面。

"道德高":属于棉上衣,样式类似额仁,只是带长袖,衣襟上有布带。达喇嘛穿黄色道德高,衣领与衣襟为木蓝色;葛斯贵喇嘛、翁斯德喇嘛、德木赤喇嘛穿木蓝色黄袖的阿勒格道德高,即花色道德高;其他喇嘛一律穿木蓝色道德高。

"达嘎玛":原属袈裟类。长约 4 尺,宽 20 尺左右,竖长打褶,每个褶 2 寸宽,用布条串成抽带,加上 7 寸宽的衣领,像斗篷一样披在身上。达喇嘛的达嘎玛为黄色,红领,其他喇嘛一律穿木蓝色的。葛斯贵喇嘛、翁斯德喇嘛穿的达嘎玛,背上装饰一个"绕格敦"。"绕格敦"是 1 尺见方的红色缎子制作成的方巾。方巾下面缝上一条宽 3 寸、长 1 尺的长条形缎带,上面绣着狮子头。长条缎带下端结上各种颜色的丝线穗,一直下垂到与达嘎玛下端齐。

"砂格斯日":是僧帽。形如鸡冠,前高后低,上扁下宽,无遮无檐,帽底座部分光滑,上部有线穗,均为黄色,是用羊毛织成的。

"瓜特勒":用布制作的靴鞋,鞋前尖入鹰嘴,靴勒上刺绣各种图案花纹,十分美观。

"德布苏日":是 2 尺 5 寸见方的坐垫。坐垫有面有里,面上镶边,四角缝上两个三角形的布穗,连在一起成小正方形。无论在家还是在庙里的经堂,喇嘛均坐这种坐垫。

喇嘛在饮食上,平时早点吃呼日森巴答(炒米)喝奶茶。午餐多以特勒莫日巴答(稷子米)、小米以及牛羊肉为主。经会期间,喇嘛们集体吃肉粥。

喇嘛庙蒙语称为"沙蒙",为砖瓦结构的宏伟建筑。一人一宅,也有与徒弟同居的。各宅均有小庭院,花草丛生,清净幽雅。膳食多系自理,个别的徒弟当厨。喇嘛对环境卫生、饮食卫生都非常讲究,不饲养任何家畜、家禽,喜欢孤独生活。

在喇嘛庙的前方,多立有一块石碑。高约 1 丈多,宽 3—4 尺,厚 1 尺左右。上面刻有文图:"当年因一牛行淫,有武夫怒目切齿,手执长锤,腰系女首,骑牛背上,似辖牛状。"其来历为:"相传古昔建某寺塔于西藏之时,历经十四年始告成功。当时凡搬运建筑材料,全赖牛力,及竣工之时,牛蹄腿均已磨去。但监工者掩牛之功,未报西天我佛。牛因劳而不得封奖,大怒而行淫,所过女子类皆污之。后来我佛知之,为保民女贞洁,并正伦理道德,遂令武神下界,监管该牛。武神腰中之女首,即为神牛所污者。事后我佛勒令,凡事境内有庙之处,必树牛碑,盖不没其搬运之功也;其使武神骑其背上者,则表现治其行淫之罪,而并监督其行动焉。"[1]

---

[1] 前郭尔罗斯蒙古族自治县史志编撰委员会办公室:《前郭尔罗斯史料》(第四辑),吉林省内部资料准印证 6648 号,第 74 页。

第四节　伊斯兰教的发展和影响

伊斯兰教于公元 7 世纪左右经由阿拉伯人传入中国,在中国存在 1300 余年,在各地广泛传播,深刻地影响了中国的文化和社会生活。民族迁移促进了民族间的融合,也加强了不同民族、地域间文化的交融与碰撞,伊斯兰教在松原地区的出现,即是民族迁移的产物。伊斯兰教传入松原地区应在清初之际,是伴随着回族的迁入而传入和发展的,至民国时期,伊斯兰教已在松原地区的各地广泛出现,信徒众多,清真寺在各地的相继出现标志着伊斯兰教发展的不同里程。

一、伊斯兰教的传入与发展

清前期伊斯兰教始现扶余,"扶余镇清真寺始建年代,无文字记载。据传说,建于清乾隆以前,规模很小"①。这是扶余县②境内关于伊斯兰教最早的记载。"《吉林乡土志》载,入境伯都讷的回族,'肇于清乾隆元年至十二年'(1736—1747 年),一些回族人以后有的移居五家站、三岔河等地,这些回族人'来自鲁省者居多'。"③伊斯兰教伴随着回族的迁入,以扶余镇为中心,随着回民居住地的变动,向周边城镇发展,逐步扩大传播区域。但需明确的是,山东迁入的回民只是推动了伊斯兰教在扶余地区的传播,从清真寺建于清乾隆以前的记载来看,伊斯兰教传入扶余是早于此次回民迁入的。"清乾隆五十四年(1789 年),从各地回民中募酬款项,于今址(扶余镇团结街、银行后胡同西侧)始建新寺。有宫殿式礼拜殿 9 间,瓦房 25 间,建筑用地约三千多平方米。"④如此规模的清真寺,仅依靠回民信众集资得以兴建,当时扶余境内及其周边地区的伊斯兰教信徒之多、信众之虔诚可见一斑(参见图 12-1)。清真寺

---

① 张殿祥、张树伟:《松原回族》,内蒙古少年儿童出版社 1998 年版,第 144 页。

② 本文的内容截止于新中国成立前,扶余及松原地区其他县区的辖区遵循当时的情况,而不是现今的区域设置。

③ 张殿祥、张树伟:《松原回族》,内蒙古少年儿童出版社 1998 年版,第 19 页。

④ 张殿祥、张树伟:《松原回族》,内蒙古少年儿童出版社 1998 年版,第 144 页。

的筹建未见清政府的干预,可见清政府是允许其发展的,且其宗教活动和教务事宜是由信徒和布道者自行主持的。从清中期至民国时期,伊斯兰教在扶余境内的布道传教较为顺利。"据1938年统计,全县有清真寺5所,分别设于扶余县城、三岔河、五家站、长春岭和善友乡团结大队。布教者(阿訇,现亦称教长)9人,有信徒3478人。"①

伊斯兰教传入长岭县的时间不详,至宣统二年(1910年),"全县有教徒40人,其中女性22人。到1935年,全县信该教的52户,101人"。"本县信奉伊斯兰者多数是回民,主要分布在长岭镇、太平川镇。"②长岭县于1908年建县,从1910年长岭县伊斯兰教信徒的人数来看,伊斯兰教在长岭县建置之前应已传入这一地区,且男女信徒比例相当。长岭县伊斯兰教信徒分布较为集中,说明这里是回族较为集中的地区。

图12-1　扶余镇清真寺③

乾安于1928年建县,"设治建县之初,县内仅有四户回民。至民国十九年(1930年),始由本县回民募建清真寺一处,地址在城内东大街。当时有阿訇

---

① 《扶余县志》,吉林人民出版社1993年版,第742页。

② 长岭县民宗局提供资料。

③ 参见耿云生主编:《扶余县志》,吉林人民出版社1993年版,第690—691间的扉页。

一人,房舍一间,信教者二十余人"①。这一地区在乾安建县之前已经有回民居住,虽然 1930 年始建清真寺,但伊斯兰教应该随着回民的迁入就已经传入,即伊斯兰教的传入应在乾安建县之前、回民迁入之后。

前郭县伊斯兰教的传入应始于 1935 年以后,"自 1935 年 11 月 1 日长白县铁路通车后……外地自由工商业者纷纷迁来经商。先期到达前郭旗的回族有杨永宽、马全德、张化洲(茂)等户"②。前郭县伊斯兰教的传入应伴随着回族的迁入而传入,即应该在 1935 年之后,虽然伊斯兰教传入前郭县的时间较晚,但发展迅速,这是由于迁入这一区域回族人口多的缘故。1939 年前郭县始建清真寺时,"全旗有回族 200 多人,推选出杨永宽……20 名代表,在前郭和扶余两地共募集伪币 2850 元,买 5 间砖平房,经维修后,正式建成清真寺,聘请张化洲(茂)作第一任教长。1946 年杨俊峰继任教长,郭攀兴任四师傅"③。

当地的伊斯兰教是伴随着回族的发展和迁移而变化的。就整个松原地区而言,伊斯兰教最早传入扶余地区,此后在长岭县、乾安县、前郭县相继出现并得到发展,松原地区伊斯兰教的信众主体是回族,同一民族,同一信仰,必然促进松原各地区伊斯兰信众之间的联系,因此,各县区伊斯兰教的发展是相互关联的,信徒间的往来是密切的而非孤立的。此外,伊斯兰教在松原地区发展壮大的过程也反映了回族在松原地区的发展历程。

二、伊斯兰教的文化生活

松原地区的穆斯林信奉的是伊斯兰教中的逊尼派(本文中所涉及伊斯兰教的内容均指伊斯兰教中的逊尼派),其宗教信仰和宗教文化与其他地区的逊尼派一样,秉承着伊斯兰教经典《古兰经》的教义,信奉唯一的真主安拉,在信奉伊斯兰教的家庭或场所内悬挂"都阿"和蓝色幌子等伊斯兰教的标志,大体上与其他地域的伊斯兰教区别不大,在此对伊斯兰教文化也就不多赘述,仅就松原伊斯兰教的具体情况加以论述。

---

① 政协乾安县文史资料研究委员会编:《乾安文史资料》(第三辑),1987 年,第 3—4 页。
② 张殿祥、张树伟:《松原回族》,内蒙古少年儿童出版社 1998 年版,第 19 页。
③ 张殿祥、张树伟:《松原回族》,内蒙古少年儿童出版社 1998 年版,第 150 页。

松原地区的伊斯兰教信众以回族为主,杂有少量的维族,信教群体较为单一,成为一种民族的宗教。伊斯兰教的文化体现在回族的社会文化生活中,回族的饮食、节日、婚丧嫁娶等日常生活都在伊斯兰教的影响之内。但在同样信奉伊斯兰教的回民中,虔诚的信徒和普通的信徒在日常生活和宗教活动中还存在着一定的差异,因此不能一概而论。

关于松原地区穆斯林的日常生活有这样一段记述:"每年正、二月有开斋节,平时没有活动日。伊斯兰教要求信奉者严守教旨,不与汉族通婚;不忘旧俗,如不用汉字译经典,楹联用回文;婚、丧、祝、祭不同汉制;禁食猪肉。在教徒聚居处设教堂(清真寺),设主教(又称阿訇)一人,主持一切宗教仪式。"①伊斯兰教的信徒,生活习俗上遵循教旨,保持民族文化,恪守宗教的礼仪制度和饮食习惯。这有利于保持民族习性和民族文化,使其民族、宗教文化在与汉族文化的交融中得以幸存下来而未被同化。从"每年正、二月有开斋节,平时没有活动日"②来看,许多伊斯兰教的节日在这里没有得到重视。除开斋节外,其他节日只是作为一种概念而存在,并无实质内容。宗教活动的场所也仅限于清真寺内。

三、伊斯兰教对松原建筑风格的影响

在清王朝统治时期,扶余境内的清真寺虽是由信众募集资金所建,但其发展规模和占地是需经清政府批准的,伊斯兰教在松原地区能得到迅速的发展,显然是在政府政策的允许之内的。在松原各地区文字资料的记载中,伊斯兰教没有给地方的发展和稳定带来不利的影响。

伊斯兰教传入松原地区后,为松原的文化和建筑领域增添了新的内容和色彩。伊斯兰教的信徒修建清真寺,在寺内建阿文学校,以便更好地传承经典、传承宗教文化。虽然其初衷是传播伊斯兰教文化,提高伊斯兰教信徒的文化水平和素质,但却使阿拉伯世界的语言、文化在这一区域得到发展和传播,增添了新的文化因素,丰富了文化内容。伊斯兰教徒为了更好地传承宗教文化,有些信徒到各地清真寺游历学习,加强了松原地区与其他地区的联系,对

---

① 长岭县民宗局提供资料。
② 回族的开斋节一般是在回历的十月初一。回历为纯阴历,一年354天,但用公历或中国农历计,则年年不同,出现在正月、二月也是可能的。

于繁荣宗教文化是大有裨益的;同时,在各地游历的信徒也带回了宗教文化以外的其他文化,对松原地区的文化发展起到了促进作用。

阿拉伯世界建筑风格的形成受到了伊斯兰教的影响。伊斯兰教为建筑、绘画等艺术提供了更多的技艺和素材,在松原地区,这些阿拉伯风格的艺术在传播和发展的过程中也结合了当地汉族、蒙古族等其他民族和地域的特色,丰富了艺术领域的内容。伊斯兰教在松原地区的发展为这一地区人们的饮食和社会活动增添了新的内容,伊斯兰特色的回族餐馆成为一种饮食特色,得到了伊斯兰教信众以外许多群众的喜爱;伊斯兰教的各种宗教活动,充实了回族、维吾尔族等民众的生活。

伊斯兰教的传播加强了民族融合和交流,使穆斯林世界的宗教文化、阿拉伯文化、饮食文化在东北地区得到广泛传播,加深了松原地区对穆斯林世界的认识和了解,丰富了地域文化和社会生活。伊斯兰教在松原地区的传播是以特定民族为主体的,集中于回族、维族等几个少数民族中,具有鲜明的民族特色,在加强民族内部团结和促进民族文化的传承与传播等方面发挥了不可替代的作用。

第五节　天主教的发展和影响

天主教是源自西方的外来宗教,已经有 2,000 余年的历史,在唐贞观年间传入中国,被称为"景教"。现代意义上的天主教,是 16 世纪由西方传教士利玛窦传播壮大起来的,在中国已存在 400 余年,基督教在松原地区的出现始于清咸丰年间。

一、天主教的传入与发展

天主教由法国传教士传入松原地区,在扶余县、长岭县、乾安县相继出现并传播发展,前郭地区尚未发现新中国成立前有关天主教的记载。

"清咸丰年间,天主教传入松原境内的伯都讷地方,初为法国传教士来此传教。"①这是扶余县最早对天主教的相关记载,但对于早期天主教的布教情

---

① 阿汝汗主编:《松原文化述略》,时代文艺出版社 2009 年版,第 216 页。

况、信众分布以及天主教在扶余县的活动情况等所记不详。"据1938年统计，全县共有天主教堂6处，神甫18人，教众2464人。"①从1938年的统计数字看，天主教在扶余县的势力较大，发展比较迅速，天主教在扶余县的传播活动延续至新中国成立。"祖国光复后，神甫回国了，信徒们也不按时做礼拜了。"②对于神甫回国、天主教活动终止的原因，相关历史资料没有记述。

"宣统二年（1910年），由吉林教区主教高德惠主持，开始在本县新安镇、小贾坨子传播天主教，发展教徒298人，其中女性136人。中华民国十一年（1922年），在小贾坨子正式修建了教堂，选派丁安当、刘焕章担任本教堂神甫，并先后在世合盛（今太平山镇）、长岭镇设立公所。到1934年，全县教徒发展到1337人，其中女性601人。小贾坨子教堂和长岭镇公所还办了两个班教会小学，学生百余名，到1945年末停办。新中国成立初，披着宗教外衣的反动神甫李一利用宗教活动破坏土改运动。"③长岭县天主教是由吉林教区的中国天主教信徒传入的，显然是受吉林教区领导的，天主教的信徒男女比例相当，教会在教堂的基础上，还在各地设立公所，从事宗教事务。天主教为了传播宗教思想，积极创办宗教学校，以扩大信众，促进天主教势力的发展。需明确的是，天主教是有教阶的宗教，各级教会要服从教廷的领导，这也是天主教与基督教的一个主要区别，天主教早期在中国的传播与西方侵略者的利益有着千丝万缕的联系，那么天主教被反动势力所利用就变得合乎情理了，当反动人物担任神甫时，天主教必然走向反动的一面，因此才出现了新中国成立初期反动神甫破坏东北地区土改运动的事情。

天主教于1933年传入乾安县。是外地的天主教徒迁入乾安县赞字井后，在乾安布教传道，并从扶余县天主教堂请神甫蒙永泉来乾安讲道，使天主教在乾安县落地生根并不断壮大。至1935年，乾安县的天主教教徒发展到40余名，当地地主见政府没有干预天主教的发展，认为有利可图，于是献地修建教

---

① 《扶余县志》，吉林人民出版社1993年版，第742页。

② 松原市扶余区政协文史资料委员会编：《扶余文史资料》（第13辑），1993年内部资料，第149页。

③ 长岭县民宗局提供资料。

堂。① 对于天主教传入乾安县的情况还有不同的说法,"自康德二年(1935年)始由法国天主教传教士司铎(中国人)传入本县。在赞字井建天主教堂一处。教堂有砖房七间,东西厢房各四间,房基地一垧,菜地两垧半。天主教堂建立之初,由扶余县天主教堂蒙永泉神甫代管,每年来县布教三、四次。以后又有尹万竹神甫任教堂本堂。再之后由丁鹿樵神甫任赞字井教堂本堂。教堂先后有三个神甫(亦任本堂)、四个先生(协助布教者)、七个修女。天主教徒由几十人逐渐发展到二百余人。'九三'光复,这些神职人员先后离乾,教堂活动自行消失,教堂房舍亦做它用。"②比较两种说法,关于乾安县天主教的传入和教堂的建立,第一种说法应是准确的。首先,法国天主教传教士司铎不可能在进入乾安县传教的同年,就建立规模较大的教堂,且拥有三垧土地;其次,如若司铎来乾安县传教,也无需由扶余县天主教堂蒙永泉代管。因此,天主教是在 1933 年由中国的天主教徒传入乾安县,至 1935 年始建教堂,并得到扶余县天主教的扶持,天主教在乾安的发展较缓慢,信徒不多。"九三"光复即日本投降后,天主教势力从乾安县消失,原因不详。

前郭县没有关于新中国成立前天主教活动的相关记载,从扶余县、长岭县、乾安县天主教势力的情况来看,前郭县也应存在天主教的势力,当然这只是推测,尚需发掘相关资料予以佐证。

松原地区的天主教是由法国传教士传入扶余县,然后再由本国的传教士传入长岭县和乾安县等地,各地天主教之间联系密切。天主教在扶余县和长岭县的势力较大,发展较快;但 3 县的天主教势力都随着中国的解放和新中国的成立而相继从松原大地消失了。

二、天主教的文化生活

宗教作为一种上层建筑,必然代表着某些社会团体或组织的利益。天主教在松原地区的传播,并没有受政府限制和影响的记载,但是天主教在中国的传播是与西方的侵略势力相互关联的,"长岭县贾家坨子堂口隶属法国巴黎

---

① 参见傅玉忱:《乾安县天主教概况》,政协乾安县文史资料研究委员会编:《乾安文史资料》(第三辑),1987 年。

② 王军:《乾安县宗教组织简况》,政协乾安县文史资料研究委员会编:《乾安文史资料》(第三辑),1987 年。

外方传教士控制的吉林教区。四平教区的石俊生主教(加拿大籍),妄图吞并长岭县的贾家坨子、公主岭的莲花山、齐家窝堡等堂口"①。各国天主教势力在松原地区的争夺具有某些政治目的,长岭县天主教神甫李一破坏土改运动即是一例;扶余县地主资助筹建天主教堂图利,也表明天主教早期在松原地区的传播是存在一定的不良影响的;抗战结束后,天主教势力在松原各地区的弱化和消失,是因其失去了政治依托和存续的社会背景,是时局的变化导致其在松原地区的夭折。

天主教是源于欧洲的宗教,脱胎于广义的基督教。因对基督教教义和经典的分歧导致其被三分为天主教、新教(狭义的基督教)、东正教。天主教的《圣经》共73卷(《旧约》46卷,《新约》27卷),实行"教阶制"和"圣统制",教会具有绝对的权威而非经典,教会是信徒和上帝交流的媒介,认为上帝、耶稣、圣灵三位一体,在教堂内将圣母、耶稣等的塑像与十字架一起悬挂。其教职人员均为男性,主教、神甫、修女等必须独身,但不主张信徒离婚。相信原罪和救赎,教化信众要忍耐和顺从。天主教的主要节日有复活节、圣诞节、神圣降临节和圣母升天节,在宗教节日和星期日信徒要到教堂礼拜,天主教的礼拜被称为做弥撒。

松原地区天主教的宗教活动"一年之内有四次大瞻礼,还有小瞻礼,青年教友的'圣婚配',病危教友的'终傅',以及平时的'告解'等活动"②。这些宗教活动的内容是天主教教义和松原地区的实际情况相结合后形成的具体情况。天主教在松原地区的传播和发展,客观上也促进了松原地区文化的发展。天主教在贾家坨子修建天主教堂,盖有"孤儿院,学校和住房",孤儿院的建立,将教会的慈善思想传入松原地区;创办宗教学校,"开设理学房和小学班,其学生既学要理也学文化,可信教也可不信教,教授的内容有中国的《三字经》和《百家姓》"③,显然,天主教在松原地区的传播中,是将西方文化和本土文化相结合的,同时,对松原早期教育事业的发展大有裨益。

天主教在松原地区的传播,使天主教文化和西方世界的文化渗透到松原地区,让外来文化融入松原地区,客观上也繁荣了松原地区的文化。天主教影

---

① 苏赫巴鲁主编:《古今松原》,龙门书局1996年版,第220页。
② 苏赫巴鲁主编:《古今松原》,龙门书局1996年版,第221页。
③ 苏赫巴鲁主编:《古今松原》,龙门书局1996年版,第221页。

响欧洲 2000 余年,诸多野蛮与文明、迷信与科学的对峙与辩论在教会里进行,促进了自然科学的发展,这些进步思想也一同传入松原。

第六节 基督教的发展和影响

现代意义上的基督教是指经过宗教改革后形成的基督新教。基督新教最早于 1807 年由英国人马礼逊传入中国。其教义、宗教思想与早期传入的天主教相似,因此这有利于基督新教在中国的传播。

一、基督教的传入和发展

基督教在松原地区的活动,有文字可考的地方涉及扶余县和长岭县,前郭县和乾安县尚未发现有关基督教活动的记述。

"清光绪年间,基督教(基督新教旧时亦称耶稣教)传入扶余县区。由'英格兰长老会'的牧师布教,先后在扶余镇、陶赖昭、石头城子等地建立耶稣教堂。县城内先后有两处耶稣教会:一处是英格兰长老会,创于清朝末年,会址在县城北街路西,牧师为英国人孙洪彬(中国名字)。该会教务活动归阿城教区管辖。中华民国元年后,扶余县耶稣教徒响应上海耶稣教自立会的号召,改长老会为自立会。英人孙牧师同意中国人自立,但不予经济援助。从此,县内耶稣教活动摆脱英人束缚,但不久后因经济无援而解体。另一处是丹麦人阎信义(中国名字)创立的中丹合办路德会,亦称信义会。中华民国十七年(1928 年)在县城东街设立,会员 383 人,经费大部由丹麦资助,其余为会员分担。教会设谈道室,有牧师宣讲《新约》、《旧约》。解放战争期间,丹麦牧师举家迁居大连,后取道回国,该会解体,但仍有信徒坚守信念。"[1]这是扶余县境内基督教传入和发展情况的最全面记载。"光绪二十五年(1899 年)在新城城内(今宁江区民主街)建教堂 1 座,共有祀典室 7 间,平房 30 间,钟楼 1 座。"[2]

---

① 《扶余县志》,吉林人民出版社 1993 年版,第 742 页。
② 阿汝汗主编:《松原文化述略》,时代文艺出版社 2009 年版,第 216 页。

这是扶余县最早的基督教堂。① 从这两条记载看,扶余县境内的基督教主要分为两支:一支是由英国牧师传教布道发展起来的教会组织;另一支是由丹麦牧师传播发展起来的。显而易见,英国牧师发展起来的基督教创办较早,且范围广,影响大。传教牧师在扶余县境内的活动是由其政府作后盾的,除在宗教思想上控制着中国的信众之外,在宗教的经济保障上也束缚着教会的发展,宗教思想和经济来源将扶余县的基督教会置于外国基督教势力的控制之下,在短暂的时间内建立如此规模的教堂必定由其政府提供经济支持的。

长岭县的基督教"传入比较晚,而且在过去相当长一段时间内发展缓慢。该教是 1932 年由加拿大人古约翰从四平传入我县的,当时在二里界一带有信徒 50 余人,新中国成立后停止了活动"②。基督教传入长岭县的时间较晚,是由北美洲的加拿大人传入,信徒分布也很集中,发展情况也不乐观,宗教活动从其传入至结束,仅十余年的时间。

松原地区基督教的传播和发展相对缓慢,基督教的传播者来自不同的国家,分属于不同的基督教势力,他们相信共同经典,但扶余县的基督教和长岭县的基督教之间是不相关的。

二、基督教的文化生活

此处的基督教是狭义的基督教即新教,又称"耶稣教"、"福音教"。新教的《圣经》有 66 卷,信徒认为《圣经》是绝对的权威,废除教阶制,否定教皇的领导权。新教也主张"三位一体",相信经典和基督,教堂内仅悬挂十字架,信徒通过虔诚的信仰直接与上帝沟通,而不需教会和神职人员充当媒介,遵循"因信赦免"、"罪得赦免"等教义,教会的神职人员只是指导信众,主持礼拜、布道,没有特殊权威。因此,新教组织较为松散,没有天主教那般严密。新教教职人员男女皆可,主要分为主教、牧师、长老等,允许结婚,不主张信徒离婚。新教宗教节日主要有复活节和圣诞节,基督教每周三、周五、周日为主日会,信徒利用一个小时聚会做礼拜,每周六一次安息日会,用一小时做一次礼拜。光

---

① 在《扶余县志》、《松原市志》等书籍中记载为天主教堂,经松原市王兆全同志重新考证为基督教堂。

② 长岭县民宗局提供资料。

绪年间伯都讷的基督教堂"钟楼在礼拜堂东端与礼拜堂相连通,楼顶端有一'十'字架"。① 关于悬挂十字架的记述,印证了当地教堂的活动是与基督教的文化相符的。

松原地区没有早期基督教文化方面的相关文字记述,仅就基督教文化泛泛加以介绍,以区别于天主教的文化。基督教在松原地区的传播和发展,是在外国政府和宗教势力的支持下进行的,存在着受控于外国宗教势力的迹象,但其传播和发展范围不大,时间不长,给松原地区造成的负面影响是有限的。

基督教的传入增添了一种新的宗教信仰,它将西方的一些思想、理念和宗教活动在松原地区传播,丰富了松原地区人们的精神文化生活。为传播宗教文化"基督教还在扶余镇内设立两所小学,地址都在民主街,一所叫三育小学,招收的是男生。一所叫三育女子小学校,完全招收女生"②。虽然基督教建校的宗旨是传播宗教文化,将西方的世界观、价值观引入松原,但这在客观上促进了松原地区文化的发展,为松原地区早期教育事业的发展作出了重要贡献。

---

① 高振诠、百强编著:《伯都讷文化艺术》,时代文艺出版社 2004 年版,第 160 页。
② 松原市扶余区政协文史资料委员会编:《扶余文史资料》(第 13 辑),1993 年,第 150 页。

第十三章　节庆、礼仪文化

"民俗文化是沟通民众物质生活和精神生活,反映民间社区的和集体的人群意愿,并主要通过人作为载体进行世代相传和传播的生生不息的文化现象。它是由历史沿传来的,又在现实生活中生生不息,具有一定特色的风俗、习惯、心态、制度等,是一个内涵相当丰富、外延相当广泛,反映民间文化最一般规律性的概念。"[①]由此可以看出,和日常生活息息相关的节庆与礼仪属于民俗文化的范畴。民俗包括几大部分,比如生产劳动民俗、日常生活民俗、社会组织民俗、人生礼仪民俗及岁时节庆民俗等。节庆、礼仪文化属于民俗文化的范畴。松原地区因其各民族的交汇,各民族的社会生活、礼仪文化、风俗习惯等方面存在着很大的差异。从而,在这一地区出现了多个民族、多元经济、多种文化类型并存的社会现象。节庆、礼仪也呈现出不同的特点。

第一节　节庆、礼仪文化的内容与形式

松原地区有着悠久的历史和文化渊源,历史上不同的民族、不同的文化在这片土地上相互碰撞、融合。秽貊族系、东胡族系、肃慎族系、以华夏族为核心形成的汉族族系都曾在这里繁衍生息,使松原地区各族系的文化、节庆、礼仪变得丰富多彩,但由于所处历史时期的不同,又呈现不同的特点。

---

① 仲富兰:《中国民俗文化学导论》,浙江人民出版社 1998 年版,第 20 页。

一、古代各民族的节庆、礼仪

松原地区最早的民族应为居住于原扶余境内的秽貊人。西汉至北魏时期,秽貊族系曾在此建夫余国,夫余人"以腊月祭天,大会连日,饮食歌舞,名曰'迎鼓'"①。北魏孝文帝时期,夫余国为肃慎族系的勿吉所灭,领地也被占据。勿吉人"婚嫁,妇人服布裙,男子衣猪皮裘,头插虎豹尾。俗以溺洗手面,于诸夷最为不洁。初婚之夕,男就女家,执女乳而妒罢。其妻外淫,人有告其夫,夫辄杀妻而后悔,必杀告者。由是奸淫事终不发。人皆善射,以射猎为业。角弓长三尺,箭长尺二寸,常以七八月造毒药,傅矢以射禽兽,中者立死。煮毒药气亦能杀人。其父母春夏死,立埋之,冢上作屋,令不雨湿;若秋冬死,以其尸捕貂,貂食其肉,多得之"②。

松原地区的前郭尔罗斯也曾是汉魏之际夫余国的属地,南北朝至唐时,此地为高句丽之地,高句丽"常以十月祭天,国中大会"③;唐时此地也为渤海国属地;辽时为长春州属地,"它是辽代东北地区的一个军事重镇,负责控制女真、室韦等部族",显然,辽时这里混居着契丹、女真和室韦等民族。契丹、室韦均属东胡族系,隋时契丹人"其俗颇与靺鞨同。好为寇盗。父母死而悲哭者,以为不壮,但以其尸置于山树之上,经三年之后,乃收其骨而焚之"④。五代十国时,耶律阿保机统一契丹各部,建立辽政权,统一北方,加强了与汉族和其他民族的文化交流,其节庆、礼仪也融合了本民族和其他民族的因素。"会同端午节那一天,百僚及诸国使称贺,如式燕饮,命回鹘敦煌二使作本国舞。天祚天庆二年在混同江举行的头鱼筵上,命诸酋长次第歌舞为乐。"⑤端午节显然是从汉民族引入的,而头鱼宴则是契丹人自己的文化内容,辽朝作为一个一统北方的政权,其节庆、礼仪是较为丰富的,包括"正旦、立春、人日、中和、上巳、佛诞日、端午、朝节、三伏、中元、中秋、重九等"⑥,这些节日是民族交流

---

① (宋)范晔撰,(唐)李贤等注:《后汉书》卷85《东夷列传》,中华书局2011年版。
② (唐)李延寿:《北史》卷94《勿吉列传》,中华书局2003年版。
③ (北齐)魏收:《魏书》卷110《高句丽列传》,中华书局1974年版。
④ (唐)魏徵等撰:《隋书》卷84《北狄》,中华书局2008年版。
⑤ 张博泉编:《东北地方史稿》,吉林大学出版社1985年版,第251页。
⑥ (宋)叶隆礼:《辽志·岁时杂记》,商务印书馆民国25年版。

与融合的产物。金政权建立后,女真人取代了契丹人在北方的统治地位,作为曾经辽政权统治下的民族,其节庆、礼仪大多继承了前朝的文化,但金政权完善了统治阶层内部的礼仪制度,《金史·礼志》中对金代礼仪的规定内容记载非常详尽,此处不多加赘述。室韦是东胡族系的一支,室韦又分为诸部,其中蒙兀室韦是蒙古族的祖先,室韦"与靺鞨同俗,婚嫁之法,二家相许竟,辄盗妇将去,然后送牛马为聘,更将妇归家,待有孕,乃相许随还舍。妇人不再嫁,以为死人之妻,难以共居。部落共为大棚,人死则置其上。居丧三年,年唯四哭。"①

松原地区的汉族人多从中原地区迁入,其节庆、礼仪多随中原汉族之制,但是由于地域的限制以及受其他民族的影响,有些节庆、礼仪渐渐被淡化了。松原地区的古民族间由于生活环境和地域的限制,及各民族间的不断交流和融合,其节庆、礼仪有许多相似之处,既反映了各民族自身文化的印记,也反映了地域、空间、民族交融等外在因素对民族文化的影响。

二、近代以来各民族的节庆、礼仪

明清以来至新中国成立前后,松原地区各民族的民族构成逐渐稳定,各民族的节庆、礼仪在有选择地继承古代各民族传统的基础上,又有新的变化和发展。

(一)蒙古族的传统节庆和礼仪

1.蒙古族的传统节庆。

白节(春节)

居于伯都讷地方的蒙古族人口不多,零星散居各地的蒙古族住户依多年习惯,除不过中秋节外,节日活动均多从汉习。仅聚居地的蒙古族人一直依自己的民族习惯过节。但随着时代的发展,一些旧俗中的繁缛礼节已渐自动废止。

蒙古族也过春节,但因为蒙古族习称正月为"白月",故旧习中亦称春节为"白节",这与蒙古族以白为吉祥有关。旧时,聚居地的蒙古族人于大年三十这一天,各家的佛案上都要摆放供品,以肉食和果品为主,其中有煮熟的大

---

① (唐)李延寿:《北史》卷94《室韦列传》,中华书局2003年版。

块牛羊肉、乳制品、精制糕点、各种水果和干果。庭院竖立旗杆,上悬彩旗,旗下拴有风车,使之迎风作响。晨起,全家梳洗干净,换上节日新装,等候喇嘛来家诵读经文,举行迎年仪式。仪式结束,犒劳诵经喇嘛;之后,全家人齐聚一堂,进行新年祝福(即拜年),从年龄最小的人开始,依次向长辈(以辈份为序,先男后女)叩头3个;最后,父母为子女祝贺。然后,全家人一起吃团圆饭。饭后,随意参加各种游戏、娱乐活动。向晚掌灯,经宿不熄。各家门上放置稍加雕琢的冰块,使其与灯火相辉映,增加喜庆气氛,并以冰之光洁、火之明亮迎接神祇的降临。室外,不定时地燃放鞭炮礼花。

初一,一大早身着各色服装的男女,跨上早已备好的骏马去串蒙古包。在这个过程中,先要给长辈叩头祝愿,接着主人要敬酒给客人,有的还边歌边舞,十分热闹。

五月节(五月初五,亦称猎日)

五月节。农历五月初五日,亦即汉族的端午节日。旧时,域内蒙古族人多于当日外出打猎为戏,称为猎日。传说,成吉思汗病故前曾打猎受伤,是在五月初五日,故称这一天为猎日。

那达慕

中国蒙古族人民喜爱的一种传统体育活动形式。每年农历六月初四开始的为期5天的那达慕,是蒙古族人民的盛会。那达慕是蒙古语的译音,意为"娱乐"或"游戏"。

13世纪初,成吉思汗统一了蒙古82个部落,他为检阅自己的部队,维护和分配草场,每年7—8月间举行大"忽力革台"(大聚会),将各个部落的首领召集在一起,为表示团结友谊和祈庆丰收,都要举行那达慕。起初只举行射箭、赛马或摔跤的某一项比赛。到元、明时,射箭、赛马、摔跤比赛结合一起举行,并成为固定形式。后来蒙古族人亦简称此3项运动为那达慕。在元朝时,那达慕已经在蒙古草原地区广泛开展起来,并逐渐成为军事体育项目。元朝统治者规定,蒙古族男子必须具备摔跤、骑马、射箭这3项基本技能。而到了清代,"那达慕"逐步变成了由官方定期召集的有组织、有目的的游艺活动,以苏木(相当于乡)、旗、盟为单位,每半年、一年或三年举行一次。此俗沿袭至今,每年蒙古族人民都举行那达慕大会(参见图13-1)。

图 13-1　蒙古族摔跤①

跳鬼节（九月初九）

跳鬼节，在每年的农历九月九日。旧时，域内蒙古族人在当天请喇嘛念经、跳鬼。此习新中国成立后即已绝迹，在松原地方已成为历史陈迹而渐被蒙古族人遗忘。

小年（腊月二十三）

拜火节（腊月二十三）

农历腊月廿三，即汉族的祭灶日。旧时，域内的蒙古族家庭均在当天晚上于庭院中举行祭火仪式，送火神上天。家长主祭，摆放黄油、牛羊肉、白酒等祭品，焚香后，点燃一捆柴草，将黄油等祭品投入火中。家长带全家人向火堆磕头，感谢火神在一年中给家人带来的吉祥，祈求火神保佑全家来年幸福，人畜两旺，五谷丰登。祭火仪式后，全家共进小年晚宴，饮酒吃肉，载歌载舞，大多都要通宵达旦。新中国成立后此习渐弛，后仅保留当日晚上饮宴之习。

祈月节（正月初二）

由于蒙古族崇敬自然和烙吃馅饼的习俗历史悠久、内容丰富、理念明确，

---

① 　参见阿汝汗主编:《松原风情》,时代文艺出版社 2009 年版,第 96 页。

人们便将正月初二吃馅饼、望"新月"的日子称为"祈月节"、"馅饼节"。

郭尔罗斯地区的祈月节受到自然崇拜和图腾崇拜的影响,起源于蒙古族信奉长生天、崇拜日月神的古老民俗中。节日礼俗的核心是烙馅饼和品尝馅饼,并遥望和祈福新月。

2.蒙古族的礼仪。

蒙古族的婚嫁礼仪

蒙古族的婚姻大体经历了以下几种形式:

清前或至清时,松原境内蒙古族人婚姻形式颇多,在郭尔罗斯蒙古族聚居地,婚姻形式大体有"抢婚"、"表亲婚"、"转房婚"、"入赘婚"或"服役婚",以及"抱斧婚"、"碾子婚"、"童养婚"、"指腹婚"、"买卖婚"等流行。

抢婚(亦称掠夺婚),主要自7世纪到12世纪期间盛行,随着历史的发展而逐渐减少。曾为蒙古族早期一种重要的婚姻形式,松原地区因多民族杂居,受其他民族特别是汉族婚俗的影响,当地的蒙古族较早弃绝此种婚姻形式,只在一些婚礼仪式上保留着这种遗风,做一下象征性的动作,使人们记起古代曾有"抢婚"之风俗。

表亲婚:蒙古族实行族外婚制,禁止血亲结婚,但不限制姻亲结婚,因而常常到舅族求婚。《中华人民共和国婚姻法》严禁近亲结婚,这种亚血缘婚姻已被废止。

转房婚:东北少数民族共有的婚姻习俗,这种"妻姐妹婚"和"夫兄弟婚"正是母权制氏族社会族外群婚制的遗俗。

抱斧婚:这是蒙古族奴隶制社会遗留下来的一种比较残忍的婚制,始于何年没有文献记载,但是直到清末,蒙古族的有些地区还实行这种婚制。它规定,如果府内女奴违反王府规矩,就强令她报斧(代表她的丈夫)成亲,实际上是封建王公对女奴的一种示威性惩处。后来慢慢取消。

一般的婚姻仍以"父母之命、媒妁之言"为结婚的社会准则,但为保护血缘纯正,一般不在同一部落中嫁女。其婚礼过程大体同汉族,包括聘婚、许婚宴、择吉日、纳彩(过礼)、婚仪等礼节。蒙古族婚礼仪式隆重而热闹,多在男方家举行(招赘者除外)。结婚吉日前一天,新郎跨骏马,佩弓箭,腰披白色"哈达",在4名骑手和1名能言善辩者的陪同下,前往女家迎亲。女家遥见迎亲队伍来临,迅即搬来一张桌子挡在大门口,桌上放白酒一壶,两名少女和两名少妇分站桌的两旁,桌后站 1 名能言善辩者。女方发问,男方应答,如答词一一被女方认可,即向新郎敬酒 3 杯,第一杯祭天,第二杯祭地,第三杯新郎一饮而尽,然后双方皆大欢喜地哄闹着移开桌子放迎亲队伍进门。问答中经常会有一些狡辩、怪问、挖苦、吵骂等情况出现,目的是在消磨时间,不过是为了使结婚的欢乐气氛更加浓烈而已,结局都是皆大欢喜。新郎进屋后,依次向火炉(火神)、佛像、长辈们跪拜,献上"哈达",然后站立一旁。女方设宴款待男方宾朋,新郎由新娘的嫂嫂、姐妹、女友们陪席,席间尽情嘲弄、戏耍新郎。如强请新郎唱歌,唱则众人伴唱,不唱则罚跪。再如将沙嘎(羊膝骨)放置桌上让新郎去抢,或藏于某处让新郎去找,抢不到、找不到则可以通过跪、唱等形式乞求,只有得到沙嘎才允许接亲。第二天早晨,新娘由 4 名少女陪伴乘坐一辆车,在迎亲、送亲队伍的簇拥下前往新郎家。送亲队伍少则 100 余人,多则300 余人。男方家大门口同样摆桌置酒、设问索答。新郎、新娘进屋后,依次向火炉、佛像、长辈们跪拜。男方设宴款待女方宾朋,新郎手持大碗敬酒两巡,并有四五个人在旁边高唱祝酒歌予以协助,客不饮则新郎长跪不起。因此,客人往往酩酊大醉。酒酣后,大家离席到室外齐跳安代舞。

　　喜宴结束,女方家送亲的人们告辞返回。新郎头戴红缨帽,带领数名骑手送出屯落,女方的骑手伺机抢夺新郎的帽子,男方的骑手则尽力保护,双方的骑手展开一场友好的抢夺红缨帽赛马战。如果新郎的红缨帽被抢走再没抢回来,男方便要继续设宴招待宾朋,并唱赔礼歌,满足女方家提出的任何要求。如果红缨帽保住了,女方家来的人就顺路回家。分手前新郎献上"哈达",互相告别。

　　北方蒙古族牧民对婚礼的评价标准是肉多酒多为上等,谁喝的酒多,表示谁对婚礼祝贺诚心。同时还要往迎送亲的马上洒酒,直至马身上像被水洗一般为止。

　　婚后 2—3 天内,一般由女方的母亲或嫂子留宿在男方家,察看新郎新娘婚后的感情是否融洽,以安其心。

　　此外,蒙古族还有一种男方在女方家结婚的形式,当地人称为"合力玛"。有的是男方家穷办不起婚事,也有的是女方家有钱有势爱护女儿,不让女儿过早地当上新媳妇。结婚的一切费用由女方负担,男方只是把新郎送到女方家,婚后新郎可自己回家操持正常家务。这期间女婿可随意去女方家,而媳妇只是住在娘家。有的甚至在娘家生了一个或两个孩子后才回婆家。回去时男方还要举行正式婚礼仪式。

蒙古族的生育礼仪

在蒙古族的整个发展过程中,人口的增长是缓慢的,有生活环境的因素,也有政策等的影响,使得新生儿存活下来的比较少,由此围绕女性生产期出现一些习俗和禁忌。

"妇女生产期,蒙古包前(或住房门外)都挂以标志,如生男儿,门前挂特制的榆柳条弓箭,以示男儿之勇,驱除豺狼;要生女儿就挂红色布条,以示女儿之巧,刺花绣缎。"①产期一个月内不能从产妇家借物品,以免带走奶等。而且和其他的北方少数民族一样,都有使用"悠车"的习惯,从森林走出后,有的开始使用晃车。

蒙古族人生了小孩后,也有如汉、满民族相类似的各种礼仪习俗,如"洗三"、"满月"等。新生儿满 100 天,要为孩子举行"过百日"。过周岁时,有两项重要内容:一是"抓岁",二是"打绊脚线"。蒙古族小孩到三五岁时,要在奇数年龄时举行剪发礼,邀请亲朋好友参加。剪发时,第一剪子须请属性相合、年纪大、子孙多或弟兄多的人,余下的远亲和朋友先剪,近亲次剪。被推为动第一剪的长者所拿的剪刀要系上哈达,剪时还要口念祝词。被邀来给小孩剪发的客人还要向小孩赠送各种礼品。剪发毕,主人煮整羊置于大铜盘中宴请客人。

蒙古族的丧葬礼仪

蒙古族实行的丧葬习俗有以下几种:风葬,最早的丧葬形式,但蒙古族从9 世纪后就不使用了;深葬,在奴隶制贵族时期曾使用;天葬,在喇嘛教传入后才使用;火葬,并不是很普遍;土葬,清代以来,几乎都实行了土葬。葬法为:选择好墓地,掘好墓穴,中等以上人家在穴中还砌砖或石,死者穿普通衣服,放在底部宽而上部窄的棺木中,将棺置于所掘之墓穴内,上盖以土。送葬时,家族之至亲及好友皆随棺到墓地,向死者致哀。尤其是民国以来,由于民族杂居区的扩大,蒙古族人不断融入农业区、半农业区并逐步走向定居生活,丧葬习俗也在发生着变化。牧区沿袭野葬(即天葬)的方式,农区采取土葬的方式。

---

① 王迅、苏赫巴鲁编著:《蒙古族风俗志》,中央民族学院出版社 1990 年版,第 46 页。

由于蒙古族历史上所处的生存环境和形成的生活方式所决定,旧时蒙古民族的平民百姓,特别是牧区的贫苦人民,其葬礼是比较简单的。人死前,全家人以至诸亲好友都守在其身边;人死后,全家举哀,通常葬礼极为简单,一般不设灵床、不摆供品、不穿孝服、不烧纸钱、不用音乐,但是也有打幡、摔盆、路祭等仪式。蒙古族的丧葬方式主要有土葬、火葬和水葬等,较为普遍的是土葬。在新中国成立前,蒙古族的殡葬仪式,既有蒙古族的传统部分,也有受到喇嘛教影响的部分,还有受其他民族风俗习惯影响的部分。一般来讲,属于蒙古族传统风俗习惯部分的比较纯朴,而受喇嘛教影响的部分则具有较多的宗教迷信色彩,如请喇嘛念经超度,向寺院及喇嘛赠送牲畜、布帛、钱财以及其他物品为死者祈祷等均属此类。新中国成立后,火葬的方式增多。

蒙古族的寿诞礼仪

从 60 岁开始,蒙古族老人每逢十便过寿,主要由儿女们张罗为父母过寿,先请喇嘛选定祝寿之日,待祝日选定后,邀请亲戚、朋友做设宴准备。祝寿之日,待客人到齐后,开始举行贺寿仪式,先客人、后儿女轮流为老人拜寿、敬酒、献哈达、端寿礼。子女们首先用银碗给老人敬酒祝寿或者敬鲜奶茶拜寿,其他人也为老人敬酒或敬奶茶祝寿,长寿老人也斟酒向亲戚朋友表示谢意,同时也祝福他们平安长寿,酒碗酒杯由子女递过去。接受老人祝福的人都表现的兴高采烈、欢乐异常,使老人非常高兴。寿礼一般有牲畜、钱物等。拜过寿后,主人向客人献奶茶,之后敬酒、唱歌,最后摆羊背子(也称乌查,因制作时用到羊体的带尾脊背部位而得名,是蒙古族传统佳肴的餐中至尊),款待客人。

蒙古族的日常礼仪

蒙古族日常人际交往中奉行以西为大,以长为尊。以西为大,主要表现在佛龛、祖像、墓地等安放的方位和位置上。以长为尊,体现在无论是在家中还是到别人家做客,都要注意辈份。住房要让长辈住西间;客人来了,不能坐在西炕上;客人吃饭时,长者要先入席。

敬茶敬烟是蒙古族接待客人的重要礼俗。

敬茶。蒙古族饮茶风俗盛行于元代以后。明清时几乎普及到每个家庭。牧区、半农半牧区多为奶茶,农业区多为红茶。客人来了必须沏茶,先要把壶用开水“暖”一下,然后沏茶。沏好茶,如果喝茶人多,不能把茶水一两碗倒干,要均匀地倒入各碗,待茶壶续上水后,再依次添满。如此时再有客人来,壶中的茶即使是新沏刚喝的,也必须倒掉重沏,否则就是对客人的不尊敬、不礼貌。客人喝茶时,有时还要端上奶皮子、奶豆腐,劝客人食用。

敬烟。新中国成立前,蒙古族人多喜鼻烟。鼻烟是 1582 年(明万历十年)由意大利传教士利玛窦带进中国来的,清康熙、乾隆年间开始盛行。到蒙古族家庭做客时,主人常常拿出一个非常精致的鼻烟壶给客人嗅一嗅,或者客人从中倒出一点"烟末",用手指捻搓后用鼻吸入。

鼻烟壶(蒙语称"呼呼尔")。为大约 1 寸高的长扁状小瓶,从形状上看,有佛手的、茄形的、莲蓬型的、梨形的。从用料上看,有玉、象牙、琥珀、玛瑙、翡翠、水晶、陶瓷等。玉制的又有白玉、黄玉、紫玉等;玛瑙制的又分花玛瑙、红玛瑙、胆青玛瑙、珊瑚玛瑙、碧玉玛瑙;水晶制的品种更多,有紫晶、藕荷晶、鬃晶、发晶等。鼻烟壶不但因料器而名贵,更为可贵的是它那径寸之内千姿百态的内画,使之成为收藏界重金争购的珍品。

随着黄烟、纸烟的盛行,吸鼻烟者渐少,在松原地区的蒙古族中,到 20 世纪 50 年代末,鼻烟已基本绝迹。现今在蒙古族聚居的地方,客人来了则以黄烟或卷烟相敬了。

献"德吉"。蒙古族把进餐时的第一口称为"德吉"(即首杯、首箸、首口之意),吃菜、喝酒和饮茶的第一口,也被称为"德吉"。蒙古族家庭里来客人进餐(或者饮茶)时,多是由年轻人把第一杯酒(茶)献给客人,吃饭、吃菜也是请客人先动筷吃第一箸。这就是献德吉(蒙古语称为"德吉乌日根")。如果来客是年轻人,当他接过"德吉"后,也不首先自己享用,而是请本家长者享用,给长者斟酒、倒茶。在没有来客人而是自家吃饭(或用茶)时,也总是请长者先动筷、先吃、先饮。蒙古族人饮酒前,用无名指蘸酒泼向空中,也是献德吉。有的家庭悬挂成吉思汗像或先人像,则是将"德吉"献于成吉思汗挂像或者已故长者的遗像前,以表示对尊者、死者的怀念和尊敬。

献"哈达"。喇嘛教传入蒙古族地区后,蒙古族中也有了献"哈达"这一礼俗。哈达是喇嘛教礼敬用品,也是喜庆交往、志贺礼品和哀悼丧葬的敬谒礼品。《马可·波罗游记》载:"在元旦这一天,大汗统治下的各省和各王国中拥有领地或握有管辖权的要员,都纷纷给大汗进贡金、银和宝石等贵重礼品并且配上白布。"这"白布"即是哈达。不过,敬献哈达起初主要在宫廷、官府等上层社会中风靡,在民间的流行则始于 16 世纪后期。

哈达长短不一,有的 1 尺 3 寸到 3 尺,也有的 3 尺以上,最长的可达 9 尺至 1 丈 2 尺,称"朗翠"大哈达。哈达以白色为主(也有蓝色和黄色的),大部采用丝绸为料(也有绢纱或普通的白布),有的上面要绣上"八宝"、"云林"等花纹。

对尊者、长辈献哈达时,献者的双手要举过头顶,身体略向前倾,哈达要对折起来,折缝向着接受者,否则即为失礼。献上哈达后行半跪请安礼,接受者再将哈达回献物主。但东部地区蒙古族近些年来,除上层社会的特殊场合仍敬献哈达外,在民间已经不再敬献哈达,只有个别地方在订婚换礼时出现。①

(二)满族的传统节庆和礼仪

伯都讷地方虽然是满族人的祖先女真人的世居之地,满族人又是清初设治后先于汉族人开发这里的土著民族,但随着清中叶关内汉民的大量涌入,满族人在这里的比例也越来越小。而且,随着汉文化的传入,节日文化也渐渐趋于融合。所以居于本地的满族人的节日时令多与汉族同,只是初时曾保留着稍微独特的节日活动内容和一些不同于汉族的习俗。

1.满族的传统节庆。

颁金节

"颁金节"是满族主要传统节日,节期在农历十月十三日,是满族的命名纪念活动日。相传在皇太极时,这一天是将原名女真人改称为满洲族的纪念日子。满族的传统节日主要有春节、元宵节、二月二、端午节和中秋节。节日期间一般都要举行"珍珠球"、跳马、跳骆驼和滑冰等传统体育活动。

"颁金"是满语,意为满族命名之日。明崇祯八年(1635 年 10 月 13 日),后金汗王努尔哈赤的儿子爱新觉罗·皇太极正式宣布废除女真(又译为诸申)的旧称,将族名定为满洲。这标志着一个新的民族共同体的形成。满族人为纪念这一天,作为节日进行隆重庆祝。在 10 月 13 日这天,满族人纷纷聚集在一起,载歌载舞庆祝自己的节日,许多满族同胞穿起旗袍等民族服装,跳起民间传统舞蹈,唱起民间歌曲,开展各种庆祝活动。同时,还准备奶茶、萨其玛、打糕、金丝糕等食品供大家品尝。1989 年 10 月,在辽宁省丹东市举办的

---

① 参见王迅、苏赫巴鲁编著:《蒙古族风俗志》,中央民族学院出版社 1990 年版,第 90—93 页。

"首届满族文化学术研讨会"上,正式把每年的 12 月 3 日定为"颁金节"。

丰收祭祖节(七月十五至八月初之间某日)

满族人走下长白山之后,大多开始了农耕生活,因而满族农民渴望每一年都能风调雨顺,五谷丰登。粮食丰收了,他们当然非常高兴,便要举行一定的庆丰收祭祀仪式。时间久了,便形成了一个节日。此节一般无具体日期,大约在农历七月十五至八月初之间,即糜子收割之后。此时,满族人家都要用糜子或黏高粱磨成面,内包小豆馅,外包苏子叶,蒸苏子叶黏饽饽。饽饽蒸熟后先供奉祖先,烧"达子香",全家给祖先磕头,感谢祖先保佑丰收,然后全家共食黏饽饽。

清明节

满族人上坟祭祖时不像汉族烧过纸钱后在坟顶上压纸钱,而是在坟上插"佛朵"。"佛朵"是满语,译为汉语意思是"柳"或"柳枝"。根据满族信仰,柳是人的始祖,人是柳的子孙,为表明后继有人,要在坟上插柳。

中秋节

满族人家过中秋节也吃"团圆饭"。此外,在月亮初升之际还要供月兔,即在院内西侧向东摆一架木屏风,屏风上挂有鸡冠花、毛豆枝、鲜藕等,为供月兔之用。屏风前摆一张八仙桌,桌上供一个大月饼。祭月时焚香磕头,妇女先拜,男人后拜。

添仓节

又名"填仓节"。正月二十三日为"小填仓",正月二十五为"大填仓"。正月二十五添仓节这一天,满族人家习俗是用谷面或软米面捏成仓官爷、谷囤、粮仓及各种家禽家畜形状的灯若干盏,内煲煮熟的红枣豆子,灯芯用细谷埂子囊棉花制成。入夜,灯内入油,将粮仓形状灯放在存粮处,牛形状灯放在牛圈窗台,鸡形状灯放在炕头,狗形状灯放在门上边,猫形状灯放在墙角等,一一点燃。满族农民在这一天讲究吃"小米干饭杂面汤",寓意来年五谷丰登。营房中的满族人家不祭仓神,这一天要出门购物买些米面、煤炭等生活必需品进行储备,认为是买东西使得"添仓日'填仓',一年无饥荒"。这一天要吃炸春卷、炸盒子,若有客人来,一定要使其尽饱而去,吃饱肚子也叫"填仓"。清廷对此节也很重视,《养吉斋丛录》卷十三记载:"正月二十五日为填仓日"。

2.满族的礼仪。

辽金时期女真人有射柳的习俗,这不同于契丹射柳活动中祭祖、祈雨的习俗,而是包含端午拜天仪式的内容,与鬼神祭拜联系在一起,后来发展成为一项体育活动。

满族的婚嫁礼仪

"辽金时期的女真族早期都有过掠夺婚、隶役婚、收继婚、交换婚等原始婚俗,后来在汉文化的冲击下,原始婚俗受到了限制。"①

满族的婚嫁礼俗如订婚、结婚过程,对子马娶亲、憋性、送离娘肉、行合卺礼、闹洞房等,和汉族婚礼基本相同,但以下是本民族独具特色的仪式。满族先民肃慎氏,"男以毛羽插女头,女和则持归,然后改礼娉之"②。在婚礼中体现了狩猎民族灵禽崇拜、以鸟羽为信物的古俗。此俗在清末则演变为结婚时新妇插羽花为饰,或披用野雉彩翎织出的各种花样披肩。这种婚礼服要在婚后珍藏,逢正月拜年或节日才肯一用,此为古代男女定情信物的遗俗演化。

清代以来,满族结婚特别重视门户,同时禁止早婚。清代,官方及满族家谱都规定不许在十二岁以前订婚,一般在十五六岁订婚,十七八岁以后方可结婚。极少出现指腹婚、童婚现象。择婿重视"门户",而不重彩礼和贫富。《啸亭杂录》载:"凡所婚娶,必视其氏族之高下,初不计其一时之贫富……"这一习俗亦可以理解为择婿重家风门弟,重德不重财,所以有"问门户"之俗,这是女方了解男方家世的主要程序。男方行聘也要看女方家世和女子品德而定。男方遣媒到女家,一般需登门两三次,双方有了充分了解之后,才能讨得女家准信。媒人每次登门必备酒,故俗称"成不成,酒两瓶。"如女方家长认为门第相应,并征得男女同意之后,媒人即带求婚者到女家,让女方父母相看一番,俗称"验姑爷"。双方满意后,即行订婚礼。后来受汉族影响,亦有"合婚"程序。满族订婚,除受属相生克、宿命迷信观念影响外,还有年岁上的禁忌,有"女大一,不是妻;女大两,黄金淌;女大三,抱金砖"之说,故一般认为女子大两三岁无妨,而独忌"女大一岁"。此说亦影响到汉族合婚禁忌,当然是毫无科学根据的妄谈。

---

① 孙乃民主编:《吉林通史》(第1卷),吉林人民出版社2008年版,第511页。
② 孙乃民主编:《吉林通史》(第1卷),吉林人民出版社2008年版,第511页。

正式订婚的初仪称"换盅",相当于汉族的过小礼。届时男方父辈在媒人带领下携酒肉到女家,女方以此酒肉设宴招待。炕上放一小桌,两亲家对面坐定,各自把肥大的旗袍衣襟铺在桌上即开始上菜,菜盘要压住衣襟,两亲家往酒杯中倒满酒之后端起来,互相换盅并一饮而尽,谓之"认亲家"。如果新姑爷去了,女家要给压腰钱,并送给"腰褡"。腰褡有绣花的、全丝的、串珠的,两头有小口袋,中间一个立口,留着装钱。腰褡讲究美观,可以看出新媳妇手头巧不巧,和鼻烟壶一样被看重。亲家临走时给姑娘留下耳环、戒指、衣物之类礼物。这种正式订婚,俗称"放定"。"小礼"过后是"大礼",大礼必送猪、酒、布匹。此猪称"他哈猪",经济条件较好的需送双猪、双酒(两缸酒,一缸 50斤),若干布匹。女方用此猪、酒宴客。清代,吉东一带满族亦有给姑娘跳家神祈福者,来宾皆以金钱或首饰给姑娘"添箱"。此后姑娘择吉开剪,准备嫁妆。开剪之日,姑娘挽袖盘髻,准备出嫁仪式。

结婚仪式有憋性、去煞、拜天地、坐福、跨马鞍、闹洞房等。满族"去煞"是花轿进门时,新郎向花轿虚射三箭。吉东满族婚仪上的"搭拉密"(男方迎娶时的领班人,俗称"知客")必须精明干练,既懂规矩又有教养,还要机智热情,口齿伶俐,善于辩才。他身挎"酒憋子",上贴双喜字,里边装着上等好酒。"搭拉密"到女家行迎亲敬酒礼,必须用"酒憋子"里的酒给新娘父亲敬酒。女方有好逗趣的人,总是千方百计设法偷去"酒憋子"里的好酒,换上白水,使"搭拉密"当场出丑。一般搭拉密献酒,女方父亲喝酒时总是说:"好酒,好酒!"一饮而尽。如果是水,就把酒杯还给搭拉密,并和颜悦色地说:"此酒需好酒,婆家没有娘家有,拿酒来!"偷酒的人早已等在左右,答应一声,递上酒壶。搭拉密一尝,如果真是他带来的酒,就笑着说:"真是我的好酒,你真有两手。"同时掏出赏钱给盗酒者。此时自然引起在场人哄堂大笑,增加喜剧气氛。正因如此,搭拉密不论多忙,酒憋子总不离身,随时警惕喜酒被盗。

另一种带有喜剧色彩的礼仪是"磕哑巴头"。在满族婚礼上,新郎迎亲时,要给女方亲属——叩头,然后新人才能上轿。女方为了女儿到婆家不被轻视,除了必须受礼的岳父、岳母等长辈之外,往往拉一些不相干的屯亲乡邻来充数,以显示原系望族,门第不凡。加上女方执事人有意捉弄新郎,便使新郎有磕不完的头,新郎不便分辨,俗称"磕哑巴头"。如今此种旧礼俗早已消失,但民间仍留下一句歇后语:"新姑爷认亲——磕不完的头。"

清代,满族青年18岁便去当兵,常在军营中结婚,姑娘必须远嫁。或两家相距也远(当时满汉不通婚,找本民族门当户对的人家结亲亦非易事),所以姑娘常先一日到夫家所在地,住在"下宿",次日迎娶。打"下宿"(如亲友家)时要给"压炕钱"。亦有女家送亲,男家娶亲。双方喜车相遇时,新娘要由其兄或弟抱至男方迎亲车中,谓之"插车"。如路上与另一家娶亲车相遇时,车夫需交换鞭子以为纪念。如遇官轿,则迎新车(轿)概不让路,官轿(车)要给喜车让路。

又因满族青年常在军营结婚,留下新婚之夜"宿帐篷"的古俗(也许与古之"青卢"有关)。即拜过北斗(即汉族之拜天地),揭去盖头之后,跨过马鞍不去新房,而是去院中新搭的帐篷入洞房。新娘在帐篷中开脸、坐福,新郎要在帐篷外等候。入夜,新郎再三请求入内。如新娘允许即进帐成婚;如新娘不答,新郎要绕帐三圈,再请问:"许入帐否?"直至新娘允许,才能进帐。满族崇祖,新妇入门不久,要穿上婆婆的鞋溯河而上,以寓沿老人来路走、"慎终追远"之义。此类古俗早已不存,20世纪50—60年代以后,满族人婚嫁仪式渐从简,或大体同汉俗。

满族的丧葬礼仪

辽金时期的女真人就有土葬、火葬及土葬和火葬结合的方法,而且在这一时期,女真人就有将"其祭祀饮食之物尽焚之"的烧饭(焚烧物品祭祀死者)之俗。明代女真人的葬俗各不相同,有风葬、火葬和土葬的方法。后来随着社会的发展,同汉民族联系的紧密,丧葬习俗有了进一步变化,女真人火葬之俗盛行。

沈阳地区的满族沿袭此俗,富贵人家还有将生前所御狗、马焚烧的。以后,努尔哈赤、皇太极等统治者一再告诫要节省食物器用,除烧饭外,也不再焚烧狗、马,只将生前所用狗、马牵至坟前火堆旁,用鞭棍催打狗马从火堆上奔跳过去就可以了。

在努尔哈赤、皇太极时期,丧葬仍有殉葬之恶俗。此俗亦系沿袭自辽金女真奴隶主贵族"生焚所宠奴婢、所乘鞍马以殉"[①]的故俗。努尔哈赤死后,有大妃乌喇纳喇氏、庶妃代音察、阿迹根3人从殉,虽然其中不无政治斗争的需要,却反映着殉葬的陋俗;皇太极死后,亦有亲信侍卫2人从死。此恶俗在满族入关后逐渐消失,沈阳满族以后也不再保留此俗。

---

① (宋)徐梦莘编纂:《三朝北盟会编》卷3,上海古籍出版社2008年版。

入葬后,丧家门外不设殃榜(一般汉族在门外设殃榜。所谓殃榜,是由阴阳算命先生开列的含殓日、生辰日、回煞日、避忌日),3 日领魂不返家,寄送土地庙。服丧期间,丧家男女以白布袍带为丧服。葬前,带垂至前胸;葬后,男挽于腰间,女戴"包头"。百日内,起居不释白,男截发,冠不缀缨;女剪发,头不戴簪花。

清帝王因政务繁忙,受汉族影响,皇太极之丧规定"以日易月,二十七日释服"。老皇帝死,新皇继位,虽在丧期,临朝大典时仍要求官员"冠宜缀缨"。一般满族人家,百日内起居不释白。至百日,备香楮祭品到坟前敬奠,脱去孝服,称之"释服"。3 年内,男不穿红衣,女不戴簪花,保留着满族的古制。

满族有清明节上坟插"佛托"之俗。此"佛托"大多为柳枝插上苞米核子,上贴五彩纸,插在坟上,意为"坟花",寄托哀思。

满族的生育礼仪

满族的生育观,旧时有重男轻女思想,至今依然,而且以多子多女为福。若生男孩,则在房门左框上挂一木制小弓箭;若生女孩,则在房门右框上挂一条或红或蓝的布条,此谓"他哈补丁"。这个仪式称之为"悬弓挂帛"。

"落草"。生儿落草是满族生育习俗。妇女怀孕,被认为是全家的一件喜事。为保护胎儿的正常发育,对孕妇有许多清规戒律,如:不准坐锅台、窗台、磨台;不准进产房;不准祭祀祖先和参加别人的婚礼;禁食兔肉,怕生三瓣嘴的孩子;不要多吃盐和酱,唯恐孩子成"喉巴"。其规矩之繁多,往往给产妇精神上造成很大压力。产房一般不设在西屋,不能将孩子生在炕席上。孕妇生产前,要把炕席卷起,在土炕上铺上谷草,让孩子生在谷草上,所以孩子出生称"落草"。

满族生育还有"采生"和"开奶"之说。婴儿看到的第一个外人被称为"采生人",意为采生人将对婴儿产生影响,有的还被认作孩子的干爹或干妈。开奶,是请多子女的妇女给婴儿喂第一口奶,意谓消灾无病好养活。

"洗三与打聪明"。在孩子出生的第三天,要进行"洗三",将一个儿女双全又有威望的老太太(称为姥姥)接到家中,由姥姥用一大铜盆给孩子洗热水澡,边洗边唠叨:"洗洗头,做王侯;洗洗腰,一辈倒比一辈高;洗脸蛋,做知县……"最后用一根大葱打三下,边打边说:"一打聪明,二打伶俐,三打明明白白。"说完,孩子的父亲将大葱扔到房上,亲友们一齐向孩子的父母道喜。

"办满口"。婴儿出生满一个月,要举行上索仪式,宴请亲友。上索,即将

"子孙绳"请出,一端拴于祖先板的斜柱子上,另一端拉至门外,拴在早已准备好的柳枝上,然后全家人向祖先板叩拜。生男孩,则在索绳上拴一小弓箭;生女孩,则在索绳上拴"他哈补丁"。亲友都来祝贺、馈赠礼品,多是送长命锁等。在办满月时,女客将两个馒头合在一起,拿着让产妇咬一口,谓之"满口"。从这一天起,产妇要增加饮食,没有什么禁忌了。办满月时设宴招待客人,以长面条为主食,意谓绵绵不断、健康长寿。

"挂悠车"。满族人生育的第一个孩子满月时,姥姥家要给孩子蒸"河咧"(长蛇型的面驹驹),俗谓吃了可多生发。其舅父在这天要送给一个悠车,并亲手挂起来。悠车以经人用过的为佳,俗称"养活孩子吊起来"。亲友要送小衣服和小铃铛等玩具。如婴儿哭闹,要边推悠车边哼"悠悠调"(参见图13-2)。如《月儿圆》悠悠调这样唱到:

月儿圆,月儿大,月儿已在树上挂。

小妞妞,别哭了,额娘领你找阿玛。

船儿摇,别害怕,长大嫁给渔老大。

鱼皮鞋,鱼皮袜,鱼裙鱼袄鱼马褂。

……

图13-2　挂悠车①

① 参见乌崇和:《当代满乡风采》,中国文献出版社2009年版,第87页。

"抓周"。孩子周岁时已初懂人事,传说这一天可以测出孩子一生的情趣和志向,所以满族人多有"抓周"习俗。婴儿满周岁之日,其家人将纸笔、书册、弓箭、顶戴、乐器、烟酒、赌具等,放在炕上让婴儿自己去抓。据说抓到什么,将来就要干什么。

给婴儿"睡扁头"的习俗,是满族人所特有的,就是让婴儿枕着装有粮食的小枕头,这叫"头枕粮仓",日后大富大贵,并叫婴儿仰面躺着,日久天长,把婴儿的后脑勺睡得又平又扁。同时,婴儿后背也睡得扁平、肩宽,满族人认为这样美观。

满族的寿诞礼仪

满族的先世最初没有庆寿的习俗,后来,满族以敬老尊长的传统闻名于世。金代以来,庆寿礼仪逐渐在女真人中兴起;到了清代,满族的寿诞礼仪已经相当的隆重。

满族寿诞礼仪因家主的显贵程度不同而规模不一,有二日、三日、五日、七日之分。是时,寿堂北面墙上高悬一个满文书写的寿字,家族成员按辈分向老寿星行礼道喜,晚辈要为寿星献礼,然后共餐满族火锅。寿宴中多由族人歌舞祝寿。近世满族的寿礼简单许多,但寿宴中火锅还是主食。

(三)汉族的节庆和礼仪

汉族的节庆和礼仪文化传统源远流长,松原地区除了个别民族的节日礼仪习俗保留了自己本民族的特点外,随着时间的推移,它们的节庆和礼仪逐渐汉化。

1.汉族的传统节庆。

春节

春节是中国最富有特色的传统节日,在农历正月初一这一天,又叫阴历年,俗称"过年"。这是我国民间最隆重、最热闹的一个传统节日。春节的历史很悠久,在我国不同的历史时期,春节有着不同的含义。"在汉代,人们把二十四节气中的立春这一天定为春节。南北朝时,人们则将整个春季称为春节。1911年,辛亥革命推翻了清朝统治,开始使用公历,农历初一定为春节。"

北方地区在除夕有吃饺子的习俗,饺子的做法是先和面,和字就是合;饺子的饺和交谐音,合和交有相聚之意,又取更岁交子之意。

春节是个欢乐祥和的节日,也是亲人团聚的日子,离家在外的亲人在过春节时都要回家欢聚。过年的前一夜,就是旧年的腊月三十夜,也叫除夕,又叫团圆夜,在这新旧交替的时候,守岁是最重要的年俗活动之一。除夕晚上,全家老小都一起熬年守岁,欢聚酣饮,共享天伦之乐。

元宵节

又称"上元节",即阴历正月十五日,是我国一个重要的传统节日。在古书中,这一天被称为"上元",其夜被称为"元夜"、"元夕"或"元宵",元宵节这一名称一直沿用至今。由于元宵节有张灯、看灯的习俗,民间又习称为"灯节"。此外还有吃元宵、踩高跷、猜灯谜等风俗。

清明节

为二十四节令中的清明日,家家户户备办祭品,在清明节的前三天或后三天上坟祭祖扫墓,以示不忘祖宗,表达追念。

端午节

在农历五月初五这一天,家家吃粽子、喝雄黄酒,门上插艾蒿、菖蒲,小孩胸前挂香荷包,手上戴百索(五色彩线)。相传五月初五吃粽子是为纪念爱国诗人屈原,也有以此驱鬼避邪、祈求平安吉利之说。

乞巧节

每年农历七月初七这一天,是我国汉族的传统节日七夕节。因为此日活动的主要参与者是少女,而节日活动的内容又是以乞巧为主,故而人们称这天为"乞巧节"。在这一天晚上,姑娘们聚集一处穿针乞巧、祈祷福禄寿、礼拜七姐,仪式虔诚而隆重,陈列花果、女红,以穿中者为喜,谓之乞到巧技。

中秋节

农历八月十五日,当日夜晚用月饼和一些金秋果实奉献圆月,然后阖家欢聚享用。外出者要赶回家中过节,全家团圆,皆大欢喜,此节也称"团圆节",故此节受重视程度仅次于春节。

重阳节

农历九月初九日,爬山登高,向老人祝福,饮菊花酒。近年来,为表示对老人尊重,九月九日被定为"敬老节"。

2.汉族的礼仪

汉族的婚嫁礼仪

1949年前,汉族青年男女结婚遵从"父母之命,媒妁之言",实行包办婚姻。早婚、童养媳、近亲结婚较普遍。

汉族的生育礼仪

汉族不论生男生女都很看重头胎。婴儿出生第二天，女婿给岳父母及主要亲戚报喜。第三天用百草花、柏叶、红枣、钱币置水盆，给婴儿洗浴，称"洗三"。第10天或30天由娘舅家人带来衣料、食品等看望产妇叫"看月"。孩子至百天请长辈剃发，名"过百岁"或"过百禄"，祝贺孩子健康长寿。

汉族的寿诞礼仪

汉族人一般以家庭聚餐为主，主食多为面条，饺子。儿孙、至亲等送寿面、寿桃。文士之家多送寿联、寿幛，寿联一般为"福如东海、寿比南山"之类，寿幛均为满幅大"寿"字，有的上下款提祝语。士绅官宦人家则举办宴席，甚至数日前筹办，撒请帖，约请亲朋，其规模不亚于婚礼，特别是"逢十"整寿，更要大庆一番。20世纪70—80年代以后，中国各民族生日礼仪渐趋一致。

汉族的丧葬礼仪

汉族以土葬为主，间有火葬。丧事分"泪丧"和"喜丧"。父母中年去世为"泪丧"。年过花甲逝世称"喜丧"。人去世后更换新衣，遗体停放正屋中堂3至7天。用白纸或布覆体，红、蓝布片罩面。灵前摆放"倒头献食"，在盆内焚化纸钱。同时，即给亲邻报丧，并请风水先生或长者去相墓破土挖坟穴。送葬前亲邻吊唁，送挽幛、馒头、大米、花圈、金银斗、钱等。亡人家用丧宴招待亲朋。死者儿子戴麻冠，拄丧棒，称"孝子"，儿媳及晚辈妇女穿孝衫。"孝子"跪守灵前，不断烧化纸钱并奠茶。亲朋来祭奠时，妇女悲恸大哭。有的请吹鼓手奏哀乐。送葬前一天，宴请死者娘舅和亲邻长辈，"孝子"汇报死者生前病情治疗、逝后丧事准备情况等，让众亲邻评议平时孝敬好坏。若有忤逆不孝情况，当众对其进行批评或体罚，谓之"娘外家说话"。送葬日清晨入殓，子女有"望骨"规矩。送葬时，"孝子"怀揣家谱，执领魂幡等物品。老人须在太阳未出前掩埋。葬后3天亲属上坟祭奠，称"全三"。49天、100天和1周年时，亦上坟祭奠。未婚少男、少女去世，一般火葬后就地埋葬。

（四）其他民族的节庆和礼仪

松原境内除了满族、蒙族和汉族外，还有锡伯族、朝鲜族、回族等。它们的节庆和礼仪有的与汉族相同，有的还保留着自己本民族的特色。

1.锡伯族传统节日和礼仪。

松原境内的锡伯族和其他民族一样，节日中既有中华民族的传统节日，如春节、元宵节、清明节、端午节、中秋节等,以及元旦、"五一"国际劳动节,"十一"国庆节等,也有本民族的传统节日,如"西迁节"和"抹黑节"。

西迁节

农历四月十八日的西迁节,是锡伯族从祖国的东北地区西迁到新疆的伊犁地区的传统纪念日,至今已有220多年的历史了。乾隆二十九年(1764年)的农历四月十八这一天,锡伯族同胞在故乡——辽宁沈阳(当时称盛京)的锡伯族家庙太平寺集会吃离别饭,与骨肉同胞分别,踏上西迁的征途。过去,这一天是最热闹的一天,各个牛录都举行各种形式的纪念活动,包括丰富多彩的文艺会演、赛马、刁羊、射箭、摔跤等。年轻人还骑着骏马出外野游,妇女、老人们或者坐车,或者徒步,三五成群到野外踏青,摆野餐共度佳节。此外,人们还赶庙会,各家各户做"米顺"(面酱),吃鲜鱼,做蒸肉,欢度这一传统的纪念日。直到"文化大革命"前夕,新疆等地的锡伯族仍然以上述形式欢度这一佳节。

抹黑节

农历正月十六为抹黑节。它的来历有两种说法:一说为,这天抹了黑,天火不会烧到身;另一说为代替谷物受神灵的惩罚,使麦子不得黑穗病。现在,抹黑节被锡伯族作为祈求五谷丰登的节日,抹黑则逐渐成为青少年的一种娱乐性活动。每年的这一天,年轻人们天不亮就起来,用葱头、毡片揽上锅底灰,走街串巷,挨家挨户,逢人便往对方脸上抹黑,但对长辈只是象征性地往脸上点个黑点。活动一直持续到日出东方,千家万户炊烟袅袅方止。

锡伯族十分注重礼仪,也有一些禁忌。比如睡觉时脱下的裤、鞋、袜等不能放在高处;不能在炕上横卧;不能从衣帽、被子、枕头上跨过;吃饭时不能坐门槛或站立行走,严禁拍桌打碗;媳妇不能与公公同桌用餐,也不能同坐;递刀给别人时要让刀尖朝自己、刀把朝对方,忌食狗肉,族内同姓禁止通婚等。

2.朝鲜族传统节日和礼仪。

五谷节(正月十五)

农历正月十五日,朝鲜人称之为"五谷节",也叫"乌祭之日"。节日活动有做"卖暑"(一种祈福仪式),是日饮酒名为"咬疖子",族人以为可以免生疖疮。主食要吃五谷饭(江米、大米、黄米、高粱米、小豆合煮)。酒饭后亦有歌舞伴之。

寒食节(三月十六)

农历三月十六日。松原境内朝鲜族人于是日祭祖、扫墓,活动内容大体同于汉族之清明节,但不烧纸,只焚香礼拜,垄土圆坟。现散居域内各地的朝鲜族人大多已不度此节,而渐同汉习,于清明节举行祭扫活动。

端午节

农历五月五日,活动多同汉俗。聚居地的朝鲜族人在这一天身着节日民族服装,举行荡秋千、跳弹跳板、摔跤、踢足球等体育竞赛活动,并举行酒宴,伴以歌舞,多通宵达旦。

秋夕节(嘉俳节,八月十五)

"嘉俳"又称"秋夕",时间是每年的农历八月十五日。这一天,朝鲜族人都满怀喜悦心情,为感谢祖灵保佑,为庆贺丰收,纷纷杀猪宰牛,隆重庆祝。各家各户都要用刚刚收获的新谷制作打糕和松饼,用以扫墓祭祖。此外,还要开展多种传统的民间游戏活动,举行村屯之间的民族体育竞赛,届时全村男女都要前去观看助威,这种庆祝活动一般要坚持数日才结束。

另有 3 个家庭节日,即抓周、回甲节(60 大寿)、回婚节(结婚 60 周年纪念),婴儿年满一周岁要邀请客人共同欢度婴儿的生日;后两个是喜庆日,子女、亲友、邻居都向老人祝福祝寿。每逢这些节日都要大摆筵席,宴请宾客。届时要先在餐桌上摆一只煮熟的大公鸡,公鸡的嘴里还要叼一只红辣椒。筵席的传统菜点不仅花样繁多,造型也要优美华丽,好多食品都要做成鸟兽形。所有礼仪筵席中以祝贺老人 60 大寿的"花甲"席最为讲究和隆重。朝鲜族自古以来就有尊敬老人的传统,老人在朝鲜族内普遍地受到尊敬和优待,有着很高的家庭和社会地位。他们甚至把八月十五定为"老人节",借以表达对老人的尊敬之情。朝鲜族一向重视儿童,每年"六一"节便举行盛大的欢庆活动,举家参加庆贺。朝鲜族平时也十分注重对孩子们的培养,不惜花重金聘请家庭教师,开发儿童的智力,培养儿童的能力。

在重大节日,朝鲜族往往举办各种多姿多彩的游艺活动。在朝鲜族绚丽的文化遗产中,民俗游艺占据着独特的位置。其种类可达 300 种之多,一些活动简便易行,老少皆宜,较具代表性的有荡秋千、跳板、摔跤、拔河等。

禁忌

朝鲜族喜食狗肉,但婚丧与佳节不吃。朝鲜族人非常尊重老人,晚辈不能在长辈面前喝酒、吸烟;吸烟时,年轻人不得向老人借火,更不能接火,否则便被认为是一种不敬的行为;与长者同路时,年轻者必须走在长者后面,若有急事非超前不可,须向长者恭敬地说明理由;途中遇有长者迎面走来,年轻人应恭敬地站立路旁问安并让路;晚辈对长辈说话必须用敬语,平辈之间初次相见也用敬语。忌讳被人称作"鲜族"。

3.回族传统节日及礼仪。

伊斯兰教和回族有着密切的悠久的历史关系,回族的所有风俗习惯几乎都来自伊斯兰教。如回族的3大节日都源自伊斯兰教,伊斯兰教的宗教仪式在回族的婚姻、丧葬过程中都有充分的体现。

松原境内的回族除了和其他各民族共度一些共同的节日外,还有回族自己的3大节日——尔代节、古尔邦节、圣纪节。

尔代节

尔代节,阿拉伯文音译为"尔德·菲图尔",中国穆斯林俗称为大开斋节,在新疆地区一些信奉伊斯兰教的民族称该节日为"肉孜节"。

伊斯兰教规定,成年的穆斯林要斋戒一个月。节日当天,回族人还要聚集于清真寺,沐浴更衣,举行庆祝活动。回族人家还要炸"油香",并互相赠送以示祝贺。有的人家还要请人念经、走坟,悼念亡人。

古尔邦节

古尔邦,阿拉伯语音译为"尔德·艾祖哈",意为"牺牲"、"献牲",故又称"宰牲节"。日期为伊斯兰教历十二月十日。

这个节日确定后,又把宰牲和舍散济贫结合起来。回族人们至今还保留着这个节日所特有的习俗。每逢节日,沐浴盛装,互相拜会,有的人家还要宰杀牛、羊、驼等待客、济贫,互相馈赠物品,以表纪念。

圣纪节

伊斯兰教以教历三月二十日为穆罕默德的诞生纪念日。圣纪是阿拉伯语的音译。穆罕默德也于次日逝世,故又称该日为"圣忌"。中国的穆斯林习惯于将两者合并纪念,节日活动有诵经、赞圣及讲述穆罕默德的生平事迹等。[1]

回族的礼仪

回族人相见时的礼节是说"色俩目",阿拉伯语的音译,原意为和平、平安、安宁,是吉祥的问候语。回族人每做一件比较重要的事情,如大兴土木、生

---

① 参见长岭县志编撰委员会:《长岭县志》,中华书局1993年版,第664页。

意开业、操办婚事等一般都选择星期五这一天,这一天被称作主麻日。以图吉祥。遵从主麻日的吉庆的做法已沿袭数百年,已经构成回民意识形态中不可磨灭的传统习惯。

境内回族人的婚嫁均按宗教仪式举行。回族人把婴儿的出生看为一种大礼,从妇女孕育期间到婴儿降生直至举行命名仪式,传统礼仪习俗对此都有一些要求。境内回族人的丧葬礼仪一律依民族宗教仪式进行。

4.锡伯族传统节日和礼仪。

松原市境内锡伯族人数较少,其婚嫁礼仪大体与蒙、满等族相近,尤其是经过最近几十年的变化已多同汉俗。依旧例,锡伯族内通行同姓不通婚的原则,但表亲间无限制。联姻讲究门当户对。旧时青年男女婚事亦通行"父母之命、媒妁之言"的缔婚社会准则。缔婚过程一般包括提亲、许亲、定亲、订配、成亲等繁琐礼节。许亲日,即经媒人说合女方家应允亲事后某日,由男方家主持举办一次宴席,招待女方家的直系亲属,犹如汉族之"会亲家"。从此后双方以亲戚关系亲密往来。订婚仪式分两次进行,第一次称为"订亲",未来的女婿到女方家给未来岳父母及其他长辈磕头,以示答谢许亲之恩;第二次称为"订配",择吉日由男方家再次举办一次中型宴席,一般多在女方家中操办,由男方的家人主持,招待女方直系亲属,正式认亲。此仪式象征正式缔结婚约,任何一方不得反悔。在锡伯族民众间,视悔婚约为极不光彩之事,不仅要受对方指责,亦为族中舆论所不容。

婚礼一般分3天举行。第一天称为送喜车,由男方家将装载着酒肉礼品的迎亲喜车送往女方家。第二天为女方家举行嫁女盛宴,并将嫁妆送至男方家;当日,新郎盛装来女方家向长辈行礼、敬酒;当晚,女方家举行送亲晚会。第三天,喜车载新娘在破晓前到达男方家,然后举行拜天地仪式。婚后第三天,新婚夫妇上坟祭祖。第九天,新郎陪新娘回娘家探亲。

(五)松原地区的习俗和禁忌

1.松原地区的节日节令。

(1)立春日习俗。

二十四节令之首为立春,民间也称之为"打春"。自古以来,松原地方的农业地区就把立春日视为最重要的农业节日。旧时,打春的节日活动有官方和民间两个方面:一是以"打春牛"为主的官方迎春礼;二是民间自发的迎春

仪式,包括饮食、服饰、交往活动。这些迎春活动主要有如下内容:

写春贴。旧时,春贴为立春时节民居的象征性饰物,人们用红纸书写"宜春"二字,也有的书写"春王正月"、"万事亨通"、"大吉大利"等字贴于房门。此俗后已同过春节贴春联合并活动,"春贴"终于被春联取代,故20世纪40—50年代以后,写"春贴"活动便已自动废止。

咬春。旧时,民众于立春日有生食萝卜之习,名为"咬春",也称"啃春"。人们认为,是日咬食萝卜不仅可以消除春困,女性还可以增强生育功能,故立春日所食之萝卜又被称之为"子孙萝卜"。此习传至20世纪40—50年代渐弛,后废止。

春饼。立春日,人们都要食春饼(有"单饼"、"合叶饼"之分,面粉烙制,薄如煎饼,卷菜丝或葱、酱食用)。此习传至今日,大多人家仍沿袭之。

占春。旧时,民间以立春日所属天干地支的搭配为依据,来占卜预测本年雨旱、丰歉的情形。占春又有以立春日天气为依据,来占卜预测当年收成的习俗。是日,民俗忌讳挑水和掏灰,认为会导致一年不精神和掏掉好运气。占春之俗现已绝迹。

打春牛。此项迎春活动为旧时伯都讷地方官办的迎春礼仪,源自中原汉俗。"春牛"用桑木做骨架,冬至节后辰日取土塑成。牛身高4尺,长8尺。立春前一日,人们到先家坛奉祀,然后用彩鞭鞭打,地方官也要履行每一年的迎春仪式,把牛赶回官府,在大堂设酒、水果供奉。男女老少牵"牛"扶"犁",唱栽秧歌,祈求丰年。立春的习惯叫法是"打春","打春"的前一天叫"迎春"。过去,"打春"这天还有"打春牛"的习俗。传说神农氏尝百草、分五谷,开始了农业,三皇五帝都很重视农业;到周朝的时候,务农的事被提到朝议上,一面制历,一面责令地方官每年举行一次迎春的仪式。农为百业之本,春为一岁之首,这"迎春"的仪式当然要隆重了。立春的前一天,各地的官吏们都要洗澡、穿素服,不坐轿子不骑马,步行到郊外,聚集乡民,设桌上供。除了焚香叩头之外,还要在供桌前做一个土牛,让扮作勾芒神的人举鞭打土牛,这土牛被称为"春牛","打春牛"意思是打去春牛的懒惰,迎来一年的丰收。"打春牛"从打土牛开始,过了许多年,土牛又换成纸牛,在一个纸糊的牛里面装上五谷,被当作"春牛",在迎春会上让"勾芒神"举鞭狠打,直到牛被打倒、纸被打烂,里面的五谷流出来,这象征着打出一年的五谷丰登。

（2）伏日习俗。

伏日指三伏（初伏、中伏、末伏）初日。伏日习俗主要表现为饮食上。旧时，民间有"头伏饺子二伏面，三伏吃鸡蛋"之说，即初伏日（俗谓"暑伏"、"入伏"）要吃饺子，中伏日吃面条，末伏日吃煮鸡蛋。新中国成立后，伏日饮食习俗渐弛。

（3）立秋日习俗。

立秋这天，松原境内各族人的节令习俗亦均集中在饮食方面，多肉食，或焖或炒或烹或炖，亦做馅吃饺子、包子之类。人们认为立秋暑气刚过，需补充营养，故又曰"抓秋膘"。有的地方在这一天忌食瓜果。"抓秋膘"之习至今仍多有人遵循。

（4）腊八习俗。

腊八即农历十二月初八日。在佛教中，是日为佛祖成道日，传说释迦牟尼出家修道，得道之前曾吃过一贫苦牧羊女施舍的由各种黏米混合的一碗杂烩粥，餐后得道而成"佛陀"（即"佛"，意为觉悟者）。后来，佛教寺院每于是日都要举行腊八会，僧侣们喝黏米杂烩粥以示纪念。此习传至民间，便有了腊八日喝黏米粥之习俗。

在松原地方，关于喝腊八粥还有另一传说。讲一对年轻夫妇好吃懒做，刚到腊月月初，家里便仓尽囤空了。到腊八这天实在找不到粮食，便扫仓根、拣囤底凑了一点杂七杂八的粮食，勉强煮了一锅粥，让他们熬过了一年中最冷的一天，至于次日以后他们又该吃什么，怎么渡过严冬，故事没有讲，但仅用前半个故事就够了，因为它在劝人勤劳、节俭。

腊八粥的做法后来又有新的发展，但仍不失"杂烩"、"杂粮"原色，只是原料大大精美起来，如江米、黄米、小米、棱角、栗子、虹豆、红枣，合水煮熟后，还要添加桃仁、杏仁、瓜籽、花生、榛子、松仁、葡萄干和红糖、白糖。喝腊八粥的习俗传到后来，人们一是图简便省事、省钱、省工，便不去凑那么多样的五谷杂粮和昂贵的辅料、配料；二是避免喝稀粥不禁饿，于是便改煮大黄米饭了，多数人家还要加大芸豆合煮。此饭黏稀无形似粥，但吃饱了比干饭还抗饿，于是人们纷纷施用此法以渡腊八。食黄米饭时，有的习惯沾猪油拌糖，也有的习惯就肉炒瓜子（肉丁炒碎咸菜如芥菜疙瘩、咸黄瓜等）。

腊八一过，人们便会紧张地投入到"忙年"的系列准备工作中去。一年中的节日、节令至此便只剩下一个已属于春节系列小节日的小年。严冬即到巅峰，春天也便不远了。

2.松原地区的各种禁忌。

在松原地方，旧时各种禁忌（包括讳语）很为普遍，涉及对部分人群、对某些事物、对某些行为等方方面面的禁忌，内容庞杂，形式繁琐。较为常见有如下几个方面：

日常禁忌：未出嫁的姑娘去世、没子女的媳妇去世以及被砸死等非正常死亡者，都不能埋在祖坟里；乾安县还有雨后不能让小孩儿指彩虹，说会烂掉手指头；请客不能上单盘菜，吃饭时候不能用筷子敲餐桌；建房方面禁忌，如房门忌与他宅烟囱相对，禁忌右邻盖房超前超高，续建住宅禁忌西墙外接屋，忌大山扒门，忌庭院门西设等；生育期禁忌，如生人忌进月房，满月前忌向外借钱物（俗谓"带奶"）。

节日禁忌：正月初一忌扫地、杀生、打破器物；正月十四到十六，新媳妇禁看婆家、娘家点的灯。① 这是东北的民俗习惯，至今还在流行。

礼仪方面的禁忌：如送礼的礼品和宴请客人的菜肴忌单数（丧宴除外）；忌午后探望病人和扫墓（晚间路口烧纸除外）；满族、锡伯族、蒙古族以西为尊，忌在西墙壁挂衣物、贴画，忌生人随便坐卧西炕，西墙下忌放靴鞋裤袜等；一些祭祀活动忌嬉笑或其他不敬行为，烧纸后离开茔地（或焚化地）忌回头；出嫁的女儿忌除夕夜见祖先牌位、正月十五晚忌见娘家灯火等。

饮食方面的禁忌：如小儿忌食鱼籽，商家正月初五忌食大蒜（蒜、算同音，旧时商家辞退工人称"算"，不吉）；满族人忌食狗肉，推而广之，亦忌杀狗、戴狗皮帽子等；回族人忌食非反刍类的牲畜肉，尤忌猪肉，亦忌食自死动物和动物血等。

婚姻及婚礼的禁忌：如忌送亲者亲人（父母、配偶、子女）不全；再婚者在配偶去世百日之内忌论婚嫁，寡妇再嫁下轿（车）后忌一直进庭院，需抱孤树一次；婚姻尚有"忌年龄"、"忌属相"之说；有些少数民族（如回、锡伯、朝鲜族）等忌与外族通婚等。

丧葬禁忌：出葬时抬棺材忌说"重"；不能穿鲜艳衣服看望死者；戴孝者不

---

① 参见乾安县地方志编纂委员会编：《乾安县志》，吉林人民出版社1999年版，第703页。

能看望产妇等。

以上这些禁忌,有的是民族特有的,有的是来源于宗教习俗,但大多是源于古时人类自身能力低下,无力抗御自然灾害,故转而依靠一些禁忌观念作为防备的手段。人们在趋利避害的心理支配下,心甘情愿地接受前人传承下来的一些忌俗,而且还会因需要或认识上的改变作一些发展或变更。这里面有"从众"的心态,有虚幻的自慰心理,也有一些趣味文化的影子(如谐音等),但也不排除一些禁忌当中也含有一些若明若暗的科学色彩,如生人进月房的禁忌便很符合卫生要求,虽然有其神秘的形式,但客观上有其科学合理的内核。

同禁忌一样在民间流传的,还有一些"讳语",即在某种场合、某些时间、或对某种事物,不能依常规使用惯常使用的生活用语。比如大喜大庆的日子特别是春节期间,讳言"没了"、"丢了"、"不够了"等"不吉"之语;坐船时忌言"翻"或同音字,如说帆船要说"跑风船",吃鱼翻个叫"滑过来"等;老年人去世讳言说死,要称"老了",回族人称"无常"。

第二节 节庆、礼仪文化的特点和社会价值

松原历史悠久,渔猎文化、草原文化、农业文化并存交融、协调发展,境内少数民族众多,多民族的交融互补,使得节庆、礼仪文化既丰富多彩又融合互补。多民族融合与复合的文化类型,使得松原地区的节庆和礼仪文化习俗有着自己鲜明的特色。

一、丰富又交融的民俗文化

由于民俗文化是千百年来形成的风俗习惯及与风俗习惯相对应的一系列活动,它与人们的生产生活密切相关,物质民俗方面的衣食住行,社会民俗方面的婚丧嫁娶及日常礼仪,精神民俗方面的信仰、节日及文学艺术等,都因地域和民族的不同而呈现出不同的方式。松原是一座年轻的城市,但却有着悠久的历史。境内有汉、蒙古、满、回、朝鲜等 31 个民族。文化类型上属于多民族复合文化。从古代开始,秽貊族系的夫余、高句丽族,东胡族系的鲜卑、契丹、蒙古、锡伯族,或者是肃慎族系的勿吉、渤海、女真、满族,都创造了不朽的

文化。松原文化的民族特色是十分鲜明而突出的,是各民族异彩荟萃的文化。

松原历史文化悠久,从文化类型的角度来看,松原文化大致可以有几种文化类型,即渔猎文化、草原文化、农业文化及当代的石油文化。多种文化类型之间既是相互依存的又是兼收并蓄的。因为松原汉、蒙、满、回、朝鲜族等各民族交汇,因地域和民族的不同,在民俗文化方面例如饮食、服饰、婚嫁、礼仪、丧葬等方面呈现不同的特点。各民族的婚丧嫁娶、日常礼仪也各不相同,随着时间发展、民族的交融,逐渐趋于汉化。

松原地区的民风、民俗既丰富多彩又相互交融。比如在汉族流行的祭灶节,与蒙古族地区流行的拜火节都是腊月二十三这一天,而且习俗是相互影响的。

在远古时期,人们都相信万物有灵。他们把日月山川、江河大地都视为神灵。汉族人在古代就祭火、祭社,并把每年的腊月二十三约定俗成地作为祭灶节,供奉火神和灶神,希望他们升天的时候为人间带来吉祥和平安。汉族地区的这一节日习俗和蒙古族的拜火节日期相同,习俗相似。蒙古族人认为火是天地分开时产生的圣物,自古以来就崇拜火。同时他们也相信,火的威力很大,既可以驱邪避恶,也可以净化万事万物。由于对火的崇拜,蒙古族有年祭和月祭的习俗。

节庆礼仪有着非常明显的民俗性特征,绝大多数节庆来自民族习俗和宗教习俗,礼仪的一个出处就是习俗,古人讲,礼出于俗而俗化为礼。很多礼仪其实是来自约定的习俗。人是不能离开社会和群体的,人与人在长期的交往活动中,渐渐地产生了一些约定俗成的习惯,久而久之这些习惯成为人与人交往的规范,当这些交往习惯以文字的形式被记录并同时被人们自觉地遵守后,就逐渐成为人际交往固定的礼仪。礼仪来源于风俗习惯,遵守礼仪不仅使人们的社会交往活动变得井然有序、有章可循,同时也能使人与人在交往中更具有亲和力。节庆礼仪的习俗性很明显,松原的节庆和礼仪也是如此,比如汉族及居住在此处的其他民族,每年都过大年初一,要走亲访友、拜年、吃年夜饭;都遵从包括端午节、重阳节在内的习俗等等,诸如此类,可见其民俗节庆和礼仪是交融互补的。

二、维系生活秩序和人际关系的纽带

节庆和礼仪属于习俗的范畴,在人类的生产和生活中有着重要的作用,对人们的生活方式、价值观念和行为方式有着重要的影响。节庆和礼仪是人们生活秩序和人际关系的纽带,它深深植根于人民群众之中,源于广大群众的生产实践和生活需要,源于人民群众的心理需求和情感沟通,因此具有无限的生命力。

来自民间和人民群众日常生产、生活,并具有悠久文化传统的这些民族民俗文化,都凝结着民众的无限智慧,是人们在生产生活中融合了多种文化因子或多种文化元素而直接创造的属于自己的文化,人们耳濡目染,与其血脉相连。在每一种文化因子里,都渗透着人们的感情和文化的血脉,交融着人与自然、人与人、人与文化间的情感,使人们在文化生活上丰富多彩,在情感上得到交流,在民族心理上得到沟通,在价值观念上得到认同,进而在祭祀、庆祝、婚丧、迎送等丰富多彩的仪式和活动中形成自己的世界观、人生观、价值观、伦理观。这是民族心理和民族情感发挥的重要作用,情感及其亲近性成为连结各民族民俗文化的重要元素。它对的人们的行为方式所具有的这种约束作用具有无形性、范围广泛、深层控制的特点。

相对于法律、纪律、政令等对于社会生活的硬控制形式而言,节庆和礼仪是一种柔性控制,是不成文的习惯法,在相当广泛的范围内深刻地规范和影响着人们的行为方式和生活习惯。人类社会生活需要的满足有多种方式可供选择,而习俗的规范作用就在于:它根据特定的条件,将某种方式给予肯定和强化,使之成为一种群体的行为标准,使社会生活有规则地进行。例如,在传统的春节中,一家人都要团聚,青年人给长辈拜年,各种行业的人都有自己的拜年方式,无论如何,这一节日都是大家团聚的时刻;到了初三,出嫁的女儿要回娘家;到了清明的时候,游子必须回家,女儿要回娘家上坟等。节庆和礼仪等习俗促进了人员的往来和流动,有利于交流生产和生活的经验,更容易使大家团结凝聚在一起。传统节日的存在,是民族团结、社会和谐的纽带。

传统节日的价值就在于彰显了民族的情感,彰显了人生的意义,滋养了民族的精神,是中华优秀传统道德教育的重要载体。所以尽管各个节日内涵不同,纪念庆祝的形式不同,但是对传统节日的传承是我们对民族之根的认同,

这是中华民族巨大的精神财富。

三、引导和规范人们的行为方式

习俗既然有规范和教化作用,也就必然有消除内耗、维护社会稳定的作用。作为一种对社会的柔性控制机制,不成文的习惯法,习俗以一种大家都必须遵从的生活习惯和处世方式来统一人们的思想,协调人们的行动,是保持社会稳定的巨大力量。中国古代历朝都主张"礼俗以驭其民",比如节日可以紧密联系人们的群体关系,元旦、春节、元宵、清明、端午、七夕等节日构成以一年为一个周期的传统节日体系,这一体系除了与农作活动、历法有关之外,所有节日都是以人们协调一致的行动方式来述说故事和表达共同的情绪,如果从宏观的角度去认识这样的行动,它其实就是"仪式",或者就是"礼仪"。之所以春节前会出现千军万马往家赶的情况,元宵节各地都要在街市上张灯结彩或者在广场上狂歌劲舞地表演,清明节一定要给先人扫墓,端午节要给小孩子身上戴香包,或者是举行龙舟竞赛,腊月里要扫尘、送灶神,除夕夜要吃年夜饭和守岁等,这一切都是全社会在举行节日仪式的表现。

节日通过全社会的参与交往实践,使每一个成员不断地重温对于自身文化的感受,这种感受是刻骨铭心的。有的人说年味淡了,一个外在的原因就是你已经离开原来的亲情,这和自己没有体验和重温文化有关系,和每个人不能理解自己的文化、赋予文化真正的意义有关系。只是埋怨别人没有给自己提供人情、没有满足自己的心理需要是不能从根本上解决问题的,你自己也应该想想应当做些什么,你是有责任、有义务的,你应该为这个社会作出应该做的事情。当这个社会充满了温馨和爱的时候,年味当然就浓了。年味变淡不是一个简单的传统文化形式保留的问题,主要原因是人的身心疲惫却又找不到精神的家园。

节日为我们每一个社会成员提供通过交换来共享人生价值和知识的时空或者平台。节日是遗产更是传统,它是不断被注入新的生命活力而长期不衰的传统。节日传统就是让每个人不断地进入知识交换的体系当中,比如我们每个人去拜年,应该带什么样的礼物,说什么样的话;比如说我在家里迎接别人拜年,别人来了我应该怎样说,我应该怎样做,这些都是知识,而且是体现人的社会关联的一种知识。这种知识在交换中活起来了,在交换中形成了文化。

对我们自己的传统节日要以更虔敬的心态、更为珍爱的感情来善待,价值观在这里起着重要作用。这种历史积淀的群体性庆祝活动,核心功能在于使人们更好地认识自然、亲近自然并协调人与自然的关系,促进家庭和睦、亲族团结、社会和谐,培育人们的美好情操,激发人们乐观向上的进取精神。

四、节庆礼仪的社会价值

中国传统节日的内容以人际关系、人际交往为主。人们在节日中,或阖家团圆,或探亲访友,或祭祀祖先,或男女相会,或归宁省亲,或尊老爱幼,或扶贫济困,或团拜,或共游。一声恭喜,互泯恩仇,万人同乐,在融融之乐中,增加了生活的和谐与安宁。

(一)节庆礼仪

表达了人们对生命的热爱和对美好生活的向往。

人最可贵的是生命。中国的每一个传统节日几乎都是对生命的颂歌,都体现了对生命的热爱、对健康的追求。"在中国的古代节日中,有一些体育游戏也具有健身的作用,如清明节的踏青,端午节的划龙舟,重阳节的登高,腊月里的冰戏等,都与增加人们的体质、防御疾病有关。"[1]此外,古人通过节日活动防病去疫。一是利用巫术去病消灾。在远古的人类看来,人类的疾病不仅是生理上机能上的变化,更是鬼神作祟的结果。所以,端午采艾叶、佩香囊,过年贴门神等节日习俗,都承载着人们的努力付出或寄托着人们的美好愿望。

二是利用中草药治病防病。端午节饮黄酒,重阳节插茱萸花,都是祛病的手段。中华传统节日集中体现了中华民族的价值观念、思维模式、伦理道德、行为规范、审美情趣,体现了中华民族和谐为美的社会伦理思想,强调了从人与人的和谐、家庭的和谐、邻里的和谐到社会的和谐的逻辑进程,体现了中华民族对生活的无限热爱和对社会进步的文化价值的充分肯定,体现了中华民族朴实、热情、开朗、健康的品质特征,体现了中华民族崇尚劳动、尊亲敬祖、敬老敬贤、慎终追远等传统伦理观念。

(二)节庆礼仪是社会文明和智慧的积淀

中华文明源远流长,传统节日文化内涵博大精深,群众基础广泛深厚。中

---

① 宋兆麟、李露露:《中国古代节日文化》,文物出版社1991年版,第17页。

华民族在漫长的历史进程中所形成的诸如春节、清明、端午、中秋、重阳等众多传统节日,是中华民族优秀传统文化的历史积淀,是中华民族精神和情感传承的重要载体,是维系祖国统一、民族团结、文化认同、社会和谐的精神纽带,是中华民族生生不息的不竭动力。这些传统节日,尽管形式不同、主题各异,但其中所凝结的人与自然、人与社会、人与人和谐相处的核心价值观念,则是一脉相承、历久弥新,都体现着中华民族传统美德,承载着中华民族精神,昭示着中华民族之魂。

中华民族历史悠久,文化厚重。中国的传统节日源远流长,绵延数千年,涵盖各个地区和民族,渗入生活的各个领域,仪式内容丰富多彩。对于中国的传统节日,每一个中国人都会情牵梦绕,不能割舍。中国的传统节日已经成为中华文化的重要载体。

传统节日包括春节、元宵节、清明节、端午节等,这些节日依托自然规律的变化,连接起来就是一幅丰富而浪漫的历史文化长卷,令人陶醉。松原地区的节日就体现了这些特点。当我们以感恩、平和、虔诚的心态来解读这幅画卷时,惊喜与愉悦取之不尽。所有节日都被赋予无限的内涵,无一例外地充满了诗情画意,表现出趋利避害的自然本能,表现出智慧、机敏和聪明,最可贵的是将其发挥得淋漓尽致,将喜怒哀乐、悲欢离合等民族感情给予鲜活的展示和充分的表达,表明中华民族是一个极富责任感、极富想象力和极富浪漫色彩的民族。这就是传统节日得以传承千百年的内在动力和永恒的魅力所在。

(三)节庆礼仪的当代价值巨大无比

节庆和礼仪属于民俗文化的范畴,在中国漫长的农耕时代,民俗文化影响着人们的社会心理、价值观念、道德标准、审美追求。在现代社会,民俗文化成为民族认同的载体、社会团结的纽带,其和谐价值观正日益成为全球化时代人类的核心价值。

和谐共生是中华民俗文化的价值追求。"十里不同风,百里不同俗",表明各地风俗本来就存在差异;"入乡问俗",则要尊重别人的风俗习惯。在经济全球化时代,因为文化的冲突而导致的矛盾和纷争已经成为影响世界安宁和发展的重要因素。现实要求人们必须认真思考解决这一问题的途径,而中国民俗文化中的和谐价值观可以为当代多元文化的和平相处、和谐共存提供取之不尽的思想资源。

首先，能够培育民族精神，增强民族认同感。在绵延数千年的农耕时代，民间习俗中深藏着博大深沉的优秀文化因子，构成了绵延不断的历史信息链，无所不包地传递着中华民族心理的密码，它们是民族个性特征和独特精神的重要表征，为民族精神提供着无尽的营养、彰明的昭示和有益的启迪。其中，文化信息承载最为密集、情感色彩最为浓烈、道德教化作用最为深刻、记忆传承最为有力的，当属中华民俗文化。

人是有理想和追求的。这种理想和追求大量渗透在中国传统节日之中。节日的祝愿，寄托着人们的期望。祝愿的内容，不但包括风调雨顺、五谷丰登、生意兴隆、财源茂盛，也包括健康、长寿、快乐，包括忠贞美好的爱情，包括亲人的团聚，包括学业、事业的进步，更包括道德、礼仪的弘扬。在现代社会，人们仍然需要节日，"一张一弛，文武之道"。汉字中"节"字的本义源自先民对草木竹类生长的观察。通过"节"，可以萌发新的枝叶，可以得到母体的哺育，可以沟通植株整体之间的联系。今天，我们正可以通过传统节日，得到民族文化母乳的滋养，凝聚与民族其他成员的联系，勃发新的生机，保持协调发展。在这样的时刻，推动传统节日文化的研究和发展，是很有意义的。

中秋时节我们举头望月，就会产生对亲人和故土的思念。这里包含着我们的群体价值观，这也是我们民族认同的标志。这种民族认同，具有一种内在的特别力量，使我们在情感上产生一种向心力，传统的节日就具有这样一种强大的精神力量。传统节日同样还有一个非常重要的特点，就是共享性和公共性。所谓公共性就是大家按照约定俗成的标准和要求一起来从事这样、那样的活动，采取共同的行动。一个社会如果没有公共性的话，就没有办法前进。

其次，能够传承中华优秀文化。传承民族民间文化的重要手段之一是恢复传统民俗，因为传统民俗是各种民族民间文化最重要的综合载体。包括神话、传说、民间戏曲、民间美术、交际礼节、人生仪式、娱乐游戏、艺术技能、信仰心理等等，内容丰富，包罗万象，无一不在传统民俗中得到存活和延续。我们弘扬了民俗文化，也就使它们所承载的丰富的民族文化得到了延续。

再次，可以教化人心、匡正风气。作为惯例的民俗是法律的基础和补充，社会治理需要有效地运用民俗的力量。譬如春节所表现出的敬奉祖先、家庭和睦、邻里和谐的"和合"精神；端午节所张扬的对真善美的执著追求及强烈的爱国主义情怀；七夕节所蕴涵的忠贞不渝、诚信友爱的观念；重阳文化所尊奉的"五伦之孝，推家至国；以孝齐家，以孝治国，达至和谐大同"的传统美德等。倡导传统节庆礼仪，对于尊崇人伦观念、规范言行礼仪、调和人际关系、调适群体生活、提升道德水准乃至构建和谐社会，无疑具有其重要的意义。

　　与传统社会相比，现代社会生活的节奏加快，社会的变动加大，人的压力增大，紧张度增加，随着物质生活水平的提高，人们的幸福感并没有完全成正比地增进，"房奴"、"车奴"等就是典型的例子。除此之外，还有亲情的疏远、家庭成员之间的淡漠、善恶标准的模糊等等，因此法定假日的调整是一种导向，是对正确的价值观的肯定和它在日常生活当中作用的彰显，而且通过这种形式可以达到"随风潜入夜，润物细无声"的效果。

　　当前，民族精神的缺失、精神家园的荒芜对社会和谐带来很大的障碍。人们通常将一些问题的出现归咎于20世纪以来对中国传统文化的若干次批判，也有的归咎于西方文化的影响和市场经济发展的冲击所引发的价值转变。以上这些因素都扮演着相应的角色，但都不是唯一的原因。中国传统年节成为法定假日，正是传统节庆礼仪在当代社会价值的一种体现。

第十四章　非物质文化遗产

进入 21 世纪,中国文化界最重要、最急迫的事件之一,就是对民族民间文化遗产的抢救和保护。从中国民间文艺家协会发起的"中国民间文化遗产抢救工程",到文化部主导的"民族民间文化遗产保护工程",到近年来提出的"非物质文化遗产保护"的全面推行,民族民间文化的抢救和保护等问题得到了人们空前的关注与期待。非物质文化遗产已经成为一个地区地域文化的坐标,也是地域文化中最为显著的地标性特征之一。

第一节　松原地区非物质文化遗产

松原地区有着特色浓郁的民族文化。自古以来,各族人民长期在这里生息繁衍,创造了灿烂的地域文化和独具特色的民族文化。尤其是游牧文化、渔猎文化、农耕文化等各种文化形式在这里相互碰撞和渗透,形成了具有独特风格的松原历史文化现象。

在草原上生活的蒙古族以能歌善舞而著称于世。其文化特色具有游牧文化和地域文化特征的独特形式,并以特有的草原民族特色文化述说着这个民族的历史,演绎着这个民族繁衍生息的足迹。千百年来,前郭尔罗斯草原上的人们用他们创造的丰富文化歌唱生活,赞美自然,抒发胸怀,祈祝未来。

一、松原地区非物质文化遗产概况

松原地区位于吉林省西北部,松嫩两江交汇处。境内有全国十大淡水湖之一的查干湖,土地肥沃,水草丰美。总幅员面积 22,034 平方公里,总人口 280 万人,其中市区人口 45.2 万人,有汉、满、蒙古、回、朝鲜等 31 个民族;其中前郭县的主体民族蒙古族人口为 5.75 万人,占全县人口总数的 10.14%,是东北三省 4 个蒙古族自治县之一。

松原地区创造的非物质文化遗产具有独特的文化价值,其涵盖的内容、学科包括哲学类、宗教类、伦理学类、艺术类、文学类、民俗类、饮食类、医药类和建筑类等范畴。还有大量的文化形式没有获得收录。这些具有特色的文化在今天市场化、城市化的发展背景下,其传承的生态空间随时面临着变异或消失的危险,而强化对少数民族地区非物质文化遗产的保护措施和自觉意识,更是当下对抗文化霸权、实现文化多样性的迫切需求。历史上没有任何时代对文化多样性的关注像今天这样被提升到关乎人类多元文明生死存亡的高度。

加强我国非物质文化遗产的保护已经刻不容缓。党的十七大报告强调指出,要加强对各民族文化的挖掘和保护,重视文物和非物质文化遗产保护,这为我国非物质文化遗产的保护确定了坚强的政策支持。针对地处偏远、人口偏少、富有鲜明特色的少数民族地区的非物质文化遗产岌岌可危的形势,2009年,国务院颁布的《关于进一步繁荣发展少数民族文化事业的若干意见》第十二条指出:"……加强少数民族非物质文化遗产发掘和保护工作,对少数民族和民族地区非物质文化遗产保护予以重点倾斜,推进少数民族非物质文化遗产申报联合国教科文组织'人类非物质文化遗产代表作名录'和国家级非物质文化遗产名录,加大对列入名录的非物质文化遗产项目保护力度。积极开展少数民族文化生态保护工作,有计划地进行整体性动态保护。加强保护具有浓郁传统文化特色的少数民族建筑、村寨。"这一保障少数民族文化事业发展的纲领性文件,体现出国家对非物质文化遗产保护事业的战略性考虑,因为"少数人群体是以一种文化认同为前提而存在的群体"。2011 年 6 月 1 日颁布的《中华人民共和国非物质文化遗产法》,使我国非物质文化遗产保护工作走上法制化轨道,保护、抢救少数民族的非物质文化遗产工作也将走出无法律依据可循的困境。

　　松原地区非物质文化遗产作为具有浓厚民族特色和地方特点的民族文化,是吉林省西部草原地区具有代表性的非物质文化遗产。作为该地区传统文化的重要组成部分,它又是草原文化多元体系中的一个重要区系,已从信仰、民俗、文学、歌舞、传统手工技艺、传统医药等方面形成了系统化、初具规模的地域文化,有着自己独特的风韵和特色,是地域范围内的历史延续中形成的文化符号和族群密码。

　　松原地区现已认定、公示的非物质文化遗产内容主要包括以下几个方面:(1)民间音乐:蒙古族长调、短调、呼麦、潮尔、蒙古族马头琴音乐、蒙古族四胡音乐、郭尔罗斯蒙古族民歌、郭尔罗斯扎萨克音乐、民间套曲《折箭同义》、郭尔罗斯婚礼歌、萨满“博”音乐、好来宝音乐;(2)民间舞蹈:郭尔罗斯查玛舞、郭尔罗斯秧歌舞、郭尔罗斯博舞、蒙古族安代舞、盅碗舞、筷子舞、渔猎舞蹈、满族秧歌、朝鲜族农乐舞;(3)民间文学:陶克陶胡、蒙古族长篇英雄史诗《阿勇干·散迪尔》、大布苏传说故事、于凤至家族故事、阿阑豁阿的故事、巴拉根仓的故事、郭尔罗斯黑马敖包传说、查干湖和塔虎城系列故事、孝庄故事、龙坑传说、安代舞传说、达金道宝传说、郭尔罗斯部落传说、郭尔罗斯寺庙故事、郭尔罗斯蒙古族地名传说、乾安县地名传说、祝赞词;(4)民间美术:郭尔罗斯剪纸、乌力吉将嘎(绳编)、蒙古族刺绣;(5)曲艺:蒙古族好来宝、蒙古族乌力格尔、二人转;(6)杂技与竞技:蒙古族射箭、那达慕、蒙古鹿棋、喜塔尔(蒙古族象棋)、蒙古族乃日、郭尔罗斯蒙古族扔砣、蒙古族打唠唠(布日格)、冰嘎游戏、蒙古族纸牌、“沙哈”游戏、投布鲁、博克(亦称“布库”蒙古式摔跤);(7)传统戏剧:满族新城戏、东北二人转、郭尔罗斯蒙戏、拉场戏、评剧;(8)传统医药:雷氏正骨、蒙医针灸、蒙医放血疗法、牛氏正骨术;(9)传统手工技艺:马头琴制作技艺、蒙古族服饰、郭尔罗斯传统民居建造技艺、查干湖全鱼宴、蒙古族荞面食品加工技艺、蒙古族馅饼制作技艺、前郭尔罗斯蒙古族牛肉干制作技艺、蒙古族枕头顶刺绣、前郭尔罗斯酿酒技艺、增盛永酒业酿造技术、岭泉白酒酿造技艺、风干鱼制作技艺、蒙古族咸菜制作技艺、三青山粉条制作工艺、李家汤锅制作技艺、郭尔罗斯全羊席制作、蒙古族手把肉加工技艺、奶食品制作技艺、冰下捕鱼技术、黏米食品制作技艺、伯都讷满族扎彩技艺;(10)民俗信仰:查干萨日(春节)、蒙古族婚俗、查干淖尔冬捕习俗、成吉思汗祭、蒙古族萨满祭天仪式、蒙古族祭敖包、蒙古族祭火、蒙古族交往礼俗、蒙古族祭神树、郭尔罗斯祈月节、蒙古族养马驯马习俗、蒙古族寿辰礼俗、蒙古族成年礼俗、蒙古族端午习俗、蒙古族祭湖习俗、朝鲜族花甲宴习俗、锡伯族渔猎习俗。

图 14-1　查干湖冬捕①

　　松原地区的非物质文化遗产共计 109 项,基本涵盖了非物质文化遗产的所有类别项目。其中蒙古族马头琴音乐、蒙古族四胡音乐、郭尔罗斯蒙古族民歌、蒙古族乌力格尔传说、蒙古族婚俗、查干淖尔冬捕习俗(参见图 14-1)、长诗陶克陶胡、马头琴制作技艺、传统民俗节庆活动查干萨日(春节)等 9 项,已被列为国家级的非物质文化遗产名录,满族新城戏、蒙古族安代舞、蒙古族好来宝、蒙古族那达慕等 48 项已被列为省级非物质文化遗产名录,如来宝音乐、速度赛马、投布鲁等 52 项已被列为市级非物质文化遗产名录。以上这些筚路蓝缕的保护工作成绩为松原地区非物质文化遗产的保护工作确定了基本的范围,为后续工作创造了有利条件。

　　长调堪称蒙古族音乐之魂,是反映游牧生活的牧歌式体裁,有较长的篇幅,节奏自由,气息宽广,情感深沉,并有独特而细腻的颤音装饰。在一些长音的演唱上,可以根据演唱者的情绪自由延长,从旋律风格及唱腔上具有辽阔、豪爽、粗犷的草原民歌特色。长调在本地的文艺团体中得到了保护和发展。

　　在前郭尔罗斯地区,短调的流传更为广泛,深受群众喜爱。短调篇幅较短

---

　　①　松原市委宣传部刘明学供稿。

小,曲调紧凑,节奏整齐、鲜明,音域相对窄一些,节拍比较固定。内部结构较规整,有两句式、四句式及其他结构形式。音乐特点为曲调简洁,装饰音较少,旋律起伏不大,带有鲜明的宣叙性特征。歌词特点是在音韵上广泛运用叠字。主要流行于郭尔罗斯蒙汉杂居的半农半牧区,传承较好。

松原地区的满族新城戏是我国唯一的一个满族剧种,因清代曾在扶余设新城府治而得名。它是以满族民间说唱艺术——八角鼓(也称扶余八角鼓)音乐为基调,以其说唱表演为基础,吸收了满族民间音乐、萨满乐舞、汉军旗太平鼓音乐和清宫乐舞而逐渐形成的民间艺术。八角鼓音乐产生距今已有300年历史,清乾隆年间(1736—1795年),八角鼓盛于宫廷。嘉庆、道光年间(1795—1840年),八角鼓流入民间,盛行城乡,出现了专业演员。清末、民国年间,八角鼓融入了表演元素,人物、情节、曲调皆用于舞台表演。当时俗称为"八角鼓带小戏"。从新中国成立到1959年期间,八角鼓形成板腔体,从表演形式上分出行当,出现了戏曲格局,始被称为"八角鼓戏"。后正式将"扶余八角鼓戏"命名为"新城戏",并组建了"扶余县满族新城戏剧团",其剧目在国家、省内外获得了诸多奖项。满族八角鼓音乐具有鲜明的民族性,是一宗宝贵的民族文化遗产。近年,原"扶余新城戏剧团"上划到松原市,更名为"松原市满族艺术剧院",松原市在不断发展新城戏这一地方新剧种的同时,必将大大促进八角鼓艺术遗产的保护和创新。

蒙古族英雄史诗《阿勇干·散迪尔》,民间俗称"镇服蟒古斯的故事"或"平妖传",通常是由职业的"潮尔沁"(操马头琴演唱的艺人)或"胡尔沁"(操四弦琴演唱的艺人)说唱的一种民间文学作品。

前郭尔罗斯属于"胡尔沁"派系,流传的英雄史诗中最典型的是《阿勇干·散迪尔》。这部史诗属于阿尔泰各民族叙事文学的传统形式,以婚姻和征战为故事情节,英雄散迪尔的名前就冠有"阿勇干"一词,蒙语为"迅雷"之意,所以也可以写作"迅雷·散迪尔"。是英雄散迪尔征服蟒古斯(魔鬼)救出公主的英雄故事。

1929年冬,著名的胡尔沁巴力吉尼玛在郭尔罗斯前旗朱日沁、四喜窝堡(今左家围子)一带说唱乌力格尔。18岁的蒙古族农民白·色日布扎木萨拜巴力吉尼玛为师,开始学艺,后来熟练掌握了蒙古族英雄史诗《阿勇干·散迪尔》的说唱技艺,后人根据他的传承进行了多次整理和出版、发行。流传至今,前郭尔罗斯仍有少数蒙古族艺人能够说唱这部史诗。

《阿勇干·散迪尔》反映了蒙古族民众对美好生活的向往和强烈的精神性格,英雄爱憎分明,百姓崇尚勇敢和忠贞。大草原的美丽自然风光、深厚的牧民生活习俗、蒙古族的智慧情趣,都在其中得到了展现,是一部珍贵的民间文学作品。

蒙古族民间舞蹈艺术之一的安代舞在前郭尔罗斯蒙古族自治县历史悠久,世代流传,并且正在普及发展壮大。1989 年第 4 期《民间文学》发表了由特木尔巴根讲述,由苏赫巴鲁、王迅采录整理的关于安代舞的起源传说,让人们充分了解到安代舞的发展历程:最初起源于郭尔罗斯前旗,发起在库伦,盛行于哲里木盟、昭乌达盟。

安代舞是随歌而舞、边唱边舞、歌舞结合的一种舞蹈。安代舞的舞步以"踏足"、"顿足"、"甩巾"及自然圆圈之形为特点,承袭了蒙古族古老的绕树踏地而舞的习俗,动作粗犷、豪放,又不失抒情、优美。其风格特点是:"甩巾轻搭肩,起步必踏足,头身随手摆,舞姿爽且美。"

安代舞在发展中,在原初古朴踏地而舞的喜庆内容之中,融合了蒙古族博文化的成分。可分为"阿达安代"、"乌茹嘎安代"、"色勒格道勒呼安代",有浓厚的宗教色彩。从规模上又可分为"大安代"(在野外举行)、"小安代"(在室内举行)。"大安代"人数最多,可达上百上千人。在"安代"的唱词中,既有民歌、好来宝,也有祝词、咒语,以及讽刺的歌谣,把几种传统的民间文学形式都糅合到舞蹈与音乐之中。安代舞具有鲜明的民族特色,浓郁的生活气息,节奏强烈的踏地舞步,翻飞飘荡的彩巾,边唱边舞,边唱随编,高潮迭起,朴实、火爆、富有感染力,是蒙古族以舞蹈为主体的综合的一种民间文化艺术形式。

安代舞起源于郭尔罗斯。在郭尔罗斯前旗流传着一种跳安代舞的传说。这个传说是:很久以前,在郭尔罗斯前旗,有一对老玛拉沁夫妇,40 岁还无儿无女。人们说:不知是因为给佛爷烧香磕头了,还是给贫人布施舍善了,有一年这株枯树终于生出了枝芽嫩叶,得了一女,索性叫她娜布琪(叶儿)。

美丽俊俏的娜布琪,是父母的掌上明珠,天上的月亮,门前的灯笼;心灵手巧的姑娘,描龙龙能飞,画凤凤会舞。日月轮换着,转眼娜布琪长到了 17 岁。在媒人穿梭之中,娜布琪渐渐消瘦了。不知是病魔缠身了,还是心中有了思念的情人? 病一天天地重起来。也不知是"招"了一个笑不完的魔呀,还是"冲"

了一个吃不饱的鬼? 有时不吃不喝,一旦吃起来就没有个饱;平常不说不笑,一旦笑起来就没完没了。老玛拉沁愁得吃不下睡不好,请了一个萨满教的"博"也没治好。这里的人都说,"蒙古贞的大夫,喀喇沁的先生",老人无奈,只好拽出花腰子犍牛,套上大轮子的勒勒车,在没有路的草原上,寻"敖包"查水向,直奔西南,向蒙古贞(今辽宁省阜新市)走去。

大轮子的勒勒车呀,骨碌碌地伴着日月转动,不知是过了洮儿河呀,还是过了西拉木伦河,花腰子牛车载着娜布琪父女二人来到了库伦旗境内。绕过镜子般的泊尔湖,已经见到了富饶的白音花村。此时,正是夏历七月水草丰美的季节,过河就可以在白音花投宿了。花腰子牛在过河的时候,不料车辕子突然断成两截。老玛拉沁用尽余力勉强把车赶到岸上,车轮子像铜钱似的两下滚进水里不见了,车厢拖在地上,真是老佛爷留客的地方,只好在这里过夜了。

面对此情此景,在这个举目无亲的异乡,老人已经到了绝望的地步。娜布琪在车厢里哭哭啼啼,喝过一碗酸奶子之后,悲切的哭声停了。老玛拉沁虔诚地想到:难道女儿的病真的减轻了吗? 他苦闷的心里好似打开了一扇窗子,豁然亮了起来。于是,他一边给女儿轰赶着蚊虫,一边唱了起来。这样,歌声随着晚风传到了村里,白音花的牧人听到奇怪的歌声,好奇的少男少女们赶来,也同情地跟着唱起来。娜布琪见到这些陌生的男女,和自己的年龄一样,那么他们为什么这样欢快,这样自由,这样幸福呢? 不知是因为兴奋而忘了病痛,还是病魔羞愧的逃走了,她觉得身上舒服多了。于是,她手扶车辕坐了起来。

不知是娜布琪感动了这群青年,还是这群青年感动了姑娘,娜布琪也走下了车厢随着唱起来。青年们高兴了,老玛拉沁更高兴了,围着没有轮子的勒勒车,围着花腰子牛,围着娜布琪姑娘跳了起来。

男女们这样唱道:

把你的黑发放开吧,啊,安代,

不要坐着发闷了,啊,安代!

你同辈的朋友到齐了,啊,安代!

该到欢舞的时候啦,啊,安代!

把你的脚步迈开吧,啊,安代!

跳起来心情才痛快,啊,安代!

把你的手臂甩起来,啊,安代!

跳出汗来才能免病灾,啊,安代!

人们这样唱着、跳着、劝着。娜布琪精神爽快起来,浑身也有了力量,缓缓地加入了这个欢快的歌舞行列之中,姑娘久医无效的病真的好了。

神妙的消息不翼而飞,不胫而走,很快就传遍了库伦、郭尔罗斯两旗内外。从此,凡是姑娘或新婚不久的媳妇得了类似病症,人们就都仿效这种方法为她治病。"安代"就这样流传开来。

新中国成立后,又经民间艺人的挖掘、整理、创造,剔除封建迷信部分,安代舞已变成健康向上的民族艺术奇葩。

在前郭尔罗斯蒙古族自治县,有着占总人口 10.14%、数量为 5.75 万人的蒙古族同胞,每当新的一年的第一月,即正月,他们也欢度着自己传统的春节,称其为"查干萨日",意为"白色的新年"。蒙古族崇尚白色,蒙语中"查干"就是含有白色和开始的多义词。"郭尔罗斯"是蒙古族古老的部落,元朝后由成吉思汗胞弟哈布图·哈萨尔统领;明嘉靖年间,部落民众随同科尔沁迁至嫩江、松花江汇合流域,使前郭罗县内"查干萨日"的传统习俗,得以在我国多民族大家庭中、在游牧文化、渔猎文化、农耕文化的相互渗透中,具备了独特风格,构成了郭尔罗斯文化内容之一。前郭县"查干萨日"内容包括:"庆小年"、"度除夕"、"迎初一"、"闹十五"、"终二月二"等,虽与汉族春节大体一致,并吸收了一些汉族习俗,如吃饺子,放鞭炮等,但仍保留许多蒙古族的传统习俗,如除夕吃"手把肉",以示阖家团圆等等。这一古老习俗流传至今,虽与汉族的春节时间相同、热烈相似、步调一致,却又保留着蒙古族同胞传统节日习俗的鲜明特色。

好来宝是蒙古族独特的说唱曲艺形式。"好来宝"为蒙古语音译,意为"连起来唱"或"串起来唱"。多在喜庆仪式上演唱,其内容可分叙事、嘲讽和赞颂 3 种类型。

郭尔罗斯民间的好来宝多用四胡伴奏,说唱结合,兼有动作。说唱艺人不仅能拉会唱,而且有触景生情、随编随唱的本领。篇幅长短差异很大,短则数句,长则可连续说唱数日。语言多是口语化,通俗易懂。唱词为四句一节,押头韵。或四句一押韵,或两句一押韵,也有几十句唱词一韵到底的情形。

蒙古族的民间有"一个人,一把琴,一台戏"的说法,其娱乐性和表演性较强,深受群众喜爱。至今,在前郭尔罗斯的城区和蒙古族村屯,每逢那达慕、婚庆、查干萨日等重大文化活动时,民间艺人或文艺工作者都要表演传统的好来宝节目。他们的传承活动世代沿袭,已经成为本地区民族文化艺苑的奇葩。

蒙古族民歌是蒙古族文化形态的重要组成部分。历代民间艺人用真人真事创编的民间歌曲浩如烟海、代代相传,一些古老的蒙古族民歌至今仍流传于郭尔罗斯民间。

目前搜集到的产生、流传在郭尔罗斯的蒙古族民歌 128 首,主要代表作有《陶克陶胡》、《龙梅》、《高小姐》、《波如来》、《鹦哥与罗成》。1939 年,丹麦的学者哈斯论德来郭尔罗斯考察收集蒙古族民歌 50 余首,收藏在丹麦首都哥本哈根博物馆。1943 年,苏赫巴鲁考察搜集了由桑吉扎布演唱的郭尔罗斯蒙古族民歌《龙梅》,第一个由伪满新京(长春)唱片株式会社灌制唱片发行。1955 年,女声小合唱《龙梅》由中国唱片社出版发行。1978 年,苏赫巴鲁考察文章《一首蒙古族民歌的历史——龙梅》在《乌兰牧骑演唱》刊物上发表,这是我国第一个最为完整的民歌历史故事。

民歌形式多样,主要有聂林道(喜宴赞颂歌),如《陶克陶胡》、《成吉思汗之歌》、《赞马》等;依那嘎道(情歌),如《龙梅》、《高小姐》、《金姐》;苏日嘎林道(教诲歌),如《父汗为铙》、《母训子》、《额真哈吞》;高木达林道(怨恨歌),如《江梅》、《二姑娘》、《敖斯尔玛》;好日民道(婚礼歌),如《沙恩吐宴歌》、《金良》、《父母的心》;呼和特音道(儿歌),如《波如来》、《十二属之歌》;太嗨林道(祭祀歌),如《瑟古乃都》、《十方神灵》;博道(蒙古萨满教歌);安代道(安代歌)。

郭尔罗斯蒙古族民歌可以清唱,也可以用乐器伴奏演唱;有的演唱者边唱边奏;也有的是演唱者演唱,多名乐手乐器伴奏。

松原地区的传统医药也有着深厚的历史积淀。雷氏正骨距今已有 110 多年的历史,自创始人雷庆义、雷继峰等雷氏的祖辈们从山东省迁徙至郭尔罗斯草原后,凭借高超的正骨技艺和崇高的医德,在八旗军内、蒙汉群众中都享有盛誉。延续至今,雷氏正骨技艺保留了传统手法中最精华的部分,在整个郭尔罗斯地区乃至吉林省也是绝无仅有,其家族传统中医正骨疗法的传承历史,成为本地中医保护和发展的典范。

"增盛永"最初的酿造工艺源于山东省,清朝光绪年间由韩氏家族带到吉林省,是山东省与东北酿造工艺的有机结合。"增盛永"白酒采用在东北绝无仅有的百年含锶井泉,以第二松花江北侧特有红高粱、玉米、绿豆为主要酿酒原料,通过采用韩氏家族秘不外传的独特工艺精工酿造而成。其品质优良,特点是绵甜甘冽、香气扑鼻,自百年前生产之日起,"增盛永"便享誉东北,成为远近闻名的一代名酒。

二、松原地区非物质文化遗产特点

(一)鲜明的民族特色

民族的形成,必须是突破了以血缘关系为纽带的原始社会制度以后,以地缘关系为纽带的共同体,一个民族拥有自己共同的语言、文化、心理素质和地域。这一时期,人们往往称其为"英雄时代"。崇拜英雄、赞美英雄是全社会普遍的心理和道德标准。

蒙古族长调、短调是蒙古族文化遗产中最具有鲜明特色的宝中之宝。长调悠扬、舒展、辽阔,有力度、有层次、有秩序。二者具有鲜明的游牧文化和地域文化特征,以草原人特有的语言述说着蒙古民族对历史文化、人文习俗、道德、哲学和艺术的感悟,蕴涵着厚重的思想性和哲理性。

满族新城戏是典型的少数民族戏曲艺术,它的母体"八角鼓"音乐起源于满族民间后又传入宫廷,再流传于民间,具有极强的民族特色,经过上百年的流传,它的民族属性是不言而喻的,无论是曲调、风格还是表演形式,都具有极其鲜明的满族特色,这对北方民族来讲,能够完整地发展成一门戏剧艺术是不多见的,同时也是满族唯一的一种戏曲表演形式。

在氏族社会时,蒙古族氏族内所有成员来自一个共同祖先,氏族内的成员不能结婚,特别是王公贵族都隔旗结为婚缘。蒙古草原广袤辽阔,居住分散,娶妻或嫁女都要使女儿到很远的地方生活,女儿出嫁后不知道何年何月才能与父母兄妹再见面,因此娶亲成了男婚女嫁的喜事和亲人分别的悲事。

蒙古族是能歌善舞的民族,在婚嫁时,自然要用歌唱去表达这种喜庆和悲伤,于是产生了婚礼歌。经过漫长的历史过程,产生了半职业性的婚礼祝词家,男方家的祝词家被称为"贺勒莫沁",女方家的则被称为"嫂子","贺勒莫沁"即祝词家,并逐渐形成了按照婚礼活动顺序、歌声贯穿全过程的婚礼习俗。

1978 年秋,前郭县文化馆与草原文化馆在民间采风中遇到一位著名的老贺勒莫沁,名叫宝音达赉,当年他 60 岁,年轻时得一《婚礼歌》手抄本,他下工夫,完全记忆下来,经整理出版后,在国内引起轰动,《内蒙古日报》记者撰文报道称:"我国第一部蒙古族婚礼歌在前郭尔罗斯发现"。

(二)突出的地域特征

以蒙古族服饰为例,从"蒙兀室韦"开始,蒙古族服饰便初步形成自己的款式和风格,在元朝时达到全盛,清代又和满族服饰相互融合,进一步丰富了服饰的款式和工艺。吉林省西部流行的蒙古族服饰主要是科尔沁派,核心区域有前郭县,自古沿袭至今始终保持着本地区独特的服饰标志,系蒙古文字"郭尔罗斯"一词首位字母的变形体、代表松嫩两江水域的民族符号。因为"郭尔罗斯"是蒙古语音译,引意为"江水",所以本区域蒙古族服饰的标志性图案被俗称为"江水图案"。传承谱系可查到清代郭尔罗斯扎萨克的专业裁缝阿荣和民间刺绣艺人吉木色等人。目前,郭罗斯蒙古族服饰主要包括首饰、袍子、腰带、靴子 4 个部分,服饰文化及服饰制作技艺自成流派,具有明显的地域特点和民族特色。

马头琴是前郭县蒙古族民众在文化生活中广泛应用的蒙古族民间弦乐器。在长期实践中,马头琴演奏技巧已发展成为具有地域特色的民间音乐艺术。2006 年 8 月 4 日,中国民族管弦乐学会正式命名前郭尔罗斯蒙古族自治县为"中国马头琴之乡"。2006 年 9 月 1 日,前郭县 1,199 名马头琴选手的广场齐奏,创造了新的吉尼斯世界纪录(参见图 14-2)。

马头琴历史悠久,蒙古语称为"潮尔",因琴首雕刻有马头造型而得名。马头琴的历史沿革过程为火不思——诺门图·火不思——抄兀儿——马头琴。火不思为弹拨乐器,抄兀儿则已改进为弓擦"抄兀儿"即马尾胡琴,最后定型为现今的马头琴。

马头琴在民族乐器发展史上和当今中外乐器的生态上,其影响是既有广度,又有深度的。因而,保护马头琴艺术不只是加强本地区文化建设的需要,同时对丰富和完善中国音乐史,都将产生重要的促进作用。

(三)独特的兼容并蓄

满族新城戏不仅是一个被公认的少数民族剧种,同时也是名副其实的地方剧种,虽然八角鼓在清代由宫廷传入民间后形成了多个支系,如山东八角

图14-2 马头琴演奏①

鼓、内蒙古八角鼓,河北八角鼓等,但唯有吉林扶余八角鼓由原来的说唱艺术发展成了戏曲艺术,也是千百年来扶余的历史、文化积淀的结果,无论是在艺术上还是在文化上,都拥有独具特色的地域色彩,有着极为明显的不可替代性。

满族新城戏的形成以"八角鼓"音乐为基础,融合了本地的民间小调,借鉴了汉军旗香太平鼓②音乐等多种艺术的音乐、表演等多方面的艺术语言,体现了其构成的独特性、音乐风格的独特性和表演程式的独特性。蒙古族人在安代舞的发展过程中加入了大量的民歌、好来宝、祝赞词。舞与歌、舞蹈与说唱有机地结合为一体,逐步形成了几十种曲目。在该地区不仅有大量丰富的蒙古族非物质文化遗产,还有满族、朝鲜族、锡伯族的文化融入其中,并且与松原地区的草原本土文化相互依存、促进和交流,以独特的文化形式存在。

(四)久远的历史传承

祭敖包是蒙古族的传统祭祀活动之一,是草原民族崇尚自然思想的表现

---

① 松原市委宣传部刘明学供稿。

② 旗香是一种烧香祭祀活动,由满族萨满跳神演化而来。从艺术角度讲,旗香是一种带有歌舞色彩的民间说唱形式,有娱人、娱神双重功能,主要舞具为单鼓、太平鼓,因而又被称为家戏、单鼓、太平鼓。

形式。敖包一般位于山顶或路旁,由石块堆筑成圆锥形,上面堆放一些柳枝,中间竖立一个带有日月火图案的立柱。蒙古族的祭敖包仪式大致有 4 种:血祭、酒祭、火祭、玉祭。郭尔罗斯传统的祭敖包仪式多为血祭。而且敖包礼仪结束后,往往举行传统的赛马、射箭、摔跤和歌舞等盛大的那达慕大会。

祭敖包的由来可以追溯到古代,与游牧民族原始宗教的诞生息息相关。祭敖包是古老而原始的信仰萨满教的一项图腾祭祀活动,后因喇嘛教在草原盛行,这种祭祀活动被纳入喇嘛教,增加了宗教色彩。在漫长的历史进程中,敖包演化成为游牧民族祭天、祭山、祭四方的神坛。蒙古族历史上有文献可查的最早敖包祭,是在成吉思汗青年时代。其兴盛则是在元代,并由最初的敖包祭祀演变成为"那达慕"系列活动。在郭尔罗斯草原上,蒙古族的祭敖包形式、内容随着时代的发展不断演变,历史上影响较大的有郭尔罗斯王爷祭祀黑马敖包、萨满祭祀好特格尔敖包等活动。祭敖包更好地与那达慕大会结合,逐步形成了今天深受群众喜爱的"祭敖包"活动。

松原地区的蒙古族音乐、舞蹈、文学戏剧等文化遗产都有着久远的历史渊源。好来宝是蒙古族独特的说唱曲艺形式,早在公元 11 世纪,蒙古族民间就有了好来宝的基本说唱形式。就是一些当代创新改编的艺术文化种类也有着相当长的传统,如满族新城戏的历史可追溯到辽金时期,它初步形成于清朝中期,发展于新中国成立初期,成熟于 20 世纪 80 年代,它是在民族传统民间艺术的土壤中生成的,具有民族特征的地方戏曲剧种,也是本地对传统民族艺术继承与发展的结果,不仅反映出中国东北人民特别是女真族发祥地的松原扶余地域内民众的传统人文精神和民风民俗,同时也体现出当地人民的聪明智慧,作为全国唯一也是满族唯一的一个剧种,应该具有极强的历史文化传承性。

(五)广泛的群众性和民间色彩

松原地区的许多非物质文化遗产内容在民间有着广泛的群众性和普及性,例如安代舞在前郭尔罗斯蒙古族自治县历史悠久,世代流传,并且正在普及发展壮大。在松原的社会文化建设中,安代舞占有重要位置。它对弘扬蒙古族民间舞蹈艺术有着举足轻重的影响作用。安代舞是蒙古族集体舞,它的基本动作是"踏地甩巾",舞蹈者挥起手绢或绸巾,踏着舞曲边唱边跳,尽情欢舞。当众多的人一起跳安代舞的时候,由一人领唱,众人相和,边歌边舞,极其热闹,用以表现蒙古族人民欢快喜悦的情绪,舞蹈《庆丰收》就是以此为素材进行创作的。近几年来,为了贯彻执行县委、县政府关于保护本地区非物质文化遗产的战略计划,前郭县文体局、教育局、广电局等多个部门联合举办了大型文体活动,全县蒙古族中小学组建了数百人乃至上千人参加的安代舞表演队伍,扩大了安代舞的社会影响和传承效果。

三、松原地区非物质文化遗产名录(国家、省、市 3 级)

松原市的非物质文化遗产的保护与开展工作,取得了可喜的成绩。在107项市级及以上的非遗名录中,其中有 9 项列入国家级非物质文化遗产名录,有48项列入省级非物质文化遗产名录,其余的入选市级非遗名录。入选的非遗项目种类丰富,包括音乐、曲艺、民俗、舞蹈、手工技艺、民间文学等方面,充分体现了松原地区以满蒙文化为主的特点。大量非遗名录的入选有助于松原地区非遗保护和文化的传承(详见表14-1)。

表 14-1　松原地区非物质文化遗产名录表

序号	资源类别	资源名称	分布区域	传承人情况	入选各级名录情况		
					国家级	省级	市级
1	传统音乐	蒙古族马头琴音乐	前郭县	嘎日迪(省级)	√		
2	传统音乐	蒙古族四胡音乐	前郭县	齐光(省级)	√		
3	传统音乐	郭尔罗斯蒙古族民歌	前郭县	灵月(省级)	√		
4	曲艺	乌力格尔	前郭县	包·朝格柱(国家级)唐森林(省级)	√		
5	民俗	蒙古族婚俗	前郭县	张宝音、敖志红(省级)	√		
6	民俗	查干淖尔冬捕习俗	前郭县		√		
7	民间文学	陶克陶胡	前郭县	包广林(省级)	√		
8	传统技艺	马头琴制作技艺	前郭县	白苏古郎(省级)	√		
9	生产习俗	查干萨日(春节)	前郭县	赵发(省级)	√		

序号	资源类别	资源名称	分布区域	传承人情况	入选各级名录情况		
					国家级	省级	市级
10	传统戏剧	满族新城戏	松原市	杨欣欣、赵彩霞（省级）		√	
11	民间舞蹈	蒙古族安代舞	前郭县	于华（省级）		√	
12	传统技艺	老醋酿造	宁江区			√	
13	民俗	蒙古族萨满祭天仪式	前郭县	鲍玉贵、陈十月（省级）		√	
14	民间文学	蒙古族长篇英雄史诗	前郭县	包玉文、朝鲁蒙（省级）		√	
15	传统音乐	长调、短调	前郭县	乌日娜、吴水格特（省级）		√	
16	传统舞蹈	郭尔罗斯查玛舞	前郭县	王国忠（省级）		√	
17	传统舞蹈	郭尔罗斯秧歌	前郭县			√	
18	曲艺	蒙古族好来宝	前郭县	唐国兴（省级）		√	
19	杂技	蒙古族射箭	前郭县	马玉清（省级）		√	
20	杂技	蒙古族那达慕	前郭县	高柏杰（省级）		√	
21	传统技艺	查干湖全鱼宴	前郭县	李长河（省级）		√	
22	传统技艺	蒙古族荞面食品加工技艺	前郭县	高宏俐（省级）		√	
23	传统技艺	蒙古族馅饼制作技艺	前郭县	邓艳（省级）		√	
24	传统技艺	蒙古族枕头顶刺绣	前郭县	其木格（省级）		√	
25	传统技艺	朝鲜族咸菜制作技艺	前郭县	白顺姬（省级）		√	
26	生产习俗	蒙古族服饰	前郭县	包桂英、乌银（省级）		√	
27	生产习俗	蒙古族祭敖包	前郭县			√	
28	传统医药	雷氏正骨	前郭县	雷广军（省级）		√	

续表

序号	资源类别	资源名称	分布区域	传承人情况	入选各级名录情况		
					国家级	省级	市级
29	民间舞蹈	盅碗舞、筷子舞	前郭县	包淑华、乌兰（省级）		√	
30	传统技艺	增盛永酒业酿造技术	扶余县	王志远（省级）		√	
31	杂技	鹿棋	前郭县	旭日花（省级）		√	
32	民间文学	于凤至家族故事	市直			√	
33	民间文学	大布苏传说	乾安县			√	
34	民间文学	祝赞词	前郭县			√	
35	民间文学	阿阑豁阿的故事	前郭县			√	
36	民间文学	巴拉根仓的故事	前郭县			√	
37	传统音乐	潮尔	前郭县			√	
38	传统音乐	呼麦	前郭县			√	
39	传统舞蹈	郭尔罗斯博舞	前郭县			√	
40	传统游艺	喜塔尔（蒙古族象棋）	前郭县			√	
41	传统游艺与竞技	蒙古族乃日	前郭县			√	
42	传统游艺与竞技	郭尔罗斯蒙古族扔砣	前郭县			√	
43	传统游艺与竞技	蒙古族打唠唠（布日格）	前郭县			√	
44	传统美术	乌力吉将嘎（绳编）	前郭县			√	
45	传统美术	郭尔罗斯剪纸	前郭县			√	
46	传统手工技艺	伯都讷满族扎彩技艺	宁江区			√	
47	传统手工技艺	岭泉白酒酿造技艺	长岭县			√	
48	传统手工技艺	三青山粉条制作工艺	长岭县			√	
49	传统手工技艺	前郭尔罗斯酿酒技艺	前郭县			√	
50	传统手工技艺	前郭尔罗斯蒙古族牛肉干制作技艺	前郭县			√	
51	传统手工技艺	郭尔罗斯传统民居建造技艺	前郭县			√	

续表

序号	资源类别	资源名称	分布区域	传承人情况	入选各级名录情况		
					国家级	省级	市级
52	传统手工技艺	黏米食品制作技艺	前郭县			√	
53	民俗	蒙古族交往礼俗	前郭县			√	
54	民俗	蒙古族祭火	前郭县			√	
55	民俗	蒙古族祭神树	前郭县			√	
56	民俗	成吉思汗祭	前郭县			√	
57	民俗	郭尔罗斯祈月节	前郭县			√	
58	民间文学	郭尔罗斯黑马敖包传说	前郭县				√
59	民间文学	安代舞传说	前郭县				√
60	民间文学	查干湖和塔虎城系列故事	前郭县				√
61	民间文学	孝庄故事	前郭县				√
62	民间文学	龙坑传说	前郭县				√
63	民间文学	达金道宝传说	前郭县				√
64	民间音乐	好来宝音乐	前郭县				√
65	民间音乐	萨满"博"音乐	前郭县				√
66	民间音乐	郭尔罗斯婚礼歌	前郭县				√
67	民间音乐	民间套曲《折箭同义》	前郭县				√
68	民间舞蹈	渔猎舞蹈	前郭县				√
69	曲艺	二人转	前郭县				√
70	杂技	博克(蒙古式摔跤)	前郭县				√
71	杂技	速度赛马	前郭县				√
72	杂技	投布鲁	前郭县				√
73	杂技	"沙哈"游戏	前郭县				√
74	杂技	秋千、跳板	前郭县				√
75	传统技艺	郭尔罗斯全羊席制作	前郭县				√
76	传统技艺	渔网编织技艺	前郭县				√
77	传统技艺	蒙古族手把肉加工技艺	前郭县				√
78	传统技艺	奶食品制作技艺	前郭县				√

序号	资源类别	资源名称	分布区域	传承人情况	入选各级名录情况		
					国家级	省级	市级
79	传统技艺	冰下捕鱼技术	前郭县				√
80	民间信俗	蒙古族祭湖习俗	前郭县				√
81	民间信俗	锡伯族渔猎	前郭县				√
82	传统医药	雷氏正骨	宁江区				√
83	传统戏剧	评剧	前郭县				√
84	传统戏剧	拉场戏	前郭县				√
85	民间文学	郭尔罗斯部落传说	前郭县				√
86	民间文学	郭尔罗斯寺庙故事	前郭县				√
87	民间文学	郭尔罗斯蒙古族地名传说	前郭县				√
88	民间文学	乾安县地名传说	乾安县				√
89	民间美术	剪纸	扶余县				√
90	民间美术	蒙古族刺绣	前郭县				√
91	民间音乐	郭尔罗斯扎萨克音乐	前郭县				√
92	民间舞蹈	朝鲜族农乐舞	前郭县				√
93	民间舞蹈	满族秧歌	宁江区				√
94	传统戏剧	郭尔罗斯蒙戏	前郭县				√
95	杂技与竞技	冰嘎游戏	前郭县				√
96	杂技与竞技	蒙古族纸牌	前郭县				√
97	传统手工艺	风干鱼制作技艺	前郭县				√
98	传统手工艺	蒙古族咸菜制作技艺	前郭县				√
99	传统手工艺	李家汤锅制作技艺	前郭县				√
100	民俗	蒙古族端午习俗	前郭县				√
101	民俗	朝鲜族花甲宴习俗	前郭县				√
102	民俗	蒙古族成年礼俗	前郭县				√
103	民俗	蒙古族寿辰礼俗	前郭县				√
104	民俗	蒙古族养马驯马习俗	前郭县				√
105	传统医药	蒙医针灸	前郭县				√
106	传统医药	蒙医放血疗法	前郭县				√
107	传统医药	牛氏正骨	扶余县				√

第二节 松原地区非物质文化遗产的
保护传承与开发利用

作为具有浓厚民族特色和地方特点的民族文化,松原地区非物质文化遗产是吉林省西部草原地区具有代表性的非物质文化遗产。作为该地区传统文化的重要组成部分,它又是草原文化多元体系中的一个重要区系,已从信仰、民俗、文学、歌舞、传统手工技艺、传统医药等方面形成了系统化、初具规模的地域文化,有着自己独特的风韵和特色,是一定地域范围内历史延续中形成的文化符号和族群密码。同时,积极保护和合理开发利用松原的非物质文化遗产也显得尤其重要,其现实意义更加突出。

一、非物质文化遗产保护工作的要点

首先,真实性和完整性是非物质文化遗产保护的灵魂,也是衡量非物质文化遗产保护水平的标尺。要对非物质文化遗产进行科学保护,必须树立正确的保护意识,关注保护对象的特殊性,兼顾物质层面和非物质层面的保护;要尊重和保留非物质文化遗产所特有的历史信息及材料和原真性。原真性原则起初是物质文化遗产保护领域的理念,后被引入非物质文化遗产的保护工作中,指的是要保护原生状态的非物质文化遗产。现代商品经济的不断发展和四处扩张,使非物质文化遗产失去了其赖以生存的土壤。

由于非物质文化遗产具有无形性、活态性,这就决定了真正的非物质文化遗产不是一成不变的,而是处于一种不断的发展变化之中。原生态与其说是一种非物质文化存在的本真样貌,不如说是学者与不同社会力量共同想象建构的产物。无论是文字还是现代多媒体技术记录的非物质文化遗产,都只能是某一特定时空背景下的描述,而无法完整地呈现具有地方性的、活态的、处于不断变化发展着的非物质文化遗产。

其次,传承人的主体保护,是非物质文化遗产保护的关键。非物质文化遗产的传承,需要依托于民众的日常生活,通过非物质文化遗产传承人的"口传

心授"来完成。虽然典籍文献也可以传承非物质文化遗产,但这种传承状态下的非物质文化遗产毕竟与其本真状态相去甚远,只有存在于民众生活之中经由传承人"口传心授"传承下来的非物质文化遗产,才是真正的、活态的非物质文化遗产。非物质文化遗产的发展变化,是非物质文化遗产对于自身机能的主动调试,也是在民众的日常生活中,由非物质文化遗产的传承人来完成的。非物质文化遗产与作为历史"遗留物"的物质文化遗产不同,它不是一成不变的。一方面,一些优秀的非物质文化遗产会因其适应于民众生活,而得以世代传承;另一方面,一些不适应民众生活、不再具有存在价值的非物质文化遗产,则会被无情的淘汰。

非物质文化遗产与民众生活的联系,突出地表现在作为非物质文化遗产载体的传承人身上。非物质文化遗产虽是集体智慧的结晶,但集体中"个人"的因素不容忽视,在后世的传承中,传承人对于非物质文化遗产发展变化的作用更是至关重要。优秀的非物质文化遗产传承人,既能够传承先人遗留下来的非物质文化遗产,又能以其才华推动非物质文化遗产的发展创新,对于非物质文化遗产的传承乃至一个民族文化精神的延续,都起着十分重要的作用。

"传承"是人的"传承",归根结底是"传承人"的传承,因此,对非物质文化遗产传承的保护也是对非物质文化遗产"传承人"的保护。"非物质文化遗产"虽然被称为"非物质",但与"物"又关系密切。非物质文化遗产的本质不在于"物"与"非物",而在于文化的"传承",其核心是传承文化的人。物质文化遗产与非物质文化遗产保护的差异在于:前者传承过程不存在"传承人",而后者的存在与传承离不开传承人。也就是说,一旦传承人消失,原生态的非物质文化遗产也就不复存在。因而,非物质文化遗产保护的重点就是传承人。

当务之急是提高非物质文化遗产传承人的社会地位及待遇。主要策略是:给传承人应有的社会地位、政治地位和经济地位,并分级评定相应的职务、职称,享受相应的政府特殊津贴;对研究人才而言,参照国际惯例建立社科基金、自然科学基金申报制度,以项目带动研究人才培养。同时,政府应该设立专项资金,鼓励并帮助传承人以师带徒等传统的方式进行传承,为他们的传艺提供帮助和支持。

再次,加强开发性、生产性保护。当下的非物质文化遗产保护,使非物质文化遗产承载了太多的超出其自身功能的意义。很多非物质文化遗产本身所具有的功能,被拉到了放大镜下无限放大,很多本不属于非物质文化遗产的功能,被生硬地加到了非物质文化遗产身上,这其中最为典型的莫过于对非物质文化遗产进行开发性保护,将保护非物质文化遗产作为发展地方经济、改善民众生活的一种手段。对非物质文化遗产的开发性保护,是在我国非物质文化遗产保护形势十分严峻、政府财政支持力度有限以及商业资本进入非物质文化遗产保护领域这样一个复杂的背景下应运而生的。

对于一些可再生或者具有市场及应用价值的非物质文化遗产进行开发性保护,确实可以在某种程度上起到保护非物质文化遗产的作用。但与此同时,我们也应该看到,绝大多数的非物质文化遗产却不适合走产业化道路,不宜进行开发性保护。发展地方经济、改善民众生活的想法无可厚非,但非物质文化遗产在多数情况下都已经融入民众的生活方式之中,而开发性保护就是要将民众的这种生活方式进行商业包装、反复表演,然后从中获取经济利益,并且追求单纯的经济利益成为最主要的目的。本来,非物质文化遗产作为商品,虽然有其特定的使用价值,却不同于一般的商品,人们消费的主要是其中所包含的人文精神和历史意蕴。而在当下的保护过程中将非物质文化遗产作为商品出售,就使非物质文化遗产中原来被认为是神圣的、具有历史意义的部分变得平庸和大众化,并像一般的商品一样接受价值规律的支配。而且非物质文化遗产作为商品,主要服务于内在的消费者,即本族群或区域内的民众,而在开发性保护中,外在消费者成了非物质文化遗产消费的主流,为了适应外在的消费需求,甚至出现了不惜破坏非物质文化遗产本真状态的情况。开发性保护直接导致了非物质文化遗产的原真性逐渐丧失,破坏了非物质文化遗产与民众生活的联系,使非物质文化遗产失去了其文化情境和赖以生存发展的土壤。非物质文化遗产本来作为一种历史遗留下来的资源,不是一代人所创造的,也不应只为一代人所享有。而开发性保护,在很大程度上导致了对于非物质文化遗产的"竭泽而渔"。很多情况下,发展地方经济、改善民众生活不应该是保护工作的唯一目的,但却成了保护工作的唯一结果。

完整意义上的非物质文化遗产由两部分组成:文化事象与文化情境。原真状态下的非物质文化遗产,作为民众的一种生活方式表现为一种文化事象。而所谓文化情境,是指具有连续性的历史传统规约下与具有干涉性的特定时空范围内的社会环境、活动场景等。从时间维度看,这个界定包含两个方面的要素:一方面是历时的传统规约;另一方面是共时的环境条件。历时的"连续性"使文化事象具有传统特色,共时的干涉性使文化事象发生适应性调整即变异。这两个方面的因素就投射、汇聚为文化事象发生、发展的土壤、条件。所以,文化情境是历史传统与现实生活的交汇。然而,在保护过程中,历史传统的中断与现实生活的改变,使非物质文化遗产赖以存在的文化情境逐渐消失,并直接导致生活于其中的民众的文化自觉意识逐渐丧失,仅存的作为文化事象的非物质文化遗产,因此使得非物质文化遗产变成不完整的存在。

最后,建立非物质文化遗产的活态保护机制。非物质文化遗产的活态性表现在如下几个方面:

一是活态的民间传统工艺和民间艺术。由于家族人员或社会发展等诸多不确定因素的影响,民间传统工艺和民间艺术在传承中变得极不稳定,往往会由于家族或社会的某些因素的变动而断裂甚至消亡。

二是活态的民间民俗文化。我国的少数民族多有不同形式的祭祀仪式,这些祭祀仪式的过程中包含着本民族的情感、文化及对自然的认识,如蒙古族的祭敖包、博文化、那达慕等。人们通过多种类型的祭祀活动来达到民族力量与文化的凝聚和历史的传承。这些有着固定程式和细致环节的仪式,兼有与祖宗对话、祈祷、表现某种信念和追求等功能的民俗活动,都不断地丰富了祭祀文化的内容,成为民族文化与历史传承的一种表现。

三是活态的传统礼俗。"礼"是中国传统文化的一部分,是文化发达的一种象征。然而相对汉文化中的"礼",少数民族亦有与自己民族文化相适应的"礼"文化。民间用"礼"来确定人际关系的亲疏,解决人与人之间的疑难之事。各个地区都有自己的村规民约,世世代代用约定俗成的"礼"来规范自身行为,保持风俗淳厚的民风民俗。从这些遗产的这种传承状态中,充分反映出非物质文化遗产活态传承的特性。其传承发展的模式从上古到今天,不管是内容还是形式都处于活态的变异和发展之中,为适应社会需求而不断丰富发展着。民间艺术植根于民间生活,社会生活的改变决定着民间艺术在表现方式、表现风格上的改变。这种改变也是非物质文化遗产的活态特性,这种特性决定了我们对遗产的保护也应是发展的、活态的。这种活态的保护包含着两个原则:一是非静止原则。就是说我们对非物质文化遗产保护的方针策略不能是一成不变的,应该做好跟踪记录的工作并根据社会环境等客观因素的改变而随时作出调整。二是让非物质文化遗产存活于社会生活中。正是因为非物质文化遗产的活态性特点,它必须是"活"的文化,这种"活"的文化不能离开产生它的文化土壤——社会生活。如果脱离了社会生活的环境,非物质文化遗产必然会成为一件"死"的物品而失去它的意义与价值。因此,保护非物质文化遗产也要遵循"无形的手"的原则,切不可盲目干预。

二、非物质文化遗产保护面临的困境与挑战

近年来,松原市委、市政府为了继承、保护和发展民族文化遗产,做了大量的艰苦努力,但是在大的社会文化背景作用下,许多民族悠久的历史文化遗产的继承发展仍面临诸多困难,举步维艰,亟待采取抢救性的保护措施。突出的问题是:

一是后继乏人。一方面,由于历史和政治的因素,许多历史文化遗产受到了冷落和歧视,加之绝大部分历史文化遗产都是以家族的形式传承的,缺少必要的社会传承,原有老艺人、老工匠面临年龄老化,自然消亡。另一方面,后续人才短缺,因为现在的年青一代价值取向转变,追求的是时尚,娱乐,传承民族传统文化的热情逐步丧失,致使后续人才青黄不接,甚至出现明显断档。

二是保护经费严重不足。由于投入的经费不足,特别是一些鲜为人知的历史文化遗产得不到足够的重视和必要的经费支持,出现了严重的生存危机。遗产保护经费的来源渠道单一,基本上依赖国家和地方财政支持,而国家财政长期以来没有非物质文化遗产保护经费预算科目。直到近几年以来,国家开始投入有限的经费和专项经费,但面对庞大的非物质文化遗产家底可谓杯水车薪。而地方政府和文博单位长年很少或没有非物质文化遗产保护方面的经费投入。

三是传承人匮乏,得不到扶持和帮助。非物质文化遗产传承人的认定与保护是 2011 年出台的《中华人民共和国非物质文化遗产保护法》提出的概念,长期以来存在着重视项目的传承、忽视对传承人的保护等问题,也缺少有效的措施来保护和支持传承人的传承活动,更缺乏有效的人才激励、吸引和成长机制,致使传承人的数量和素质都与保护需求不相适应。

四是研究和传承不力。由于人才的断档,导致了非物质文化遗产研究和传承活动的停滞,如不能对满族新城戏的历史源流、文化内涵、艺术特点等进

行系统的挖掘、整理、研究和总结,一些传统艺术绝技已濒临失传,如八角鼓的打法、单鼓的打法等。满族新城戏作为一个少数民族地方剧种目前的发展建设停滞不前,实行走市场化发展的空间是很小的,可剧团为了生存,只好适应市场的要求而荒废了主业,致使专业队伍没有精力潜下心来去搞剧种的发展与创新,长此以往必然会使这一独特戏曲艺术夭折,甚至失传。

五是社会科研教育支撑力度不够,导致后继乏力。相关高校不仅数量少、培养能力有限,而且高校科研机构极少设置相关专业,大多数是包含在传统的考古、历史、博物馆等专业之中,难以满足非物质文化遗产事业发展的人才需求。我国尚无文化遗产保护专项教育培训经费预算和国家级非物质文化遗产培训学院或机构,部分大学不定期地举办了若干非物质文化遗产培训班,学员大多局限于国家级和省级科研机构,基层保护人员难以参加,真正的非物质文化遗产传承人更是难以问津,培训课程分散而不系统,培训质量难免参差不齐。

三、非物质文化遗产保护的前景与意义

文化遗产是一个民族存在的基石,是一个民族发展的动力。研究文化遗存具有相当大的实际意义,"对遗存的研究有助于发现历史发展的进程,文化遗存的这种意义证明,根据游戏、民谚、习俗和信仰等等所提供的事实对遗存进行详细研究是必要的。一个只熟悉自己本时代的人,很少能够正确理解他的生活和历史"①。

我国 56 个民族都有自己独特的文化,而各民族的一切形式和表现,是一个民族区别于另一个民族的重要标志。文化的发展能推动民族的发展,文化的繁荣能促进民族的繁荣。民族文化的兴盛,能够增强整个民族的凝聚力和自豪感,推动民族走向繁荣和发展;而民族文化的衰落,会削弱民族发展的动力。因此,要真正了解一个民族,必须了解这个民族的文化;平等对待一个民族,尊重一个民族,就必须平等对待和尊重这个民族的文化及相关文化遗产;发展一个民族,必须发展这个民族的文化。

在漫长的历史发展长河中,我国 56 个民族共同缔造、捍卫了伟大的祖国,

---

① [英]爱德华·泰勒:《原始文化》,连树声译,上海文艺出版社 1992 年版,第 17 页。

共同创造、发展了中华民族的灿烂文化。在中华文化的形成和发展过程中,各民族都作出了巨大的贡献,形成了统一性和多样性兼有的文化特征。

中华民族的文化遗产具有其独特性,它是世界文化多样性赖以生存的基础,也是人类文明的瑰宝。在国际文化的交流与合作中,无论是汉民族还是少数民族优秀文化,都体现了中华文化的传统和美德,不仅具有极其重要的价值,而且发挥着不可替代的作用。但是,在经济全球化和外来强势文化的冲击下,中华民族文化遗产中许多单项文化要素和文化生存空间正在快速消失。无论是"汉文化"还是"少数民族文化",在进入 21 世纪后都受到了外来强势文化的巨大冲击,都面临强势文化的挑战和对各自文化遗产的保护问题,特别是"非物质文化遗产"的传承性保护问题。但是,从近几年的保护情况来看,我国少数民族的非物质文化遗产在保护过程中处于弱势地位,无论是抢救还是保护以及研究,少数民族地区的非物质文化遗产都存在缺专业人才、缺专项资金、缺相关法规和缺有效保护机制的问题。由于这"四缺"导致近年来少数民族地区所蕴藏的丰富的非物质文化遗产出现了过度开发,各种技艺、技能失传,以及传承人断代等不利现象。有的文物贩子大量涌入少数民族地区,大肆收购各类民族文物,使民族地区宝贵的文化资源日渐枯萎和大量外流,这些现象使我们感到非常着急和痛心。祖先留下来的、经过数千年历史风雨淘涤后留给中华儿女的宝贵财富,可以说是中华民族的母亲文化,也是我们根文化和精神家园。因此,我们必须抢救和保护中华民族的非物质文化遗产,抢救和保护我们的民族魂,维护全球化进程中中华民族的文化独立和文化主权。加快实施中华民族文化遗产尤其是中国少数民族非物质文化遗产的抢救和保护工程,还具有长远保存中华民族优秀文化基因库的重要意义,更主要的是能增强整个中华民族的凝聚力,有利于加强中华各民族的团结与族际间的文化沟通。这项"抢救和保护工程"是一项长期性的工作,需要培养各民族在这方面的高素质的管理、抢救、保护、研究等方面的专门人才。

现在,"非物质文化遗产"这一名词在报纸、电视、电台和老百姓的生活中随处可见,可是对其有所了解的人却并不是很多。"非物质文化遗产"究竟是什么? 为什么要对它进行保护? 这要从联合国教科文组织为加强世界文化遗产保护而进行的一系列会议说起。联合国教科文组织大会于 1972 年通过了《保护世界文化和自然遗产公约》,1979 年又通过和实施了《世界遗产名录》

项目,极大地促进了世界各国对有形物质遗产的保护工作。但是这期间对无形文化遗产即非物质文化遗产的保护工作却没有给予足够的重视,使整个保护工作处于相对滞后的状态。10年后,即1989年才有了《保护民间口头传承建议书》。为了应对无形文化遗产濒危的现状,1997年联合国教科文组织大会通过了《人类口头及无形文化遗产代表作宣言》,这是联合国教科文组织为保护无形文化遗产而采取的措施。进入21世纪,随着世界经济的高速发展,全球经济一体化的进一步加深,在强势文化的冲击和弱势文化面临更加濒危处境的紧急情况下,联合国教科文组织于2001年公布了《世界文化多样性宣言》;同年5月18日,人类口述与非物质文化遗产首批开展认定和入选,当时在全球激起了千层浪,中国的"昆曲"名列其中。联合国教科文组织在2003年10月17日第32届会议上通过了《保护非物质文化遗产公约》,进一步指出了保护非物质文化遗产的意义和具体操作方法:"非物质文化遗产"指被各群体、团体,有时被个人视为其文化遗产的各种实践、表演、表现形式,知识与技能及其有关的工具、实物、工艺品和文化场所。各个群体和团体随着其所处环境、其与自然界的相互关系和历史条件的变化,不断使这种代代相传的非物质文化遗产得到创新,同时使他们自己具有一种认同感和历史感,从而促进了文化多样性和人类的创造力。在该公约中,只考虑符合现有的国际人权文件、满足各群体及团体和个人之间相互尊重的需要和顺应可持续发展要求的非物质文化遗产。按上述定义,"非物质文化遗产"包括以下方面:(1)口头传说和表述,包括作为非物质文化遗产媒介的语言;(2)表演艺术;(3)社会风俗、礼仪、节庆;(4)有关自然界和宇宙的知识和实践;(5)传统的手工艺技能。

在我国,非物质文化遗产与古迹、文物等文化遗产和自然遗产之间是相互依存的关系,都印证了我们东方古老的农耕文明。可是,全球化和社会变革进程却使得非物质文化遗产首当其冲地加速瓦解、损坏和消失。保护人类非物质文化遗产已经成为各国政府、人民普遍的意愿和共同关心的事项,人们采取了不同的保护措施,从而为丰富文化多样性作出自己的贡献。非物质文化遗产是密切人与人之间的关系以及人们之间进行交流和了解的要素,它的作用是不可估量的。

进入21世纪,中国文化界最重要、最急迫的事件之一,就是对民族民间文化遗产进行抢救和保护。从中国民间文艺家协会发起的"中国民间文化遗产抢救工程"，到文化部的"民族民间文化遗产保护工程"，到近来提出的"非物质文化遗产保护"的全面推行，民族民间文化的抢救和保护等问题得到了人们空前的关注与期待。在这个过程中，学者们投入了极大的热情与精力，从诸多方面为非物质文化遗产的保护作出了贡献。

提到非物质文化遗产，我们不能不想到长达一个半世纪历史的民俗学学科。诚如一些学者所言："非物质文化遗产"的所指大体上就是我们所熟知的"民俗"或"民间文化"的范围。作为一个操作性概念，"非物质文化遗产"主要出现于政府保护文化遗产的政策、法规等文献之中，但就其实际存在而言，在很大程度上就是民俗学的研究对象。所以，积极参与"非物质文化遗产"的调查、论证也就成为民俗学家的分内之事。

中国是历史悠久的文明古国，拥有丰富厚重、种类繁多的非物质文化遗产。这些遗产蕴涵着中华民族特有的精神价值、思维方式、想象力和文化意识，体现着中华民族的生命力和创造力。保护和利用好这些非物质文化遗产，对于继承和发扬民族优秀文化传统、增进民族团结和维护国家统一、增强民族自信心和凝聚力、促进社会主义精神文明建设，都具有重要而深远的意义。

正因为如此，中央政府于 2006 年 5 月 20 日下发了《国务院关于公布第一批国家级非物质文化遗产名录的通知》，公布了第一批 518 项国家级非物质文化遗产名录。入选名录的条件是：（1）具有突出的历史、文化和科学价值；（2）具有在一定群体中世代传承的特点；（3）在当地有较大影响；（4）符合以上条件，且处于濒危状态。这 518 项被分为民间文学、音乐、舞蹈、戏剧、曲艺、杂技与竞技、美术、手工技艺、传统医药、民俗等十大类。中央政府要求各地认真贯彻"保护为主，抢救第一、合理利用、传承发展"的工作方针，切实做好非物质文化遗产的保护、管理和合理利用工作。

非物质文化遗产既是昨天的实录、今天的现实，也是明天的预示。由于我国的文化生态发生了巨大变化，这些非物质文化遗产已距离我们越来越远，而且被掩盖于众多商业的、流行的文化之下，使我们感到陌生而模糊。因此，要保护非物质文化遗产，首先需要了解它们的状貌，加强对它们的认识。在我国的非物质文化遗产名录出台之时，组织一支作者队伍对每一项遗产给予简单的介绍是适时的，可以让更多的人了解非物质文化遗产，关注、关心非物质文化遗产，共同参与到遗产保护中去。

我国政府已经意识到对非物质文化遗产进行抢救的紧迫性。文化部启动了民族、民间文化遗产抢救工程,对于无形遗产进行普查、保护,并制定了相关法规。教育部人文社会科学重点研究基地已发展了 5 个民族学基地,这是高等学校民族学研究的中坚力量。就全国而言,新疆、内蒙古、西藏、甘肃、广西、贵州、云南、四川等少数民族居住较多的省、自治区都行动起来了;不仅如此,"非物质文化遗产"丰富的少数民族聚居的地、州、市也都基本上成立了"非物质文化遗产研究中心"和相应的抢救及保护机构。虽然各种民间无形文化遗产抢救工作已相继展开,但是抢救和保护中华民族文化遗产尤其是少数民族非物质文化遗产是一项长期性的工作,只有全国的民族研究机构和高校通力协作才能取得成效。目前,少数民族地区文化资源非常丰富,特别是少数民族的非物质文化遗产尤为珍贵,它一方面需要抢救和保护;另一方面这种资源也是可以适度利用的。希望这些研究机构能够进一步相互协作、相互支持,共同为抢救和保护中华民族文化遗产,尤其是少数民族非物质文化遗产作出自己的贡献。

通过这些宣传和保护措施可以让民众了解我们的文化之根,找回迷失的自己,增强文化自信;通过加强对非物质文化遗产的保护,可以从中发现中华民族"生生不息"、"自强不息"的精神和在历史上的伟大创造,增强民族自豪感和凝聚爱国主义精神。从这个意义上说,或许每一位中国人都应该牢牢记住这些遗产,这是我们的共同愿望。

参考文献

一、古籍

1.（汉）司马迁:《史记》,中华书局 1999 年版。

2.（汉）班固:《汉书》,中华书局 1996 年版。

3.（宋）范晔:《后汉书》,中华书局 2001 年版。

4.（晋）陈寿:《三国志》,中华书局 1982 年版。

5.（北齐）魏收:《魏书》,中华书局 1974 年版。

6.（唐）房玄龄:《晋书》,中华书局 1974 年版。

7.（唐）李延寿:《北史》,中华书局 1974 年版。

8.（唐）魏征、令狐德芬:《隋书》,中华书局 1982 年版。

9.（后晋）刘昫:《旧唐书》,中华书局 1975 年版。

10.（宋）欧阳修、宋祁:《新唐书》,中华书局 1975 年版。

11.（元）脱脱等:《宋史》,中华书局 1977 年版。

12.（元）脱脱等:《辽史》,中华书局 2000 年版。

13.（元）脱脱等:《金史》,中华书局 1975 年版。

14.（明）宋濂:《元史》,中华书局 1976 年版。

15.（清）赵尔巽等:《清史稿》,中华书局 1977 年版。

16.王国维、黄永年点校:《古本竹书纪年辑校·今本竹书纪疏证》,辽宁教育出版社 1997 年版。

17.（战国）吕不韦:《吕氏春秋》,中华书局 2011 年版。

18.（春秋）左丘明:《国语》,齐鲁书社 2005 年版。

19.黎翔凤撰,梁运华整理:《管子校注》,中华书局 2004 年版。

20.（东汉）王充:《论衡》,上海人民出版社 1974 年版。

21.郝懿行:《山海经笺疏》,巴蜀书社 1985 年版。

22.（宋）徐梦莘编纂:《三朝北盟会编》,上海古籍出版社 2008 年版。

23.(宋)李心传:《建炎以来系年要录》,中华书局1988年版。

24.(宋)李焘:《续资治通鉴长编》,中华书局2004年版。

25.(宋)宇文懋昭撰,崔文印校证:《大金国志校正》,中华书局1986年版。

26.(宋)叶隆礼撰:《契丹国志》,上海古籍出版社1985年版。

27.(宋)叶隆礼:《辽志》,商务印书馆民国25年版。

28.(宋)许亢宗:《宣和乙巳奉使金国行程录笺证》,《靖康稗史》,中华书局1988年版。

29.(宋)沈括:《梦溪笔谈》,中华书局2009年版。

30.(宋)曹勋:《松隐集》,《四库全书》本,第1129册。

31.(宋)程大昌:《演繁露》,《四库全书》本,第852册。

32.(清)徐松辑:《宋会要辑稿》,中华书局2012年版。

33.清官修:《清高宗实录》,中华书局影印本1987年版。

34.清官修:《清太祖高皇帝实录》,中华书局影印本1987年版。

35.清官修:《清太宗实录》,中华书局影印本1987年版。

36.清官修:《清世祖实录》,中华书局影印本1987年版。

37.清官修:《清仁宗实录》,中华书局影印本1987年版。

38.明官修:《明英宗实录》,台北"中央研究院历史语言研究所"影印本1961年。

39.辽宁大学历史系编:《建州纪程图记校注》,《清初史料丛刊》,辽宁大学历史系1979年版。

40.(清)长顺修,李桂林纂,李澍田等点校:《吉林通志》,吉林文史出版社1986年版。

41.(清)柏英:《伯都讷(扶余)乡土志》,辽宁省图书馆编:《东北乡土志丛编》,1985年内部资料。

42.(清)萨英额等撰,史吉祥等点校:《吉林外纪》,吉林文史出版社1986年版。

43.(清)云生修:《打牲乌拉地方乡土志》,吉林文史出版社1987年版。

44.(清)《打牲乌拉志典全书》,载《长白丛书》(第二集),吉林文史出版社1986年版。

45.尹郁山:《乌拉史略》,吉林文史出版社1993年版。

46.(清)西清:《黑龙江外纪》,黑龙江人民出版社1984年版。

47.(清)蒋良骐:《东华录》,齐鲁书社2005年版。

48.(清)方以智:《通雅》,中国书店1990年据康熙浮山此藏轩刻本影印本。

49.(清)厉鹗:《辽史拾遗》,国家图书馆出版社2009年版。

50.(宋)洪皓:《松漠纪闻》,吉林文史出版社1986年版。

51.金毓黻主编:《辽海丛书》,辽海出版社2009年版。

52.李澍田:《长白丛书》,吉林文史出版社1990年版。

53.清官修:《满洲实录》,中华书局影印本1987年版。

54.(清)张穆:《蒙古游牧记》,台北文海出版社1965年版。

二、专著

1.佟冬：《中国东北史》，吉林文史出版社 1998 年版。

2.孙乃民主编：《吉林通史》，吉林人民出版社 2008 年版。

3.张博泉编：《东北地方史稿》，吉林大学出版社 1985 年版。

4.张博泉、魏存成：《东北古代民族、考古与疆域》，吉林大学出版社 1998 年版。

5.董万仑：《东北史纲要》，黑龙江人民出版社 1987 年版。

6.孙进己、冯永谦主编：《东北历史地理》，黑龙江人民出版社 1989 年版。

7.张博泉、程妮娜：《中国地方史论》，吉林大学出版社 1994 年版。

8.程妮娜：《东北史》，吉林大学出版社 2001 年版。

9.刘加绪主编：《前郭尔罗斯简史》，辽宁民族出版社 2005 年版。

10.阿汝汗主编：《松原文化述略》，时代文艺出版社 2009 年版。

11.李德山、栾凡：《中国东北古民族发展史》，中国社会科学出版社 2003 年版。

12.张博泉等：《金史论稿》，吉林文史出版社 1986 年版。

13.滕绍箴：《满族发展史初编》，天津古籍出版社 1990 年版。

14.林耀华主编：《民族学通论》（修订本），中央民族大学出版社 1997 年版。

15.[英]道森编，吕浦译：《出使蒙古记》，中国社会科学出版社 1983 年版。

16.郭雨桥：《郭氏蒙古通》，作家出版社 1999 年版。

17.[瑞典]多桑：《多桑蒙古史》（上册），上海书店出版社 2001 年版。

18.郭淑云：《原始活态文化——萨满教透视》，上海人民出版社 2001 年版。

19.苏日巴达拉哈：《蒙古族族源新考》，民族出版社 1986 年版。

20.王叔磐等选注：《元代少数民族诗选》，内蒙古人民出版社 1981 年版。

21.[美]尹恩·罗伯逊：《现代西方社会学》，赵明华等译，河南人民出版社 1988 年版。

22.张秀华：《蒙古族生活掠影》，沈阳出版社 2002 年版。

23.姜戎：《理性探掘——关于狼图腾的讲座与对话》，《狼图腾》，长江文艺出版社 2004 年版。

24.张德臣主编：《前郭尔罗斯水田开发史》，辽宁民族出版社 2008 年版。

25.王承礼：《渤海国简史》，黑龙江人民出版社 1984 年版。

26.王子今：《秦汉边疆与民族问题》，中国人民大学出版社 2011 年版。

27.马汝珩、成崇德主编：《清代边疆开发》，山西人民出版社 1998 年版。

28.韩茂莉：《辽金农业地理》，社会科学文献出版社 1999 年版。

29.吴松弟：《中国移民史》，福建人民出版社 1997 年版。

30.作新社编：《白山黑水录》，作新社 1902 年版。

31.张敬岩、苏赫巴鲁编：《郭尔罗斯文物古迹及人物》，中国国际文化出版社 2006 年版。

32.李旭光：《查干湖畔的辽帝春捺钵》，吉林人民出版社 2011 年版。

33.Karl A. Wittfogel, FengChia—Sheng. History of chinese society Liao, 907－1125 (*The A-*

merican Philosophical Society,1949)

34.艾周昌等主编:《非洲通史》,华东师大出版社 1995 年版。

35.葛剑雄等:《简明中国移民史》,福建人民出版社 1993 年版。

36.葛剑雄:《中国人口发展史》,福建人民出版社 1991 年版。

37.李文海等主编:《中国近代十大灾荒》,上海人民出版社 1994 年版。

38.《中国民间故事全书》之《吉林·前郭尔罗斯卷》,知识产权出版社 2009 年版。

39.[日]三上次男:《金代女真研究》,金启宗译,黑龙江人民出版社 1984 年版。

40.宋德金:《金代社会生活》,陕西人民出版社 1988 年版。

41.苏赫巴鲁、苏伦巴根编撰:《中国民间故事集成》(吉林卷),中国文联出版公司 1992 年版。

42.苏赫巴鲁主编:《古今松原》,龙门书局 1996 年版。

43.王瑜:《中国古代北方民族与蒙古族服饰》,北京图书馆出版社 2007 年版。

44.[英]道森编:《出使蒙古记》,吕浦译,中国社会科学出版社 1983 年版。

45.王继平:《服饰文化学》,华中理工大学出版社 1998 年版。

46.阿汝汗主编:《松原蒙满文化系列丛书》,吉林人民出版社 2011 年版。

47.阿汝汗主编:《伯都讷满族文化概览》,吉林人民出版社 2011 年版。

48.马鸿超、田志和主编:《吉林回族》,吉林教育出版社 1989 年版。

49.王绵厚、李健才:《东北古代交通》,沈阳出版社 1990 年版。

50.王兆全编著:《伯都讷风俗民情》,时代文艺出版社 2004 年版。

51.王国学、郑新城编著:《伯都讷文物古迹》,时代文艺出版社 2004 年版。

52.徐洁、张志强:《清代东北邮驿史》,中央广播电视大学出版社 2008 年版。

53.阿汝汗主编:《松原文化述略》,时代文艺出版社 2009 年版。

54.薛虹主编:《中国东北通史》,吉林文史出版社 1991 年版。

55.徐达音编著:《新城戏与八角鼓》,时代文艺出版社 2004 年版。

56.苏赫巴鲁:《苏赫巴鲁全集》(卷 16),中国国际文化出版社 2008 年版。

57.苏赫巴鲁、白蕾编著:《郭尔罗斯文学概论》,中国国际文化出版公司 2006 年版。

58.张殿祥、张树伟:《松原回族》,内蒙古少年儿童出版社 1998 年版。

59.苏赫巴鲁主编:《古今松原》,龙门书局 1996 年版。

60.高振诠、百强编著:《伯都讷文化艺术》,时代文艺出版社 2004 年版。

61.波·少布、何日莫奇:《黑龙江蒙古部落史》(郭尔罗斯部),哈尔滨出版社 2001 年版。

62.魏国忠、朱国忱、郝庆云:《渤海国史》,中国社会科学出版社 2006 年版。

63.阿汝汗主编:《松原风情》,时代文艺出版社 2009 年版。

64.富育光、孟慧英:《满族萨满教研究》,北京大学出版社 1991 年版。

65.波·少布:《黑龙江满族》,哈尔滨出版社 2008 年版。

66.郭淑云:《多维学术视野中的萨满文化》,吉林大学出版社 2005 年版。

67.[匈牙利]米哈依·霍帕尔:《图说萨满教世界》,白杉译,内蒙古自治区鄂温克族研究会选编2001年版。

68.王迅、苏赫巴鲁编著:《蒙古族风俗志》,中央民族学院出版社1990年版。

69.罗启荣、欧仁煊编:《中国年节》,科学普及出版社1983年版。

70.乌崇和:《当代满乡风采》,中国文献出版社2009年版。

71.宋兆麟、李露露:《中国古代节日文化》,文物出版社1991年版。

72.[英]爱德华·泰勒:《原始文化》1871年,连树声译,上海文艺出版社1992年版。

73.《苏赫巴鲁文集》卷15《蒙古民族卷》,中国国际文化出版社2008年版。

74.付百臣、刘信君:《吉林建省百年纪事》,吉林人民出版社2007年版。

75.朱天顺:《原始宗教》,上海人民出版社1978年版。

76.李春燕:《东北文学文化新论》,吉林文史出版社2000年版。

77.翁福祥:《满族史》,台湾满族协会2002年版。

78.吕萍:《中国满学》,吉林文史出版社2010年版。

79.张文斌:《满族民俗文化的起源与发展》,伊通满族博物馆,吉林省内部出版物第20090508号。

80.刘信君:《吉林边疆历史知识》,吉林文史出版社2003年版。

81.尹郁山:《吉林上下五千年》,吉林人民出版社2009年版。

82.苏赫巴鲁、珊丹:《蒙古秘史(文学本)》,中国国际文化出版有限公司2008年版。

83.《马克思恩格斯全集》第21卷,人民出版社1965年版。

84.谭其骧:《中国历史地图集》,中国地图出版社1996年版。

85.兴农部农政司调查科:《满洲农产物收获高预想调查》(康德五年),吉林省社会科学院满铁资料馆藏03630(油印)。

86.兴农部农政司调查科:《农业基本统计调查集计表》(康德六年),吉林省社会科学院满铁资料馆藏03685(油印)。

87.兴农部农政司调查科:《康德九年第3次农产物收获、消费、余剩高预想调查集计表》(新京特别市、吉林省),吉林省社会科学院满铁资料馆藏22946(手抄)。

88.《康德十年新京特别市、吉林省农产物流调查》,吉林省社会科学院满铁资料馆藏22966(手抄)。

89.《吉林省扶余县事情》,满洲帝国地方事情大系第12号,满洲帝国地方事情大系刊行会,吉林省社会科学院满铁资料馆藏。

90.[日]《北支移民研究》,载《东亚经济研究》,吉林省社会科学院满铁资料馆藏。

91.[日]满铁调查资料:《满洲人口统计》(康德九年末),"民族别户口"(一、二),吉林省社会科学院满铁资料馆藏。

92.[日]山田胜夫:《昭和十年满洲农业统计》,"Ⅲ县别户数及人口",南满洲铁道株式会社昭和十二年,吉林省社会科学院满铁资料馆藏。

93.[日]山田胜夫:《昭和十年满洲农业统计》,"Ⅲ县别土地利用状况",南满洲铁道株式会社昭和十二年,吉林省社会科学院满铁资料馆藏。

94.满铁经济调查会编:《昭和九年满洲经济统计图表》之《满洲农牧业地带分布图表》,满洲日报社印刷所昭和九年,吉林省社会科学院满铁资料馆藏。

95.满铁经济调查会编:《昭和九年满洲经济统计图表》之《满洲人口增加趋势》,满洲日报社印刷所昭和九年,吉林省社会科学院满铁资料馆藏。

96.日外务省东亚局:《满洲国及中华民国在留本邦人及外国人人口统计表》(第29回,截止到昭和十年十二月末),"第二表:满洲国人口省、特别市别",吉林省社会科学院满铁资料馆藏。

97.日外务省通商局编纂:《北满洲》,启成社大正七年(1918年)再版。

98.实业部农务司农产科:《康德元年满洲国农业统计》,"1.土地利用统计,B县别土地利用统计",康德二年六月,吉林省社会科学院满铁资料馆藏。

99.伪国务院总务厅统计处:《康德三年末满洲帝国现住人口统计》(康德四年九月发行),吉林省社会科学院满铁资料馆藏。

100.伪民政部:《满洲帝国民政部第一次统计年报》(康德二年刊行),"2.全国户口数(康德元年十二月末)",吉林省社会科学院满铁资料馆藏。

101.《郭尔罗斯前旗公署关于具体概况(1941年)》档,全宗号12,案卷号6。

102.《郭尔罗斯前旗公署关于具体概况》档,第2"旗有渔场使用料调定表",前郭县档案馆全宗号12,案卷号6。

103.《郭尔罗斯前旗公署关于具体概况》档,第6件"暂行郭尔罗斯前旗有渔场使用规程",前郭县档案馆全宗号12,案卷号6。

104.《郭尔罗斯前旗公署关于具体概况》档,第8"(康德十一年)渔场使用者调查",前郭县档案馆全宗号12,案卷号6。

105.《郭尔罗斯前旗公署关于具体概况》档,第9"康德十一年度定置渔具水产出荷契约量调查表",前郭县档案馆全宗号12,案卷号6。

106.《康德十一年渔场使用许可书》,收在《郭尔罗斯前旗公署档(1944—1945年)》,前郭档案馆藏,全宗号12,案卷号13。

107.《农安扶余地方一般经济调查报告》,昭和九年(1934年),吉林省社会科学院满铁资料馆藏。

108.《乾安县设治局警察所呈为递令实业调查统计表取缔兑换券狩猎法的通令布告由》第10"公布之狩猎法布告",乾安县档案馆全宗号1,目录号1,案卷号1333。

109.《乾安县设治局警察所呈为递令实业调查统计表取缔兑换券狩猎法的通令布告由》第11"狩猎法及实行细则的公布",乾安县档案馆全宗号1,目录号1,案卷号1333。

110.郭尔罗斯前旗公署关于具体概况(1941年),之"康德八年七月郭尔罗斯前旗概况",前郭县档案馆全宗号12,案卷号6。

111.乾安县人民政府档案《办公室:为防止山火禁止春秋两季入山狩猎由》,1949年,全宗号8,目录号5,案卷号684。

112.伪治安部警务司、总务厅统计处:《康德六年十月一日现在满洲帝国现住人口统计》之"职业人口统计编",国本照市印刷康德八年。

113.《前郭旗人民政府办公室:前郭旗人民政府关于干部任免等档》(1948年4月10日至1948年12月1日)之"郭前旗行政区划各民族户数人口分布及不能使牲畜统计表",前郭县档案馆藏,全宗号2,目录号1,案卷顺序号5。

114.乾安县公安局:《为递填全县户口变动统计表》(民国二十年),乾安县档案馆全宗号1,目录号1,案卷号1542。

115.《中共乾安县委:乾安县土地面积区分统计表》之"乾安县耕地面积及人口比较表",1947年,全宗号3,目录号3,卷号29。

116.《中共乾安县委:乾安县土地面积区分统计表》之"乾安县土地面积区分统计表",1947年,全宗号3,目录号3,卷号29。

117.吉林乾安县设治局:《乾安县户口统计表》(中华民国十八年九月),乾安县档案馆,案卷号Z41。

118.长岭县史志资料办公室编:《史志资料汇集》,内部资料,1987年。

119.长岭县史志资料办公室编:《史志资料汇集》(2),内部资料,1987年。

120.吉林省文物志编修委员会主编:《前郭尔罗斯蒙古族自治县文物志》,内部资料,1983年。

121.陈相伟、李殿福主编:《扶余县文物志》,1984年内部资料。

122.吉林省文物志编修委员会主编:《长岭县文物志》,1986年内部资料。

123.吉林省文物志编修委员会主编:《乾安县文物志》,1985年内部资料。

124.苏国清主编:《长岭县志》,中华书局1993年版。

125.徐万江主编:《乾安县志》,吉林人民出版社1999年版。

126.耿云生主编:《扶余县志》,吉林人民出版社1993年版。

127.前郭尔罗斯蒙古族自治县地方志编纂委员会主编:《前郭尔罗斯蒙古族自治县志》,辽宁民族出版社1993年版。

128.《前郭尔罗斯蒙古族自治县概况》编写组及修订本编写组:《前郭尔罗斯蒙古族自治县概况》,民族出版社2009年版。

129.呼和少布主编:《前郭尔罗斯蒙古族自治县志》(1986—2000),吉林文史出版社2006年版。

130.松原市地方志编纂委员会:《松原市志》,吉林人民出版社2006年版。

131.松原市土地志编纂委员会:《松原市土地志》(1616—2000年),吉林文史出版社2003年版。

132.王希恩主编:《扶余县志地理编研究》,1986年吉林省内部资料。

133.吉林省地方志编纂委员会编纂:《吉林省志》,吉林人民出版社2003年版。

134.吉林省地方志编纂委员会编:《吉林省志·文物志》,吉林人民出版社1991年版。

135.前郭尔罗斯蒙古族自治县史志编撰委员会办公室:《前郭尔罗斯史料》(第4辑),

吉林省内部资料准印证 6648 号。

三、论文

1.姜鹏:《吉林旧石器时代晚期人类生活环境的探讨》,《东北考古与历史》1982 年第一辑。

2.邴正:《振兴东北与振兴东北文化》,《社会科学战线》2004 年第 5 期。

3.孙建中:《松辽平原旧石器考古问题》,《黑龙江文物丛刊》1983 年第 2 期。

4.尤玉柱等:《吉林前郭查干泡发现的人骨化石与生态环境》,《史前研究》1984 年第 4 期。

5.董祝安:《大布苏的细石器》,《人类学学报》1989 年第 1 期。

6.吉林省文物管理委员会:《吉林省前郭、扶余、德惠考古调查》,《考古》1961 年第 1 期。

7.殷德明:《黑龙江古迹与历史沿革概述》,《黑龙江省文物丛刊》1981 年第 1 期创刊号。

8.朱永刚:《东北青铜时代的发展进程及特点》,《吉林大学社会科学学报》2004 年第 5 期。

9.林沄:《夫余史地再探讨》,《北方文物》1999 年第 4 期。

10.杨保隆:《各史〈高句丽传〉的几个问题辨析》,《民族研究》1987 年第 1 期。

11.邵方:《中国北方游牧起源问题初探》,《中国人民大学学报》2004 年第 1 期。

12.杨鹓:《祖源、战争、迁徙:少数民族服饰文化意蕴的一致解释》,《黑龙江民族丛刊》1999 年第 4 期。

13.波·少布:《蒙古族崇马习俗探微》,《北方民族》1993 年第 2 期。

14.色音:《萨满教与北方少数民族的环保意识》,《黑龙江民族丛刊》1999 年第 2 期。

15.王国学:《扶余首次发现新石器时期石斧》,《吉林日报》1990 年 8 月 21 日第 3 版。

16.吉林省文物考古研究所、白城地区博物馆、长岭县文化局:《吉林长岭县腰井子新石器时代遗址》,《考古》1992 年第 8 期。

17.景爱:《历史时期东北农业的分布与变迁》,《中国历史地理论丛》1987 年第 2 期。

18.张国庆:《古代东北地区少数民族渔猎农牧经济特征论》,《北方文物》2006 年第 4 期。

19.张国庆:《古代东北地区岁时节日中的农耕习俗》,《中国农史》1998 年第 2 期。

20.田耘:《两汉夫余研究》,《辽海文物学刊》1987 年第 2 期。

21.赵红梅:《夫余与玄菟郡关系考略》,《满族研究》2009 年第 2 期。

22.王绵厚:《东北古代夫余部的兴衰及王城变迁》,《辽海文物学刊》1999 年第 2 期。

23.方起东、刘振华:《统一的多民族国家的历史见证》,载于文物编辑委员会编:《文物考古工作三十年》,文物出版社 1979 年版。

24.谭其骧:《中国内地移民史——湖南篇》,《燕京大学史学年报》1932 年 6 月。

25.谭其骧:《浙江历代行政区域——兼论浙江各地区的开发过程》,原载 1947 年 10 月 4 日《东南日报》(杭州),后收入《长水集》,人民出版社 1987 年版。

26.《浙江各地区的开发过程和省界、地区界的形成》,《历史地理研究》(第 1 辑),复旦大学出版社 1986 年版。

27.王迅:《郭尔罗斯锡伯族》,载于《郭尔罗斯文史》第 12 辑,1994 年内部资料。

28.伊尔哈格·张殿祥:《前郭回族考》,载于《郭尔罗斯文史》第 16 辑,1998 年内部资料。

29.苏博:《历史上蒙族》之《蒙地的狼》,载于《郭尔罗斯文史》第 4 辑,1986 年内部资料。

30.罗贤佑:《金、元时期女真人的内迁及其演变》,《民族研究》1984 年第 2 期。

31.李西昆:《吉林省青山头人与前郭人的发现及其意义》,《吉林地质》1984 年第 3 期。

32.金昌柱、徐钦琦、李春田:《吉林青山头遗址哺乳动物群及其地质时代》,《古脊椎动物学报》1984 年第 4 期。

33.顾诚:《明帝国的疆土管理体制》,《历史研究》1989 年第 3 期。

34.丛佩远:《元代辽阳行省境内的契丹、高丽、色盲与蒙古》,《史学集刊》1993 年第 1 期。

35.边文元:《扶余风物八则》之"扶余进贡的物品",载于扶余县委文史资料办编印:《扶余文史资料》(第 3 辑),1985 年内部资料。

36.白晟:《长岗子青铜文化遗址》,载于苏赫巴鲁主编:《古今松原》,龙门书局 1996 年版。

37.张国庆:《辽代契丹服饰考略》,《学习与探索》1990 年第 4 期。

38.胡敬萍:《中国少数民族的服饰文化》,《广西民族研究》2001 年第 1 期。

39.刘明新:《解读满族服饰习俗的文化内涵》,《中央民族大学学报》2006 年第 5 期。

40.政协乾安县文史资料研究委员会编:《乾安文史资料》(第 3 辑),1987 年内部资料。

41.傅玉忱:《乾安县天主教概况》,政协乾安县文史资料研究委员会编:《乾安文史资料》(第三辑),1987 年内部资料。

42.王军:《乾安县宗教组织简况》,政协乾安县文史资料研究委员会编:《乾安文史资料》(第三辑),1987 年内部资料。

43.关士杰:《伯都讷史话》,松原市扶余区政协文史资料委员会编:《扶余文史资料》(第 13 辑),1993 年内部资料。

44.吴战林:《简介扶余满族人的祭神仪式》,中国人民政治协商会议吉林省扶余县委员会文史资料研究委员会办公室编印:《扶余文史资料》(第 3 辑),1985 年内部资料。

后　记

　　《松原历史文化研究》一书,系受松原市委宣传部委托,由吉林省社会科学院与松原市委宣传部共同组织策划,聘请吉林省社会科学院专家学者研究撰写的学术著作。该书对松原市的历史文化进行了全方位的深入系统的研究,对于进一步深化对松原市历史文化的研究具有重要的意义。

　　该书自 2010 年 10 月策划、组织专家收集资料、撰写书稿,到最后完成,几经修改,历时两年时间。从书稿纲目设计,到书稿的确定,得到主编阿汝汗(时任松原市副市长)、邵汉明研究员的具体指导与审定;全部书稿最终由邵汉明、黄松筠统稿定稿。吉林省社会科学院的于凌、佟大群、麻铃参与了书稿最后的编辑工作。

　　全书作者各章具体分工如下:绪论:阿汝汗、邵汉明;第一章:黄松筠、薛贵;第二章:黄松筠;第三章、第五章:栾凡;第四章:于凌;第六章:佟大群;第七章:李路华、赵鲁欣;第八章:贺飞;第九章:麻铃;第十章:杨雨舒;第十一章:廖一;第十二章:赵红梅、于春英;第十三章:邵立坤;第十四章:朱立春。

　　在收集资料、撰写书稿的过程中,本书得到松原市委宣传部及松原市下辖 4 县 1 区各个宣传部、档案馆、文史资料室、博物馆、文物所等部门的大力支持与帮助,为我们提供诸多的档案资料、文献资料、图片与考古资料,使本书得以顺利完成。在此,对给予我们支持与帮助的单位与领导同志,表示最诚挚的谢意! 在出版的过程中,得到人民出版社的领导与责任编辑方国根主任的指导与支持,在此向他们致以最衷心的感谢!

尽管我们所有作者为本书的撰写竭尽全力,但限于资料和水平,难免有疏漏和不足之处,敬请读者批评指正。

编　者
2012 年 10 月

责任编辑:方国根

图书在版编目(CIP)数据

松原历史文化研究/阿汝汗　邵汉明　黄松筠 主编.
　—北京:人民出版社,2013.10
ISBN 978-7-01-012459-9

Ⅰ.①松…　Ⅱ.①阿…②邵…③黄…　Ⅲ.①文化史-松原市
　Ⅳ.①K293.43

中国版本图书馆 CIP 数据核字(2013)第 188190 号

松原历史文化研究
SONGYUAN LISHI WENHUA YANJIU

阿汝汗　邵汉明　黄松筠　主编

人 民 出 版 社 出版发行
(100706　北京市东城区隆福寺街 99 号)

涿州市星河印刷有限公司印刷　新华书店经销
2013 年 10 月第 1 版　2013 年 10 月第 1 次印刷
开本:710 毫米×1000 毫米 1/16　印张:30
字数:460 千字　印数:0,001-2,000 册

ISBN 978-7-01-012459-9　定价:78.00 元

邮购地址 100706　北京市东城区隆福寺街 99 号
人民东方图书销售中心　电话 (010)65250042　65289539